Dictionnaire Des Sculpteurs De L'école Française Sous Le Règne De Louis Xiv...

Stanislas Lami

Nabu Public Domain Reprints:

You are holding a reproduction of an original work published before 1923 that is in the public domain in the United States of America, and possibly other countries. You may freely copy and distribute this work as no entity (individual or corporate) has a copyright on the body of the work. This book may contain prior copyright references, and library stamps (as most of these works were scanned from library copies). These have been scanned and retained as part of the historical artifact.

This book may have occasional imperfections such as missing or blurred pages, poor pictures, errant marks, etc. that were either part of the original artifact, or were introduced by the scanning process. We believe this work is culturally important, and despite the imperfections, have elected to bring it back into print as part of our continuing commitment to the preservation of printed works worldwide. We appreciate your understanding of the imperfections in the preservation process, and hope you enjoy this valuable book.

a monsieur Bertrand

hommage de l'auteur

Stanislas Lami

DICTIONNAIRE

DES SCULPTEURS

DE L'ÉCOLE FRANÇAISE

DU MÊME AUTEUR

Dictionnaire des sculpteurs de l'antiquité jusqu'au VIe siècle de notre ère.

Dictionnaire des sculpteurs de l'École française du Moyen Age au règne de Louis XIV. Préface de Gustave Larroumet, secrétaire perpétuel de l'Académie des Beaux-arts.

Ouvrage honoré des souscriptions du Ministère de l'Instruction publique et de l'Administration des Beaux-arts.

MACON, PROTAT FRÈRES, IMPRIMEURS.

DICTIONNAIRE

DES

SCULPTEURS·

DE L'ÉCOLE FRANÇAISE

SOUS LE RÈGNE DE LOUIS XIV

PAR

STANISLAS LAMI

STATUAIRE

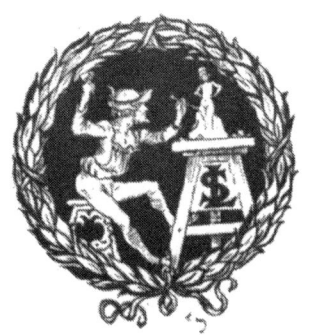

PARIS

HONORÉ CHAMPION, Libraire-Éditeur

5, Quai Malaquais, 5

—

1906

AVANT-PROPOS

Ayant entrepris, il y a quelques années, la publication d'un travail complet sur les sculpteurs de l'École française, j'ai consacré mon étude, dans un précédent volume, au Moyen Age et à la Renaissance ; aujourd'hui je m'occupe du règne de Louis XIV, réservant le xvıır^e siècle pour un troisième ouvrage.

•Les documents sur les sculpteurs de cette époque devenant plus nombreux, les renseignements plus précis, certaines modifications ont dû être apportées au plan que je m'étais primitivement tracé. Après avoir indiqué les faits les plus importants de la vie de l'artiste, les dates de sa naissance et de sa mort, quél maître il a eu, dans quelles contrées il a résidé, je me suis plus particulièrement attaché à donner une liste aussi détaillée que possible de ses travaux. J'ai donc dressé cette liste par ordre chronologique, citant pour chaque sculpture, autant que mes recherches me l'ont permis, l'année où elle a été terminée, le lieu où elle se trouve, les différents emplacements qu'elle a occupés, le prix qu'elle a été payée, les anciennes gravures qui la reproduisent et les Musées qui en possèdent un moulage.

Les Comptes des bâtiments du roi sous le règne de Louis XIV, les Procès-verbaux de l'Académie royale de peinture et de sculpture et la Correspondance des directeurs de l'Académie de France à Rome m'ont grandement facilité la tâche et m'ont donné le moyen de rectifier plusieurs erreurs accréditées depuis longtemps.

3-24-37 Marquand Zchmit 4.65

(RECAP)

NB552
.L31
(A)

818252

Pour compléter l'œuvre commencée, j'ai formé le projet d'annexer dans la suite à chaque volume un ou deux albums reproduisant les ouvrages de sculpture française qui existent encore et dont les auteurs sont connus. Je serai heureux d'avoir pu ainsi contribuer à mettre quelque peu en relief une part, et non la moindre, de notre patrimoine artistique.

Avril 1906.

S. L.

DICTIONNAIRE

DES

SCULPTEURS DE L'ÉCOLE FRANÇAISE

A

Abot (François), sculpteur à Argentan, travaillait, en 1647-1648, au château de Carrouges (Orne), appartenant alors à Jacques Le Veneur, abbé commendataire de Notre-Dame de Silly, Ferrières, etc. Il dut participer à la décoration de la chapelle et sculpta des boiseries dans une des chambres du château, boiseries qui existent encore aujourd'hui. Il mourut à Argentan, en janvier 1670.

Mme G. DESPIERRES, *Réunion des sociétés des beaux-arts des départements*, 1893, p. 243, 244, 252 ; 1894, p. 945.

Achard (Jean), « maître esculteur », natif de Saint-André-en-Royans, dans le Dauphiné, était établi à Grenoble vers la fin du XVIIe siècle. Un autre Jean Achard, également sculpteur, vivait dans la même ville, en 1705.

Edmond MAIGNIEN, *Les artistes grenoblois*, 1887, p. 7.

Adam (Claude), sculpteur d'origine lorraine, résidait, vers 1650, à Rome, où, selon l'abbé Titi, il aurait exécuté une statue dans l'église de Sainte-Prudentienne. On lui attribue aussi des bas-reliefs dans la chapelle Corsini, à Saint-Jean-de-Latran. Enfin, d'après Baldinucci, il serait l'auteur de la statue en marbre du Gange, qui orne la fontaine [1] de la place Navone. Dussieux fait erreur en le donnant comme le père des sculpteurs du XVIIIe siècle, Lambert-Sigisbert, Nicolas-Sébastien

1. Les trois autres statues décorant cette fontaine sont l'œuvre du Bernin.

et François-Gaspard Adam. D'un autre côté, Bertolotti exprime des doutes sur l'existence de cet artiste.

Titi, *Nuovo Studio di pittura nelle chiese di Roma*, p. 287. — Baldinucci, *Not. de Prof. etc.*, 1812, XIV, 64. — L. Dussieux, *Les artistes français à l'étranger*, 1876, p. 483, 485. — H. Thirion, *Les Adam et Clodion*, 1885, p. 15-18. — A. Bertolotti, *Artisti francesi in Roma nei secoli XV, XVI e XVII*, 1886, p. 167.

Adam (Sigisbert), maître sculpteur, exerçait son art dans la ville de Nancy, au xviie siècle. Il était le frère du fondeur Lambert Adam et, par conséquent, l'oncle de Jacob-Sigisbert Adam, le premier de cette famille d'artistes lorrains sur lequel on a des renseignements certains.

H. Thirion, *Les Adam et Clodion*, 1885, p. 21. — A. Jacquot, *Les Adam Réunion des sociétés des beaux-arts des départements*, 1897, p. 630).

Adam (Jacob-Sigisbert), fils de Lambert Adam, fondeur, naquit à Nancy sur la paroisse Saint-Sébastien, le 28 octobre 1670. D'après dom Calmet, qui le donne comme un élève de César Bagard, il aurait commencé par travailler pendant douze ans à Metz, sans doute de 1687 à 1699, car, à cette dernière date, il était établi à Nancy, où, plus tard, il se fit construire une maison dont il exécuta lui-même la décoration. Cette maison, qui porte le millésime de 1718, se voit encore aujourd'hui dans la rue des Dominicains.

Sculpteur du duc Léopold de Lorraine, il entreprit de nombreux travaux en bronze, en pierre et en terre cuite. On cite parmi ces œuvres : un *Cupidon* entouré de grenouilles, fait, en 1701, pour le bassin de table du duc; quatre figures d'animaux; deux statuettes de musiciens; une tête de *Christ* et un groupe sculpté, en 1715, pour le château de Lunéville. A l'exposition rétrospective de Nancy, en 1875, il y avait plusieurs de ses ouvrages, entre autres un *saint Christophe* appartenant à Mme de Haldat, une *Vierge* et des fragments d'une *Nativité*. A la même exposition, on pouvait encore lui attribuer diverses terres cuites représentant un *Marchand de pain*, un *Enfant au bouc* et des *Bergers en adoration*. Enfin, M. Albert Jacquot possède de lui quatre figures d'évangélistes[1]. Bellier de la Chavignerie le cite à tort comme l'auteur de la statue du Gange de la place Navone et des autres travaux donnés à Claude Adam. Suivant dom Calmet, après être allé à Paris, où il resta six ans, il revint à Nancy et y termina ses jours, le 7 mai 1747. D'autres auteurs, au contraire, sur la foi de Mariette, le

_____

1. Ces figures en terre cuite sont reproduites dans la *Réunion des sociétés des beaux-arts des départements*, 1897, p. 654, pl. XXXVI.

font mourir dans la capitale [1]. Il avait épousé, le 23 juin 1699, à Essey-lez-Nancy, Sébastienne Le Léal[2] qui lui donna plusieurs enfants, parmi lesquels Lambert-Sigisbert, Nicolas-Sébastien et François-Gaspard Adam les sculpteurs du xviiie siècle. Une de ses filles, Anne Adam, fut la mère de Michel Clodion.

Dom CALMET, *Bibliothèque lorraine*, 1751, col. 8-21. — D'ARGENVILLE, *Vie des fameux sculpteurs*, 1787, p. 339. — De CHENNEVIÈRES et DE MONTAIGLON, *Abécédario de Mariette*, t. I, 1851-1853, p. 6. — A. JAL, *Dictionnaire critique de biographie et d'histoire*, 1872, p. 17. — R. MÉNARD, *L'art en Alsace-Lorraine*, 1876, p. 363, 365. — BELLIER DE LA CHAVIGNERIE, *Dictionnaire général des artistes de l'école française*, 1882, t. I, p. 6. — H. THIRION, *Les Adam et Clodion*, 1885, p. 19-32. — A. JACQUOT, *Les Adam* (*Réunion des soc. des beaux-arts des dép.*, 1897, p. 650 et suiv.; 1900, p. 310).

Adam (Zéphirin), remporte le premier prix de sculpture à l'ancienne école académique de Paris, en 1685, avec un bas-relief représentant la *Construction de l'arche de Noé*. La même année, il est envoyé à Rome comme pensionnaire du roi. Il séjourne dans cette ville pendant cinq ans et y exécute, en 1688, une copie de la figure d'Auguste. En 1691, il est de retour à Paris, où il collabore à la décoration des arcs doubleaux du chœur de l'église des Invalides. D'après les comptes des bâtiments du roi, il travaille aussi à Versailles et à Marly. Nous lisons en effet à l'année 1700 :

« 7 février-16 may : à Adam sculpteur, pour la sculpture qu'il a fait à deux caneaux et deux chaloupes pour le canal de Versailles et les pieces d'eau de Marly..... 753 l. »

« 7 mars : à luy, pour les modeles qu'il a faits pour les ornemens des pavillons de la Ménagerie de Versailles... 60 l. »

« 4 avril-17 octobre : A Zéphirin Adam, sculpteur, pour l'entretien des figures, bustes et vases de marbre du jardin de Marly pendant le mois de décembre 1699 et les neuf premiers 1700..... 333 l. 6 s. 8 d. »

« 11 juillet-12 décembre : à Zéphirin Adam, sculpteur, pour les bouquets de feuilles en marbre qu'il a fait pour cacher les nuditez des six figures du jardin et bosquet de Marly, et autres menus ouvrages et restauration d'ouvrages de sculpture en marbre..... 88 l. »

Le 6 février 1701, il touche une indemnité de logement de 40 livres, comme « ayant l'entretien des ouvrages de sculpture en marbre et

---

1. On doit se ranger plutôt, selon moi, à l'opinion de dom Calmet, car Jal rapporte que l'acte d'inhumation de l'artiste, enregistré aux Minimes de Nancy, dit que « le 7 mai 1747 » mourut « M. Sigisbert, mr sculpteur ». Il est vrai que Jal l'a confondu parfois, dans son article, avec l'oncle Sigisbert dont j'ai parlé plus haut; mais la date du 7 mai 1747 prouve bien qu'il s'agit ici de Jacob-Sigisbert.

2. Morte à Nancy, sur la paroisse Saint-Roch le 16 août 1736.

autres de Marly ». En 1703, il reçoit un dernier paiement pour ses travaux à l'église des Invalides. A partir de cette date, il n'est plus fait mention de lui dans les comptes. Zéphirin Adam avait-il un lien de parenté avec les Adam de Nancy ? Je n'ai trouvé là-dessus aucun renseignement.

A. DUVIVIER, *Archives de l'art français, documents*, t. V, 1857-1858, p. 280. — L. DUSSIEUX *Le château de Versailles*, t. II, p. 381. — DE MONTAIGLON, *Procès-verbaux de l'Académie royale*, t. II, 1878, p. 306, 308, 310. — Idem, *Correspondance des directeurs de l'Académie de France à Rome*, t. I, 1887, p. 151, 153, 172, 192. — H. THIRION, *Les Adam et Clodion*, 1885, p. 21, 22. — J. GUIFFREY, *Comptes des bâtiments du roi sous le règne de Louis XIV*, t. II, 1887, col. 784; t. III, 1891, col. 560, 704, 845; t. IV, 1896, col. 331, 472, 592, 612, 613, 652, 655, 728, 742, 770, 955. — *Inventaire général des richesses d'art de la France. Paris, monuments religieux*, t. III, 1901, p. 258.

Alavoine, sculpteur établi à Bourges dans la seconde moitié du XVIIe siècle, touche 20 livres, en 1661, pour un travail exécuté au portail de l'hôpital.

DE GIRARDOT, *Les artistes de Bourges* (*Archives de l'art français*, 2e série 1861, p. 287).

Alexandre. Un sculpteur de ce nom est cité dans les comptes des bâtiments du roi comme ayant collaboré à la décoration de la chapelle du château de Versailles, de 1709 à 1711.

J. GUIFFREY, *Comptes des bâtiments du roi sous le règne de Louis XIV*, t. V, 1901, col. 320, 528, 529, 530.

Allegrain (Jean-Baptiste), sculpteur à Paris, naquit le 8 février 1644. Il vivait encore en 1708, car, à cette date, il demeurait carrefour Saint-Benoit, sur la paroisse Saint-Sulpice, et figurait, comme témoin, au mariage d'un de ses neveux. Il n'existait plus en 1714. Il était frère du peintre paysagiste Etienne Allegrain et grand-oncle du sculpteur du XVIIIe siècle, Gabriel-Christophe.

A. JAL, *Dictionnaire critique de biographie et d'histoire*, 1872, p. 23-25.

Ameline. Un sculpteur de ce nom résidait à Caen, sur la paroisse Saint-Nicolas, en 1692.

Réunion des sociétés des beaux-arts des départements, 1897, p. 149.

Amequin (Benoît), sculpteur en bois, établi à Lyon de 1672 à 1690, se maria, le 21 janvier 1673, à l'église Saint-Nizier et fit baptiser un fils à la même paroisse, le 11 février 1683. Il était l'auteur de la chaire de l'église des Carmes, chaire copiée fidèlement d'après celle de Saint-Étienne-du-Mont, à Paris, œuvre de Lestocart.

Archives de l'art français, 2ᵉ série, t. II, 1862, p. 138. — Natalis Rondot, *Les sculpteurs de Lyon du XIVᵉ au XVIIIᵉ siècle*, 1884, p. 57. — Idem, *Revue de l'art français*, 1887, p. 301.

Amiot, sculpteur franc-comtois, collabore en 1701, avec son confrère François Choye, à la décoration des églises de Moncey (Doubs) et de Foncine (Jura).

Jules GAUTHIER, *Dictionnaire des artistes francs-comtois antérieurs au XIXᵉ siècle*, 1892, p. 1.

Amourette (Henri), sculpteur parisien, fait baptiser un fils à l'église Saint-Germain l'Auxerrois, le 24 février 1686,

H. HERLUISON, *Actes d'état civil d'artistes français*, 1873, p. 5.

Amourette (Jean-Baptiste), exerçait son art à Toulon vers la fin du XVIIᵉ siècle. De 1682 à 1691, il fut chargé plusieurs fois d'exécuter des travaux de sculpture pour la marine. En 1691, il était occupé à l'ornementation du vaisseau le *Marquis*.

Ch. GINOUX, *Réunion des sociétés des beaux-arts des départements*, 1884, p. 352, 353, 355, 357. — Idem, *Artistes de Toulon* (*Revue de l'art français*, 1888, p. 173 ; 1894, p. 201).

Amourette (Michel), travaillait à Marly en 1683. Les comptes des bâtiments du roi portent : « A Miche Amourette, pour la sculpture de six cadres posez sur les portes du premier appartement à gauche en entrant au château..... 290 l. 4 s. 2 d. » C'est la seule fois que cet artiste est cité dans les comptes.

J. GUIFFREY, *Comptes des bâtiments du roi sous le règne de Louis XIV*, t. II, 1887, col. 367.

Amuelle (Charles), sculpteur en bois, se rendit à Pérouse, en Italie, où il fut occupé, de 1695 à 1701, à des travaux entrepris dans l'oratoire de la confrérie de Saint-Augustin. Dussieux a omis de mentionner cet artiste.

A. BERTOLOTTI, *Artisti francesi in Roma nei secoli XV, XVI e XVII*, 1886, p. 202.

André (Antoine), qualifié par d'Argenville « sculpteur français très peu connu », vivait dans la seconde moitié du XVIIᵉ siècle. En 1669, il fut envoyé à Carrare par Colbert, pour « faire choix des plus beaux et plus curieux marbres qui se pourront trouver pour l'embellissement des maisons royales et principalement du chasteau du Louvre [1] ». Ayant rempli sa mission à la satisfaction du ministre, celui-ci, à son retour, lui donna la commande de nombreux travaux d'ornementation pour Versailles. En 1688, il reçut, de Seignelay, l'ordre d'aller de nouveau à Carrare. Ceci est prouvé par la mention suivante extraite des comptes des bâtiments du roi : « 10 octobre 1688. A la femme dud. André, pour la dépense que led. André a faite en son voyage de Paris à Carrare en Italie, où il a esté envoyé pour le choix des marbres du Roy... 250 l. ». De 1691 à 1693, il travaillait à l'église des Invalides et, en 1710, il collaborait à la décoration de la chapelle du château de Versailles. Il dut mourir peu de temps après, car, à partir de cette date, son nom ne figure plus dans les comptes.

ŒUVRES

Modèles de vases en bronze pour les jardins de Versailles. Payés 150 livres (année 1679).

Ouvrages de stuc pour Versailles. Payés 600 livres (année 1681).

Ouvrages exécutés, en collaboration de Jean Lambert, à une corniche du cabinet de l'appartement du duc de Vendôme, à Versailles (année 1682).

Une figure pour Versailles. Payée 360 livres (année 1682).

Coquilles sculptées aux fontaines de l'Ile Royale, dans le petit parc de Versailles (année 1683).

Deux trophées en pierre, sur la grande aile du château de Versailles. Payés 1.200 livres (année 1683).

Tiridate, roi d'Arménie. — Statue en marbre copiée d'après l'antique (années 1684-1687). Pourtour du Parterre de Latone, dans le parc de Versailles. Gravée par Thomassin, n° 53, et dans Clarac, pl. 854 B. Les comptes des bâtiments du roi portent : « 2 mars 1687 : à Antoine André, sculpteur, parfait payement de la somme de 2520 l. pour la figure d'un des *Roys esclaves* d'après l'antique, qu'il a faite en marbre et posée dans le petit parc de Versailles, et 500 l. par gratification, en considération de ce qu'il a perdu un œil par un éclat de marbre en travaillant à lad. figure... 820 l. ».

Deux chapiteaux d'ordre ionique, en marbre, pour Trianon. Payés 326 livres (année 1688).

Sculptures en pierre à l'église des Invalides (années 1691-1693).

Sculptures en pierre aux corniches intérieures de la chapelle du château de Versailles (année 1710).

D'ARGENVILLE, *Voyage pittoresque des environs de Paris*, 1762, p. 100, 398. — PIGANIOL DE LA FORCE, *Description de Versailles*, t. II, 1764, p. 88-90. — DE CLARAC, *Musée de sculpture antique et moderne*, 1826-1855, pl. 854 B. — Eudore SOULIÉ, *Notice du musée impérial de Versailles*, 3ᵉ partie, 1861, p. 509. — A. JAL, *Dictionnaire critique de biographie et d'histoire*, 1872, p. 45. — A. BERTOLOTTI,

---

1. Lettre de cachet, du 5 avril 1669, au duc de Massa, p. 53. *Regist. du secrétariat*, Bibl. nat., ms. Mortemart, n° 111.

Artisti francesi in Roma nei secoli XV, XVI e XVII, 1886, p. 176. — J. Guiffrey, *Comptes des bâtiments du roi sous le règne de Louis XIV*, t. I, 1881, col. 1161. 1289 ; t. II, 1887, col. 10, 137, 182, 278, 310, 439, 473, 626, 993, 1172 ; t. III, 1891, col. 91, 355, 560, 703, 843 ; t. V. 1901, col. 529.

Andrieu (Jean), travaillait, vers 1673, à la sculpture des chapiteaux et modillons des façades de l'Hôtel de Ville d'Arles.

Réunion des sociétés des beaux-arts des départements, 1898, p. 416.

Anguier (François et Michel). Voir le *Dictionnaire des sculpteurs de l'école française du Moyen âge au règne de Louis XIV*, p. 9 à 12.

Antoine (Innocent), exerçait son art à Paris au xviiᵉ siècle. Il n'existait plus en 1667, époque où. mourut sa veuve qui fut inhumée sur la paroisse de Saint-Germain-l'Auxerrois.

H. Herluison, *Actes d'état civil d'artistes français*, 1873, p. 9.

Arbaud, sculpteur établi à Toulon au commencement du xviiiᵉ siècle figure sur le registre de l'impôt de capitation de 1707.

Ch. Ginoux, *Les artistes de Toulon* (*Revue de l'art français*, 1894, p. 201).

Arcis (Marc), né en 1655, à Mouzens[1], près de Lavaur (Tarn), entra d'abord, à Toulouse, dans l'atelier du peintre J.-P. Rivals. De 1674 à 1677, alors qu'il était bien jeune encore, il fut occupé, dans cette ville, à sculpter des bustes pour la galerie des Illustres, à l'Hôtel de Ville. On lit en effet dans les comptes : « 1677. — Au nommé Marc Arcis, esculteur, 120 livres, savoir 60 livres pour la faction du buste du roy, et pareille somme de 60 livres pour trois autres bustes des hommes illustres qui sont à la grande galerie à raison de 20 livres chacun ».

« En outre, pour diverses journées, peynes et soins extraordinaires qu'il a employés à la faction et agencement de tous les bustes des hommes illustres..... 200 livres ».

S'étant rendu ensuite à Paris, il prit part à la décoration intérieure de l'église dela Sorbonne et fut employé principalement à Versailles. Il se présenta, le 6 juin 1682, à l'Académie royale de peinture et de sculpture et en fut reçu membre, le 26 août 1684, sur un médaillon en marbre figurant l'apôtre *saint Marc*. En 1690, il fut appelé à Pau pour exécuter une statue du roi en bronze. Cette statue terminée, il revint à Toulouse, où il entreprit de nombreux ouvrages. Il orna en effet de ses œuvres les couvents des Carmes, des Pénitents Bleus, des Augustins

1. Jean Raynal, qui a publié, en 1759, une histoire de la ville de Toulouse, le fait naitre au Cabanial (Haute-Garonne).

et des Filles repenties, les églises Saint-Sernin et Saint-Étienne et
la salle de l'Académie de musique. Il travailla également pour les
cathédrales de Montauban, de Lavaur et de Rieux. Il mourut à Toulouse en 1739. Il fut le maître de Parent et de Pierre Lucas, sculpteurs toulousains du XVIIIe siècle.

ŒUVRES

Bustes dans la galerie des Illustres, à l'Hôtel de Ville de Toulouse (années
  1674 à 1677).
Buste de Louis XIV, à l'Hôtel de Ville de Toulouse, payé 60 livres
  (année 1677).
Trophées à la grande galerie du château de Versailles (année 1680).
Ornements en stuc à la corniche d'un des salons, au bout de la même galerie
  (année 1680).
Quatre vases de pierre pour la balustrade du château de Versailles (année
  1680).
Masques sculptés à la Petite Écurie de Versailles (année 1680).
Saint Marc. Médaillon ovale en marbre. Morceau de réception à l'Académie
  royale de peinture et de sculpture (26 août 1684). Ce médaillon était
  placé autrefois au Louvre dans la salle de l'Académie. Transporté, en
  1792, au musée des Petits-Augustins, il fut donné, en 1815, à l'église
  Notre-Dame de Versailles, où il se trouve aujourd'hui dans le côté gauche
  du chœur.
Louis XIV. Modèle de figure équestre en cire [1]. Musée de Toulouse [2]. Le
  roi est en costume héroïque, tête nue, le bâton de commandement à
  la main. Le piédestal est orné de quatre bas-reliefs. Ce modèle fut payé
  1800 livres (année 1685).
Vase en marbre décoré de cannelures et de feuilles d'acanthe. Grande allée
  ou Tapis-Vert du parc de Versailles (années 1687-1688).
Cinq chapiteaux en marbre, à Trianon. Payés 769 livres (années 1687-
  1688).
Le Printemps. Terme en marbre commencé par Arcis, en 1688, et achevé par
  Simon Mazière. Placé, en 1702, dans le parc de Versailles; il se trouve
  aujourd'hui dans la demi-lune entre la Grande-Allée et le bassin d'Apollon.
  Il est signé : *S. Mazière 1699*.
Un ange [3] posé jadis sur le fronton du grand autel de l'église de la Sorbonne,
  à Paris.
Louis XIV. Statue en bronze exécutée à Pau d'après un modèle en cire de
  Girardon [4]. Le roi était représenté en pied, « non avec le costume d'un
  conquérant, mais avec le sceptre et les habits d'un roi pacifique ». Cette
  commande avait été donnée à l'artiste par un premier traité passé à Paris,
  le 4 septembre 1688, et par un second, signé à Pau, le 18 août 1690. La
  statue, terminée en 1696, fut payée 27.700 livres. Érigée à Pau sur la

1. Cette statue, qui devait être érigée à Toulouse, ne fut jamais exécutée.
2. *Catalogue du musée de Toulouse*, 1865, n° 863.
3. Cette figure, qui est donnée à Arcis par d'Argenville et par Piganiol, est au
contraire attribuée à Le Hongre par Guillet de Saint-Georges.
4. Le sculpteur fondeur François Aubry travailla aussi à cette statue.

place Royale, elle fut brisée au mois d'août 1792 et le bronze, envoyé à Tarbes, servit à fondre des canons.

Bas-reliefs en marbre décorant le piédestal de la statue de Louis XIV, à Pau.

Le martyre de saint Sernin. Bas-relief en plomb doré, placé derrière le tabernacle du maître-autel de l'église de Saint-Sernin, à Toulouse.

Deux figures décorant le maître-autel de l'église de Saint-Étienne, à Toulouse.

Un Christ au jardin des Oliviers, dans le couvent des Filles repenties, à Toulouse.

Saint Augustin en extase. Bas-relief en stuc. Autrefois sur le maître-autel du couvent des Augustins de Toulouse. Ce bas-relief, exécuté en 1721-1722 et payé 750 livres, a été détruit en 1834.

Les prophètes Élie et Élisée, saint Augustin et saint Albert patriarche de Jérusalem. Statues colossales en terre cuite. Musée de Toulouse [1]. Ces statues proviennent de la chapelle du Mont-Carmel dans le couvent des Carmes de Toulouse.

La Religion, l'Espérance, saint Mathieu, saint Jean, Diane et Zéphire. Modèles en terre cuite. Musée de Toulouse [2].

Louis XIV. Médaillon en marbre. Musée de Toulouse [3].

L'artiste par lui-même. Buste en terre cuite. Musée de Toulouse [4]. Provient du cabinet de M. Castel, trésorier de France.

Buste de François de Nupces, président au Parlement de Toulouse. Musée de Toulouse [5]. Provient de l'église des Récollets.

Buste de Jean-Pierre Rivals. Musée de Toulouse [6].

Buste de M. de Vandages, à Toulouse.

Mausolée du maréchal d'Ambres. Cette œuvre, placée autrefois dans la cathédrale de Lavaur (Tarn), a été détruite en 1792. Un fragment de bas-relief en marbre provenant de ce tombeau figure au musée de Toulouse [7].

Dix statues colossales ornant la façade de la cathédrale de Montauban.

Louis XIV. Médaillon exécuté pour la ville de Rieux (Haute-Garonne).

Monument funéraire des évêques de la ville de Rieux.

Apollon et les Muses. Bas-relief en stuc, pour la salle de l'Académie de Musique de Toulouse (année 1736).

GUÉRIN, *Description de l'Académie royale de peinture et de sculpture,* 1715, p. 76. — D'ARGENVILLE, *Voyage pittoresque de Paris,* 1752, p. 280. — PIGANIOL DE LA FORCE, *Description de Versailles,* 1764, t. I, p. 9; t. II, p. 62, 73. — Idem, *Description de la ville de Paris,* 1765, t. VI, p. 352. — *Biographie toulousaine,* 1823, p. 19-21. — Eud. SOULIÉ, *Notice du musée impérial de Versailles,* 3e partie, 1861, p. 512, 513. — *Catalogue du Musée de Toulouse,* 1865, p. 284, 323, 324. — *Archives de l'art français, Abécédario de Mariette,* t. I, 1853, p. 29; *documents,*

1. *Catalogue du Musée de Toulouse,* 1865, n° 857.
2.   Id.   n° 858.
3.   Id.   n° 859.
4.   Id.   n° 860.
5.   Id.   n° 861.
6.   Id.   n° 862.
  La plupart de ces œuvres furent achetées aux héritiers de Marc Arcis par l'Académie des Arts de Toulouse, vers 1751.
7. *Catalogue du Musée de Toulouse,* 1865, n° 854.

t. II, 1853, p. 357. — *Nouvelles archives de l'art français*, 1879, p. 146-148, 343,
— De Montaiglon, *Procès-verbaux de l'Académie royale de peinture et de sculpture*, t. II, 1878, p. 222, 227, 276, 281, 282. — J. Guiffrey, *Comptes des bâtiments du roi sous le règne de Louis XIV*, t. I, 1881, col. 1285, 1290; t. II, 1887, col. 11, 93, 137, 159, 169, 1172; t. III, 1891, col. 91 ; t. IV, 1896, col. 963. —
J.-M. Cayla, *Toulouse monumentale et pittoresque*, p. 54, 119, 173, 180. — *Inventaire général des richesses d'art de la France. Province, monuments religieux*, t. I, 1886, p. 157. — Jolibois, *Réunion des sociétés des beaux-arts des départements*, 1887, p. 418-419. — H. Jouin, *Revue de l'art français*, 1891, p. 12-13.

Arlin (Gaspard), maître sculpteur établi à Lyon vers la fin du xviie siècle ; est témoin, le 9 juillet 1684, au mariage de son confrère Pierre Garnaud. Le 7 novembre 1690, il figure comme parrain dans l'acte de baptême d'une fille d'un autre de ses confrères, Jacques Emery. Il n'existait plus en 1708.

Natalis Rondot, *Les sculpteurs de Lyon du XIVe au XVIIIe siècle*, 1884, p. 62.
— Idem, *Revue de l'art français*, 1887, p. 306.

Arlin (Jean), peut-être fils du précédent, exerçait son art dans la ville de Lyon, au commencement du xviiie siècle. Le 26 avril 1708, il fit baptiser un fils sur la paroisse de Saint-Nizier. M. Natalis Rondot cite un sculpteur, du nom de Jean Herlain, résidant à Lyon, de 1699 à 1702; il est probable que c'est le même artiste, dont le nom a été écrit différemment.

Natalis Rondot, *Les sculpteurs de Lyon du XIVe au XVIIIe siècle*, 1884, p. 63-64. — Idem, *Revue de l'art français*, 1887, p. 307.

Armagnac (Jean d'), maître sculpteur et architecte, était occupé, au commencement du xviiie siècle, à la construction de la chapelle neuve de Vezins (Maine-et-Loire), qui fut livrée au culte le 13 septembre 1714.

Célestin Port, *Les artistes angevins*, 1881, p. 5. — Ch. Bauchal, *Nouveau dictionnaire des architectes français*, 1887, p. 17.

Armand (Louis). Voir **Solignon** (Armand-Louis).

Armand de Folleville. Voir **Folleville** (Armand de).

Arnaud (Pierre), né à La Valette, résidait à Toulon vers le milieu du xviie siècle. Il se maria dans cette ville, le 14 juin 1649. La même année, il reçut de la municipalité, en collaboration de ses confrères Gaspard Puget et Nicolas Levray, la commande de divers travaux d'architecture et de sculpture. En 1656, il prit l'engagement d'exécuter, moyennant 2.300 livres, des stalles pour le chœur de l'église collégiale de Six-Fours.

Ch. Ginoux, *Artistes de Toulon* (*Revue de l'art français*, 1888, p. 165, 257; 1894, p. 201).

Arnoux (Jacques), originaire de Marseille, se trouvait en 1668, à Toulon, au nombre des artistes employés à des ouvrages de sculpture navale, sous les ordres de Gabriel Levray.

Archives de l'art français, documents, t. IV, 1856, p. 238. — Ch. Ginoux, *Artistes de Toulon* (*Revue de l'art français*, 1888, p. 169; 1894, p. 202).

Aubert (Jacques), exerçait son art à Angers vers la fin du xvııe siècle.

Célestin Port, *Les artistes angevins*, 1881, p. 6.

Aubertin (Nicolas), sculpteur lorrain né vers 1649, était établi à Nancy, où il entreprit, en 1679, des ouvrages en marbre pour la chapelle du collège des Jésuites. Il mourut le 14 juillet 1688 et fut enterré dans l'église Saint-Sébastien.

Archives de Nancy, t. II, p. 329; t. III, p. 324. — A. Jacquot, *Essai de répertoire des artistes lorrains* (*Réunion des sociétés des beaux-arts des départements*, 1900, p. 312).

Aubrée (Philippe), sculpteur en bois résidant à Angers vers la fin du xvııe siècle, s'engagea par marché, en 1690, à exécuter les boiseries du chœur de l'église Saint-Maimbœuf. Il mourut en 1707, âgé de 67 ans.

Célestin Port, *Les artistes angevins*, 1881, p. 7.

Aubry (Étienne), nous est connu par son contrat de mariage passé à Bourges en 1688. Dans cet acte, il est qualifié « sculpteur ordinaire du Roi, de la ville de Paris ». Peut-être était-il parent du suivant?

Archives du Cher, E. 1108. — *Archives historiques, artistiques et littéraires*, 1890, p. 45. — H. Boyer, *Inventaire sommaire des archives départementales du Cher*, t. III, 1893, p. 23.

Aubry (François), sculpteur et fondeur ordinaire du roi, demeurait à Paris, rue des Boucheries, sur la paroisse Saint-Roch, vers la fin du xvııe siècle. A partir de 1679, on le trouve employé à Versailles, où il exécuta six vases en pierre, pour la balustrade du château et six autres qui furent placés sur le mur de clôture de la Grande Ecurie. En 1683, il fit, avec Lespagnandel, des modèles de groupes destinés à la pièce d'eau du Dragon, et, de 1686 à 1695, avec ses confrères Bonvallet, Roger Scabol et Taubin, il entreprit la fonte de huit groupes d'enfants, avec leurs attributs, pour les grands bassins du Parterre d'Eau. Entre temps, vers 1690, il s'occupa, toujours avec Roger Scabol, de couler en bronze une statue colossale de neuf mètres de haut, œuvre d'Etienne Le Hongre, représentant Louis XIV à cheval, vêtu à la romaine. Cette statue avait été commandée par les États de Bourgogne. Le Hongre étant mort en 1690, avant la fonte de son ouvrage, François Aubry et Roger Scabol soutinrent un procès contre ses héritiers, au sujet de l'indemnité qui leur était due. A la même époque, Aubry se rendit à Pau, où il aida Marc Arcis dans l'exécution de la statue en bronze de Louis XIV, que ce sculpteur avait commencée d'après une esquisse en cire de Girardon.

PIGANIOL DE LA FORCE, *Nouvelle description de Versailles*, 1764, t. II, p. 8, 306. — Eud. SOULIÉ, *Notice du Musée impérial de Versailles,* 3ᵉ partie, 1861, p. 499. — J. GUIFFREY, *Nouvelles archives de l'art français*, 1882, p. 111-122. — Idem, *Comptes des bâtiments du roi sous le règne de Louis XIV*, t. I, 1881, col. 1162, 1289; t. II, 1887, col. 278, 995, 1184; t. III, 1891, col. 103, 292, 387, 388, 396, 397, 491, 1087, 1135.

Audinet (Claude), résidait à Nantes dans la première moitié du xviiᵉ siècle.

Revue de l'art français, 1898, p. 11.

Audran (Gabriel), sculpteur et peintre des bâtiments du roi, né à Lyon en 1659, faisait partie de la famille des célèbres graveurs du xviiᵉ siècle. Il vint s'établir à Paris, où sa présence est constatée dès 1694. Il mourut le 14 mars 1740. Il habitait alors l'hôtel royal des Gobelins et fut inhumé dans l'église Saint-Hippolyte.

H. HERLUISON, *Actes d'état civil d'artistes français*, 1873, p. 13. — *Bulletin de l'art français*, 1877, p. 99. — Natalis RONDOT, *Les sculpteurs de Lyon du XIVᵉ au XVIIIᵉ siècle*, 1884, p. 53. — Idem, *Réunion des sociétés des beaux-arts des départements*, 1887, p. 548.

Audric (Antoine), né à la Ciotat, en Provence, vers 1653, vint en Touraine, où il travailla, en 1676, avec un de ses confrères, Cot Tabouré, aux sculptures en bois décorant l'ancienne église des Petits-Minimes de Tours, devenue aujourd'hui la chapelle du lycée. Il entra ensuite, en 1679, au couvent de Plessis-les-Tours et exécuta de nombreux ouvrages pour sa communauté. Il mourut à Orléans le 14 avril 1690.

CH. GRANDMAISON, *Documents pour servir à l'histoire des arts en Touraine*, 1870, p. 233. — *Bulletin de la société archéologique de Touraine*, t. IV, p. 375. — E. GIRAUDET, *Les artistes tourangeaux*, 1885, p. 8. — Ch. BAUCHAL, *Nouveau dictionnaire des architectes français*, 1887, p. 21.

Augé (Claude), sculpteur et architecte originaire de Lyon, fut occupé à la cathédrale de Chartres, de 1690 à 1698, à réparer et à exhausser la pointe du clocher nord, qui avait été endommagée dans un ouragan. Il restaura également la lanterne et entreprit le couronnement de la clôture du chœur ; ce travail ne fut terminé qu'en 1716.

L'abbé BULTEAU, *Histoire et description de la cathédrale de Chartres.* — Ch. BAUCHAL, *Nouveau dictionnaire des architectes français*, 1887, p. 21.

Auphan (Joseph), sculpteur marseillais, était employé à Toulon, en 1668, sous la direction de Raymond Langueneux, à la décoration du vaisseau de premier rang, le *Royal-Louis*.

Archives de l'art français, Documents, t. IV, 1856, p. 238. — Ch. GINOUX, *Artistes de Toulon (Revue de l'art français*, 1888, p. 168 ; 1894, p. 202).

Auray (Guillaume), sculpteur et peintre normand, s'engage le 27 janvier 1647, à sculpter « un baston », avec une figure de saint Michel, pour la confrérie de Saint-Michel de la paroisse de Notre-Dame de la Couture, à Bernay.

E. VEUCLIN, *Artistes normands (Réunion des sociétés des beaux-arts des départements*, 1892, p. 351).

Aurimon (Jean d'), sculpteur en bois, né en 1617, exerçait son art à Bordeaux. En 1632, il exécuta, avec son père, Jean d'Aurimon dit Roubiscon, maître menuisier, l'autel de la collégiale de Saint-Blaise de Cadillac (Gironde), pour le compte du duc d'Épernon. Il fut nommé, en 1691, professeur à l'Académie royale de peinture et de sculpture de Bordeaux et mourut le 31 octobre 1699.

Ch. BRAQUEHAYE, *Réunion des sociétés des beaux-arts des départements*, 1886, p. 465, 472, 473. — Idem, *Les artistes du duc d'Epernon*, 1888, p. 237.

Auxion (François), sculpteur toulousain, était établi à Toulon, en 1668, et y travaillait à l'ornementation du vaisseau le *Royal-Louis* sous la direction de Pierre Turreau.

Archives de l'art français, Documents, t. IV, 1856, p. 238. — Ch. GINOUX, *Artistes de Toulon (Revue de l'art français*, 1888, p. 169 ; 1894, p. 202).

Aymerie ou **Esmery** (Michel), est reçu membre de l'Académie de Saint-Luc, le 27 novembre 1669. Son nom figure encore sur les listes de la communauté, en 1682.

P. LACROIX, *Revue universelle des arts*, t. XIII, 1861, p. 329.

B

Bagard (Nicolas), sculpteur lorrain, chef de la célèbre famille des Bagard de Nancy, vivait dans la première partie du xviie siècle. Il se maria deux fois et eut plusieurs enfants, dont César Bagard, né de son second mariage. On ne connaît aucune de ses œuvres.

Archives paroissiales de Saint-Sébastien de Nancy. — A. Jacquot, *La sculpture en Lorraine* (*Réunion des sociétés des beaux-arts des départements*, 1900, p. 312).

Bagard (César), fils du précédent, naquit en 1620 [1], sur la paroisse Saint-Sébastien de Nancy, comme le prouve l'acte de baptême suivant daté du 27 avril de cette même année : « César, fils de Nicolas Bagaar et d'Anne, sa femme. Parrain, César Foullon (sculpteur) et Marie-Dieudonné le Pougnant, marraine ». Élève de Jacquin, dit le Grand Jacquin, qui passait à cette époque pour le premier des sculpteurs lorrains, il commença par travailler dans sa ville natale : il y fit, en 1657, différents ouvrages commandés par le duc de Lorraine, d'après les dessins du peintre Claude Deruet, et y sculpta, en 1658, un groupe en pierre pour la fontaine du palais ducal. L'année suivante, ayant accompagné Jacquin à Paris, il resta quelque temps dans la capitale, où il exécuta deux figures symbolisant la *Force* et la *Vertu*, figures destinées à l'arc de triomphe dressé, en 1659, lors du mariage de Louis XIV avec Marie-Thérèse d'Autriche.

De retour à Nancy, il entreprit de nombreux travaux et décora les églises de la ville d'œuvres en pierre, en marbre et en bois de Sainte-Lucie [2], œuvres qui, malheureusement, ont été détruites en grande partie à la Révolution. Quant aux nombreux coffrets, cadres, boîtes et

---

1. C'est donc à tort que la *Grande Encyclopédie* et le *Dictionnaire des artistes français* de Bellier de la Chavignerie le font naître, sur le dire de Mariette, le 27 mars 1639.

2. Bois de cerisier, ainsi désigné à cause d'un bois appelé « bois de Sainte-Lucie » qui était entièrement planté de cerisiers et qui dépendait alors d'un couvent situé près de Sampigny, dans la Meuse.

statuettes en bois, souvent rencontrés dans le commerce de la curiosité et généralement attribués à Bagard, il est certain qu'ils ne sont
pas de la main de l'artiste qui, selon dom Calmet, était surtout « sculpteur de figures en grand ».

César Bagard obtint, le 21 novembre 1669, le brevet de sculpteur
ordinaire du duc Charles IV. Il mourut à Nancy, en 1709, et fut
enterré dans l'église des Minimes. Il avait épousé en Lorraine, le
1er février 1650, une veuve, Claude Biclet, dont il eut un fils, Toussaint
Bagard.

ŒUVRES

Ouvrages exécutés à Nancy d'après les dessins et sous la direction du peintre
  Claude Deruet (année 1657).
Cupidon ouvrant la gueule à un lion. Groupe en pierre ornant autrefois la
  fontaine du jardin du palais ducal de Nancy (année 1658).
La Force et la Vertu. Figures sculptées, en 1659, pour décorer l'arc de
  triomphe dressé à Paris à l'occasion du mariage de Louis XIV.
Un Christ en croix et *un Lutrin*, dans l'église paroissiale de Saint-Sébastien
  de Nancy. La première de ces œuvres existe encore [1].
Le mausolée de Jean des Porcelets, évêque de Toul, érigé dans l'ancienne
  église du collège des Jésuites de Nancy (année 1673). La statue représentant
  un génie tenant le médaillon du prélat, qui faisait partie de ce monument,
  est déposée aujourd'hui au Musée lorrain.
Buste de Louis XIV, décorant autrefois l'ancienne porte royale de Nancy
  élevée en 1673.
Une Vierge. Cathédrale de Nancy.
Saint-Honoré. Statue en bois. Ancienne église des Dominicains.
Saint Jean de la Croix, sainte Thérèse, une Vierge en marbre soutenue par
  des anges, et un devant d'autel représentant la *Nativité.* Autrefois dans
  l'église des Carmes.
Le Christ, saint Pierre et *saint Paul.* Ces œuvres se voyaient, vers le milieu
  du xviiie siècle, dans le cabinet de M. Breton, conseiller au bailliage de
  Nancy.
Un Hercule enfant, figurant, à la même époque, chez M. Deforge, prêtre à
  Nancy.
Le tombeau de Jean Rousselot, avec un bas-relief représentant les disciples
  d'Emmaüs. Ancienne église Saint-Epvre.
Une Vierge ornant jadis la porte du couvent des religieuses de Sainte-Elisa-
  beth de Nancy.
Un crucifix placé vers le milieu du xviiie siècle chez M. Richard, banquier
  à Nancy.
Une sainte Famille qui se trouvait, vers 1751, chez les héritiers de M. de
  Moranville, conseiller à la Cour.
Une Vierge en bois de Sainte-Lucie, que possédait à la même époque
  M. Abram, avocat.

1. D'après M. Jacquot, elle appartiendrait à M. le baron Henry et aurait
figuré, en 1891, à l'exposition de Pau. Cependant un Christ de Bagard se trouverait
encore dans l'église Saint-Sébastien.

Un ange, avec son piédestal servant de reliquaire, appartenant à la congrégation de Notre-Dame de Nancy (année 1675).

Un saint Pierre. Autrefois dans le cloître des Cordeliers de Nancy.

Quatre statues colossales. Chœur de l'ancienne église du Noviciat des Jésuites.

Deux Génies ailés, au mausolée de Georges Affricain de Bassompierre, dans l'ancienne église des Minimes.

Une armoire exécutée pour la chapelle de la confrérie de la Miséricorde de Nancy (année 1687).

Une statue d'enfant en pierre. Musée lorrain.

Un Coffret. Musée lorrain, n° 650[1].

Le Crucifiement. Musée lorrain, n° 507[2].

Un saint Pierre provenant de l'ancienne église des Carmélites. Aujourd'hui au Musée lorrain.

Un Christ[3] entouré d'un cadre en bois sculpté. Cette œuvre, appartenant à M. d'Hannoncelles, a fait partie de l'exposition rétrospective de Nancy, en 1875.

Georges d'Aubusson de la Feuillade, évêque de Metz. Statuette en bois appartenant à M. de Coetlosquet. A figuré à l'exposition rétrospective de Nancy en 1875.

Un Ecce homo grand comme nature. Autrefois dans une chapelle, près Sauxures-lès-Nancy.

Saint Bruno, saint Jean-Baptiste, saint Pierre, saint Paul et la Vierge couronnée par deux anges. Statues décorant encore la façade de l'église de la chartreuse de Bosserville (Meurthe-et-Moselle).

Une Vierge en bois. Église de Varangéville (Meurthe-et-Moselle).

Saint-Joseph. Statue en bois attribuée à Bagard. Chapelle du château de Gerbeviller (Meurthe-et-Moselle).

Coffret en bois aux armes du duc Léopold de Lorraine. Ce coffret attribué à Bagard figure au Musée de Troyes.

Archives de Meurthe-et-Moselle, B. 7828; E. 365; G. 84; H. 1948, 2037. — *Archives de Nancy,* t. II, p. 180, 259-267, 271, 286; t. III, p. 248, 261, 296, 323, 575; t. IV, p. 67. — P. Husson, *Eloge de Callot,* 1720, p. 128. — Digot, *Histoire de Lorraine,* t. V, p. 410, 420, 454; t. IV, p. 145. — Dom Calmet, *Bibliothèque Lorraine,* 1751, p. 70-71. — *Abécédario de Mariette,* t. I, 1853, p. 50. — H. Lepage, *Journal de la société d'archéologie et du comité du Musée lorrain,* 1855, 4e année, p. 38. — L. Wiener, idem, 23e année, p. 120. — René Ménard, *L'art en Alsace-Lorraine,* 1876, p. 356-358. — Maze-Sencier, *Le livre des collectionneurs,* 1885, p. 657-659. — A. Jacquot, *La sculpture en Lorraine (Réunion des sociétés des beaux-arts des départements,* 1888, p. 859; 1894, p. 797; 1900, p. 313). — L. Gonse, *Les chefs-d'œuvre des Musées de France,* 1904, p. 345, 349.

Bagard (Toussaint), fils et élève du précédent, travaillait également à Nancy dans la seconde moitié du xviie siècle et exécutait,

1. Cette attribution est douteuse.
2. Ce crucifiement ne doit pas être de Bagard, il serait plutôt une œuvre de Chassel.
3. Ce Christ est peut-être un de ceux que j'ai cités plus haut comme appartenant à des amateurs du xviiie siècle.

comme son père, de grandes statues, des crucifix et des statuettes en bois de Sainte-Lucie. Il se maria, le 3 septembre 1683, avec Anne-Chrétienne Hussart, et mourut vers 1712.

ŒUVRES

Saint Stanislas Koska et saint Louis de Gonzague. Figures colossales. Autrefois dans le chœur de l'église du Noviciat des Jésuites de Nancy.
Un crucifix offert par la Ville, en 1695, à la maréchale de Lorge.
Un autre crucifix donné par les magistrats municipaux à la princesse Elisabeth-Charlotte d'Orléans, épouse de Léopold, lors de son entrée à Nancy, en 1698. Ce crucifix fut sculpté en collaboration de Jean Vallier.
Travaux entrepris pour la pompe funèbre de Charles V, duc de Lorraine, dans l'église des Cordeliers de Nancy (année 1700).
Ouvrages de sculpture exécutés, en 1701, à l'hôtel de la Gendarmerie de Nancy (caserne de la porte Saint-Jean).
Ouvrages au château de Lunéville (année 1702).

Archives de Nancy, t. III, p. 299. — *Archives de Meurthe-et-Moselle,* B. 1541, 1549, 1556. — Dom CALMET, *Bibliothèque lorraine,* 1751, p. 71. — L. WIENER. *Journal de la société d'archéologie et du comité du Musée lorrain,* 23e année, 1874, p. 120-123. — A. JACQUOT, *La sculpture en Lorraine (Réunion des sociétés des beaux-arts des départements,* 1900, p. 314).

Bagnieux ou **Vaigneux** (Emmanuel), sculpteur résidant à Lyon, vers 1675, collabore, avec Nicolas Bidau et Simon Lacroix, à la sculpture du sanctuaire de l'abbaye de Saint-Pierre. Ce travail fut exécuté d'après les dessins du peintre-architecte Thomas Blanchet.

Natalis RONDOT, *Les sculpteurs de Lyon du XIVe au XVIIIe siècle,* 1884, p. 58. — *Inventaire général des richesses d'art de la France. Province, monuments religieux,* t. III, 1901, p. 356.

Baillet (Nicolas), sculpteur et peintre établi à Paris vers la fin du XVIIe siècle, nous est connu par un acte notarié, daté du 7 août 1689, dans lequel l'artiste s'engage envers l'Hôtel-Dieu, moyennant la somme de cent livres, à prendre comme apprenti, pendant six mois, un nommé Jean Bruyant.

E. COYECQUE, *Revue de l'art français,* 1887, p. 324.

Bailly (François), sculpteur lorrain né vers 1645, exerçait son art à Nancy. Il mourut dans cette ville, le 9 décembre 1685, et fut enterré au couvent des sœurs grises.

A. JACQUOT, *La sculpture en Lorraine (Réunion des sociétés des beaux-arts des départements,* 1900, p. 134).

Ballin (Claude), sculpteur, orfèvre et graveur en médailles, né à

2

Paris en 1615 [1], était fils de Pierre Ballin, orfèvre Il commença fort jeune son apprentissage, car, à l'âge de dix-neuf ans, il exécuta quatre grands bassins en argent sur lesquels étaient figurés les quatre âges du monde. Ces bassins furent acquis par le cardinal de Richelieu. Plus tard, il fit des bas-reliefs d'argent représentant les songes de Pharaon et cisela la première épée d'or émaillé et le premier hausse-col portés par Louis XIV. Il était aussi l'auteur du chef de saint Remi, qui fut offert à la cathédrale de Reims par le roi, le jour de son sacre. A Notre-Dame, il y avait de lui six chandeliers d'argent, un Christ, un ostensoir fait d'après le modèle [2] de David Bertrand et un lampadaire, ce dernier devant la chapelle de la Vierge. Toutes les œuvres d'orfèvrerie exécutées par Ballin, pour le roi, furent fondues, afin de subvenir aux dépenses de la guerre du Palatinat, mais avant leur destruction, elles furent dessinées par un orfèvre nommé Launai, qui en a ainsi conservé le souvenir.

Claude Ballin travailla pour plusieurs églises de Paris, pour l'abbaye de Saint-Denis et surtout pour Versailles. Il mourut à Paris, le 22 janvier 1678, et fut enterré à Saint-Germain-l'Auxerrois. Quelques années auparavant, il avait obtenu du roi la place de contrôleur général des monnaies de France, place laissée vacante, en 1672, par la mort de Jean Warin.

ŒUVRES

Vase en bronze orné de bas-reliefs représentant *Apollon poursuivant Daphné et Apollon terrassant le serpent Python*. Parterre du Midi, à Versailles.

Vase en bronze décoré d'une guirlande de chêne et de deux têtes couronnées de lierre, placées sur des hures de sangliers. Même emplacement.

Vase en bronze orné de têtes de lions. Même emplacement.

Vase en bronze décoré de deux sphinx, de têtes de lions, de masques et de médailles antiques. Même emplacement.

Vase en bronze orné de deux petits satyres assis sur des têtes de boucs formant les anses. Au milieu du corps de ce vase, on voit une massue et une balance qui ont remplacé, en 1793, les armes de France et de Navarre. Gravé par Lepautre. Même emplacement.

Vase en bronze décoré de têtes de satyres. Parterre du Nord, à Versailles.

Vase en bronze avec des têtes de loups. Même emplacement.

Vase en bronze dont les anses sont supportées par deux têtes d'hommes. Même emplacement.

Vase en bronze orné de sirènes et d'un bas-relief représentant une bacchanale d'enfants. Même emplacement.

Vase en bronze décoré de deux amours assis sur des gueules de lions et d'un faisceau d'armes qui a remplacé, en 1793, les armes de France et de Navarre. Gravé par Lepautre. Même emplacement.

1. Non, en 1625, comme le dit l'abbé de Fontenai.
2. Le dessin de ce modèle était dû à l'architecte Robert de Cotte.

Vase en bronze avec des têtes de lions, des têtes de soleils et des médailles antiques. Même emplacement.

Piganiol de la Force, *Description de la Ville de Paris*, 1765, t. I, p. 355 ; t. II, p. 220, 221, 271. — L'abbé de Fontenai, *Dictionnaire des artistes*, 1776, t. I, p. 138. — Thiery, *Guide des amateurs et des étrangers à Paris*, 1787, t. II, p. 114. — Paul Lacroix, *Revue universelle des arts*, t. II, 1855, p. 435. — Eud. Soulié, *Notice du Musée impérial de Versailles*, 3ᵉ partie, 1861, p. 498, 499, 502, 600. — A. Jal, *Dictionnaire critique de biographie et d'histoire*, 1872, p. 102. — J. Guiffrey, *Comptes des bâtiments du roi sous le règne de Louis XIV*, t. I, 1881, col. 46, 102, 157, 224, 301, 380, 444, 543, 554, 555, 707, 778, 803, 852, 934, 941, 1010. — André Pératé, *Versailles*, 1904, p. 56-57. — Pierre de Nolhac, *Les jardins de Versailles*, 1906, p. 46, 64.

Baptiste, élève de Pierre Puget, sculpte, en 1692, pour le sanctuaire de l'église de Saint-Maximin (Var), des bas-reliefs en bois représentant différents épisodes de la vie de plusieurs saints et saintes de l'ordre de Saint-Dominique.

Ch. Ginoux, *Revue de l'art français*, 1894, p. 202.

Barauderie (Pierre), sculpteur et architecte, né à Poitiers vers 1643, vint se fixer, en 1666, à Angers, où il travailla d'abord sous la direction de Pierre Biardeau [1], dont il prit la manière, en exagérant encore le côté décoratif de son talent. En 1670, il exécuta le maître-autel et les deux autels collatéraux de l'église Saint-Samson. Il termina également le grand autel des Augustins commencé par Biardeau. En 1674, il s'engagea, par contrat, à faire pour l'église Saint-Maimbœuf, moyennant la somme de 86 livres, « deux bas-reliefs dans les deux parpaings du grand autel, savoir du costé de l'Évangile, *Notre-Seigneur au jardin des Olives* et du costé de l'Épistre, une *Ascension* …en blanc, façon de marbre, et outre ce, une image de la Vierge tenant un petit Jésus sur ses bras ». Cet ouvrage avait été confié primitivement à un autre sculpteur, François Beauvarlet, qui ne s'entendit pas avec le chapitre.

En 1694, Pierre Barauderie passa un marché pour la décoration de l'autel de l'église de Fontaine-Couverte. De 1705 à 1713, la municipalité l'employa à différents travaux d'ornementation. Il mourut âgé de 86 ans et fut inhumé, le 2 avril 1729, dans le cimetière de la Trinité. Aux environs d'Angers, il existe encore de lui, dans l'église de Faye, un autel signé de son nom, et dans l'église d'Allençon, deux groupes représentant l'un, le *Sacrifice d'Abraham*, et l'autre, *Saint Joseph enseignant son métier à Jésus*.

1. Voir le *Dictionnaire des sculpteurs de l'école française du Moyen-Age au règne de Louis XIV*, p. 58.

Barauderie (Jean-Michel), fils aîné du précédent, né à Angers le 27 avril 1674, figure déjà dans un acte daté de 1688, avec le titre de sculpteur. Il dut travailler, pendant quelques années, à Saint-Georges-sur-Loire. Il mourut avant son père, en septembre 1728, à Vern (Maine-et-Loire), où il était occupé à la décoration du maître-autel de l'église.

Registre capitulaire de Saint-Maimbœuf, fol. 140. — *Archives municipales d'Angers*, GG. 12, 33, 93, 123, 126, 177, 225, 226, 227, 229, 232, 233, 241. — *Revue des sociétés savantes*, 1873, 1ʳᵉ partie. — C. PORT, *Les artistes angevins*, 1881, p. 13-14. — Ch. BAUCHAL, *Nouveau dictionnaire des architectes français*, 1887, p. 29.

Barbaran. Un sculpteur de ce nom, établi à Nevers, donne quittance, en 1710, de la somme de 100 livres, prix d'un retable qu'il avait exécuté pour la chapelle de Saint-Jean, dans l'église de Saint-Père.

Archives de la ville de Nevers, GG. 48.

Barbe (Claude), sculpteur et peintre établi à Paris dans la seconde moitié du XVIIᵉ siècle, passe un marché, le 16 avril 1674, avec Claude Baudoin, ci-devant conseiller du roi au Châtelet, pour des travaux à entreprendre dans la maison habitée par ce dernier, rue Saint-Louis-en-l'Ile. Barbe se dit, dans ce marché, maître peintre, sculpteur, ancien bachelier de la communauté des arts de peinture et de sculpture, demeurant rue de la Pelleterie, proche le Palais, paroisse Saint-Jacques-de-la-Boucherie.

F. MAZEROLLE, *La correspondance historique et archéologique*, 1902, p. 295.

Barbe (Jacques), sculpteur en bois, peut-être parent du précédent, faisait partie de l'Académie de Saint-Luc, où il fut admis le 26 juin 1668. En 1670, il sculpta quatre grandes armoires de chêne pour le garde-meuble du roi, qui lui furent payées 2.508 livres. En 1676, il entreprit divers travaux au bâtiment du Val, à Saint-Germain-en-Laye. En 1678, il était occupé à Versailles et au château de Clagny. Il mourut en 1679, car, à partir du 2 octobre de cette année, les comptes ne font plus mention que de la veuve Barbe qui touche différentes sommes dues pour des ouvrages exécutés par son mari.

Paul LACROIX, *Revue universelle des arts*, t. XIII, 1861, p. 329. — J. GUIFFREY, *Comptes des bâtiments du roi sous le règne de Louis XIV*, t. I, 1881, col. 481, 895, 965, 983, 1075; t. II, 1887, col. 67, 309.

Barois (Bonaventure), est admis au nombre des membres de l'Académie de Saint-Luc, le 4 août 1678. Il figure encore sur les listes de la communauté, en 1682.

Paul LACROIX, *Revue universelle des arts*, t. XIII, 1861, p. 333.

Barré (Guillaume), sculpteur en bois, établi à Rouen, exécute, en 1653, la décoration du buffet d'orgue de l'église paroissiale de Saint-Jean.

Archives de la Seine-Inférieure, G. 6733.

Barrois ou **Barois** (François), peut-être parent de Bonaventure Barois, naquit à Paris en 1656. Il remporta le deuxième grand prix de sculpture, en 1682, et fut envoyé à Rome, l'année suivante, comme pensionnaire du roi. De retour en France, en 1686, il exécuta de nombreux travaux à Versailles, à Marly et à l'église des Invalides. D'abord sculpteur de la maîtrise, il fut reçu membre de l'Académie royale de peinture et de sculpture, le 30 octobre 1700, sur un marbre représentant *Cléopâtre mourante*. Il fut nommé adjoint à professeur le 21 juillet 1702, professeur le 3 juillet 1706 et adjoint à recteur le 26 octobre 1720. Il mourut à Paris le 10 octobre 1726. Il demeurait alors rue Saint-Honoré et fut inhumé au cimetière de la paroisse Saint-Roch. Son portrait a été peint, en 1723, par Charles-Etienne Geuslain, comme morceau de réception à l'Académie.

ŒUVRES

Vénus callipyge. Copie en marbre d'après l'antique, exécutée à Rome de 1683 à 1685. Cette statue décorait le parc de Marly. On lit dans les comptes des bâtiments du roi, à la date du 23 juin 1686 : « au nommé Barrois, sculpteur, en considération de la satisfaction que S. M. a de la petite *Vénus callipigie* qu'il a faite de marbre à Rome... 220 l. »

Vertumne et Pomone. Termes en marbre pour Versailles (années 1686-1696).

Deux chapiteaux d'ordre ionique en marbre pour Trianon. Payés 280 livres (années 1687-1688).

Ornements des corniches des appartements de Trianon. En collaboration de Jouvenet et de Mazeline (années 1687-1688).

Sculpture en bois aux architraves des lambris des appartements du roi, à Trianon-sous-bois. En collaboration de Jouvenet et de Mazeline (année 1688).

Vase en marbre orné de cornes d'abondance. Grande allée ou Tapis-Vert du parc de Versailles (années 1687-1688). Gravé par Thomassin, n° 213. Ce vase et les termes de *Vertumne* et de *Pomone*, cités plus haut, furent payés 9.950 livres.

Quatre groupes d'enfants, au-dessus du péristyle de Trianon. En collaboration de Jouvenet et de Mazeline (année 1688).

Chapiteaux du vestibule de la chapelle du château de Versailles. Payés 2.250 livres (année 1688).

Couronnements des frontons du château de Marly. En collaboration de Jouvenet et de Mazeline. Payés 8.136 livres (année 1688).

Anges décorant, à l'extérieur, le dôme de l'église des Invalides (années 1690-1691).

Deux anges placés sous les bordures des cadres de la coupole de la chapelle Saint-Jérôme, dans la même église (années 1690-1691).

Sculpture en pierre aux panneaux des chapelles de la même église (année 1692).

Vase en marbre pour le parc de Marly. Payé 850 livres (année 1697).

Têtes de chérubins surmontant les fenêtres des chapelles de l'église des Invalides. Payées 1.200 livres (année 1698).

Cléopâtre mourante. Statuette en marbre. Morceau de réception à l'Académie (30 octobre 1700). Jadis dans une des salles de l'ancienne Académie royale de peinture et de sculpture.

La Vierge au pied de la croix tenant son fils mort sur ses genoux. Bas-relief en marbre exposé au Salon de 1784.

Saint Grégoire. Statue en plâtre. Autrefois dans la chapelle Saint-Grégoire, à l'église des Invalides. Payée 700 livres (années 1705-1709).

Groupe de nymphes en plâtre et en étain exécuté en collaboration de Bertrand (année 1706). Cette œuvre, payée 2.000 livres, figurait dans le parc de Marly.

La Religion [1]. Statue en pierre de Tonnerre, posée, en 1707, à l'extérieur de la chapelle du château de Versailles au-dessus de la partie en saillie qui contient les chapelles de la Vierge et de Saint-Louis. Cette statue, payée 1.050 livres, existe encore aujourd'hui.

Pomone. Statue en marbre, placée, en 1709, à la cascade champêtre de Marly. Payée 2.900 livres. Transportée après la Révolution à la Malmaison, elle se trouve aujourd'hui dans les magasins de l'Etat.

GUÉRIN, *Description de l'Académie royale de peinture et de sculpture*, 1715, p. 135. — D'ARGENVILLE, *Voyage pittoresque de Paris*, 1752, p. 369. — Idem, *Voyage pittoresque des environs de Paris*, 1762, p. 102, 154, 159, 399. — PIGANIOL DE LA FORCE, *Nouvelle description des châteaux et parcs de Versailles et de Marly*, 1764, t. II, p. 60, 212, 274, 285, 289, 307. — A. DUVIVIER, *Archives de l'art français, documents*, t. V, 1857-1858, p. 279. — Eud. SOULIÉ, *Notice du Musée impérial de Versailles*, 1re partie, 1859, p. 3 ; 3e partie, 1861, p. 510. — H. HERLUISON, *Actes d'état civil d'artistes français*, 1873, p. 21. — DE MONTAIGLON, *Procès-verbaux de l'Académie royale*, t. II, 1878, p. 229, 233, 241 ; t. III, 1880, p. 303, 347 ; t. IV, 1881, p. 31, 393, 361. — Idem, *Correspondance, des directeurs de l'Académie de France à Rome*, t. I, 1887, p. 134, 158. —*Collection des livrets des anciennes expositions. Salon de 1704*, p. 38. — Idem, *Comptes des bâtiments du roi sous Louis XIV*, t. II, 1887, col. 378, 956, 995, 1115, 1172 ; t. III, 1891. col. 35, 55, 91, 167, 248, 260, 336, 422, 560, 703, 845, 846, 853 ; t. IV, col. 11, 48, 65, 189, 331, 336, 469, 473, 1177 ; t. V, 1901, col. 41, 72, 123, 240, 340, 349, 526, 537. — *Inventaire général des richesses d'art de la France. Paris, monuments religieux*, t. III, 1901, p. 235, 246, 250, 255.

Barthélemy de Mélo. Voir Mélo (Barthélemy de).

Barthelier (Jean-François), sculpteur à Toulon, figure, en 1688, au nombre des artistes employés à des travaux de sculpture navale sous la direction de Raymond Langueneux.

Archives de l'art français, documents, t. IV, 1856, p. 238. — Ch. GINOUX, *Artistes de Toulon (Revue de l'art français*, 1888, p. 170 ; 1894, p. 203).

1. Dans les comptes des bâtiments du roi, cette statue est désignée sous le titre de *la Foi.*

Bauche ou **Boche** (Jacob), fut reçu, le 8 juillet 1859, membre de l'Académie de Saint-Luc. Il vivait encore en 1683, car, le 16 février de cette même année, il signa l'acte de décès d'Anne-Marie Bauche, sa fille, inhumée sur la paroisse des Saints-Pères, à Paris.

Paul LACROIX, *Revue universelle des arts*, t. XIII, 1861, p. 326. — H. HERLUISON, *Actes d'état civil d'artistes français*, 1873, p. 21.

Baudard ou **Baudart** (Louis), maître sculpteur, bourgeois de Rouen, était occupé, de 1640 à 1656, à l'église de Neville (Seine-Inférieure). En 1659, il sculpta une contretable et un tabernacle dans l'église de Pommeréval. L'année suivante, il exécuta, pour la Confrérie de Saint-Joseph, à Bernay (Eure), une contretable destinée à l'église de la Couture ; cet ouvrage lui fut payé 300 livres. En 1669, on trouve encore l'artiste établi à Bernay avec son fils. Il mourut, le 25 avril 1679, à Barquet, près Beaumont-le-Roger, où il travaillait alors à un retable pour l'église de la paroisse.

Archives de la Seine-Inférieure, G. 8425, 8465. — E. VEUCLIN, *Artistes normands* (*Réunion des sociétés des beaux-arts des départements*, 1893, p. 454).

Baudoin (Pierre), exerçait son art dans la ville d'Orléans vers la fin du XVIIe siècle. Il mourut le 7 avril 1703.

HERLUISON, *Artistes orléanais*, 1863, p. 10, 57.

Baugé (Claude). Voir **Bange** (Claude)[1].

Baume (Hugues), était établi à Lyon, vers la fin du XVIIe siècle.

Natalis RONDOT, *Les sculpteurs de Lyon du XIVe au XVIIIe siècle*, 1884, p. 62.

Baux (Pierre), travaillait à Toulon au commencement du XVIIIe siècle.

Ch. GINOUX, *Artistes de Toulon* (*Revue de l'art français*, 1894, p. 203)

Bazin (François), né à Paris, exerçait son art à Mâcon à la fin du XVIIe siècle et au commencement du XVIIIe siècle. Il vint se fixer ensuite à Lyon, où il se maria, en 1705, sur la paroisse Sainte-Croix.

Natalis RONDOT, *Les sculpteurs de Lyon du XIVe au XVIIIe siècle*, 1884, p. 63. — Idem, *Revue de l'art français*, 1887, p. 306.

Beauregard, sculpteur et architecte établi à Lyon vers la fin du XVIIe siècle, travaille, dans l'église du grand collège des Jésuites,

---

1. *Dictionnaire des sculpteurs de l'école française du Moyen-Age au règne de Louis XIV*, p. 33.

à la décoration des chapelles, et exécute un retable pour l'église du noviciat.

CHARVET, *Archives de l'art français*, 2ᵉ série, 1862, p. 130. — Ch. BAUCHAL, *Nouveau dictionnaire des architectes français*, 1887, p. 38.

Beaurain (Jean), sculpteur à Paris, fait baptiser un fils à la paroisse Saint-Benoît, le 30 janvier 1706.

H. HERLUISON. *Actes d'état civil d'artistes français*, 1873, p. 25.

Beaussier (Joseph), maître sculpteur, était occupé à Toulon, en 1682-1683, à la décoration des vaisseaux.

Ch. GINOUX, *Artistes de Toulon (Revue de l'art français*, 1888, p. 173 ; 1894, p. 203).

Beaussieux, sculpteur ornemaniste, travaillait à Versailles vers la fin du xviiᵉ siècle. On trouve dans les comptes des bâtiments du roi, à la date du 19 octobre 1687 : « à Beauscieux, sculpteur, à compte des deux tiers d'un chapiteau pilastre qu'il fait en marbre pour Trianon... 50 l... ». Il vivait encore en 1700.

J. GUIFFREY. *Comptes des bâtiments du roi sous le règne de Louis XIV*, t. II, 1887, col. 1173 ; t. III, 1891, col. 92 ; t. IV, 1896, col. 576.

Beauvarlet (François), était établi à Angers dans la seconde moitié du xviiᵉ siècle. En 1674, il passa un marché avec le chapitre de Saint-Maimbœuf, au sujet de la décoration du maître-autel de l'église, mais il ne mit pas ce projet à exécution, et le travail fut confié à son confrère Pierre Barauderie.

Célestin PORT, *Les artistes angevins*, 1881, p. 18.

Bécot, sculpteur à Versailles, reçoit, en 1707-1708, une somme d'argent pour des travaux de réparation exécutés à l'appartement que le roi avait donné au prince de Vaudemont, dans le château de Versailles.

Archives de Meurthe-et-Moselle. Chambre des comptes de Lorraine, B. 12, 432.

Bedant (Nicolas), sculpteur lorrain, travaille, en 1700, au catafalque de Charles V, duc de Lorraine, élevé dans l'église des Cordeliers de Nancy.

Archives de Meurthe-et-Moselle. Chambre des comptes de Lorraine, B. 1541.

Belan (Marin), sculpteur en bois et ornemaniste ordinaire des bâtiments du roi, établi à Paris à la fin du xviiᵉ et au commencement du xviii° siècle, est souvent cité dans les comptes, pour des travaux exécutés à Trianon, aux châteaux de Versailles, de Choisy, de Meudon, de Marly, de Fontainebleau et aux églises des Invalides et de Notre-Dame de Paris. Il collaborait le plus souvent avec ses confrères Jules Dugoulon, Le Goupil, Lalande et Taupin. Il vivait encore en 1715.

ŒUVRES

Quatre chapiteaux en marbre pour Trianon (année 1687).

Sculpture en bois pour les appartements de Trianon (années 1687, 1688, 1700, 1702 et 1706).

Ouvrages de sculpture en bois dans la grande aile du château de Versailles (année 1688).

Balustrade de la chambre de la dauphine, à Versailles (année 1690).

Décoration du pourtour de l'église des Invalides (années 1692, 1698 et 1699).

Travaux au château de Choisy (année 1693).

Travaux au château de Meudon (années 1695, 1699, 1700, 1701, 1702 et 1703).

Tête de femme ornant les lambris des appartements de Trianon (année 1698).

Ouvrages de sculpture en bois à la Ménagerie de Versailles (années 1698, 1699 et 1701).

Pieds de table pour le salon du château de Marly (année 1699).

Huit chapiteaux pour le cabinet bâti, à Marly, dans le bois de la princesse (année 1699).

Bordures encadrant les glaces du cabinet du roi, à Meudon (année 1699).

Ouvrages de sculpture en bois au château de Fontainebleau (années 1701, 1705 et 1711).

Travaux à la chapelle du château de Meudon (année 1702).

Sculptures en bois dans le pavillon des Globes, à Marly (année 1703).

Ornements de la corniche intérieure de la chapelle du château de Versailles (année 1705).

Sculpture en bois au maître-autel de l'église des Invalides. En collaboration de Dugoulon, de Le Goupil, de Lalande et de Taupin (années 1705 et 1706).

Décoration du buffet d'orgue de la chapelle du château de Versailles. En collaboration des mêmes artistes (année 1708).

Sculpture en bois aux « galliotes et gondolles » du canal du château de Fontainebleau (année 1712).

Ornementation de trumeaux, de chambranles et de panneaux, entreprise, à Paris, en collaboration de Dugoulon, de Le Goupil et de Taupin, pour décorer les appartements du palais royal de Madrid, que Philippe V faisait alors construire (années 1713 et 1714)

Travaux aux stalles du chœur de l'église Notre-Dame de Paris (années 1711 et 1715).

L. DUSSIEUX, *Les artistes français à l'étranger*, 1876, p. 366. — *Nouvelles archives de l'art français*, 1876, p. 65 ; 1882, p. 26. — J. GUIFFREY, *Comptes des bâtiments du roi sous le règne de Louis XIV*, t. II, 1887, col. 1173 ; t. III, 1891, col. 37, 55, 92, 261, 288, 397, 430, 525, 558, 679, 702, 825, 924, 1054, 1187 ; t. IV, 1896, col. 311, 331, 448, 472, 478, 479, 518, 545, 584, 591, 618, 677, 696, 709, 734, 782, 792, 794, 828, 852, 897, 938, 1015, 1035, 1048, 1073, 1139, 1157, 1176, 1177, 1250 ; t. V, 1901, col. 15, 34, 91, 112, 123, 132, 157, 177, 214, 225, 300, 316, 329, 347, 349, 381, 414, 432, 494, 511, 555, 589, 598, 609, 631, 639, 675, 683, 694, 763, 786, 823, 873.

Belhomme (Pierre), sculpteur et peintre, travaillait à Metz dans la seconde moitié du xviiᵉ siècle, de 1668 à 1673. Il faisait partie de l'église réformée.

Archives de la ville de Metz, 1120.

Bellecombe, sculpteur établi à Nevers dans la seconde moitié du xviiᵉ siècle, reçoit 100 livres, en 1683, « pour avoir fait 5 grandes figures, savoir : 4 consolles et une Renommée tenant à la main une trompette avec une couronne et 2 spectres dorés », à l'occasion du service célébré dans la cathédrale pour la mort de la reine.

Archives de la ville de Nevers, CC, 298.

Belliard (Etienne), maître sculpteur et architecte né vers 1640, résidait à Nantes, où il mourut le 26 août 1681. Son acte de décès, extrait des registres de la paroisse Saint-Saturnin, porte que « a esté inhumé en ceste église le corps d'honorable homme Estienne Belliard, vivant Mᵉ sculpteur, aagé d'environ quarante ans, demeurant au presbytaire de ceste paroisse ».

Belliard (Jean), sans doute parent du précédent, travaillait à Nantes à la fin du xviiᵉ et au commencement du xviiiᵉ siècle. En 1698 et en 1716, son nom figure sur des actes d'état civil. En 1720, il est porté sur les listes de la milice bourgeoise.

De GRANGES DE SURGÈRES, *Les artistes nantais* (*Revue de l'art français*, 1898, p. 27).

Bénard ou **Bernard** (Michel), sculpteur parisien né en 1683, épousa, le 9 juillet 1798, sur la paroisse Saint-Hippolyte, une fille de Jean-Baptiste Pineau, sculpteur du roi. En 1709 et en 1711, on le trouve occupé à la décoration de la chapelle du château de Versailles. En 1713, d'après les comptes des bâtiments, lui et son confrère Pineau reçoivent 1.370 livres « pour une bordure de tableau qu'ils ont sculptés pour le Roy ».

A. HERLUISON, *Actes d'état civil d'artistes français*, 1873, p. 28. — E. PIOT, *Etat civil de quelques artistes français*, 1873, p. 11. — J. GUIFFREY, *Comptes des bâtiments du roi sous le règne de Louis XIV*, t. V, 1901, col. 320, 530, 696.

Benoist (Antoine), sculpteur, modeleur en cire et peintre de portraits, naquit à Joigny (Yonne) sur la paroisse de Saint-Thibault, le 24 février 1632, contrairement à l'indication fournie par les registres de l'Académie, qui le font naître à Paris. Ceci est prouvé par son acte de baptême conservé dans les archives de la ville. Michel de Marolles était donc dans le vrai, quand il écrivait dans le *Livre des peintres* :

> *C'est Antoine Benoist, de Joigny, de Bourgogne,*
> *Qui fait toute la Cour, si bien au naturel,*
> *Avecque de la cire où se joint le pastel,*
> *Que de la vérité l'âme seule s'éloigne.*

Antoine Benoist arriva vite à la notoriété, car, dès l'année 1657, alors qu'il n'était âgé que de 25 ans, il figurait déjà parmi les peintres de la maison du roi, avec 30 livres d'appointements. Très habile à travailler la cire, il exécuta les portraits des personnages du temps et en fit un musée chez lui, rue des Saints-Pères, en face de l'hôpital de la Charité, musée connu sous le nom de *Cercle royal*. Il reçut alors, par lettres-patentes du 23 septembre 1668, l'autorisation « d'exposer au public, dans toute l'étendue du royaume, pendant trente ans, la représentation par lui faite en cire, de tous les princes, princesses, ducs, duchesses, etc., qui composaient le cercle de la feue reine, d'en faire même de nouveaux et de masquer en cire à sa convenance ». En 1688, cette autorisation devint un privilège de trente ans, qui, en 1718, fut prorogé de vingt ans en faveur du peintre Gabriel Benoist, son fils. Précurseur des musées Curtius, Tussaud et Grévin, le Cercle royal obtint la plus grande vogue. Dubois de Saint-Gelais, qui en parle dans son *Histoire journalière de Paris* [1], dit que « les figures étoient en pié, habillées, atiffées richement selon la manière de chaque païs, parce que les personnes de qualité se piquoient de lui faire présent de leurs plus beaux habits ». Ce succès inspira au poète Baraton [2] l'épigramme suivante qui reflète l'admiration que professaient les contemporains de Benoist pour ses œuvres en cire :

A M. ANTOINE BENOIST

PEINTRE ORDINAIRE DU ROY ET SON PREMIER SCULPTEUR EN CIRE.

> *Quel spectacle s'offre à nos yeux?*
> *Le cercle est-il vivant? on dirait qu'il respire?*
> *Benoist, ton art ingénieux*
> *Par un secret nouveau semble animer la cire,*
> *J'admire ton rare talent ;*
> *Tes portraits, d'un goût excellent,*
> *Causent une surprise extrême,*
> *On croit voir la personne même*
> *Et jamais on n'a rien fait de plus ressemblant.*

1. Années 1716, 1717.
2. Poète français né à Paris vers le milieu du xviie siècle, mort vers 1725.

Benoist exécuta onze fois, en cire et en peinture, le portrait de
Louis XIV à différents âges ; cinq fois celui du dauphin et plusieurs
fois ceux du duc de Bourgogne, du duc d'Anjou et du duc de Berry,
petit-fils du roi, ainsi que ceux de la reine mère et de la reine. Il fit
aussi le portrait de Mme de Montespan et celui de Mlle de Noailles,
fille de la duchesse de Richelieu. En 1684, il se rendit en Angleterre,
où il modela en cire le buste de Jacques II et ceux des personnages
de la Cour. Au Salon de 1699, il envoya les portraits peints du premier et du second ambassadeur de Siam, celui de leur chancelier,
ceux de l'ambassadeur de Moscovie, de son chancelier et du fils de ce
dernier ainsi que celui d'un chartreux. On cite encore de lui une
œuvre assez singulière : un jouet donné en étrennes, le 12 janvier
1675, par Mme de Thianges, au duc du Maine alors âgé de cinq ans.
Ce jouet se composait d'une chambre, grande comme une table. En
voici la description d'après la correspondance de Bussy [1] : « Au-dessus
de la porte il y a écrit : *Chambre sublime*, et dedans un lit, un
balustre et un grand fauteuil, dans lequel est assis M. du Maine, fait
en cire en petit, fort ressemblant. Auprès de lui, M. de la Rochefou-
cault auquel il donne des vers pour les examiner ; derrière le dos du
fauteuil Mme Scarron. Autour de lui M. de Massillon et M. de Con-
dom (Bossuet). A l'autre bout de l'alcôve, Mme de Thianges et Mme de
La Fayette lisant des vers ensemble. Au dehors des balustres, Despréaux avec une fourche empêchant sept ou huit mauvais poètes d'approcher. Racine auprès de Despréaux, et un peu plus loin La Fontaine auquel il fait signe de la main d'approcher. Toutes ces figures
sont faites en cire, en petit, et chacun de ceux qu'elles représentent a
donné la sienne. On les appelle la *Cabale sublime*. »

Comme sculpteur, Antoine Benoist ne travaillait pas seulement la
cire, car les comptes des bâtiments du roi nous apprennent qu'il toucha 400 livres, en 1665, pour une figure en pierre destinée au dôme
des Tuileries et qu'il fit, avec Legros et Massou les ornements en
marbre et en métal de la fontaine de l'Arc de Triomphe, à Versailles.
On lui attribue aussi le tombeau de Claude Bernard, dit le pauvre
Prêtre [2] ; ce tombeau, surmonté de la statue du défunt, en terre cuite,
se trouvait autrefois, à Paris, dans la chapelle de l'hôpital de la
Charité.

De toutes les œuvres sculptées par Benoist, il ne reste aujourd'hui
qu'un médaillon de Louis XIV en cire, fait d'après nature, en 1706. Ce
médaillon, placé dans la chambre du roi, au château de Versailles, a

---

1. Édition Lalanne, II, 415-416.
2. Mort en odeur de sainteté en 1641, ou, selon Jal, en 1634.

été acquis en 1856. Il avait appartenu au comte de Maurepas qui fut ministre sous Louis XV et sous Louis XVI. Il a été gravé par A. Loir.

On possède encore de Benoist, au Cabinet des médailles de la Bibliothèque nationale, vingt miniatures en grisaille, sur vélin, représentant onze portraits de Louis XIV, à différents âges depuis 1643 jusqu'en 1704, le portrait de Louis XIII, celui d'Anne d'Autriche, celui de Marie-Thérèse, ceux du Dauphin et de sa femme, du duc de Bourgogne et de sa femme, du duc d'Anjou et du duc de Berry. Ces miniatures, peintes d'après des médailles de Jean Warin et de divers graveurs du règne de Louis XIV, sont disposées dans deux cadres pareils exécutés, sans doute, sur les dessins de l'artiste. Au Louvre, se trouve le portrait du sculpteur Jacques Buirette, portrait qui, avec celui du peintre Gabriel Blanchard, fut présenté par Benoist lors de sa réception à l'Académie royale de peinture et de sculpture, le 29 novembre 1681.

Il mourut le 8 avril 1717. Son acte de décès le déclare « écuyer, peintre du Roy et son unique sculpteur en cire colorée, âgé d'environ quatre-vingt-huit ans » décédé « en sa maison, rue des Saints-Pères, vis-à-vis la rue Taranne. »

Il avait épousé, avant 1659, Gabrielle Houdaille qui lui donna plusieurs enfants, dont Gabriel Benoist, peintre, né en 1662, lequel obtint, je l'ai dit plus haut, le renouvellement du privilège de son père.

Antoine Benoist, qui s'était enrichi par l'exhibition de son musée, avait reçu, en 1697, moyennant finance, l'autorisation de porter, comme armoiries, « d'or à trois abeilles de sable, deux en chef et une en pointe, et sur le tout, un voile d'azur semé d'abeilles d'or. » Toutes ces abeilles, comme le fait remarquer Jal, convenait fort bien au « premier sculpteur en cire de Sa Majesté. »

Mercure galant, avril 1684, p. 174-176. — DUBOIS DE SAINT-GELAIS, *Histoire journalière de Paris*, t. II, p. 222-223. — D'ARGENVILLE, *Voyage pittoresque de Paris*, 1752, p. 355. — PIGANIOL DE LA FORCE, *Description de la ville de Paris*, 1765, p. 291. — THIERY, *Guide des amateurs et des étrangers à Paris*, 1765, t. II, p. 523. — *Archives de l'art français, documents*, t. II, 1853, p. 359. — *Nouvelles archives de l'art français*, 1872, p. 60, 301-311. — *Bulletin de l'art français*, p. 131-132. — *Revue de l'art français*, 1890, p. 164-168. — Eudore SOULIÉ *Louis XIV, médaillon en cire par Antoine Benoist*, 1856. — Idem, *Notice du musée impérial de Versailles*, 2e partie, 1860, p. 202. — Paul LACROIX, *Revue universelle des arts*, t. X, 1859, p. 224. — BELLIER DE LA CHAVIGNERIE, *Moniteur des arts* du 11 octobre 1862. — S. JOSSIER, *Antoine Benoist* (*Bulletin de la société des sciences historiques et naturelles de l'Yonne*, 1er trim. 1862). — A. JAL, *Dictionnaire critique de biographie et d'histoire*, 1872, p. 192-194, 1308. — L. DUSSIEUX, *Les artistes français à l'étranger*, 1876, p. 273. — DE MONTAIGLON *Procès-verbaux de l'Académie*, t. II, 1878, p. 204 ; t. IV, 1881, p. 245. — J. GUIFFREY, *Comptes des bâtiments du roi sous le règne de*

Louis XIV, t. I, 1881, col. 126, 1048, 1159. — Idem, *Collection de livrets des anciennes expositions*, Salon de 1679, p. 13. —Eugène VAUDIN, *Notice sur Antoine Benoist*, 1887. — H. STEIN. *Le peintre sculpteur Antoine Benoist (Réunion des sociétés des beaux-arts des départements*, 1895. p. 797-804).

Benoît (Benoit), sculpteur lorrain, établi à Nancy dans la première moitié du XVIIe siècle, se marie le 31 octobre 1632, sur la paroisse Saint-Sébastien, avec Jeanne Mansuy habitant la même ville.

Archives de Nancy, t. II. p. 228 ; t. III, p. 294. —A. JACQUOT, *Essai de répertoire des artistes lorrains (Réunion des sociétés des beaux-arts des départements*, 1900, p. 315).

Berchère, sculpteur du commencement du XVIIIe siècle, exécuta, en 1705, différents ouvrages en plomb pour le bosquet des Bains d'Apollon, dans le parc de Versailles. De 1708 à 1710, il prit part aux travaux de la chapelle du château de Versailles et à ceux de l'église des Invalides. En 1713, il fit des ornements en plomb destinés aux arcs doubleaux du chœur de Notre-Dame de Paris.

On trouve encore dans les comptes des bâtiments du roi, un sculpteur appelé Brechet occupé, en 1708, à la chapelle du château de Versailles ; c'est sans doute le même artiste que Berchère, dont le nom aura été mal écrit

J. GUIFFREY, *Comptes des bâtiments du roi sous le règne de Louis XIV*, t. V, 1901, col. 214, 216, 216, 319, 320, 321, 347, 527, 528, 531, 531, 695, 788.

Béria ou **Bergea** (Nicolas), travaillait, en 1703, au château de Fontainebleau. De 1705 à 1710, il était employé à la décoration de la chapelle du château de Versailles. En 1714, on le retrouve occupé à Fontainebleau à des « ouvrages et réparations de sculpture et des rocaille ». Il fit baptiser une fille, en 1702, et un fils, en 1704. Devenu veuf, il se remaria, le 30 avril 1718. Il demeurait, à Paris, rue Saint-Jacques, paroisse Saint-Benoît.

H. HERLUISON, *Actes d'état civil d'artistes français*, 1873, p. 30. — J. GUIFFREY, *Comptes des bâtiments du roi sous le règne de Louis XIV*, t. IV, 1896, col. 1007 ; t. V, 1901, col. 319, 320, 412, 415, 823.

Bernard (Claude), exerçait son art dans la ville de Nantes, à la fin du XVIIe et au commencement du XVIIIe siècle. Il est cité dans des actes d'état civil datés de 1686, de 1696 et de 1704. Il vivait encore en 1730, car, à cette époque, il figure sur les listes de la milice bourgeoise.

Bernard (René-Louis), maître sculpteur, sans doute parent du précédent, était également établi à Nantes au commeneement du xviii° siècle.

De Granges de Surgères, *Les artistes nantais* (*Revue de l'art français*, 1898, p. 32, 33).

Bernard (François), sculpteur-tombier, résidait à Paris dans la seconde moitié du xvii° siècle. Son nom se lit au bas d'une épitaphe placée dans l'église de Saulx-les-Chartreux (Seine-et-Oise), en mémoire de Louis du Tillet, curé de la paroisse, mort en 1687.

De Guilhermy, *Inscriptions de la France du V° siècle au XVIII°*, t. III, 1877, p. 515, 516.

Bernard (Guillaume), maître sculpteur, établi à Grenoble, à la fin du xvii° et au commencement du xviii° siècle, fut occupé à l'ornementation de la façade du collège des Jésuites et collabora, de 1704 à 1706, à la construction de la Chambre des Comptes de Dauphiné. Guillaume Bernard, qui avait épousé, en 1689, la fille du sculpteur Claude Bertet, était le père du poète Gentil-Bernard.

On trouve, dans les archives de l'Eure, une note de Philippe de Folleville, curé de Beauficel (Eure), ainsi conçue : « En l'an 1725, pendant le carême, j'ay fait faire par le nommé Bernard, sculpteur, natif de Grenoble, et domicilié à Vernon, un aigle de bois de chêne au cœur, l'image de saint Philippe, apôtre, en la chapelle de Saint-Leu ; j'ay donné cent francs au sculpteur pour sa façon avec la nourriture ». Faut-il reconnaître, dans cet artiste, Guillaume Bernard qui pouvait vivre encore en 1725?

Archives départementales de l'Eure, G. 381. — Ed. Maignien. *Les artistes Grenoblois*, 1887, p. 42. — H. Stein, *Les maîtres de l'œuvre en Dauphiné* (*Réunion des sociétés des beaux-arts des départements*, 1887, p. 296).

Bernard (Philibert), sculpteur, marbrier et peintre, entreprend en 1659, avec son confrère Jean Legrue, pour le compte du cardinal Mazarin, la restauration de quinze statues antiques placées dans le château de Vincennes. Ce travail fut payé aux artistes la somme de 1.100 livres. En 1666, il touche, avec Laurent Magnier, 7.000 livres pour « ouvrages de stuc que lesdits Magnier et Bernard [ont faits] dans la Salle des Gardes de l'apartement du Roy aux Tuilleries ». La même année, on le trouve employé à l'église du Val-de-Grâce, au Louvre et à Saint-Germain-en-Laye. De 1671 à 1682, il travaille pour le château de Versailles à des ouvrages de stuc. En 1684, il est occupé à l'église du couvent des religieuses de l'Annonciade de **Meulan** et reçoit 530 livres « pour ouvrages de sculpture qu'il a fait, tant au fronton, vaze et croix au-dessus, qu'au dedans de lad. église ».

Les comptes des bâtiments du roi citent l'artiste pour la dernière fois, à la date du 22 octobre 1690. On lit en effet : « à Bernard, sculpteur, pour avoir retouché et doré les lettres de la table de marbre et rétabli la sculpture des armes du Roy dans le fronton au-dessus de la porte d'entrée du Jardin royal des plantes en 1690... 18 l. » Il devait être alors fort âgé, car il avait été reçu membre de l'Académie de Saint-Luc, le 25 août 1632.

Paul Lacroix, *Revue universelle des arts*, t. XIII, 1861, p. 363. — H. Herluison, *Actes d'état civil d'artistes français*, 1873, p. 31. — U. Robert, *Nouvelles archives de l'art français*, 1876, p. 42-45. — J. Guiffrey, *Comptes des bâtiments du roi sous le règne de Louis XIV*, t. I, 1881, col. 124, 142, 164, 182, 204, 243, 319, 343, 406, 437, 495, 513, 617, 743, 762, 829, 922, 952, 965 ; t. II, 1887, col. 66, 556, 563; t. III, 1891, col. 438. — *Revue de l'art français*, 1891, p. 109.

Bernard (Thomas), sculpteur et graveur en médailles, né en 1650, fut reçu membre de l'Académie royale de peinture et de sculpture, le 27 mars 1700, sur le portrait en creux de Mansart, qui devait servir de sceau à l'Académie. En 1690, il exécuta une médaille représentant le portrait de Colbert ; c'est ce que nous apprennent deux lettres de Michel Bégon, intendant de Rochefort.

Voici les différentes mentions que les comptes des bâtiments du roi font de ses autres travaux :

« 26 mars 1679 : à Bernard, pour un carré qu'il a livré représentant un Alcion..... 90 l.

6 may 1685 : à Thomas Bernard, sculpteur et graveur en acier, pour son fragment de quatre modèles en cire qu'il a faits pour quatre médailles de S. M..... 220 l.

6 may 1685 : au sieur Bernard, graveur, pour trois modèles en cire de médailles qu'il a faits et qui ont esté envoyez d'Angleterre... 160 l.

2 juin-17 novembre 1686 : à Bernard, autre, pour une cire de la médaille de l'*Exercice des troupes*, un poinçon et un carré d'acier dud. revers..... 860 l.

21 décembre 1687 : à Bernard, graveur, à compte d'un poinçon et carré du revers de médaille de la *Satisfaction d'Espagne*, pour la suite des médailles..... 150 l.

22 février 1688 : à Thomas Bernard, graveur, parfait payement de 960 l. pour un modèle qu'il a fait en cire, un poinçon et un carré qu'il a gravé, représentant la *Satisfaction d'Espagne*, pour la suite des médailles de S. M...... 660 l.

11 avril 1688 : à luy pour une cire, un poinçon et un carré de

revers qu'il a gravés pour la suite, représentant l'*Etablissement de l'Hospital général*..... 630 l.

8 août 1688 : à luy, à compte d'un modèle de cire, un poinçon et un carré qu'il fait d'une médaille, représentant l'*Etablissement de Saint-Cyr*... 200 l.

Janvier 1689 : à Thomas Bernard, graveur, parfait payement de 1.090 l. pour un modèle de cire, un poinçon et un carré qu'il a gravés en creux pour la suite des médailles du Roy, représentant l'*Etablissement de la Communauté royalle de Saint-Louis à Saint-Cyr*..... 890 l.

16 aoust 1699-17 janvier 1700 : à Bernard, graveur, pour un revers de médaille qu'il a gravé, représentant le *Vœu du Roy Louis XIII pour l'autel Notre-Dame*..... 800 l.

10 septembre 1711 : à Thomas Bernard, graveur, pour la gravure des carrez des jettons des Batimens pendant 1711..... 250 l. »

Thomas Bernard mourut à Paris, le 23 août 1713, et fut enterré sur la paroisse Saint-Germain-l'Auxerrois.

Archives de l'art français, documents, t. II, 1853, p. 359. — A. JAL, *Dictionnaire critique de biographie et d'histoire*, 1872, p. 206. — H. HERLUISON, *Actes d'état civil d'artistes français*, 1873, p. 32. — L. VITET, *L'Académie royale de peinture et de sculpture*, 1880, p. 349. — DE MONTAIGLON, *Procès-verbaux de l'Académie royale de peinture et de sculpture*, t. III, 1880; p. 286, 291 ; t. IV, 1881, p. 171. — J. GUIFFREY, *Comptes des bâtiments du roi sous le règne de Louis XIV*, t. I, 1881, col. 1207 ; t. II, 1887, col, 620, 786, 1015, 1193 ; t. III, 1891, col. 110, 296 ; t. IV, 1896, col. 485 ; t. V, 1901, col. 512.

Bernus (Noël), maître sculpteur, établi dans la seconde moitié du xviiᵉ siècle, à Mazan, petite ville du département de Vaucluse, exécuta des retables pour la confrérie du Rosaire, à Carpentras, pour la confrérie de Saint-Maurice, à Caromb, pour l'église paroissiale de Mazan et pour la confrérie de Saint-Joseph-Agonisant, dans la même ville. Toutes ces œuvres ont disparu, mais on possède encore de lui un tabernacle et un autel, à Saint-Didier-sur-Pernes, ainsi qu'un retable et un autel, à Mormoiron. Noël Bernus mourut en 1702.

Bernus (Jacques), fils du précédent, naquit à Mazan, le 15 décembre 1650. Il travailla d'abord avec son père, puis se rendit à Toulon, où il resta de 1664 à 1668. De retour à Mazan, il sculpta, pour la confrérie du Rosaire de Carpentras, un Père Éternel dans sa gloire avec nuages en relief et autres ornements. Il alla visiter ensuite les villes de Provence, dut séjourner quelque temps à Avignon, revint à Mazan et fut appelé à Carpentras par Mgr Laurent Buty, évêque de la ville, qui lui fit entreprendre d'importants travaux dans l'église de

3

Saint-Siffrein. Il y exécuta, de 1692 à 1708, une gloire, la décoration du chœur et enfin le tombeau du prélat [1].

Ces ouvrages terminés, Bernus, installé de nouveau dans sa ville natale, dota toutes les églises de la contrée d'œuvres nombreuses qui, malheureusement, ont presque toutes été détruites. Il mourut à Mazan, le 25 mars 1728, et fut enterré dans l'église paroissiale, selon le désir qu'il avait exprimé dans son testament.

Plusieurs auteurs ont donné Jacques Bernus comme un élève de Puget. Ceci est loin d'être prouvé, car aucun document ne vient confirmer cette assertion et rien, dans la manière de l'artiste, ne rappelle le faire du grand sculpteur marseillais.

ŒUVRES

Gloire en bois placée sur la porte de la sacristie de l'église de l'Observance, à Carpentras (années 1668-1669).

Tabernacle de l'église de Bédoin. Payé 310 livres (année 1682). Il a été détruit, probablement en 1692, lors de l'effondrement de l'église à la suite d'un orage

Tombeau de M. Gaspard de Lascaris de Vintimille, évêque de Carpentras. Ce mausolée en pierre, démoli à la Révolution, se trouvait jadis dans la cathédrale de Carpentras. Il fut payé 40 livres d'or à Bernus qui l'exécuta, en 1686, avec l'aide d'un sculpteur de la ville nommé Benjamin Valentin.

Plan de la porte des Pénitents blancs de Mazan (année 1692). Cette porte existe encore.

Maître-autel de Saint-Siffrein, à Carpentras (année 1692). Ce monument en bois doré, de 4m 30 de long et de 2m 32 de haut, orne aujourd'hui la chapelle du collège de la ville. Deux anges adorateurs qui en faisaient partie sont sur le nouvel autel de la cathédrale, construit en 1845.

Une Vierge. Autrefois dans l'église de Crillon (année 1693). Cette statue coûta à la confrérie du Rosaire deux doubles-louis et deux écus.

Gloire de Saint-Siffrein, commandée, en 1694, et payée 1.450 livres par Mgr Buty, évêque de Carpentras. L'artiste s'inspira pour son travail de la gloire de Saint-Pierre de Rome, œuvre du Bernin. Le Saint-Esprit qui en faisait partie, ayant été remplacé au commencement du siècle par un vitrail, se trouve maintenant chez le curé de Saint-Siffrein. La maquette en cire de cette gloire figure au musée de la ville.

Six grands cadres, les ornements et les statues du chœur de Saint-Siffrein, ces dernières représentant la *Foi* [2], l'*Espérance* [3], la *Charité* [4], la *Religion* et deux anges. Cette décoration commandée en 1694 fut achevée en 1704. Elle coûta la somme de 2.000 livres. Aujourd'hui, les cadres ont été enle-

---

1. Ce dernier mourut vers 1710.

2. La maquette en terre cuite de cette statue se trouve au musée d'Avignon (nº 12 du catalogue).

3. La maquette en terre cuite est au musée d'Avignon, sous le titre de *Femme en oraison*.

4. La maquette en terre non cuite est au musée d'Avignon (nº 10 du catalogue).

vés du chœur ; quatre sont sur la porte occidentale de l'église et deux ont disparu.

Christ de la Confrérie des Pénitents noirs de Mazan (année 1697). Cette œuvre n'existant plus, et l'acte qui nous la fait connaître ne désignant son auteur que sous le nom de Bernus, M. l'abbé Requin[1] fait observer qu'il est difficile de savoir s'il s'agit de Jacques Bernus ou d'un Pierre Bernus qui vivait à cette époque et sur lequel on n'a aucun renseignement.

Chaire. Autrefois dans l'église paroissiale de Flassan (année 1697).

Saint Pierre et saint Paul. Statuettes en bois. Aujourd'hui dans l'église de Flassan.

Buste de saint Romain. Autrefois dans l'église de Crillon. Payé huit écus (année 1705).

Tombeau de Laurent Buty, évêque de Carpentras. Ce monument, exécuté de 1705 à 1708 et payé 700 livres, existe encore dans la cathédrale de la ville, mais il a été mutilé au moment de la Révolution et par un accident survenu de nos jours.

Saint Pierre et saint Paul. Statues décorant jadis un retable dans l'église de Crillon (année 1707).

Buste de Laurent Buty (année 1708). Ce buste a disparu.

Une statue de saint Joseph payée 19 écus et un *tabernacle* payé 53 écus. Autrefois dans l'église de Crillon (année 1710).

Retable. Jadis dans la chapelle de la Congrégation des Messieurs de Carpentras. Payé 260 livres (année 1712).

Sainte Anne et l'Ange gardien. Ces statues, qui coûtèrent 45 écus, ornaient le retable du maître-autel de l'église de Saint-Didier-sur-Pernes, près de Carpentras (année 1712).

La Sainte-Famille. Groupe en pierre. Autrefois à Mormoiron (année 1713).

Vierge de Bédarrides. Cette statue en pierre, qui existe encore, fut commencée en 1720 par Bernus, pour le compte du marquis de Montréal ; elle fut achevée en 1722 et coûta 260 livres. La maquette de cette figure se trouve, à Paris, dans la collection de M. Louis Cartier.

Vierge en pierre commandée par la municipalité de Bédarrides, pour décorer la niche du porche de l'église (année 1722). Peut-être faut-il reconnaître cette statue dans une Vierge placée à l'hôpital de Monteux (Vaucluse) ?

Une Vierge. Jadis à Sarrians (année 1725). Cette statue aurait été exécutée à l'occasion d'un vœu fait par les habitants de la ville, lors de la peste de 1721.

La Vierge assise, tenant sur ses genoux l'enfant Jésus et ayant à ses côtés saint Maurice et saint Bruno. Groupe en pierre. Aujourd'hui dans le transept de droite de l'église de l'Observance, à Carpentras. Il provient d'un autel du prieuré de Saint-Maurice dépendant de la Chartreuse de Villeneuve. La maquette de ce groupe se trouve dans une collection particulière, à Avignon.

Sainte Barbe. Buste en bois de $0^m 50$ de haut. Église paroissiale de Monteux. La maquette de ce buste figure au musée d'Avignon (n° 16 du catalogue).

Saint Antoine. Buste en bois. Église de la Roque-sur-Pernes (Vaucluse).

---

1. *Jacques Bernus,* 1885, p. 23.

Tombeau de M. de George de Benedicti de Cabanis. Ce monument en en pierre, placé jadis, d'après M. Barjavel, dans la chapelle aujourd'hui dite de la Croix, après avoir été mutilé en 1793, fut entièrement détruit en 1831.

Tombeau du chanoine Paul d'Andrée. Autrefois dans la chapelle de la Visitation, à Carpentras. Il a disparu à la Révolution.

Un tabernacle. Autrefois dans l'église paroissiale de Vaison (Vaucluse).

Saint Pierre. Statue en bois détruite en 1845. La maquette en terre cuite figure au musée d'Avignon (n° 11 du catalogue).

Saint Maurice. Cette statue, jadis dans l'église paroissiale de Caromb, a été détruite à la Révolution.

Musiciens et chanteurs. Statuettes en bois. Église de Saint-Agricol, à Avignon.

Vierge en bois, au bas de l'escalier d'une maison sise, rue d'Olonne, à Carpentras.

Chien en bois, placé sur le premier palier de la maison portant le n° 16, dans la rue du Coq, à Carpentras.

Notre-Dame-des-Sept-Douleurs. Buste en bois, dans l'église paroissiale de Mazan.

Cadre en bois, dans la chapelle de Sainte-Anne, à Mazan.

Saint Denis. Buste en bois, dans l'église paroissiale de Méthamis (Vaucluse).

Vierge en bois. Autrefois dans l'église de Saint-Didier, près de Carpentras; aujourd'hui au presbytère.

Six statues en bois. Église paroissiale de Malemort (Vaucluse).

Quatre anges en bois. Presbytère de Saint-Siffrein, à Carpentras.

Un ange en bois qui se trouvait, en 1885, chez M. Philippe Gaudibert, rue Doré, à Carpentras. [Cette statue, avec les précédentes, devait faire partie d'un même ensemble.

Panneau en bois, orné d'une draperie et d'une tête d'ange, placé il y a une vingtaine d'années chez M. Bernus, capitaine en retraite, à Mazan.

Une tête d'ange en bois appartenant vers la même époque à M. Requin, à Carpentras.

Bas-relief en pierre, décorant le baptistère de l'église de Mormoiron (Vaucluse). Cette œuvre est attribuée à Bernus par l'abbé Requin.

Femme voilée, debout, les mains croisées, la tête élevée et regardant à droite, dans l'attitude de la supplication. Statuette en terre cuite. Musée d'Avignon (n° 9 du catalogue).

Samson ouvrant la gueule d'un lion. Groupe en terre cuite. Musée d'Avignon (n° 13 du catalogue).

Personnage assis, enveloppé d'une ample draperie. Statuette en terre non cuite. Musée d'Avignon (n° 14 du catalogue).

La Visitation. Haut-relief en terre cuite. Musée d'Avignon (n° 17 du catalogue).

Deux amours en haut-relief dans un fronton moitié triangulaire et moitié cintré. Modèle en terre cuite. Musée d'Avignon.

Trois têtes d'anges en terre non cuite. Maquette d'un coin du tabernacle de Saint-Siffrein de Carpentras. Musée d'Avignon.

Console offrant au milieu une coquille entourée d'ornements en volute d'où sortent plusieurs plumets. Maquette en terre cuite de quatre consoles du chœur de Saint-Siffrein. Musée d'Avignon.

Autre console avec une feuille d'acanthe accompagnée de volutes. Maquette en terre cuite. Musée d'Avignon.

L'Eau représentée sous la figure d'une femme debout, tenant de la main droite une urne penchée. Statuette en terre non cuite. Musée de Carpentras.

La Terre représentée sous la figure d'une femme debout qui tient un globe à la main. Statuette en terre non cuite. Musée de Carpentras.

Elévation de l'hostie. Cette maquette fait partie de la collection de M. Louis Cartier, à Paris.

Bernus (Joseph), frère de Jacques, aida ce dernier dans la plupart de ses travaux. Il reste de lui un retable, à l'église de Crillon, et un autre retable ainsi qu'un tabernacle, à l'église de Saint-Didier-sur-Pernes.

Bernus (Pierre). Un sculpteur de ce nom vivait, à Mazan, vers 1697. J'ignore quel degré de parenté pouvait exister entre cet artiste et les précédents.

BARJAVEL, *Dictionnaire biographique et bibliographique du département de Vaucluse*, 1841, t. I, p. 184-190. — Jules DE LA MADELEINE, *Revue du Comtat*, 20 février 1842. — L'abbé H. REQUIN, *Jacques Bernus, sa vie, son œuvre*, 1885.

Berquin (Pierre et Jean). Ces deux frères figurent au nombre des sculpteurs nommés professeurs à l'Académie royale de peinture et de sculpture de Bordeaux, à la date du 29 avril 1691.

J. DELPIT, *Revue universelle des arts*, t. X, 1859, p. 56, 69. — BRAQUEHAYE, *L'académie de peinture et de sculpture de Bordeaux (Réunion des sociétés des beaux-arts des départements*, 1878, p. 137, 140).

Bertaud (Antoine), sculpteur du commencement du XVIIIe siècle exerçait son art dans la ville de Lyon, de 1706 à 1710.

Natalis RONDOT, *Les sculpteurs de Lyon du XIVe au XVIIIe siècle*, 1884, p. 64.

Bertault ou **Bertaut**, était établi à Caen vers la fin du XVIIe siècle; il figure sur les rôles des impositions en 1689 et en 1690.

Armand BÉNET, *Réunion des sociétés des beaux-arts des départements*, 1897, p. 189.

Bertaut, sculpteur en bois. On trouve dans les comptes des Bâtiments du roi la mention suivante : « à Bertaut, pour les lustres

de bois et une bordure qu'il a fait et fourni en 1710..... 593 1. ».
Serait-ce le même artiste que le précédent?

J. Guiffrey, *Comptes des bâtiments du roi sous le règne de Louis XIV*, t. V,
1901, col. 432.

Bertet (Claude), maître sculpteur à Grenoble, orne, en 1679, les
portes de l'hôpital de deux statues de la Vierge; en 1680, il travaille
au prieuré de Saint-Laurent; en 1682, il fait, moyennant 800 livres
dans l'église des Jésuites, un retable pour la Congrégation des bourgeois et artisans de la ville; en 1685, il exécute un tabernacle destiné
à l'église de Saint-Maurice-du-Laris, dans le diocèse de Valence; en
1686, il sculpte les fonts baptismaux de l'église Saint-Hugues; la même
année, on lui doit un buste de Louis XIV qui fut placé au-dessus de
la porte d'entrée de l'Hôtel de Ville et un tabernacle commandé par le
cardinal Le Camus, pour l'église de Quincieux; enfin, en 1689, il termine un autre tabernacle aux frais de Jean-Guy Basset, président du
Sénat de Savoie, « en l'église paroissiale que Sa Majesté a fait construire hors la porte de Bonne ».

Claude Bertet eut deux fils, Antoine et François, qui suivirent sa
carrière. On rencontre encore à Grenoble plusieurs sculpteurs de ce
nom : Ennemond Bertet, vers 1696, François Bertet, de 1659 à 1709,
et Charles Bertet, de 1737 à 1788. Tous ces artistes faisaient sans aucun
doute partie de la même famille.

Archives municipales de Grenoble, BB. 115. — Éd. Maignien, *Les artistes grenoblois*, 1887, p. 44-48.

Berthaut (Gilles), travaillait à Lyon dans la seconde moitié du
xviiᵉ siècle.

Natalis Rondot, *Les sculpteurs de Lyon du XIVᵉ au XVIIIᵉ siècle*, 1874, p. 60.

Berthier (Jean), sculpteur et fondeur parisien de la fin du
xviiᵉ siècle, reçut la commande d'exécuter les plans en relief des prin-
pales places fortes de France et d'Europe. Ces plans devaient servir à
l'instruction des petit-fils de Louis XIV. On lit dans les comptes des
bâtiments du roi, à l'année 1691 : « à Bertier, sculpteur, parfait
payement de 1000 l. pour réparations de cent cinq plants en relief des
places de guerre, qui sont aux Thuilleries ».

L'abbé de Fontenai, *Dictionnaire des artistes*, 1776, t. I, p. 190. — J. Guiffrey,
Compte des bâtiments du roi sous le règne de Louis XIV, t. III, 1891, col. 431,579.

Bertin (Claude), sculpteur des bâtiments du roi, né à Paris, travaillait, de 1685 à 1705, à Versailles, à Marly et à Meudon. Il dirigeait

une équipe d'ornemanistes, chargée de l'entretien et de la réparation
des figures et autres ouvrages de sculpture en marbre, qui ornaient ces
résidences, et touchait, de ce fait, trois livres d'appointements par
jour.

Les comptes en font souvent mention. En 1689, alors que l'influence
de Mme de Maintenon se faisait sentir, plusieurs statues ayant été jugées
trop nues, on lit : « A Bertin, pour draperies et feuilles de vigne par
luy faits aux figures du jardin de Versailles... 234 l. » ; la même année :
« A Bertin, sculpteur, pour 34 journées qu'il a employées à restaurer
et placer toutes les figures qui sont dans le jardin de Marly, à raison
de 4 l. par jour, et de 82 journées de compagnons sculpteurs qu'il a
aussi fournis pour le mesme sujet, à 50 s. par jour... 341 l. » ; plus
tard, en 1695 : « à Bertin, pour la dépense qu'il a faite et le temps
qu'il a employé pour mener et poser à Meudon le *Gladiateur* de bronze
et plusieurs autres figures et vases de marbre qu'il a restaurés...
90 l. » ; en 1704 : « à Claude Bertin, sculpteur, pour les ouvrages de
sculpture qu'il a faits pour le feu d'artifice de Meudon... 74 l. 4 s. »

En dehors de ces travaux, sans grand caractère artistique, Claude
Bertin exécuta des vases en marbre qui existent encore aujourd'hui
et plusieurs statues placées autrefois à Versailles et à Marly. Il mourut en 1705. Il était frère du peintre Nicolas Bertin.

ŒUVRES

Corniches en stuc, dans les appartements du château de Versailles. Payées
   2,101 livres 18 s. (année 1685).
Ouvrages de sculpture à la Colonnade du parc de Versailles (année 1686).
Six lézards et quatre grenouilles en plomb, pour le Bassin de Latone, dans
   le parc de Versailles (années 1687-1691).
Corniches, dans les appartements de Trianon-sous-Bois (année 1688).
Un vase en marbre orné de têtes d'aigles et d'un bas-relief représentant
   Numa Pompilius confiant aux Vestales la garde du feu sacré. Parterre
   du Midi, dans le parc de Versailles (années 1688-1691).
Un vase en marbre orné de têtes d'aigles et d'un bas-relief représentant un
   Sacrifice à Bacchus. Même emplacement (années 1688-1691).
Deux vases ornés de guirlandes soutenues par des satyres. Même emplacement (années 1688-1691).
Deux vases en marbre ornés de trophées et de dauphins. Même emplacement (1688-1691). Des écussons aux armes de France, placés de chaque
   côté dans le milieu de ces vases, ont été enlevés pendant la Révolution.
Deux vases en marbre ornés de jeunes Faunes soutenant des branches de
   vignes chargées de fruits. Parterre du Nord dans le parc de Versailles
   (années 1688-1691). D'après les comptes des bâtiments du roi, les modèles
   de plusieurs des bas-reliefs qui décorent tous ces vases seraient dus à
   Pierre Legros.

Travaux à la corniche de l'appartement de Mme de Maintenon, au château de Versailles (année 1689).

Travaux à la cage du grand escalier du château de Versailles (année 1689).

Trois consoles dans le cabinet des glaces du roi, à Versailles (année 1690).

Travaux à la corniche du grand cabinet de l'appartement du rez-de-chaussée de la Surintendance de Versailles (année 1691).

Sept vases en pierre de Saint-Leu sur la balustrade de Trianon. Payés 350 livres (année 1692).

Aristée. Statue en marbre[1]. Autrefois dans le jardin de Trianon (année 1692).

Eurydice. Statue en marbre, ornant jadis le Bosquet des Sénateurs, dans le parc de Marly (année 1694). Cette statue et la précédente furent payées ensemble 3,344 livres.

Trois consoles en bois sculpté pour l'appartement de Mme de Maintenon, au château de Versailles (année 1698).

Roses et modillons sculptés à la grande corniche intérieure de la chapelle du château de Versailles (année 1704).

Quatre consoles en pierre dure pour les bancs de la Galerie d'Eau, dans le parc de Versailles (année 1704).

Flammes des vases placés sur les balustrades du château de Versailles (année 1705).

Minerve enfant. Statue en marbre. Bosquet de l'Étoile, dans le parc de Versailles. Autrefois à Trianon (année 1705).

PIGANIOL DE LA FORCE, *Nouvelle description des châteaux et parcs de Versailles et de Marly*, 1764, t. II, p. 19, 95, 103, 248, 249, 276, 277, 290, 309. — D'ARGENVILLE, *Voyage pittoresque des environs de Paris*, 1772, p. 126, 152, 155, 399. — Eud. SOULIÉ, *Notice du musée impérial de Versailles*, 3e partie, 1861, p. 498, 499, 503, 519. — J. GUIFFREY, *Comptes des bâtiments du roi sous le règne de Louis XIV*, t. II, 1887, col. 617, 654, 723, 890, 891, 954, 1116, 1157; t. III, 1891, col. 37, 71, 249, 274, 337, 355, 397, 414, 513, 526, 536, 543, 547, 679, 690, 764, 825, 838, 897, 950, 979, 1006, 1010, 1105, 1115, 1143, 1186; t. IV, 1896, col, 20, 40, 96, 167, 179, 241, 262, 311, 323, 385, 407, 447, 463, 518, 590, 606, 708, 722, 767, 828, 841, 949, 1048, 1057, 1061, 1157, 1169; t. V, 1901, col. 15, 28, 534. — *Revue de l'art français*, 1891, p. 8. — Pierre DE NOLHAC, *Les jardins de Versailles*, 1906, p. 102.

Bertinet (François), de son vrai nom Francesco Bertinetti, modeleur et graveur en médailles, d'origine italienne, naquit à Ostie, à six lieues de Rome. Il se préparait à entrer dans les Ordres et était pourvu d'un canonicat à Rome, lorsque, par suite d'une intrigue amoureuse, il dut se réfugier à Venise, où il fit la connaissance de l'ambassadeur de France. Celui-ci, parent de Fouquet, l'emmena à Paris et le présenta au surintendant qui se l'attacha en qualité de premier secrétaire. A la chute de son protecteur, Bertinet fut enfermé à la Conciergerie du Palais, où il resta pendant huit ans. Relâché après avoir modelé, dans

---

1. Les comptes désignent cette figure comme ayant été exécutée pour Marly. D'après Piganiol, au contraire, elle se trouvait à Trianon. Il est probable qu'elle a dû être placée à Marly, puis transportée à Trianon. Elle a disparu aujourd'hui.

sa prison, un petit médaillon de Louis XIV, il sut entrer en faveur auprès du roi qui lui accorda une pension de trois mille livres, portée plus tard à six mille. Il exécuta alors de nombreuses médailles qui, pour la plupart, ont disparu. Vers la fin du XVIIᵉ siècle, il retourna à Rome ; il y vivait encore en 1706.

ŒUVRES

Le surintendant Fouquet, avec la calotte et la simarre. Médaillon en bronze. Diam. 0ᵐ064. En légende : Nicol. Fovcqvet, Pʳ Gnal, svrintendᵗ. des fin. et. minᵉ. d'estat; en exergue : *Bertinet idée 1664.* Cabinet des médailles.
Buste de Louis XIV, en haut relief, cuirassé et couronné de laurier, porté sur un piédouche rond. Médaillon en bronze. Diam. 0ᵐ18. Autour, disposés en deux lignes concentriques, les quatre vers suivants : *Qu'avó. nò. fait mamain, Quelle metamorphose. Aulieu de peidre Mars nó avó. peint Louis,* ‖ *Quoy donc, tò nos proiets sont jls evanouis ? Non nò Louis et Mars sont une même chose.* En exergue : *Bertinet. ex Idea-1671.* Sur le revers : une ville fortifiée placée sur un rocher baigné par la mer. Sur ce rocher, une hydre à trois têtes, un lion et une lionne. Au-dessus le soleil, un aigle et un génie ailé. Cabinet des médailles.
Buste de Louis XIV, cuirassé, drapé, de profil à droite et porté sur un piédouche. Médaillon en bronze. Diam. 0ᵐ14. En légende : *Si j'ay peint en profil l'jnvincible Louis, C'est q' de front les yeux en seroient éblouïs.* Signé : *Berthinet 1672.* Cabinet des médailles et Musée du Louvre, n° 619.
Buste de Louis XIV, de profil à droite. Médaillon en bronze. En légende : *Ludovicus magnus fr. et nav. rex.* Signé : *Bertinet regis privilegio 1684.* Au revers on lit l'inscription suivante : *Benedictus dominus deus meus qui præcinxit me virtute ad bellum 1687.* Ce médaillon provenant de la collection du comte de Lestang-Parade, à Aix, a été vendu à Paris, en mai 1882.
Buste de Louis XIV, nu, tourné vers la droite. Médaillon en bronze. Diam. 0ᵐ13. Légende : *Lud. magnus. rex. christianissimus, hæreseos extirpator.* Signé : *Bertinet fecit cū Privilegio 1686.* Cabinet des médailles.
Buste de Louis XIV, cuirassé et drapé, de profil à droite. Médaillon en bronze. Diam. 0ᵐ165. Signé : *Bertinet Sculp. cū privilegio.* Cabinet des médailles.
Buste de Louis XIV. Médaillon en bronze. Signé : *Bertinet scul. cum privilegio Regis.* Collection Giraud.
Le docteur Jacques de Sainte-Beuve, mort à Paris le 15 décembre 1677. Médaillon aujourd'hui disparu [1].
Portrait d'un abbé commendataire [2]. Médaillon en cuivre jaune fondu. Diam. 0ᵐ08. Signé : *Bertinet.* Appartenait, en 1891, à M. Malbranche, ancien greffier du tribunal de commerce de Bernay (Eure).

L'heureux chanoine de Rome, nouvelle galante, ou la Résurrection prédestinée, etc., Paris, 1707. — E. Gnésy, *Archives de l'art français. documents,* t. VI, 1858-

---

1. *Le Nouveau Mercure galant,* décembre 1677, t. X, p. 263.
2. Ce médaillon est reproduit dans la *Réunion des Sociétés des beaux-arts des départements,* 1891, p. 520.

1860, p. 11, 13. — De Montaiglon, *Revue de l'art français*, 1884, p. 65, 66. — Porée, *François Bertinet (Réunion des Sociétés des beaux-arts des départements*, 1891, p. 512-525).

Bertrand (David)[1], fut reçu membre de l'Académie de Saint-Luc, le 9 février 1657. Il vivait encore en 1682, époque où il devait être fort âgé, car il figure, à la date du 17 mars 1625, sur les registres de la paroisse Saint-Germain-l'Auxerrois, dans l'acte de décès de sa femme. C'est lui l'auteur du modèle d'un ostensoir en vermeil conservé autrefois dans le trésor de Notre-Dame de Paris. Cette œuvre, exécutée d'après les dessins de l'architecte Robert de Cotte et fondue par Claude Ballin, était ornée d'une croix de diamants offerte par la comtesse de Gergy.

Dans les comptes des bâtiments du roi, on trouve un Bertrand, sculpteur-marbrier, qui, en 1673-1674, travaillait au château de Saint-Germain-en-Laye et, vers le même temps, était occupé également au château de Clagny. Serait-ce le même artiste ?

Thiery, *Guide des amateurs et des étrangers à Paris*, 1787, t. II, p. 114. — P. Lacroix, *Revue universelle des arts*, t. XIII, 1861, p. 325. — H. Herluison, *Actes d'état civil d'artistes français*, 1872, p. 33. — J. Guiffrey, *Comptes des bâtiments du roi sous le règne de Louis XIV*, t. I, 1881, col. 690, 753, 773, 845.

Bertrand (Philippe), sculpteur du roi, sans doute parent du précédent, naquit à Paris[2] vers 1664[3]. Il se rendit, en 1694, à Montpellier, où il exécuta les sculptures ornant la porte du Peyrou, arc de triomphe élevé à la gloire de Louis XIV par l'architecte Daviler. Il fut reçu académicien le 26 novembre 1701, sur un groupe en bronze de trois figures représentant l'*Enlèvement d'Hélène*. Nommé adjoint à professeur le 29 mai 1717, il devint professeur le 26 octobre 1720.

Il fut occupé à l'église des Invalides, à Notre-Dame de Paris et à la chapelle du château de Versailles. Il sculpta aussi des statues pour Marly et pour Trianon. Enfin il refit, avec son confrère Frémin, le bas-relief figurant *Jésus et la Samaritaine au puits de Jacob*, bas-relief placé jadis sur la façade du bâtiment de la Samaritaine, au Pont-Neuf. Mariette, qui cite cet artiste dans son Abécédario, dit qu'il a vu de lui plusieurs maquettes en terre, « composées avec beaucoup de feu, mais peu arrêtées, et en général assez maniérées ». Bertrand mourut de la gravelle à Paris, le 30 janvier 1724, et fut inhumé sur la paroisse Saint-Sulpice.

1. Je l'ai déjà cité dans le *Dictionnaire des sculpteurs de l'école française du Moyen Age au règne de Louis XIV*, p. 53.
2. D'autres disent à Montpellier.
3. Les registres de l'Académie le font naître en 1661.

ŒUVRES

Le Triomphe de la Religion. La Création du canal du Languedoc. Le Passage du Rhin. La Prise de Mons. Quatre bas-reliefs, en forme de médaillons, placés sous l'archivolte de la porte du Peyrou, à Montpellier (année 1694). Les modèles en cire de ces bas-reliefs ont figuré au Salon de 1704.

L'Enlèvement d'Hélène. Groupe en bronze. Morceau de réception à l'Académie (26 novembre 1701). Cette œuvre était placée autrefois, au Louvre, dans une des salles de l'ancienne Académie de peinture et de sculpture. Elle a été exposée au Salon de 1704.

Modèles de pieds de pendules exécutés, pour le service du roi, en collaboration de Slodtz (année 1701).

Le Génie de l'Astronomie qui soutient deux cartels. Bas-relief en marbre blanc. Jadis aux Grands-Augustins, à Paris. Ce bas-relief est donné à Philippe Bertrand par Alexandre Lenoir ; il aurait été sculpté en 1702.

Lucrèce. Statue. Salon de 1704.

Marie Meusnier, femme de l'artiste. Buste. Salon de 1704.

Ferand, peintre en émail. Buste. Salon de 1704.

L'Enlèvement de Psyché. Groupe. Salon de 1704.

Prométhée. Statue. Salon de 1704.

Saint Satyre. Statue en plâtre, placée autrefois dans la chapelle de Saint-Ambroise, à l'église des Invalides (année 1705). Cette statue fut payée 700 livres.

Travaux de sculpture en plomb à deux petits baldaquins du bosquet des Bains d'Apollon, dans le parc de Versailles (année 1705).

Nymphes. Groupe en plomb et en étain exécuté, en collaboration de Barrois, pour le parc de Marly. Payé 2.000 livres (année 1706).

L'Air. Statue en marbre, décorant autrefois la Cascade champêtre de Marly. Payée 2.900 livres. Transportée après la Révolution à la Malmaison, elle se trouve aujourd'hui dans les magasins de l'État. Elle est signée : BERTRAND F. 1709.

Têtes de chérubins, dans la chapelle du château de Versailles (année 1707).

Le Secret et la Patience. Bas-relief qui orne encore la troisième travée de la tribune du pourtour, dans la chapelle de Versailles (année 1709).

Un Père de l'Église. Médaillon en pierre, sous la voûte de la même chapelle (année 1709).

Modèle en cire de la chaire archiépiscopale de l'église Notre-Dame de Paris (années 1709 et 1711).

Ouvrages de sculpture en pierre, dans le vestibule de la chapelle du château de Versailles (année 1712).

La Justice et la Force. Figures en plomb. Jadis au-dessus des arcades du chœur de Notre-Dame de Paris (année 1713-1714).

Zéphire et Flore. Groupe en marbre, exécuté, en collaboration de Frémin, pour le jardin de Trianon (année 1713).

Jésus et la Samaritaine au puits de Jacob. Bas-relief ornant autrefois la célèbre pompe du Pont-Neuf, à Paris (années 1714-1715). La figure du Christ était de Bertrand et celle de la Samaritaine de Frémin. Cette œuvre fut payée 15,685 livres.

GUÉRIN, *Description de l'Académie royale de peinture et de sculpture,* 1715, p. 107. — D'ARGENVILLE, *Voyage pittoresque de Paris,* 1752, p. 7, 24, 373. — PIGANIOL

DE LA FORCE, *Nouvelle description des châteaux et parcs de Versailles et de Marly*, 1764. t. II, p. 285, 309. — Idem, *Description de la ville de Paris*, 1765, t. I, p. 328. — L'abbé DE FONTENAI, *Dictionnaire des artistes*, 1776, t. I, p. 192. — *Archives de l'art français. Abécédario de Mariette*, t. I, 1853, p. 130. *Documents*, t. II, 1853, p. 360. — Ed. SOULIÉ, *Notice du musée impérial de Versailles*, 1re partie, 1859, p. 4, 5. — JAL, *Dictionnaire critique de biographie et d'histoire*, 1872, p. 1100. — H. HERLUISON, *Actes d'état civil d'artistes français*, 1873, p. 33. — L. DE LA ROQUE, *Biographie montpellieraine*, 1877, p. 102-104. — DE MONTAIGLON, *Procès-verbaux de l'Académie royale de peinture et de sculpture*, t. III, 1880, p. 328 ; t. IV, 1881, p. 247, 303, 371. — L. COURAJOD, *Alexandre Lenoir, son journal et le musée des monuments français*, t. II, 1886, p. 269 ; t. III, 1887, p. 321. — J. GUIFFREY, *Collection des livrets des anciennes expositions*. Salon de 1704, p. 22, 24, 26, 27. — Idem, *Comptes des bâtiments du roi sous le règne de Louis XIV*, t. IV, 1896, col. 735, 1177 ; t. V, 1901, col. 41, 72, 124, 213, 240, 318, 319, 321, 324, 349, 365, 413, 510, 530, 531, 537, 538, 541, 590, 610, 695, 786, 787, 874. — *Inventaire général des richesses d'art de la France. Archives du musée des monuments français*, t. II, 1886, p. 191 ; *Paris, monuments religieux*, t. III, 1901, p. 253.

Bertreux (Jacques), résidait à la Flèche, dans la seconde moitié du XVIIe siècle. En 1666, il exécuta, avec un peintre nommé Jean Noniau, le tabernacle du maître-autel de l'église de Sainte-Colombe. Ce tabernacle se trouve maintenant chez les Frères des Écoles chrétiennes auxquels il a été donné en 1863.

Gaston ESNAULT, *Dictionnaire des artistes et des artisans manceaux*, 1899, p. 39.

Besnier (Noël et François), étaient établis au Mans vers le milieu du XVIIe siècle.

Gustave ESNAULT, *Dictionnaire des artistes et des artisans manceaux*, 1899, p. 41.

Besson (François), sculpteur et mouleur, travaillait à Versailles, de 1685 à 1688. Il fut surtout employé à la décoration de Trianon. Vers la même époque, on le trouve aussi occupé au château de Fontainebleau.

L. DUSSIEUX, *Le château de Versailles*, 1881, t. II, p. 319, 320. — J. GUIFFREY, *Comptes des bâtiments du roi sous le règne de Louis XIV*, t. II, 1887, col. 620, 1172 ; t. III, 1891, col. 91, 99.

Bessoneau (Louis), sculpteur et architecte, résidait à Angers, au XVIIe siècle. Il mourut en novembre 1688.

Célestin Port, *Les artistes angevins*, 1881, p. 25.

Bezulier (Jacques), maître sculpteur exerçant son art à Chalon-sur-Saône au XVIIe siècle, adresse, en 1651, avec d'autres habitants de la ville, une supplique aux pères Cordeliers, pour obtenir de ces religieux qu'ils érigent dans leur église une confrérie sous le patronage de sainte Reine d'Alise. Il vivait encore en 1702. Il eut un fils, Nico_ las Bézulier, qui fut également sculpteur à Chalon. On lit en effet dans les comptes, à l'année 1728 : « Payé à Nicolas Bézulier, pour sculpture des armoiries de la ville sur la porte du bastion de Saint-Jean-de-Maisel... 10 l. »

Archives de Chalon-sur-Saône, CC 130 ; GG 2. — Th. Lhuillier, *Revue des Sociétés savantes des départements*, 5ᵉ série, t. IV, 1872, p. 496.

Biardeau (Georges), parent de René et de Pierre Biardeau [1], était établi dans la seconde moitié du xviiᵉ siècle, au Mans, où il dirigeait un atelier de sculpture. Il mourut en 1686.

Gaston Esnault, *Dictionnaire des artistes et artisans manceaux*, 1899, p. 52.

Bicher, sculpteur rouennais, exécuta, par ordre du duc de Saint-Aignan, une statue de Louis XIV qui fut érigée au Havre sur la place d'armes en face l'Hôtel de Ville, en 1684. Cette œuvre, en pierre bronzée, était placée au-dessus d'une fontaine.

Revue universelle des arts, t. XXIII, 1866, p. 113.

Bidau (Nicolas), sculpteur et médailleur, fils de Thibaud Bidau, marchand à Reims, naquit probablement dans cette ville, en 1622. Il vint s'établir à Lyon, où il reçut d'abord du Consulat la commande de médaillons représentant les prévôts des marchands et les échevins. Il travailla également à l'Hôtel de Ville et orna de statues la façade de plusieurs maisons particulières. En 1671, il était, à Versailles, occupé à la sculpture d'un fronton donnant sur une des petites cours du château. Il revint bientôt à Lyon, car, en 1674, on le retrouve dans cette ville employé à la décoration du couvent des Jacobins. Il y fit de nombreux ouvrages, ainsi qu'à l'abbaye de Saint-Pierre et à l'église des Carmélites, où il sculpta le tombeau de Nicolas de Neufville, premier duc de Villeroy. Il mourut à Lyon, le 17 novembre 1692, et fut inhumé dans l'église Saint-Saturnin ; il avait alors le titre de sculpteur du roi, qu'il avait pris à partir de 1680. Il avait épousé en mars 1660 Suzanne Simon, fille de Mathias Simon, maître sculpteur [2], et avait eu de son mariage neuf enfants, dont aucun ne suivit sa carrière.

1. Voir le *Dictionnaire des sculpteurs de l'école française du Moyen Age au règne de Louis XIV*, p. 58.
2. Voir le *Dictionnaire des sculpteurs de l'école française du Moyen Age au règne de Louis XIV*, p. 519.

ŒUVRES

Jacques Moyron, baron de Saint-Trivier. Buste. Autrefois dans la galerie du rez-de-chaussée de l'Hospice de la Charité, à Lyon (année 1656). Cette œuvre, payée 75 livres, n'existe plus.

Camille de Neufville, primat des Gaules, archevêque et gouverneur du Lyonnais. Médaillon [1]. Diam. 0ᵐ102 à 0ᵐ104. Buste tourné à droite. En légende : CAM. DE NEVFVILLE. GAL. PRIM. ARCH. ET. P REX. LVG. Signé : *Bidav. 1657.* Collections des Jésuites et de M. Jules Bigot, à Lyon, et de M. Récamier, à Paris.

François de Baglion, comte de La Salle, prévot des marchands. Médaillon. Diam., 0ᵐ101 à 0ᵐ104. Buste tourné à droite. En légende : Mᵗᵉ FRANC. DE. BAGLION. COM. DE. LA. SALLE. PRE. D. MARCH. Signé : *Bidav. 1658.* Cabinet des médailles. Collections des Jésuites et de M. Victor Bigot, à Lyon.

La comtesse de La Salle. Médaillon. Diam. 0ᵐ101 à 0ᵐ102. Buste tourné à gauche. En légende : MARIE. DE. PERSY. COMTESSE. DE. LA. SALLE. Signé : *Bidav* (sans date). Cabinet des médailles. Musée de Berlin.

Hugues André, échevin. Médaillon, Diam. 0ᵐ102 à 0ᵐ105. Buste tourné à droite. En légende : HVGVES. ANDRE. SEIGNEVR. DE. FROMENTE. CONS. Signé : *Bidav.* 1658. Musée de Lyon. Collection des Jésuites de Lyon.

Pierre Bollioud, premier avocat du Roi, échevin. Médaillon. Diam. 0ᵐ101 à 0ᵐ102. Buste tourné à droite. En légende : PETRVS. BOLLIOVD. ADVOC. REGIVS. PRIMVS. CONS. Signé : *Bidav. 1658.* Collections de M. Récamier, à Paris, et de M. Ed. Aynard, à Lyon.

Louis Dugas, conseiller au Conseil élu de la ville de Lyon, échevin. Médaillon. Diam. 0ᵐ102 à 0ᵐ103. Buste tourné à droite. En légende : LVDO-VICVS. DVGAZ. IN. ELECT. LVGD. CONSIL. CONS. Signé : *Bidav.* 1658. Cabinet des médailles. Musée de Lyon. Collection de M. Récamier.

Pierre Rambaud de Champrenard, échevin. Médaillon. Diam. 0ᵐ103. Buste tourné à droite. En légende : PETRVS RAMBAVD Dˢ. DE CHAMPRENARD DE BLASSE CONS. Signé : *Bidav.* 1658. Musée d'art et d'industrie de Lyon.

Madame de Champrenard. Médaillon. Diam. 0ᵐ104. Buste tourné à gauche. En légende : MARIE. DANOC. DAME. DE. CHAMPRENARD. ET. BLASSE. Signé : *Bidav* (sans date). Musée d'art et d'industrie de Lyon. Collection des Jésuites, à Lyon.

Une Vierge en pierre, avec son piédestal, érigée autrefois à Lyon « sur la platteforme du Change » (années 1658-1659).

Nicolas de Neufville, maréchal, duc et pair de France, gouverneur de Lyon, Médaillon. Diam. 0ᵐ131 à 0ᵐ152. Buste tourné à droite. En légende : NICOLAVS DE NEVFVILLE MAREX. DVX ET PAR GALE. LVGD. GVBER. Signé : *Bidav.* 1659. Cabinet des médailles. Musée d'art et d'industrie de Lyon.

Un bas-relief symbolisant la Paix des Pyrénées. Hôtel de ville de Lyon. Ce bas-relief aurait été exécuté en collaboration de Jacques Mimerel (années 1660-1661).

David vainqueur de Goliath. Statue ornant autrefois une maison, à côté de l'église Saint-Antoine, à Lyon (année 1660).

1. Les médaillons de Bidau, modelés en cire, ont été coulés, soit en plomb, soit en métal blanc, soit en bronze.

Saint Jean-Baptiste. Statue placée jadis au coin d'une maison située près de l'Hôtel de ville de Lyon.

Une Vierge tenant l'enfant Jésus. Autrefois « au coing de la maison de M. Honnorat, du costé de Bonne-Vaux (la rue Bonnevaux) », à Lyon.

Le Bon Pasteur. Statue placée jadis, à Lyon, à l'entrée de la rue de l'Enfant-qui-pisse.

Une Vierge. Autrefois sur la place de la Feuillée, à Lyon.

Modèle d'une fontaine commandée par le Consulat pour orner la place des Terreaux, à Lyon (année 1661).

Hugues de Pomey, prévôt des marchands. Médaillon. Diam. 0ᵐ 110 à 0ᵐ 138. Buste tourné à droite. En légende : HVG. DE POMEY. SEIGʳ. DE ROCHE-FORT. CONSᵉʳ. DV. ROY. EN. SES. CONˡˢ. PRE. DES. MARC. Signé : *Bidav. F. 1662.* Cabinet des médailles. Musée de Lyon. Collections de M. Récamier et de M. A. Brölemann.

Barthelemy Ferrus, échevin, Médaillon. Diam. 0ᵐ 111. Buste tourné à droite. En légende : BARTHOLOMOEVS. FERRVS. CONS. Signé : *Bidav. 1662.* Collection de M. A. Brölemann.

Dominique de Ponsainpierre, échevin. Médaillon. Diam. 0ᵐ 113. Buste tourné à droite. En légende : DOMINICVS. DE. PONSAINPIERRE. CONS. Signé : *Bidav. f. 1662.* Collection de M. A. Brölemann.

Jacques Michel, échevin. Médaillon. Diam. 0ᵐ 104 à 0ᵐ 140. Buste tourné à droite. En légende : JACQVES. MICHEL. Sʳ. DE. LA. TOVR. CONS. DE LYON. Signé : *Bidav. f. 1662,* Archives de la ville de Lyon. Collections Récamier, Eug. Bigot et Brölemann.

Romain Thomé, échevin. Médaillon. Diam. 0ᵐ 110 à 0ᵐ 112. Buste tourné à droite. En légende : ROMANVS. THOMÉ. CONS. Signé : *Bidav. f. 1662.* Musée de Lyon. Collection Brölemann.

L'Annonciation de la Vierge. Autrefois « au bas du Gourguillon en la maison de M.M. du Soleil », à Lyon (année 1665).

Le père Dominique Ottoman. Médaillon. Diam. 0ᵐ 138. Buste tourné à droite. En légende: P. DOMINICVS. OTTOMAN. FIL. PRIMOGE. SVLT. IBRAHIM. ORD. PRAED. Signé : *Bidav. 1665.* Collections des Jésuites, à Lyon, et de M. Jules Bigot.

Marianne Croppet. Médaillon. Diam. 0ᵐ 104. Buste tourné à gauche. En légende : MARIANNE CROPPET. Signé : *Bidav.* (sans date). Archives de la ville de Lyon.

Louise Paras. Médaillon. Diam. 0ᵐ 110. Buste tourné à gauche. En légende : LOVISE. PARAS. Signé : *Bidav. f.* (sans date). Collection Victor Bigot, à Lyon.

Sculpture d'un fronton, dans une des petites cours du château de Versailles (année 1671). Ce travail fut payé 902 livres.

Sculptures ornant la porte et le perron de la Salle du Conclave[1], dans le couvent des Jacobins de Lyon (année 1674).

Saint Pierre dans sa prison. Bas-relief placé jadis sur le maître-autel de l'église Saint-Pierre de Lyon. Payé 600 livres (années 1675-1677). Cette œuvre a été détruite vers 1738.

Décoration de l'abside de l'église Saint-Pierre de Lyon, exécutée avec Simon Lacroix et Emmanuel Bagnieux (année 1676).

1. On prétendait que c'était dans cette salle que Jean XXII avait été élu pape.

Sainte Catherine. Statue placée autrefois dans la rue Sainte-Catherine, à Lyon (année 1678).

La Visitation et l'*Ensevelissement de la Vierge*. Bas-reliefs, dans l'église de Saint-Pierre de Lyon, provenant de la chapelle des Pénitents du Confalon (année 1678). L'*Ensevelissement de la Vierge* orne aujourd'hui le maître-autel de l'église.

Encadrement en marbre noir avec un buste en marbre blanc, dans la nef de l'église de l'Hospice de la Charité, à Lyon (année 1678).

Une Vierge érigée autrefois au-dessus du portail du couvent des Jacobins de Lyon (année 1680).

Figures de Vertus et de Renommées, en stuc poli, dans le grand escalier de l'ancienne abbaye des Bénédictines de Saint-Pierre, aujourd'hui Palais des Arts, à Lyon. Chacune de ces figures fut payée à l'artiste 15 louis d'or (années 1681-1682). La décoration de cet escalier fut entreprise par Bidau, en collaboration de Simon Guillaume, sous la direction de Thomas Blanchet, peintre et architecte.

La Vierge tenant le Christ mort dans ses bras. Groupe ornant autrefois le portail de l'église des Carmélites [1] de Lyon.

Un cartouche portant une inscription commémorative avec les armes du duc de Villeroy et celles de la Ville, placé jadis au port de Neuville, dans le quartier de Saint-Vincent, à Lyon (année 1685).

Les prophètes Elie et Elisée et sainte Thérèse. Statues occupant autrefois des niches à côté de l'autel de l'ancienne église des Carmélites de Lyon.

Le tombeau de Nicolas de Neufville, premier duc de Villeroy, pair et maréchal de France. Ce tombeau, élevé jadis dans l'ancienne église des Carmélites de Lyon, avait été exécuté sur les dessins de Thomas Blanchet (années 1685-1687). En voici la description d'après André Clapasson, historien de la ville de Lyon au xviii° siècle : « Un socle de portor soutient un tombeau de même, d'une forme gracieuse, sur lequel le maréchal est à genoux dans les habits de l'ordre du Saint-Esprit ; cette statue est en marbre et parfaitement bien travaillée. Deux grandes figures de même servent d'accompagnement ; l'une représente la Prudence et l'autre la Religion, toutes deux désignées par les attributs qui leur conviennent. Tout cet ouvrage est adossé contre une arcade feinte, décorée avec art, et terminée par les armes de la maison de Villeroy... ».

Armoiries du Roi, sculptées à l'hôtel de l'Arquebuse, à Lyon (année 1689).

André Clapasson, *Description de la ville de Lyon*, 1741, p. 38, 47, 153, 159. — *Archives de l'art français*, 2ᵉ série, t. II, 1862, p. 119, 140, 141, 143, 154, 158, 160, 163, 164, 165, 166, 169. — J. Guiffrey, *Comptes des bâtiments du roi sous le règne de Louis XIV*, t. I, 1881, col. 514. — Natalis Rondot, *Les sculpteurs de Lyon du XIVᵉ au XVIIIᵉ siècle*, 1884, p. 44. — Idem, *Revue de l'art français*, 1887, p. 292. — Idem, *Nicolas Bidau, sculpteur et médailleur*, 1887. — *Inventaire général des richesses d'art de la France. Province, monuments civils*, t. II, 1887, p. 4, 5 ; t. V, 1891, p. 295. — L. Charvet, *Réunion des Sociétés des beaux-arts des départements*, 1893, p. 101, 103, 105, 106, 123, 161, 163, 165.

Biémont (René), sculpteur en bois, né en 1640, exerçait son art dans la ville de Nantes. Il s'engagea par marché, le 9 septembre 1689,

---

1. Cette église a été démolie en 1822.

à exécuter, pour l'église Saint-Saturnin [1], un autel décoré de figures et de bas-reliefs. Il mourut le 29 avril 1710.

DE GRANGES DE SURGÈRES, *Les artistes nantais* (*Revue de l'art français*, 1898, p. 37).

Bigan (Pierre), sculpteur établi à Paris dans la seconde moitié du XVIIe. siècle, perd, le 7 juin 1672, une fille âgée de 18 mois, qui fut inhumée dans le cimetière de la paroisse Saint-Roch.

H. HERLUISON, *Actes d'état civil d'artistes français*, 1873, p. 36.

Bigand (Augustin), sculpteur vivant à Amiens dans la seconde moitié du XVIIe siècle, fut reçu maître en son art, le 5 août 1680.

Robert GUERLIN, *Réunion des Sociétés des beaux-arts des départements*, 1896, p. 562.

Bigau ou **Bigorne** (Pierre), sculpteur à Paris, se marie, le 22 mai 1661, sur la paroisse Saint-Roch. Il figure dans l'acte de décès de sa fille, inhumée à l'âge de 15 ans, le 2 novembre 1678, sur la paroisse des Saints-Pères. Son nom est alors écrit Pierre Bigorne.

JAL, *Dictionnaire critique de biographie et d'histoire*, 1872, p. 981 à Poissant. — H. HERLUISON, *Actes d'état civil d'artistes français*, 1873, p. 36.

Billion (Rieul), maître sculpteur, était établi à Senlis (Oise) vers 1686.

Billion (Pierre), sculpteur et peintre, parent du précédent, demeurait également à Senlis, où il travaillait vers 1693 [2].

BOURSIER, *Histoire de Creil*, p. 309. — E. MÜLLER, *Réunion des Sociétés des beaux-arts des départem nts*, 1893, p. 507.

Biot (Jacques), exerçait son art au Mans (Sarthe) vers la fin du XVIIe et au commencement du XVIIIe siècle. Il habitait sur la paroisse de la Couture.

Gustave ESNAULT, *Dictionnaire des artistes et artisans manceaux*, 1899, p. 55.

Blaise (Germain) travaillait à Toulon à la fin du XVIIe siècle et au commencement du XVIIIe siècle. En 1695 et en 1700, on le trouve employé à des ouvrages de sculpture pour les vaisseaux de l'État. Il vivait encore en 1725.

Ch. GINOUX, *Artistes de Toulon* (*Revue de l'art français*, 1888, p. 175; 1894, p. 204).

1. Cette église fut détruite avant la Révolution.
2. Voir le *Dictionnaire des sculpteurs de l'École française du Moyen Age au règne de Louis XIV*, p. 61.

Blanc (Jacques)[1], remporte le deuxième prix de sculpture à l'ancienne École académique de Paris, en 1701.

A. Duvivier, *Archives de l'art français, documents*, t. V, 1857-1858, p. 284.

Blanc (Pierre), était établi à Toulon, où, de 1682 à 1698, il exécuta des travaux de sculpture pour la marine. En 1686, il collaborait à la décoration du vaisseau l'*Éclair*.

Ch. Ginoux, *La décoration navale au port de Toulon* (*Réunion des Sociétés des beaux-arts d s départements*, 1884, p. 352, 355, 358). — Idem, *Artistes de Toulon Revue de l'art français*, 1888, p. 173 ; 1894, p. 205).

Blanchard (Jean)[2], sculpteur à Paris, meurt, le 20 mars 1651, et est inhumé sur la paroisse Saint-Roch.

Blanchard (Etienne et Jacques), sculpteurs du roi, établis à Paris, fils du précédent, naquirent le premier, en 1633, et le second, vers la fin de 1634. En 1665, Etienne exécuta deux figures en plomb pour le bâtiment de la Samaritaine, au Pont-Neuf. En 1674, les deux frères travaillaient ensemble, à Versailles, aux fontaines du Labyrinthe. Le 7 juillet 1674, ils donnaient en effet quittance de « la somme de quatre cens vingt livres, à eulx ordonnée pour reste et parfaict payement de celle de deux mil neuf cens vingt livres, à laquelle montent et reviennent les oyseaux et animaux de plomb et d'estain qu'ils ont faictes et fournis pour la fontaine du Paon et de la Pie et pour le bassin du Singe à Versailles ». Ces deux fontaines ont été gravées par Sébastien Leclerc, et les planches qui les représentent existent encore aujourd'hui, à la Chalcographie du Louvre, sous les numéros 2595, 2597. En 1675, on trouve les deux sculpteurs employés au château de Clagny.

Les comptes des bâtiments du roi font quelquefois mention du nom de Blanchard sans désigner le prénom de l'artiste ; il est donc difficile de reconnaître s'il s'agit d'Etienne ou de Jacques. Ainsi, à la date du 18 août 1670, on lit : « à Blanchard, sculpteur, pour treize bustes de marbre blanc qu'il a vendus au Roy et livrez dans son magasin... 3.500 livres » ; au 16 septembre 1685 : « à Blanchard, sculpteur, à compte des moules qu'il fait pour les groupes d'enfans et autres figures des bassins de Vénus et de Tétis... 1.100 l. ». Un des Blanchard était

---

1. Les registres de l'Académie le désignent sous le nom de Jacques Blanc aîné.

2. C'est le même artiste que le Jean Blanchard que j'ai cité, dans le *Dictionnaire des sculpteurs de l'École française du Moyen Age au règne de Louis XIV*, comme ayant exécuté, en 1638, une statue d'Amphitrite.

encore occupé à Versailles, en 1679-1680, à la fontaine de l'Arc de Triomphe, au grand salon de l'appartement de la reine et à la décoration des deux lanternes placées au-dessus des combles du château. Enfin, les figures de saint Dominique et de sainte Catherine de Sienne qui ornaient le portail des pères Jacobins de la rue Saint-Honoré, étaient, d'après Guillet de Saint-Georges, l'œuvre d'un des Blanchard.

Jacques mourut le 23 octobre 1689 et fut enterré sur la paroisse Saint-Roch. Il s'était marié, le 10 juillet 1662, avec Toussainte Morel, fille de feu Guillaume, maître savetier. Etienne survécut quelques années à son frère ; il fut inhumé, le 22 novembre 1693, également sur la paroisse Saint-Roch. Il avait épousé, le 27 février 1661, Marie Berthault, fille du peintre François Berthault.

Mémoires inédits sur la vie et les ouvrages des membres de l'Académie royale de peinture et de sculpture, 1854, t. I, p. 281. — A. JAL, *Dictionnaire critique de biographie et d'histoire*, 1872, p. 224. — H. HERLUISON, *Actes d'état civil d'artistes français.* 1879, p. 37, 38. — E. PIOT, *État civil de quelques artistes français*, 1873, p. 13. — *Nouvelles archives de l'art français*, 1876, p. 53. — J. GUIFFREY, *Comptes des bâtiments du roi sous le règne de Louis XIV*, t. I, 1881, col. 75, 132, 474, 480, 618, 624, 696, 762, 846, 876, 902, 1157, 1283 ; t. II, 1887, col. 160, 628 ; t. IV, 1896, col. 293, 353.

Blancheron (François), sculpteur parisien, fut admis au nombre des membres de l'Académie de Saint-Luc, le 15 juillet 1671. Il mourut entre 1672 et 1682.

P. LACROIX, *Revue universelle des arts*, t. XIII, 1861, p. 329.

Blanchet. Sculpteur ornemaniste de la fin du XVIIᵉ siècle. On lit dans les comptes des bâtiments à la date du 13 décembre 1699 : « à Blanchet, sculpteur, pour la gravure qu'il a fait des noms sur soixante-quatre bustes posez aux salles des petits bois des deux côtez du château de Marly ».

J. GUIFFREY, *Comptes des bâtiments du roi sous le règne de Louis XIV*, t. IV, 1896, col. 517.

Blanchet (Jacques), travaillait à Lyon dans la seconde moitié du XVIIᵉ siècle. En 1674, il figure comme témoin dans une quittance donnée, par son confrère Jacques Mimerel, au prieur du couvent de Saint-Antoine de Viennois. Il était probablement parent du peintre lyonnais Thomas Blanchet.

Réunion des Sociétés des beaux-arts des départements, 1884, p. 234.

Bocquillon (Nicolas), sculpteur parisien, fut reçu membre de l'Académie de Saint-Luc, le 11 février 1662. Il vivait encore en 1682.

P. LACROIX, *Revue universelle des arts*, t. XIII, 1871, p. 327.

Bodier (Olivier), sculpteur et peintre, était établi au Mans vers la fin du xviiᵉ siècle.

Gustave ESNAULT, *Dictionnaire des artistes et artisans manceaux*, 1899, p. 60.

Bodin (André), travaillait à Nantes à la fin du xviiᵉ siècle.

DE GRANGES DE SURGÈRES, *Les artistes nantais* (*Revue de l'art français*, 1898, p. 44).

Boffrand (Jean), sculpteur et architecte nantais, exécuta en 1684, moyennant 4.600 livres, le maître-autel de la chapelle du collège de Vannes. On lui devait également des statues dans l'église de Montaigu (Vendée) ; ces statues n'existent plus. En 1688, il fut admis dans la confrérie de Saint-Nicolas de Guérande, à laquelle il fit don d'une figure de saint Nicolas. En 1691, on le trouve occupé à l'église Saint-Similien de Nantes.

Jean Boffrand avait épousé Barbe Quinault, sœur du poète de ce nom. Il était le père de l'architecte Germain Boffrand, qui obtint une grande réputation dans la première moitié du xviiiᵉ siècle.

Boffrand (Mathurin), sculpteur et peintre, probablement parent de Jean, était fixé à Machecoul (Loire-Inférieure), vers la fin du xviiᵉ siècle.

Boffrand (Pierre), maître sculpteur, sans doute de la même famille que les précédents, était établi à Clisson, près de Nantes, à la fin du xviiᵉ et au commencement du xviiiᵉ siècle.

Alfred LALLEMAND, *Les origines historiques de la ville de Vannes*, 1864. — Ch. BAUCHAL, *Nouveau dictionnaire d's architectes français*, 1887, p. 60. — DE GRANGES DE SURGÈRES, *Les artistes nantais* (*Revue de l'art français*, 1898, p. 54, 56).

Boissard (Michel), sculpteur parisien, était un des anciens de l'Académie de Saint-Luc, où il avait été admis le 9 janvier 1650. Vers 1664-1665, il sculpta, en collaboration de son confrère Alexandre Jacquet, dit Grenoble, des masques de satyres et des têtes de lions sur une cheminée du pavillon des Tuileries. Il mourut entre 1672 et 1682.

P. LACROIX, *Revue universelle des arts*, t. XIII, 1861, p. 324. — J. GUIFFREY, *Comptes des bâtiments du roi sous le règne de Louis XIV*, t. I, 1881, col. 15, 71.

Boiteau, **Boitteau** ou **Boitteaux** (Robert), né à Cambrai, le 9 janvier 1663, fils de Robert Boiteau, concierge de l'Hôtel de Ville, exerça son art dans sa ville natale. Il travailla d'abord à l'abbaye de Vaucelles, puis, en 1689-1690, il fut occupé à la façade d'un bâtiment dépendant de l'Hôtel de Ville. En 1602, il sculpta, moyennant 160 flo-

rins, la table de l'autel Saint-Pierre dans la collégiale de Saint-Géry.
En 1696, il décora la chapelle de l'abbaye du Saint-Sépulcre. En 1709,
il entreprit plusieurs travaux dans la sacristie et dans le chœur de la
cathédrale. En 1714, il exécuta le dessus de porte surmontant l'entrée
de l'ancien hôpital Saint-Julien ; cette œuvre existe encore aujourd'hui.
En 1717-1718, il reçut 28 florins pour avoir fait la cheminée de la
grande salle dite du Consistoire, à l'Hôtel de Ville. En 1719, il fut
chargé de dresser les devis de la démolition et de la réédification de la
partie supérieure du clocher Saint-Martin ; il y sculpta des consoles et
quatre vases placés aux angles de la tour, le tout moyennant une
somme de 300 florins. En 1720, il collabora, avec son confrère Jean
Vérin qui fut souvent associé à ses travaux, au monument de l'évêque
Jacques-Théodore de Brias, mort en 1696, monument érigé dans l'église
métropolitaine de Notre-Dame. L'année suivante, il fit une vierge destinée à l'autel de la chapelle de Notre-Dame-la-Grande. En 1724, il
toucha 6.134 livres pour la part qu'il prit dans la construction d'un
nouveau maître-autel dans la cathédrale de Cambrai. Cet autel, auquel
travaillaient également deux orfèvres de la ville, Jacques Dormal et
Nicolas de Raisse, « était formé d'une table contournée soutenue par
deux consoles en bronze doré ; sous la table était placée une urne d'argent décorée de palmes et entourée de quatre anges de même métal ».
   Robert Boiteau mourut à Cambrai, le 11 septembre 1728, laissant
trois fils sculpteurs comme lui.

   J. Houdoy, *Histoire artistique de la cathédrale de Cambrai*, p. 148. —
A. Durieux, *Les artistes cambrésiens du IX⁰ au XIX⁰ siècle*, 1874, p. 136, 145, 151,
155, 159, 165. — Idem, *Les sculpteurs Boitteau (Réunion des Sociétés des beaux-
arts des départements*, 1881, p. 113, 135).

Bonnereau (Nicolas), sculpteur et peintre établi à Paris au commencement du XVIII⁰ siècle. Le nom de cet artiste figure sur les
registres de Saint-Germain l'Auxerrois, à la date du 21 juin 1702,
dans l'acte de décès d'un fils âgé de 10 mois.

   H. Herluison, *Actes d'état civil d'artistes français*, 1873, p. 46.

Bonnet (Antoine), sculpteur vivant à Paris au XVII⁰ siècle, nous est
connu par l'acte de mariage de son fils, Sylvain Bonnet, peintre minia-
turiste. Cet acte, daté du 21 juin 1672, le qualifie « sculpteur de feu
Monsieur le duc d'Orléans ».

   A. Jal, *Dictionnaire critique de biographie et d'histoire*, 1872, p. 246.

Bonnet (Claude), peut-être parent du précédent. Désigné dans les
comptes sous le titre de sculpteur et peintre en marbre, il résidait à

Paris, où il se maria, le 24 juin 1664, sur la paroisse Saint-Séverin. De 1691 à 1693, il était occupé au château de Marly « à des ouvrages de marbre artificiel ».

H. Herluison, *Actes d'état civil d'artistes français*, 1873, p. 46. — J. Guiffrey, *Comptes des bâtiments du roi sous le règne de Louis XIV*, t. III, 1891, col. 571, 721, 853.

Bonnet (François), maître sculpteur originaire de Concarneau, était fixé à Grenoble, vers 1684.

Ed. Maignien, *Les artistes grenoblois*, 1887, p. 57.

Bonnet (Jean-François, sculpteur lorrain né vers 1680, meurt à Nancy, le 28 février 1720, et est enterré dans le cimetière de la paroisse Saint-Sébastien. On ne connaît aucune de ses œuvres.

Archives de Nancy, t. III, p. 328. — A. Jacquot, *Essai de répertoire des artistes lorrains* (*Réunion des Sociétés des beaux-arts des départements*, 1900, p. 315).

Bonnet (Joseph), sculpteur du xviiᵉ siècle, originaire de La Valette (Var), vint exercer son art à Toulon, en 1672, après avoir demandé aux consuls de la ville une autorisation de séjour qui lui fût accordée.

Ch. Ginoux, *Artistes de Toulon* (*Revue de l'art français*, 1894, p. 208).

Bontemps. Un sculpteur de ce nom est cité dans les comptes des bâtiments du roi comme travaillant, en 1689, sous la direction de François Girardon.

J. Guiffrey, *Comptes des bâtiments du roi sous le règne de Louis XIV*, t. III, 1891, col. 289.

Bonvalet, sculpteur et fondeur de la fin du xviiᵉ siècle, collabora, de 1686 à 1690, à la fonte en bronze de huit groupes d'enfants destinés aux grands bassins du Parterre de Versailles. En 1691, il était occupé, à Paris, à la décoration de l'église des Invalides.

J. Guiffrey, *Comptes des bâtiments du roi sous le règne de Louis XIV*, t. II, 1887, col. 995, 1184; t. III, 1891, col. 103, 292, 387, 388, 431, 556, 1087, 1135.

Bordenans ou **Bourdeneau** (Jacques), sculpteur en bois du xviiᵉ siècle, originaire de la Lorraine, alla travailler en Italie, à Carpi. C'est lui l'auteur de la statue de la vierge placée aujourd'hui dans la cathédrale de la ville, statue provenant de l'église des Grâces.

L. Dussieux, *Les artistes français à l'étranger*, 1876, p. 438. — A. Bertolotti, *Artisti francesi in Roma nei secoli, XV, XVI e XVII*, 1886, p. 203. — A. Jacquot, *Essai de répertoire des artistes lorrains* (*Réunion des Sociétés des beaux-arts des départements*, 1900, p. 316).

Bordenave (Jacques-Joseph de), sculpteur lorrain, naquit à
Nancy, le 27 octobre 1648. Son père, Joseph de Bordenave, était garde
de M. de la Ferté, gouverneur de Nancy, et sa mère se nommait
Louise Gilquin. Il exécuta dans sa ville natale de nombreuses œuvres
qui ont disparu aujourd'hui. En 1698, il travaillait à des arcs de
triomphe élevés à l'occasion de l'entrée du duc de Lorraine, et en 1700,
il collaborait à la confection du catafalque du duc Charles V dans
l'église des Cordeliers de Nancy. Plus tard, de 1708 à 1719, il fut
occupé à la décoration de la salle d'Opéra qu'on construisait alors dans
le palais ducal, sous la direction de l'architecte Francesco Bibiena.

Jacques de Bordenave, qui était professeur à l'Académie de peinture et de sculpture de Nancy, mourut dans cette ville, le 23 juillet
1721, et non, en 1724, comme le dit dom Calmet. Il fut enterré dans
l'église des religieuses de Saint-Dominique.

Jacques de Bordenave est peut-être le même artiste que Jacques
Bordenans dont je viens de parler plus haut.

ŒUVRES

Une statue de sainte Anne, dans l'église de Bon-Secours, à l'extrémité du fau-
    bourg Saint-Pierre, à Nancy.
Épitaphe de M. Coquette, aux Tiercelins de Nancy.
Buste de Charles V, qui ornait la façade d'une maison, rue de la Porte
    Saint-Georges, près le Pont Mouzea, dans la même ville.
Figures en plâtre, décorant le bassin du jardin de l'Orangerie, dans le palais
    ducal (année 1702).
Épitaphe de M. Carrel, dans l'église d'Essey-les-Nancy.
Un Crucifix, dans l'église de Saint-Epvre de Nancy (année 1716).

Archives de Meurthe-et-Moselle, B 1556, 1586, 1591. — *Archives de Nancy*,
t. II, p. 44, 297, 324 ; t. III, p. 381, 384 ; t. IV, p. 8, 13, 24. — Dom CALMET, *Bibliothèque lorraine*, 1751, p. 132. — H. LEPAGE, *Le palais ducal de Nancy*, 1852,
p. 181. — A. JACQUOT, *Essai de répertoire des artistes lorrains* (*Réunion des Sociétés des beaux-arts des départements*, 1900, p. 315).

Botos (Charles de), sculpteur établi à Toulon vers la fin du
XVIIᵉ siècle, travaillait, en 1695, à la décoration des vaisseaux de
l'État.

Ch. GINOUX, *De la décoration navale au port de Toulon* (*Réunion des Sociétés
des beaux-arts des départements*, 1884, p. 358). — Idem, *Artistes de Toulon* (*Revue
de l'art français*, 1888, p. 175 ; 1894, p. 210).

Boucher (Jean), était fixé à Toulon dans la seconde moitié du
XVIIᵉ siècle. Le 15 octobre 1670, il fut chargé, en collaboration de son
confrère Gabriel Levray, des travaux de sculpture, d'architecture et
de menuiserie entrepris pour le vaisseau la *Madame*, d'après les
modèles et les dessins de Pierre Puget. En 1677, il sollicita l'emploi

de maître sculpteur de la marine occupé par Pierre Turreau, mort deux ans auparavant, mais, sans doute par raison d'économie, il ne put l'obtenir.

Ch. GINOUX, *Artistes de Toulon* (*Revue de l'art français*, 1888, p. 170; 1894, p. 210). — Idem, *Réunion des Sociétés des b aux-arts des départements*, 1890, p. 368.

Bouchot (Gilles), sculpteur et architecte résidant à Thiers (Puy-de-Dôme) à la fin du xviiᵉ siècle, passe marché, en 1685, avec la corporation des couteliers, pour la construction d'un retable monumental destiné à orner la chapelle Saint-Eloy dans l'église de la ville.

Revue des Sociétés savantes, 1862. — BAUCHAL, *Nouveau dictionnaire des architectes français*, 1887, p. 68.

· **Bouillart** (Joseph), sculpteur en bois, établi à Paris à la fin du xviiᵉ et au commencement du xviiiᵉ siècle, nous est connu par l'inventaire de son mobilier, fait après sa mort, le 24 janvier 1709, à la requête de sa veuve. Il habitait rue de la Roquette dans le faubourg Saint-Antoine.

Nouvelles archives de l'art français, t. X, 1883, p. 221.

Bouin (Pierre), sculpteur ornemaniste, est cité dans les comptes des bâtiments du roi, comme ayant touché 135 livres, en 1680, pour l'exécution de différents ornements dans l'appartement de Mᵐᵉ de Thianges, au Louvre.

J. GUIFFREY, *Comptes des bâtiments du roi sous le règne de Louis XIV*, t. I, 1881, col. 1241.

Boulart (Mathurin), sculpteur et peintre parisien né en 1631, fut inhumé, le 29 août 1676, sur la paroisse Saint-Germain-l'Auxerrois. Il habitait rue Saint-Honoré.

H. HERLUISON, *Actes d'état civil d'artistes français*, 1873, p. 50. — E. PIOT, *État civil de quelques artistes français*, 1873, p. 17.

Boulay ou **Boullet** (Pierre), sculpteur du roi, travaillant à Paris dans la seconde moitié du xviiᵉ siècle, fut admis à l'Académie de Saint-Luc, le 16 août 1663. Il vivait encore en 1682 et n'existait plus en 1709, époque de la mort de sa veuve.

P. LACROIX, *Revue universelle des arts*, t. XIII, 1861, p. 327. — H. HERLUISON, *Actes d'état civil d'artistes français*, 1873, p. 50.

Boulet (Thomas), était employé, en 1668, dans l'arsenal de Toulon, comme apprenti sculpteur, sous la direction de Nicolas Levray.

Archives de l'art français, documents, t. IV, 1856, p. 237. — Ch. GINOUX, *Artistes de Toulon* (*Revue de l'art français*, 1888, p. 168; 1894, p. 211).

Boulouche (Jean), sculpteur demeurant à Paris, rue Montmartre, dans la première moitié du XVIIe siècle. Il n'existait plus à la fin de 1650, car on possède une procuration de sa veuve, datée du 21 décembre de cette même année.

Revue de l'art français, 1891, p. 87.

Bounier (Joseph), exécutait à Toulon, en 1681, moyennant 250 livres, un travail de sculpture navale pour lequel il s'était associé Bernard Turreau dit Toro, alors apprenti sculpteur.

Ch. GINOUX, *Artistes de Toulon (Revue de l'art français,* 1894, p. 211).

Bourcier (Mathurin), était établi à Nantes au commencement du XVIIIe siècle. Cet artiste nous est connu par les registres des paroisses Saint-Vincent et Saint-Nicolas, où son nom est inscrit aux années 1710 et 1713.

DE GRANGES DE SURGÈRES, *Les artistes nantais (Revue de l'art français,* 1898, p. 71).

Bourde (Jean de la), faisait partie de l'Académie de Saint-Luc, où il avait été reçu le 1er mars 1678. Il figure encore sur les listes de la communauté en 1682.

P. LACROIX, *Revue universelle des arts,* t. XIII, 1861, p. 333.

Bourderelle (David), naquit à Eu (Seine-Inférieure), le 11 novembre 1651. S'étant présenté à l'Académie royale de peinture et de sculpture, le 28 août 1683, il y fut admis le 31 décembre 1688, sur un médaillon ovale en marbre représentant *saint Mathieu.* Ce médaillon ornait autrefois, au Louvre, la salle de l'Académie ; transporté en 1692 au Musée des monuments français, il fut donné en 1815 à l'église Notre-Dame de Versailles, où il se trouve aujourd'hui dans la chapelle des âmes du purgatoire. De 1691 à 1699, l'artiste fut occupé à la décoration de l'église des Invalides ; il y exécuta des groupes d'anges au-dessus des niches des chapelles. Ces œuvres existent encore.

Il mourut à Paris, le 8 février 1706, et fut inhumé dans l'église Saint-Roch, sa paroisse. David Bourderelle était cousin des frères Anguier.

GUÉRIN, *Description de l'Académie royale de peinture et de sculpture,* 1715, p. 72. — *Archives de l'art français, documents,* t. II, 1853, p. 361. — H. HERLUISON, *Actes d'état civil d'artistes français,* 1873, p. 53. — DE MONTAIGLON, *Procès-verbaux de l'Académie,* t. II, 1878, p. 254, 363, 365, 371, 386 ; t. IV, 1881, p. 25. — J. GUIFFREY, *Comptes des bâtiments du roi sous le règne de Louis XIV,* t. III, 1891, col. 557, 701, 704 ; t. IV, 1896, col. 472, 581. — *Inventaire général des richesses d'art de la France. Province, monuments religieux*, t. I, 1886, p. 155; *Paris, monuments religieux*, t. III, 1901, p. 233, 255.

Bourdier (Pierre), sculpteur et architecte lorrain, dirigea, en 1700, les travaux de décoration entrepris pour les funérailles du duc Charles V. En 1702, il donna les plans de l'Académie de Nancy. En 1703, il était établi à Lunéville.

Archives de Lunéville, GG 17. — Ch. BAUCHAL, *Nouveau dictionnaire des archilectes français*, 1887, p. 72. — A. JACQUOT, *Essai de répertoire des artistes lorrains* (*Réunion des Sociétés des beaux-arts des départements*, 1700, p. 316).

Bourdy (Pierre), né à Lyon, vint à Paris, où il remporta le deuxième prix de sculpture à l'ancienne École académique, en 1685. Il fut envoyé la même année à Rome comme pensionnaire du roi. Il y exécuta une figure du *Tibre*, copiée d'après l'antique ; ceci est prouvé par la correspondance de La Teulière, alors directeur de l'Académie de France. Or, cette œuvre, placée aujourd'hui dans le jardin des Tuileries, est donnée à Van Cléve, tandis qu'on attribue à Pierre Bourdy, dans le même jardin, la statue du *Nil* qui, toujours d'après la Teulière, serait l'ouvrage du sculpteur italien Lorenzo Ottone ; c'est donc une erreur à rectifier.

De retour à Paris, vers 1690, Bourdy prit part à la décoration de l'hôtel des Invalides et sculpta une statue de *Pallas* pour l'hôtel de Soubise. De 1705 à 1709, on le trouve occupé, à Versailles, à la chapelle du château et aux Bains d'Apollon. A partir de 1711, il n'est plus fait mention de lui. Certains auteurs, Jal entre autres, le citent comme ayant fait partie de l'Académie royale de peinture et de sculpture ; j'ignore où ils ont pris ce faux renseignement, car l'artiste ne figure pas sur la liste des académiciens. Pierre Bourdy était le beau-frère de Coyzevox qui, vers 1677, avait épousé en secondes noces sa sœur Claude.

ŒUVRES

Le Tibre. Statue en marbre, copiée à Rome, d'après l'antique, en 1688. Placée à Marly en 1715, elle fut amenée à Paris par ordre du Régent, en 1719, et posée dans le jardin des Tuileries à l'endroit qu'elle occupe encore aujourd'hui. Cette œuvre est attribuée faussement à Van Cléve.

Une figure en plomb exécutée pour l'église des Invalides. Payée 452 livres (année 1691).

Sculptures de la porte de l'église des Invalides. En collaboration de Louis Armand et d'Eustache Nourisson.

Pallas. Statue ornant autrefois la porte monumentale de l'ancien hôtel Soubise (Archives nationales), sur la rue actuelle des Francs-Bourgeois. Cette statue a disparu.

Ouvrages de sculpture en plomb et en étain, pour le grand baldaquin du groupe des Bains d'Apollon, dans le jardin de Versailles (années 1705-1707).

Saint Barnabé. Statue en pierre de Tonnerre. Cette statue, de trois mètres de haut, se trouve sur la balustrade extérieure de la chapelle du château de Versailles. Payée 500 livres (année 1707).

Enfant portant les attributs du culte catholique. Bas-relief en pierre, au-dessus d'une des grandes fenêtres, à l'extérieur de la même chapelle (années 1708 et 1709).

Ornements dans les bas-côtés de la même chapelle (année 1709).

PIGANIOL DE LA FORCE, *Description de la ville de Paris*, 1765, t. IV, p. 336. — A. DUVIVIER, *Archives de l'art français, documents*, t. V, 1857-1858, p. 280. — Eud. SOULIÉ, *Notice du musée impérial de Versailles*, 1re partie, 1859, p. 3. — A. JAL, *Dictionnaire critique de biographie et d'histoire*, 1872, p. 271. — DE MONTAIGLON, *Procès-verbaux de l'Académie royale*, t. II, 1878, p. 306, 308, 310. — Idem, *Correspondance des directeurs de l'Académie de France à Rome*, t. I, 1887, p. 151, 153, 172, 181, 190, 268, 297, 309. — L. DUSSIEUX, *Le château de Versailles*, 1881, t. II, p. 112. — *Inventaire général des richesses d'art de la France. Paris, monuments civils*, t. I, 1880, p. 33 ; *monuments religieux*, t. III, 1901, p. 233. — J. GUIFFREY, *Comptes des bâtiments du roi sous le règne de Louis XIV*, t. II, 1887, col. 784 ; t. III, 1891, col. 560 ; t. V, 1901, col. 123, 213, 319, 347, 526, 538.

Bourgeois (Daniel), exerçait son art à Laon dans la seconde moitié du XVIIe siècle.

G. GRANDIN, *Réunion des Sociétés des beaux-arts des départements*, 1895, p. 133 ; 1896, p. 657.

Bourguignon (Guillaume), maître sculpteur résidant à Nantes, figure comme parrain, en 1658, sur les registres de la paroisse Saint-Vincent. Il n'existait plus en 1690, car, le 6 avril de cette même année, sa veuve signait un acte relatif à sa succession.

DE GRANGES DE SURGÈRES, *Les artistes nantais* (*Revue de l'art français*, 1898, p. 72).

Bourlet (Jacques), frère convers de l'abbaye de Saint-Germain-des-Prés, à Paris, né en 1663, est cité comme l'auteur d'une statue de sainte Marguerite, en marbre, placée dans le transept du côté droit, à Saint-Germain-des-Prés. Cette statue, datant de 1705, a fait partie pendant la Révolution du Musée des Monuments français, n° 231 ; elle a été restituée à l'église en 1802. D'après Piganiol, l'artiste aurait exécuté encore pour la même église une croix de cuivre qui ornait jadis le maître-autel et, d'après Thiery, il aurait sculpté six statues qui se trouvaient autrefois dans l'église des Blancs-Manteaux.

Jacques Bourlet mourut en 1740. « Malgré ses talents distingués », dit Piganiol, « il éprouva les traitements les plus durs de la part de ses supérieurs ; chose assez ordinaire dans les couvents de moines, où le bon goût ne fait pas son séjour. »

D'ARGENVILLE, *Voyag pittoresque de Paris*, 1752, p. 335. — PIGANIOL DE LA

FORCE, *Description de la ville de Paris*, 1765, t. VIII, p. 16, 54, 55. — THIERY, *Guide des amateurs et des étrangers voyageurs à Paris*, t. I, 1787, p. 574. — *Inventaire général des richesses d'art de la France. Paris, monuments religieux*, t. I, 1877, p. 113, 114; t. II, 1888, p. 11. — *Archives du musée des monuments français*, t. I, p. 282. 398 ; t. II, p. 125, 132, 192; t. III, p. 65, 127, 154, 234, 315.

Bourlier ou Bourrelier (Sébastien), sculpteur ornemaniste, est cité, à partir de 1679, au nombre des artistes employés à Versailles. Cette même année, les comptes des bâtiments du roi font mention d'une somme de 746 livres, qui lui fut payée pour six vases en pierre placés sur la balustrade du château et pour six autres vases destinés au mur de clôture de la Grande Ecurie. En 1681, il était occupé, toujours à Versailles, à des travaux exécutés au bâtiment de la Surintendance et à la grande aile du château. En 1689, il touchait 1.000 livres pour des ouvrages entrepris à la pièce d'eau de Neptune. En 1785, il collaborait à l'ornementation de la Colonnade. En 1687, il sculptait des chapiteaux de marbre à Trianon: Enfin en 1688-1689, il travaillait, à Marly, à la décoration du château et à celle de l'église paroissiale, où il exécuta les deux anges du maître-autel, avec Paul Boutet et Robert de Lalande.

L. DUSSIEUX, *Le château de Versailles*, 1881, t. II, p. 319. — J. GUIFFREY, *Comptes des bâtiments du roi sous le règne Louis XIV*, t. I, 1881, col. 1161, 1289; t. II, 1887, col. 20, 137, 278, 476, 619, 624, 990, 1173 ; t. III, 1891, col. 92, 167, 336, 472. — C. PITON, *Marly-le-Roi*, 1904, p. 162.

Bourlot (Antoine), résidait à Paris à la fin du XVIIe et au commencement du XVIIIe siècle. Il est qualifié maître sculpteur, sur les registres de la paroisse Saint-Roch, en 1691 et en 1702.

Bourlot (Pierre), probablement fils du précédent, remporte le premier prix de sculpture à l'ancienne École académique de Paris, en 1711 ; on avait donné cette année-là comme sujet de concours : *Ruth glanant dans les champs de Booz*. A la date du 21 mars 1722, il est inscrit comme maître sculpteur sur les registres de Saint-Roch.

A. DUVIVIER, *Archives de l'art français, documents*, t. V, 1857-1858, p. 285. — H. HERLUISON, *Actes d'état civil d'artistes français*, 1872, p. 55. — DE MONTAIGLON, *Procès-verbaux de l'Académie*, t. IV, 1881, p. 132.

Bousseval (Louis), sculpteur ornemaniste, fils de Nicolas Bousseval, maître écrivain, naquit, en 1648, à Champigneulles, près de Nancy. Il se maria dans cette dernière ville, en 1702, et y mourut, sur la paroisse Saint-Epvre, le 23 avril 1710.

Archives de Nancy, t. III, p. 302. — A. JACQUOT, *Essai de répertoire des artistes lorrains* (*Réunion des Sociétés des beaux-arts des départements*, 1900, p. 316).

Boutellier (Nicolas), sculpteur établi à la Flèche, exécute, en 1666, les autels de l'église de Sainte-Colombe. En 1678, il sculpte, moyennant 90 livres, un saint Nicolas et un saint François de Sales pour l'église de Saint-Michel-la-Palud d'Angers. En 1694, il entreprend la décoration du maître-autel de l'église d'Aubigné, dans le diocèse du Mans, mais il meurt sans pouvoir achever son travail.

Boutellier (Nicolas II), fils du précédent, termine l'œuvre commencée par son père dans l'église d'Aubigné. En 1709, il sculpte pour l'église de Cré-sur-Loir une statue de saint Sébastien.

Célestin Port, *Les artistes angevins*, 1881, p. 51. — Gustave Esnault, *Dictionnaire des artistes et artisans manceaux*, 1899, p. 82, 89.

Boutet (Paul), sculpteur parisien, est reçu membre de l'Académie de Saint-Luc, le 17 janvier 1672. De 1684 à 1690, il exécute différents ouvrages pour les châteaux de Versailles, de Saint-Germain-en-Laye et de Marly ; puis, jusqu'en 1700, il travaille, à Paris, aux bâtiments de la place Vendôme et à l'église des Invalides.

ŒUVRES

Chapiteaux en marbre blanc pour Trianon (année 1684).

Travaux à la balustrade, au-dessus de la chapelle du château de Saint-Germain-en-Laye. Payés 455 livres (année 1684).

Trois chapiteaux en marbre pour la Colonnade du parc de Versailles (année 1685).

Quatre pièces de guillochés pour la même Colonnade. Payées 640 livres (année 1686).

Sculpture de deux bassins en marbre pour la même Colonnade (année 1688).

Couronnements sculptés au-dessus des frontons des pavillons du château de Marly (année 1688).

Travaux de sculpture à l'église paroissiale de Marly (année 1689). Il exécute dans cette église les deux anges du maître-autel en collaboration de Sébastien Bourlier et de Robert de Lalande.

Cinquante-quatre chapiteaux et vingt-trois consoles sculptés aux bâtiments de la place Vendôme, à Paris (année 1690).

Chapiteaux, consoles et colonnes en pierre pour l'église des Invalides (années 1691-1698).

Sculpture aux arcs doubleaux du chœur de la même église (années 1698-1700).

P. Lacroix, *Revue universelle des arts*, t. XIII, 1861, p. 330. — L. Dussieux, *Le château de Versailles*, 1881, t. II, p. 319. — J. Guiffrey, *Comptes des bâtiments du roi sous le règne de Louis XIV*, t. II, 1887, col. 442, 516, 624, 803, 990, 1173 ; t. III, 1891, col. 92, 167, 336, 424, 472, 559, 560, 704, 845 ; t. IV, 1896, col. 330, 331, 471, 572, 612. — C. Piton, *Marly-le-Roi*, 1904, p. 162.

Boutreux (René), sieur de la Noé, exerçait son art à Angers au commencement du xviiie siècle.

Célestin Port, *Les artistes angevins*, 1881, p. 52. — Gustave Esnault, *Dictionnaire des artistes et artisans manceaux*, 1899, p. 91.

Brabant (Pierre), sculpteur lorrain, était établi à Nancy dans la première moitié du xviie siècle. Il mourut à Plombières, le 21 septembre 1651, et fut inhumé à Nancy. Pierre Brabant était le gendre du sculpteur César Foullon [1].

Brabant (Jacques), fils du précédent, naquit à Nancy le 17 octobre 1636. On le trouve exerçant son art dans sa ville natale en 1660.

Archives de Nancy, t. II. p. 228 ; t. III, p. 254, 319. — A. Jacquot, *Essai de répertoire des artistes lorrains (Réunion des Sociétés des beaux-arts des départements*, 1900, p. 316).

Bramu, sculpteur et architecte vivant à Caen à la fin du xviie siècle, exécute en 1689, moyennant 1.800 livres, le nouveau jubé de la cathédrale de Lisieux.

Bulletin monumental, 1865. — Ch. Bauchal, *Nouveau dictionnaire des architectes français*, 1887, p. 76.

Brancourt (Jean), sculpteur parisien, né vers 1652, mourut le 19 avril 1677. Appartenant à la religion réformée, il fut enterré dans le cimetière protestant des Saints-Pères.

H. Herluison, *Actes d'état civil d'artistes français*, 1873, p. 56. — E. Piot, *État civil de quelques artistes français*, 1873, p. 19.

Bréfort (Adam-Claude), sculpteur lorrain, natif de Nancy, vint s'établir à Rome, où il mourut en 1673. Dussieux ne fait pas mention de cet artiste qui est peut-être le même sculpteur que Claude Adam dont j'ai parlé plus haut.

A. Bertolotti, *Artisti francesi in Roma nei secoli XV, XVI e XVII*, 1886, p. 171. — *Journal de la Société d'archéologie lorraine*, 1887, p. 124. — A. Jacquot, *Essai de répertoir des artistes lorrains (Réunion des Sociétés des beaux-arts des départements*, 1900, p. 317).

Brémond (François), travaillait à Toulon au commencement du xviiie siècle. On trouve son nom inscrit sur les registres de l'impôt de capitation à l'année 1703.

Ch. Ginoux, *Artistes de Toulon (Revue de l'art français*, 1894, p. 211).

---

1. *Dictionnaire des sculpteurs de l'École française du Moyen Age au règne de Louis XIV*, 1898, p. 202.

· **Brémontier** (Louis), sculpteur résidant à Rouen vers le milieu du xviiᵉ siècle, était occupé, en 1645, à l'église de Saint-André. Il était parent de Pierre Brémontier que j'ai déjà cité [1].

Archives de la Seine-Inférieure, G 6246.

Breslay (Nicolas), sculpteur et peintre, était établi au Mans à la fin du xviiᵉ et au commencement du xviiiᵉ siècle. Il était procureur syndic de la paroisse de Sainte-Croix.

Gustave Esnault, *Dictionnaire des artistes et artisans manceaux*, 1899, p. 93.

Breton (Pierre), faisait partie de l'Académie de Saint-Luc, où il avait été admis le 16 octobre 1674. Son nom figure encore sur les listes de la communauté en 1682.

P. Lacroix, *Revue universelle des arts*, t. XIII, 1861, p. 331.

Breton (Étienne), maître sculpteur résidant à Lyon dans la seconde moitié du xviiᵉ siècle, fait baptiser une fille, sur la paroisse de Saint-Nizier, le 29 janvier 1685.

Natalis Rondot, *Les sculpteurs de Lyon du XVᵉ au XVIIIᵉ siècle*, 1884, p. 61. — Idem, *Revue de l'art français*, 1887, p. 306.

Bria (Pierre de), sculpteur et peintre demeurant à Paris, rue Saint-Honoré, meurt le 28 juillet 1673, âgé de 48 ans et est enterré sur la paroisse Saint-Germain l'Auxerrois.

A. Herluison, *Actes d'état civil d'artistes français*, 1873, p. 58.

Briart (Louis), sculpteur et peintre parisien, dont le nom figure sur les registres de Saint-Germain-l'Auxerrois, dans l'acte de décès de sa femme, daté du 22 novembre 1656.

H. Herluison, *Actes d'état civil d'artistes français*, 1873, p. 58.

Briayé ou **Brier** (Pierre), maître sculpteur établi à Paris, faubourg Montmartre, figure comme témoin dans l'acte de décès de la fille de son confrère Jean Lassie, acte inscrit sur les registres de Saint-Roch, le 23 juin 1686.

H. Herluison, *Actes d'état civil d'artistes français*, 1873, p. 215 à Lassie.

Briquet (Noël), sculpteur en bois et ornemaniste, était un des anciens de l'Académie de Saint-Luc, où il avait été admis le 16 sep-

---

1. *Dictionnaire des sculpteurs de l'École française du Moyen Age au règne de Louis XIV*, 1898, p. 91.

tembre 1658. De 1670 à 1696, il exécuta de nombreux ouvrages de sculpture en bois dans les châteaux de Versailles, de Saint-Germain-en-Laye, de Fontainebleau, de Clagny, de Marly, de Choisy et de Meudon et il fut occupé aussi, à Paris, à des travaux de décoration pour le pavillon central du collège des Quatre-Nations, pour l'église des Capucines de la place Vendôme et pour l'église des Invalides. Les comptes des bâtiments du roi ne font plus mention de lui à partir de l'année 1696.

ŒUVRES

Ouvrages en bois sculpté ornant le pavillon central du collège des Quatre-Nations, aujourd'hui palais de l'Institut (années 1670-1671).

Colonnes et pilastres avec leurs chapiteaux, dans la galerie près du grand escalier du château de Versailles. Ce travail fut payé 3.240 livres (année 1671).

Décoration des trois portes de l'Ecurie du château de Versailles. En collaboration d'Antoine Le Clerc (année 1672).

Six bancs sculptés, toujours en collaboration de Le Clerc, pour le bassin de l'Encelade, dans le parc de Versailles (année 1676).

Sculpture aux chambranles de l'appartement de Madame de Montespan, à Versailles (année 1678).

Sculpture aux chambranles de l'appartement situé au-dessus de celui du roi, dans le château de Fontainebleau (année 1679).

Ouvrages en bois pour la Petite Écurie de Versailles (année 1680).

Sculpture des portes du vestibule du château de Clagny (année 1680).

Sculpture des portes du manège de la Grande Ecurie de Versailles (année 1681).

Plafond du nouveau cabinet de madame de Montespan, au château de Saint-Germain-en-Laye (année 1681).

Travaux à la chapelle des Petites Écuries de Versailles. Payés 964 livres (années 1681-1682).

Sculptures en bois dans l'appartement du prince et de la princesse de Conti, à Versailles (année 1682).

Cheminées et lambris sculptés dans l'appartement de M. de Louvois, au château de Saint-Germain-en-Laye (année 1682).

Travaux à l'autel de l'église des Récollets de Versailles (année 1684).

Chaire en bois sculpté et doré de l'église Notre-Dame de Versailles, exécutée, en 1684, en collaboration de Philippe Caffieri.

Ouvrages de sculpture dans les petits appartements du roi, au château de Versailles (années 1684-1685).

Ouvrages de sculpture à la chapelle du Grand Commun, à Versailles (année 1685).

Décoration d'une galère que le roi fit construire pour le Grand Canal de Versailles, décoration exécutée en collaboration de Philippe Caffieri (année 1686).

Sculptures du maître-autel et du buffet d'orgue de l'église de Saint-Cyr (année 1686).

Ornements à la grande porte de la nouvelle église des Capucines de la place Vendôme, à Paris (année 1687).

Sculptures en bois dans les appartements de la grande aile du château de Versailles (année 1688).

Couronnements et soubassements des bordures des glaces dans les lambris des appartements de Trianon (année 1688-1690).

Six cadres en bois sculpté et doré pour des tableaux de Van der Meulen placés au château de Marly. Ces cadres furent payés 985 livres (années 1688-1691).

Sculpture à la balustrade de la chambre de la Dauphine, au château de Versailles (année 1690).

Ouvrages de sculpture en bois dans la salle de la chapelle, à Trianon (année 1692).

Une console sculptée pour le château de Choisy (année 1693).

Sculpture des chambranles et des cintres des croisées de Trianon (année 1694).

Sculpture de la cheminée du salon du bout de la galerie du château de Choisy. Payée 110 livres (année 1694).

Deux consoles en bois sculpté pour le château de Meudon (année 1695).

Archives de l'art français, documents t. V, 1857-1858, p. 86. — P. Lacroix, *Revue universelle des arts*, t. XIII, 1861, p. 326. — *Nouvelles archives de l'art français*, 1876, p. 65. — L. Dussieux, *Le château de Versailles.* 1881, t. II, p. 226, 320. — *Inventaire général des richesses d'art de la France. Paris, monuments civils*, t. I, 1880, p. 4. *Province, monuments religieux*, t. I, 1886, p. 153. — J. Guiffrey, *Comptes des bâtiments du roi sous le règne de Louis XIV*, t. I, 1881, col. 514, 618, 894, 903, 918, 983, 1050, 1075, 1130, 1137, 1161, 1190, 1828, 1290, 1326; t. II, 1887, col. 22, 59, 70, 77, 88, 93, 137, 160, 172, 158, 197, 225, 303, 310, 412, 439, 440, 618, 619, 654, 890, 904, 918, 1115, 1173; t. III, 1891, col. 56, 79, 86, 92, 261, 288, 396, 397, 525, 558, 571, 679, 825, 846, 924, 925, 966, 1054, 1083, 1132, 1187; t. IV, 1896, col. 8, 63, 95.

Brisson (Nicolas), est reçu membre de l'Académie de Saint-Luc le 8 mars 1678. Son nom figure encore sur les listes de la communauté en 1682.

P. Lacroix, *Revue universelle des arts*, t. XIII, 1861, p. 333.

Brissy (Nicolas de), sculpteur résidant à Marbais, près d'Avesnes, est cité dans les comptes de Guise (Aisne), à l'année 1657, comme étant l'auteur des armoiries qui venaient d'être sculptées sur la mairie de cette ville.

G. Grandin, *Revue de l'art français*, 1895, p. 151.

Brodon (Michel), sculpteur et architecte établi à Caen, fils de l'architecte Guillaume Brodon, travaille vers 1680, avec son père et son frère Thomas, à l'église de la Visitation. De 1684 à 1685, il élève, moyennant 5.000 livres, la pyramide nord de l'église de Saint-Lô. A Caen, il exécute encore l'autel de l'église des Cordeliers et la grande contretable de l'église Saint-Étienne-le-Vieux ; ce dernier ouvrage date de 1707. Brodon mourut en 1709.

Bulletin monumental, 1865. — *Revue de l'art français*, 1886, p. 254. — Ch. Bauchal, *Nouveau dictionnaire des architectes*, 1887, p. 78.

Brodon (Nicolas), peut-être parent du précédent, remporte le deuxième prix de sculpture à l'ancienne École académique de Paris, en 1690 et en 1691, et le premier prix en 1692.

A. Duvivier, *Archives de l'art français, documents*, t. V. 1857-1858, p. 281. — De Montaiglon, *Procès-verbaux de l'Académie*, t. III, 1880, p. 46, 48, 70, 76, 97. — J. Guiffrey, *Comptes des bâtiments du roi sous le règne de Louis XIV*, t. III, 1891, col. 785, 916, 917, 1057.

Brossard de Beaulieu (François), sculpteur et ingénieur « pour le service du Roy en ses emplois de la marine », résidait à la Rochelle à la fin du xviie et au commencement du xviiie siècle.

Réunion des beaux-arts des départements, 1895, p. 389, 390.

Brunel ou **Bounet** (Jean), sculpteur et maître maçon établi à Toulon à la fin du xviie siècle, passe un marché, en 1690, par lequel il s'engage, moyennant cent livres, à exécuter différents travaux de décoration dans la chapelle du *Corpus Domini*.

Ch. Ginoux, *Revue de l'art français*, 1891, p. 241, 251 ; 1894, p. 214. — Idem, *Réunion des Sociétés des beaux-arts des départements*, 1892, p. 161, 175.

Brunet (Claude), maître sculpteur demeurant à Paris dans la seconde moitié du xviie siècle, figure comme témoin dans l'acte de mariage de son confrère Nicolas Du Val, acte inscrit sur les registres de la paroisse de Saint-Severin à la date du 19 mai 1671.

H. Herluison, *Actes d'état civil d'artistes français*, 1873, p. 129 à Du Val.

Brunet (Pierre), sculpteur et architecte, résidait à Cholet (Maine-et-Loire) à la fin du xviie et au commencement du xviiie siècle.

Célestin Port, *Les artistes angevins*, 1881, p. 57.

Buirette (Jacques), fils de Claude Buirette, menuisier, et de Anne Tuby, fille du sculpteur, naquit à Paris, en 1631, et non, en 1630, comme le disent la plupart des biographes. Il fut baptisé le 2 mars de la même année à Saint-Jean en Grève et eut comme parrain Jacques Sarrazin, dont il devint l'élève. Il travailla surtout à Versailles, où il exécuta des figures [1], des vases en marbre et de nombreux ouvrages d'ornementation. Agréé à l'Académie royale de peinture et de sculpture le 27 août 1661, il fut reçu académicien le 2 juin 1663, sur la présentation d'un bas-relief symbolisant l'*Union de la Peinture et de la Sculpture*, bas-relief placé au Louvre.

1. Piganiol lui attribue des groupes d'enfants dans l'Allée-d'Eau du parc de Versailles, mais, d'après Thomassin et d'après les comptes des bâtiments du roi, ces groupes seraient dus à Lerambert et à Massou.

Jacques Buirette était âgé d'une cinquantaine d'années, lorsqu'il perdit la vue. Il fut admis alors à l'hôpital des Quinze-Vingts avec une pension du roi. On lit en effet dans les comptes, au 26 avril 1696 : « A Jacques Buirette, sculpteur et professeur en l'Académie de sculpture et de peinture établie au Louvre, par gratification pour l'état où il est, ayant perdu la veüe... 150 livres ». Mariette n'est donc pas dans le vrai, lorsqu'il prétend que l'artiste fut aveugle de bonne heure.

Malgre sa cécité, Buirette n'abandonna pas la sculpture. « Il s'était fait une manière si facile du modèle, » écrit Florent Le Comte, un de ses contemporains, « et il s'étoit donné une idée si forte des muscles qui y devoient paraître qu'il corrigeoit, mais bien (tout aveugle qu'il étoit) de certains modèles que l'on lui apportoit, attendant sa décision dessus, comme d'un oracle. » Il mourut aux Quinze-Vingts, le 3 mars 1699, et fut enterré le lendemain dans l'église de l'hospice. Son portrait, peint en 1681 par Antoine Benoist, se trouve aujourd'hui au Louvre.

OEUVRES

Saint Jean et *la Vierge.* Figures placées autrefois au-dessus de la porte du chœur de l'église de Saint-Gervais, à Paris, de chaque côté d'un christ, œuvre de Jacques Sarrazin.

Union de la Peinture et de la Sculpture. Bas-relief en marbre. Morceau de réception à l'Académie (2 juin 1663). Musée du Louvre, n° 516. Provient des salles de l'ancienne Académie royale de peinture et de sculpture.

Trophées en plomb et en étain décorant jadis l'ancienne fontaine de la Renommée (Bosquet des Dames), dans le parc de Versailles. Ces ornements exécutés, en collaboration de Lespingola, furent payés 21.430 livres (années 1678-1681).

Trophées des trumeaux du salon de l'appartement du roi, au bout de la galerie du château de Versailles (année 1682). Payés 3,300 livres.

Ouvrages sculptés dans l'appartement du prince de Vermandois, à Versailles (année 1682).

La Démocratie. Statue en pierre décorant l'aile du midi du château de Versailles (années 1682-1683).

Deux masques en pierre au château de Versailles (année 1683).

Un vase en marbre décoré de fleurs de tournesols. Gravé par Thomassin, n° 211. Autrefois dans le parc de Versailles.

Deux chapiteaux en marbre pour Trianon. Payés 440 livres (année 1687).

Enfants debout sur des dauphins. Groupe en bronze. Parterre d'Eau du parc de Versailles. Le modèle de ce groupe, exécuté en collaboration de Lespingola, fut payé 1.000 livres ; il a été fondu en 1690. Cette œuvre jusqu'à présent a été donnée à Lespingola seul ; les comptes des bâtiments du roi (t. III, col. 92) prouvent cependant que Buirette en est aussi l'auteur.

Un vase en marbre décoré de pampres de vigne et de têtes de femmes couronnées de lierre. Parterre devant l'Orangerie du château de Versailles.

Une amazone. Statue en marbre d'après l'antique. Grande allée du parc de

Versailles. L'original se trouve à Rome au Musée du Capitole. Cette statue et le vase précédent furent payés 8.800 livres en 1693.

Deux groupes d'enfants en bronze dans l'Allée-d'Eau du parc de Versailles.
Quelques auteurs donnent ces groupes à Jacques Buirette. Thomassin, au
contraire, attribue l'un à Lerambert et l'autre à Massou. Les comptes des
bâtiments du roi (t. I, col. 333, 1158, 1286 ; t. II, col. 92) citent ces deux
derniers artistes comme ayant exécuté des groupes pour l'Allée-d'Eau ; ils
ne font pas mention de Buirette à ce sujet.

THOMASSIN, *Recueil des statues, groupes, etc., du château et parc de Versailles,*
1724, pl. 211. — FLORENT LE COMTE, *Cabinet des singularitez d'architecture, peinture, sculpture, etc.,* 1702, t. III p. 117. — GUÉRIN, *Description de l'Académie
royale de peinture et de sculpture,* 1715, p. 82, 168. — PIGANIOL DE LA FORCE, *Nouvelle description des châteaux et parcs de Versailles et de Marly,* 1764, t. II, p. 30,
76, 99, 315. — Idem, *Description de la ville de Paris,* 1765, t. IV, p. 133. — D'AR-
GENVILLE, *Voyage pittoresque de Paris,* 1752, p. 176. — THIERY, *Guide des amateurs et étrangers à Paris,* 1787, t. I, p. 714. — *Archives de l'art français, documents,* t. II, 1853, p. 361 ; t. III, 1855, p. 72-73 ; *Abécédario de Mariette,* t. I,
1853, p. 205. — Eud. SOULIÉ, *Notice du Musée impérial de Versailles,* 3ᵉ partie,
1861, p. 497, 511. — A. JAL. *Dictionnaire critique de biographie et d'histoire,*
1872, p. 292-293. — H. HERLUISON, *Actes d'état civil d'artistes français,* 1873,
p. 60. — L. DUSSIEUX, *Le château de Versailles,* 1881, t. II, p. 260, 319. — J. GUIF-
FREY, *Comptes des bâtiments du roi sous le règne de Louis XIV,* t. I, 1881, col.
1050, 1161, 1284 ; t. II, 1887, col. 11, 137, 139, 172, 277, 310, 623, 1173 ; t. III,
1891, col. 92, 103, 294, 807, 809, 867, 869 ; t. IV, 1896, col. 128, 274, 417. — Pierre
DE NOLHAC, *Les jardins de Versailles,* 1906, p. 75, 195.

Buirette (Claude II), est donné par Jal comme l'oncle (?) de
Jacques Buirette. Il naquit en 1639 et devint maître sculpteur au
port de Rochefort, par brevet en date du 1ᵉʳ janvier 1672. Il mourut
dans cette ville le 17 avril 1694.

Buirette (Claude-Ambroise), né vers 1669, fils du précédent,
maître sculpteur au Port-Louis depuis le 1ᵉʳ janvier 1698, remplit la
même charge à Rochefort à partir du 21 mai 1712. Il mourut le
17 janvier 1649.

Buirette (Louis), toujours d'après Jal, neveu de Jacques Buirette,
naquit le 5 février 1660. Il était sculpteur ainsi que son frère Thomas ;
ce dernier, né le 23 novembre 1664, aurait travaillé à Rochefort sous
la direction de Claude II Buirette.

A. JAL, *Dictionnaire critique de biographie et d'histoire,* 1872, p. 292.

Buister ou **Buyster** (Philippe de). Voir le *Dictionnaire des
sculpteurs de l'École française du Moyen Age au règne de Louis XIV,*
p. 101.

Buister ou **Buyster** (Pierre), sculpteur d'origine flamande, sans
doute le frère de Philippe. travaillait à Versailles en 1671. A cette

date, les comptes des bâtiments du roi portent en effet : « A Pierre Buister, sculpteur, pour parfait payement de quatre figures, deux bas-reliefs et une médaille pour la face du costé de la Grotte... 3240 livres, A luy, pour deux Termes d'estain et plomb, avec leurs pattes et glaçons, et autres portraits et bustes... 820 l. » [1].

J. GUIFFREY, *Comptes des bâtiments du roi sous le règne de Louis XIV*, t. I, 1881, col. 514.

Butay (Louis), sculpteur du roi, établi à Paris, était le frère de Suzanne Butay, nièce par alliance de Le Brun, laquelle épousa le sculpteur Jean-Baptiste I Tuby devenu veuf de sa première femme. Louis Butay figure comme témoin dans l'acte de mariage de sa sœur, acte inscrit sur les registres de la paroisse Saint-Hippolyte, le 27 septembre 1680.

A. JAL, *Dictionnaire critique de biographie et d'histoire*, 1872. p. 297, 1208.

Buxerand (Bertrand), sculpteur et architecte de la seconde moitié du XVIᵉ siècle, exécute à Limoges, en 1667, une contretable de 13 pieds de hauteur, destinée à la chapelle des Agonisants de Saint-Maurice.

Ch. BAUCHAL. *Nouveau dictionnaire des architectes français*, 1887, p. 89.

C

Caboulet (Thomas), maître sculpteur en bois demeurant à Bernay (Eure), entreprend en 1654, avec son confrère Pasquet Loiseau, la confection des stalles de l'église des Cordeliers, moyennant 600 livres tournois. Ces stalles existaient encore en 1790 ; depuis, on ignore ce qu'elles sont devenues.

E. VEUCLIN, *artistes normands* (*Réunion des Sociétés des beaux-arts des départements*, 1893, p. 451).

1. Il est possible aussi que ces articles se rapportent à Philippe Buister dont le prénom aura pu être mal écrit, car c'est la seule fois que les comptes citent Pierre Buister qui n'est mentionné nulle part ailleurs.

Cadaine (Guillaume), sculpteur ordinaire des bâtiments et jardins de S. A. R. Monsieur, donne quittance, le 3 février 1688, de « la somme de cinq cens livres a luy ordonnée à compte de ce qui luy est deub des ouvrages qu'il a faitz à Saint-Cloud ». Cet artiste était l'auteur d'une statue de saint Jean [1] en marbre blanc exécutée, en 1684, et placée jadis sur l'autel de l'église de la Sorbonne à côté d'un Christ en croix, par Michel Anguier, qui se trouve aujourd'hui à l'église Saint-Roch. L'œuvre de Cadaine a disparu, après avoir fait partie pendant la Révolution du Musée des Monuments français.

D'ARGENVILLE, *Voyage pittoresque de Paris.* 1752, p. 279. — PIGANIOL DE LA FORCE, *Description de la ville de Paris,* 1765, t. III, p. 352. — THIERY, *Guide des amateurs et des étrangers à Paris,* 1787, t. II, p. 336. — *Nouvelles archives de l'art français,* 1876, p. 65. — *Inventaire général des richesses d'art de la France. Archives du musée des monuments français,* t. II, p. 188.

Cadan ou **Cadrant** [2], sculpteur ornemaniste, est cité dans les comptes des bâtiments du roi comme travaillant à Versailles en 1683-1684.

J. GUIFFREY, *Comptes des bâtiments du roi sous le règne de Louis XIV,* t. II, 1887, col. 278, 476.

Caffieri (Philippe), issu d'une famille napolitaine, naquit à Rome en 1634. Son père, ingénieur du pape Urbain VII, fut tué, d'après l'abbé de Fontenai, au siège d'une place forte, en 1639, à l'âge de trente-six ans. Philippe Caffieri se rendit à Paris, en 1660, mandé par le cardinal Mazarin qui avait sollicité du pape Alexandre VII l'autorisation de le faire venir en France. Il reçut un logement aux Gobelins et fut placé sous la direction de Le Brun, ordonnateur des travaux de décoration des châteaux royaux. Il exécuta de nombreux ouvrages pour Versailles, en collaboration de son confrère Mathieu Lespagnandel, et fut employé aussi au Louvre, aux Tuileries, à Saint-Germain-en-Laye et à Marly. En juin 1665, il obtint des lettres de naturalisation ; il avait à cette époque le titre de sculpteur ordinaire des meubles de la couronne. Le 1er novembre 1687, il fut nommé maître sculpteur des vaisseaux du roi, au port du Havre. Il resta dans cette ville jusqu'en 1691, époque où il fut envoyé à Dunkerque. Le 14 avril 1714, il transmit ses fonctions de décorateur de la marine à son fils François-Charles et revint à Paris, où il acheta une charge de mouleur de

1, La figure placée de l'autre côté du Christ était une Vierge de Louis Lecomte.

2. Ne serait-ce pas le même artiste que Guillaume Cadaine ?

bois [1]. Il mourut le 7 septembre 1716 et fut inhumé dans l'église
Saint-Nicolas-du-Chardonnet, sa paroisse [2]. Son acte de décès porte :
« Le septième jour de septembre 1716 mourut, et le neuvième dud.
mois et an fut enterré en cette église Monsieur Philippe Caffieri, sculpteur du Roy, et mouleur de bois, bourgeois de Paris, âgé d'environ
quatre-vingt deux ans, de cette paroisse ; furent témoins, monsieur
Jacque (sic) Caffieri, bourgeois de Paris, fils du déffunt. »

Philippe Caffieri avait épousé, le 20 juillet 1665, Françoise Renault
de Beauvallon, cousine germaine du peintre Charles Le Brun. Il en eut
onze enfants : quatre filles et sept fils dont deux suivirent sa carrière.

ŒUVRES

Six guéridons ornés de sculptures, exécutés pour les appartements du
    Louvre. Payés 720 livres (année 1663).

Douze scabellons en bois de chêne destinés au château de Versailles. Ces
    tabourets, faits en collaboration de Jean-Baptiste Tuby, furent payés
    900 livres (année 1664).

Modèles de contre-cœurs [3] de cheminées pour le Louvre. Payés 500 livres
    (année 1665).

Deux scabellons et sept piédestaux sculptés pour le château de Versailles.
    Payés 330 livres (année 1665).

Trois fauteuils « de sculpture à l'antique » et douze sièges pliants de pareille
    sculpture exécutés pour le roi, moyennant 257 livres (année 1665).

Dix cadres de tableaux en bois sculpté pour le cabinet du roi. Payés 741
    livres (année 1666).

Ouvrages de sculpture en bois entrepris dans les appartements du roi, aux
    Tuileries, en collaboration de Mathieu Lespagnandel (années 1666 et
    1667).

Chapiteaux en pierre, à l'avant-corps de l'entrée du Louvre du côté de la
    cour. En collaboration de Lespagnandel. Payés 2.940 livres (année 1668).

Décoration de quarante et un panneaux des croisées du palais des Tuileries.
    En collaboration de Lespagnandel. Payée 1.040 livres (année 1668).

Deux bordures en bois sculpté pour encadrer deux tableaux représentant
    des vues de Versailles. Payées 800 livres (année 1668).

Une armoire à bijoux et à objets précieux pour les appartements des Tui-
    leries. Payée 1.181 livres (année 1669).

Travaux dans le château de Saint-Germain-en-Laye à la boiserie de la cha-
    pelle, au petit appartement du roi et aux croisées du grand appartement.
    En collaboration de Lespagnandel. Payés 9.292 livres (année 1669).

Ouvrages de sculpture en bois pour la grande galerie du Louvre (année
    1670).

Dix chapiteaux de colonnes, deux doubles pilastres et trois pilastres simples,

---

1. Cette charge consistait à veiller à ce que le bois de chauffage vendu au
public ait la mesure exigée par les règlements.

2. Il demeurait rue Saint-Victor.

3. Le contre-cœur d'une cheminée est la partie qui en occupe le fond ; il est
généralement formé d'une plaque de fonte.

pour le portail et le péristyle du Louvre. En collaboration de Lespagnandel. Payés 7.166 livres (année 1670).

Ouvrages de sculpture pour les bordures des tableaux du plafond de la galerie des Tuileries. En collaboration de Lespagnandel. Payés 2.090 livres (année 1670).

Dix grands cadres de miroirs pour Trianon. En collaboration de Lespagnandel. Payés 1.440 livres (année 1670).

Sculpture des portes et des croisées du palais de Versailles. En collaboration de Lespagnandel. Payée 10.000 livres (année 1671).

Cinq cadres de tableaux en bois doré faits et fournis pour le service du roi, moyennant 500 livres (année 1671).

Sculpture des portes et des croisées des grands appartements de Versailles. En collaboration de Lespagnandel et de François Temporiti (année 1672).

Décoration de la chambre des bains [1] du château de Versailles. En collaboration de Lespagnandel et de Temporiti (années 1672 et 1681).

Six trophées à une aile de l'avant-cour du château de Versailles. En collaboration de Lespagnandel et de Temporiti. Payés 1.380 livres (année 1672).

Trois modèles en bois de contre-cœurs de cheminées pour les appartements de Versailles. Payés 410 livres (année 1672).

Ornements des combles de Trianon. En collaboration de Lespagnandel et de Temporiti. Payés 7.518 livres (années 1672 et 1673).

Quatre guéridons exécutés pour le roi (année 1673).

Trois chapiteaux pilastres pour la façade du grand portail du Louvre. En collaboration de Lespagnandel. Payés 1.300 livres (année 1673).

Mise en place de la menuiserie de la grande galerie du Louvre. En collaboration de Lespagnandel (année 1673).

Sculptures de l'oratoire de la reine, à Versailles. En collaboration de Lespagnandel. Payées 1.196 livres (année 1673).

Modèle des portes de bronze pour les grands appartements de Versailles. Payé 850 livres (année 1673).

Ouvrages de sculpture dans l'appartement de madame de Montespan, à Saint-Germain-en-Laye. En collaboration d'Antoine Le Clerc (année 1674).

Ornements du grand escalier [2] du château de Versailles (année 1674).

Un lit en bois doré et plusieurs bordures pour les appartements de Versailles (année 1674).

Huit chapiteaux de bois exécutés pour le Labyrinthe de Versailles. En collaboration de Lespagnandel (année 1675).

Travaux de sculpture à la façade du Louvre. En collaboration de Lespagnandel (années 1675 et 1676).

Modèle de la rampe du grand escalier du château de Versailles. En collaboration de Lespagnandel. Payé 660 livres (année 1676).

Décoration de huit chaloupes pour le grand canal de Versailles, (années 1676-1678). Ce travail fut payé 6.068 livres.

Huit portes sculptées pour le grand escalier du château de Versailles. Payées 4.400 livres (années 1677 et 1678).

1. Neuvième salle actuelle des Maréchaux, portant le n° 53.

2. Cet escalier, commencé en 1672, reçut le nom d'*Escalier du roi* ou *des Ambassadeurs*; il fut démoli par Louis XV en 1750.

Chapiteaux en plomb et en étain pour la chapelle [1] des appartements du château de Versailles (année 1678).

Cinq cadres en bois sculpté pour le cabinet du roi (année 1678).

Décoration de la corniche en pierre de la grande galerie du château de Versailles. Payée 2.720 livres (année 1679).

Ouvrages de sculpture dans les petits appartements du roi, à Versailles (année 1679).

Décoration de la menuiserie du petit appartement situé au-dessus de celui du roi, à Versailles. En collaboration de Mazeline et de Jouvenet. Payée 8.380 livres (année 1679).

Trophées dans la grande galerie du château de Versailles (années 1679-1681).

Chapiteaux en métal, d'après les modèles de Le Brun, dans la grande galerie du château de Versailles (année 1680).

Sculpture des petits cabinets des appartements du roi, à Versailles. Payée 1.900 livres (année 1680).

Chapiteaux, colonnes et pilastres de la grande aile (aile du midi) du château de Versailles. Payés 3.500 livres (année 1680).

Sculpture des portes de la première pièce du grand appartement du roi, à Versailles. Payée 800 livres (année 1680).

Décoration des lambris de la Salle des gardes de la reine, à Versailles. Payée 467 livres (année 1681).

Ouvrages de sculpture au château de Marly (années 1681 et 1682).

Quatre cadres en bois sculpté pour les tableaux du Guide, représentant les *Travaux d'Hercule*. Ces cadres, payés 1.817 livres, sont sans doute ceux qui se trouvent encore aujourd'hui au Musée du Louvre (année 1682).

Décoration d'une balustrade en bois pour les appartements du roi, à Versailles. Payée 642 livres (année 1682).

Onze houppes de métal pour les lanternes des galeries de la grande aile du château de Versailles. Payées 132 livres (année 1682).

Cinquante cadres pour les tableaux du cabinet du roi. Payés 4.869 livres (années 1682 et 1683).

Sculptures de l'escalier du Dauphin, à Versailles (année 1683).

Trois modèles de contre-cœurs en bois pour le Grand Commun de Versailles. Payés 155 livres (année 1683).

Ornements des portes du château de Marly (année 1683).

Décoration des autels de l'église des Récollets, à Versailles. En collaboration de Briquet et de Pineau (années 1684 et 1685).

Chaire en bois sculpté et doré, exécutée, en 1684, pour l'église Notre-Dame de Versailles. En collaboration de Noël Briquet.

Ouvrages de sculpture aux cabinets des Termes et à la salle de billard du château de Versailles. En collaboration de Briquet et de Pineau (année 1684).

Bas-reliefs en métal pour des appartements du château de Versailles, situés du côté de l'Orangerie (année 1684).

Décoration des petits autels de l'église Notre-Dame de Versailles. En collaboration de Briquet (année 1686).

---

1. Ce n'est pas la même chapelle que celle qui existe encore ; celle-là était placée où se trouve aujourd'hui le salon d'Hercule.

Qnatre chapiteaux pilastres en marbre pour Trianon. En collaboration de
Pierre Jumel (année 1687).
Ornements de sculpture faits, à Versailles, à la galère du canal, à la grande
gondole et à la Dunkerquoise (année 1687).

Caffieri (François-Charles), fils aîné de Philippe Caffieri, naquit,
à Paris, le 26 juin 1667. Il commença fort jeune à travailler à Versailles. On trouve en effet dans les comptes, en 1686, alors qu'il
n'avait pas vingt ans, la mention suivante : « A Caffieri le fils, autre
sculpteur, à compte des ornements de coquilles et glaçons qu'il fait
sur les socles de marbre pour porter les figures dans les Bains d'Apollon... 500 l. ».

Il dut suivre son père au Havre, puis à Dunkerque, et après avoir
collaboré sans doute à ses travaux, il lui succéda, le 14 avril 1714,
dans ses fonctions de sculpteur-ingénieur et dessinateur des vaisseaux
du roi. Il fut envoyé ensuite à Brest, le 26 janvier 1717 ; c'est là qu'il
mourut le 27 avril 1729, laissant sa charge à son fils, Charles-Phi-
lippe, né en 1695.

Caffieri (Jacques) sculpteur, fondeur et ciseleur du roi, frère du
précédent, naquit aux Gobelins, à Paris, le 25 août 1678. Selon l'abbé
de Fontenai, il exécuta de nombreux ouvrages pour les maisons
royales et fit plusieurs bustes en bronze, parmi lesquels on cite celui
du baron de Bezenval, colonel du régiment des Gardes suisses. Il mourut subitement, à Paris, en 1755. Il était le père du célèbre fondeur-
ciseleur Philippe Caffieri et du sculpteur Jean-Jacques Caffieri, l'auteur des bustes qui décorent le foyer du Théâtre-Français. Jacques
Caffieri appartenant plutôt au xviii⁰ siècle, j'en parlerai plus longue-
ment dans la suite.

L'abbé DE FONTENAI, *Dictionnaire des artistes*, 1776, t. I, p. 290. — A. JAL,
Dictionnaire critique de biographie et d'histoire, 1872, p. 301-305. — H. HERLUI-
SON, *Actes d'état civil d'artistes français*, 1873, p. 62, 63, 64. — *Nouvelles archives
de l'art français*, 1873, p. 224 ; 1876, p. 54, 57, 69. — J. GUIFFREY, *Les Caffieri,
sculpteurs et fondeurs-ciseleurs*, 1877, p. 1 à 99. — Idem, *Comptes des bâtiments
du roi sous le règne de Louis XIV*, t. I, 1881, col. 22, 71, 81, 123, 182, 243, 253,
293, 321, 322, 343. 404, 421, 462. 512, 545, 575, 614, 615, 635, 658, 672, 684, 690,
696, 722, 743, 753, 762, 789, 801, 815, 831, 862. 887, 903, 909, 933, 945, 965, 972,
1001, 1049, 1050, 1064, 1097, 1107, 1158, 1159, 1216, 1283, 1284, 1353 ; t. II, 1887,
col. 10, 14, 20, 60, 71, 118, 136, 138, 170, 172. 173, 178, 181, 209, 232, 252, 277,
278, 313, 315, 316, 335, 351, 367, 390, 412, 439. 567, 648, 654, 729, 890, 904, 920,
967, 1096, 1115, 1174, 1296 ; t. III, 1891, col. 1093, 1140 ; t. IV, 1896, col. 8, 63 ;
t. V, 1901, col. 532. — L. DUSSIEUX, *Le château de Versailles*, 1881, t. I, p. 146,
155, 160, 224, 291. 300, 311 ; t. II, p. 319. — *Inventaire général des richesses d'art
de la France. Province, monuments religieux*, t. I, 1886, p. 153. — *Revue de l'art
français*, 1885, p. 52 ; 1890, p. 293, 294.

Caillet (Jean), maître sculpteur résidant à Dijon vers la fin du xviie siècle, travaillait, en 1688, à un feu de joie dressé sur la place de la Sainte-Chapelle, d'après les dessins du sculpteur Jean Dubois, à l'occasion de la prise de Philisbourg par le Dauphin.

Archives de la ville de Dijon, M. 263.

Caillois (Jean), était établi à Paris dans la seconde moitié du xviie siècle. On trouve le nom de ce sculpteur, inscrit sur les registres de la paroisse Saint-Roch, à la date du 20 février 1674, à l'occasion du décès d'une fille âgée de dix mois. Il demeurait alors rue d'Argenteuil.

H. Herluison, *Actes d'état civil d'artistes français*, 1873, p. 64.

Canlers (Pierre), obtient le deuxième prix de sculpture à l'ancienne École académique de Paris, en 1703, sur le sujet de concours : *Les Filles de Jéthro insultées par les bergers et défendues par Moïse*.

A. Duvivier, *Archives de l'art français, documents*, t. V, 1857-1858, p. 284. — De Montaiglon, *Procès-verbaux de l'Académie royale de peinture et de sculpture*, t. III, 1880, p. 372. 383.

Cany (de), sculpteur parisien du xviie siècle, meurt, le 27 janvier 1672, et est enterré sur la paroisse Saint-Germain-l'Auxerrois.

H. Herluison, *Actes d'état civil d'artistes français*, 1873, p. 64. — E. Piot, *État civil de quelques artistes français*, 1873, p. 31.

Carabie (Bernard et Jacques), travaillaient à Caen vers la fin du xviie siècle. Leur nom figure sur les rôles des impositions, de 1689 à 1693. Bernard vivait encore en 1705.

Armand Benet, *Réunion des Sociétés des beaux-arts des départements*, 1897, p. 149, 154.

Caratery (Jean), sculpteur et architecte demeurant au Mans sur la paroisse de la Couture, passe un marché, en 1667, par lequel il s'engage à exécuter un retable pour le maître-autel de l'église de Saint-Martin de Dangeul. En 1685, il entreprend la construction du grand autel de l'église de Fief (Fyé). Il vivait encore en 1720.

Gustave Esnault, *Dictionnaire des artistes et artisans manceaux*, 1899, t. I, p. 107-110.

Caravaque ou **Carravaque** (François), probablement parent de Louis et de Jean Carravaque que j'ai déjà cités [1], était, en 1674, élève de l'ancienne École académique de Paris, où il obtint le second grand prix de sculpture, avec un bas-relief représentant la *Création d'Adam et d'Eve*. On le retrouve à Marseille au bout de vingt ans, signant, le

---

1. Voir le *Dictionnaire des sculpteurs de l'École française du Moyen Age au règne de Louis XIV*, 1898, p. 111.

30 novembre 1694, le dernier testament de Pierre Puget mort trois
jours après. En 1696, il soumissionna pour la décoration de la nouvelle façade de la cathédrale de Toulon, mais le travail fut confié à son
confrère Albert Du Parc. Il adressa alors une sommation aux consuls,
offrant d'exécuter tous les ouvrages d'architecture et de sculpture
pour la somme de 11.500 livres ; cette sommation n'eut pas d'effet.

A. Duvivier, *Archives, de l'art français, documents*, t. V, 1857-1858, p. 277. —
De Montaiglon, *Procès-verbaux de l'Académie royale de peinture et de sculpture*,
t. II, 1878, p, 35, 45, 46, 47. — Ch. Ginoux, *Revue de l'art français*, 1894, p. 215 ;
1896, p. 85.

Cardon (Jean), sculpteur parisien dont le nom est inscrit sur les
registres de la paroisse Saint-Roch, à la date du 19 août 1648, à l'occasion du décès d'un fils âgé de six mois. Admis à l'Académie de Saint-
Luc, le 14 juin 1655, il figure encore, en 1682, sur les listes de la
communauté. D'après les comptes des bâtiments, l'artiste travaillait,
en 1664-1665, à la décoration des cheminées des Tuileries. Un buste
d'enfant en terre cuite par Jean Cardon se trouvait, en 1899, chez
un marchand d'antiquités de Lille. Ce buste était signé : *Johannes
Cardon fecit 1642* ; j'ignore ce qu'il est devenu.

P. Lacroix, *Revue universelle des arts*, t. XIII, 1861, p. 325. — H. Herluison,
Actes d'état civil d'artistes français, 1873, p. 65. — J. Guiffrey, *Comptes des bâtiments du roi sous le règne de Louis XIV*, t. I, 1881, col. 15, 71.

Carlier (Antoine), sculpteur établi à Laon vers le milieu du
XVIIe siècle, nous est connu par son testament daté du 4 avril 1655.

G. Grandier, *Revue de l'art français*, 1895, p. 136. — Idem, *Réunion des
Sociétés des beaux-arts des départements*, 1895, p. 133 ; 1896, p. 647.

Carlier (Martin), né à Pienne en Picardie, se trouvait, en 1676, à
Rome comme pensionnaire du roi sous le directorat de Charles
Errard qui semble l'avoir eu tout d'abord en bien piètre estime. Ce
dernier écrivait en effet à Colbert, le 2 décembre 1676 : « Pour le
Sr Carlier, Seculpteur, s'èt un jeune garson qui a peu de génie, point
de capasité ni de pratique au travail, lequel m'avoit promis de travai-
ler à un buste ; mais le sr Lecomte l'en a détourné aussy, et peult-estre
que son peu de capacité luy faict apréhander de l'antreprandre. L'on
ne peult rien espérer de se garson. » Plus tard, Martin Carlier fut sans
doute exclu de l'Académie, car on lit dans une lettre de Colbert à
Errard, à la date du 17 février 1679 : « Si vous êtes persuadé que Carlier fasse mieux son devoir, je vous donne pouvoir de le remettre dans
l'Académie ».

Notre artiste dut s'amender dans la suite, puisqu'il exécuta, durant son séjour à Rome, la copie de l'Hermaphrodite et celle du Ganymède, et fut chargé à son retour en France de nombreux travaux. On le trouve occupé à Versailles à partir de 1682. Il y fit des vases, un groupe en marbre d'après l'antique représentant *Papirius et sa mère*, et une statue d'*Uranie* ; toutes ces œuvres, terminées en 1694, lui furent payées 20.650 livres. Il travailla encore à l'église des Invalides et au château de Meudon, Les comptes des bâtiments du roi font mention de lui, pour la dernière fois, à l'année 1700. .

ŒUVRES

L'Hermaphrodite. Statue en marbre copiée, à Rome, d'après l'antique de la villa Borghèse (années 1679-1681). Cette statue, qui, d'après Thomassin n° 41, ornait autrefois le parc de Versailles, a disparu probablement dans la première moitié du xviiiᵉ siècle, car Piganiol n'en fait pas mention . parmi les œuvres qui figuraient de son temps à Versailles et à Marly.

Ganymède. Copie d'après l'antique, modelée à Rome (années 1679-1681). Le marbre de cette statue fut exécuté par Jean Joly et envoyé en France.

Vases et cuvettes destinés à la pièce d'eau au-dessous du Dragon, dans le parc de Versailles (années 1681 et 1683).

Un groupe pour le château de Marly. Payé 900 livres (années 1683 et 1684). Les comptes des bâtiments ne désignent pas le sujet de cette œuvre.

Uranie. Statue en marbre copiée d'après l'antique (année 1684). Aujourd'hui dans le pourtour du Parterre de Latone, à Versailles. Gravée par Thomassin n° 51. L'original de cette figure est à Rome.

Vénus de Médicis. Statue en marbre copiée d'après l'antique. Cette statue, d'après les comptes des bâtiments, était placée autrefois à Versailles (années 1685 et 1686). Cependant la Vénus de Médicis qu'on voit dans le parc de Versailles est due à Michel Monier et à Frémery ; peut-être Carlier a-t-il travaillé seulement à cette figure [1].

Papirius et sa mère. Groupe en marbre, désigné aussi sous le titre de la *Paix des Grecs* [2]. Copie d'après l'antique, exécutée en collaboration de Michel Monier (années 1685-1688). Aujourd'hui dans la Demi-lune en avant du Tapis-Vert, dans le parc de Versailles. Gravé par Thomassin, n° 56. L'original, dû au sculpteur grec Ménélas, élève de Stephanus, se trouve à Rome.

Deux pieds de bassin en marbre pour la Colonnade, dans le parc de Versailles. Payés 800 livres (année 1686).

Quatre chapiteaux pilastres en marbre, pour Trianon. Payés 746 livres (année 1687).

Ouvrages de sculpture au grand portail de l'église des Invalides (années 1690 et 1691).

Ouvrages de sculpture à huit dessous de plafonds des clefs pendantes des passages des chapelles dans la même église. En collaboration d'Antoine André. Payés 720 livres (années 1692 et 1693).

---

1. Ou bien encore peut-être faut-il reconnaître l'ouvrage de l'artiste dans la Vénus de Médicis qui se trouve au jardin du Luxembourg?

2. On regarde encore ce groupe comme représentant *Oreste et Electre*.

Sculpture en pierre à deux calottes des passages des chapelles de la même église. Payée 1.200 livres (années 1692 et 1693).

Modèles de bronze des cheminées du château de Meudon. En collaboration de Lespingola. Payés 375 livres (année 1699).

Travaux à la corniche du salon de l'appartement du Dauphin, au château de Meudon. En collaboration de Lespingola, Payés 1.080 livres (année 1699).

S. Thomassin, *Recueil des statues, groupes, etc., du château et parc de Versailles,* 1724, pl. 41, 51, 56. — Piganiol de la Force, *Nouvelle description des châteaux et parcs de Versailles et de Marly,* 1764, t. II, p. 85, 151, 152, 316. — Idem, *Description historique de la ville de Paris et de ses environs,* 1765, t. IX, p. 494. — D'Argenville, *Voyage pittoresque des environs de Paris,* 1762, p. 100, 110, 399. — Eud. Soulié, *Notice du musée impérial de Versailles,* 3e partie, 1861, p. 509, 510. — H. Herluison, *Actes d'état civil d'artistes français,* 1873, p. 250 à Lespingola. — A. Bertolotti, *Artisti francesi in Roma nei secoli XV, XVI e XVII,* 1886, p. 172. — De Montaiglon, *Correspondance des directeurs de l'Académie de France à Rome,* t. I, 1887, p. 63, 70, 77, 130, 133, 140. — J. Guiffrey, *Comptes des bâtiments du roi sous le règne de Louis XIV,* t. II, 1887. col. 140, 278, 367, 440, 522, 625, 626, 992, 993, 1174; t. III, 1891, col. 93, 423, 560, 703, 843, 846, 948, 1004; t. IV, 1896, col. 472, 545, 676.

Carolus (Claude), est reçu membre de l'Académie de Saint-Luc le 13 novembre 1677. Son nom est encore inscrit sur les listes de la communauté en 1682.

P. Lacroix, *Revue universelle des arts,* t. XIII, 1861, p. 333.

Caron (Martin et Louis), sculpteurs en bois, fils de Martin Caron[1], nés à Abbeville, le premier en 1626 et le second en 1648, se rendirent dans le Midi, où ils travaillèrent à la décoration de la cathédrale de Lescar, près de Pau. Ils sculptèrent aussi une partie du chemin de croix de l'église de Bétharram (Basses-Pyrénées) ; il reste de ce chemin de croix un Christ à la colonne, statue en bois de grandeur naturelle qui leur est attribuée. Martin mourut à Lescar, en 1669, et Louis, en 1682.

Em. Delignières, *Réunion des Sociétés des beaux-arts des départements,* 1896, p. 353-359.

Carraby (Thomas), sculpteur et architecte de la ville de Caen, exécute en 1652, pour le prix de 150 livres, le grand autel de l'église de Coigny (Manche).

Renault, *Revue monumentale de l'arrondissement de Coutances.* — Ch. Bauchal, *Nouveau dictionnaire des architectes français,* 1887, p. 95.

Carrel. Un sculpteur de ce nom exerçait son art à Metz dans la seconde

---

1. Voir le *Dictionnaire des sculpteurs de l'École française du Moyen Age au règne de Louis XIV,* p. 110.

moitié du xviiᵉ siècle. On trouve en effet, dans les archives de Meurthe-et-Moselle, la mention suivante, à l'année 1670 : « A Carrel de Metz, pour la sculpture des armes du duc Charles IV, à la Chartreuse de Bosserville ».

Archives de Meurthe-et-Moselle, H. 680. — A. Jacquot, *Essai de répertoire des artistes lorrains (Réunion des Sociétés des beaux-arts des départements*, 1900, p. 317).

Carrel (Nicolas), né à Paris, sur la paroisse Saint-Eustache, vers 1661, se marie à Nancy, le 30 juillet 1709, à l'église Saint-Epvre. C'est tout ce qu'on sait sur cet artiste qui était sans doute parent du précédent.

Archives de Nancy, t. IV, p. 11. — A. Jacquot, *Essai de répertoire des artistes lorrains (Réunion des Sociétés des beaux-arts des départements*, 1900, p. 317).

Cassegrain ou **Cassegrin** (Guillaume), sculpteur et mouleur, est reçu membre de l'Académie de Saint-Luc le 30 avril 1672. Son nom figure souvent dans les comptes des bâtiments du roi au sujet de travaux de moulages exécutés par lui de 1666 à 1692. C'est lui qui fit le moule de la statue équestre de Louis XIV, œuvre de Girardon, érigée sur la place Vendôme ; ce moule lui fut payé 4.500 livres.

P. Lacroix, *Revue universelle des arts*, t. XIII, 1861, p. 330. — A. Jal. *Dictionnaire critique de biographie et d'histoire*, 1872, p. 332. — J. Guiffrey, *Comptes des bâtiments du roi sous le règne de Louis XIV*, t. I, 1881, col. 150, 207, 209, 242, 276, 550, 1070, 1230 ; t. II, 1887, col. 204, 241, 317, 336, 441, 557, 620, 627, 905, 994, 995, 1174 ; t. III, 1891, col. 93. 288, 430, 722.

Castel (Alain), maître sculpteur et architecte breton établi à Landivisiau (Finistère), exécute en 1697, avec son confrère Guillaume Lerrel, des niches et des statues dans l'église de Plouguerneau.

Le Men, *Recherches et documents sur l'art et les artistes bretons du XVᵉ au XVIIIᵉ siècle (Bulletin de la Société archéologique du Finistère*, t. VII, 1879-1880, p. 39-42).

Castillon (Laurent), exerçait son art à Toulon, vers 1695.

Ch. Ginoux. *Revue de l'art français*, 1894, p. 216.

Caussemille (Jacques), résidait à Toulon vers la fin du xviiᵉ et au commencement du xviiiᵉ siècle. Son fils, François Caussemille, était occupé, en 1720, aux travaux de sculpture exécutés dans le port.

Ch. Ginoux, *Revue de l'art français*. 1888, p. 176 ; 1894, p. 216.

Cavalier (J.), sculpteur en ivoire du xviiiᵉ siècle, travailla en Allemagne, en Angleterre et en Suède. Peut-être était-il protestant

et avait-il quitté la France après la Révocation de l'édit de Nantes ?
Il serait l'auteur de figures prises pour modèles dans différentes
médailles. Au château de Skokloster, se trouverait un portrait en
ivoire du comte Christophe de Konigsmarck dû à cet artiste. On con-
serve de lui, au Musée de Berlin, deux médaillons en ivoire. L'un
représente l'électeur Frédéric III et sa seconde femme Sophie-Char-
lotte, il est signé I. C,, l'autre la reine Marie II d'Angleterre, avec,
au revers : *Cavalier F. Londini 1690.* Ce sculpteur aurait également
fait quelques portraits en cire.

Weinwich, *Dansk, Nork og Srensk. Kunstner Lexicon*, 1829. — L. Dussieux,
Les artistes français à l'étranger, 1876. p. 600. — Ph. de Chennevières, *Notes
d'un compilateur sur les sculpteurs et les sculptures en ivoire*, p. 24. — Jules
Labarte, *Catalogue de la collection Debruge-Dumenil*, p. 50-54. — Maze-Sensier,
Le livre des collectionneurs, 1885, p. 622.

Cayot (Claude-Augustin), naquit à Paris en 1667. Il étudia d'abord
la peinture avec Jouvenet, puis s'adonna à la sculpture et entra dans
l'atelier d'Étienne Le Hongre. Il remporta, en 1695 et en 1696 [1], le
prix de sculpture à l'ancienne École académique et fut envoyé à Rome
comme pensionnaire du roi. A son retour en France, il aida Corneille
Van Clève dans la plupart de ses travaux. A partir de 1709, on le
trouve occupé à la chapelle du château de Versailles et à la décoration
du maître-autel de l'église Notre-Dame de Paris. Reçu académicien le
31 décembre 1711, sur une statuette en marbre représentant la *Mort de
Didon*, il fut nommé adjoint à professeur le 26 octobre 1720. Il mourut,
le 6 avril 1722, et fut enterré le lendemain à Saint-Germain-l'Auxerrois. Son acte d'inhumation, inscrit sur les registres de la paroisse,
porte : « Le mardy septieme Avril 1722, enterrement de Claude-Augustin
Cayot, sculpteur ordinaire du Roy, adjoint à professeur en l'Académie
Roy. de peint. et sculpt., et entrepreneur dans les bastimens du Roy,
agé de 50 ans [2], décédé hyer, à 5 heures du matin rue du Roulle... »

ŒUVRES

L'Amour et Psyché. Groupe en marbre, signé et daté de 1706. Musée Wallace, à Londres. Le même groupe figure, en terre cuite, au Musée d'Aix.
Ouvrages de bronze pour l'autel de la Vierge et pour les cinq petits autels
des bas-côtés de la chapelle du château de Versailles (années 1709 et 1710).
Ouvrages en pierre faits aux deux arrières voussures des niches, dans le
fond des bas-côtés de la chapelle du château de Versailles. En collaboration de Vassé. Payés 1.820 livres (année 1710).
La mort de Didon. Statuette en marbre. Morceau de réception à l'Académie

1. Le sujet de concours de 1695 était l'*Histoire de Ruth et de Boos*, et celui de
1696, l'*Explication des songes de Pharaon par Joseph*.
2. Cette déclaration est inexacte ; Cayot au moment de sa mort devait avoir
55 ans.

(31 décembre 1711). Musée du Louvre, n° 532. Provient d'une des salles de l'ancienne Académie royale de peinture et de sculpture.

Ornements en bronze doré pour le maitre-autel de l'église Notre-Dame de Paris. En collaboration de Vassé (années 1713 et 1714).

Deux anges en adoration. Figures en bronze doré, placées autrefois de chaque côté du maitre-autel de l'église Notre-Dame de Paris (années 1714 et 1715).

Nymphe chasseresse. Statue en marbre. Payée 3.600 livres. Cette œuvre, d'après l'abbé de Fontenai, se trouvait jadis dans le jardin des Tuileries.

GUÉRIN, *Description de l'Académie royale de peinture et de sculpture*, 1715, p. 134. — D'ARGENVILLE, *Voyage pittoresque de Paris*, 1752, p. 8. — A. N. D'ARGEN-VILLE, *Vies des fameux sculpteurs*, 1787, p. 252. — PIGANIOL DE LA FORCE, *Description de la ville de Paris*, 1765, t. I, p. 324. — L'abbé DE FONTENAI, *Dictionnaire des artistes*, 1776, t. I, p. 341. — A. DUVIVIER, *Archives de l'art français. documents*, t. V, 1857-1858, p. 282. — A. JAL, *Dictionnaire critique de biographie et d'histoire*, 1872, p. 336. — H. HERLUISON, *Actes d'état civil d'artistes français*, 1873, p. 68. — DE MONTAIGLON, *Procès-verbaux de l'Académie*, t. III, 1880, p. 171, 177, 196, 211; t. IV, 1881, p. 76, 98, 108, 137, 304, 333. — J. GUIFFREY, *Comptes des bâtiments du roi sous le règne de Louis XIV*, t. IV, 1896, col. 267, 421; t. V, 1901, col. 306, 317, 320, 401, 402, 414, 694, 696, 787, 788, 875. — Paul VITRY, *Les arts*, 1902, p. 24-26. — L. GONSE, *Les chefs-d'œuvre des musées de France*, 1904, p. 7, 26.

Cazenove (Pierre-David de), sculpteur de la fin du xviiᵉ siècle, est cité dans les comptes des bâtiments du roi comme ayant touché 1.500 livres, en 1688, « en considération de la médaille de S. M. qu'il a fait en marbre ». C'est le seul renseignement qu'on ait sur cet artiste.

J. GUIFFREY, *Comptes des bâtiments du roi sous le règne de Louis XIV*, t. III, 1891, col. 17, 69.

Chabouillet (Pierre), sculpteur en bois, résidant à Troyes dans la seconde moitié du xviiᵉ siècle, s'engage avec son fils Pierre II, par marché en date du 5 août 1663, à construire, moyennant 3.500 livres tournois, un dôme en bois décoré de sculptures, qui devait être placé dans l'église Saint-Jean au-dessus du tabernacle du maître-autel. On suppose que ce travail ne fut pas exécuté, car les registres de la paroisse n'en font pas mention. Pierre Chabouillet fut inhumé, le 2 décembre 1668, sur la paroisse Saint-Remy.

Chabouillet (Pierre II), sculpteur en bois, né à Troyes en 1634, fils du précédent, fait toute sa carrière dans sa ville natale, où il meurt en 1677.

Chabouillet (Denis), maître sculpteur à Troyes, né en 1639, frère de Pierre II, sculpte, en 1668, une enseigne pour Jeanne Marchand, veuve de Claude Laurent, hôtelier. En 1670-1671, il passe marché avec André Peguain, avocat au Parlement de Paris, au sujet de l'exé-

6

cution d'une épitaphe en marbre qui devait être placée dans l'église Saint-Loup de Troyes. Il meurt en 1704.

Chabouillet (François), sculpteur en bois, frère des précédents, né en 1646, travaille à Troyes, en 1672, pour l'église de Saint-Remy. Il meurt en décembre 1713.

Alexandre Assier cite un Chabouillet fils qui était occupé, en 1666-1667, au maître-autel de l'église Saint-Nicolas, et un Chabouillet, sculpteur en bois, qui restaurait, en 1664-1665, les statues du chœur de l'église Saint-Pantaléon. J'ignore s'il s'agit de Pierre II, de Denis ou de François.

Alexandre ASSIER, *Les arts et les artistes dans l'ancienne capitale de la Champagne*, 1876, p. 102, 106. — L. MORIN, *Réunion des Sociétés des b aux-arts des départements*, 1902, p. 313-317.

Chabry (Marc), sculpteur et peintre, élève de Puget, naquit en 1660 à Barbentane [1]. Il s'établit à Lyon, où il fit des tableaux d'histoire, des portraits et principalement plusieurs ouvrages de sculpture pour l'Hôtel de Ville, pour l'abbaye de Saint-Antoine-de-Viennois et pour le grand collège des Jésuites. Appelé en Allemagne par l'empereur Léopold 1, il revint se fixer à Lyon, en 1705, après la mort de ce prince. Dans ce voyage, il exécuta en passant à Mayence le portrait de l'Électeur. Il se rendit ensuite à Versailles et il y travailla, de 1707 à 1711, à la chapelle du château. En 1713, on le retrouve à Lyon occupé à la décoration du piédestal de la statue de Louis XIV [2] érigée sur la place Royale.

Sculpteur de la ville de Lyon, Marc Chabry avait aussi le titre de sculpteur du roi. Il avait été agréé, en 1688, à l'Académie royale de peinture et de sculpture ; mais il ne devint jamais académicien. Il mourut à Lyon le 4 août 1726. Il avait épousé, en 1684, Marie-Andrée Blampignon dont il eut plusieurs enfants, parmi lesquels Marc II Chabry et probablement Jean-Baptiste Chabry, qui furent également sculpteurs.

ŒUVRES

Le maître-autel de l'abbaye de Saint-Antoine de Viennois (Isère) (années 1690-1693).

Un autel, dans l'église du grand collège des Jésuites de Lyon, aujourd'hui lycée Ampère. Cet autel, placé jadis dans la chapelle des Grands Artisans, imitait en petit celui de Saint-Antoine de Viennois.

Une statue d'Hercule.

1. Les procès-verbaux de l'Académie le donnent comme natif d'Avignon.
2. Cette statue était l'œuvre de Nicolas et de Guillaume Coustou.

Une Vierge. Selon d'Argenville, cette œuvre ainsi que la précédente ayant été présentées à Louis XIV, l'artiste reçut alors le titre de maître sculpteur du roi à Lyon.

L'Hiver. Figure commandée par le maréchal de Villeroy, moyennant la somme de 6.000 livres.

Buste de Louis XIV, placé jadis à Villefranche en Beaujolais,

Un christ en buis, payé 2.000 livres par un négociant de Lyon, nommé de Bargues.

Un médaillon représentant un Père de l'Église, sous la voûte de la chapelle du château de Versailles (année 1709).

Trophées d'église sculptés dans la même chapelle (année 1711).

Le piédestal de la statue de Louis XIV érigée autrefois, à Lyon, sur la place Royale. Ce piédestal, avec ses ornements en bronze, fut payé 14.738 livres (année 1713).

Louis XIV à cheval. Bas-relief surmontant jadis le fronton de l'Hôtel de Ville de Lyon. Ce bas-relief, démoli à la Révolution, fut remplacé par un groupe de Chinard, en plâtre, représentant la *Liberté* et l'*Egalité*, groupe qui disparut à son tour pour faire place au Henri IV exécuté, en 1820, par le sculpteur Legendre Héral.

André CLAPASSON, *Description de la ville de Lyon,* 1741, p. 93-95. — L'abbé DE FONTENAI, *Dictionnaire des artistes,* 1776, t. I, p. 349. — D'ARGENVILLE, *Vies des fameux sculpteurs,* 1787, p. 200. — *Archives de l'art français, documents,* t. I, 1852, p. 398; 2ᵉ série, t. II, 1862, p. 122, 131. — *Revue universelle des arts,* t. XXIII, 1861, p. 115, 116. — L. DUSSIEUX, *Les artistes français à l'étranger,* 1876, p. 148, 149. — Natalis RONDOT, *Les sculpteurs de Lyon du XIVᵉ au XVIIIᵉ siècle,* 1884, p. 55. — Idem, *Réunion des Sociétés des beaux-arts des départements,* 1887, p. 549-550. — DE MONTAIGLON, *Procès-verbaux de l'Académie,* t. II, 1878, p. 386; t. III, p. 1880, p. 2. — Victor ADVIELLE, *Réunion des Sociétés des beaux-arts des départements,* 1884, p. 236-246. — *La France monumentale,* t. V, p. 186. — J. GUIFFREY, *Comptes des bâtiments du roi sous le règne de Louis XIV,* t. V, 1901, col. 321, 530, 531. — *Inventaire général des richesses d'art de la France. Province, monuments religieux,* t: III, 1901, p. 375.

Chaillon (Philibert), exécute, de 1674 à 1676, deux figures de Pallas soutenant une inscription en marbre noir au-dessous de la porte intérieure du corps de garde, à l'Hôtel de Ville de Toulouse. Ces figures existent encore aujourd'hui.

Catalogue du musée de Toulouse, 1865, p. 284.

Champagne (Jean), sculpteur et architecte, fut admis comme pensionnaire du roi à l'Académie de France à Rome, en 1679. Il reconstruisit, dans cette ville, le maître-autel de l'église de la Trinité-du-Mont sur lequel il représenta le mystère de la Trinité entouré d'anges avec les figures de saint Louis et de saint François de Paule. Il sculpta aussi deux anges sur la porte de Saint-André, au noviciat des Jésuites, et fit deux statues en stuc pour l'église du Gésu. Il modela également, à Rome, un buste de Louis XIV plus grand que nature. A Paris, on lui attribuait une statue de saint Augustin qui ornait la porte du cloître du couvent des Grands-Augustins et une figure du Christ placée, avant la Révolution, dans l'église du Sépulcre au-dessus de la porte du cloître, rue Saint-Denis. D'après les archives du Musée des Monuments français, cette figure fut réclamée, en 1818, par la fabrique de l'église Saint-Merry ; j'ignore ce qu'elle est devenue. Selon l'abbé Gougenot, Jean Champagne travailla encore, pour le compte du cardinal de Rohan, à la décoration du palais de Saverne.

DESEINE, *Rome moderne avec toutes ses magnificences et ses délices*, 1783, p. 86-87, 625. — D'ARGENVILLE, *Voyage pittoresque de Paris*, 1752, p. 27. — PIGANIOL DE LA FORCE, *Description de la ville de Paris*, 1765, t. II, p. 145. — THIERY, *Guide des amateurs et des étrangers à Paris*, 1787, t. I, p. 499. — *Mémoires inédits sur la vie et les ouvrages des membres de l'Académie royale de peinture et de sculpture*, 1854, t. II, p. 216. — L. DUSSIEUX, *Les artistes français à l'étranger*, 1876, p. 103, 479. — A. BERTOLOTTI, *Artisti francesi in Roma nei secoli XV, XVI e XVII*, 1886, p. 87. — DE MONTAIGLON, *Correspondance des directeurs de l'Académie de France à Rome*, t. I, 1887, p. 88, 132. — *Inventaire général des richesses d'art de la France. Archives du musée des monuments français*, t. III, 1897, p. 268.

Champeigne (Pierre de), maître sculpteur, était établi à Cholet (Maine-et-Loire) vers 1695.

Célestin PORT, *Les artistes angevins*, 1881, p. 62.

Chapuis (Nicolas), maître sculpteur et doreur sur bois, natif de Neufchâteau, en Lorraine, vint se fixer à Grenoble vers 1640. Il exécuta principalement des tabernacles en bois doré, ornés de figures, pour les églises de la ville et pour celles des environs. Il mourut en 1683. Son fils, Claude Chapuis, était sculpteur comme lui.

Ed. MAIGNIEN, *Les artistes grenoblois*, 1887, p. 88-91.

Chapuy (Claude), maître sculpteur résidant à Lyon de 1665 à 1668, fait baptiser une fille, le 1er janvier 1666, sur la paroisse de Saint-Nizier. M. Natalis Rondot cite un autre sculpteur de ce nom, établi à Lyon de 1683 à 1688. Il est possible que ce soit le même artiste : car si les actes d'état civil donnent comme femme, au premier, Françoise Jacquin, et au second, Claudine Bayle, on peut supposer que Claude Chapuy s'est remarié, étant devenu veuf.

Natalis RONDOT, *Les sculpteurs de Lyon du XIVe au XVIIIe siècle*, 1884, p. 55, 61. — Idem, *Revue de l'art français*, 1887, p. 300.

Charbonnier (Henri), né en Brie, travaillait à Toulon, en 1671, à des ouvrages de décoration navale, d'après les modèles de Puget, comme le prouve la mention suivante : « Le 10 septembre, adjudication, en faveur de Henry Charbonnier, maître sculpteur, résidant à Tolon, des travaux de sculpture, architecture et menuiserie du vais-

seau le *Henry*, conformément au modèle dressé par le sieur Puget ».
Il était encore employé à la sculpture des vaisseaux en 1681 et en 1686.

Ch. GINOUX, *Revue de l'art français*, 1888, p. 171 ; 1894, p. 217. — Idem, *Réunion des Sociétés des beaux-arts des départements*, 1884, p. 343, 355; 1891, p. 256.

Charles (Pierre), dit la Forest, est reçu membre de l'Académie de Saint-Luc le 25 juin 1682.

P. LACROIX, *Revue universelle des arts*, t. XIII, 1861, p. 335.

Charles de La Croix. Voir **La Croix** (Charles de).

Charles de la Motte. Voir **Motte** (Charles de la).

Charles de Serre. Voir **Serre** (Charles de).

Charlet (André), exerçait son art dans la ville de Laon vers le milieu du XVIIᵉ siècle.

Ch. GRANDIN, *Réunion des Sociétés des beaux-arts des départements*, 1895, p. 133 ; 1896, p. 647.

Charmeton ou **Charmetton** (Christophe), sculpteur en bois, né à Lyon, vint s'établir à Paris à la fin du XVIᵉ siècle et entreprit de nombreux travaux pour Versailles. Il se maria, en 1682, avec Marie Thierry, fille de Daniel Thierry, bourgeois de Paris, et mourut le 18 février 1708. Il habitait alors rue Hautefeuille et fut enterré dans le cimetière de Saint-André-des-Arcs. Christophe Charmeton, qui avait le titre de sculpteur du roi, était le frère du peintre Georges Charmeton, membre de l'Académie royale de peinture et de sculpture.

ŒUVRES

Deux petites bordures pour un tableau du Dominiquin, placé dans les appartements du Dauphin, à Versailles. Payées 120 livres (année 1685).

Sculptures et moulures en bois, ayant servi de modèles aux bronzes du grand bureau du cabinet des curiosités du roi, à Versailles. Payées 60 livres (année 1685).

Cadres en bois sculpté pour les petits tableaux du cabinet du roi, à Versailles (année 1685).

Ouvrages de sculpture en bois, exécutés pour les appartements de Trianon. Payés 4.265 livres (années 1687-1689).

Un cadre en bois sculpté pour un tableau de Van der Meulen, placé au château de Marly. Payé 132 livres (année 1688).

Un cadre pour un dessin représentant le *Portement de croix*, d'après Mignard, dessin exécuté par le Dauphin en vue de l'offrir au roi (année 1689).

Balustrade en bois sculpté, dans les appartements de Madame, au Palais-Royal (année 1690).

Consoles en bois sculpté pour le cabinet des Termes, à Versailles (année 1690).

Balustrade en bois sculpté, dans les appartements de Monsieur, au Palais-Royal (année 1690).

Sculptures en bois pour la salle de la chapelle, à Trianon. En collaboration de Briquet. Payées 358 livres (année 1692).

Ouvrages de sculpture en bois, exécutés dans les appartements de la Ménagerie, à Versailles. Payés 5.142 livres (années 1698-1701).

Ornements de la galerie de l'hôtel de Bretonvilliers, à Paris.

D'ARGENVILLE, *Voyage pittoresque de Paris*, 1752, p. 195. — A. JAL, *Dictionnaire critique de biographie et d'histoire*, 1872. p. 370. — H. HERLUISON, *Actes d'état civil d'artistes français*, 1873, p. 69. — L. DUSSIEUX, *Le château de Versailles*, 1881, t. I, p. 157, 223 ; t. II, p. 320. — Natalis RONDOT, *Les sculpteurs de Lyon du XIVᵉ au XVIIIᵉ siècle*, 1884, p. 57. — J. GUIFFREY, *Comptes des bâtiments du roi sous le règne de Louis XIV*, t. II, 1887, col. 619, 620, 627, 996, 1174 ; t. III, 1891, col. 86, 93, 248, 288, 389, 396, 430, 525, 679, 825 ; t. IV, 1896, col. 312, 448, 591, 710.

Charpentier (Charles), remporte le premier prix de sculpture en 1700. On ne trouve aucun renseignement sur cet artiste qui dut mourir jeune. Il était sans doute parent de René Charpentier.

DE MONTAIGLON, *Procès-Verbaux de l'Académie royale de peinture et de sculpture*, t. III, 1880, p. 300, 303.

Charpentier (Marc-Antoine). Voir le *Dictionnaire des sculpteurs de l'École française du Moyen Age au règne de Louis XIV*, p. 118.

Charpentier (René), né à Cuillé (Mayenne) en 1680[1], était élève de François Girardon. Il remporta le premier prix de sculpture à l'ancienne École académique de Paris en 1698. Il travailla d'abord sous la direction de son maître qui l'employa à la sculpture de son tombeau érigé dans l'église Saint-Landry, et, selon Mariette, lui fit dessiner aussi les figures de son cabinet. Au commencement du XVIIIᵉ siècle, il se rendit à Berlin avec l'architecte Jean de Bodt ; il y exécuta différents travaux, parmi lesquels la décoration du portail du château de Potsdam. De retour en France, on le trouve occupé, à partir de 1710, à la chapelle du château de Versailles, à Notre-Dame de Paris et au palais des Tuileries. Le 27 mai 1713, il fut reçu membre de l'Académie royale de peinture et de sculpture sur un marbre représentant la *Mort de Méléagre*. En 1720, il fut chargé de l'ornementation intérieure de l'église Saint-Roch ; il y fit dans les arcades de la nef des bas-reliefs représentant des anges couchés et y sculpta dans les voussures les quatre évangélistes. On lui devait aussi dans cette église le tombeau du comte Rangoni. En 1723,

1. Son acte de décès le fait naître en 1678 et les registres de l'Académie en 1675.

René Charpentier habitait rue Saint-Honoré, « près la porte en une maison vis-à-vis le cul-de-sac de l'Orangerie[1] », lorsque, se sentant malade, il vint demander asile, rue Saint-Roch, à un prêtre cousin de sa femme Marie Le Hénin décédée avant lui ; c'est là qu'il mourut le 11 mai de la même année, à midi. Il fut enterré à l'église de la paroisse dans la chapelle de la Vierge.

ŒUVRES

Décoration du portail du château de Postdam, en Allemagne.

Crédences en marbre pour les autels de la chapelle du château de Versailles (année 1710).

Sculpture en pierre aux chapiteaux ioniques, consoles et trophées d'armes des arcades du salon bas de la même chapelle (année 1710).

Ornements en plomb au-dessus des portes collatérales du chœur de Notre-Dame de Paris. En collaboration de Nicolas Montéant (années 1711 et 1713).

Sculptures en pierre, au-dessus des grandes croisées en dehors du nouveau salon près de la chapelle du château de Versailles (année 1712).

Les armes du roi en plomb et en étain pour le couvent des Filles de l'*Ave-Maria*, à Paris. En collaboration de Montéant (année 1713).

Décoration de la grande corniche du palais des Tuileries. En collaboration de Montéant (année 1713).

La mort de Méléagre. Statuette en marbre. Morceau de réception à l'Académie (27 mai 1713). Autrefois dans une des salles de l'ancienne Académie royale de peinture et de sculpture. Ce marbre, faisant partie de l'inventaire du Louvre, était à Meudon en 1853.

Trophées décorant jadis l'escalier de l'ancien hôtel de Toulouse, à Paris. En collaboration de Montéant et d'Offemant.

Tombeau du comte Fortunat Rangoni. Autrefois, à l'église Saint-Roch, dans la chapelle de la Vierge. Ce monument se composait d'une figure de femme pleurant, appuyée sur la base d'une colonne funéraire.

Décoration du chœur de l'église Saint-Roch, exécutée de 1720 à 1723. Cette décoration a disparu en partie à la Révolution ; il n'en reste aujourd'hui que deux bas-reliefs en pierre, représentant la *Foi* et la *Charité*.

GUÉRIN, *Description de l'Académie royale de peinture et de sculpture*, 1715, p. 137. — D'ARGENVILLE, *Voyage pittoresque de Paris*, 1752, p. 108, 109, 121. — A. N. D'ARGENVILLE, *Vies des fameux sculpteurs*, 1787, p. 234. — PIGANIOL DE LA FORCE, *Description de la ville de Paris*, 1865, t. II, p. 422 ; t. III, p. 258. — THIERY, *Guide des amateurs et des étrangers à Paris*, 1787, t. I, p. 163, 305. — *Archives de l'art français. Abécédario de Mariette*, t. I, 1853, p. 361 ; *documents*, t. II, 1853, p. 362 ; t. V, 1857-1858, p. 283-284. — J. COUSIN, *Revue universelle des arts*, t. IX, 1859, p. 126. — H. HERLUISON, *Actes d'état civil d'artistes français*, 1873, p. 70. — L. DUSSIEUX, *Les artistes français à l'étranger*, 1876, p. 103, 199. — DE MONTAIGLON, *Procès-verbaux de l'Académie*, t. III, 1880, p. 241, 303 ; t. IV, 1881, p. 51, 166, 356. — *Inventaire général des richesses d'art de la France. Paris, monuments religieux*, t. II, 1888, p. 165. — J. GUIFFREY, *Nouvelles archives de l'art français,*

---

1. D'après l'inventaire fait après sa mort pour la conservation des droits de ses trois enfants mineurs.

1883, p. 270. — Idem, *Comptes des bâtiments du roi sous le règne de Louis XIV*, t. V, 1901, col. 511, 529, 590, 610, 696, 788, 873.

Charpentier. D'après les comptes des bâtiments du roi, un sculpteur de ce nom travaillait, en 1685, à Chambord et recevait 500 livres « à compte de ses ouvrages à la tour de la chapelle » du château. Il vivait encore en 1692.

J. GUIFFREY, *Comptes des bâtiments du roi sous le règne de Louis XIV*, t. II, 1887, col. 833 ; t. III, 1891, col. 782.

Charrier (Nicolas), maître sculpteur, est reçu membre de l'Académie de Saint-Luc le 18 février 1682.

P. LACROIX, *Revue universelle des arts*, t. XIII, 1861, p. 335.

Chartrelle (Pierre), sculpteur de la fin du XVIIIᵉ siècle, travaillait à Paris dans l'église des Invalides, en 1691, quand il fut blessé par accident.

J. GUIFFREY, *Comptes des bâtiments du roi sous le règne de Louis XIV*, t. III, 1891, col. 635.

Chasse (François), né en 1615, exerçait son art à Paris. Il mourut le 27 juin 1660 et fut inhumé dans le cimetière de la paroisse Saint-Roch.

H. HERLUISON, *Actes d'état civil d'artistes français*, 1873, p. 70.

Chassel (Charles I), demeurait à la Ville Neuve, à Nancy, vers 1649. A cause des guerres de Lorraine, il se rendit à Paris ; il y exécuta pour Louis XIV enfant des soldats en miniature qui furent fondus en argent par le lorrain Merlin, orfèvre du roi.

Il revint ensuite travailler à Nancy, où il était réputé pour les œuvres de petite dimension et surtout pour les crucifix. On trouve dans les comptes, à l'année 1661, mention d'une somme qui lui fut payée pour prix « d'un crucifix en bois de Sainte-Lucie, avec le cadre de menu bois, fort artistement ouvragé, qui a été envoyé de la part de la Ville à M. le prince de Lillebonne, lieutenant général de son Altesse... »

Charles Chassel, qui avait obtenu le brevet de sculpteur du roi, mourut avant 1685.

Chassel (Charles II), peut-être fils du précédent, était établi à Nancy, où il travaillait, en 1660, à l'église Saint-Sébastien pour laquelle il exécuta un crucifix en bois. Il n'existait plus en 1687.

Chassel (Charles III). Ce sculpteur, qu'il ne faut pas confondre avec les précédents, était originaire de Rambervillers. Il fut admis dans la bourgeoisie de Nancy en 1658. Ce serait lui l'auteur du Christ mort placé au bas de l'autel de la chapelle du palais ducal de Nancy, dite la chapelle ronde. On lui en attribue aussi un autre qui se trouve dans la chapelle de gauche de l'église Saint-Gengoult, à Toul. En 1654, il était occupé au palais ducal ; il y sculpta, dans les appartements du gouverneur de Lorraine, le maréchal de la Ferté Senneterre, une Vénus destinée à l'ornement de la cheminée de la chambre principale. On lit en effet dans les comptes : « à Charles Chassel, sculpteur, 825 fr. pour une Vénus posée sur la cheminée de la chambre principale du palais dans une coquille avec deux pigeons au-dessus et deux Cupidons aux deux costés, le pied d'estal portant la coquille et les foudres aux deux costés, et doré entièrement le tout ». En 1708, sur la fin de sa carrière, il fit deux grandes figures en bois pour la salle d'Opéra que le duc Léopold faisait alors construire.

Chassel (Rémy), né le 26 avril 1650, fils de Charles II Chassel, se marie à Saint-Sébastien de Nancy, le 1er juillet 1687. Vers 1696, il exécute deux anges en bois argenté pour la Congrégation de Notre-Dame de Nancy. En 1699, il reçoit un payement pour un grand crucifix avec son cadre et pour un portrait en bois de Sainte-Lucie représentant Charles V, duc de Lorraine. L'année suivante, il sculpte encore un grand crucifix pour la sacristie de la collégiale Saint-Georges. En 1700, il travaille au catafalque du duc Charles V dans l'église des Cordeliers et, en 1702, il est occupé au château de Lunéville.

Chassel (Rémy-François), né vers 1665, était peut-être le fils de Charles I, ou son petit fils, selon Dom Calmet qui le fait naître à Metz ; mais ce dernier a pu confondre avec le précédent. Il est d'ailleurs fort difficile de s'y reconnaître dans cette famille d'artistes, qui paraît se diviser en deux branches, l'une originaire de Nancy et l'autre de Rambervillers.

Rémy-François alla d'abord à Paris, où il entra dans l'atelier de Louis Lecomte. De retour à Nancy, il se maria le 19 août 1698. Il mourut fort âgé dans cette ville le 5 octobre 1752. Il avait été nommé professeur, puis directeur de l'Académie de peinture et de sculpture de Nancy.

ŒUVRES

Figures allégoriques pour la scène de l'Opéra de Nancy (année 1708). Ces statues en bois ornent aujourd'hui les loges d'avant-scène des troisièmes galeries du théâtre actuel.

Balustrade de la loge ducale de l'Opéra (année 1708). Cette balustrade est au Musée lorrain.

Les armes ducales soutenues par deux aigles, au fronton de l'église Saint-Sébastien (année 1728).

Un génie posé sur des trophées, exécuté pour l'Hôtel de Ville (année 1730).

Mausolée du président Bourcier (année 1731).

Mausolée du procureur général de Moulon (année 1731).

Mausolée du président Cueillet (année 1731).

Une statue de Vénus (année 1731).

Buste du duc Charles V (année 1731).

Buste du duc Léopold (année 1731).

Un ex-voto de la Ville, à l'église de Bon-Secours (année 1742).

Statues décorant l'autel des Cordeliers (année 1750).

Archives de Nancy, t. II, p. 274; t. III, p. 256, 257, 261, 262, 299. — *Archives de Meurthe-et-Moselle*, B. 1538, 1541, 1556, 7484, 7487, 4789, 7504; G. 789; H. 2040. — Dom CALMET, *Bibliothèque lorraine*, 1751, p. 271. — H. LEPAGE, *Le palais ducal de Nancy*, 1852, p. 113, 114, 181. — L. WIENER, *Journal d la Société d'archéologie et du comité du Musée lorrain*, 1874, p. 123. — A. JACQUOT, *Réunion des Sociétés des beaux-arts des départements*, 1888, p. 858, 859 ; 1900, p. 318-320.

Chaudron (Pierre), sculpteur établi à Amiens vers la fin du XVIIᵉ siècle, fut reçu maître en son art le 2 septembre 1686.

R. GUERLIN, *Réunion des Sociétés des beaux-arts des départements*, 1896, p. 562.

Chauveau (René), sculpteur des bâtiments du roi et ancien directeur de l'Académie de Saint-Luc, naquit à Paris le 1ᵉʳ avril 1663. Il était fils de François Chauveau, graveur, membre de l'Académie royale de peinture et de sculpture, mort le 3 février 1676. Élève de Girardon et de Philippe Caffieri, il travailla d'abord à Versailles et à l'église des Invalides, tout en dirigeant les ateliers de sculpture des Gobelins, où Colbert lui avait accordé un logement. Ayant eu des discussions avec Dominique Cucci, ébéniste et fondeur ordinaire du roi, dont il avait épousé la fille Catherine le 7 février 1690, il prit la résolution de se rendre en Suède, mandé dans ce pays par l'ambassadeur, avec promesse d'une pension de 1.500 livres, ses ouvrages payés en plus et ses frais d'existence assurés. Il partit en 1693, avec un congé en règle daté du 21 juillet de la même année, et devint sculpteur en titre de Charles XI.

Après avoir exécuté de nombreuses œuvres en Suède pendant un séjour de sept ans, il quitta cette contrée le 20 août 1700 et retourna en France en passant par Berlin, où il entreprit l'ornementation d'un cabinet dans la maison de plaisance de l'Électeur, située près de la ville. A son retour, il travailla pour l'archevêque de Rouen et pour le comte Davaux dont il décora le château de Roissy-en-Brie, et prit part, à Versailles, aux travaux des Bains d'Apollon et à ceux de la chapelle du château. A Paris, vers 1705-1706, il fit des statues pour l'église Saint-Étienne-du-Mont et composa des plans et des dessins pour la chapelle Saint-Luc.

Après 1709, on le trouve occupé pendant huit années au château de la famille d'Harcourt, dans les environs de Metz, et à celui de Saverne appartenant au cardinal de Rohan. Il fut appelé également au château de Sablé (Sarthe) par le comte de Torcy ; mais un différend s'étant élevé entre lui et ce dernier au sujet du paiement de ses œuvres, il revint à Paris, où il mourut, dit l'abbé de Fontenai, le 6 juillet 1722, « de la fatigue du voyage qu'il avait fait à pied et du chagrin que lui donnait la perte de son argent comptant qu'il avait converti en billets de banque ». Il habitait alors rue du Petit-Pont et fut inhumé dans le cimetière de l'église Saint-Séverin. Il avait un fils, René-Bonaventure Chauveau, « sculpteur architecte du Roy », né le 7 novembre 1690, qui l'aida dans la plupart de ses ouvrages.

ŒUVRES

Cadres en bois sculpté et doré pour des tableaux de Van der Meulen placés au château de Marly. Ces cadres furent payés 666 livres (année 1689).

Support destiné à porter une grande pendule dans le cabinet du Dauphin, à Versailles (année 1690).

Sculptures aux chapiteaux et aux consoles du dôme de l'église des Invalides (années 1690-1693).

Consoles sculptées pour le cabinet des bijoux dans les appartements du Dauphin, à Versailles (années 1691-1693).

Travaux au château de Gaillon exécutés pour le compte de M. Colbert, archevêque de Rouen (années 1692 et 1701).

Ouvrages dans le château royal de Stockholm. Ces ouvrages furent détruits dans un incendie, le 18 mai 1697.

Mausolée de la reine de Suède, mère de Charles XII, érigé à Stockholm (années 1693-1700).

Décoration de l'hôtel du baron de Tessin, surintendant des bâtiments du roi de Suède, à Stockholm (années 1693-1700).

Ornementation d'un cabinet dans la maison de plaisance de l'Électeur Frédéric I, située à Schœnhausen, près de Berlin. Ce travail, achevé en six semaines, fut payé 3.000 livres (année 1700).

Trois frontons sculptés au château de Roissy-en-Brie appartenant au comte Davaux. Un de ces frontons, au bout de l'Orangerie, symbolisait les mérites du comte et les deux autres représentaient l'Amour sacré et l'Amour profane (année 1701).

Ouvrages en plomb pour deux petits baldaquins du Bosquet des Bains d'Apollon, dans le parc de Versailles (année 1705).

Saint Étienne et sainte Geneviève. Statues décorant autrefois le maître-autel de l'église Saint-Étienne-du-Mont, à Paris (années 1705-1706).

Plans et dessins de l'ornementation de la chapelle de Saint-Luc, dans l'église Saint-Symphorien, à Paris (années 1705-1706).

La mort de sainte Thérèse. Bas-relief pour l'autel de sainte Thérèse, dans la chapelle du château de Versailles (année 1709).

Un cadre en bronze doré, exécuté pour le roi. Ce cadre était destiné à renfermer quatre petits tableaux ronds représentant les Quatre Saisons (année 1709).

Travaux au château de Frescati, dans les environs de Metz. Ce château appartenait au duc de Coaslin, évêque de Metz (années 1709 et 1717).

Tombeau du marquis de Beuvron, père du maréchal d'Harcourt, à la Meilleraye, près de Rouen.

Travaux au château d'Harcourt (années 1709 et 1718).

Ouvrages dans le grand salon du château de Saverne appartenant au cardinal de Rohan (année 1719).

Plans et dessins pour le château du comte de Torcy, à Sablé, dans la Sarthe (années 1720-1722).

D'Argenville, *Voyage pittoresque des environs de Paris.* 1772, p. 57, 400. — L'abbé de Fontenai, *Dictionnaire des artistes,* 1776, t. I, p. 364. — De Montaiglon, *Revue universelle des arts,* t. IV, 1856-1857, p. 306 et suivantes. — *Vie de François Chauveau et de ses deux fils, Evrard, peintre, et René, sculpteur, par J.-M. Papillon, réimprimée en 1854.* — A. Jal, *Dictionnaire critique de biographie et d'histoire,* 1872, p. 375. — H. Herluison, *Actes d'état civil d'artistes français,* 1873, p. 72, 73. — *Archives de l'art français, documents,* t. III, 1853-1755, p. 177. — *Nouvelles archives de l'art français,* 1878, p. 4. — L. Dussieux, *Les artistes français à l'étranger,* 1876, p. 103, 198, 585. — Bellier de la Chavignerie, *Dictionnaire des artistes de l'école française,* t. I, 1882, p. 243.

Chauvel de Cantepie (François), sculpteur, architecte et dessinateur, bourgeois de Falaise, exécute dans cette ville, en 1655, la contretable de l'église de la Sainte-Trinité. En 1663, on le trouve occupé à faire un tabernacle pour l'église abbatiale de Belle-Étoile, dans l'arrondissement de Domfront (Orne).

Archives de l'Orne, II, 80. — *Réunion des Sociétés des beaux-arts des départements,* 1887, p. 235, 236 ; 1893, p. 452.

Chauvel de Cantepie (Joseph), peut-être fils du précédent, était établi également à Falaise, où il mourut âgé de 72 ans, en 1736, comme le prouve l'épitaphe suivante placée dans l'église Saint-Gervais :

Icy repose honorable homme Joseph Chauvel de Cantepie, bourgeois de cette ville, sculpteur de l'Académie royale[1], lequel s'est acquis par sa religion et beaux ouvrages l'estime de ceux qui l'ont connu et remarqué la beauté de ses travaux. La mort nous l'a enlevé à l'âge de 72 ans, le 19 d'avril 1736. Priez Dieu pour le repos de son âme.

L'église d'Almenêches (Orne) possède plusieurs œuvres de ce sculpteur, entre autres deux retables décorant les chapelles latérales ; ils représentent, celui de gauche, l'*Assomption de sainte Opportune,* celui de droite, *la Vierge à genoux sur un nuage avec l'enfant Jésus servi par des anges.* Ces retables en terre cuite, portant

---

1. L'Académie de Caen.

la signature de l'artiste, sont datés l'un de 1679, l'autre de 1681. On peut émettre un doute au sujet de ces dates, car, si l'on s'en rapporte à l'épitaphe citée plus haut, Chauvel de Cantepie aurait exécuté ces ouvrages, étant âgé de 15 à 17 ans; ce qui paraît invraisemblable.

Bulletin de l'art français, 1877, p. 129. — Ph. DE CHENNEVIÈRES, *Revue de l'art français*, 1886, p. 257-261. — *Réunion des Sociétés des beaux-arts des départements*, 1887, p. 236.

Chavagnac (Antoine), exerçait son art à Lyon dans la seconde moitié du XVIIᵉ siècle. Cet artiste nous est connu par un acte daté du 7 décembre 1667, où il figure comme témoin.

Réunion des Sociétés des beaux-arts des départements, 1884, p. 206.

Chenel, sculpteur lorrain, travaillait, en 1712, au palais ducal de Nancy.

Archives de Meurthe-et-Moselle, B. 12446. — A. JACQUOT, *Réunion des Sociétés des beaux-arts des départements*, 1900, p. 320.

Chenin (Pierre), « esculteur », était établi à Grenoble vers la fin du XVIIᵉ siècle.

Ed. MAIGNIEN, *Les artistes grenoblois*, 1887, p. 95.

Chenu (Jacques), maître sculpteur, résidait à Paris, rue de la Tisseranderie, vers 1667. Il mourut avant 1687, sa femme, Anne Lesueur, étant citée comme veuve dans un acte notarié daté du 26 avril de cette même année.

Revue de l'art français, 1887, p. 322 ; 1891, p. 90.

Cheret (Charles), sculpteur parisien, est reçu membre de l'Académie de Saint-Luc le 4 septembre 1681.

P. LACROIX, *Revue universelle des arts*, t. XIII, 1861, p. 335.

Cheret (Jacques), sculpteur et peintre établi à Paris, parent du précédent, meurt, le 22 janvier 1692, et est inhumé sur la paroisse Saint-Séverin.

H. HERLUISON, *Actes d'état civil d'artistes français*, 1873, p. 77.

Chéron (René), sculpteur de la seconde moitié du XVIIᵉ siècle, exécuta en 1677, pour le chœur de l'église Saint-Pierre de Saumur, une statue de saint Pierre et une de saint Paul. Ces deux œuvres, de grande dimension, furent payées à l'artiste 180 livres. Vers la même époque, il travailla, toujours à Saumur, sans doute avec Marc-

Antoine Charpentier[1], à la décoration du maître-autel de Notre-Dame-des-Ardilliers, car, en mai 1677, quatre mois après la mort de son confrère, les Pères de l'Oratoire ayant versé le montant des sommes dues, il donna quittance en son nom et comme représentant des enfants de Charpentier.

Ch. GRANDMAISON, *Documents pour s rvir à l'histoire des arts en Touraine*, 1870, p. 233. — Célestin PORT, *Les artistes angevins*, 1881, p. 68.

Chéron (Charles-François), graveur en médailles, ciseleur et peintre, naquit à Lunéville, le 29 mai 1635, et non à Nancy, en 1643, comme on le dit généralement. Il était fils de Jean Chéron, joaillier et graveur du duc Charles IV de Lorraine. Il se rendit à Rome, où, d'après Bertolotti, il se trouvait en 1675. Il dut retourner plus tard dans cette ville, car Zani le cite comme y travaillant en 1684. Reçu membre de l'Académie royale de peinture et de sculpture le 3 août 1676, sur une médaille représentant le peintre Le Brun et sur plusieurs têtes, il obtint le 19 novembre 1679 un bon de logement au Louvre; c'est là qu'il mourut le 18 mars 1698. Charles-François Chéron est l'auteur de la médaille du duc de Lorraine, Charles V. Comme peintre, il exécuta, en collaboration de son confrère Verdier, une suite de dix-neuf tableaux pour l'église des Carmélites de Paris.

Archives de l'art français, documents, t. II, 1853, p. 363. — *Nouvelles archives de l'art français*, 1873, p. 76. — VITET, *L'Académie royale de peinture et de sculpture*, 1880, p. 342. — DE MONTAIGLON, *Procès-verbaux de l'Académie*, t. III, 1880, p. 231. — A. BERTOLOTTI, *Artisti francesi in Roma nei secoli XV, XVI e XVII*, 1886, p. 172. — A. JACQUOT, *Réunion des Sociétés des beaux-arts des départements*, 1887, p. 339, 354, 356; 1889, p. 512; 1900, p. 321.

Chertemps (Nicolas), né vers 1663, était établi à Fontainebleau, où il vivait encore en 1705.

Eug. THOISON, *Réunion des Sociétés des beaux-arts des départements*, 1903, p. 432.

Chesne (Gédéon du), est reçu membre de l'Académie de Saint-Luc le 3 janvier 1679. Il figure encore, en 1682, sur la liste des membres de la communauté.

P. LACROIX, *Revue universelle des arts*, t. XIII, 1861, p. 334

Chesne (Jean-Baptiste du), fut reçu membre de l'Académie de Saint-Luc le 8 mai 1674. Il vivait encore en 1682.

P. LACROIX, *Revue universelle des arts*, t. XIII, 1861, p. 331.

1. Voir le *Dictionnaire des sculpteurs de l'École française du Moyen Age au règne de Louis XIV*, 1898, p. 118.

Chesneau (Pierre), était un des anciens de l'Académie de Saint-Luc, où il avait été admis le 24 octobre 1637. On trouve dans les comptes des bâtiments du roi, à la date du 24 juillet 1665 : « à Pierre Chesneau, sculpteur, pour avoir fourny deux bustes de marbre et en avoir restably plusieurs à Versailles...774 l. ». En 1670, l'artiste était encore occupé à restaurer des bustes. Il dut mourir entre 1672 et 1682.

P. LACROIX, *Revue universelle des arts*, t. XIII, 1861, p. 323. — J. GUIFFREY, *Comptes des bâtiments du roi sous le règne de Louis XIV*, t. I, 1881, col. 80, 216, 407.

Chevalier (Étienne), sculpteur et peintre, bourgeois de Paris, meurt, le 29 mai 1663, et est inhumé sur la paroisse Saint-Sulpice.

H. HERLUISON, *Actes d'état civil d'artistes français*, 1873, p. 78.

Chevalier (Nicolas), peut-être parent du précédent, est cité par Dussieux comme sculpteur élève de Girardon. Il publia en 1692, à Amsterdam, l'histoire métallique de Guillaume III d'Angleterre. Les planches de cet ouvrage ont été gravées par Romain de Hooghe.

L. DUSSIEUX, *Les artistes français à l'étranger*, 1876, p. 299.

Chiousse (François), sculpteur et doreur, travaillait à Toulon en 1667.

Ch. GINOUX, *Revue de l'art français*, 1894, p. 220.

Chippault (Isaac), sculpteur né à Paris, demeurait à Sens (Yonne) dans la seconde moitié du XVIIe siècle. Le 11 juillet 1661, il fit acte d'abjuration d'hérésie en présence de Jean de la Rue, maître chirurgien, et de Guillaume Joyneau, maître architecte et grand voyer à Sens. C'est par cet acte, conservé dans les archives de la ville, que cet artiste nous est connu.

Archives de la ville de Sens, GG. 7, 8.

Choye (François), fils d'un tourneur savoyard, naquit à Besançon le 30 juillet 1658. Il fit toute sa carrière en Franche-Comté et fonda une école de sculpture en bois, dont les œuvres se retrouvent dans les églises de la contrée. De 1694 à 1705, il exécuta des retables et des chaires ornés de statues et de bas-reliefs pour la confrérie de la Croix, pour le grand séminaire et les Cordeliers de Besançon[1], ainsi

---

1. Le tabernacle du maître-autel des Cordeliers, exécuté par Choye en 1705, existe encore aujourd'hui dans l'église rurale de Saint-Hilaire, où il a été placé après la Révolution.

que pour les églises d'Amagney, de Buthiers, de Belmont, d'Avrigney, des Carmes de Dôle, de Moncey, de Granges, de Baumotte, de Sornay, de Vuillafans, de Pouilly et de Brésilley. François Choye mourut dans les premiers jours de février 1706. Il était le gendre du sculpteur Philippe Doby et le beau-frère des sculpteurs Jean Ligier et Claude-Joseph Thevenin qui collaboraient à ses travaux.

Jules GAUTHIER, *Dictionnaire des artistes francs-comtois antérieurs au XIXe siècle*, 1892, p. 6. — Idem, *Réunion des Sociétés des beaux-arts des départements*, 1895, p. 812, 813.

Chrestien ou **Chrittin** (Claude), exerçait son art à Lyon de 1649 à 1678. J'ai déjà cité, dans le *Dictionnaire des sculpteurs de l'École française du Moyen Age au règne de Louis XIV* [1], deux sculpteurs lyonnais nommés Jean et François Chrittin ; ces artistes faisaient probablement partie de la même famille.

Natalis Rondot, *Les sculpteurs de Lyon du XIVe au XVIIIe siècle*, 1886, p. 52.

Chrestien (Nicolas), maître sculpteur en bois, sans doute parent du précédent, travaillait également à Lyon, de 1681 à 1690. Le 29 novembre 1682, il fit baptiser un fils sur la paroisse de Saint-Nizier. Le 26 octobre 1683, il servit de parrain à une fille de son confrère Michel Novel.

Natalis Rondot, *Les sculpteurs de Lyon du XIVe au XVIII siècl*, 1884, p. 59. — Idem, *Revue de l'art français*, 1887, p. 303-304.

Christophe (François), sculpteur lorrain établi au XVIIe siècle à Pont-à-Mousson, répare en 1636, pour la confrérie de Saint-Nicolas, un reliquaire contenant les reliques de saint Sébastien.

Archives de Meurthe-et-Moselle, G. 1141. — A. JACQUOT, *Réunion des Sociétés des beaux-arts des départements*, 1900, p. 321.

Claude (François), résidant à Limoges, vient à Angoulême en 1679, époque où il s'engage à sculpter la partie décorative d'un retable qui avait été commandé à Jean Dugoulon, sculpteur à Paris, pour l'autel des Trois-Maries dans la cathédrale de la ville.

P. DE FLEURY, *Documents inédits pour servir à l'histoire des arts en Angoumois*, 1882, p. 25.

Claude du Roussel. Voir **Roussel** (Claude du).

Claude Lorrain. Voir **Adam** (Claude).

1. Page 124.

Claudot (Pierre et Antoine), sculpteurs établis à Épinal dans la seconde moitié du xvıı° siècle, exécutent un autel pour la Chartreuse de Bosserville. Pierre Claudot eut un fils baptisé à Nancy en 1675.

Archives de Nancy, t. III, p. 261. — *Archives de Meurthe-et-Moselle*, H. 171, 680. — A. JACQUOT, *Réunion des Sociétés des beaux-arts des départements*, 1900, p. 321.

Clément (César). Un sculpteur de ce nom exerçait son art à Nancy au xvıı° siècle.

Archives de Nancy, t. II, p. 309. — *Archives de Meurthe-et-Moselle*, H. 2635. — A. JACQUOT, *Réunion des Sociétés des beaux-arts des départements*, 1900, p. 322.

Clément de La Haye. Voir **La Haye** (Clément de).

Clérion (Jean-Jacques), sculpteur du roi[1] né en 1639[2] à Trets, petite ville à six lieues d'Aix (Bouches-du-Rhône), se rendit à Rome avec une pension du roi, le 21 avril 1666. De retour en France, il travailla principalement à Versailles, où se trouvent encore plusieurs de ses ouvrages. En 1688, il vint à Marseille et y passa un marché avec la Ville pour l'exécution d'une statue équestre de Louis XIV. Cette œuvre, qui ne fut jamais terminée, avait été commandée auparavant à Pierre Puget dont le contrat fut résilié par l'intendant de Provence en faveur de Clérion. Ce dernier n'eut pas à s'en féliciter, car, jusqu'à sa mort, il resta en butte au mépris et au dédain des admirateurs de Puget, qui ne purent lui pardonner de l'avoir emporté sur le grand artiste marseillais. Revenu à Paris, en 1689, il fut reçu académicien le 24 septembre de la même année, sur un médaillon en marbre représentant *saint Jacques le Mineur*. Clérion séjourna beaucoup aussi à Aix, en Provence; c'est là qu'il perdit, en 1708, sa femme Geneviève Boulogne, peintre d'histoire, de fleurs et de fruits, qui avait été admise à l'Académie en 1669. Il mourut à Paris, sur la paroisse Saint-Paul, le 28 avril 1714.

ŒUVRES

Médaillon de Charles Errard, directeur de l'Académie de France à Rome. Ce médaillon, fait à Rome en 1671, est reproduit dans le tome 1 de la correspondance des directeurs de l'Académie de France à Rome publiée par de Montaiglon.

Louis XIV. Buste en marbre blanc exécuté à Rome en 1673.

Bacchus. Statue en marbre qui, d'après Piganiol, se trouvait autrefois à Trianon. Cette statue fut sculptée à Rome en 1673.

1. Il était peut-être aussi graveur en médailles, car les comptes des bâtiments du roi font mention, de 1674 à 1678, de travaux de gravure en médailles exécutés par un nommé Clérion.

2. Plusieurs le font naître en 1636.

7

Modèles en cire de deux vases, exécutés pour Versailles. Ces modèles, destinés à être coulés en bronze, furent payés 550 livres (année 1680).

Trophées d'enfants dans la grande galerie du château de Versailles (année 1680).

Clio. Figure sculptée pour la grande aile du même château, du côté de l'Orangerie (année 1681).

Travaux dans le cabinet de l'appartement du duc de Vendôme, à Versailles. Payés 1.000 livres (année 1682).

Décoration de l'un des balcons du château de Versailles (année 1682).

Masques aux claveaux des portes et croisées de la chapelle du même château, du côté du petit parc.

Ouvrages au pourtour de la pièce d'eau sous le Dragon, dans le parc de Versailles. Payés 1.100 livres (année 1683).

Hercule. Figure en pierre. Placée autrefois dans une niche sous le passage allant de la cour du château de Versailles à la Grotte. Cette figure fut payée 200 livres (année 1684). Gravée par Thomassin, n° 117.

Modèle d'un groupe en plâtre exécuté, en collaboration de Lespingola, pour la pièce de Neptune, dans le parc de Versailles (année 1684).

Vénus callipyge. Copie en marbre d'après l'antique (année 1686). Rampe du Parterre de Latone, dans le même parc. Gravée par Thomassin, n° 33.

Ouvrages au fronton du Grand Commun du château de Versailles (année 1685).

Jupiter. Terme en marbre. Grande allée ou Tapis-Vert, dans le parc de Versailles (années 1686-1687).

Junon. Terme en marbre. Même emplacement (années 1686-1687). Gravé par Thomassin, n° 194.

Deux chapiteaux pilastres en marbre, d'ordre ionique, pour Trianon. Payés 280 livres (année 1687).

Statue équestre de Louis XIV commandée par la ville de Marseille. Cette statue ne fut jamais terminée (année 1688).

Un cartouche avec deux enfants. Bas-relief servant aujourd'hui de frise à la porte d'entrée du domaine *Court de Payen*, 87, rue Sainte, à Marseille. Un moulage de cette sculpture est déposé à l'École des beaux-arts de la ville.

Saint Jacques le Mineur. Médaillon ovale en marbre. Cet ouvrage, morceau de réception de l'artiste à l'Académie (24 septembre 1689), était placé autrefois au Louvre. Transporté en 1792 au Musée des Monuments français, il fut donné en 1815 à l'église Notre-Dame de Versailles, où il se trouve aujourd'hui, dans le côté droit du chœur.

Deux bustes figurant avant la Révolution dans l'église Saint-Jean, à Aix.

GUÉRIN, *Description de l'Académie royale de peinture et de sculpture*, 1715, p. 73. — S. THOMASSIN, *Recueil des statues, groupes, etc., du château et parc de Versailles*, 1724, pl. 33. 117, 194. — D'ARGENVILLE, *Voyage pittoresque des environs de Paris*, 1762, p. 100, 103, 400. — PIGANIOL DE LA FORCE, *Nouvelle description des châteaux et parcs de Versailles et de Marly*, 1764, t. II, p. 66, 88, 248, 317. *Abécédario de Mariette*, t. I, 1853, p. 378. — *Archives de l'art français, documents*, t. II, 1853, p. 363. — Eudore SOULIÉ, *Notice du Musée impérial de Versailles*, 3ᵉ partie, 1861, p. 509, 512. — HERLUISON, *Actes d'état civil d'artistes français*, 1873, p. 80. — A. JAL, *Dictionnaire critique de biographie et d'histoire*, 1872, p. 388. — DE MONTAIGLON, *Procès-verbaux de l'Académie royale de peinture et de sculp-*

lure, t. II, 1878, p. 73, 285, 349; t. III, 1880, p. 16; t. IV, 1881, p. 181. — Idem, *Correspondance des directeurs de l'Académie de France à Rome*, t. I, 1887, p. 12, 130. — J. GUIFFREY, *Comptes des bâtiments du roi sous le règne de Louis XIV*, t. I, 1881, col. 105, 106, 803, 874, 928, 1089, 1285, 1286, 1290; t. II, 1887, col. 11, 14, 137, 140, 197, 278, 439, 473, 625, 654, 991, 1174; t. III, 1891, col. 93, 1083, 1132. — *Inventaire général des richesses d'art de la France. Province, monuments religieux*, t. I, 1886, p. 158. — *Revue de l'art français*, 1887, p. 177-179; 1890, p. 299. — *Réunion des Sociétés des beaux-arts des départements*, 1889, p. 97, 103, 108, 109, 111; 1893, p. 228-236; 1894, p. 683.—Pierre DE NOLHAC, *Les jardins de Versailles*, 1906, p. 135.

Cochery (Louis), maître sculpteur parisien, est reçu membre de l'Académie de Saint-Luc le 13 décembre 1677. On le trouve résidant à Nantes au commencement du xviiie siècle.

P. LACROIX, *Revue universelle des arts*, t. XIII, 1861, p. 333. — DE GRANGES DE SURGÈRES, *Les artistes nantais* (*Revue de l'art français*, 1898, p. 117).

Cochet, sculpteur parisien du xviie siècle, perd une fille morte en nourrice, à Meaux, le 20 février 1688.

Th. LHUILLIER, *Revue des Sociétés savantes des départements*, 5e série, t. IV, 1872, p. 498.

Coffier, sculpteur en bois établi à Paris au xviie siècle, était, d'après Guillet de Saint-Georges, l'auteur des ornements décorant l'ancienne chaire à prêcher de l'église Saint-Eustache.

Mémoires inédits sur la vie et les ouvrages des membres de l'Académie royale de peinture et de sculpture, 1854, t. I, p. 32.

Cogorde. Un sculpteur de ce nom, résidant à Toulon dans la seconde moitié du xviie siècle, a travaillé sous la direction de Pierre Puget. En 1659, il aurait exécuté, selon Léon Lagrange, un buste de Louis XIV pour la grande porte de l'Hôtel de Ville.

Léon LAGRANGE, *Pierre Puget*, 1868, p. 56. — Ch. GINOUX, *Revue de l'art français*, 1888, p. 166; 1894, p. 221.

Coharnou (Guillaume), sculpteur breton, exerçait son art à Nantes à la fin du xviie siècle.

DE GRANGES DE SURGÈRES, *Les artistes nantais* (*Revue de l'art français*, 1898, p. 117).

Coignet (Jacques), né en 1616, est qualifié maître peintre et sculpteur dans l'acte de décès de sa fille inscrit à Paris, sur les registres de la paroisse Saint-Roch, à la date du 31 août 1667. Il mourut en 1676.

H. HERLUISON, *Actes d'état civil d'artistes français*, 1873, p. 84.

Collas (François), sculpteur en bois, originaire d'Orléans, vint s'établir à Angers avant 1633. En 1648, il est cité comme maître menuisier en titre du maréchal de Brezé. Il mourut en 1673.

Célestin Port, *Les artistes angevins*, 1881, p. 74.

Collet (Nicolas), sculpteur établi à Montluçon (Allier) dans la seconde moitié du xviie siècle, nous est connu par un acte notarié, daté du 30 décembre 1660, dans lequel le comte Antoine de La Roche-Aymon s'engage à constituer au profit de l'artiste, sans doute en paiement de différents travaux, une rente annuelle et perpétuelle de 17 livres 10 sous.

Revue de l'art français, 1894, p. 184.

Collet (Gratien), travaillait aux Tuileries vers 1667. A cette date, on lit dans les comptes des bâtiments du roi : « A Gratien Collet, compagnon sculpteur qui s'est estropié travaillant aux Thuilleries... 100 l. ».

J. Guiffrey, *Comptes des bâtiments du roi sous le règne de Louis XIV*, t. I, 1881, col. 131.

Collibaud (François), originaire de Paris, se trouvait à Toulon en 1688 et y était employé, sous les ordres de Pierre Turreau, à la sculpture du vaisseau le *Royal-Louis*. En 1696, il collaborait dans la même ville à des travaux de décoration navale.

Archives de l'art français, documents, t. IV, 1856, p. 238. — Ch. Ginoux, *Revue de l'art français*, 1888, p. 169 ; 1894, p. 221. — Idem, *Réunion des Sociétés des beaux-arts des départements*, 1884, p. 358.

Collignon (Claude), sculpteur lorrain né à Nancy le 2 octobre 1612, était fixé dans sa ville natale vers le milieu du xviie siècle. Il exécuta en 1631-1632 pour l'église de l'ancien collège des Jésuites, à Chaumont-en-Bassigny, un maître-autel et différents autres ouvrages. Plus tard, en 1653, il sculpta une croix qui fut érigée entre la Madeleine et Notre-Dame de Bon-Secours, à Nancy. L'année suivante, on le trouve occupé aux travaux entrepris dans le palais ducal.

H. Lepage, *Le palais ducal de Nancy*, 1852, p. 114. — *Réunion des Sociétés des beaux-arts des départements*, 1900, p. 332 ; 1902, p. 115, 130, 131.

Collignon (Nicolas Desmutot dit), était établi vers la fin du xviie siècle à Nancy, où il travaillait en 1698 à la décoration des arcs de triomphe élevés à l'occasion de l'entrée du duc et de la duchesse de Lorraine. Il eut deux fils sculpteurs comme lui : Joseph-François, né le 12 janvier 1687, et Nicolas II, né le 12 juin 1689.

A. Jacquot, *Réunion des Sociétés des beaux-arts des départements*, 1900, p. 322-323.

Collignon ou **Colignon**(Gaspard). Ce sculpteur, qui était peut-être d'origine lorraine comme les précédents, exerçait son art à Paris vers la fin du xviiᵉ siècle. D'après les comptes des bâtiments du roi, il travailla en 1682 à Versailles. Il y sculpta une figure en pierre et deux trophées pour la grande aile du château ainsi que des vases qui ornaient le pourtour de la pièce d'eau du Dragon. A Paris, il collabora avec Jean-Baptiste Tuby au tombeau élevé dans l'église Saint-Nicolas-du-Chardonnet à Julienne Le Bé, fille du maître d'écriture de Louis XIII et mère du peintre Le Brun, morte en 1668. Ce tombeau[1], faisant face à l'autel de la chapelle Saint-Charles, fut exécuté d'après les dessins de Le Brun. Collignon est l'auteur de la figure en marbre représentant un ange sonnant de la trompette ; quant à la statue de Julienne Le Bé, elle est l'œuvre de Tuby. L'abbé de Fontenai attribue faussement à l'artiste le mausolée de Lulli dans l'église des Petits-Pères de la place des Victoires ; cet ouvrage est dû à Michel Cotton. Gaspard Collignon mourut en 1702.

D'ARGENVILLE, *Voyage pittoresque de Paris*, 1752, p. 249-250. — PIGANIOL DE LA FORCE, *Description historique de la ville de Paris*, 1765, t. V, p. 324. — L'abbé DE FONTENAI, *Dictionnaire des artistes*, 1776, t. I, p. 393. — J. COUSIN, *Revue universelle des arts*, t. XVI, 1862, p. 362. — DE GUILHERMY, *Inscriptions de la France du Vᵉ siècle au XVIIIᵉ*, t. I, 1873, p. 279. — L. DUSSIEUX, *Le château de Versailles*, 1881, t. II, p. 207. — J. GUIFFREY, *Comptes des bâtiments du roi sous le règne de Louis XIV*, t. II, 1887, col. 137, 140, 169, 278, 301, 628, 875.

Collin (Ph.), sculpteur et architecte, exécute en 1702 une contre-table pour l'autel de l'église de la Croix-Avranchin (Manche).

Ch. BAUCHAL, *Nouveau dictionnaire des architectes français*, 1887, p. 129.

Collinet ou **Colinet** (Hubert), remporte à l'ancienne École académique de Paris le second prix de sculpture en 1689 et le premier prix en 1690. Le sujet du premier concours était *L'ivresse de Noé après avoir planté la vigne*, et celui du second, *La construction de la tour de Babel*. Ce sont les seuls renseignements qu'on possède sur cet artiste qui mourut peut-être au début de sa carrière.

A. DUVIVIER, *Archives de l'art français, documents*, t. V, 1857-1858, p. 281. — DE MONTAIGLON, *Procès-verbaux de l'Académie royale de peinture et de sculpture*, t. III, 1880, p. 14, 16, 46, 48. — BELLIER DE LA CHAVIGNERIE, *Dictionnaire général des artistes de l'École française*, 1882, t. I, p. 280.

Combes (François), maître sculpteur du xviiᵉ siècle, était établi à Saint-Galmier (Loire), où il mourut le 21 juin 1693.

Archives de la Loire, GG. 1 à 53.

[1]. Il a fait partie pendant la Révolution du Musée des Monuments français, n° 258.

Combet (Jean), exerçait son art à Tournus (Saône-Loire) dans a seconde moitié du xviiᵉ siècle. Il mourut en 1683.

Archives de Saône-et-Loire, GG. 123.

Commandeur (Honoré), travaillait à Toulon en 1682 à la décoration des vaisseaux. Il vivait encore dans la même ville en 1728.

Commandeur (Pierre), peut-être frère du précédent, était employé à Toulon en 1701 aux travaux de sculpture exécutés dans le port.

Ch. GINOUX, *Réunion des Sociétés des beaux-arts des départements*, 1884, p. 352. — Idem, *Revue de l'art français*, 1894, p. 221.

Coquard (Claude), sculpteur et architecte originaire de Dijon, était établi à Besançon de 1680 à 1699. Il construisit dans cette ville la Commanderie de Malte, la façade de l'église des Jésuites, les bâtiments de l'abbaye du Mont Sainte-Marie et les fortifications de la citadelle.

Jules GAUTHIER, *Dictionnaire des artistes francs-comtois antérieurs au XIXᵉ siècle*, 1892, p. 7.

Corbière (Pierre), sculpteur établi à Orléans vers le milieu du xviiᵉ siècle, signe, comme parrain, un acte de baptême inscrit sur les registres de la paroisse de Bonne-Nouvelle d'Orléans à la date du 14 septembre 1658.

HERLUISON, *Artistes orléanais*, 1863, p. 18, 71.

Corbineau (Pierre), sculpteur et architecte originaire de Laval, est l'auteur du maître-autel de la chapelle du Prytanée de la Flèche, ancienne église des Jésuites. Cette œuvre, commencée en 1633, fut payée à l'artiste 7.000 livres, plus 3 setiers de blé et 3 pipes de vin. De 1654 à 1658, il fut occupé à la cathédrale de Rennes: il travailla à la tour du nord et au portail, où il plaça les armes de Louis XIV. Vers 1673, on le retrouve exerçant son art à la Fosse-en-Denezé, près Douéla-Fontaine (Maine-et-Loire). Il mourut à Rennes, âgé de 78 ans, le 23 septembre 1678 et fut enterré dans l'église des Cordeliers.

Corbineau (Gilles), fils du précédent, exécuta en 1649 le mausolée de l'évêque d'Angers, Claude de Rueil. Il mourut en 1688.

Célestin PORT, *Les artistes angevins*, 1881, p. 77. — Ch. BAUCHAL, *Nouveau dictionnaire des architectes français*, 1877, p. 134. — G. ESNAULT, *Dictionnaire des artistes et artisans manceaux*, 1799, t. I, p. 148-149.

Cordier. Un artiste de ce nom est cité dans les comptes des bâti-

ments du roi comme ayant sculpté à Paris en 1704, avec Jean-
Baptiste II Tuby, les armes du roi enrichies de trophées au-dessus de
la grande porte des Gobelins.

J. Guiffrey, *Comptes des bâtiments du roi sous le règne de Louis XIV*, t. IV,
1896, col. 1072.

Corlay (Yves), maître sculpteur établi à Tréguier, en Bretagne,
répare en 1692 les stalles de la cathédrale. Plus tard, en 1704, il
exécute moyennant 700 livres pour l'abbaye de Beauport une chaire
à prêcher [1], en collaboration de son frère, nommé également Yves
Corlay, domicilié à Lannion. Yves Corlay de Tréguier est le père du
sculpteur Corlay qui travailla en Bretagne au xviiie siècle.

L. Ollivier, *Réunion des Sociétés des beaux-arts des départements*, 1885,
p. 215-219.

Cornille (Augustin), sculpteur de la fin du xviie siècle, demeurant
à Lille, entreprit avec un autre artiste nommé Manier, d'après les
plans de l'architecte Simon Vollant, la décoration de la porte de Paris.
Ce monument, qui existe encore aujourd'hui, fut érigé de 1685 à
1695.

L. Quarré-Reybourbon, *Réunion des Sociétés des beaux-arts des départements*,
1891, p. 165, 166.

Cornu (Jean), né à Paris en 1650, alla en apprentissage à Dieppe
chez un sculpteur en ivoire qui lui enseigna les premières notions de
son art. En 1673, il remporta le second prix de sculpture [2] et, deux ans
après, le 5 avril 1675, il fut envoyé à Rome comme pensionnaire du
roi. Il était de retour en France en 1681, car on lit dans les comptes
des bâtiments à la date du 3 juin de la même année : « à Cornu,
sculpteur, pour son remboursement des frais du voyage qu'il a fait au
Havre-de-Grâce pour y décharger plusieurs caisses venues de Rome,
remplies de figures de marbre... 300 l... ».

Admis à l'Académie royale de peinture et de sculpture le 5 juillet 1681,
sur un marbre représentant la *Charité romaine*, il fut nommé adjoint à
professeur le 14 juillet 1704 et professeur le 30 décembre 1706. Il fit de
nombreux ouvrages pour Versailles et travailla également au château
de Clagny, à celui de Meudon et à l'église des Invalides. Il mourut à
Lisieux le 21 août 1710. Il possédait le titre de sculpteur ordinaire du
roi et avait un logement au Louvre. Il était marié à Françoise-Louise

1. Cette chaire a été détruite, mais trois des statues qui l'ornaient ont été
recueillies par la propriétaire des ruines de Beauport.
2. Le *Passage du Rhin* avait été donné comme sujet de concours.

Peronnet, fille de Jean Peronnet, contrôleur général des rentes de l'Hôtel de Ville et greffier du grand conseil. Cette dernière mourut âgée de 45 ans le 27 février 1715, laissant un fils.

Vers 1700, un maître sculpteur du nom de Cornu soumit à Mansard, surintendant des bâtiments du roi, un modèle d'horloge représentant le *Temple de Janus*. Faut-il reconnaître Jean Cornu dans cet artiste ou s'agit-il d'un autre sculpteur?

ŒUVRES

Un Fleuve et une Reine esclave. Figures décorant un monument élevé à la gloire de Louis XIV, qui se trouvait à l'Académie de France à Rome. Ce monument fut exécuté d'après les dessins d'Errard, directeur de l'Académie (années 1675-1680).

Étude anatomique. Bas-relief sculpté à Rome d'après les dessins d'Errard (années 1675-1680).

L'Enlèvement des Sabines. Bas-relief exécuté à Rome (années 1675-1680).

Crucifix en terre cuite dorée. Ce crucifix ornait une des chambres de l'Académie de France à Rome (années 1675-1680)

Les Lutteurs. Groupe en marbre, d'après l'antique qui est à Florence (années 1675-1680). Ce groupe se trouvait autrefois à Versailles. Gravé par Thomassin, n° 55. Piganiol de la Force et les comptes des bâtiments du roi font mention d'une copie en marbre des *Lutteurs* par Philippe Magnier. De Montaiglon fait remarquer que c'est peut-être la même œuvre, car les artistes ont quelquefois travaillé successivement à la même copie.

La Charité romaine. Bas-relief en marbre. Morceau de réception à l'Académie (5 juillet 1681). Ce bas-relief, placé autrefois au Louvre dans une des salles de l'ancienne Académie de peinture et de sculpture, est encastré aujourd'hui dans la deuxième cour de l'École des Beaux-arts, à Paris.

Figures en pierre pour la grande aile du château de Versailles. Ces figures furent payées 350 livres chaque (années 1681-1682).

Vases pour le pourtour de la pièce d'eau du Dragon, dans le parc de Versailles (années 1681-1683).

L'Afrique. Statue en marbre (année 1682). Rampe du Parterre du Nord, dans le parc de Versailles. Cette statue avait été commencée par Georges Sibrayque. Gravée par G. Audran et par Thomassin, n° 104 [1].

Six vases en marbre copiés d'après les deux vases antiques désignés sous le nom de Vase Médicis et de Vase Borghèse. Trois semblables représentent un *Sacrifice à Diane* (gravé par Thomassin, n° 206) et trois autres, également semblables, une *Bacchanale*. Ces vases furent payés 4.000 livres, non compris le marbre (année 1683). Parterre de Latone, dans le parc de Versailles.

Vénus. Groupe pour Marly. Payé 1.000 livres (années 1683-1684).

Deux vases en marbre ornés d'une guirlande de feuilles de chêne (année 1684). Parterre du Nord, dans le parc de Versailles.

Hercule Farnèse. Statue colossale en marbre copiée d'après la statue antique,

---

1. Thomassin attribue à tort cette statue à Guérin et donne à Cornu la statue de l'*Amérique*. D'Argenville, Piganiol et les comptes des bâtiments désignent au contraire l'*Afrique* comme l'œuvre de Cornu.

œuvre de l'athénien Glycon (années 1684-1687). Gravée par Thomassin, n° 30. Jardin du roi, dans le parc de Versailles.

Deux groupes d'enfants en plâtre pour l'allée du Dragon, dans le même parc (année 1684).

Décoration de la galerie du château de Clagny. Cette décoration, qui devait être fort importante, fut payée 35.666 livres (années 1684-1686).

Trois masques pour la Colonnade du petit parc de Versailles. Payés 450 livres (années 1685-1686).

Quatre groupes d'enfants en pierre pour les combles de Trianon. Ces groupes furent payés 1.040 livres (année 1688).

Neuf grandes cassolettes et consoles de pierre pour les mêmes combles. Payées 1.800 livres (années 1688-1689).

Six figures en pierre pour le pourtour extérieur du dôme des Invalides. Payées 2.100 livres (années 1690-1691).

Travaux d'ornementation aux arcs doubleaux, à l'intérieur de l'église des Invalides (année 1691).

Sculptures en pierre à la façade du château de Meudon, exécutées en collaboration de Pierre Mazeline. Ces travaux furent payés 1.760 livres (années 1699-1700).

Vénus donnant des armes à Énée. Groupe. Salon de 1704.

Énée emportant son père Anchise. Groupe. Salon de 1704.

Bas-relief représentant des anges, au-dessous de la tribune de la chapelle du château de Versailles.

Guérin, *Description de l'Académie royale de peinture et de sculpture*, 1715, p. 131. — Thomassin, *Recueil des statues, groupes, etc., du château et parc de Versailles*, 1724, pl. 30, 55, 106, 266. — D'Argenville, *Voyage pittoresque des environs de Paris*, 1762, p. 108, 116, 400. — Piganiol de la Force, *Nouvelle description des châteaux et parcs de Versailles et de Marly*, 1764, t. II, p. 10, 20, 47, 161, 319. — *Abécédario de Mariette*, t. II, 1853-1854, p. 11. — *Archives de l'art français, documents*, t. II, 1853, p. 364 ; t. V, 1857-1858, p. 277. — *Mémoires des membres de l'Académie royale de peinture et de sculpture*, 1854, t. II, p. 214-215. — De Chennevières, *Notes d'un compilateur sur les sculpteurs et les sculptures en ivoire*, p. 11-12. —Eudore Soulié, *Notice du Musée impérial de Versailles*, 1re partie, 1859, p. 4 ; 3e partie, 1861, p. 503, 505, 508, 515. — A. Jal, *Dictionnaire critique de biographie et d'histoire*, 1872, p. 430. — *Nouvelles archives de l'art français*, 1873, p. 117 ; 1876, p. 67 ; 1882, p. 126. — De Montaiglon, *Procès-verbaux de l'Académie royale*, t. II, 1878, p. 46, 47, 171, 192 ; t. III, 1880, p. 398 ; t. IV, 1881, p. 36, 112. — Idem, *Correspondance des directeurs de l'Académie de France à Rome*, t. I, 1887, p. 51, 129, 132, 133, 135, 139. — E. Muntz, *Guide de l'École des beaux-arts*, p. 62. — J. Guiffrey, *Collection des livrets des anciennes expositions, Salon de 1704*, p. 26. — Idem, *Comptes des bâtiments du roi sous le règne de Louis XIV*, t. II, 1887, col. 11, 112, 136, 140, 182, 278, 319, 336, 367, 438, 477, 522, 625, 654, 905, 992, 1132, 1170, 1174, 1183 ; t. III, 1891, col. 35, 55, 85, 93, 248, 422, 553, 557, 945, 1003 ; t. IV, 1896, col. 545, 677 ; t. V, 1901, col 216, 321. — De Nolhac, *Les jardins de Versailles*, 1906, p. 48, 128.

Corroyer, sculpteur ornemaniste, travaillait en 1664 à la décoration du Louvre.

J. Guiffrey, *Comptes des bâtiments du roi sous le règne de Louis XIV*, t. I, 1881, col. 14, 15.

Cosson (Claude), sculpteur ornemaniste, était occupé à Paris, en 1664, à l'ornementation des cheminées des Tuileries. Le 14 janvier 1668, il fit baptiser une fille sur la paroisse Saint-Roch.

J. Guiffrey, *Comptes des bâtiments du roi sous le règne de Louis XIV*, t. I, 1881, col. 15, 71.

Cotelle, sculpteur angevin, exécuta en 1710, aux Verchers (Maine-et-Loire), le maître-autel de l'église Saint-Pierre ainsi que deux statues de saint Pierre et de saint Paul qui disparurent en 1723.

Célestin Port, *Les artistes angevins*, 1881, p. 79.

Cottin (Nicolas), est reçu membre de l'Académie de Saint-Luc le 25 juin 1682.

P. Lacroix, *Revue universelle des arts*, t. XIII, 1861, p. 335.

Cotton (Michel), élève des frères Anguier obtint en 1675, le deuxième prix de sculpture à l'ancienne École académique de Paris, sur le sujet de concours : *La transgression d'Adam*. En 1683, il était au nombre des sculpteurs travaillant, à Versailles, à la pièce d'eau du Dragon. Il est l'auteur[1] du tombeau en marbre de Lulli placé dans la chapelle de Saint-Jean l'Évangéliste, à l'église Notre-Dame-des-Victoires autrefois des Petits-Pères. Ce monument a été exécuté en 1688; il a fait partie pendant la Révolution du Musée des Monuments français, n° 202. Le buste du compositeur, qui le surmonte, est de Coyzevox. Un médaillon en marbre de Lulli, œuvre de Cotton, se trouve à la même église dans la quatrième travée de la chapelle de la Sainte-Enfance; il est probable qu'il était destiné à faire partie du mausolée et qu'il a été remplacé par le buste de Coyzevox.

D'Argenville, *Voyage pittoresque de Paris*, 1752, p. 129, 130. — Piganiol de la Force, *Description historique de la ville de Paris*, 1765, t. III, p. 90. — Thierry, *Guide des amateurs et des étrangers à Paris*, 1787, t. I, p. 298. — Duvivier, *Archives de l'art français, documents*, t. V, 1857-1858, p. 277. — De Guilhermy, *Inscriptions de la France du Ve siècle au XVIIIe*, t. I, 1873, p. 418. — De Montaiglon, *Procès-verbaux de l'Académie royale*, t. II, 1878, p. 56. — J. Guiffrey, *Comptes des bâtiments du roi sous le règne de Louis XIV*, t. II, 1887, col. 278. — *Inventaire général des richesses d'art de la France. Paris, monuments religieux*, t. II, 1888, p. 227.

Coudray (Charles), sculpteur et architecte, travaille à Carpentras, en 1640, à la construction de l'évêché d'après les dessins de François II de la Valfénière. Cinq ans après, on le trouve occupé dans la

---

1. Bellier de la Chavignerie, dans le *Dictionnaire général des artistes français*, attribue faussement à Cotton le monument d'André Le Nôtre, à Saint-Roch, et le buste de Lulli, à Notre-Dame-des-Victoires.

même ville à l'église Saint-Siffren, où il décore les chapelles, le buffet d'orgue et les deux tribunes du chœur.

Ch. Bauchal, *Nouveau dictionnaire des architectes français*, 1887, p. 139.

Coudray (François), naquit à Villacerf, près de Troyes en Champagne, en 1678. Il est cité dans les comptes des bâtiments du roi comme travaillant, en 1697, sous la direction de Coyzevox. En 1710-1711, on le trouve occupé à la chapelle du château de Versailles ; il touche alors 885 livres « pour modèles en cire pour les ferrures de bronze doré des portes et croisées. » Agréé à l'Académie royale de peinture et de sculpture le 26 janvier 1709, il fut nommé académicien le 30 avril 1712, sur une statuette en marbre représentant *saint Sébastien*, statuette aujourd'hui au Musée du Louvre, n° 541. Le 15 juillet 1715, il reçut le congé suivant lui permettant de se rendre à Dresde auprès du roi Auguste :

« Louis-Antoine de Pardaillan de Gondrin, duc d'Antin, etc... Certifions à tous qu'il appartiendra que le Roy a accordé congé au sieur François Coudray, sculpteur de l'Académie royale de peinture et de sculpture, d'aller à Dresden, travailler pour le service du Roy Auguste, à condition de revenir en France aussitôt que nous lui ferons scavoir les ordres de Sa Majesté. En foy de quoy, etc. A Marly, le 15 juillet 1715. Signé : le duc d'Antin, etc. »[1].

Cependant, en 1716, François Coudray était à Paris, où il logeait rue du Chantre chez Coyzevox son maître qu'il aidait sans doute dans ses ouvrages. Jal dit que c'est en 1717 qu'on demanda à l'artiste d'aller en Saxe, et que peut-être cette proposition avait déjà été faite à Coyzevox qui, retenu à Paris par ses travaux, aurait alors désigné lui-même Coudray. C'est possible, mais en tous cas, comme nous venons de le voir, le premier congé date de 1715. Coudray dut donc se rendre plusieurs fois en Saxe, à moins qu'ayant eu un empêchement de profiter de la permission de 1715 il ne l'ait fait renouveler en 1717.

A Dresde, où il fut nommé professeur de l'Académie, il exécuta un groupe de *Zéphire et de Flore* qui a été gravé par Lindemann. Il mourut dans cette ville le 29 avril 1727 laissant un fils, Pierre Coudray, né à Paris en 1713, qui suivit sa carrière.

Guérin, *Description de l'Académie royale de peinture et de sculpture*, 1715, p. 108. — D'Argenville, *Vies des fameux sculpteurs*, 1787, p. 241. — *Archives de l'art français*, documents, t. II, 1853, p. 364. — A. Jal, *Dictionnaire critique de biographie et d'histoire*, 1872, p. 435. — L. Dussieux, *Les artistes français à l'étranger*, 1876, p. 103, 226. — De Montaiglon, *Procès-verbaux de l'Académie royale*, t. IV, 1881, p. 77, 145. — J. Guiffrey, *Nouvelles archives de l'art français*,

1. Arch. nat. O¹, 1087, p. 140.

1878, p. 11. — Idem, *Comptes des bâtiments du roi sous le règne de Louis XIV*, t. IV, 1896, col. 274; t. V, 1901, col. 414, 531.

Couet ou **Couette** (Henri), sculpteur parisien, collabore en 1666 à la décoration de l'église du Val-de-Grâce. De 1670 à 1674, il travaille au Louvre et, de 1675 à 1677, au château de Clagny. En 1678, on le trouve occupé, à Versailles, au grand escalier de Trianon et en 1680 à la Grande Écurie. Les comptes des bâtiments du roi font mention de lui pour la dernière fois en 1681. Il mourut le 16 décembre 1697 [1] et fut inhumé sur la paroisse Saint-Germain-l'Auxerrois.

Jal cite un sculpteur du nom d'Henry Court qui demeurait à Paris, rue Traversière, en 1661, époque où il servit de parrain à une fille de Louis Millet [2], sculpteur. C'est très sûrement d'Henri Couet qu'il s'agit ici, le nom ayant dû être mal écrit dans l'acte mentionné par Jal.

A. JAL, *Dictionnaire critique de biographie et d'histoire*, 1872, p. 442. — H. HERLUISON, *Actes d'état civil d'artistes français*, 1873, p. 90. — E. PIOT, *État civil de quelques artistes français*, 1873, p. 28. — J. GUIFFREY, *Comptes des bâtiments du roi sous le règne de Louis XIV*, t. I, 1881, col. 166, 407, 743, 846, 887, 918, 982, 1050, 1075, 1161, 1290; t. II, 1887, col. 88, 93, 136, 178. — Idem, *Revue de l'art français*, 1887, p. 180.

Couet (Pierre), sans doute parent du précédent, exerçait son art à Paris dans la seconde moitié du XVIIe siècle. Cet artiste nous est connu par l'acte de décès de sa fille, inscrit sur les registres de la paroisse Saint-Roch à la date du 2 avril 1667.

H. HERLUISON, *Actes d'état civil d'artistes français*, 1873, p. 90.

Couette (Gabriel), dit la Boissière, est reçu membre de l'Académie de Saint-Luc le 3 mai 1679. Il figure encore sur les listes de la communauté en 1682.

P. LACROIX, *Revue universelle des arts*, t. XIII, 1861, p. 334.

Coula (Timothée), était établi à Montpellier vers la fin du XVIIe siècle. On ne sait rien sur cet artiste qui devait être employé à la décoration des églises de la ville.

Louis DE LA ROQUE, *Biographie montpellieraine, peintres, sculpteurs et architectes*, 1877, p. 98.

Coustou (François), sculpteur en bois, exerçait son art à Lyon de 1657 à 1689. Il épousa Claudine Coyzevox, sœur d'Antoine Coyzevox,

---

1. D'après un mémoire judiciaire, M. Guiffrey place sa mort en 1702; l'acte d'inhumation, cité par Herluison, porte cependant bien la date du 16 décembre 1697.

2. Jal, par erreur, met Louis Millot.

et eut d'elle quatre enfants : les sculpteurs Nicolas et Guillaume Coustou, Élisabeth qui épousa le sculpteur Guillaume Hulot, et Éléonore qui devint la femme du sculpteur François-Alexis Francin. Il mourut à Lyon en 1690 ; il avait alors le titre de sculpteur du roi.

A. JAL, *Dictionnaire critique de biographie et d'histoire*, 1872, p. 443-444. — Natalis RONDOT, *Les sculpteurs de Lyon du XIVᵉ au XVIIIᵉ siècle*, 1884, p. 53. — Idem, *Revue de l'art français*, 1887, p. 298.

Coustou (Nicolas), fils du précédent, naquit à Lyon le 9 janvier 1658, comme le prouve son acte de baptême [1] cité par Jal. D'après son biographe, Cousin de Contamine, il apprit de son père les premiers principes de son art et montra de bonne heure de rares dispositions. Son premier ouvrage fut une enseigne représentant saint Etienne à genoux priant pour ses bourreaux, enseigne destinée à orner la porte de la maison paternelle. Vers 1677, il vint à Paris, désirant se perfectionner sous la direction d'Antoine Coyzevox, son oncle, qui venait de quitter Lyon pour aller dans la capitale. Il remporta, en 1682, le premier grand prix de sculpture à l'ancienne École académique, et se rendit à Rome comme pensionnaire du Roi en avril 1683. Il resta trois ans dans cette ville et y sculpta, d'après l'antique, la statue de l'empereur Commode représenté en Hercule, qui se voit aujourd'hui dans le parc de Versailles. De retour en France en 1686, il séjourna plusieurs mois à Lyon et revint à Paris en 1687. A partir de cette date jusqu'à l'époque de sa mort, il exécuta de nombreuses œuvres pour les châteaux de Trianon, de Versailles et de Marly, concourut à la décoration des Invalides, fit, à Paris, le groupe de la *Descente de Croix* qui orne le chœur de Notre-Dame, et entreprit des mausolées, des statues et des bustes dont beaucoup existent encore.

Admis à l'Académie royale de peinture et de sculpture le 29 août 1693, sur un bas-relief symbolisant le *Rétablissement de la santé du Roi*, bas-relief aujourd'hui au Musée du Louvre sous le titre d'*Apollon montrant à la France le buste de Louis XIV*, il fut nommé adjoint à professeur le 13 août 1695, professeur le 24 juillet 1702, adjoint à recteur le 28 septembre 1715, recteur le 26 octobre 1720 et enfin chancelier le 10 janvier 1733.

Nicolas Coustou, qui avait obtenu un brevet de logement au Louvre le 14 juin 1703 et qui depuis 1701 recevait une pension de 2.000 livres doublée plus tard par le Régent, ne semble pas avoir touché bien exactement le prix de ses travaux exécutés pour le Roi. On trouve en effet à la suite d'un mémoire, où il nous fait connaître

---

1. « Ledit jour (9 janvier 1658) j'ay baptisé Nicolas, fils de François Coustou, menuisier, et de Claudine Coysevau (sic) sa femme. »

une partie de ses ouvrages, la lettre ci-jointe datée de 1708, lettre adressée sans doute au Surintendant des bâtiments du roi, qui jette un jour curieux sur les embarras pécuniaires auxquels étaient souvent en butte les artistes les plus renommés :

« Monseigneur,

« Votre Grandeur aura pu remarquer par le mémoire cy dessus que, depuis 15 ans que j'ay l'honneur de travailler pour sa Majesté, je n'ay pas receu ce qui m'estoit nécessaire pour subsister, que, pour payez mes ouvriers, j'ay été obligé de recourir à la bourse de mes amis. Cela ne m'a empêché de sacrifier tous mes soins et mon application pour les ouvrages du Roy. Il en reste encore à achever considérablement ; mais je ne crains pas, Monseigneur, de vous représenter qu'on ne travaille pas avec liberté d'esprit quand on manque de quoy se soutenir et qu'on n'ose plus importuner ses amis. J'espère, Monseigneur, que vous voudrez bien ordonner que mes mémoires soient réglés suivant la qualité et le mérite des ouvrages auxquels Sa Majesté a bien voulu donner son approbation et surtout les deux groupes de chasseurs dont Sa Majesté a donné elle-même les ydées, que j'ay taché de suivre exactement, que vous voudrés bien ordonner que je puisse toucher des fonds pour satisfaire mes creanciers. Comme j'ay déjà éprouvé la protection de V. G., j'ose me flater que vous voudrés bien me la continuer et me permettre de me dire avec un très profond respect, de Votre Grandeur, le très humble et très obéissant serviteur.

« Coustou. »

Nicolas Coustou mourut à Paris le 1ᵉʳ mai 1733 à six heures du soir et fut inhumé le lendemain, à Saint-Germain-l'Auxerrois, en présence de son frère Guillaume, de son neveu Guillaume II, de Jean Ringuet et de François Francin, maître sellier, aussi ses neveux. Il avait épousé, le 18 septembre 1690, Agnès-Suzanne Hoüasse, fille de René-Antoine Hoüasse, directeur de l'Académie de France à Rome de 1699 à 1704 ; celle-ci était morte âgée de 45 ans le 12 décembre 1719.

On possède au Musée du Louvre le portrait de Nicolas Coustou peint par J. Legros en 1725 ; ce portrait a été gravé en 1730 par Charles Dupuis.

ŒUVRES

Le Gladiateur Borghèse. Statuette en terre cuite (octobre 1683). Musée du Louvre, n° 546.

Hercule Commode. Statue en marbre copiée à Rome d'après l'antique (années 1683-1686). Gravée par Thomassin, n° 32. Parterre de Latone dans le parc de Versailles.

Sainte Anne montrant à lire à la Vierge. Groupe en bois doré. Autrefois à
Lyon dans l'église Saint-Nizier (année 1686).

Bacchus. Statue en pierre ornant jadis le jardin du doyenné dans la ville
de Lyon [1].

Quatre chapiteaux en marbre pour Trianon. Payés 746 livres (année 1687).

Trophées en pierre au-dessus des croisées de Trianon. En collaboration de
Jean Joly. Payés 11.465 livres (année 1688).

Paniers et corbeilles de fleurs en pierre de Trossy exécutés, en collaboration
de Jean Joly, pour la balustrade du comble de Trianon. Payés 2.530 livres
(année 1688).

Paniers en pierre avec fleurs en plomb pour mettre sur les murs de Trianon. En collaboration de Jean Joly. Payés 3.750 livres (années 1688-
1689).

Figure en plomb pour le dessus de la lanterne du dôme des Invalides
(année 1691).

Quatre groupes de prophètes. Hauts-reliefs en plâtre doré dont deux
existent encore dans la chapelle Saint-Jérôme à l'église des Invalides.
Payés 4.800 livres.

Un génie ailé. Bas-relief en pierre. Chapelle Saint-Ambroise à l'église des
Invalides. Payé 1.850 livres (année 1692).

Concert d'anges. Haut-relief en plâtre doré. Chapelle Saint-Grégoire à
l'église des Invalides.

Anges soutenant les bordures des tableaux dans la coupole de l'église des
Invalides.

Apollon montrant à la France le buste de Louis XIV. Bas-relief en marbre.
Morceau de réception à l'Académie (29 août 1693).

La Valeur. Statue en marbre. *Une bataille.* Bas-relief en bronze. Ces deux
œuvres de Nicolas Coustou faisaient partie du *Monument de François de
Créqui* placé autrefois, à Paris, dans l'église des Jacobins de la rue Saint-
Honoré. Ce mausolée exécuté en 1695, en collaboration d'Antoine Coyze-
vox et de Jean Joly, d'après les dessins de Le Brun, a été détruit à la
Révolution. Il ne reste plus que le buste de la statue du maréchal par
Coyzevox, buste qui se trouve aujourd'hui dans l'église Saint-Roch.

Saint Joseph et *saint Augustin.* Statues en pierre exécutées pour les religieuses de Moulins en 1696.

Vase en marbre pour le parc de Marly. Payé 850 livres (année 1697).

Ornements en pierre dans le vestibule d'entrée du château de Marly. En
collaboration de Noël Jouvenet. Payés 462 livres (année 1699).

Vases et corbeilles en pierre « pour mettre sur les piédestaux des grilles et
avenues de la principale descente de Marly ». En collaboration de Noël
Jouvenet. Payés 1.620 livres (année 1699).

Médaillon de Louis XIII pour le pourtour du dôme de l'église des Invalides.
Payé 500 livres (année 1700).

Trois Tritons. Groupe en plomb doré pour la Cascade champêtre de Marly
(année 1700).

Deux Tritons portant des poissons. Groupe en plomb doré pour la pièce des
Vents, à Marly (année 1700).

1. D'ARGENVILLE, *Vies des fameux sculpteurs*, p. 288.

La France et deux Renommées. Figures en plâtre exécutées en collaboration de Lespingola (année 1701). Ces figures ornent le plafond de la chambre de Louis XIV, au château de Versailles.

Saint Louis. Statue en marbre d'après un modèle de Girardon. Payée 14,200 livres (année 1701). Portail extérieur de l'église des Invalides. Cette statue, après avoir figuré pendant la Révolution au Musée des Monuments français, n° 211, fut rendue à l'église en 1809.

Décoration du grand salon du château de Marly. En collaboration de Van Clève et de Simon Hurtrelle.

Sphinx et enfants. Figures en plomb doré placées autrefois autour du château de Marly (année 1701).

Diane et Endymion [1]. Groupe exécuté pour Marly (année 1701).

Mercure endormant Argus [2]. Groupe exécuté pour Marly (année 1701).

Bergers et *Bergères.* Groupes en plomb ornant autrefois l'escalier en face du château de Marly (année 1701-1702).

Un masque et *une Coquille* pour la pièce des Carpes de Marly (année 1704).

Crucifix en bronze. Salon de 1704. Ce crucifix était peut-être le modèle de celui qui figura plus tard sur la porte du chœur de l'église Notre-Dame de Paris.

Un grand vase en marbre orné d'anges et de masques. Autrefois dans le parc de Marly.

Méléagre tuant un cerf. Groupe en marbre placé en 1706 sur un des côtés de l'escalier en fer à cheval du parc de Marly. Transporté le 12 octobre 1796 au Musée des Petits-Augustins, il fut envoyé en 1801 à Brest, où il fut d'abord posé au milieu de la place du marché. Relégué ensuite en 1845 dans une cour de la mairie, il a été transporté en 1877 au pied de l'escalier du Musée. Ce groupe a été très détérioré.

Méléagre tuant un sanglier. Groupe en marbre faisant jadis pendant au précédent dans le parc de Marly (année 1706). Attribué en 1808 au parc de Saint-Cloud, il orne aujourd'hui le bosquet de l'Arc de Triomphe, à Versailles. Ce groupe et le précédent ont été payés 14.650 livres.

Nymphe au carquois. Groupe en marbre. Jardin des Tuileries. Provient de Marly.

Nymphe à la colombe. Groupe en marbre. Jardin des Tuileries. Provient de Marly.

Anges, enfants et trophées d'église. Bas-reliefs en pierre. Pourtour du sanctuaire de la chapelle du château de Versailles. Payés 5.400 livres (année 1709).

Adonis se reposant de la chasse. Statue en marbre. Musée du Louvre, n° 548. Provient de Marly, puis du jardin des Tuileries. Cette statue est signée : Nicolaus Coustou lugd. fecit 1710.

Un Fleuve. Figure en marbre pour Marly (année 1711).

La Seine et la Marne. Groupe en marbre exécuté pour la pièce des Nappes, à Marly. Payé 16.299 livres. Jardin des Tuileries. Ce groupe est signé : Nicolaus Coustou. Lugd. fecit. 1712.

Saint Denis. Statue en marbre. Travée du milieu du transept, à Notre-Dame

---

1. Cousin de Contamine, *Éloge de Coustou,* p. 23.
2. Idem.

de Paris. Cette statue fut commandée par le cardinal de Noailles (année 1713). Payée 6.000 livres.

Crucifix placé autrefois sur la porte du chœur de Notre-Dame de Paris (année 1713).

Apollon poursuivant Daphné. Statue en marbre provenant de Marly. Jardin des Tuileries. Payée 4.570 livres (années 1713-1714).

Le maréchal de Villars représenté en pied, vêtu à la romaine. Statue en marbre érigée jadis au bout du jardin de l'hôtel de Villars situé, à Paris, dans le quartier de Saint-Germain-des-Prés (année 1714). Cette statue se trouve aujourd'hui à Aix en Provence dans l'Hôtel de Ville.

Mausolée de François-Louis de Bourbon, prince de Condé. Bas-relief en marbre. Musée de Versailles (n° 1902 du catalogue d'Eudore Soulié). Ce monument était placé autrefois, à Paris, dans le chœur de l'église Saint-André-des-Arts (année 1705).

Marc-René de Voyer de Paulmy, marquis d'Argenson, garde des sceaux. Buste en marbre. Musée de Versailles (n° 2860 du catalogue d'Eudore Soulié). Ce buste a figuré pendant la Révolution au Musée des Monuments français ; le Musée du Trocadéro en possède un moulage, n° 905.

Le Printemps et *l'Automne.* Groupes en pierre décorant autrefois l'hôtel de Noailles, à Paris, du côté du jardin.

Edouard Colbert de Villacerf, surintendant des bâtiments du roi. Médaillon en bronze doré entouré d'une draperie en marbre blanc. Autrefois dans la chapelle Saint-Michel à l'église des Minimes de la Place Royale.

La Saône. Groupe en bronze. Vestibule de l'Hôtel de Ville de Lyon. Ce groupe, avec celui du Rhône, œuvre de Guillaume Coustou, ornait le piédestal de la statue équestre de Louis XIV par Desjardins, qui, avant la Révolution, était érigée à Lyon sur la place Bellecour (année 1720). Un trophée symbolisant le commerce de la ville, dû à Nicolas Coustou, décorait également le piédestal de cette statue.

Jules César. Statue en marbre. Musée du Louvre, n° 549. Provient du jardin des Tuileries. Coustou, dans un mémoire sur ses ouvrages, dit que cette œuvre fut terminée en 1722 [1] ; cependant on lit dans les comptes des bâtiments du roi, au 24 octobre 1713 : « à luy (Coustou), parfait payement de 5.780 l. à quoy monte la figure, représentant Jules César, qu'il a faite en marbre pour le jardin de Versailles... 4.830 l. ». Le modèle en terre cuite de cette statue faisait partie au XVIIIᵉ siècle du cabinet de M. La Live de Jully, rue Saint-Honoré (*Almanach des Beaux-Arts*, 1762).

La Descente de croix. Groupe en marbre. Chœur de l'église Notre-Dame de Paris. Ce groupe, avec la figure de Louis XIII par Guillaume Coustou, à droite, et celle de Louis XIV par Coyzevox, à gauche, est communément appelé le *Vœu de Louis XIII*; il a été mis en place en 1725. Payé 27.000 livres.

Une Gloire en plomb placée jadis au-dessus du maître-autel de l'église Notre-Dame.

Le buste de Colbert. Autrefois dans une des salles de l'ancienne Académie de peinture et de sculpture [2].

---

1. Cette statue est signée : NICOLAUS COUSTOU LUGD. FECIT MDCCXXII.

2. D'ARGENVILLE, *Vies des fameux sculpteurs*, p. 288. — COUSIN DE CONTAMINE, *Éloge de Coustou*, p. 45, 46.

Le buste de l'abbé Bignon. Autrefois dans une des salles de l'ancienne Académie de peinture et de sculpture [1].

Crucifix en marbre exécuté pour M. Saussier, auditeur à la Chambre des Comptes de Paris.

Flore et *Bacchus.* Statues en pierre ornant autrefois un jardin particulier à Saint-Maur, près de Paris [2].

Jésus-Christ montant au ciel. Statuette en terre cuite appartenant jadis à Guillaume Coustou [3].

Louis XIV, roi de France, représenté en Jupiter. Statue en marbre. Musée du Louvre n° 550. Cette statue, commandée par le duc d'Antin pour le château de Petit-Bourg, fut ensuite placée à Versailles dans le nouveau bosquet du Dauphin, puis transportée en 1778 à Trianon. En 1839, elle figurait au Musée de Versailles d'où elle fut enlevée, en 1850, pour être transférée au Louvre.

Diane. Statue en pierre ornant jadis le parc de l'ancien château de Villegenis, près de Paris [4].

Hercule. Étude d'après l'antique. Statuette en terre cuite. Musée du Louvre n° 551.

Le Commerce. Bas-relief triangulaire en pierre, sur le fronton de l'ancienne Douane de Rouen située rue Haranguerie. Un moulage de ce bas-relief figure au Musée du Trocadéro, n° 904.

Neptune et Thétis. Bustes en marbre. Ces bustes ornaient au xviiie siècle l'escalier de l'hôtel de M. Blondel de Gagny, place Vendôme.

Deux médaillons. Au-dessus des portes, dans le même escalier (*Dictionnaire pittoresque et historique* d'Hébert, 1766, t. I).

Sphinx et lions ornant les terrasses du château de Chantilly. Ces œuvres commandées par Henri-Jules de Bourbon, fils du grand Condé, furent détruites à la Révolution ; elles ont été reconstituées d'après les anciens modèles lors de la restauration du château [5].

Le cardinal de Forbin-Janson. Statue en marbre décorant le mausolée du prélat dans la cathédrale de Beauvais. Cette statue commencée par Nicolas Coustou a été achevée par son frère Guillaume en 1738.

Le Passage du Rhin. Grand bas-relief en marbre représentant le roi debout, couronné par la Victoire et marchant sur le Fleuve qui, saisi d'effroi, admire le Héros qui l'a vaincu. Ce bas-relief, destiné d'abord au Salon de la Guerre à Versailles, resta inachevé en 1733 lors de la mort de l'artiste. Terminé par Guillaume Coustou, il fut déposé au Louvre dans la salle des Antiques, où il resta jusqu'en 1793 ; il fit partie ensuite du Musée des Monuments français. Il décore aujourd'hui le vestibule de la chapelle du château de Versailles.

GUÉRIN, *Description de l'Académie royale de peinture et de sculpture*, 1715, p.86. — Simon THOMASSIN, *Recueil des statues, groupes, etc. du château et parc de Versailles*, 1724, pl. 32. — COUSIN DE CONTAMINE, *Éloge historique de Coustou*, 1737.

1. D'ARGENVILLE, *Vies des fameux sculpteurs*, p. 288. — COUSIN DE CONTAMINE, *Éloge de Coustou*, p 45, 46.
2. COUSIN DE CONTAMINE, p. 46.
3. Idem, p. 51.
4. D'ARGENVILLE, *Vies des fameux sculpteurs*, p. 288.
5. *La France monumentale*, t. V, p. 70, 82.

— André Clapasson, *Description de la ville de Lyon*, 1741, p. 110-111. — A. D'Argenville, *Voyage pittoresque de Paris*, 1752, p. 9, 11, 56, 57, 58, 110, 112, 184, 234, 342, 370, 371, 373, 374. — Idem. *Voyage pittoresque des environs de Paris*, 1762, p. 149, 151, 152, 161, 220. — A. N. D'Argenville, *Vies des fameux sculpteurs*, 1787, p. 276-288. — Piganiol de la Force, *Nouvelle description des châteaux et parcs de Versailles et de Marly*, 1764, t. I, p. 172, 256, 261 ; t. II, p. 54, 190, 252, 254, 255, 275, 276, 278, 279, 280, 285, 319. — Idem. *Description historique de la ville de Paris*, 1765, t. I, p. 323, 326, 356, 358 ; t. II, p. 380, 382 ; t. IV, p. 442 ; t. VI, p. 123 ; t. VIII, p. 80. — L'abbé de Fontenai, *Dictionnaire des artistes*, 1776, t. I, p. 431-433. — Thiéry, *Guide des amateurs et des étrangers à Paris*, 1787, t. I, p. 151, 163, 397, 398, 401, 684 ; t. II, p. 94, 615. — *Abécédario de Mariette*, t. II, 1853-1854, p. 22. — *Archives de l'art français, documents*, t. II, 1853, p. 364 ; t. III, 1855, p. 137, 143 ; t. V, 1857-1858, p. 278 ; 2e série, t. II, 1862, p. 136. — *Nouvelles archives de l'art français*, 1873, p. 82, 118 ; 1876, p. 68 ; 1892, p. 119, 123. — Eudore Soulié, *Notice du Musée impérial de Versailles*, 1re partie, 1859, p. 7 ; 2e partie, 1860, p. 69, 197, 201, 398 ; 3e partie, 1861, p. 509. — A. Jal, *Dictionnaire critique de biographie et d'histoire*, 1872, p. 443, 444. — Herluison, *Actes d'état civil d'artistes français*, 1873, p. 91-92. — De Montaiglon, *Procès-verbaux de l'Académie royale*, t. II, 1878, p. 229, 349, 351 ; t. III, 1880, p. 104, 121, 168, 346 ; t. IV, 1881, p. 303. — Idem, *Correspondance des directeurs de l'Académie de France à Rome*, t. I, 1887, p. 122, 123, 134. — L. Dussieux, *Le château de Versailles*, 1881, t. I, p. 231 ; t. II, p. 207, 257, 319, 375, 376, 377, 380. — Natalis Rondot, *Les sculpteurs de Lyon du XIVe au XVIIIe siècle*, 1884, p. 54. — Idem, *Revue de l'art français*, 1887, p. 299. — *Inventaire général des richesses d'art de la France. Paris, monuments religieux*, t. I, 1877, p. 386, 388 ; t. III, 1901, p. 234, 237, 243, 244, 250 252. *Archives du Musée des Monuments français*, t. I, p. 25, 43, 59, 60 ; t. II, p. 26, 120, 185, 191, 192, 225, 296 ; t. III, p. 60, 63, 64, 89, 128, 198, 230, 231, 232, 234, 314. — J. Guiffrey, *Collection des livrets des anciennes expositions. Salon de 1704*, p. 20. — Idem. *Comptes des bâtiments du roi sous le règne de Louis XIV*, t. II, 1887, col. 378, 1174 ; t. III, 1891, col. 35, 93, 97, 248, 423, 558, 702, 704, 845 ; t. IV, 1896, col. 188, 330, 336, 471, 473, 478, 517, 611, 612, 618, 709, 727, 809, 846, 852, 882, 911, 923, 955, 963, 965, 969, 1021, 1032, 1066, 1072, 1073, 1080, 1081, 1101, 1127, 1137, 1184, 1237, 1248 ; t. V, 1901, col. 34, 40, 47, 107, 108, 143, 188, 199, 240, 246, 295, 298, 318, 340, 347, 384, 390, 399, 414, 431, 448, 451, 474, 476, 486, 510, 570, 572, 576, 609, 652, 653, 655, 695, 744, 746, 787, 839, 841, 873, 929, 931.

Coustou (Guillaume), frère du précédent et par conséquent fils de François Coustou et de Claudine Coyzevox, naquit à Lyon le 25 avril 1677 comme nous l'apprend l'acte suivant :

« Ledit jour (1 mai 1677) j'ai ondoyé le fils, né le 25 avril dernier, de François Coustoud (sic) maistre menuisier, et de Claudine Coisvaud (sic), sa femme, avec permission de M. le grand vicaire. Signé : F. Coustou, Bozon, vic. »

Guillaume vint à Paris et entra dans l'atelier de son oncle Coyzevox. Après avoir remporté à l'ancienne École académique le second prix de sculpture en 1696 et le premier prix en 1697, il se rendit à Rome, où des circonstances ignorées l'ayant empêché de profiter d'une place de pensionnaire du roi, il chercha d'abord à gagner sa vie. Puis il se disposait à partir pour Constantinople, lorsque son ami le sculpteur Frémin le détourna de ce projet et lui fit connaître Pierre II Legros qui l'employa à la sculpture du bas-relief de Saint-Louis de Gonzague, dans l'église Saint-Ignace.

Il était de retour en France avant 1703, car, le 3 mars de cette même année, il fut agréé à l'Académie royale de peinture et de sculpture. Reçu académicien le 25 octobre 1704, sur une statuette en marbre représentant la *Mort d'Hercule*, aujourd'hui au Louvre, il fut nommé adjoint à professeur le 3 juillet 1706, professeur le 28 décembre 1715, adjoint à recteur le 26 octobre 1726, recteur le 10 janvier 1733 et enfin directeur du 5 février 1735 au 5 juillet 1738.

Les comptes des bâtiments du roi font mention de lui pour la première fois en 1707 ; à cette époque il collaborait à la décoration de la chapelle du château de Versailles. Il travailla ensuite à Trianon et exécuta de nombreuses figures destinées au parc de Marly. A Paris, il orna de ses œuvres le portail des Invalides, l'ancien hôtel Soubise, le Palais-Bourbon, la grande Chambre du Parlement au palais de Justice, les églises du noviciat des Jésuites, de Saint-Jacques-la-Boucherie et de Saint-Honoré. Il fit aussi pour l'église Saint-Paul-Saint-Louis le monument du cœur de Louis XIV et pour Notre-Dame la statue de Louis XIII, placée à droite de la Descente de croix de Nicolas Coustou, en pendant avec la statue de Louis XIV par Coyzevox. Enfin, ses derniers ouvrages furent les Chevaux de Marly qu'on admire aujourd'hui à l'entrée des Champs-Élysées.

Il mourut dans sa soixante-neuvième année le 20 février 1746 à trois heures du matin. Il habitait alors place du Vieux-Louvre et fut inhumé le lendemain à la paroisse Saint-Germain-l'Auxerrois, en présence de Guillaume II Coustou, sculpteur du roi, et de Pierre Charles Coustou, avocat au Parlement, ses fils, de Jean Ringuet, conseiller en l'élection de Paris, et de Louis Gervais, notaire au Châtelet, ses gendres. Il avait épousé, avant 1711, Geneviève-Julie Morel, fille de Claude Morel « maître d'hôtel de Monseigneur le chancelier de France ».

Le portrait de Guillaume Coustou, peint par Jean-François Delyen en 1725, figure au Musée du Louvre ; il a été gravé en 1730 par de Larmessin.

ŒUVRES

La mort d'Hercule. Statuette en marbre. Morceau de réception (25 octobre 1704). Musée du Louvre, n° 542.

Ouvrages de sculpture en plomb et en étain au grand baldaquin du groupe des Bains d'Apollon, dans le parc de Versailles (années 1705-1707).

Ouvrages de sculpture aux corniches de l'appartement du Roi à Trianon (année 1706).

Saint Jérôme et *saint Augustin*. Statues en pierre de Tonnerre, de 3 mètres de haut, placées sur la balustrade extérieure de la chapelle du château de Versailles (années 1707-1709).

Un groupe d'anges, sur le comble de la même chapelle (années 1707-1709).

Jésus-Christ mort sur les genoux de la Vierge. Bas-relief du maître-autel de la même chapelle (années 1707-1709).

Anges en bronze surmontant les autels de la même chapelle (années 1707-1709).

Jésus-Christ dans le Temple instruisant les docteurs de la loi. Bas-relief au-dessus d'une porte de la tribune du roi dans la même chapelle (années 1707-1709).

La Visitation. Bas-relief en bronze ornant l'autel de la chapelle de la Vierge dans la même chapelle (années 1707-1709).

L'Espérance et la Foi. Bas-relief dans la quinzième travée du pourtour de la même chapelle (années 1707-1709).

La Foi et la Religion. Figures demi-couchées décorant le tympan du comble de la même chapelle (années 1707-1709).

Ouvrages de sculpture en carton, plâtre et plomb au baldaquin de l'église des Invalides. Ces ouvrages, exécutés en collaboration de Lemoyne, de La Pierre, de Magnier, de Poirier et de Van Clève, furent payés 20.387 livres (année 1709).

Diane. Statue en marbre d'après l'antique pour le parc de Marly. Payée 4.300 livres (années 1710-1711).

Hippomène. Statue en marbre provenant de Marly. Jardin des Tuileries. Payée 4.220 livres. Cette statue est signée : G. Coustou fecit 1712.

Daphné. Statue en marbre provenant de Marly. Jardin des Tuileries. Payée 4.300 livres (année 1713).

Bacchus. Statue en marbre provenant de Marly. Bosquet des Dômes dans le parc de Versailles. Payée 4.300 livres (année 1713).

Figures et ornements pour le maître-autel de l'église des Invalides [1].

Un ange en adoration. Figure en plomb. Autrefois dans la chapelle de la Vierge à l'église des Invalides [2].

Mars et Minerve. Statues en bronze placées de chaque côté de l'entrée de l'Hôtel des Invalides.

Tête d'Hercule. Clef du cintre du portail de l'Hôtel des Invalides.

Louis XIV à cheval, entouré de la Justice et de la Prudence. Bas-relief en pierre. Tympan de la porte centrale de l'Hôtel des Invalides. Ce bas-relief a été restauré par Carlier.

Hercule. Statue ornant autrefois la porte monumentale de l'ancien hôtel Soubise, aujourd'hui Archives nationales, sur la rue actuelle des Francs-Bourgeois. La statue de *Pallas* qui faisait pendant à cette figure était l'œuvre de Pierre Bourdy.

Le Rhône. Groupe en bronze. Vestibule de l'Hôtel de Ville de Lyon. Ce groupe, avec celui de la Saône, œuvre de Nicolas Coustou, décorait le piédestal de la statue équestre de Louis XIV par Desjardins, statue érigée avant la Révolution sur la place Bellecour, à Lyon (année 1720).

Le monument du cœur de Louis XIV [3]. Guillaume Coustou fut chargé par

---

1. D'Argenville, *Voyage pittoresque de Paris*, p. 367.
2. Idem, p. 370.
3. D'Argenville et Thiéry attribuent à tort ce monument à Nicolas Coustou.

le Régent d'exécuter pour la sépulture du cœur de Louis XIV, dans la maison professe des Jésuites de la rue Saint-Antoine (église Saint-Paul-Saint-Louis), un monument semblable à celui que Jacques Sarrazin avait fait pour contenir le cœur de Louis XIII. Cette œuvre, en argent, en vermeil et en bronze, représentant deux anges de grandeur naturelle soutenant le cœur du roi, fut achevée après quatre ans et demi de travail et coûta six cent mille livres. Les anges de Sarrazin et de Coustou, au moment de la Révolution, furent soustraits par Alexandre Lenoir aux recherches des commissaires de la Convention qui voulaient les envoyer à la fonte. Cachés dans le Musée des Petits-Augustins, ils furent réclamés le 6 novembre 1804 par Denon, directeur général des Musées, pour décorer au Louvre la chapelle du pape, lors du couronnement de Napoléon. Ils furent livrés le même jour; mais, au lieu d'orner la chapelle papale, ils furent jetés au creuset, et le métal, par ordre de Denon, servit à la fonte de la statue de la Paix, œuvre de Chaudet, qui, après avoir été placée dans le salon de la Paix au palais des Tuileries, a été déposée en 1870 au Louvre, au 1er étage, dans le vestibule des appartements Louis XIII (n° 535).

Le Temps portant le médaillon de Louis XV. Groupe en pierre qui surmontait une des fontaines placées à Juvisy (Seine-et-Oise), des deux côtés du pont construit sur l'Orge, au commencement du règne de Louis XV. Ces fontaines mutilées pendant la Révolution ont été restaurées en 1813. Le groupe de Coustou est reproduit dans Millin (*Antiquités nationales*, t. II, n° XVI, pl. II, p. 3).

Louis XV entre la Vérité et la Justice. Bas-relief en marbre. Autrefois sur la cheminée de la Grande Chambre du Parlement [1], au palais de Justice.

Saint Jacques. Médaillon en marbre blanc provenant de l'église Saint-Jacques-la-Boucherie. Figurait pendant la Révolution au Musée des Monuments français.

Saint Ignace. Statue en marbre décorant jadis le maître-autel du Noviciat des Jésuites, à Paris (année 1723). Cette statue, qui a fait partie pendant la Révolution du Musée des Monuments français, a été donnée en 1809 à l'église Saint-Germain-des-Prés. J'ignore ce qu'elle est devenue.

Saint François-Xavier. Statue en marbre provenant comme la précédente du Noviciat des Jésuites (année 1723). Aujourd'hui dans la niche surmontant l'autel de la chapelle de Saint-François-Xavier, à l'église Saint-Germain-des-Prés, à qui elle a été attribuée en 1809 après avoir figuré pendant la Révolution au Musée des Monuments français.

Louis XIII à genoux, offrant son sceptre et sa couronne à la Vierge. Statue en marbre placée à droite de la *Descente de croix*, œuvre de Nicolas Coustou, au fond du chœur de Notre-Dame de Paris (années 1713-1715). Payée 8.100 livres. Cette statue, transportée à la Révolution au Musée des Monuments français, a été rendue à l'église en 1816. Enlevée une seconde fois, en 1835, pour décorer la chapelle de Versailles, elle a été ramenée ensuite au Louvre, puis restituée à Notre-Dame vers 1860.

Tombeau du cardinal Dubois. Ce tombeau, érigé vers 1725 dans l'église

---

1. C'est dans cette salle que se tenaient les Lits de justice et que les ducs et pairs venaient prêter serment.

Saint-Honoré, fut démoli à la Révolution, et la statue en marbre représentant le cardinal agenouillé sur un coussin, les mains jointes, fut transportée au Musée des Monuments français, n° 326; plus tard en 1820 elle a été donnée à l'église Saint-Roch, où elle se trouve aujourd'hui. Ce mausolée avait été payé à l'artiste 25.000 livres.

Une Nymphe chasseresse. Statue en marbre. Payée 3.500 livres année (1725).

Le Chancelier d'Aguesseau. Buste en marbre. Musée Dubouché, à Limoges. Ce buste, daté de 1727, figurait sur l'inventaire du Musée des Monuments français comme provenant de la salle des Antiques au Louvre ; il a été envoyé en 1819 à Limoges, ville natale de d'Aguesseau.

Un Fleuve et *une Nymphe* représentant la Seine et la fontaine d'Arcueil. Ces sculptures décoraient autrefois le fronton de l'ancien Château-d'Eau situé au coin de la rue Froidmanteau, en face le Palais-Royal. Cet édifice a été démoli en 1851.

Cartels et trophées en bronze doré ornant jadis le piédestal de la statue équestre de Louis XIV, par Girardon, érigée sur la place Louis-le-Grand (place Vendôme). Cette décoration avait été ajoutée au piédestal de la statue en 1730.

Les armes de France soutenues par deux Tritons. Cette sculpture décore une pyramide placée sur la clef de voûte de l'arcade centrale du pont de la Loire, à Blois (année 1731).

Marie Leczinska, reine de France, représentée en Junon. Statue en marbre (année 1730). Musée du Louvre, n° 543. Cette statue, provenant de Petit-Bourg, fut d'abord placée à Versailles dans le nouveau bosquet du Dauphin en pendant avec le Louis XV de Nicolas Coustou. Transportée avec cette dernière œuvre en 1778 à Trianon, elle figurait en 1839 au Musée de Versailles, d'où elle fut enlevée en 1850 pour être transférée au Louvre.

Marie Leczinscka, reine de France. Buste en marbre. Musée de Versailles (n° 2120 du catalogue d'Eud. Soulié). Le Musée du Trocadéro possède un moulage de ce buste, n° 906.

Nicolas Coustou, sculpteur. Buste en terre cuite. Ce buste, donné au Musée des Monuments français par un petit-neveu de Coustou, a fait partie ensuite du Musée de Versailles ; il est aujourd'hui au Louvre. Le Musée du Trocadéro en possède un moulage, n° 907.

Pierre-François Darerès de la Tour, supérieur général de l'ordre de l'Oratoire. Buste en terre cuite (année 1733). Musée du Louvre, n° 544.

Le Passage du Rhin. Grand bas-relief en marbre. Vestibule de la chapelle du château de Versailles. Cette œuvre, laissée inachevée en 1733 par Nicolas Coustou, fut terminée par Guillaume.

Louis XV, roi de France. Buste [1].

Le cardinal de Rohan. Buste [2].

Lutrin formé par un aigle soutenant un pupitre. Ce lutrin, sculpté d'après un modèle de Guillaume Coustou, se trouvait à Paris dans l'église Saint-Honoré [3].

Le Soleil sur son char, prêt à commencer sa course. Groupe ornant autrefois le fronton du Palais-Bourbon.

1. L'abbé DE FONTENAI, *Dictionnaire des artistes*, t. I, p. 433-434.
2. Idem.
3. D'ARGENVILLE, *Vies des fameux sculpteurs*, p. 309.

La Jonction de l'Océan et de la Méditerranée. Groupe en marbre placé à Marly en 1738. Il fut réclamé en 1796 par Alexandre Lenoir pour le Musée des Monuments français. Voici comment le dépeint d'Argenville [1] : « L'Océan est désigné par un vieillard, et la Méditerranée par une femme accompagnée d'un enfant, symbole d'une rivière. L'Océan s'appuie sur une urne placée entre lui et la Méditerranée, qui croise son bras sur le sien, pour désigner le canal de Languedoc ».

Les Chevaux de Marly. Groupes en marbre, Ces deux groupes exécutés de 1740 à 1745 furent envoyés par eau à Marly, où ils furent posés sur la terrasse en haut de l'Abreuvoir. Ils avaient été commandés pour remplacer le Mercure et la Renommée de Coysevox, qui avaient été transportés en 1719 à la porte du jardin des Tuileries. Ramenés à Paris, le 11 septembre 1794, ils furent érigés à l'entrée des Champs-Elysées du côté de la place de la Concorde, où ils se trouvent aujourd'hui. Guillaume Coustou réclama pour son travail 128.800 livres, mais le Directeur général des bâtiments ne voulut lui accorder que 85.800 livres. L'artiste étant mort avant le règlement de ce compte, il est probable que ses héritiers ne touchèrent que le prix offert par la direction des bâtiments.

GUÉRIN, *Description de l'Académie royale de peinture et de sculpture,* 1715, p. 119. — A. D'ARGENVILLE, *Voyage pittoresque de Paris,* 1752, p. 9, 18, 62 103, 112, 113, 198, 222, 317, 361, 362, 365, 367, 370. — Idem, *Voyage pittoresque des environs de Paris,* 1762, p. 152, 153, 154, 156. — A. N. D'ARGENVILLE, *Vies des fameux sculpteurs,* 1787, p. 302-311. — PIGANIOL DE LA FORCE, *Nouvelle description des châteaux et parcs de Versailles et de Marly,* 1764, t. I, p. 40, 172, 265 ; t. II, p. 183, 190, 274, 277, 293. — Idem, *Description historique de la ville de Paris,* 1765, t. I, p. 323, 327 ; t. II, p. 9. 248 ; t. III, p. 6, 330 ; t. V, p. 10 ; t. VI, p. 92 ; t. VIII, p. 175, 176 ; t. IX, p. 154, 261, 279, 492. — THIERY, *Guide des amateurs et des étrangers à Paris,* 1787, t. I, p. 123, 313, 581, 700 ; t. II, p. 21, 600, 611. — Eud. SOULIÉ, *Notice du Musée impérial de Versailles,* 1re partie, 1859, p. 3, 4, 5, 6, 7, 172 ; 2e partie, 1860, p. 187 ; 3e partie, 1861, p. 494, 520. — *Abécédario de Mariette,* t. II, 1853-1854, p. 21. — *Archives de l'art français, documents,* t. V, 1857-1858, p. 282, 283. — *Nouvelles archives de l'art français,* 1878, p. 315, 318 ; 1892, p. 119, 122. — A. JAL, *Dictionnaire critique de biographie et d'histoire,* 1872, p. 434, 444, 445. — HERLUISON, *Actes d'état civil d'artistes français,* 1873, p. 92. — DE GUILHERMY, *Inscriptions de la France du Ve siècle au XVIIIe,* t. I, 1873, p. 509 ; t. II, 1875, p. 43 ; t. IV, 1879, p. 147 ; t. V, 1883, p. 335. — L. DUSSIEUX, *Les artistes français à l'étranger,* 1876, p. 481. — DE MONTAIGLON, *Procès-verbaux de l'Académie.* t. III, 1880, p. 196, 211, 218, 226, 361, 404 ; t. IV, 1881, p. 31. — *Revue de l'art français,* 1891. p. 93. — J. GUIFFREY, *Comptes des bâtiments du roi sous le règne de Louis XIV,* t. IV, 1896, col. 267, 411, 553, 1127 ; t. V, 1901, col. 124, 213, 318, 321, 347, 412, 432, 484, 485, 494, 510, 530, 531, 538, 611, 694, 786, 873. — *Inventaire général des richesses d'art de la France. Paris, monuments religieux,* t. I, 1877, p. 113, 388 ; t. II, 1888, p. 155, 156 ; t. III, 1901, p. 208, 209 ; *Monuments civils,* t. I. 1880. p. 33. — *Archives du Musée des Monuments français,* t. I. p. 425 ; t. II, p. 28, 32, 36, 63, 192, 193 ; t. III, p. 127. 130, 154, 192, 193, 206, 207, 236, 313. — L. GONSE, *Les chefs-d'œuvre des Musées de France,* 1904, p. 230.

Coy (Baptiste), sculpteur en bois, travaillait vers 1711 à la décoration de la chapelle du château de Versailles. On lit dans les comptes :

1. *Voyage pittoresque des environs de Paris,* p. 152.

« A Baptiste Coy, pour ouvrages en bois à plusieurs petits cadres qui
entourent les bas-reliefs des autels de lad. chapelle... 1331. 15 s. 2 d. »

J. GUIFFREY, *Comptes des bâtiments du roi sous le règne de Louis XIV*, t. V,
1901, col. 531.

Coyzevox (Antoine), naquit à Lyon à la fin de septembre 1640 et
fut baptisé le 29 de ce mois à l'église Saint-Nizier. Son acte de baptême
porte en effet :

« Le 29 septembre 1640, j'ay baptisé Anthoine, fils à Pierre
Quoyzeveau (*sic*), maistre menuisier, et à Isabeau Morel, sa famme (*sic*)
parrain sieur Anthoine Blaise, notaire à Lyon, marraine Claudine
Bonardel, famme a Georges Jomard, boucher à Saint-Just. Signé :
Blaise, P. Benoist, vicaire [1]. »

Le docteur Fermelhuis, dans son éloge funèbre de Coyzevox, donne
à l'artiste une origine espagnole. Ceci est loin d'être prouvé, car une
déclaration faite au Consulat le 13 février 1642 par son père Pierre
Qoyzeveau, pour obtenir le droit de Bourgeoisie, nous apprend que ce
dernier, qui résidait à Lyon depuis 1636, était natif de Dampierre-
le-Doubs, commune de l'arrondissement de Montbéliard ; de plus, on
ne peut s'en rapporter à la consonnance étrangère du nom de Coyzevox, Antoine qui signait d'abord Quoyzeveau n'ayant modifié l'ortho-
graphe de son nom qu'à partir de 1670.

Il quitta Lyon à l'âge de dix-sept ans et vint travailler à Paris sous
la conduite de Louis Lerambert. En 1666, il obtint le titre de sculpteur du roi et le 18 janvier de la même année il épousa, à Paris,
Marguerite Quillerier, nièce de Louis Lerambert et fille de Noël
Quillerier, peintre et valet de chambre ordinaire du Roi ; celle-ci
mourut quelques mois après son mariage le 15 novembre 1666.
L'année suivante, Coyzevox sculpta pour le Louvre différents motifs
d'ornementation, puis il se rendit en Alsace, appelé par le cardinal
François Egon de Furstenberg, évêque de Strasbourg, qui lui fit
décorer son palais de Saverne. Après avoir été employé quatre
ans dans cette résidence, il revint à Paris vers 1671. Combien de temps
resta-t-il dans la capitale ? On l'ignore. En 1675, on le retrouve à Lyon
occupé à modeler pour le Consulat le buste de l'archevêque Camille
de Neuville de Villeroi. A cette époque, il avait l'intention de s'établir dans sa ville natale ; aussi, après sa réception à l'Académie royale
de peinture et de sculpture le 11 avril 1676, nommé le jour même adjoint
à professeur, il se fit déléguer en cette qualité auprès de l'Académie
de dessin que le peintre Blanchet venait de fonder à Lyon. Il ne per-

1. Extrait des registres de la paroisse Saint-Nizier, à Lyon.

sista pas longtemps dans cette détermination : dès l'année 1677 il était en effet de retour à Paris.

Alors commença la période féconde de sa carrière. Il embellit de ses œuvres les châteaux de Versailles, de Trianon, de Marly et de Saint-Cloud ; il concourut à la décoration des Invalides ; il fit en bronze une statue de Louis XIV destinée à l'Hôtel de Ville de Paris et une autre statue équestre du même roi commandée par les États de Bretagne ; il exécuta les monuments de Mazarin, de Colbert, de Vauban, de Mansard, de Le Brun, de Le Nôtre, de Crequi, des d'Harcourt, de Ferdinand de Furstenberg, de François d'Argouges et de la chancelière d'Aligre ; il tailla en marbre une figure de la duchesse de Bourgogne pour le château de Petit-Bourg et une figure du prince de Condé pour Chantilly ; enfin il sculpta les bustes de Louis XIV, de Louis XV, de Marie-Thérèse d'Autriche, du Dauphin, de Colbert, du Grand Condé, de Michel Le Tellier, de Louvois, de Le Brun, de Turenne, de Vauban, de Villars, des cardinaux de Bouillon et de Polignac, des ducs de Richelieu, de Chaulnes et d'Antin, du président de Harlay, du chancelier Boucherat, de Robert de Cotte et d'Arnaud d'Andilly.

En dehors de ces nombreux ouvrages, plusieurs œuvres ont été attribuées à tort à Coyzevox ; ainsi au Musée du Louvre, les bustes de Pierre Mignard et de Bossuet étaient catalogués sous son nom. Courajod a fait justice de ces erreurs : aujourd'hui le buste de Mignard a été rendu à Martin Desjardins, son auteur, et celui de Bossuet a été inscrit comme provenant de l'atelier de Coyzevox ou de celui des Coustou.

Reçu à l'Académie et nommé adjoint à professeur en 1676, il devint professeur le 2 janvier 1677, adjoint à recteur le 29 avril 1690, recteur le 30 octobre 1694, directeur du 24 juillet 1702 au 30 juin 1705 et chancelier le 19 décembre 1716.

Antoine Coyzevox, qui' habitait d'abord aux Gobelins, obtint un brevet de logement au Louvre le 27 avril 1698, puis il vint s'installer rue du Chantre le 4 mai 1719. C'est là qu'il mourut le 10 octobre 1720 ; il fut inhumé sur la paroisse Saint-Germain-l'Auxerrois [1]. Il avait épousé en secondes noces, en 1677, une de ses compatriotes, Claude Bourdy [2], dont il eut douze enfants.

---

1. Voici son acte de décès relevé par Jal sur les registres de la paroisse : « Du vendredy onzième octobre 1720, Antoine Coyzevox, sculpteur ord[re] du Roy, ancien directeur, chevalier et recteur de son Académie de peint. et de sculpt., époux de Claude Bourdict, âgé de quatre-vingt-un ans, décédé hyer en sa maison, rue du Chantre, à une heure après midi, a esté inhumé en présence, etc. ».

2. Sœur du sculpteur Pierre Bourdy.

Le portrait de Coyzevox a été peint en 1702 par Hyacinthe Rigaud ; ce tableau a été gravé en 1708 par Jean Audran. Un autre portrait de lui, par Gilles Allou, figure au Musée de Versailles ; il provient d'une des salles de l'ancienne Académie.

ŒUVRES

Frise et autres ouvrages de sculpture exécutés au palais du [Louvre. Payés 135 livres (année 1667).

Décoration de la corniche du grand salon du château de Saverne, en Alsace (années 1667-1671).

Apollon et les neuf Muses. Bas-relief en stuc pour le plafond du grand salon du château de Saverne (années 1667-1671).

Termes et Figures pour le grand salon du château de Saverne (années 1667-1671).

Quatre grands trophées et autres ornements pour l'escalier principal du château de Saverne (années 1667-1671).

Huit Figures et vingt-quatre Termes pour le parc de Saverne (années 1667-1671).

Le château de Saverne ayant été incendié en 1779, toutes les œuvres de Coyzevox qui concouraient à la décoration intérieure de cet édifice furent alors détruites ; les autres disparurent à la Révolution.

Robert Arnaud d'Andilly, érudit et poète. Buste mentionné par Fermelhuis dans l'Eloge de Coyzevox [1].

Camille de Neuville de Villeroi, archevêque de Lyon. Buste en bronze (année 1675). Palais des Arts à Lyon, n° 123[2]. On trouve dans les archives [3] une pièce datée du 19 novembre 1675 ainsi conçue : « Autre mandement pour Anthoine Coyzevaux, maistre sculpteur de cette ville, de la somme de deux mille cent livres, à laquelle lesdicts sieurs ont ce jourd'huy moderé et arresté le mémoire qu'il leur a présenté de la despense qu'il a faicte pour les deux busqs de bronze et douze de plastre de monseigneur l'archevesque de Lyon, qu'il a fait de l'ordre du Consulat et rapportant ledict memoire avec le présent mandement et quittance ».

Notre-Dame-des-Grâces. Statue en marbre (année 1676). Chapelle de Notre-Dame-des-Grâces, dans le transept de droite de l'église de Saint-Nizier, à Lyon. Cette statue, placée autrefois dans une niche à l'extérieur d'une maison située à l'angle de la rue du Bat-d'argent et de la rue Sirène, aujourd'hui rue de l'Hôtel-de-Ville, a été vendue en 1771 au chapitre de Saint-Nizier.

Notre-Dame-des-Grâces. Statuette en terre cuite, esquisse de la statue précédente. Archives de l'Hospice de la Charité, à Lyon. M. Jouin cite encore une statuette en plâtre semblable à cette esquisse, qui est conservée dans une collection particulière, à Lyon ; elle est signée : *Coyzevox fecit 1676.*

Antoine Coyzevox, sculpteur du roi, fait par lui-même. Buste en marbre (année 1678). Musée du Louvre, n° 553. Provient de l'ancienne Académie

---

1. Page 34.
2. Joanne, dans son *Guide*, attribue faussement ce buste à G. Coustou.
3. BB. 231, fol. 143, V°.

de peinture et de sculpture, à laquelle Charles-Pierre Coustou, architecte, petit-neveu de Coyzevox, l'avait offert en 1788. Une copie en marbre de ce buste, par Bosio, figure au Musée de Versailles (n° 796 du catalogue d'Eud. Soulié).

Jean-Baptiste Colbert, marquis de Seignelay. Buste en marbre. Musée de Versailles (n° 225 du catalogue d'Eud. Soulié). Ce buste, commandé par l'Académie royale de peinture et de sculpture, fut offert à Colbert en 1678. L'artiste reçut 1.500 livres en paiement. M. Henry Jouin [1] cite un autre buste en marbre de Colbert, par Coyzevox, qui se trouvait au ministère des Finances avant l'incendie de 1871. On ignore s'il a été détruit.

Fleuve et Enfant. Groupe en pierre exécuté pour Colbert en 1678. Ce groupe ornait autrefois la grande cascade du parc de Sceaux.

Louis XIV. Buste en marbre (années 1678-1681). Placé jadis dans l'escalier des Ambassadeurs, au château de Versailles. C'est sans doute celui qui se trouve actuellement au Musée de Versailles (n° 789 du catalogue d'Eud. Soulié).

Louis XIV. Buste en marbre. Collection Wallace, à Londres. Ce buste est attribué à Coyzevox.

Louis de France, Dauphin, surnommé le Grand Dauphin. Buste en marbre (années 1678-1679). Un autre buste en marbre du Grand Dauphin, que je cite plus loin, ayant figuré au Salon de 1699, j'ignore quel est celui des deux qui est placé aujourd'hui au Musée de Versailles (n° 2044 du catalogue d'Eud. Soulié).

Décoration de l'ancien escalier des Ambassadeurs, à Versailles, exécutée en collaboration de Jean-Baptiste Tuby (années 1678-1680). La part de Coyzevox dans ce travail comprenait : un *masque d'Apollon,* les *Armes de France et de Navarre,* deux grands *trophées d'armes à la gloire de Minerve et d'Hercule,* des *masques* et des *guirlandes.* Tous ces ouvrages en bronze doré ont disparu, lors de la démolition de l'escalier des Ambassadeurs, en 1752 ; ils ont été gravés par Surugue (n°s 1668 à 1671 du catalogue de la Chalcographie du Louvre).

Sculptures et ornements des quatre pavillons de l'avant-cour du château de Versailles. Ces ouvrages, en pierre, en bois et en plomb, furent payés 12.893 livres (années 1678-1680).

La Justice. Statue en pierre (année 1679). Façade du château de Versailles donnant sur la Cour de marbre.

La Force. Statue en pierre (année 1679). Même façade.

Figure d'Apollon, exécutée pour la façade du château de Versailles « qui regarde le Parterre d'eau » (année 1679).

Charles Le Brun. Buste en marbre. Musée du Louvre, n° 554. Ce buste, qui provient des salles de l'ancienne Académie de peinture et de sculpture, est le morceau de réception de Coyzevox. On y lit l'inscription suivante : C. LE BRUN, PREMIER PEINTRE DU ROI ET CHANCELIER DE L'ACADÉMIE. A. COYZEVOX FECIT 1679. PAR ORDRE DE L'ACADÉMIE. Un moulage en plâtre de cette œuvre figure au Musée de Versailles (n° 1672 du catalogue d'Eud. Soulié).

Charles Le Brun. Buste en terre cuite. Collection Wallace, à Londres.

---

1. *Antoine Coyzevox*, p. 238.

Consoles à « la face de la Cour » du château de Versailles. Payées 1.571 livres (année 1680).

Trophées en stuc à la corniche de la grande galerie du château de Versailles (année 1680).

Restauration des Termes du petit parc de Versailles. L'artiste reçut 800 livres pour ce travail (année 1680).

L'Abondance. Groupe en pierre. A gauche de l'extrémité de la grille d'entrée du château de Versailles. Ce groupe, qui à l'origine décorait une seconde grille placée à l'endroit où se trouve actuellement la statue équestre de Louis XIV, fut payé 2.832 livres (années 1681-1682). Gravé par Thomassin, n° 71.

Ouvrages de stuc pour le salon du bout de la grande galerie du château de Versailles (année 1681).

Neuf trophées de métal pour le même salon et un *bas-relief* en marbre pour la cheminée dudit salon. En collaboration de Jacques Prou (année 1682).

Deux vases en métal pour le pourtour de la pièce d'eau sous le Dragon, dans le parc de Versailles (année 1682).

Grand bas-relief en plomb et en étain. Posé au-dessus de la porte du Cabinet des bijoux, au château de Versailles. Payé 700 livres (année 1682).

Louis XIV à cheval. Bas-relief en stuc de forme ovale (année 1683). Cette œuvre décore la cheminée du Salon de la Guerre, au château de Versailles (n° 2090 du catalogue d'Eud. Soulié). Les comptes des bâtiments mentionnent encore un autre bas-relief semblable fait par l'artiste en 1715. On lit en effet à la date du 16 février 1716 : « à luy (Coyzevox), pour le nouveau modèle d'un grand bas-relief oval, représentant le roy Louis XIV à cheval, qu'il a fait en plâtre pour le sallon de la Guerre du château de Versailles en 1715.... 1.350 l. ».

Vase en marbre décoré de bas-reliefs représentant la *Prééminence de la France reconnue par l'Espagne* et la *Défaite des Turcs en Hongrie.* Ce vase, exécuté en 1684, se trouve sur la terrasse au pied du château de Versailles du côté du Nord. Gravé dans Monicart (t. II, fig. 31) et par Thomassin, n° 205.

La France triomphante écrasant l'Espagne et l'Empire. Groupe en plomb autrefois doré exécuté en collaboration de Jean-Baptiste Tuby (année 1683). La figure de l'*Empire* est de Coyzevox ; celles de la *France* et de l'*Espagne* sont de Tuby. Ce groupe orne encore l'ancien Bosquet de l'Arc de Triomphe [1], dans le parc de Versailles ; il a été restauré en 1883. Gravé par Thomassin, n° 129.

Fontaine de la Gloire. Cette fontaine, dont la décoration était due à Coyzevox d'après les dessins de Le Brun, se trouvait à Versailles dans le Bosquet de l'Arc de Triomphe. Elle n'existe plus aujourd'hui. Gravée par Thomassin, n° 131, elle est attribuée par ce dernier à Pierre Mazeline.

Arc de Triomphe élevé jadis à Versailles dans le bosquet du même nom. La décoration de ce monument était l'œuvre de Coyzevox, de Houzeau, de Legros, de Massou, de Mazeline et de Tuby.

Nymphe à la coquille. Statue en marbre (années 1683-1685). Musée du Louvre, n° 555. Provient du Bassin de Latone, dans le parc de Versailles, où elle a été remplacée il y a quelques années par une copie due au sculp-

1. Ce bosquet fut créé par Le Nôtre de 1677 à 1683.

teur Suchetet. Gravée par Thomassin, n° 48, et dans Clarac (*Musée de sculpture*, t. IV, pl. 754). Un moulage en plâtre de cette figure se trouve au Musée d'Angers.

Vénus de Médicis. Statue en marbre (années 1683-1686). Cette statue, exécutée pour Versailles, se trouvait au XVIIIᵉ siècle dans le parc de Marly.

Trois masques et coquilles pour la Colonnade du parc de Versailles (années 1683-1686). Les trois masques furent payés 450 livres.

Michel Le Tellier, chancelier de France. Buste en bronze. Musée du Louvre, n° 562. Provient de la Bibliothèque de l'abbaye de Saint-Germain-des-Prés et du Musée des Monuments français. Un moulage de cet ouvrage figure au Musée de Versailles (n° 2837 du catalogue d'Eud. Soulié). M. Henry Jouin a omis de mentionner ce buste parmi les œuvres de l'artiste.

Michel Le Tellier, chancelier de France. Buste en marbre. Bibliothèque de Sainte-Geneviève. Duseigneur [1] dit que Coyzevox a exécuté quatre bustes du chancelier Le Tellier ; deux seraient donc perdus.

François-Michel Le Tellier, marquis de Louvois, homme d'État, mort en 1691. Buste mentionné par M. Henry Jouin [2] d'après Fermelhuis.

Charles-Maurice Le Tellier, archevêque de Reims. Buste en marbre. Bibliothèque Sainte-Geneviève, à Paris. Un moulage de ce buste se trouve au Musée de Versailles (n° 5843 du catalogue d'Eud. Soulié).

Charles de Sainte-Maure, marquis, puis duc de Montausier, gouverneur du Dauphin. Buste cité par M. Henry Jouin [3] d'après Fermelhuis.

Marie-Thérèse d'Autriche, reine de France. Buste (années 1684-1685).

Deux chapiteaux d'ordre ionique pour la Salle des gardes du roi, au château de Versailles (année 1684-1687).

Ouvrages de sculpture en plâtre au plafond du salon au bout de la grande galerie du château de Versailles (année 1685).

La Dordogne. Groupe en bronze. Parterre d'Eau, dans le parc de Versailles. Gravé par Thomassin, n° 159.

La Garonne. Groupe en bronze. Parterre d'Eau, dans le parc de Versailles. Gravé par Thomassin, n° 158. Ce groupe et le précédent ont été fondus par les Keller en 1688. Les modèles [4], exécutés en 1686, furent payés à l'artiste 2.800 livres.

Vénus accroupie ou *Vénus pudique*. Statue en marbre. Signée : A. Coyzevox 1686. Musée du Louvre, n° 556. Provient du Parterre du Nord, dans le parc de Versailles, d'où elle a été transportée au Louvre le 26 septembre 1871. Gravée par Thomassin, n° 45, et dans Clarac (*Musée de sculpture*, t. IV, pl. 629). Un bronze de cette statue, par les Keller, qui se trouvait dans le jardin des Tuileries, a remplacé à Versailles l'œuvre originale de Coyzevox.

Monument de Colbert. — *Jean-Baptiste Colbert, marquis de Seignelay*, mort en 1683. Statue en marbre [5]. *L'Abondance*. Statue en marbre. Ces

1. *Revue universelle des arts*, t. I, p. 46.
2. *Antoine Coyzevox*, p. 243.
3. *Idem*, p. 244.
4. M. H. Jouin, dans son ouvrage sur Coyzevox (p. 211), n'a pas reconnu ces modèles comme étant ceux de la Dordogne et de la Garonne ; il en a fait à tort des œuvres très différentes.
5. Un moulage de cette statue est placé au Musée de Versailles.

deux statues décorent le tombeau de Colbert élevé, d'après les dessins de Le Brun, dans la chapelle Saint-Louis de Gonzague de l'église Saint-Eustache, à Paris. La statue de *la Fidélité* faisant partie du même monument est l'œuvre de Tuby qui était aussi l'auteur de l'ange tenant un livre ouvert devant Colbert ; cette dernière figure a disparu à la Révolution. Ce mausolée, transporté le 25 février 1794 au Musée des Petits-Augustins, a été rendu à l'église de Saint-Eustache le 15 mars 1817. Il est gravé dans le Musée des Monuments français (t. V, pl. 188, n° 205, p. 100). On en possède le devis daté du 20 mai 1685 ; il se monte à 17.000 livres.

Louis XIV. Buste en marbre. Musée de Dijon. Ce buste, commandé par le Parlement de Bourgogne en 1686 pour orner la salle des États, fut payé 2.500 livres. Le catalogue du Musée, n° 1023, l'attribue faussement à Girardon.

Sept bas-reliefs représentant des Génies, des Amours, des Naïades, des Nymphes et des Sylvains pour la Colonnade du parc de Versailles (années 1686-1687).

Chapiteaux en marbre pour Trianon. Payés 1.585 livres (années 1687-1688).

Louis II de Bourbon, dit le Grand Condé. Buste en bronze. Musée du Louvre, n° 557. Ce buste a été commandé à Coyzevox par le prince de Conti, comme le prouve le document suivant : « Il est ordonné au sieur Bauger, trésorier général de notre maison, de payer à *Cozvox*, sculpteur, la somme de seize cents livres pour un buste en bronze de feu M. le Prince, nostre oncle, qu'il a fait pour nous, et en rapportant la présente ordonnance avec quittance dudit Cozvox, ladite somme de 16.000 l. sera allouée à notre trésorier en la dépense de ses comptes de la présente année. Fait à Paris, ce 21 septembre 1688. Signé : François de Bourbon. »

Le Grand Condé. Médaillon en bronze doré décorant le dessus de la cheminée de la galerie des Batailles, au château de Chantilly. Ce médaillon, soutenu par un génie, surmontait le catafalque de Condé lors de la cérémonie à Notre-Dame de Paris (année 1686). Une réplique de ce médaillon, en bronze non doré, se trouve dans la collection de M. Pierre Decourcelle, à Paris.

Le Grand Condé. Buste en terre cuite placé sur la cheminée de la Bibliothèque du château de Chantilly. M. H. Jouin [1], dans la liste des ouvrages de Coyzevox, a omis ce buste et le médaillon précédent, mais il a mentionné, comme étant de l'artiste, un buste en marbre du Grand Condé qui, après avoir fait partie à la Révolution du Musée des Monuments français, a été restitué à Chantilly en 1816. Il faut retrancher ce buste des œuvres du maître, car M. Jouin a été induit en erreur par Alexandre Lenoir, ce dernier ayant attribué à tort à Coyzevox un marbre dû à Jérôme Derbais.

Le Grand Condé. Buste en marbre. Collection du baron Lambert de Rosthschild, à Bruxelles. Ce buste, attribué à Coyzevox, a figuré à l'Exposition d'art français à Bruxelles en 1904.

Le Grand Condé. Statue en marbre érigée à Chantilly en 1690 au centre du jardin, puis transportée en 1735 sur l'escalier du château. Décapitée pendant la Révolution, elle a repris sa place première à Chantilly après

1. *Antoine Coyzevox*, p. 238.

avoir eu la tête refaite par le sculpteur Louis-Pierre Deseine [1]. Elle avait
été commandée à Coyzevox par Henri-Jules de Bourbon, fils du prince de
Condé. Un moulage en plâtre de cette statue figure au Musée de Versailles
(n° 1335 du catalogue d'Eud. Soulié).

Jean-Baptiste Lulli, mort en 1687. Buste en bronze (année 1688). Il surmonte le mausolée du compositeur, œuvre de Michel Cotton, placé à
l'église Notre-Dame-des-Victoires dans la chapelle de Saint-Jean l'Évangéliste. Il est gravé dans le *Musée des Monuments français* (t. V, pl. 189,
n° 202, p. 102).

Louis XIV en pied, vêtu à la romaine. Statue en bronze érigée le 14 juillet
1689 dans la cour de l'Hôtel de Ville de Paris, en face la porte principale,
pour remplacer un groupe en marbre, figurant *Louis XIV terrassant la
Fronde*, par Gilles Guérin [2], qui se trouve aujourd'hui au château de
Chantilly. Transportée au moment de la Révolution dans le magasin de
la ville, au Roule, la statue de Coyzevox fut ramenée à la fin de 1814 à
l'Hôtel de Ville, après avoir subi une restauration [3] due au sculpteur
Dupasquier et au fondeur Thomire. Ayant échappé à l'incendie de 1871,
elle orne maintenant la cour d'honneur du Musée Carnavalet. Elle a été
gravée par Pierre Lepautre. Deux bas-reliefs en marbre représentant l'un,
La Religion triomphant de l'Hérésie, et l'autre, *Le roi distribuant des ali-
ments aux pauvres pendant la famine de 1662*, décoraient jadis son
piédestal ; ils ont disparu.

Louis XIV. Statue placée le 7 août 1697 sur la terrasse du château d'Ivry,
près Paris. C'était une réplique de la précédente.

Louis XIV. Statuette en bronze. Modèle de la statue érigée à l'Hôtel de
Ville. Elle figura pendant la Révolution au Musée des Monuments français et fut volée dans la salle du xviiᵉ siècle du 5 au 6 janvier 1800.

Henry de Fourcy, comte de Chessy, prévôt des marchands de Paris. Médaillon en bronze ornant jadis le piédestal de la statue de Louis XIV érigée à
l'Hôtel de Ville. Un plâtre de ce médaillon se trouve au Musée de Versailles (n° 1899 du catalogue d'Eud. Soulié).

Les Echevins de Paris, en charge en 1689. Médaillons en bronze exécutés
pour l'Hôtel de Ville [4].

Gérard Audran, graveur. Buste. Cette œuvre est connue par une gravure de
Nicolas-Gabriel Dupuis [5].

Louis XIV. Buste en marbre. Ce buste, provenant de Versailles, était
signé de Coyzevox et daté de 1690 ; il se trouvait en la possession du
peintre Philippe-Auguste Hennequin, en 1807. Alexandre Lenoir, à cette
époque, en proposa vainement l'achat au Ministre de l'Intérieur. On ignore
ce qu'il est devenu.

Ornements du fronton du portail de l'église des Invalides (année 1691).

La Justice. Statue en pierre. Fronton de l'église des Invalides (année 1691).

La Tempérance. Statue en pierre. Fronton de la même église (année 1691).

---

1. Né en 1750, mort en 1822.

2. *Dictionnaire des sculpteurs de l'École française du Moyen Age au règne de
Louis XIV*, p. 246.

3. Cette restauration coûta 18.820 francs.

4. *Mémoires inédits des Académiciens*, t. II, p. 36.

5. H. Jouin, *Antoine Coyzevox*, p. 240.

La Prudence. Statue en pierre. Fronton de la même église (année 1691).

La Force. Statue en pierre. Fronton de la même église (année 1691). Tous ces ouvrages furent payés à l'artiste 2.400 livres.

Monument de Mazarin. Sculpté par Coyzevox avec la collaboration d'Étienne Le Hongre et de Jean-Baptiste Tuby. — *Statue de Mazarin et un ange tenant un faisceau.* Groupe en marbre. Sur le socle est gravé : A. Coyzevox, f. 1692. — *La Prudence, la Paix et la Fidélité.* Statues en bronze assises au-dessous du sarcophage. Sur l'aviron qui sert d'attribut à la figure de la *Prudence,* est écrit : A. Coyzevox, f. 1692. — *La Religion* et la *Charité.* Hauts-reliefs en marbre qui servaient de supports aux armoiries du cardinal, au faîte du monument. Le marché pour l'exécution de ce mausolée, érigé autrefois dans l'église du Collège des Quatre-Nations, est daté du 11 juin 1689. Le prix fut de 40.000 livres. Achevé et mis en place le 24 février 1693, le tombeau fut transféré à la Révolution au Musée des Monuments français, puis au Musée de Versailles et enfin au Musée du Louvre, n° 152. Gravé par Olesczynski.

Monument de François d'Argouges. — *La Justice soutenant le médaillon de François d'Argouges,* premier président du Parlement de Bretagne, l'un des exécuteurs testamentaires d'Anne d'Autriche, mort en 1691. Bas-relief en marbre. Musée de Versailles (n° 1898 du catalogue d'Eud. Soulié). Ce bas-relief, placé autrefois à Paris dans l'église de Saint-Paul, fit partie pendant la Révolution du Musée des Monuments français, n° 527.

Monument de Le Brun, peintre, graveur et architecte, mort en 1690. Ce monument, consacré à la mémoire du peintre par sa veuve Suzanne Butay, se trouve à l'église Saint-Nicolas-du-Chardonnet dans la chapelle Saint-Charles. Aux angles du soubassement sont assises deux figures en marbre symbolisant l'une la *Peinture* et l'autre la *Religion.* Le buste de Le Brun, en marbre, est posé au pied d'un obélisque que surmontait jadis une fleur de lis de bronze doré. Plusieurs parties du monument, telles que des armoiries, des guirlandes et deux génies tenant des torches renversées, ont aujourd'hui disparu. Ce tombeau, qui a figuré pendant la Révolution au Musée des Monuments français, n° 203, a repris sa place primitive en 1816. Gravé dans le *Voyage pittoresque de Paris* par d'Argenville, p. 250.

Cheminée en marbre. En 1693, Coyzevox sculpta une cheminée en marbre dans une maison de la rue de Grenelle, à Paris, pour Louis-Hyacinthe d'Autecourt, abbé de Conque, aumônier de la feue reine. C'est ce que nous apprend un acte daté du 26 février 1694 par lequel l'artiste réclame pour son travail la somme de 417 livres 10 sous.

François de Créqui, marquis de Marines, maréchal de France, mort en 1687. Buste en marbre. Aujourd'hui dans la chapelle des Monuments, à l'église Saint-Roch. Ce buste est un fragment de la statue sculptée par Coyzevox, en 1695, pour le mausolée que la veuve du maréchal, Catherine du Plessis-Bellière, fit ériger à son mari dans l'église des Jacobins Saint-Honoré. Les autres parties du tombeau, détruites à la Révolution, étaient dues à Nicolas Coustou et à Jean Joly. Le buste de François de Créqui a figuré au Musée des Monuments français, n° 243.

Louis XIV. Statue équestre en bronze. Cette statue commandée à l'artiste par les États de Bretagne, moyennant 90.000 livres pour la statue et 30.000 livres pour le piédestal, fut achevée en 1695, puisqu'elle est repro-

9

duite sur les jetons frappés cette même année à l'occasion de la tenue des
États. Destinée d'abord à la ville de Nantes, puis réclamée par la municipalité de Rennes, elle fut érigée dans cette dernière ville en 1726, six ans
après la mort de Coyzevox. Elle a été détruite à la Révolution ; seuls les
bas-reliefs du piédestal représentant l'un, *La France qui conduit le char
de Neptune*, et l'autre, *L'Audience donnée par le roi à l'ambassadeur de
Siam*, ont été conservés et sont déposés au Musée de Rennes. Cette statue
a été gravée par Simon Thomassin en 1699.

Charles d'Ailly, duc de Chaulnes, gouverneur général de Bretagne, mort en
1696. Buste mentionné par M. Henry Jouin [1] d'après Fermelhuis.

Monument de Ferdinand de Furstenberg. Ce tombeau en stuc doré se trouvait avant la Révolution, à Paris, dans l'église de Saint-Germain-des-
Prés [2].

Vase en marbre pour le parc de Marly. Payé 850 livres (années 1697-1698).

Louis Boucherat, chancelier de France. Buste mentionné par M. Henry
Jouin [3], d'après Fermelhuis.

Sculptures aux quatre panneaux de l'une des voûtes des chapelles de l'église
des Invalides. Ces ornements en pierre, exécutés en collaboration de Joly,
de Mélo et de Tuby, furent payés 2.100 livres (années 1693-1699).

Saint Athanase et *Saint-Grégoire de Nazianze*. Statues en pierre, placées
à la hauteur de l'attique sur la façade de l'église des Invalides (années
1698-1699).

Louis XIV. Buste en bronze. Salon de 1699. M. Henry Jouin [4] mentionne
un buste en bronze de Louis XIV par Coyzevox qui a été présenté à l'Administration des Musées du Louvre le 25 mars 1854 et le 19 janvier 1863.
C'était peut-être l'œuvre exposée en 1699.

Marie-Thérèse, reine de France. Buste en marbre. Salon de 1699.

Le Grand Dauphin. Buste en marbre. Salon de 1699.

Portrait de femme. Buste en marbre. Salon de 1699.

Edouard Colbert, marquis de Villacerf, surintendant des bâtiments du roi,
mort en 1699. Médaillon en marbre. M. Henry Jouin [5] cite cette œuvre
d'après Alexandre Lenoir ; mais celui-ci a peut-être pris pour un ouvrage
de Coyzevox le médaillon d'Edouard Colbert, par Nicolas Coustou, qui se
trouvait avant la Révolution dans l'église des Minimes.

Mathieu Prior, poète anglais et diplomate. Buste en marbre. Offert par
Louis XIV à Prior, alors que ce dernier était secrétaire de l'ambassade
d'Angleterre en France en 1699-1700, ce buste est aujourd'hui sur le tombeau du poète à l'abbaye de Westminster.

Jean Racine, poète. Buste mentionné par M. Henry Jouin d'après Alexandre Lenoir [6].

Ange au casque. Bas-relief en pierre (années 1700-1701). Cette figure décore
l'arcade de la chapelle Saint-Augustin dans l'église des Invalides.

Monuments d'André Le Nôtre, contrôleur des bâtiments du roi. Ce monu-

---

1. *Antoine Coyzevox*, p. 136.
2. PIGANIOL DE LA FORCE, *Description de Paris*, t. VIII, p. 58-61.
3. *Antoine Coyzevox*, p. 235.
4. Idem, p. 186-187.
5. *Antoine Coyzevox*, p. 250.
6. *Musée des Monuments français*, t. V, p. 51, n° 295.

ment fut érigé vers 1700, dans la chapelle Saint-André, à l'église Saint-Roch. Le buste en marbre de Le Nôtre a fait partie pendant la Révolution du Musée des Monuments français, n° 296 : à la Restauration, il a été rendu à l'église Saint-Roch, où il se trouve aujourd'hui.

La Renommée. Groupe en marbre (années 1701-1702).

Mercure. Groupe en marbre (années 1701-1702).

Ces deux figures équestres, décorant l'entrée du Jardin des Tuileries du côté de la place de la Concorde, sont taillées dans des blocs de marbre blanc de 4 mètres de haut. Placées en 1702 sur la terrasse de l'Abreuvoir de Marly, elles furent transportées à Paris le 7 janvier 1719. Payées 40.000 livres, elles ont été exécutées par l'artiste dans l'espace de deux ans, ainsi que l'atteste l'inscription suivante gravée au pied du cheval monté par *Mercure* :

> ANTONIUS COYZEVOX. LUGD. SCUL. REG. FECIT 1702
> LES DEVX GROVPES ONT ESTE FAITES EN DEVX ANS.

Ces œuvres ont subi diverses restaurations : les pieds de devant des chevaux ont été refaits et la queue du cheval de Mercure, brisée par un éclat d'obus le 22 mai 1871, a été rapportée. La *Renommée* et le *Mercure* sont gravés dans Clarac (*Musée de sculpture*, t. III, p. 373).

Le Grand Condé. Buste. Salon de 1704. Ce buste était peut-être un des deux que j'ai cités plus haut.

Robert de Cotte, architecte. Buste en marbre. Bibliothèque de Sainte-Geneviève. Ce buste a figuré au Salon de 1704. On en voit un moulage en plâtre au Musée de Versailles (n° 799 du catalogue d'Eud. Soulié).

Madame de la Ravois. Buste. Salon de 1704.

Le chevalier de la Vallière. Buste. Salon de 1704.

Henri de La Tour d'Auvergne, vicomte de Turenne, maréchal de France. Buste. Salon de 1704.

M. Henry Jouin [1] cite encore un buste en marbre de Turenne, mentionné par Alexandre Lenoir comme une œuvre de Coyzevox, qui se trouvait en 1796 au Dépôt de Nesle. Peut-être Lenoir a-t-il fait erreur en prenant pour une œuvre de l'artiste un buste de Turenne par Jérôme Derbay, buste qui a été restitué à Chantilly en 1816 ?

Sébastien Le Prestre de Vauban, maréchal de France. Buste. Salon de 1704. Un buste en marbre de Vauban appartenant à M. Michel Ephrussi a figuré l'Exposition universelle de 1900 ; il est possible que ce soit le même buste.

Vauban. Buste en marbre. Musée de Versailles (n° 1897 du catalogue d'Eud. Soulié). Signé : A. COVZEVOX F.

Vauban. Buste en terre cuite. Ce buste, faisant partie de la collection de M. de La Live de Jully, a été vendu au prix de 31 livres le 5 mars 1770.

Monument de Nicolas de Bautru, marquis de Vaubrun, lieutenant général des armées du Roi, et de sa femme, *Marguerite-Thérèse Bautru.* Ce monument, orné de statues en marbre des deux époux, d'un bas-relief en plomb doré représentant *le Passage du Rhin au pont d'Attenheim* et d'une Victoire en marbre, est érigé dans la chapelle du château de Ser-

---

1. *Antoine Coyzevox*, p. 246.

rant (Maine-et-Loire) appartenant au duc de La Trémoille. Il a été exécuté en 1705.

Saint Charlemagne. Statue en marbre. Payée 5.500 livres (années 1700-1706). Portail de l'église des Invalides. Cette statue, qui a fait partie à la Révolution du Musée des Monuments français, n° 210, a été rendue à l'église en 1809. Elle est signée : A. Coyzevox, 1706.

Le Rhône. Statue en marbre. Musée du Louvre, n° 558. Cette statue est signée : A Coyzevox ; elle provient des Jardins de Saint-Cloud.

Marie Serre, mère du peintre Rigaud. Buste en marbre. Musée du Louvre, n° 559. Provient des salles de l'ancienne Académie de peinture et de sculpture, puis du Musée des Monuments français. Au-desssus du buste est écrit : MARIE SERRE, MÈRE DE HYACINTHE RIGAUD FAIT PAR COYZEVOX EN 1706.

Gérard Edelinck, graveur. Buste en terre cuite [1].

Neptune irrité. Groupe en marbre (années 1703-1707). Provient du parc de Marly, d'où il fut enlevé le 17 juillet 1795. Transporté à Brest en 1801, il décore aujourd'hui dans cette ville le cours Dajot.

La Seine. Groupe en marbre (années 1703-1707). Provient également du parc de Marly. Entré au Musée des Monuments français en 1796, il fut donné en 1801 à la ville de Brest ; il est placé comme le précédent sur le cours Dajot.

Triomphe d'Amphitrite. Groupe en marbre (années 1703-1707). Érigé à Brest sur l'Esplanade, dans le port de guerre. Il provient aussi du parc de Marly.

La Marne. Groupe en marbre (années 1703-1707). Ce groupe ornait la Cascade du parc de Marly.

Monument de Jules Hardouin-Mansard, architecte, surintendant des bâtiments du roi. Coyzevox exécuta en 1708 pour l'église Saint-Paul, à Paris, un médaillon en marbre de Mansard. Cette œuvre qui surmontait l'épitaphe du défunt, après avoir fait partie pendant la Révolution du Musée des Monuments français, n° 299, a été déposée dans un des magasins de l'église de Saint-Denis.

Jules Hardouin-Mansard. Buste mentionné par Fermelhuis [2]. Ce buste se trouve à la Bibliothèque de Sainte-Geneviève, à Paris.

Le duc d'Antin. Buste en marbre [3]. Autrefois au Louvre dans le salon de l'Académie royale de peinture et de sculpture. Coyzevox s'était engagé envers l'Académie, le 4 août 1708, à exécuter ce buste à ses frais.

Un berger et un petit satyre. Groupe en marbre. Musée du Louvre, n° 560. Provient de Marly, puis du Jardin des Tuileries, où il fut transporté au dernier siècle. Il est entré au Louvre le 28 septembre 1870. Il est signé : A. Coyzevox. F. 1709. Gravé dans Clarac (*Musée de sculpture,* pl. 381).

Flore. Groupe en marbre (années 1708-1712). Jardin des Tuileries. Ce groupe se trouvait autrefois dans le parc de Marly. Gravé dans Clarac (*Musée de sculpture,* pl. 379).

Hamadryade. Groupe en marbre (années 1708-1712). Jardin des Tuileries. Ce groupe, comme les précédents, ornait jadis le parc de Marly. Gravé dans Clarac (*Musée de sculpture,* pl. 380).

1. *Mémoires inédits des Académiciens,* t. II, p. 38.
2. *Éloge de Coyzevox,* p. 34.
3. M. Henry Jouin a omis ce buste dans la liste des œuvres du maître.

Deux centaures. Ces statues étaient placées sur les deux piliers de l'avant-cour du château de Plessis-Pâté, près de Monthléry, appartenant alors au comte de Sebbeville (année 1709).

Marie-Adélaïde de Savoie, duchesse de Bourgogne. Statue en marbre. Musée du Louvre, n° 561. Provient des jardins du duc d'Antin, à Petit-Bourg, puis du Musée des Monuments français et du Grand Trianon, où elle resta jusqu'en 1850, date de son entrée au Louvre. Elle est signée sur le socle au-dessous du pied gauche : A. Coyzevox, 1710 AD VIVVM. Gravée dans Clarac (*Musée de sculpture*, t. III, pl. 368).

Marie-Adélaïde de Savoie. Buste en marbre. Musée de Versailles, chambre de Louis XIV (n° 2170 du catalogue d'Eud. Soulié). Derrière le buste est gravé : A. Coyzevox AD VIVVM, F. 1710.

Achille de Harlay, comte de Beaumont, président au Parlement de Paris. Buste mentionné par Fermelhuis [1].

Antoine Coypel, peintre et graveur. Buste en marbre (année 1706 ou 1711). Ce buste, d'après M. Henry Jouin [2], appartenait à M. Augustin Dumont, statuaire, membre de l'Institut, mort en 1884.

Monument de Henri de Lorraine, comte d'Harcourt, grand écuyer de France. Ce monument, érigé dans l'abbaye de Royaumont entre Beaumont-sur-Oise et Luzarches, était orné d'un groupe en marbre représentant le comte d'Harcourt couronné par la Victoire et d'un bas-relief en plomb doré représentant la *Prise de Turin.* Commencé en 1704, il fut achevé en 1711 pour le prix de 18.000 livres. Il a disparu lors de la destruction de l'abbaye. Gravé dans Millin (*Antiquités Nationales*, t. II, art. XI, pl. II, p. 5). M. Henry Jouin [2] attribue encore à Coyzevox le monument des d'Harcourt placé avant la Révolution, à Paris, dans la nef de l'église des Feuillants de la rue Saint-Honoré. Ceci est une erreur, car ce monument est l'œuvre de Nicolas Renard.

Castor et Pollux. Groupe en marbre d'après l'antique. Signé : A. Coyzevox, 1712. Demi-Lune en avant du Tapis-Vert, dans le parc de Versailles.

François du Vaucel, conseiller secrétaire du roi et fermier général, mort en 1739. Buste en marbre. Collection de M. Jacques Doucet, à Paris.

Madame du Vaucel. Buste en marbre. Signé : A. Coyzevox 1712. Même collection. Ce buste et le précédent proviennent du château de La Norville, près d'Arpajon (Seine-et-Oise).

Le Silence et *la Modestie.* Modèles de statues destinées au salon de la chapelle du château de Versailles (années 1712-1713).

Emmanuel-Théodore de la Tour d'Auvergne, dit le cardinal de Bouillon. Buste mentionné par Fermelhuis [4].

Louis XIV offrant le vœu de Louis XIII à la patronne de Paris. Statue en marbre placée à gauche de la Descente de croix, œuvre de Nicolas Coustou, au fond du chœur de Notre-Dame de Paris. Cette statue, achevée en 1716, fut payée 8.100 livres ; elle fit partie pendant la Révolution du Musée des Monuments français. Rendue à l'église en 1816, puis enlevée une seconde fois en 1835 pour décorer la chapelle de Versailles, rame-

---

1. *Éloge de Coyzevox*, p. 34.
2. *Antoine Coyzevox*, p. 240.
3. *Antoine Coyzevox*, p. 228.
4. *Éloge de Coyzevox*, p. 34.

née ensuite au Louvre sous la seconde République, elle a enfin été restituée à Notre-Dame vers 1860.

Huit groupes d'Enfants en plomb. Autrefois à Marly.

Monument de la chancelière d'Aligre. Ce monument placé autrefois, à Paris, dans l'hôpital de la Miséricorde derrière la Pitié, était orné d'une statue à genoux représentant *le Génie de la Religion*.

Monument de Jacques O'Rourske Cousen, baron de Courchamps. Autrefois, dans l'église de Saint-Germain-des-Prés. Détruit à la Révolution.

Diane. Statue. Cette œuvre est citée par M. Henry Jouin [1], d'après l'inventaire de la Du Barry au château de Louveciennes mentionnant, sous le nº 54 : « Une *Diane* un peu mutilée par Coisevaux, située dans le jardin dudit château ».

Charles II de Cossé, comte, puis duc de Brissac, maréchal de France. Buste en marbre cité par M. Henry Jouin [2] d'après une lettre d'Alexandre Lenoir datée du 19 septembre 1796.

Jean-Baptiste de Fermelhuis, médecin, ami et biographe de Coysevox. Buste en marbre. Un buste de Fermelhuis par Coyzevox, d'après les archives du Louvre, aurait été proposé au Musée le 8 mars 1850. C'était sans doute le même que celui qui est cité dans l'*Eloge* de l'artiste [3].

Le cardinal Louis-Antoine de Noailles. Buste en marbre. M. Henry Jouin [4] cite cet ouvrage comme étant signalé par Fermelhuis ; je n'en ai cependant pas trouvé trace dans l'*Eloge* de Coyzevox (édition de 1721). Un moulage de ce buste, placé au Musée de Versailles, est également catalogué par Eudore Soulié (nº 2 856) comme une œuvre de l'artiste.

Le duc de Richelieu. Buste mentionné par Fermelhuis [5].

Le Régent Philippe d'Orléans. Buste en marbre. Musée d'Amiens. Ce buste, exécuté sans doute vers 1715, provient d'une vente faite en 1852 au château d'Albert (Somme).

Le Cardinal de Polignac. Buste en marbre. Ce buste mentionné par Fermelhuis est signé : Coyzevox f. 1718. Il se trouve aujourd'hui au château de Canappeville, près de Louviers (Eure), château appartenant au duc de Polignac.

Claude-Louis Hector, duc de Villars, maréchal de France. Buste. Cette œuvre est signalée par Fermelhuis [6].

Quatre personnages inconnus. Bustes en marbre. Ces bustes se trouvaient avant la Révolution au château de Plessis-Pâté, près de Montlhéry.

Empereurs, Capitaines, Orateurs et Philosophes. Bustes d'après l'antique qui, d'après Fermelhuis [7], étaient dispersés dans plusieurs cours de l'Europe.

Bas-reliefs ornant jadis, selon Piganiol [8], la maison de feu Le Juge, fermier général, située à Paris, rue du Grand-Chantier, au coin de la rue des Quatre-Fils.

1. *Antoine Coyzevox*, p. 234.
2. Idem, p. 236.
3. *Eloge de Coyzevox*, p. 33.
4. *Antoine Coyzevox*, p. 244.
5. *Éloge de Coyzevox*, p. 34.
6. *Eloge de Coyzevox*, p. 34.
7. Idem, p. 35.
8. *Description de Paris*, t. IV, p. 35.

Louis XV. Buste en marbre. Musée de Versailles (n° 2171 du catalogue d'Eud. Soulié). Trois autres bustes de Louis XV ont été sculptés par Coyzevox : le premier fut présenté au Régent, le second appartenait à la duchesse de Ventadour, gouvernante du roi, et enfin le troisième représentant Louis XV à l'âge de sept ans était la propriété de M. du Puy, maître des requêtes et avocat général du grand conseil.

La Vierge et l'Enfant Jésus. Groupe en marbre. Église Saint-Paul-Saint-Louis, à Paris. Ce groupe est attribué à Coyzevox.

Vierge. Statue en marbre. Cette statue, désignée par Lenoir comme une œuvre de Coyzevox, fut remise en 1802 à l'ancienne église des Jésuites située autrefois, à Paris, rue du Pot-de-Fer, entre les rues Honoré-Chevalier, Mézières et Cassette. C'est peut-être la même Vierge que la précédente.

La Vierge couronnée par l'Enfant Jésus. Bas-relief en marbre. Ce bas-relief attribué à Coyzevox décore l'autel de la Vierge dans l'église de Sceaux. Il provient de la maison des Sulpiciens, à Issy.

Licorne terrassant un dragon. Groupe en pierre.

Molosse étranglant un loup. Groupe en pierre. Ce groupe et le précédent ornent les piédestaux de la première grille du château de Sceaux [1].

Antoine Coyzevox. Buste en marbre. Musée de la Comédie-Française. Ce buste, portant une inscription qui le désigne comme le portrait de Lulli, représente au contraire le sculpteur lui-même. Il a été offert à la Comédie-Française, le 18 juillet 1816, par M. Dubief.

Apothéose de Jupiter et *Apothéose de Junon.* Groupes en marbre. Ces deux groupes qui ont figuré à la vente San Donato, le 24 mars 1870, auraient été achetés par la baronne douairière James de Rothschild pour la somme de 41.000 fr.

GUÉRIN, *Description de l'Académie royale de peinture et de sculpture*, 1715, p. 50, 51, 136, 187. — FERMELHUIS, *Éloge funèbre de M. Coyzevox, sculpteur du Roy*, 1721. — Simon THOMASSIN, *Recueil de figures, groupes, etc., du château et du parc de Versailles*, 1724, pl. 39, 45, 47, 129, 158, 159, 205. — D'ARGENVILLE, *Voyage pittoresque de Paris*, 1752, p. 9, 55, 58, 110, 147, 170, 181, 247, 250, 263, 335, 357, 358, 374. — Idem, *Voyage pittoresque des environs de Paris*, 1762, p. 153. — A. N. D'ARGENVILLE, *Vies des fameux sculpteurs*, 1787, p. 234-246. — PIGANIOL DE LA FORCE, *Nouvelle description des châteaux et parcs de Versailles et de Marly*, 1764, t. I, p. 13, 17, 18, 20, 172 ; t. II, p. 6, 14, 55, 84, 165, 186, 198, 274, 275, 283, 293. — Idem, *Description historique de la ville de Paris*, 1765, t. I, p. 327 ; t. II, p. 228, 380, 383, 423 ; t. III, p. 181, 182 ; t. IV, p. 99, 170, 171, 365 ; t. V, p. 326 ; t. VIII, p. 58, 223 ; t. IX, p. 259, 279, 489, 492, 493. — L'abbé DE FONTENAI, *Dictionnaire des artistes*, 1776, t. I, p. 445, 446. — THIERY, *Guide des amateurs et des étrangers à Paris*, 1787, t. I, p. 251, 694. — J. JURIE, *Notice sur A. Coyzevox* (*Archives historiques du département du Rhône*, 1825). — PASSERON, *Notice sur Antoine Coyzevox* (*Revue du Lyonnais*, août 1835).— MIEL, *Encyclopédie des gens du monde*, t. VII, p. 196-197. — *Mémoires inédits sur la vie et les ouvrages des membres de l'Académie royale de peinture et de sculpture*, 1854, t. II, p. 33-39. — J. DUSEIGNEUR, *Coyzevox et ses ouvrages* (*Revue universelle des arts*, t. I, 1855, p. 34-49). — *Archives de l'art français. Abécédario de Mariette*, t. II, 1853-1854, p. 37 ; *documents*, t. IV, 1856, p. 169, 176 ; t. V, 1857-

---

1. V. ADVIELLE, *Histoire de la ville de Sceaux*, 1883, p. 197.

1858, p. 223-264 ; 2ᵉ série, t. II, 1862, p. 158-159. — Eudore Soulié, *Notice du Musée impérial de Versailles*, 1ʳᵉ partie, 1859, p. 1, 2, 56, 217, 218, 219, 225, 410, 522, 523 ; 2ᵉ partie, 1860, p. 62, 68, 136, 137, 155, 157, 202, 204, 215, 392, 394, 396 ; 3ᵉ partie, 1861, p. 500, 503, 506, 508, 510, 516. — A. Jal, *Dictionnaire critique de biographie et d'histoire*, 1872, p. 451-452. — Herluison, *Actes d'état civil d'artistes français*, 1873, p. 94-95. — *Nouvelles archives de l'art français*, 1873, p. 81, 108, 114, 125-127 ; 1877, p. 493-495 ; 1880 1881, p. 83. — De Guilhermy, *Inscriptions de la France du Vᵉ siècle au XVIIIᵉ*, t. I, 1873, p. 279, 280, 293, 418, 628 ; t. II, 1875, p. 27, 41, 42, 176 ; t. V, 1883, p. 211. — L. Dussieux, *Les artistes français à l'étranger*, 1876, p. 272. — Idem, *Le château de Versailles*, 1881, t. I, p. 155, 158, 159, 160, 244, 300 ; t. II, p. 207, 219, 220, 223, 233, 238, 239, 263, 319, 320, 376, 378, 380, 381, 385, 402. — De Montaiglon, *Procès-verbaux de l'Académie royale*, t. II, 1878, p. 79, 98, 105, 129, 142 ; t. III, 1880, p. 36, 346 ; t. IV, 1881, p. 67, 303. — Ed. Deménieux, *Coyzevox*, 1882. — Henry Jouin, *Antoine Coyzevox, sa vie, son œuvre et ses contemporains*, 1883. — Natalis Rondot, *Les sculpteurs de Lyon du XIVᵉ au XVIIIᵉ siècle*, 1884, p. 48. — *Revue de l'art français*, 1887, p. 295 ; 1889, p. 301-303 ; 1891, p. 33-38. — *Inventaire général des richesses d'art de la France. Paris, monuments religieux*, t. I, 1887, p. 388 ; t. II, 1888, p. 154, 156, 227 ; t. III, 1901, p. 234, 236, 384 ; *Province, monuments civils*, t. II, 1887, p. 314. — J. Guiffrey, *Collection des livrets des anciennes expositions; Salon de 1699*, p. 12 ; *Salon de 1704*, p. 11. — Idem, *Comptes des bâtiments du roi sous le règne de Louis XIV*, t. I, 1881, col. 244, 1049, 1111, 1156, 1228, 1285 ; t. II, 1887, col. 11, 14, 16, 20, 57, 136, 138, 140, 159, 165, 168, 169, 172, 178, 181, 197, 252, 277, 278, 311, 314, 335, 390, 437, 502, 503, 567, 617, 620, 729, 735, 967, 987, 1173, 1296 ; t. III, 1891, col. 93, 218, 238, 375, 422, 502, 554, 581, 649, 729, 797, 843, 862, 934, 951, 996, 1007, 1075, 1124, 1201 ; t. IV, 1896, col. 52, 137, 188, 195, 274, 284, 330, 331, 336, 343, 385, 429, 471, 487, 517, 568, 611, 694, 727, 734, 737, 809, 846, 851, 923, 931, 956, 963, 969, 1021, 1032, 1066, 1071, 1073, 1080, 1127, 1137, 1146, 1183, 1185, 1248 ; t. V, 1901, col. 34, 40, 47, 94, 108, 143, 188, 199, 204, 208, 240, 246, 253, 295, 297, 310, 340, 347, 384, 390, 400, 403, 431, 474, 476, 487, 510, 570, 572, 582, 653, 655, 670, 695, 744, 746, 757, 839, 841, 849, 873, 929, 931. — L. Gonse, *La sculpture française*, 1895, p. 180-189. — Idem, *Les chefs-d'œuvre des Musées de France*, 1904, p. 39, 40, 145, 154, 311-312. — André Pératé, *Versailles*, 1904, passim. — De Nolhac, *Les jardins de Versailles*, 1906, p. 13, 22, 61, 83, 132.

Coyzevox (Guillaume), sculpteur né en 1652, frère d'Antoine, exerçait son art à Lyon dans la seconde moitié du XVIIᵉ siècle. Le 29 novembre 1677, il servait de parrain à son neveu Guillaume Coustou qui fut baptisé sur la paroisse Saint-Nizier.

Natalis Rondot, *Les sculpteurs de Lyon du XIVᵉ au XVIIIᵉ siècle*, 1884, p. 58. — Idem, *Revue de l'art français*, 1887, p. 298, 302.

Cressent (François), né à Amiens le 9 novembre 1663, était le fils de Charles Cressent, maître menuisier. Il commença fort jeune à s'adonner à la sculpture et obtint la maîtrise, n'ayant pas encore seize ans.

On lit en effet dans les registres aux maîtres et apprentis de la ville d'Amiens (1675-1680): « François Cressent a esté reçu mᵉ sculpteur en cette ville après qu'il a fait chef d'œuvre en la présence des esgards dud. mestier et a fait le serment au cas requis par devant monsieur le Lieutenant gnal, le treize febvrier 1679 ».

Il fit presque toute sa carrière dans sa ville natale ; cependant vers la fin de sa vie, en 1735, on le trouve occupé à Abbeville. Il reçut le titre de sculpteur du roi, travailla pour de grands personnages tels que le marquis d'Esclainvilliers et le cardinal de Polignac et exécuta dans la ville d'Amiens de nombreux ouvrages dont quelques-uns existent encore. On ignore la date de sa mort. Il était le père de Charles Cressent, le célèbre ébéniste du Régent.

ŒUVRES

Piédestal du monument de François de Vitry, dans la cathédrale d'Amiens (année 1705).

Fronton de l'ancien hôtel de la Monnaie, rue Gresset, à Amiens.

Boiseries, dans le couvent des Célestins, exécutées vers la fin du xvii° siècle. Une grande partie de ces boiseries a été utilisée dans la décoration intérieure des salles du nouveau Palais de Justice d'Amiens inauguré en 1874.

Monument funéraire de Martin Galand et de Marguerite Boistel. Autrefois, dans la chapelle de l'Oratoire, à Amiens. Cette œuvre, sculptée entre 1705 et 1710, est connue sous le nom de *l'Enfant aux bulles de savon* [1] ; elle se trouve aujourd'hui dans l'église de Saint-Vulfran, à Abbeville, mais l'épitaphe primitive a été remplacée par celle de Gabriel Briet, seigneur de Neuvillette.

Gloire, statues et tabernacles, dans la chapelle de l'hospice Saint-Charles, à Amiens.

Louis, duc d'Orléans, gouverneur du Dauphiné, fils du Régent. Buste en plâtre. Musée de Versailles (n° 479 du catalogue d'Eudore Soulié). Ce buste, dont il existe dans le même musée une copie en marbre faite par Valois, est-il bien de François Crescent comme le prétend Bellier de la Chavignerie ? Ne serait-il pas plutôt l'œuvre de son fils Charles Cressent qui a exécuté un buste en bronze du même personnage, buste placé aujourd'hui, à Paris, à la Bibliothèque Sainte-Geneviève ?

Statues provenant de l'ancienne église des Carmes, à Amiens. Aujourd'hui dans l'église de Conty (Somme).

Sainte Geneviève. Statue. Autrefois dans le couvent des religieuses de la Providence d'Amiens. Cette figure, transformée pendant la Révolution en Liberté et en déesse Raison, se trouve maintenant à la cathédrale.

Deux Anges supportant jadis la tribune de la chapelle de l'Oratoire, à Amiens. Ces Anges, paraît-il, ont été vendus par les religieuses du Sacré-Cœur, en 1886 ou 1887, à un collectionneur qui les a emportés en Angleterre.

Monument des chanoines Houlon. Autrefois dans la cathédrale d'Amiens.

Tombeau de la famille Creton. Autrefois au cimetière Saint-Denis, à Amiens.

Sainte Catherine et saint Augustin. Statues en bois.

1. Cette œuvre a été attribuée à tort à Nicolas Blassel,

Saint Charles Borromée. Statue en pierre. Cette statue et les précédentes se trouvaient jadis dans l'abbaye de Saint-Jean, à Amiens.

Stalles de l'abbaye de Corbie (Somme), commandées par le cardinal de Polignac.

Un Ecce Homo. Église Saint-Germain [1], à Amiens.

Chaire, dans l'église des Jacobins d'Amiens.

Vierge sculptée pour le Collège d'Amiens.

Monument funéraire de Jean Palyart, bourgeois et marchand de la ville. Autrefois au cimetière Saint-Denis, à Amiens.

Monument de la famille Boistel, sculpté vers 1711, pour l'église collégiale de Saint-Firmin-le-Confesseur, à Amiens.

Deux crucifix.

Sculptures exécutées, vers 1791, au château de Folleville (Somme) pour le marquis d'Esclainvilliers.

Anges adorateurs, autels et lambris, à Saint-Georges d'Abbeville.

Cérès et Cléopâtre. Bustes en marbre blanc ornant autrefois des maisons particulières, à Amiens.

Flore. Statue. Autrefois à la petite Hotoie, à Amiens.

Deux urnes décorant un jardin à Abbeville.

Toutes ces œuvres, à l'exception des neuf premières que j'ai citées, n'existent plus aujourd'hui.

Le P. DAIRE. *Histoire littéraire d'Amiens,* p. 285. — DUSEVEL, *Biographie du département de la Somme,* p. 212. — Idem, *Histoire d'Amiens,* 1848, p. 417. — BELLIER DE LA CHAVIGNERIE, *Dictionnaire des artistes de l'École française,* t. I, 1882, p. 321. — Robert GUERLIN, *Réunion des Sociétés des beaux-arts des départements,* 1892, p. 276-312.

Crepel ou **Crespel** (Pierre), sculpteur et architecte, travaillait à Lyon de 1680 à 1684.

Natalis RONDOT, *Les sculpteurs de Lyon du XIV⁰ au XVIII⁰ siècle,* 1884, p. 59.

Criquet (Jean), sculpteur en bois, exerçait son art à Angers vers 1680.

Célestin Port, *Les artistes angevins,* 1881, p. 84.

Croisy (Abraham), sculpteur et peintre normand de la seconde moitié du XVIIᵉ siècle, s'engage, en 1665, à exécuter moyennant 250 livres les ouvrages de chœur de l'église de Ferrières-Haut-Clocher, près Conches-en-Ouche (Eure).

E. VEUCLIN, *Réunion des Sociétés des beaux-arts des départements,* 1893, p. 439.

Cuchet (Benoît), dit Châtebraud, maître sculpteur, exerçait son art à Nantes à la fin du XVIIᵉ et au commencement du XVIIIᵉ siècle. Il vivait encore en 1729.

DE GRANGES DE SURGÈRES, *Les artistes nantais (Revue de l'art français,* 1898. p. 135).

---

1. Cette église possédait déjà un *Ecce homo,* œuvre de Lecomte.

Cuenot (François)[1], sculpteur et architecte franc-comtois, né vers 1610, exécute en 1636 les boiseries du chœur de l'église de Guyans-Vennes (Doubs). En 1638, il vient s'établir à Chambéry, où il reçoit en 1647, du trésorier général, 280 florins pour avoir fait en bois le relief du portail de la Sainte-Chapelle de la ville, portail dont les plans étaient dus à l'architecte Juvara de Messine. En 1660, il obtient le titre de sculpteur du duc de Savoie avec exemption de logement et de charges domiciliaires. En 1662, il décore la grande porte d'entrée[2] et le buffet d'orgue de la Sainte-Chapelle. La même année, il entreprend l'ornementation d'une alcôve dans l'antichambre du cabinet du duc, au château, et construit des arcs de triomphe pour l'arrive, à Chambéry, de Charles-Emmanuel II et de sa femme Françoise d'Orléans. En 1666, il termine pour la Sainte-Chapelle un siège pontifical et une crédence. En 1670-1671, il exécute son œuvre la plus importante : la fontaine élevée jadis sur la place de Lans, à Chambéry ; ce monument a été démoli. Entre temps, de 1663 jusqu'à 1683, il est employé principalement en Savoie à des travaux d'architecture.

On doit encore à François Cuenot le retable de la Vierge placé dans l'église de Bélieu (Doubs), retable sculpté à Chambéry en 1677, et un autre retable[3] pour l'église des Visitandines de Belley. Enfin, il est l'auteur d'un *Livre d'architecture* dont il grava lui-même les planches. Il eut un fils, Pierre-François, qui obtint la survivance de ses places d'ingénieur, d'architecte et de sculpteur du duc de Savoie.

A. Dufour et F. Rabut, *Les sculpteurs et les sculptures en Savoie du XIII⁰ au XIX⁰ siècle*, 1874, p. 31-48. — J. Gauthier, *Dictionnaire des artistes francs-comtois antérieurs au XIX⁰ siècle*, 1892, p. 7.

Cuissin (Jean-Baptiste), est reçu membre de l'Académie de Saint-Luc le 15 février 1675. D'après les comptes des Bâtiments du roi, il travaillait en 1678 au château de Fontainebleau ; il y était encore occupé en 1686.

P. Lacroix, *Revue universelle des arts*, t. XIII, 1861, p. 331. — J. Guiffrey, *Comptes des bâtiments du roi sous le règne de Louis XIV*, t. I, 1881, col. 1030 ; t. II, 1887, col. 828, 1258.

---

1. Je l'ai déjà cité dans le *Dictionnaire des sculpteurs de l'École française du Moyen Age au règne de Louis XIV*, p. 150.
2. Cette porte existe encore.
3. Ce retable fut exécuté en 1670 moyennant 2.000 livres.

D

Daboville (Nicolas), sculpteur établi à Paris sur la paroisse Saint-Jacques-la-Boucherie au commencement du xviiie siècle, figure comme témoin dans l'acte de mariage de son confrère Rémy Rochelet, acte inscrit sur les registres de Saint-Benoît le 1er juin 1705.

H. HERLUISON, *Actes d'état civil d'artistes français*, 1873, p. 386 à Rochelet.

Dacquin (Thomas), était un des anciens de l'Académie de Saint-Luc, où il avait été admis en 1643. On place la date de sa mort entre 1672 et 1682.

P. LACROIX, *Revue universelle des arts*, t. XIII, 1861, p. 324.

Danguy (Pierre), exerçait son art à Angers vers la fin du xviie siècle. La signature de cet artiste se trouve sur un acte de baptême (celui de son fils), à la date du 1er juillet 1697.

Célestin PONT, *Les artistes angevins*, 1881, p. 86.

Daoust. Un sculpteur de ce nom est cité dans les comptes des bâtiments du roi comme ayant travaillé, en 1715, au clocher de l'église de l'abbaye royale de Poissy.

J. GUIFFREY, *Comptes des bâtiments du roi sous le règne de Louis XIV*, t. V, 1901, col. 885.

Daubert (F.). Le nom de ce sculpteur est gravé, avec la date de 1647, sur un bénitier en pierre dure placé dans la chapelle de Saint-Ménélé, aux Parillers, à Précigné (Sarthe).

Gustave ESNAULT, *Dictionnaire des artistes et artisans manceaux*, 1899, t. I, p. 175.

Daubet, aurait exécuté au xviie siècle, d'après la *Revue universelle des arts*, un buste en marbre de Louis XIV qui fut placé, à Chessyen-Brie, dans la maison de campagne de M. de Fourcy, prévôt des marchands. Peut-être s'agit-il de Jérôme Derbais dont le nom a pu être mal écrit ?

Revue universelle des arts, t. XXIII, 1866, p. 120.

Dauphin (Jean), sculpteur parisien, fut reçu membre de l'Académie de Saint-Luc en 1662. Il mourut entre 1672 et 1682.

P. Lacroix, *Revue universelle des arts*, t. XIII, 1861, p. 327.

Dauphin de Sainte-Marie. Voir **Sainte-Marie** (Dauphin de).

Daurimon (Jean), fils de Jean Daurimon sculpteur en bois [1], naquit à Bordeaux en 1617. Il travailla pour les églises de sa ville natale et fut nommé, en 1691, professeur à l'Académie royale de peinture et de sculpture de Bordeaux. Il mourut le 31 octobre 1699.

J. Delpit, *Revue universelle des arts*, t. X, 1859, p. 56, 62. — Ch. Braquehaye, *Les artistes du duc d'Épernon*, 1888, p. 237.

Dautreau (Jacques), faisait partie de l'Académie de Saint-Luc, où il avait été admis le 9 novembre 1646. Il mourut entre 1672 et 1682.

P. Lacroix, *Revue universelle des arts*, t. XIII, 1861, p. 324.

Davau (Gilles), sculpteur ornemaniste, était établi à Paris dans la seconde moitié du XVIIᵉ siècle. On lit dans les comptes des bâtiments du roi :

« 29 avril-24 octobre 1670 : à Davau, sculpteur, pour parfait payement de quatre guéridons qu'il a fait pour le roi :.......   1.200 l. »

« 26 mars-18 avril 1671 : à Gilles Davau, sculpteur, pour parfait payement de 1.140 l. à quoy montent les ouvrages de sculpture qu'il a fait au modèle de l'arc de triomphe [2]....... ....   1.400 l. »

J. Guiffrey, *Comptes des bâtiments du roi sous le règne de Louis XIV*, t. I, col. 470, 504.

David (Artus), sculpteur parisien, fut admis au nombre des membres de l'Académie de Saint-Luc le 12 mai 1660. Il mourut entre 1672 et 1682.

P. Lacroix, *Revue universelle des arts*, t. XIII, 1861, p. 336.

David (Claude), est cité par Bertolotti, comme un sculpteur bour-

1. Voir le *Dictionnaire des sculpteurs de l'École française du Moyen Age au règne de Louis XIV*, p. 138.
2. C'était l'arc de triomphe de la porte Saint-Antoine.

guignon exécutant des crucifix à Rome vers 1678. Dussieux parle aussi d'un Claude David, sculpteur franc-comtois, qui travaillait à Gênes en 1720. On devait à ce dernier, dans l'église Sainte-Marie, la statue de la Vierge[1] décorant la porte de la façade ainsi qu'un saint Pierre et un saint Paul placés dans les niches latérales, et, dans l'église de Saint-Pierre de Carignan, une statue de saint Barthélemy. Il est possible que ce soit le même artiste que le précédent, car, établi à Rome dans sa jeunesse, il a pu venir en effet terminer sa carrière à Gênes.

L. DUSSIEUX, *Les artistes français à l'étranger*, 1876, p. 103, 432. — A. BERTO-LOTTI, *Artisti francesi in Roma nei secoli XV, XVI e XVII*, 1886, p. 173.

David (Honoré), maître sculpteur né à Toulon, était entrepreneur de sculptures pour la décoration des vaisseaux de l'État. En 1687, il travaillait avec son confrère Pierre Vaucher au vaisseau *le Sérieux*. Honoré David, qui s'était marié à Toulon le 4 novembre 1658, vivait encore dans cette ville en 1703.

Ch. GINOUX, *Réunion des Sociétés des beaux-arts des départements*, 1884, p. 355, 358. — Idem, *Revue de l'art français*, 1888, p. 257 ; 1894, p. 226.

Dedieu (Jean). Voir **Dieu** (Jean de).

Decuers (Marc-Antoine), né à Hyères (Var), s'établit à Toulon, où il se maria le 13 octobre 1667. On le trouve occupé de 1682 à 1707 à des travaux de décoration navale. Dans la suite, étant devenu aveugle, il dut abandonner son art.

Ch. GINOUX, *Réunion des Sociétés des beaux-arts des départements*, 1884, p. 352, 357, 358. — Idem, *Revue de l'art français*, 1888, p. 259 ; 1894, p. 227.

Decugis (Marc-Antoine), travaillait à Toulon de 1668 à 1687 comme sculpteur de la marine. En 1686, il reçut un payement pour avoir collaboré à la décoration du vaisseau *le Marquis*.

Ch. GINOUX, *Réunion des Sociétés des beaux-arts des départements*, 1884, p. 355. — Idem, *Revue de l'art français*, 1888, p. 169 ; 1894, p. 227.

Defer (Jean-Baptiste), né à Paris en 1674, remporta le deuxième prix de sculpture à l'ancienne École académique en 1698[2] et le premier prix en 1699[3]. Il fut agréé le 2 juin 1703 à l'Académie royale de peinture et de sculpture, sur un modèle figurant *Hercule*

---

1. Cette statue fut terminée par Baratta, élève du Bernin.
2. Sujet de concours : *La coupe de Joseph trouvée dans le sac de Benjamin*.
3. Idem : *Vision de Jacob en Égypte en allant retrouver son fils Joseph*.

enchaînant Cerbère, mais il ne devint pas académicien. En 1708, il exécuta un bas-relief en pierre représentant des enfants portant les attributs du culte catholique, bas-relief placé au-dessus d'une fenêtre à l'extérieur de la chapelle du château de Versailles. De 1709 à 1711, il travailla encore à l'ornementation de cette chapelle. On devait aussi à l'artiste le médaillon en marbre du jurisconsulte Jacques Sirmond, conseiller particulier de Louis XIII ; ce médaillon fut acheté par Alexandre Lenoir en 1801, moyennant 400 francs, pour le Musée des Monuments français. Jean-Baptiste Defer avait épousé le 18 juillet 1707, dans l'église Saint-Germain l'Auxerrois, Antoinette Luc, fille d'un maître tailleur de la rue de la Monnaie. On ignore la date de sa mort.

A. Duvivier, *Archives de l'art français, documents*, t. V, 1857-1858, p. 283. — L. Vitet, *L'Académie royale de peinture et de sculpture*, 1880, p. 383. — De Montaiglon, *Procès-verbaux de l'Académie royale*, t. III, 1880, p. 241, 246, 277, 290, 367, 370. — Bellier de la Chavignerie, *Dictionnaire général des artistes de l'École française*, 1882, t. I, p. 375. — *Inventaire général des richesses d'art de la France. Archives du Musée des Monuments français*, t. I, p. 251 ; t. III, p. 46, 212. 213. — J. Guiffrey, *Comptes des bâtiments du roi sous le règne de Louis XIV*, t. IV, 1896, col. 626 ; t. V, 1901, col. 213, 214, 319, 527, 529, 530.

De Gouy (Vincent). Voir **Gouy** (Vincent de).

Déjardin (Joseph), travaillait à Toulon en 1668 comme sculpteur décorateur des vaisseaux de l'État, sous la direction de Guillaume Gay.

Archives de l'art français, documents, t. IV, 1856, p. 238. — Ch. Ginoux, *Revue de l'art français*, 1888, p. 169 ; 1894, p. 227.

Delabarre (Gervais II), né en 1603, fils du sculpteur manceau Gervais I Delabarre [1], vivait au Mans sur la paroisse de la Couture et exerçait le même métier que son père. En 1650, il exécuta « ung image de saint Liboire » pour l'autel Saint-Maurice, dans la cathédrale. Il mourut en 1677.

G.-R. Esnault, *Dictionnaire des artistes et artisans manceaux*, 1899, t. I, p. 180.

De La Croix (Charles). Voir **La Croix** (Charles de).

De La Croix (Jacques-Joseph). Voir **La Croix** (Jacques-Joseph de).

De La Croix (Jean). Voir **La Croix** (Jean de).

De La Haye (Clément). Voir **La Haye** (Clément de).

1. Voir le *Dictionnaire des sculpteurs de l'École française du Moyen Age au règne de Louis XIV*, p. 161.

De La Haye (François). Voir **La Haye** (François de).

De La Haye (Nicolas). Voir **La Haye** (Nicolas de).

De La Haye (Pierre). Voir **La Haye** (Pierre de).

De Lalande (Robert). Voir **Lalande** (Robert de).

De La Londe (François). Voir **La Londe** (François de).

Delamotte (Charles), sculpteur établi à Saumur à la fin du xviiᵉ et au commencement du xviiiᵉ siècle, passe un marché, le mardi 16 mai 1702, par lequel il s'engage à sculpter pour le maître-autel de l'église de Beaufort-en-Vallée (Maine-et-Loire) « une figure d'un ange gardien et une moindre figure d'un enfant ou jeune personne, le tout de pierre, bien étoffé et doré en partie, moyennant 12 écus. »

Célestin Port, *Les artistes angevins*, 1881, p. 91.

De La Noë, sculpteur normand, promet par contrat, le 27 juillet 1670, d'exécuter pour l'église de Saint-Evroult-Notre-Dame-du-Bois (Orne) « l'autel et contretable du St-Rozaire... auquel autel il y aura trois statues ou images de St Sauveur, Ste Marguerite et de Ste Barbe... et ce pour le prix et somme de deux cents soixante traize livres pour la façon dud. autel et contretable ».

Ne serait-ce pas le même artiste que René Boutreux, sieur de la Noë, qui travaillait à Angers au commencement du xviiiᵉ siècle ?

E. Veuclin, *Réunion des Sociétés des beaux-arts des départements*, 1893, p. 457.

De La Perdrix (Michel). Voir **La Perdrix** (Michel de).

De La Porte (Louis). Voir **La Porte** (Louis de).

De La Roche (François). Voir **La Roche** (François de).

De Launay (Nicolas). Voir **Launay** (Nicolas de).

De La Valle (Firmin). Voir **La Valle** (Firmin de).

De Lavau (Jean). Voir **Lavau** (Jean de).

Della Monica (Marie), sculpteur ornemaniste d'origine italienne, travaillait à Versailles en 1666-1667.

J. Guiffrey, *Comptes des bâtiments du roi sous le règne de Louis XIV*, t. I, 1881, col. 127, 210.

Delobel, remporte le deuxième prix de sculpture à l'ancienne École académique de Paris en 1693. Il devait être parent du peintre Nicolas Delobel.

A. Duvivier, *Archives de l'art français, documents*, t. V, 1857-1858, p. 282. — De Montaiglon, *Procès-verbaux de l'Académie*, t. III, 1880, p. 123.

Demonceaux (Cosme), sculpteur en bois, exerçait son art à Laon vers la fin du xviiᵉ siècle.

Ch. Grandin, *Réunion des Sociétés des beaux-arts des départements*, 1894, p. 1098. — Idem, *Revue de l'art français*, 1895, p. 139.

De Moussy. Voir **Moussy** (de).

Denise (Jacques), faisait partie de l'Académie de Saint-Luc, où il avait été admis le 14 octobre 1673. Son nom figure encore sur la liste des membres de la communauté en 1682.

P. Lacroix, *Revue universelle des arts*, t. XIII, 1861, p. 331.

Derbais (Jérôme), sculpteur du roi, ornemaniste et marbrier, figure dans les comptes des bâtiments depuis l'année 1668 jusqu'à l'année 1715. Il est cité surtout pour des ouvrages de marbrerie entrepris dans les châteaux de Versailles, de Trianon, de Marly, de Saint-Germain-en-Laye, de Fontainebleau et dans les églises des Invalides et de Notre-Dame de Paris. En 1673 et 1674, il travaille, avec ses confrères Jean Legrue et Hubert Misson, à la grande cuve en marbre du Cabinet des bains de Versailles. Cette cuve, de forme octogone, fut cédée en 1750 à la marquise de Pompadour qui l'utilisa comme bassin dans le jardin de l'Ermitage. Le 14 février 1676, il est admis au nombre des membres de l'Académie de Saint-Luc. En 1679, il donne quittance, avec le sculpteur Laurent Magnier, d'une somme de 2.580 livres pour des travaux exécutés à la chapelle Sainte-Marguerite dans l'abbaye de Saint-Germain-des-Prés; il habitait alors rue Bourbon, paroisse Saint-Laurent. En 1688, il sculpte deux bénitiers pour l'église des Capucines de la place Vendôme. En 1697, il touche 16.290 livres comme payement « de 3 figures de marbre blanc, une figure de bronze représentant le *Gladiateur* moulé sur l'antique, et 40 scabellons de marbre de rance et blanc et noir. » En 1702, il reçoit 3.400 livres « pour un groupe de marbre représentant le *Temps qui élève la Vertu et les Arts* »; ce groupe était placé au xviiiᵉ siècle dans le Bosquet de Marly.

Un buste du Grand Condé et un buste de Turenne, œuvres de Jérôme Derbais, figurent au Musée de Chantilly. Ces deux bustes en marbre, qui avaient été commandés à l'artiste par Henri-Jules de Bourbon, fils du prince de Condé, ont fait partie pendant la Révolution du Musée des Monuments français; ils ont été rendus à Chantilly en 1816.

On attribue aussi à Derbais un buste en bronze de Louis XIV fait

d'après celui du cavalier Bernin, buste qui fut érigé le 10 novembre
1686 sur la place publique de Québec, dans la Nouvelle-France.

Revue universelle des arts t. XIII, 1861, p. 332; t. XXIII, 1866, p. 122. — *Revue
de l'art français*, 1882, p. 17; 1888, p. 293; 1892, p. 163. — Germain BAPST, *La
France artistique et monumentale*, t. V, p. 80. — J. GUIFFREY, *Comptes des bâtiments du roi sous le règne de Louis XIV*, t. I, col. 275, 391, 422, 454, 512, 546,
619, 643, 669, 697, 752, 763, 832, 904, 1051, 1162, 1163, 1203, 1290, 1291; t. II,
1887, col. 13, 15, 21, 25, 58, 98, 111, 161, 175, 178, 184, 185, 197, 198, 212, 301,
311, 316, 317, 336, 442, 865, 923, 998; t. III, 1891, col. 79; t. IV, 1896, col. 11, 12
20, 29, 65, 66, 140, 160, 202, 481, 620, 710, 728, 736, 818, 820, 829, 846, 853, 956,
995, 1101, 1147, 1158, 1177, 1186, 1213; t. V, 1901, col. 35, 144, 234, 305, 347, 355,
512, 675, 756, 789, 875.

Dermes (Marc-Antoine), travaillait dans l'arsenal de Toulon en
1638 à des ouvrages de sculpture navale, sous la direction de Nicolas
Levray.

Archives de l'art français, documents, t. IV, 1856, p. 237. — Ch. GINOUX, *Revue
de l'art français*, 1894, p. 235.

De Roche (Nicolas). Voir **Roche** (Nicolas de).

Desaigre ou **Dezègres** (Gabriel), est reçu membre de l'Académie
de Saint-Luc le 8 mai 1675. Sept ans plus tard, son nom figure encore
sur les listes de la communauté.

P. LACROIX, *Revue universelle des arts*, t. XIII, 1861, p. 331.

Desaigre ou **Dezègres** (Nicolas), sans doute frère du précédent,
faisait partie également de l'Académie de Saint-Luc, où il avait été
admis le 8 mai 1675. Son nom est encore inscrit sur les listes de
l'Académie en 1682.

P. LACROIX, *Revue universelle des arts*, t. XIII, 1861, p. 332.

Desaigre ou **Dezègres** (Philippe), sculpteur parisien de la même
famille que les précédents, est nommé membre de l'Académie de Saint-
Luc le 30 mars 1661. Les comptes des bâtiments du roi le citent
comme travaillant à Versailles de 1670 à 1680. Il vivait encore en 1682.

P. LACROIX, *Revue universelle des arts*, t. XIII, 1861, p. 327. — J. GUIFFREY,
Comptes des bâtiments du roi sous le règne de Louis XIV, t. I, 1881, col. 420, 619,
697, 763, 832, 966, 1052, 1164, 1292.

Desasse (Marc), sculpteur établi à Lyon dans la seconde moitié
du XVII⁰ siècle, fait baptiser un fils sur la paroisse de Saint-Nizier le
15 mai 1683.

Natalis RONDOT, *Les sculpteurs de Lyon du XIV⁰ au XVIII⁰ siècle*, 1884, p. 60.
Idem, *Revue de l'art français*, 1887, p. 303.

Desbrousses (Charles), né en 1664, meurt à Paris le 30 mars 1687 et est inhumé dans le cimetière de la paroisse Saint-Roch.

H. Herluison, *Actes d'état civil d'artistes français*, 1873, p. 108. — E. Piot, *État civil de quelques artistes français*, 1873, p. 34.

Deschamps (Nicolas), sculpteur et architecte bourguignon natif de Dijon, exécuta en 1666 quatre statues qui ornaient le retable du maître-autel de l'église de la Visitation d'Annecy. En 1670, il vint s'établir à Chambéry, où il entra au service du duc de Savoie. De 1677 à 1684, il fut occupé à la décoration de la chapelle du bienheureux Amédée de Savoie dans l'église des Franciscains, aujourd'hui cathédrale de Chambéry. Il fit aussi de nombreux travaux d'architecture dont on trouve la trace jusqu'en 1685.

A. Dufour et F. Rabut, *Les sculpteurs et les sculptures en Savoie du XIIIᵉ au XIXᵉ siècle*, 1874, p. 58-62. — *Réunion des Sociétés des beaux-arts des départements*, 1894, p. 150.

Descodain (Noël), travaillait à Toulon en 1668 comme apprenti sculpteur décorateur de vaisseaux, sous la direction de Raymond Langueneux.

Archives de l'art français, documents, t. IV, 1856, p. 238. — Ch. Ginoux, *Revue de l'art français*, 1888, p. 169; 1894, p. 235.

Desessarts ou **Desessas** (Daniel), sculpteur et peintre, exerçait son art à Paris dans la seconde moitié du xviiᵉ siècle. Il perdit un fils, en 1673, qui fut inhumé dans le cimetière protestant des Saints-Pères. Il mourut le 24 février 1680.

H. Herluison, *Actes d'état civil d'artistes français*, 1873, p. 109, 113.

Deshais (Olivier), sculpteur et architecte établi à Rennes, exécute en 1688 l'autel de la Vierge dans l'église de Saint-Célerin (Sarthe).

Gustave Esnault, *Dictionnaire des artistes et artisans manceaux*, 1899, t. I, p. 188. — H. Chardon, *Étude historique sur la sculpture dans le Maine* (*Bulletin de la Société d'agriculture, sciences et arts de la Sarthe*, 1872, p. 19).

Desindes (Claude), sculpteur « en bois de Sainte Lucie », né à Paris vers 1659, fils d'un marchand de vin de la paroisse Saint-Jean, vint s'établir à Nancy, où il se mit à sculpter des statuettes religieuses. Il se maria dans cette ville en 1686. Il mourut le 12 août 1729 et fut inhumé sur la paroisse Notre-Dame de Nancy.

Archives de Nancy, t. II, p. 324; t. III, p. 300, 301, 309, 324, 349, 354, 366. — L. Wiener, *Journal de la Société d'archéologie et du comité des Musées lorrains*, 1874, p. 126. — A. Jacquot, *Réunion des Sociétés des beaux-arts des départements*, 1900, p. 325.

Desjardins (Martin Van den Bogaert dit), naquit à Bréda, dans le Brabant hollandais, en 1640. Il était fils de Jacques Van den Bogaert, commerçant de la ville. Il alla étudier d'abord à Anvers et se rendit ensuite à Paris, où il eut pour maîtres Houzeau, Van Obstal et Jacques Buirette. C'est alors qu'il francisa son nom, Van den Bogaert signifiant en hollandais des Jardins. Ayant résolu de s'établir définitivement en France, il se fit recevoir dans la communauté des maîtres peintres et sculpteurs qu'il quitta bientôt pour se présenter à l'Académie royale. Il fut admis dans cette compagnie le 28 mars 1671, sur un bas-relief en marbre représentant *Hercule couronné par la Gloire*. Il fut nommé adjoint à professeur le 1er octobre 1672, professeur le 27 juillet 1675, adjoint à recteur le 30 décembre 1681 et enfin recteur le 27 juillet 1686.

Il commença par exécuter, à Paris, des travaux d'ornementation à l'hôtel Salé et à l'hôtel de Beauvais ; puis il entreprit différents ouvrages dans les églises du Saint-Sacrement, des Carmes-Déchaussés, de Saint-Louis-en-l'Ile, de Sainte-Catherine de la Culture, de Saint-Sauveur, de l'Oratoire et des Minimes. A partir de 1670, on le trouve occupé à Versailles, où il sculpta plusieurs figures pour la façade du château et pour le parc. Vers la même époque, il travailla au Collège des Quatre-Nations, aujourd'hui palais de l'Institut, prit part au Salon de 1673 et un an plus tard collabora, sous la direction de Pierre Bullet, à la décoration de la porte Saint-Martin. Il fut employé aussi aux châteaux de l'Isle-Adam, de Clagny et de Saint-Germain-en-Laye. En 1686, il termina son œuvre la plus importante : le monument consacré à la gloire de Louis XIV par le maréchal duc de La Feuillade, monument érigé jadis, à Paris, sur la place des Victoires. Dans la suite, il reçut la commande de deux statues équestres de Louis XIV ; l'une fut placée à Lyon et l'autre, destinée à la ville d'Aix, ne fut jamais terminée. Ses derniers ouvrages furent une Vierge pour l'église de la Sorbonne et le mausolée de Louvois fait en collaboration de François Girardon. Enfin on lui doit encore les bustes du marquis de Villacerf et du peintre Pierre Mignard. La plupart des œuvres de l'artiste ont disparu à la Révolution.

Martin Desjardins mourut le 2 mai 1694. Voici son acte de décès inscrit à la date du 4 mai sur les registres de Saint-Germain-l'Auxerrois, sa paroisse : « Martin Desjardins sculpteur ordinaire du Roy et Recteur de l'Academie Roy. de Peint. et Sculpt. fut inhumé âgé de cinquante-cinq ans, décédé dimanche dernier, à une heure après midi en son appartement dans la cour du vieil Louvre, en présence de Jacques Desjardins son fils, de Guillaume Cadaine beau-frère dud. deffunct et d'autres qui ont signé : Desjardins, Cadaine, Cavelier, Tufflier. » Son corps fut enterré à Saint-Germain-l'Auxerrois et son cœur fut transporté, quatre jours après, dans la crypte de l'église Saint-Laurent.

Desjardins avait épousé la fille d'un riche marchand d'étoffes nommé Cadaine ou Cadesme. Il eut de son mariage deux fils, dont l'un mourut de son vivant et l'autre, Jacques Desjardins, devint contrôleur des bâtiments de Marly et obtint des lettres de noblesse.

Un portrait de Martin Desjardins par Hyacinthe Rigaud, qui ornait autrefois une des salles de l'ancienne Académie, est aujourd'hui au Louvre ; il a été gravé par Edelinck.

ŒUVRES

Ouvrages en stuc ornant autrefois l'hôtel Salé [1], dans le quartier du Marais (année 1660).

Quatre enfants avec des guirlandes, des festons et des trophées. Bas-reliefs en pierre exécutés vers 1665 pour le grand escalier de l'hôtel de Beauvais, rue Saint-Antoine.

Décoration des frontons du château de l'Ile-Adam qui appartenait alors à Anne-Marie Martinozzi, princesse douairière de Conti, nièce du cardinal de Mazarin. Ce château a été détruit à la Révolution.

Saint Benoit. Statue en stuc. Autrefois dans l'église des religieuses du Saint Sacrement, au faubourg Saint-Germain.

L'apparition du Christ à la Madeleine. Figures en terre cuite. Autrefois dans l'église des Carmes-Déchaussés.

Les quatre Evangélistes. Figures en bois décorant jadis l'ancienne chaire à prêcher de l'église de Saint-Louis-en-l'Ile.

Six enfants en ronde bosse tenant les attributs se rapportant à sainte Catherine et quatre bas-reliefs représentant : *Joseph expliquant les songes à Pharaon ; David en présence de son armée versant l'eau qu'on lui apporte pour se désaltérer ; le Jugement de Salomon ; Samson domptant un lion.* Sculptures en pierre. Façade de l'ancienne église de Sainte-Catherine de la Culture, dans le quartier Saint-Antoine. Cette église a été démolie vers 1767.

Quatre enfants en ronde bosse portant les attributs de sainte Geneviève. Chapelle Sainte-Geneviève, dans la même église.

La Douleur et un génie tenant une inscription. Bas-relief en marbre ornant jadis un tombeau placé dans le chœur de la même église.

Tombeau d'un jeune officier nommé Poisson mort au service du Roi. Ancienne église de Saint-Sauveur démolie en 1787.

Un groupe de captifs exécuté pour le modèle de l'arc de triomphe de la Porte Sainte-Antoine (année 1670). Ce monument ne fut jamais achevé.

Galatée. Statue en pierre (années 1670-1671). Façade du château de Versailles regardant le parc.

La nymphe Echo. Statue en pierre (années 1670-1671). Même façade.

Thétys. Statue en pierre (années 1670-1671). Même façade.

---

1. Ainsi nommé parce que son propriétaire, M. Aubert, avait de gros intérêts dans le droit du sel.

Figure de femme tenant un aviron [1]. Statue en pierre (années 1670-1671). Même façade.

Tombeau d'Antoine Aubray, comte d'Offémont [2], conseiller d'État, lieutenant civil au Châtelet de Paris. Musée de Versailles (n° 477 du catalogue d'Eudore Soulié). Ce monument, composé d'un bas-relief représentant la Justice soutenant le médaillon du défunt, ornait autrefois la chapelle Saint-Antoine dans l'église de l'Oratoire, à Paris. Il a fait partie pendant la Révolution du Musée des Monuments français, où Lenoir l'avait attribué faussement à Anguier. Reproduit dans Millin (*Antiquités Nationales*, t. II, 1791, n° XIV, pl. 4).

Hercule couronné par la Gloire. Bas-relief en marbre. Morceau de réception à l'Académie (28 mars 1671). Musée du Louvre, n° 652.

Junon. Statue en pierre (année 1672). Autrefois sur la grande façade du château de Versailles. Cette statue a disparu.

Une figure d'ange exécutée en 1672 pour la pompe funèbre du chancelier Séguier dans l'église de l'Oratoire, à Paris.

Travaux au Labyrinthe du parc de Versailles (années 1672-1673).

Apollon poursuivant Daphné. Bas-relief. Salon de 1673.

Une Justice. Bas-relief. Salon de 1673.

Saint Jean et saint Luc. Groupe ornant autrefois le pavillon central [3] du Collège des Quatre-Nations, aujourd'hui palais de l'Institut. Ce groupe exécuté de 1670 à 1674 n'existe plus.

Le Fronton de la Bibliothèque Mazarine. Haut-relief en pierre composé de deux figures symbolisant la *Foi* et la *Vérité* assises de chaque côté d'un écusson aux armes du cardinal de Mazarin (années 1670-1674). Ce fronton fut sculpté en collaboration de Nicolas Legendre qui, étant mort avant la fin du travail, fut remplacé par Jacques Samson. Desjardins reçut en payement plus de 7.000 livres.

Huit Béatitudes. Bas-reliefs. *Les douze Apôtres*. Médaillons. *Têtes de chérubins*. Ces sculptures décoraient jadis l'intérieur de la chapelle du Collège des Quatre-Nations ; elles ont été détruites.

Quatre masques sculptés à des croisées du château de Versailles (année 1674). Payés 120 livres.

Un jeune Mars assis sur un lion terrassant un loup. Petit groupe fondu en métal (année 1673). Autrefois dans le Théâtre d'Eau du parc de Versailles.

La prise de la ville de Besançon en 1674. Bas-relief en pierre. Façade de la Porte Saint-Martin, du côté du boulevard.

Travaux au bâtiment du Val, à Saint-Germain-en-Laye (années 1675-1677). Payés 3.688 livres.

Une Victoire parmi des trophées. Figure en pierre placée autrefois sur un des frontons du château de Clagny (années 1675-1679). M. d'Angivillers fit raser ce château en 1769.

1. Cette statue est faussement désignée par Piganiol sous le nom de Narcisse.
2. Frère aîné de la marquise de Brinvilliers, mourut empoisonné par celle-ci en 1670.
3. Ce pavillon était décoré de six groupes composés chacun de deux figures. Ils représentaient les quatre Évangélistes, quatre pères de l'Église grecque et quatre docteurs de l'Église latine. Toutes ces œuvres ont disparu.

La Valeur auprès d'un lion. Groupe en pierre décorant l'entrée principale du vestibule de ce même château (années 1675-1679).

Décoration des souches de cheminée au-dessus des combles du château de Versailles (année 1678). Ces travaux, exécutés en collaboration de Jouvenet, furent payés 1.640 livres.

Ouvrages en stuc dans le grand salon, dans le cabinet et dans la chambre de la Reine, à Versailles (année 1679). En collaboration de Le Hongre. Payés 7.901 livres.

Quatre trophées au-dessus des croisées du château de Versailles vis-à-vis de la Grotte (année 1680).

Louis XIV. Statue en marbre. Intérieur de l'Orangerie du château de Versailles. Gravée par Thomassin, n° 86. Cette statue avait été sculptée par Desjardins pour orner le monument de la place des Victoires, à Paris ; mais le projet ayant été changé, elle fut donnée au roi par le maréchal de La Feuillade. Mutilée pendant la Révolution et convertie en Dieu Mars, elle fut restaurée en 1816 par le sculpteur Jean-François Lorta ; celui-ci refit la tête de Louis XIV et rendit à la statue son aspect primitif. Cette figure était terminée en 1683, car on lit dans les comptes des bâtiments du roi, au 22 juillet de la même année : « à Joseph Viro et La Bastille, pour avoir fait voiturer à Versailles la figure de marbre du Roy faite par le s^r Desjardins... 730 l. ».

Diane ou *le Soir*. Statue en marbre (année 1680). Parterre d'Eau à gauche de la fontaine de Diane, dans le parc de Versailles. Gravée par G. Edelinck et par Thomassin, n° 89.

Des enfants et des masques au fronton des Écuries de Versailles, d'après Guillet de Saint-Georges [1].

Deux jeunes hommes tenant des cornes d'abondance. Figures en plomb. Autrefois dans la Salle des Bains, à Versailles, d'après Guillet de Saint-Georges [2].

Monument de Louis XIV. Bronze. Ce monument fut inauguré sur la place des Victoires le 28 mars 1686. Le groupe de Louis XIV couronné par la Victoire a été détruit à la Révolution. Les quatre esclaves qui étaient assis aux angles du piédestal figurent maintenant sur la façade de l'Hôtel des Invalides, du côté de l'Esplanade. Les six bas-reliefs en bronze de ce piédestal ont été placés au Louvre, après avoir fait partie du Musée des Monuments français ; ils représentent : *la Préséance de la France reconnue par l'Espagne* (1662), *le Passage du Rhin* (1672), *la Conquête de la Franche-Comté* (1674), *la Paix de Nimègue* (1678), *les Duels abolis*, *l'Hérésie détruite*, (1685).

La décoration de la place des Victoires était complétée par des fanaux, dont les colonnes étaient ornées de médaillons en bronze, œuvres de Desjardins. Ces fanaux ayant été démolis en 1718, les colonnes qui les soutenaient furent données à la cathédrale de Sens. Quant aux médaillons, ils sont aujourd'hui en Angleterre, au château de Windsor ; cinq de ceux-ci, prêtés par la reine Victoria, ont figuré en 1900 à l'Exposition rétrospective de la Ville de Paris.

Louis XIV. Statue équestre en bronze. Cette statue, érigée autrefois à Lyon

---

1. *Mémoires inédits sur la vie et les ouvrages des académiciens*, t. I, p. 395.
2. Idem.

sur la place Bellecour, a été détruite à la Révolution. La statue équestre de Louis XIV, qui se voit aujourd'hui sur la même place, est due au sculpteur Lemot ; elle a été inaugurée le 4 novembre 1826.

Artémise. Statue équestre en marbre. Grande allée ou Tapis-Vert, dans le parc de Versailles. Cette statue avait été commencée en 1687 par Armand Lefèvre. En 1695, un an après la mort de Desjardins, elle n'était pas encore entièrement payée, non plus que la statue de *Diane* citée plus haut ; on trouve en effet à cette date dans les comptes des bâtiments du roi : « 7.100 l. pour délivrer à la veuve et au fils du s^r Desjardins, sculpteur, pour, avec 3.400 l. qu'il a cy-devant reçeus, faire le parfait payement de 10.500 l. à quoy montent deux figures de marbre blanc, l'une représentant *Diane* et l'autre *Artémise*, qu'il a faites et posées dans le jardin de Versailles ».

Louis XIV représenté à cheval, vêtu à la romaine. Statuette en zinc. Musée de Versailles (n° 2194 du catalogue d'Eudore Soulié). Modèle de la statue érigé jadis à Lyon.

Louis XIV. Modèle d'une statue équestre destinée à la ville d'Aix. Ce modèle ne fut jamais exécuté en bronze, Desjardins étant mort avant d'en avoir entrepris la fonte.

Une Vierge. Statue colossale en pierre. Autrefois dans l'église des Minimes de Paris. Après avoir fait partie pendant la Révolution du Musée des Monuments français, cette statue fut donnée en 1802 à l'église de Saint-Thomas d'Acquin ; on ignore ce qu'elle est devenue.

La Prudence, la Force, la Tempérance, la Charité. Statues en pierre. Ces œuvres provenant de la chapelle de Saint-François-de-Sales dans l'église des Minimes, après avoir figuré au Musée des Monuments français, furent remises vers 1798 à l'église de Saint-Thomas d'Acquin ; depuis elles ont disparu,

Saint François de Paule. Statue en pierre. Même provenance que les précédentes. Cette statue fut donnée après la Révolution à l'église des Carmes de la rue de Vaugirard.

La Justice. Statue en pierre. Même provenance que les précédentes. Cette figure fut mise en 1798 à la disposition du ministre de la Justice ; elle a disparu.

Marie-Thérèse, reine de France. Buste en marbre exécuté, en collaboration de Girardon, à la demande du marquis de Villacerf. Musée de Troyes.

Édouard Colbert, marquis de Villacerf. Buste en marbre (année 1693). Musée du Louvre, n° 659. Provient des salles de l'ancienne Académie royale . Un moulage en plâtre de ce buste se trouve au Musée de Versailles (n° 2818 du catalogue d'Eudore Soulié).

Pierre Mignard. Buste en marbre. Musée du Louvre, n° 660. Provient des salles de l'ancienne Académie royale à qui il avait été offert en 1726 par la comtesse de Feuquières, fille du peintre. Il a fait partie pendant la Révolution du Musée des Monuments français.

Une Vierge. Statue en marbre. Autrefois sur un autel au-dessous du dôme de l'église de la Sorbonne. Cette statue, après avoir figuré au Musée des Monuments français, fut comprise en 1800 dans les objets donnés en échange pour l'acquisition du portail du château d'Anet. On ignore ce qu'elle est devenue. C'était une des dernières œuvres de l'artiste.

Tombeau du marquis de Louvois mort en 1691. Ce monument, exécuté en collaboration de François Girardon, fut érigé en 1699 dans l'église des Capucines de la place Vendôme. Après avoir été placé à la Révolution au Musée des Monuments français, nº 205, il fut transféré en 1819 à Tonnerre (Yonne) [1]. La figure en bronze de *la Vigilance* ornant le soubassement du mausolée est de Desjardins ainsi que le modèle de la statue de la marquise de Louvois, Anne de Souvré, qui se trouve sur le tombeau à côté de celle du marquis, œuvre de Girardon. Desjardins étant mort en 1694, le marbre de la statue d'Anne de Souvré fut sculpté par Corneille Van Clève.

Florent LE COMTE, *Cabinet des singularitez d'architecture, peinture, sculpture, etc.*, 1702, t. III, p. 109. — GUÉRIN, *Description de l'Académie royale de peinture et de sculpture*, 1715, p. 51, 86, 113. — Simon THOMASSIN, *Recueil des figures, groupes, etc., du château et parc de Versailles*, 1724, pl. 86, 89. — A. D'ARGENVILLE, *Voyage pittoresque de Paris*, 1752, p. 119, 120, 137, 167, 225, 235, 281, 357. — PIGANIOL DE LA FORCE, *Nouvelle description des châteaux et parcs de Versailles et de Marly*, 1764, t. I, p. 4, 172 : t. II, p. 4, 48, 65, 101, 186, 337. — Idem, *Description de la ville de Paris*, 1765, t. VIII, p. 220. — L'abbé DE FONTENAI, *Dictionnaire des artistes*, 1776, t. I, p. 484. — THIÉRY, *Guide des amateurs et des étrangers à Paris*, 1787, t. I, p. 131, 302 ; t. II, p. 337. — A.-N. D'ARGENVILLE, *Vie des fameux sculpteurs*, 1787, p. 103-108. — *Archives de l'art français. Abécédario de Mariette*, t. II, 1853-1854, p. 96 ; *documents*, t. II, 1853, p. 366. — GUILLET DE SAINT-GEORGES, *Mémoires inédits sur la vie et les ouvrages des membres de l'Académie royale*, 1854, t. I, p. 386-401. — Eudore SOULIÉ, *Notice du Musée impérial de Versailles*, 1ʳᵉ partie, 1859, p. 133 ; 2ᵉ partie, 1860, p. 209, 395 ; 3ᵉ partie, 1861. p. 494, 497. 502, 511. — A. JAL, *Dictionnaire critique de biographie et d'histoire*, 1872, p. 487-488. — DE MONTAIGLON, *Procès-verbaux de l'Académie royale*, t. I, 1875. p. 359, 397, 399 ; t. II, 1878, p. 53. 332 ; t. III, 1880, p. 145. 201. — *Inventaire général des richesses d'art de la France. Paris, monuments civils*, t. I, 1880, p. 3, 4, 5, 6 ; *Archives du Musée des Monuments français*, t. I, p. 13, 25, 150, 285 ; t. II, p. 32, 33, 35, 64, 80, 90, 186, 352, 385. 410, 414 ; t. III. p. 65, 66, 129, 180, 183, 188, 191, 226, 228, 235, 314. — L. DUSSIEUX, *Le château de Versailles*, 1881, t. II, p. 207, 221, 242. — J. GUIFFREY, *Collection des livrets des anciennes expositions ; salon de 1673*, p. 32. — Idem, *Comptes des bâtiments du roi sous le règne de Louis XIV*, t. I, 1881, col. 421, 504, 514, 618, 696, 762, 822, 831, 845, 846, 894, 902, 956, 964, 982, 1048, 1050, 1076, 1158, 1190, 1283, 1287 ; t. II, 1887, col. 160, 174. 175, 315, 374, 442, 882 ; t. III, 1891, col. 649, 797, 816, 934, 1086, 1133. — J. GONSE, *La sculpture française*, 1895, p. 179-180. — DE NOLHAC, *Les jardins de Versailles*, 1906, p. 40, 45, 134.

Desjardins (Jacques), sculpteur et fondeur du roi, neveu de Martin Desjardins, naquit en 1671. Il était fils de Jean Van den Bogaert, marchand à Bréda, et de Catherine Bénard. Il vint à Paris attiré sans doute par la réputation de son oncle. Au commencement du XVIIIᵉ siècle, il exécuta des bronzes destinés à être envoyés à Bonn pour orner les cheminées du palais que l'Électeur de Cologne faisait alors construire par l'architecte Robert de Cotte. Il travailla également à Versailles, à Meudon et à Marly. Dans cette dernière résidence il

_____

1. Louvois avait acquis le comté de Tonnerre de François-Joseph de Clermont.

fit, en collaboration d'autres de ses confrères, plusieurs vases en plomb et deux groupes de jeunes Tritons portant des coquilles. On · lui devait dans la chapelle du château de Versailles des ornements de bronze au maître-autel, les balustres de la tribune et les garnitures de bronze de la grande porte. Il entreprit enfin plusieurs ouvrages pour l'abbaye de Saint-Denis et pour les églises de Notre-Dame et des Invalides. Dans le cabinet de M. Blondel de Gagny, place Vendôme, on voyait de lui un bronze représentant une femme couchée (*Dict. pitt. et hist. d'Hébert*, 1766, t. I).

Il avait épousé en 1700 Marie Brocard, fille de François Brocard, « eslu en l'élection de Beauvais ». Il vivait encore en 1716.

On cite dans les comptes des bâtiments du roi un Nicolas Desjardins, sculpteur fondeur. C'est une erreur, et les articles qui lui sont attribués doivent être rapportés à Jacques Desjardins ; Nicolas en effet était un serrurier travaillant à Versailles à la même époque, ce qui explique la confusion qui a pu s'établir.

A. JAL, *Dictionnaire critique de biographie et d'histoire*, 1872, p. 488. — L. Dussieux, *Les artistes français à l'étranger*, 1876, p. 181. — J. Guiffrey, *Comptes des bâtiments du roi sous le règne de Louis XIV*, t. IV, 1896, col. 449, 479, 480, 517, 546, 591, 610, 619. 651, 677, 710, 727, 735, 792, 794, 852, 853, 906, 932, 964, 994. 1015, 1035, 1073, 1074, 1099, 1120, 1177. 1185, 1230 ; t. V, 1901. col. 34, 42. 125, 183, 218, 234, 240, 265, 279, 306, 317, 345, 347, 364, 379, 383, 410, 413, 433, 451, 465, 483, 493, 524, 525, 531, 532, 538, 580, 591, 611, 696, 764, 787, 811, 853, 857.

Desmaire (Cornille), sculpteur lorrain, exerçait son art à Nancy au XVIIᵉ siècle.

Archives de Meurthe-et-Moselle, H. 2600. — A. Jacquot, *Réunion des sociétés des beaux-arts des départements*, 1900, p. 325.

Desmarest (Jean), maître sculpteur, était établi à Chalon-sur-Saône vers la fin du XVIIᵉ siècle. Les archives de la ville, aux années 1691-1693, mentionnent que cet artiste fut puni d'une amende pour avoir entrepris des travaux de menuiserie, n'étant pas maître menuisier.

Archives de Chalon-sur-Saône, FF. 17.

Desmont (Jean), résidait à Nantes vers la fin du XVIIᵉ siècle.

De Granges de Surgères (*Les artistes nantais* (*Revue de l'art français*, 1878, p. 156).

Desnault (Jacques), fut reçu membre de l'Académie de Saint-Luc le 3 juillet 1674. Il vivait encore en 1682.

P. Lacroix, *Revue universelle des arts*, t. XIII, 1861, p. 331.

Despierres (Henry), maître sculpteur en bois établi à Alençon, obtint la maîtrise de son art le 15 avril 1647. Il mourut en 1667. Il avait un frère, Isaac Despierres, sculpteur comme lui.

Réunion des sociétés des beaux-arts des départements, 1892, p. 436.

Despierres (Jacques), sculpteur et architecte, fils du précédent, exécute de 1680 à 1684, moyennant 2.000 livres, la contretable du grand autel de l'église Saint-Germain d'Argentan (Orne). En 1691, on le trouve occupé à Alençon.

Ch. BAUCHAL, *Nouveau dictionnaire des architectes français*, 1887, p. 183. — E. VEUCLIN, *Réunion des sociétés des beaux-arts des départements*, 1893, p. 458.

Desrignier, sculpteur en bois dont le nom figure, de 1677 à 1683, dans les comptes des bâtiments du roi pour divers travaux exécutés à Versailles et au château de Clagny.

J. GUIFFREY, *Comptes des bâtiments du roi sous le règne de Louis XIV*, t. I, 1881, col. 982, 1162, 1190 ; t. II, 1887, col. 22, 62, 68, 88, 160, 188, 324.

Desruelles. Un artiste de ce nom, résidant à Cambrai dans la seconde moitié du XVII⁰ siècle, sculpta en 1680-1681 un crucifix de pierre pour la croix de justice élevée devant les Récollets, comme le prouve la mention suivante extraite des comptes de la ville :

« A Desruelles, sculpteur, pour avoir fait un crucifix de pierre blanche, mis au bout de la croix devant les Récollets, et pour deux fesseaux de lauriers faits et posés devant le portrait du Roy au consistoire et en son billet suivant l'ordonnance du 24 décembre 1680, avec quittance, XXIII fl... »

A. DURIEUX, *Les artistes cambrésiens du IX⁰ au XIX⁰ siècle*, 1874, p. 136. — Idem. *Réunion des sociétés des beaux-arts des départements*, 1888, p. 409.

Desruiseaux (Jacques-Millet), sculpteur et architecte, exécute à Rouen, en 1688, la contretable du maître-autel de l'église Saint-Pierre du Châtel. Cette église ayant été détruite, le monument fut transporté dans l'église Saint-Vivien ; il mesurait 32 pieds de large sur 50 de haut. Dans la même ville, on lui devait encore, en 1708, la contretable de l'église Notre-Dame-la-Ronde, en 1712, celle de l'église Saint-Denis et, en 1713, celle de l'église Saint-Laurent. Cette dernière, faite en marbre, était d'ordre corinthien avec deux colonnes et dix pilastres ; elle fut payée à l'artiste 9.840 livres.

Ch. BAUCHAL, *Nouveau dictionnaire des architectes français*, 1887, p. 183, 427, 585.

Dessaix (Pierre), résidait à Nantes vers la fin du XVII⁰ siècle.

DE GRANGES DE SURGÈRES, *Les artistes nantais* (*Revue de l'art français*, 1898, p. 156).

Devaux, sculpteur, mouleur et doreur en bronze de la fin du xviie siècle, travaillait en 1685 dans l'atelier de Girardon. Jusqu'en 1690, les comptes des bâtiments du roi en font mention pour différents ouvrages exécutés au château de Versailles et aux Tuileries.

J. Guiffrey, *Comptes des bâtiments du roi sous le règne de Louis XIV*, t. II, 1887, col. 621, 988, 1175 ; t. III, 1891, col. 74, 104, 431.

Deville, sculpteur en bois, est cité dans les comptes des bâtiments du roi, comme étant occupé de 1687 à 1689 à la décoration des appartements de Trianon.

J. Guiffrey, *Comptes des bâtiments du roi sous le règne de Louis XIV*, t. II, 1887, col. 1175 ; t. III, 1891, col. 94, 288.

Devinière ou **Deviniers** (Robert), résidant à Paris dans la seconde moitié du xviie siècle, est qualifié maître sculpteur dans l'acte de décès de son fils, inscrit sur les registres du cimetière protestant des Saints-Pères, à la date du 5 septembre 1669.

II. Herluison, *Actes d'état civil d'artistes français*, 1873, p. 114.

Devosges (François), exerçait son art à Grenoble vers 1666. En 1670, il fut reçu bourgeois de la ville de Salins. En 1672, il alla se fixer en Savoie, où jusqu'en 1674 il exécuta différents travaux. François Devosges était l'ancêtre des peintres dijonnais, François et Anatole Devosges, qui, à la fin du xviiie et au commencement du xixe siècle, furent directeurs de l'École spéciale des beaux-arts de Dijon.

A. Dufour et F. Rabut, *Les sculpteurs et les sculptures en Savoie du XIIIe au XIXe siècle*, 1874, p. 65-70. — Ed. Maignien, *Les artistes grenoblois*, 1887 p. 119. — J. Gauthier, *Dictionnaire des artistes francs-comtois antérieurs au XIXe siècle*, 1872, p. 8.

Diacre (Jacques), maître sculpteur, était établi à Nantes au xviie siècle. Il eut un fils, Rémy Diacre, sculpteur comme lui, né le 9 janvier 1654, qui exerça son art dans sa ville natale.

De Granges de Surgères, *Les artistes nantais* (*Revue de l'art français*, 1898, p. 158).

Dieu (Jean de), sculpteur du roi, né à Arles en 1652, travailla d'abord dans sa ville natale, puis vint se fixer à Paris. Il entreprit de nombreux ouvrages pour Versailles, pour Trianon, pour Marly, pour l'église des Invalides et pour la place Vendôme. Il exécuta un des groupes du pourtour du chœur de la cathédrale de Chartres et fit un projet de tombeau pour Pierre Mignard ; ceci résulte d'un marché signé par l'artiste et par la comtesse de Feuquières, fille du peintre, le 15 mars 1697. Ce projet servit-il au mausolée érigé quarante-cinq ans plus tard dans l'église des Jacobins de la rue Saint-Honoré par Girardon et par Jean-Baptiste Lemoyne? Je l'ignore. En 1684, il fut envoyé à Arles avec mission de ramener à Versailles la fameuse Vénus antique; on lit en effet dans les comptes des bâtiments du roi: « A de Dieu, sculpteur, pour, avec 200 l. qu'il a reçeus le 16 janvier dernier (1684), faire le parfait payement de 480 l., à quoy monte la dépense du voyage qu'il a fait en Provence à conduire la Vénus de marbre antique venue d'Arles à Versailles..... 280 l. ». L'année suivante, il fut chargé d'aller prendre au Havre la statue en marbre de Louis XIV, œuvre du Bernin, qu'on venait d'expédier de Rome. Il toucha alors 280 livres « pour son payement du voyage qu'il avait fait au Havre pour débarquer et conduire la statue équestre du Roy du Havre à Sève (Sèvres) ».

Jean de Dieu fut agréé à l'Académie royale de peinture et de sculpture le 6 décembre 1687, sur le modèle d'un médaillon représentant *saint Philippe*; il ne devint jamais académicien. Il mourut en 1727. On lui doit des mémoires sur Pierre Puget qu'il avait beaucoup connu, mais dont il ne fut cependant pas l'élève comme le dit d'Argenville.

ŒUVRES

Armoiries du roi et trophées sculptés à l'Hôtel de Ville d'Arles (année 1673).

Louis XIV. Statue équestre en marbre placée en 1675 dans la niche du vestibule en face du grand escalier de l'Hôtel de Ville d'Arles. Cette statue fut brisée à la Révolution.

Deux lions. A l'entrée du grand escalier de l'Hôtel de Ville d'Arles (année 1675).

Un soleil doré ayant le visage du Roi décorant jadis le haut d'un obélisque élevé dans la ville d'Arles (années 1676-1677).

La femme adultère. Groupe en pierre figurant dans le tour du chœur de la cathédrale de Chartres. Ce groupe mesurant 1m27 fut exécuté en 1681.

Bacchante. Terme en marbre (années 1684-1687). Pourtour du Parterre de Latone, dans le parc de Versailles. Gravé par Thomassin, n° 196. Un moulage de cette œuvre figure au Musée du Trocadéro, n° 1013.

Lysias. Terme en marbre, d'après un dessin de Pierre Mignard (années 1685-1695). Pourtour du Parterre du Nord, dans le même parc. Ce terme et le précédent furent payés 7.000 livres.

Travaux de décoration à la Colonnade du parc de Versailles. Payés 640 livres (années 1685-1686).

Six chapiteaux en marbre pour Trianon. Payés 1.186 livres (années 1687-1688).

Décoration des chapiteaux et des consoles du dôme de l'église des Invalides (années 1690-1601).

Sculpture de vingt-quatre chapiteaux et de quarante-quatre consoles aux bâtiments de la place Vendôme. Payée 740 livres (année 1691).

Huit chapiteaux en pierre dans les chapelles de l'église des Invalides (années 1692-1698).

Vase en marbre pour le château de Marly (années 1697).

Projet de tombeau pour Pierre Mignard (année 1697).

Deux monstres marins et deux masques en plomb pour Marly. Payés 548 livres (années 1697-1698).

Une figure sculptée sur l'un des panneaux de la voûte du dôme des Invalides. Payée 1.000 livres (années 1698-1699).

Ouvrages de sculpture à l'un des pavillons du jardin de la Ménagerie, à Versailles (année 1699).

Deux groupes de Tritons en plomb exécutés pour le parc de Marly. En collaboration de Flamen, de Lepautre, de Le Lorrain et de La Pierre. Payés 11.760 livres (années 1703-1704).

Sculpture aux chapiteaux et aux modillons de la corniche de la chapelle du château de Versailles (année 1704).

Saint Eutrope. Statue. Autrefois dans l'une des chapelles de l'église des Invalides (année 1705).

Enfants portant les attributs du culte catholique. Bas-relief en pierre placé au-dessus d'une des grandes fenêtres, à l'extérieur de la chapelle du château de Versailles (années 1708-1709).

Trophées de musique. Bas-relief. Tribune de la chapelle du château de Versailles (années 1708-1709).

Sainte Eustachie. Statue placée autrefois à l'église des Invalides dans la chapelle de Saint-Jérome. Payée 700 livres (année 1709).

Nymphe de Diane. Statue en marbre exécutée pour le parc de Marly (année 1710).

Deux hommes et deux chevaux sculptés, d'après Piganiol [1], sur le fronton de l'une des portes des Écuries de Versailles.

D'ARGENVILLE, *Voyage pittoresque de Paris*, 1752, p. 371. — Idem, *Voyage pittoresque des environs de Paris*, 1762, p. 115, 116, 152, 400. — PIGANIOL DE LA FORCE, *Nouvelle description des châteaux et parcs de Versailles et de Marly*, 1764, t. I, p. 10; t. II, p. 44, 57, 212, 275. — Eudore SOULIÉ, *Notice du Musée impérial de Versailles*, 1re partie, 1859, p. 3; 3me partie, 1861, p. 504, 509. — *Archives de l'art français. Abécédario de Mariette*, t. II, 1853-1854, p. 112 — *Revue universelle des arts*, t. XXIII 1866, p. 117. — A. JAL. *Dictionnaire critique de biographie et d'histoire.* 1872, p. 210, 497. — H. HERLUISON, *Actes d'état civil d'artistes français* 1873, p. 115. — *Nouvelles archives de l'art français*, 1873, p. 118. — DE MONTAIGLON, *Procès-verbaux de l'Académie royale*, t. II, 1878, p, 366, 368; t. III, 1880, p. 17, 233; t. IV, 1881, p. 78. — *Réunion des sociétés des beaux-arts des départements*, 1890, p. 533-536; 1898, p. 416. — *Revue de l'art français*, 1892, p. 253. — J. GUIFFREY, *Comptes des bâtiments du roi sous le règne de Louis XIV*, t. II, 1887, col. 383, 441, 492, 625, 738, 759, 990, 1175; t. III, 1891, col. 94, 422, 424, 449, 469, 472, 611, 853, 964, 1049, 1072, 1157, 1177; t. V, 1901, col. 214, 217, 317, 320, 348, 412, 414, 432, 527, 528, 534.

Diot, sculpteur en bois cité dans les comptes des bâtiments du

---

1. PIGANIOL DE LA FORCE, *Nouvelle description des châteaux et parcs de Versailles et de Marly*, t. I, p. 10.

roi comme travaillant en 1677 au château de Clagny et plus tard, de 1704 à 1710, à la décoration de la chapelle de Versailles, où il fut occupé à la sculpture du buffet d'orgue et des confessionaux.

J. GUIFFREY, *Comptes des bâtiments du roi sous le règne de Louis XIV*, t. I, 1881, col. 982; t. IV, 1896, col. 1049 ; t. V, 1901, col. 214, 316, 317, 414.

Doby (Philippe), résidait à Besançon dès l'année 1659. Il exécuta, en 1663, une statue de saint Benoît pour l'abbaye de Saint-Vincent et sculpta, en 1671, les armoiries du roi d'Espagne sur la porte dè la forteresse de Sainte-Anne. Il mourut le 19 avril 1686. Il était le beau-père des sculpteurs francs-comtois François Choye, Jean Ligier le jeune et Claude-Joseph Thevenin.

Jules GAUTHIER, *Dictionnaire des artistes francs-comtois antérieurs au XIXᵉ siècle*, 1892, p. 8. — Idem, *Réunion des sociétés des beaux-arts des départements*, 1895, p. 812.

Doisy (Charles), sculpteur établi à Paris vers la fin du xviiᵉ siècle, figure comme témoin dans l'acte de décès de la femme de son confrère Pierre Pingat, acte inscrit le 11 janvier 1687 sur les registres dè Saint-Sulpice.

H. HERLUISON, *Actes d'état civil d'artistes français*, 1873, p. 353 à Pingat.

Doisy (Robert), sans doute parent du précédent, remporta le troisième prix de sculpture à l'ancienne École académique de Paris, en 1683, et le premier prix, en 1684. Il fut envoyé à Rome en 1685 comme pensionnaire du roi ; il y resta jusqu'au 8 août 1690. L'année suivante, on le trouve occupé à Paris à la décoration des Invalides ; il sculptait alors avec Jean-Baptiste Goy les armoiries du roi au-dessus de la porte d'entrée à l'intérieur de l'église.

A. DUVIVIER, *Archives de l'art français, documents*, t. V, 1857-1858, p. 279. — Dᵉ MONTAIGLON, *Procès-verbaux de l'Académie royale*, t. II, 1878, p. 262, 263, 278, 283, 286, 310. — Idem, *Correspondance des directeurs de l'Académie de France à Rome*, t. I, 1887, p. 151, 153, 191, 289, 318. — J. GUIFFREY, *Comptes des bâtiments du roi sous le règne de Louis XIV*, t. II, 1887, col. 784 ; t. III, 1891, col. 554, 557.

Dole, sculpteur résidant au Havre vers la fin du xviiᵉ siècle, exécute en 1692 deux figures pour l'autel de l'église Du Coudray (Seine-Inférieure).

Archives de la Seine-Inférieure, G. 8073.

Dolle, sculpteur du xviiᵉ siècle, originaire de Castellane (Basses-Alpes). D'après Laurensi, auteur d'une histoire de Castellane écrite en 1775, il aurait sculpté dans cette ville un buste de Louis XIV. Il aurait fait également les trophées d'armes qui ornaient le grand portail de l'arsenal de Toulon, portail [1] construit entre 1670 et 1673.

LAURENSI, *Histoire de Castellane*, 1775. — *Inventaire général des richesses d'art de la France. Province, monuments civils*, t. VI, 1892, p. 284. — Ch. GINOUX, *Réunion des sociétés des beaux-arts des départements*, 1690, p. 388. — Idem, *Revue de l'art français*, 1894, p. 235.

Dolour (Raymond), exerçait son art à Toulon en 1695.

Ch. GINOUX, *Revue de l'art français*, 1894, p. 235.

Dossier (Nicolas), sculpteur originaire de Mailly, près Paris, est cité dans les comptes des bâtiments du roi comme travaillant à Versailles et au château de Clagny dans la seconde moitié du XVIIe siècle. Il fut reçu membre de l'Académie de Saint-Luc le 25 octobre 1664. Il n'existait plus en 1701.

ŒUVRES

La Musique..Statue en pierre. Façade du château de Versailles donnant sur le parc (année 1671).
La Danse. Statue en pierre. Même façade (année 1671).
Ouvrages pour le Labyrinthe de Versailles (année 1673).
Travaux au château de Clagny (années (1676-1677).
Le Feu. Statue en marbre exécutée en 1681 d'après un dessin de Le Brun.
   Pourtour du Parterre de Latone, dans le parc de Versailles. Gravée par par Thomassin, n° 98. Cette statue fut l'objet de huit payements montant à 4.100 livres

D'ARGENVILLE, *Voyage pittoresque des environs de Paris*, 1762, p. 100, 400. — PIGANIOL DE LA FORCE, *Nouvelle description des châteaux et parcs de Versailles et de Marly*, 1764, t. II, p. 4, 91. — P. LACROIX, *Revue universelle des arts*, t. XIII, 1861, p. 328. — Eud. SOULIÉ, *Notice du Musée impérial de Versailles*, 3ᵐᵉ partie, 1861, p. 491, 492, 508. — DE NOLHAC, *Les jardins de Versailles*, 1906, p. 50.

Doublé, sculpteur en bois de la fin du XVIIe siècle, est mentionné dans les comptes comme étant occupé à Versailles en 1685, époque où il touche 2.637 livres « pour son parfait payement des ouvrages de sculpture qu'il a fait au vaisseau que S. M. a fait faire au canal. »

J. GUIFFREY, *Comptes des bâtiments du roi sous le règne de Louis XIV*, t. II. 1887, col. 618.

Doublet (Joseph), sculpteur en bois établi en Normandie dans la seconde moitié du XVIIe siècle, s'engage en 1673 à sculpter pour l'église Sainte-Croix, à Bernay (Eure), « une imaige de Saincte Héleine

1. Ce portail a été remplacé en 1738 par celui qui existe actuellement.

accompaignée de deux anges ». Cet artiste ne serait-il pas le même que le précédent?

E. VEUCLIN, *Réunion des sociétés des beaux-arts des départements*, 1893, p. 457.

Doucin (Jacques), sculpteur résidant à Rouen dans la seconde moitié du xviie siècle, exécute, en 1655, une contretable dans la sacristie de la cathédrale. En 1663, il raccommode la croix du cimetière de l'église Saint-Michel et, en 1665, il reçoit 200 livres pour différents travaux faits dans le chœur de la même église. Il vivait encore en 1689, car, à cette époque, il passa un marché au sujet de l'exécution d'un retable destiné à l'église de Notre-Dame-de-la-Ronde.

Archives de la Seine-Inférieure, G. 2614, 2615, 7170, 7394.

Doudieux (Étienne), sculpteur et peintre vivant au Mans sur la paroisse Saint-Ouen-des-Fossés, sculpta, en 1660, plusieurs statues pour l'église de Notre-Dame-de-la-Guierche. En 1670, il fit un saint Martin pour l'église de Souillé et, en 1682, une Vierge pour l'église de Notre-Dame-du-Pré. Il mourut en 1706.

G. ESNAULT, *Dictionnaire des artistes et artisans manceaux*, 1899, p. 213.

Drieu ou **Drieux** (Pierre), sculpteur parisien, fut nommé membre de l'Académie de Saint-Luc le 2 octobre 1682. Le 12 mars 1690, il perdit un fils qui fut inhumé sur la paroisse Saint-Benoît.

P. LACROIX, *Revue universelle des arts*, t. XIII, 1861, p. 335. — H. HERLUISON, *Actes d'état civil d'artistes français*, 1873, p. 118.

Drouet (Gervais), sculpteur et architecte, élève de Guépin le Tourangeau [1], était établi à Toulouse dans la seconde moitié du xviie siècle. De 1665 à 1671, il exécuta le jubé de la cathédrale d'Auch. Dans le marché relatif à la construction de ce jubé, il est désigné comme « maistre architecte de la ville de Thole (Toulouse) et sculpteur du roy »; il devait recevoir 16.000 livres pour son travail. Ce monument, qui existait encore en 1850 et qui a été détruit depuis, était orné d'un calvaire et des statues de *David*, d'*Isaïe* et des *quatre Évangélistes*; il portait l'inscription suivante : *Gervais Drouet a accompli ce jubé avec les figures l'an 1671*. On lui attribue encore, dans cette église, les autels des chapelles du Purgatoire et du Sacré-Cœur ainsi que l'achèvement des tours du grand portail.

A Toulouse, il fit le maître-autel de l'église Saint-Étienne qui est

1. *Dictionnaire des sculpteurs de l'École française du Moyen Age au règne de Louis XIV*, p. 246.

11

orné d'un groupe colossal représentant la *Lapidation de saint Étienne*
et décora de quatre figures les portes latérales du chœur. On regarde
aussi comme étant de lui, dans cette cathédrale, le mausolée du président de Lestang, celui du chanoine Portes, une statue de la Vierge
et une statue d'apôtre. On lui devait également la décoration de la
chapelle de Saint-Côme, dans le couvent des Jacobins de Toulouse.

Biographie Toulousaine, 1823, t. 1, p. 178-179. — L'abbé CANÉTO, *Monographie
de Sainte-Marie d'Auch*, 1850, p. 129 et suiv. — CAYLA, *Toulouse monumental et
pittoresque*, p. 119, 120.

Drouilly (Jean), natif de Vernon (Eure), vint s'établir à Paris dans
la seconde moitié du xviie siècle. Le 4 novembre 1668, il fut reçu
membre de l'Académie de Saint-Luc dont il fut nommé plus tard
juré. Le 22 décembre 1672, il perdit sa femme qui fut inhumée sur la
paroisse Saint-Paul. A partir de cette époque jusqu'en 1697, il exécuta différents travaux pour le Louvre, pour l'église des Invalides et
pour les châteaux de Versailles, de Trianon, de Clagny, de Marly et
de Saint-Germain-en-Laye. Il mourut en 1698.

ŒUVRES

Un Cyclope. Statue en pierre exécutée pour une des façades du château de
Versailles donnant sur la grande Cour. Payée 400 livres (année 1672).
Ouvrages pour le Labyrinthe de Versailles. Payés 800 livres (année 1673).
Travaux de sculpture au Louvre (année 1674).
Le Poëme héroïque. Statue en marbre. Pourtour du Parterre du Nord, dans
le parc de Versailles. Gravée par Thomassin, n° 107. De 1675 à 1679,
cette statue est l'objet de cinq payements montant à 1.950 livres.
Tabernacle dans l'ancienne église du Couvent des Grands-Augustins, à
Paris (année 1678).
Décoration de la façade du château de Clagny (années 1675-1680).
Travaux dans la chapelle du même château (année 1680).
Trois figures en pierre pour le même château (année 1680).
Huit chapiteaux de marbre pour la Colonnade du parc de Versailles. Payés
1.808 livres (années 1684-1685).
Ouvrages de sculpture à la balustrade du château de Saint-Germain-en-Laye.
Payés 1.782 livres (années 1684-1685).
Réparation des sculptures du même château. Payée 846 livres (années 1684-
1685).
Jupiter. Terme en marbre exécuté avec une statue antique. Autrefois dans
le petit parc de Versailles. Cette statue ornait jusqu'en 1541 le jardin des
Médicis, à Rome; à cette époque, Marguerite d'Autriche, duchesse de
Camarino, l'ayant offerte à Antoine Perrenot de Granvelle, ce dernier, en
1546, la fit transporter dans le jardin de son palais, à Besançon. Après la
conquête de la Franche-Comté, la ville la donna à Louis XIV qui la mit
à Versailles. Cette statue ayant été fort maltraitée, les bras et la moitié du
corps au-dessous de la ceinture manquant, Drouilly la restaura en terme;
il reçut 1.330 livres pour son travail. Ce terme a été gravé par Thomassin,
n° 178.

Deux masques et deux vases en marbre pour la Colonnade du parc de Versailles. Payés 1.140 livres (années 1685-1686).

Ornements en marbre faits aux terrasses sous les groupes des Bains d'Apollon, dans le parc de Versailles (année 1686).

Ouvrages de sculpture « au modèle du Triomphe de Vénus » pour l'un des deux grands bassins du Parterre en face du château de Versailles. En collaboration de Lecomte et de Legeret (années 1685-1688).

Cinq chapiteaux pilastres pour Trianon. Payés 1.346 livres (année 1687).

Vase en marbre orné de têtes de soleils, de branches de laurier, de palmes et de têtes de béliers (années 1687-1689). Fontaine du Point-du-Jour, dans le Parterre d'Eau du parc de Versailles. Gravé par Thomassin, n° 210.

Vase en marbre orné de cannelures dans lesquelles sont sculptées des fleurs de soleils (années 1687-1689). Grande allée ou Tapis-Vert, dans le même parc. Gravé par Thomassin, n° 215.

Vingt-neuf vases en pierre pour les combles de Trianon. On possède au sujet de ces travaux la quittance suivante datée du 15 décembre 1688 : « Jean Drouilly, sculpteur, a reconnu et confessé avoir receu de M° Charles Levesque, Escuier, Trésorier général des Bâtiments et Jardins, arts et manufactures de France, la somme de cent cinquante livres, à luy ordonnée pour le parfait payement de celle de quatorze cent cinquante livres, à quoy montent vingt-neuf vases de pierre par luy faits pour les combles de Trianon ».

Deux modèles de vases pour les deux angles de la façade du pavillon de la Salle des Gardes, à Marly (année 1689).

Huit chapiteaux en pierre dans une chapelle de l'église des Invalides (années 1691-1692).

Simon Thomassin, *Recueil des figures, groupes, etc., du château et parc de Versailles*, 1724, pl. 107, 178, 210. — D'Argenville, *Voyage pittoresque des environs de Paris*, 1762, p. 102, 119, 124, 400. — Piganiol de la Force, *Nouvelle description des châteaux et parcs de Versailles et de Marly*, 1764, t. I, p. 14 ; t. II, p. 10, 25, 60, 185. — Idem, *Description historique de la ville de Paris*, 1765, t. VIII, p. 122. — Eudore Soulié, *Notice du Musée impérial de Versailles*, 3° partie, 1861, p. 495, 501, 504, 510. — H. Herluison, *Actes d'état civil d'artistes français*, 1873, p. 390. — *Nouvelles archives de l'art français*, 1876, p. 67. — J. Guiffrey, *Comptes des bâtiments du roi sous le règne de Louis XIV*, t. I, 1881, col. 618, 697, 743, 762, 772, 819, 832, 845, 902, 917, 965, 982, 1048, 1075, 1076, 1161, 1189, 1190, 1191, 1283, 1287, 1326 ; t. II, 1887, col. 140, 160, 278, 440, 516, 621, 803, 890, 987, 988, 1175 ; t. III, 1891, col. 36, 93, 288, 337, 560, 702, 844, 1080, 1129 ; t. IV, 1896, col. 4, 60, 194, 330, 472, 473. — De Nolhac, *Les jardins de Versailles*, 1906, p. 12, 64.

Dublot (Louis), sculpteur du commencement du xviiie siècle, fils d'un laboureur du diocèse de Paris, se marie à Lyon le 31 janvier 1708 sur la paroisse de Saint-Nizier.

Natalis Rondot, *Les sculpteurs de Lyon du XIVe au XVIIIe siècle*, 1884, p. 64. — Idem, *Revue de l'art français*, 1887, p. 307.

Dubois (Jean), sculpteur et architecte, naquit à Dijon en 1626. Établi dans sa ville natale, il exécuta en 1655 pour l'église Notre-

Dame un groupe en pierre de l'*Assomption de la Vierge* [1] ainsi que le maître-autel, le buffet d'orgue et les bas-reliefs du chœur [2]. A Sainte-Bénigne, il fit les mausolées d'Élisabeth de la Mare et de Marguerite de Valois, les bustes des douze apôtres et les statues de saint Thomas et de saint Jean. Dans l'église Saint-Michel, il sculpta le cénotaphe de l'avocat F. L. Johannin surmonté du buste du défunt, le tombeau de Fiot de la Marche, ancien président au Parlement de Bourgogne, et une statue de saint Yves. On lui doit encore, à l'hospice Sainte-Anne, le retable de la chapelle ainsi que les tombeaux de Joly et de Bouchu et, à l'hôpital général, un groupe représentant la *Charité*.

Il était occupé souvent aussi à des besognes moins importantes ; on voit en effet dans les archives qu'en 1682 il recevait 150 livres « pour avoir faict et crayonné le dessin du feu de joye tiré le dernier jour d'aoust en réjouissance de la naissance de Mgr le duc de Bourgogne, fils de Mgr le Dauphin ». La même année, il touchait 50 livres pour avoir dessiné des arcs de triomphe et des feux de joie à l'occasion de l'arrivée du Roi, travaux qui ne furent pas achevés « parce que Sa Majesté s'est depuis expliquée n'en vouloir point ». Enfin plus tard, il lui était alloué 120 livres pour avoir donné le dessin d'un feu de joie fait sur la place de la Sainte-Chapelle, lors de la prise de Philisbourg par le Dauphin.

Appelé à Paris en 1688 par de Harlay, intendant de Bourgogne, pour faire le buste du chancelier Boucherat [3], il revint ensuite à Dijon, où, en plus des travaux déjà cités, on regarde comme étant de lui le plafond et la cheminée de la salle des mariages, à l'Hôtel de Ville, ainsi que le plafond de la salle des assises, au palais de Justice ; ces œuvres existent encore aujourd'hui. On lui attribue également les plans de la porte de l'ancien hôtel des Comptes, monument qui a été détruit. Jean Dubois mourut à Dijon le 20 novembre 1694 ; il était le grand-père du poète Alexis Piron. Son portrait peint en 1680 par Gabriel Revel se trouve au Musée de la ville.

Archives de la ville de Dijon, M. 257, 263, 371. — Ph. DE CHENNEVIÈRES, *Artistes provinciaux*, t. III, p. 44. — BELLIER DE LA CHAVIGNERIE, *Dictionnaire des artistes de l'école française*, t. I, 1882, p. 454. — *Catalogue du Musée de Dijon*, 1883, p. 142, 296, 297. — Ch. BAUCHAL, *Nouveau dictionnaire des architectes français*, 1887, p. 196. — *La France monumentale*, t. VI, p. 35. — P. JOANNE, *Itinéraire général de la France. Bourgogne, Morvan, Jura, Lyonnais*, 1902, p. 122, 124, 125. — L. GONSE, *Les chefs-d'œuvre des musées de France*, 1904, p. 154.

1. Aujourd'hui dans la sacristie.
2. Les modèles de cette décoration figurent au Musée de Dijon ; ils ont été acquis en 1828.
3. Un buste du même personnage a été exécuté par Coyzevox.

Dubois(Jacques-François), exerçait son art à Angers au commencement du xviiie siècle. En 1715, il exécutait pour le chœur de la cathédrale « une suspense de bois avec les ornements. » En 1717, il sculptait les deux petits autels du transept de l'église de Saint-Lambert-la-Potherie (Maine-et-Loire). En 1722, il était employé par le chapitre de Saint-Laud et, en 1723, il travaillait à l'autel des agonisants de l'église de Faye, près d'Angers ; il dut mourir peu de temps après.

Célestin Port, *Les artistes angevins*, 1881, p. 102.

Dubois (Pierre), sculpteur résidant à Bordeaux, fils de Claude Dubois[1], est nommé, en 1691, professeur à l'Académie royale de peinture et de sculpture qui venait d'être fondée dans cette ville.

J. Delpit, *Revue universelle des arts*, t. X, 1859, p. 56, 62. — *Réunion des sociétés des beaux-arts des départements*, 1878, p. 139, 140; 1886, p. 465.

Dubois (le Frère), sculpteur, peut-être parent du précédent, faisait partie du couvent des Dominicains de Bordeaux, quand il fut appelé, en 1688, pour aider le frère Vincent Funel dans l'exécution des boiseries du chœur de l'église de Saint-Maximin (Var). Au bout de deux ans, en 1690, il quitta Saint-Maximin et revint à Bordeaux.

L. Rostan, *Revue des sociétés savantes des départements*, 4e série, t. IV, 1866, p. 211-214. — *Inventaire général des richesses d'art de la France. Province, monuments religieux*, t. III, 1901, p. 246.

Dubreuil (Claude), sculpteur et architecte décorateur, élève de Pierre Puget, était installé à Toulon, probablement sa ville natale, en 1671. De 1674 à 1680, aidé d'un tailleur de pierre nommé François Estienne, il exécuta le maître-autel et la décoration du pourtour du chœur de l'église paroissiale de la Seyne-sur-Mer. En 1682, il termina un modèle en cire et en bois pour remplacer dans la chapelle du *Corpus Domini* de la cathédrale de Toulon le grand retable en bois doré, œuvre de Puget, qui avait été détruit l'année précédente par un incendie, mais il ne fut pas chargé définitivement de ce travail qui fut donné à son confrère Christophe Veyrier, autre élève de Puget ; plus tard, en 1697, il obtint seulement à ce sujet une indemnité de 110 livres. En 1684, 1686 et 1691, il travailla comme sculpteur décorateur de vaisseaux. En 1690, il fit les dessins d'une porte en bois pour le séminaire des aumôniers de la marine, aujourd'hui hôpital maritime ; cette porte qui existe encore fut sculptée par Louis Imbert. En 1709, il entreprit avec son fils Jean-Baptiste la restauration du portique et

1. *Dictionnaire des sculpteurs de l'École française du Moyen Age au règne de Louis XIV*, p. 182.

des cariatides de Pierre Puget. Enfin, on lui attribue aussi la magnifique porte de l'église de La Valette, près de Toulon, qui par sa décoration ressemble à celle de l'hôpital maritime.

Claude Dubreuil mourut à Toulon le 2 juillet 1710, âgé d'environ soixante-dix ans. Son fils, Jean-Baptiste Dubreuil, que je viens de citer, était peintre, sculpteur et architecte ; né en 1682 il vécut jusqu'en 1763.

Ch. Ginoux, *Revue de l'art français*, 1886, p. 25 ; 1887, p. 324 ; 1888, p. 172 ; 1889, p. 192 ; 1890, p. 154, 217 ; 1891, p. 252 ; 1892, p. 289 ; 1894, p. 240-243. — Idem, *Réunion des sociétés des beaux-arts des départements*, 1892, p. 160, 161, 175. — *Inventaire général des richesses d'art de la France. Province, monuments civils*, t. VI, 1892, p. 292.

Du Camp (Joseph), natif d'Alost en Flandre, vint s'établir à Paris, où il fut admis dans l'Académie de Saint-Luc le 9 juillet 1672. Il obtint des lettres de naturalisation le 27 mai 1689.

P. Lacroix, *Revue universelle des arts*, t. XIII, 1861, p. 330. — J. Guiffrey, *Nouvelles archives de l'art français*, 1873, p. 259.

Ducastel (Michel), sculpteur architecte et peintre, faisait partie d'une nombreuse famille de maîtres menuisiers établie à Laon au XVIIᵉ siècle. Il naquit vers 1644 et fit toute sa carrière dans cette ville. En 1670, il exécuta pour l'église Saint-Pierre-le-Vieil une table d'autel, des lambris et un confessionnal, le tout moyennant 220 livres. En 1671, il fut appelé par les chartreux du Val-Saint-Pierre qui lui confièrent de nombreux travaux : c'est pour eux qu'il sculpta la chaire[1] placée aujourd'hui dans la cathédrale de Laon. En 1678, l'artiste fut emprisonné pour avoir séduit une de ses cousines, Louise Ducastel. Remis en liberté au bout de quelques mois, il épousa celle-ci le 22 décembre de la même année ; c'était son troisième mariage, ayant été veuf déjà deux fois. En 1880, il fut mandé à Vervins pour entreprendre la restauration du portail de l'église, mais il en fit seulement le projet qui servit à un autre sculpteur chargé de terminer ce travail. Enfin, par marché en date du 25 juin 1683, il s'engagea à entreprendre les formes du chœur de l'église de l'abbaye de Saint-Vincent de Laon et à sculpter les armoiries de l'abbé et des religieux. Il mourut dans la misère, le 18 mars 1686, et fut enterré dans le cimetière de la paroisse Saint-Pierre-le-Vieil.

G. Grandin, *Réunion des sociétés des beaux-arts des départements*, 1894, p. 1088, 1106. — Idem, *Revue de l'art français*, 1895, p. 93-117.

---

1. La seule œuvre de l'artiste qui soit parvenue jusqu'à nous.

Duchalonge (Nicolas), exerçait son art à Angers dans les premières années du XVIIIe siècle.

Célestin Port, *Les artistes angevins*, 1881, p. 103.

Du Chastel (François), sculpteur du XVIIe siècle, est cité dans les comptes des bâtiments du roi comme travaillant à Versailles en 1685 ; on lit : « à François Du Chastel, sculpteur, pour les planches qu'il a gravées sur bois pour les ornemens des cloches de Versailles. .55 l.. ».

J. Guiffrey, *Comptes des bâtiments du roi sous le règne de Louis XIV*, t. II, 1887, col. 620.

Duchef (Barthélemy), sculpteur établi à Boen (Loire) dans la seconde moitié du XVIIe siècle, est témoin dans un mariage, le 29 mars 1689.

Archives de la Loire, GG. 1 à 9.

Duchesne (Jean-Baptiste), maître sculpteur, résidait à Paris dans la seconde moitié du XVIIe siècle. Le nom de cet artiste nous est connu par l'acte de décès de sa fille morte, âgée de vingt mois, le 22 octobre 1674 et inhumée dans le cimetière de la paroisse Saint-Roch.

H. Herluison, *Actes d'état civil d'artistes français*, 1873, p. 122.

Duchesne (Léonard), exécute en 1674 la sculpture décorative de la galerie des Illustres, à l'Hôtel de Ville de Toulouse.

Catalogue du Musée de Toulouse, 1865, p. 284.

Duchesnois (Roch), sculpteur et marbrier des bâtiments du roi, exerçait son art à Paris au XVIIe siècle. En 1666, il travaillait à l'église du Val-de-Grâce, puis il fut employé plus tard aux châteaux de Versailles, de Saint-Germain-en-Laye et de Fontainebleau. Il avait l'entretien des marbres à Versailles et touchait de ce fait 1.000 livres par an. Il mourut le 7 décembre 1675 et fut inhumé sur la paroisse Saint-Benoist. Les comptes citent aussi un autre marbrier du nom de Jacques Duchesnois qui était employé à Versailles, vers la même époque.

H. Herluison, *Actes d'état civil d'artistes français*, 1873, p. 122. — E. Piot, *État civil de quelques artistes français*, 1873, p. 38. — J. Guiffrey, *Comptes des bâtiments du roi sous le règne de Louis XIV*, t. I, 1881, col. 163, 552, 619, 670, 697, 763, 802, 822, 832, 838, 875, 895, 903, 907, 933, 966, 971, 1051, 1052, 1163, 1164, 1175, 1247, 1291, 1292, 1310; t. III, 1887, col. 198.

Duclos (Claude), sculpteur en bois, était établi à Laon dans la seconde moitié du XVIIe siècle. C'est lui l'auteur des lambris du chœur de l'église Saint-Martin. Il était encore occupé à ce travail lorsqu'il mourut assassiné le 25 août 1695.

G. Grandin, *Réunion des sociétés des beaux-arts des départements*, 1894, p. 1098; 1896, p. 647-648.

Ducreux. Le nom de ce sculpteur se rencontre deux fois, au commencement du xviiie siècle, sur les registres des Menus-Plaisirs; on y lit en effet :

Pompe funèbre du feu roy d'Angleterre[1], *décédé au chasteau de Saint-Germain-en-Laye, le 17 septembre 1701.*

« A *Du Creux*, sculpteur, la somme de deux cens livres pour deux portraits qu'il a faits du feu roy d'Angleterre en cire, dont l'un le représente mort et l'autre vivant, par ordre de la dame d'honneur de la reyne d'Angleterre, cy...... 200 livres »[2].

Pompe funèbre de la Reyne d'Angleterre décédée à Saint-Germain-en-Laye, le 7e may 1718.

« A *Ducreux*, sculpteur, 272 l. pour le portrait en cire qu'il a fait de la Reyne d'Angleterre, comme aussy pour la coeffure et la chase, etc... »[3].

On trouve à la date de 1712, dans les comptes des bâtiments du roi, la mention suivante qui se rapporte à un travail de réparation de jouets : « A Ducreux, sculpteur, pour avoir restauré tant les petites troupes de cavallerie, infanterie et artillerie, que les chariots, caissons et autres equipages qui devaient servir a feu monseigneur le Dauphin..... 789 l. ».

Un autre artiste, Michel-Joseph Ducreux, qualifié maître peintre et sculpteur à Paris, nous est connu par l'inventaire qui fut dressé après son décès survenu le 11 janvier 1715. On ne peut le confondre avec le Ducreux cité plus haut, puisque celui-ci travaillait encore en 1718; on ne sait quels liens de parenté pouvaient exister entre ces deux artistes.

De Chennevières, *Revue de l'art français*, 1887, p. 140, 331. — J. Guiffrey, *Nouvelles archives de l'art français*, 1883, p. 248. — Idem, *Comptes des bâtiments du roi sous le règne de Louis XIV*, t. V, 1901, col. 613.

Dufour (Benoît), exerçait son art à Boisset-Saint-Priest (Loire) dans la seconde moitié du xviie siècle.

Archives de la Loire, GG. 1 à 11.

Dufour (Nicolas), sculpteur de la fin du xviie siècle, donne quittance le 16 octobre et le 6 novembre 1684 de « la somme de deux

1. Jacques Ier, roi d'Angleterre.
2. Archives nationales, O 1 2832.
3. Idem, O 1 2847.

cens livres à luy ordonnée à compte des glaçons qu'il fait sur le socle du mur de la Pièce de Neptune au petit parcq de Versailles. » En 1685, il est occupé à la décoration des bateaux de la pièce des Suisses et du canal de Versailles. De 1687 à 1695, il travaille à Trianon, au château de Marly, où il exécute des groupes d'enfants avec des fleurs et des fruits, à l'église des Invalides, au château de Versailles pour lequel il sculpte deux vases en pierre et au château de Meudon. En 1696, il reçoit 32 livres « pour la sculpture, en pierre de Saint-Leu, de deux consolles de la porte du parc de Chaville, à l'entrée du village de Viroflay ».

Nouvelles archives de l'art français, 1876, p. 62. — J. GUIFFREY, *Comptes des bâtiments du roi sous le règne de Louis XIV*, t. II, 1887, col. 441, 618, 890, 891, 1116, 1173, 1175; t. III. 1891, col. 37, 94, 337, 472, 559, 615, 679, 1187; t. IV, 1896, col. 117.

Dufour (Claude-Ignace), sculpteur et peintre, fils de François Dufour, maître peintre, et probablement parent du précédent, exerçait son art à Paris au commencement du XVIIIe siècle.

H. HERLUISON, *Actes d'état civil d'artistes français*, 1873, p. 123.

Dugast (Étienne). Ce sculpteur était établi à Toulouse dans la seconde moitié du XVIIe siècle.

G. ESNAULT, *Dictionnaire des artistes et artisans manceaux*, 1899, t. I, p. 226.

Dugoulon (Jean), sculpteur parisien de la seconde moitié du XVIIe siècle, faisait partie de l'Académie de Saint-Luc, dont il avait été nommé membre le 20 mai 1671. En 1677-1678, il se trouvait à Angoulême, où il résida environ deux ans. Le 24 mai 1679, il passa un marché dans cette ville par lequel il s'engagea à sculpter, moyennant 400 livres, un retable en pierre destiné à l'autel des Trois-Maries, dans la cathédrale ; il fut aidé dans ce travail par François Claude, sculpteur de Limoges, qui se chargea d'exécuter la partie décorative de ce monument. En 1684, il était de retour à Paris et exécutait huit chapiteaux et un vase de marbre pour Versailles. Ce vase, orné de têtes de béliers, existe encore aujourd'hui ; il est placé près de la fontaine du Point-du-Jour dans le Parterre d'Eau du parc de Versailles. Il est attribué faussement par Eudore Soulié à Jules Dugoulon.

Vers la même époque, Jean Dugoulon travailla au château de Saint-Germain-en-Laye et sculpta un groupe d'enfants pour le petit parc de Versailles ; il fut occupé aussi à la Colonnade. Contrairement à l'indication donnée dans l'Inventaire des richesses d'art de la France ce n'est pas lui l'auteur des stalles de Notre-Dame de Paris, c'est

Jules, puisque ces stalles furent exécutées à partir de 1699 et que
Jean mourut en 1687, comme le prouve la mention suivante
tirée des comptes des bâtiments du roi à la date du 24 août 1687 ;
« A Raon, sculpteur, à compte d'un modèle commencé par feu
de Goullon pour un terme de marbre représentant Bacchus ».

PIGANIOL DE LA FORCE. *Nouvelle description des châteaux et parcs de Versailles et
de Marly*, 1764, t. II, p. 10. — Eudore SOULIÉ, *Notice du Musée impérial de Versailles*, 3ᵉ partie, 1861, p. 501. — P. LACROIX, *Revue universelle des arts*, t. XIII,
1861, p. 329. — P. DE FLEURY, *Documents inédits pour servir à l'histoire des arts
en Angoumois*, 1882, p. 23, 25. — J. GUIFFREY, *Comptes des bâtiments du roi sous
le règne de Louis XIV*, t. II, 1887, col. 440, 516, 624, 803, 991, 1176, 1183. —
E. BIAIS, *Les artistes angoumoisins (Réunion des sociétés des beaux-arts des départements*, 1890, p. 723). — *Revue de l'art français*, 1891, p. 5.

Dugoulon (Jules), « sculpteur qui excelle surtout en bois », dit
Piganiol de la Force, avait le titre de sculpteur ordinaire des bâtiments
du roi ; il était fils du précédent. A partir de 1698, il exécuta de
nombreux ouvrages à Versailles, à Meudon, à Marly et à Fontainebleau ;
il travailla aussi pour l'église des Invalides et pour le palais de
Madrid que faisait alors édifier Philippe V. Ses œuvres les plus
importantes sont les stalles du chœur de l'église Notre-Dame de Paris
et celles de la cathédrale d'Orléans. Les registres des bâtiments du
roi citent son nom pour la dernière fois en 1731.

ŒUVRES

Travaux de sculpture en bois à la Ménagerie de Versailles. Payés 7.880
livres (années 1698-1701).
Décoration d'un oratoire dans la première chapelle de l'église des Récollets
de Versailles. En collaboration de Pierre Taupin (année 1698).
Sculptures en bois dans la petite chambre de la princesse de Conti, au
château de Versailles (année 1699).
Huit grands cadres dans les vestibules du château de Marly. Payés
1.160 livres (année 1699).
Décoration de la cheminée de la chambre de Mᵐᵉ de Maintenon, dans le
château de Meudon. En collaboration d'André Le Goupil. Payée 641 livres
(année 1699).
Bordures des glaces du Cabinet du Roi, dans le même château (année
1699).
Deux chaires placées aujourd'hui en tête des stalles du chœur de l'église
Notre-Dame de Paris ; ces deux chaires, sculptées d'après les modèles de
Vassé, représentent, celle de droite, *La guérison de Childebert Iᵉʳ par
saint Germain évêque de Paris*, et celle de gauche, *le Martyre de saint
Denis* (années 1699-1714).
Stalles du chœur de l'église Notre-Dame de Paris. Ces stalles furent exécu-
tées, sous la direction et d'après les dessins de Jules Dugoulon, par Louis
Marteau et Jean Noël (années 1699-1714).
Ouvrages de sculpture dans les appartements de Trianon (années 1700-
1706).

Décoration de la cheminée de la chambre du comte de Brionne dans la Grande Écurie du Roi, à Versailles (année 1700).

Ouvrages de sculpture à la Surintendance des Bâtiments, à Versailles (année 1700).

Sculpture des bancs de pierre du parc de Marly (année 1700).

Pieds de table de marbre pour Marly (année 1701).

Ouvrages de sculpture au château de Fontainebleau (années 1701-1711).

Stalles de la cathédrale d'Orléans exécutées d'après les dessins de Jacques-Jules Gabriel, contrôleur général des Bâtiments du Roi. Payées 22.500 livres (année 1702). Ces stalles disparurent à la Révolution ; une grande partie de leurs lambris décore aujourd'hui la chapelle du Grand Séminaire d'Orléans.

Décoration de la porte d'entrée de la chapelle du château de Meudon (année 1703).

Ornements à la corniche intérieure de la chapelle du château de Versailles (année 1705).

Trône épiscopal de la cathédrale d'Orléans sculpté par l'artiste moyennant 3.900 livres (année 1705). La menuiserie en fut faite pour 2.200 livres par Jean Guesnon, menuisier ordinaire du roi, demeurant à Paris faubourg Saint-Denis. Ce trône, enlevé pendant la Révolution, a été replacé dans le chœur de la cathédrale.

Sculptures en bois au maître-autel de l'église des Invalides (années 1705-1706), et autres travaux dans la même église qui furent payés 4.000 livres en 1708.

Collaboration à la construction du grand baldaquin placé autrefois sur le groupe des Bains d'Apollon, à Versailles (années 1705-1707).

Sculpture du buffet d'orgue de la chapelle du château de Versailles. En collaboration de Le Goupil, de Taupin, de Belan, de Diot et de Robert de Lalande (année 1709).

Ouvrages de sculpture en bois dans l'hôtel de Longueville, rue des Poulies, à Paris (année 1709).

Décoration des appartements du duc de Berry, à Versailles (année 1712).

Ouvrages de sculpture en bois exécutés à Marly (année 1712).

Décoration des appartements de la duchesse d'Orléans, à Versailles (année 1713).

Panneaux, chambranles et trumeaux sculptés, destinés à orner les appartements royaux du palais de Madrid que faisait alors construire Philippe V. Ces boiseries furent exécutées à Paris, d'après les dessins de l'architecte Robert de Cotte, en collaboration de Taupin de Bellan et de Le Goupil (années 1713-1714).

Sculptures en bois ornant le salon de l'Œil-de-Bœuf, à Versailles (années 1714-1715).

Boiseries de la bibliothèque du roi, à Versailles (années 1714-1715).

Décoration du salon et de la chambre du roi, à Versailles.

Sculpture des gondolles et des galliottes du canal du château de Fontainebleau (années 1714-1715).

Boiseries décorant autrefois l'ancien hôtel de Lassay, à Paris.

Sculpture des petits appartements de Louis XV, à Versailles.

D'ARGENVILLE, *Voyage pittoresque de Paris*, 1752, p. 6, 9, 362. — PIGANIOL DE LA FORCE, *Nouvelle description des châteaux et parcs de Versailles et de Marly*,

1764, t. I, p. 256, 259, 317. — Idem, *Description de la ville de Paris*, 1765 t. I,
p. 328, 329, 364. — Eudore Soulié, *Notice du Musée impérial de Versailles*, 2ᵉ partie, 1860, p. 197, 211. — L. Dussieux, *Les artistes français à l'étranger*, 1876,
p. 366. — Idem, *Le château de Versailles*, 1881, t. I, p. 232, 245. 311, 321 ; t. II,
p. 207. — *Revue de l'art français*, 1885, p. 69. — *Inventaire général des richesses
d'art de la France. Paris, monuments religieux*, t. I, 1877, p. 386, 387 ; t. III, 1901,
p. 258. — G. Vignat, *Réunion des sociétés des beaux-arts des départements*, 1893,
p. 722-739. — J. Guiffrey, *Comptes des bâtiments du roi sous le règne de
Louis XIV*, t. IV, col. 312, 319, 448, 459, 478, 479, 516, 517, 545, 570, 584, 591, 592,
601, 618, 651, 677, 696, 709, 734, 767, 782, 792, 794, 828, 837, 852, 882, 897, 926,
938, 964, 994, 1015, 1035, 1048, 1073, 1139, 1157, 1176, 1250 ; t. V, 1901, col. 15,
34, 91, 112, 123, 132, 157, 177, 206, 214, 225, 234, 300, 316, 318, 320, 321, 329, 341,
347, 381, 414, 432, 494, 511, 763, 773, 786, 823, 854, 909.

Duhamel (Julien I), sculpteur établi à Tulle (Corrèze) vers le
milieu du xviiᵉ siècle, était l'auteur d'une cheminée décorant le château de Soudeilles. En 1648, d'après un acte notarié, il s'engageait à
exécuter une autre cheminée pour le château de Montagnac ainsi que
quatre statues en pierre, représentant les quatre Saisons, qui devaient
être placées dans le jardin de cette dernière résidence.

Duhamel (Julien II), peut-être neveu du précédent, travaillait également à Tulle au xviiᵉ siècle. En 1654, il reçut de Léonard Teyssier,
conseiller du roi, la commande d'un manteau de cheminée en bois
sculpté. En 1661-1662, il entreprit un retable pour l'abbaye de
Notre-Dame de Dalon et un autre pour la chapelle Sainte-Croix dans
l'église Saint-Julien ; ce dernier fut payé 45 livres. En 1663, il signa
un marché au sujet de la décoration de l'autel de la confrérie de Notre-
Dame-de-Pitié, dans l'église Saint-Pierre de Tulle. Il vivait encore en
1689, mais n'existait plus en 1694.

Duhamel (Pierre), fils de Julien II, est celui des artistes de cette
famille tulloise qui mérite le plus d'être connu. C'est en effet lui
l'auteur du retable du maître-autel de l'église de Naves (canton de
Tulle), œuvre importante mesurant 14 mètres de large sur 12 mètres
de haut qui est ornée des statues de saint Pierre, de saint Paul,
de Saint Jérôme et de saint Jean-Baptiste ainsi que d'un bas-
relief représentant *Le Sacrifice d'Abraham* ; cette boiserie date
de 1704. Auparavant, Pierre Duhamel avait exécuté, en 1681, des
tabernacles dans les églises de Peyrelevade, de Saint-Augustin et de
Ladignac, en 1683, un retable pour la confrérie des Pénitents gris
de Tulle et, en 1684, une chaire à prêcher dans l'église de Meymac. Il
dut mourir entre 1704 et 1707, laissant un fils nommé Julien qui fut
également sculpteur.

Duhamel (Jean-François et Léger), frères du précédent. On ne connaît rien de ces sculpteurs, si ce n'est qu'ils aidèrent Pierre dans la plupart de ses travaux. En 1692, Jean-François passa un contrat pour la confection d'un retable. Léger vivait encore en 1707.

Archives de la Corrèze. E. 441, 453, 529, 532. — NIEL, *Description abrégée du maître-autel de Naves,* 1882. — G. CLÉMENT-SIMON, *Les Duhamel, sculpteurs tullois* (*Compte rendu du LVIIᵉ congrès archéologique de France,* 1890).

Du Housset (Jacques), sculpteur parisien de la fin du xviiᵉ siècle, donne quittance, le 15 novembre 1699, d'une rente de cent livres sur les aides et gabelles.

Nouvelles archives de l'art français, 1882, p. 22.

Dulin (Louis), sculpteur établi à Paris dans la seconde moitié du xviiᵉ siècle, nous est connu par son acte de mariage inscrit, en novembre 1675, sur les registres de la paroisse Saint-Étienne-du-Mont.

Archives de l'art français, documents, t. III, 1855, p. 176.

Dumas, sculpteur et peintre résidant à Angers, est occupé, en 1673-1674, à la restauration du maître-autel de l'église Saint-Maimbœuf. En 1683, il travaille pour le chapitre de l'église Saint-Pierre de Saumur.

Célestin PORT, *Les artistes angevins,* 1881, p. 104.

Dumesnil (André), résidait à Paris à la fin du xviiᵉ et au commencement du xviiiᵉ siècle. Il mourut, âgé de quarante-deux ans, le 22 février 1708 et fut inhumé dans le cimetière de la paroisse Saint-Roch.

H. HERLUISON, *Actes d'état civil d'artistes français,* 1873, p. 124. — E. PIOT, *État civil d'artistes français,* 1873, p. 39.

Dumont (Pierre), serait né à Valenciennes en 1660, si l'on s'en rapporte à son acte de décès qui établit qu'il mourut dans sa ville natale, le 29 janvier 1737, à l'âge de soixante-dix-sept ans. Cependant on n'est pas très fixé à ce sujet, car on possède un acte prouvant que le 10 mars 1657 fut baptisé, dans l'église Saint-Nicolas, Pierre Dumont, fils d'un autre Pierre Dumont et de Jacqueline Gans; or il est possible que cet acte de baptême soit celui de notre artiste.

Pierre Dumont exerça son art dans différentes villes ; on le trouve en effet en 1687 à Paris, en 1697 à Rennes, en 1713 à Compiègne et en 1719 à Nancy, où il fut employé à la décoration du palais ducal construit par Léopold II. Pierre Dumont, membre de l'Académie de Saint-Luc, sculpteur de la chapelle du roi et sculpteur ordinaire du

duc de Lorraine, fut l'ancêtre d'une longue lignée de sculpteurs
dont le dernier descendant, Augustin-Alexandre Dumont, membre de
l'Institut, est mort en 1884.

H. Lepage, *Le palais ducal de Nancy*, 1852, p. 138. — G. Vattier, *Une famille d'artistes. Les Dumont 1660-1884.* — Bellier de la Chavignerie, *Dictionnaire général des artistes français*, 1882, t. I, p. 477. — Paul Foucart, *Réunion des sociétés des beaux-arts des départements*, 1890, p. 483-488.

Dumont (François), fils et élève du précédent, né à Paris en 1688,
obtint le premier prix de sculpture le 31 août 1709 [1], mais il n'alla pas
à Rome. Agréé le 31 janvier 1711 à l'Académie royale de peinture et de
sculpture, il fut nommé académicien le 24 septembre 1712, sur une
statuette en marbre représentant un *Titan foudroyé* et devint adjoint à
professeur le 29 mai 1723. Ayant entrepris différents ouvrages à
Nancy, il reçut en 1721 le titre de premier sculpteur du duc de
Lorraine. A Paris, il travailla pour l'église Saint-Sulpice et pour
l'ancien hôtel du comte d'Évreux, aujourd'hui le palais de l'Élysée. Il
collabora également à la décoration de la chapelle du château de
Versailles, fit le modèle d'un tombeau destiné à la ville de Montpellier et exécuta un mausolée dans l'église des Dominicains, à Lille. Il
était occupé à ce dernier monument, quand il se tua le 14 décembre
1726 en tombant d'un échafaud. Il fut enterré dans l'église sur le
lieu même de l'accident.

François Dumont avait épousé le 21 novembre 1712 Anne Coypel,
sœur du peintre Antoine Coypel; celle-ci lui survécut jusqu'en 1755.

ŒUVRES

Les armes du Roi soutenues par deux anges. Bas-relief dans la chapelle du
château de Versailles (années 1709-1711).

Titan foudroyé. Statuette en marbre. Morceau de réception à l'Académie
(24 septembre 1712). Musée du Louvre, n° 663. Provient des salles de
l'ancienne Académie royale de peinture et de sculpture.

Monument de Joseph Bonnier, trésorier des États de Languedoc. Le modèle
de ce monument, destiné à être érigé à Montpellier dans l'église des
Récollets, fut entrepris par l'artiste en 1719 moyennant la somme de
3.000 livres.

Le modèle d'un autel exécuté à Nancy (année 1721).

Un fronton sculpté dans la même ville (année 1721).

Saint Pierre et un ange tenant les clefs. — *Saint Paul et un ange tenant
l'épée.* Statues en pierre de 3 mètres de haut placées dans les deux niches
du second ordre du portail latéral de gauche de l'église Saint-Sulpice,
à Paris.

Deux groupes d'anges posés aux extrémités du fronton du même portail.

Motif décoratif se composant d'une tiare, de clefs et d'une croix placées jadis
au sommet de ce même fronton.

1. Le sujet de concours était : *David pardonnant à Abigaïl.*

Saint Joseph et saint Jean-Baptiste. Statues en pierre de 3 mètres de haut placées dans les deux niches du portail latéral de droite de la même église. Toutes ces œuvres ont été terminées en 1725.

Plusieurs modèles représentant une *Cérès coiffée d'épis de blé.* Ces modèles exécutés pour le roi, furent payés 800 livres en 1725.

Mausolée du duc de Melun, fils du prince d'Epinay. Autrefois, à Lille, dans l'église des Dominicains (année 1726). Ce mausolée est reproduit dans Millin (*Antiquités nationales,* t. V, n° LVI, pl. I, p. 3).

GUÉRIN, *Description de l'Académie royale de peinture et de sculpture,* 1715, p. 138. — *Archives de l'art français. Abécédario de Mariette,* t. II, 1853-1854, p. 131 ; *documents,* t. II, 1853, p. 367 ; t. V, 1857-1858, p. 285. — A. JAL, *Dictionnaire critique de biographie et d'histoire,* 1872, p. 517. — H. HERLUISON, *Actes d'état civil d'artistes français,* 1873, p. 124-125. — *Nouvelles archives de l'art français,* 1874-1875, p. 233-244 ; 1877, p. 237-245 ; 1892, p. 122. — *Inventaire général des richesses d'art de la France. Paris, monuments religieux,* t. I, 1877, p. 253-254. — DE MONTAIGLON, *Procès-verbaux de l'Académie royale,* t. IV, 1881, p. 92, 120, 121, 131, 155. — BELLIER DE LA CHAVIGNERIE, *Dictionnaire général des artistes français,* 1882, p. 477. — J. GUIFFREY, *Comptes des bâtiments du roi sous le règne de Louis XIV,* t. V, 1901, col. 213, 306, 318, 319, 413, 485, 529, 530.

Dumoulin (Jean-Baptiste), sculpteur du roi établi à Paris dans la seconde moitié du XVII° siècle, fait baptiser un fils le 29 septembre 1686.

H. HERLUISON, *Actes d'état civil d'artistes français,* 1873, p. 125. — E. PIOT, *État civil de quelques artistes français,* 1873, p. 39.

Duparc (Albert), sculpteur et architecte d'origine lorraine, vint se fixer dans la seconde moitié du XVII° siècle à Marseille, où il exécuta plusieurs œuvres, parmi lesquelles on cite la chaire de l'église des Dominicains. En 1692, on le trouve à Toulon soumissionnant pour la sculpture du vaisseau le *Nouveau-Royal-Louis,* qui lui fut adjugée au prix de 5.300 livres. Le 22 mai 1696, en collaboration de son confrère Antoine Fleury, il passa un marché par lequel il s'engagea à entreprendre moyennant 1.200 livres la construction et la décoration de la façade de la cathédrale Sainte-Marie, à Toulon. Duparc abandonna ce travail avant qu'il ne fût complètement achevé et revint à Marseille ; c'est là qu'il termina probablement sa carrière.

V. BRUN, *Bulletin de l'Académie du Var,* 1860-1861, p. 96. — Ch. GINOUX, *Réunion des sociétés des beaux-arts des départements,* 1884, p. 345, 348, 358 ; 1895, p. 192, 193. — Idem, *Revue de l'art français,* 1887, p. 49-51 ; 1888, p. 174 ; 1889, p. 124 ; 1894, p. 243.

Duparc (Antoine), sculpteur, peintre et architecte, fils et élève du précédent, naquit à Marseille vers 1675. Il suivit sans doute son père à Toulon et l'aida dans ses travaux, puis il exécuta différents ouvrages en Provence, parmi lesquels Achard mentionne, dans son *Histoire des hommes illustres de la Provence,* à Marseille, sur la façade de l'église des Récollets[1], les statues en pierre de saint Louis, évêque de Toulouse, et de saint Louis, roi de France, et, dans la même ville, la chaire et le maître-autel de l'église paroissiale de Saint-Martin. On lui attribue aussi le mausolée d'Auguste de Thomas, marquis de Villeneuve, second président du parlement, mausolée placé autrefois dans l'église de la Madeleine, à Aix. Appelé en Normandie par Goujon de Matignon, évêque de Coutances, il commença le maître-autel de la cathédrale de cette ville et mourut, le 19 avril 1755, sans pouvoir achever cette œuvre qui fut terminée en 1757 par son fils Raphaël alors âgé de 21 ans. C'est ce que nous apprend l'inscription suivante appliquée jadis au mur de la cathédrale de Coutances, derrière le maître-autel, et déposée aujourd'hui au Musée de la ville :

> ANTOINE DU PARC, ESCUIER ORIGIN[e]
> DE LORAINE, NATIF DE MARSEILLE,
> SCULPTEUR, ET ARCHITECTE A DON
> NÉ LE DESSEIN, CONSTRUIT ET FAIT
> PLACER L'AUTEL PRINCIPAL DE CETT[e]
> ÉGLISE EN MARBRE. IL EST MORT, LE
> 19 D'AVRIL 1755, SANS AVOIR FAIT LES
> QUATRE ANGES, QUI SONT PLACÉS SUR
> L'AUTEL. SON FILS RAPHAEL DU PARC
> EX[r] LES A FAITS : LES DEUX GRANDS
> SUR LES MODÈLES DE SON PÈRE, LES
> DEUX PETITS SUR SES PROPRES
> DESSEINS ET MODÈLES ET LES
> A FINIS AU MOIS D'AVRIL 1757
> AGÉ DE VINGT ET UN ANS.

La fille de l'artiste, Françoise Duparc, élève de Jean-Baptiste Vanloo, obtint comme peintre une certaine réputation et mourut à Marseille en 1778.

ACHARD, *Histoire des hommes illustres de Provence* (*Dictionnaire de la Provence et du Comtat-Venaissin, 1785-1787*, t. III et t. IV). — L. GERMAIN, *Un sculpteur normand d'origine lorraine*, 1884. — DE CHENNEVIÈRES, *Revue de l'art français*, 1886, p. 322. — Ch. GINOUX, *Revue de l'art français*, 1888, p. 175 ; 1894, p. 244 ; 1896, p. 81.

Duperroy (Louis), né vers 1656, travaillait à Toulon comme sculpteur décorateur de la marine. Il mourut dans cette ville le 20 octobre 1711.

---

1. Achard parle aussi d'un tableau représentant saint Henri, œuvre de l'artiste, qui se trouvait en 1786 chez les mêmes religieux.

Duperroy (Pierre), sans doute frère du précédent, était occupé aussi à Toulon à la sculpture des vaisseaux, pendant la seconde moitié du xvii° siècle. Il mourut le 6 août 1699.

Archives de l'art français, documents, t. IV, 1856, p. 237. — Ch. GINOUX, *Réunion des sociétés des beaux-arts des départements*, 1884, p. 355, 358. — Idem, *Revue de l'art français*, 1888, p. 167, 168, 260 ; 1892, p. 284, 287 ; 1894, p. 244.

Dupré (Michel), excerçait son art à Paris à la fin du xvii° et au commencement du xviii° siècle. Il est cité dans les comptes des bâtiments du roi comme ayant travaillé à l'église des Invalides, de 1691 à 1709. Dans l'acte de décès de sa femme, morte le 26 août 1702 sur la paroisse Sainte-Opportune, il est qualifié sculpteur et peintre.

H. HERLUISON, *Actes d'état civil d'artistes français*, 1873, p. 127.— J. GUIFFREY, *Comptes des bâtiments du roi sous le règne de Louis XIV*, t. III, 1891, col. 558, 702 ; t. IV, 1896, col. 331, 472 ; t. V, 1901, col. 349.

Dupuis (Louis), né vers 1654, était établi à Amiens, où il fut reçu maître en son art le 31 août 1682. Il mourut le 1er septembre 1739 et fut inhumé dans l'église des Jacobins. Il laissa un fils, Jean-Baptiste-Michel Dupuis, sculpteur comme lui, qui au xviii° siècle exécuta de nombreuses œuvres dans la ville d'Amiens.

Robert GUERLIN, *Réunion des sociétés des beaux-arts des départements*, 1895, p. 653 ; 1896, p. 562. .

Duquet (J.-B.), sculpteur du xvii° siècle, est l'auteur du tombeau de François Faure, évêque d'Amiens, mort le 11 mai 1687, tombeau qui se trouve dans la chapelle de Saint-Jean du Vœu à la cathédrale d'Amiens. Ce monument en pierre et en marbre mesure 4m53 de haut sur 1m78 de long. Il en existe une gravure par Jean Lepautre et Béray.

DUSEVEL, *Notice historique et descriptive de l'église cathédrale d'Amiens*, 1853, p. 85. — *Inventaire général des richesses d'art de la France. Province, monuments religieux*, t. III, 1901, p. 102.

Durand (François), originaire d'Aix en Provence, travaillait à Toulon en 1668 comme apprenti sculpteur décorateur de vaisseaux, sous la direction de Pierre Turreau.

Archives de l'art français, documents, t. IV, 1856, p. 238. — Ch. GINOUX, *Revue de l'art français*, 1888, p. 168 ; 1894, p. 244.

Durand (Luc). exerçait son art au Mans à la fin du xvii° et au commencement du xviii° siècle. Il exécuta, en 1684, le baptistère de l'église de Saint-Sauveur, à Bellesme (Orne).

Inventaire général des richesses d'art de la France. Province, monuments civils,

t. I, 1878, p. 60. — G. Esnault, *Dictionnaire des artistes et artisans manceaux*, 1899, p. 221.

Dureux (Vincent), frère convers, aida le frère Vincent Funel dans l'exécution des boiseries sculptées qui ornent le chœur de l'église de Saint-Maximin (Var). Ces boiseries commencées en 1683 furent achevées en 1692.

L. Rostan, *Revue des Sociétés savantes des départements*, 4ᵉ série, t. IV, 1866, p. 212. — *Inventaire général des richesses d'art de la France. Province, monuments religieux*, t. III, 1901, p. 246, 456.

Durotz (Pierre), était établi à Laon dans la seconde moitié du XVIIᵉ siècle.

Réunion des sociétés des beaux-arts des départements, 1895, p. 133.

Dussare (Jacques), résidait à Paris sur la paroisse Saint-Nicolas-du-Chardonnet vers la fin du XVIIᵉ siècle. On le trouve figurant comme témoin dans l'acte de mariage de son confrère Vincent Nanques, acte inscrit le 19 novembre 1697 sur les registres de Saint-Benoît.

H. Herluison, *Actes d'état civil d'artistes français*, 1873, p. 321 à Nanques.

Duval (Nicolas), maître sculpteur établi à Paris dans la seconde moitié du XVIIᵉ siècle, se marie sur la paroisse Saint-Séverin le 19 mai 1671. Dans les comptes des bâtiments du roi relatifs aux travaux exécutés à Versailles, on lit :

« 9 juin 1672 — 9 mars 1673: à Duval, a compte du groupe pour la fontaine de la cour..... 3800 l.. »

C'est peut-être de Nicolas Duval qu'il 's'agit ici, à moins que cet article des comptes ne se rapporte à Ambroise Duval, fondeur, qui exécuta en bronze pour le parc de Versailles plusieurs vases d'après les modèles de Claude Ballin, sculpteur et orfèvre parisien.

Piganiol de la Force, *Nouvelle description des châteaux et parcs de Versailles et de Marly*, 1764, t. II, p. 12, 95. — Eudore Soulié, *Notice du Musée impérial de Versailles*, 3ᵉ partie. 1861, p. 498, 502. — H. Herluison, *Actes d'état civil d'artistes français*, 1873, p. 129. — J. Guiffrey, *Comptes des bâtiments du roi sous le règne de Louis XIV*, t. I, 1881, col. 624.

Duval (Guillaume), maître sculpteur résidant à Saint-Galmier (Loire) vers la fin du XVIIᵉ siècle, fait baptiser un fils le 18 mai 1692.

Archives de la Loire, GG. 1 à 53.

Duval (Jean-Baptiste), travaillait à Toulon en 1682-1683 comme sculpteur décorateur de vaisseaux.

Ch. Ginoux, *Réunion des sociétés des beaux-arts des départements*, 1884, p. 352. — Idem, *Revue de l'art français*. 1888, p. 173; 1894, p. 246.

Duvieulx (Gilles), sculpteur en bois, « natif de la paroisse de La Houblonnière, du pays d'Auge », était établi à Lonray (Orne) dans la seconde moitié du xviiᵉ siècle. Il épousa en 1672 la fille de son confrère Henry Despierres.

Réunion des sociétés des beaux-arts des départements, 1892, p. 439.

Du Viger, sculpteur résidant à Dieppe, exécute en 1667 le tabernacle de l'église de Manneville-ès-Plains (Seine-Inférieure).

Archives de la Seine-Inférieure, G. 8346.

Duvivier (Louis), sculpteur parisien, nous est connu par son contrat de mariage, daté du 19 novembre 1662, et par l'acte de décès de sa femme inscrit, le 18 juillet 1688, sur les registres de la paroisse Saint-Roch.

H. HERLUISON, *Actes d'état civil d'artistes français*, 1873, p. 130. — *Réunion des sociétés des beaux-arts des départements*, 1889, p. 380.

E

Edme (François), sculpteur et architecte, exécute de 1663 à 1673, en collaboration de son confrère François Lambert, les maîtres-autels des églises d'Irancy et d'Escamp (Yonne).

Ch. BAUCHAL, *Nouveau dictionnaire des architectes français*, 1887, p. 210.

Emericq (Henri), fut agréé le 27 septembre 1681 à l'Académie royale de peinture et de sculpture, sur un modèle en terre représentant un *saint André*, mais il ne devint pas académicien.

DE MONTAIGLON, *Procès-verbaux de l'Académie royale*, t. II, 1878, p. 194, 195, 199, 202, 221. — L. VITET, *L'Académie royale de peinture et de sculpture*, 1880, p. 383.

Emery (Charles), était occupé à Paris à la décoration de l'église des Invalides, lorsqu'il fut blessé par accident en 1691.

J. GUIFFREY, *Comptes des bâtiments du roi sous le règne de Louis XIV*, t. III, 1891, col. 635.

Emery (Jean), travaillait à Lyon de 1682 à 1698. Il exécuta dans cette ville le dragon de la fontaine des Terreaux. Le 29 novembre 1682, il servit de parrain à un fils de son confrère Nicolas Chrestien.

Natalis RONDOT, *Les sculpteurs de Lyon du XIVe au XVIIIe siècle*, 1884, p. 61. — Idem, *Revue de l'art français*, 1887, p. 303.

Emery (Jacques), parent du précédent, exerçait également son art à Lyon vers la fin du xviie siècle. Le 7 novembre 1690, il fit baptiser une fille sur la paroisse de Saint-Nizier.

Natalis RONDOT, *Les sculpteurs de Lyon du XIVe au XVIIIe siècle*, 1884, p. 63. — Idem, *Revue de l'art français*, 1887, p. 305.

Esloy, sculpteur en bois, était occupé à Versailles, de 1684 à 1689, à décorer les appartements du château et ceux de Trianon.

J. GUIFFREY, *Comptes des bâtiments du roi sous le règne de Louis XIV*, t. II, 1887, col. 442, 1175 ; t. III, 1891, col. 37, 55, 94, 260, 289.

Estevenard (Jean-Philippe), né vers 1650, fils de Georges Estevenard, dit La Seigne [1], travaillait en 1667 à la restauration de la chaire de la cathédrale de Dôle. En 1699, il obtint de la municipalité de Besançon la qualité de citoyen de la ville pour avoir sculpté un vase chargé de fruits destiné à orner une fontaine érigée au milieu de la place Saint-Quentin. En 1714, il épousa en secondes noces la veuve de son confrère François Choye. Jean-Philippe Estevenard a exécuté de nombreux ouvrages à Dôle, à Gray, à Belfort et à Besançon.

A. CASTAN, *Réunion des sociétés des beaux-arts des départements*, 1887, p. 121 ; 1895, p. 812.

Estocard (Charles l'). Voir L'**Estocard** (Charles).

F

Faische (Joseph), sculpteur établi à Paris à la fin du xviie siècle, signe comme parrain, le 23 septembre 1695, l'acte de baptême d'un fils de son confrère Christophe Charmeton.

H. HERLUISON, *Actes d'état civil d'artistes français*, 1873, p. 69, 70 à *Charmeton* (*Christophe*)

1. *Dictionnaire des sculpteurs de l'École française du Moyen Age au règne de Louis XIV*, p. 192.

Faucon (André). Voir **Saint-André** (André Faucon s^r de).

Fauquer (Jean-Baptiste), exerçait son art à Paris dans la seconde moitié du XVIIe siècle. Cet artiste nous est connu par l'acte de décès de son fils, inscrit sur les registres de la paroisse Saint-Germain-l'Auxerrois à la date du 1er mai 1676.

H. HERLUISON, *Actes d'état civil d'artist s français*, 1873, p. 147.

Faverge (Siméon), natif de Valence, était fixé à Grenoble au commencement du XVIIIe siècle. Dans la même ville, un autre sculpteur, Georges Faverge, mourut en 1734 âgé de quatre-vingts ans.

Ed. MAIGNIEN, *Les artistes grenoblois*, 1887, p. 140.

Favre (Nicolas), sculpteur en ivoire, fils d'un bourgeois de Saint-Claude, en Franche-Comté, demeurait à Paris, rue Sainte-Anne, lorsqu'il épousa le 28 janvier 1657 Claudine Guillermin, sœur du sculpteur Jean-Baptiste Guillermin, l'auteur du crucifix d'ivoire conservé aujourd'hui au Musée Calvet, à Avignon.

DE GROUCHY, *Revue de l'art français*, 1892, p. 59.

Fayttan (Claude), sculpteur établi à Lyon au commencement du XVIIIe siècle, fait baptiser un fils sur la paroisse de Saint-Nizier le 29 février 1708.

Natalis RONDOT, *Les sculpteurs de Lyon du XIVe au XVIIIe siècle*, 1884, p. 65. — Idem, *Revue de l'art français*, 1887, p. 308.

Feëz (Thomas), sculpteur ornemaniste, résidait à Caen vers la fin du XVIIe siècle. En 1685, il travaillait au piédestal de la statue de Louis XIV, œuvre de Jean Postel.

Armand BÉNET, *Réunion des sociétés des beaux-arts des départements*, 1897, p. 147, 149.

Ferry (Didier), exerçait son art à Paris dans la seconde moitié du XVIIe siècle. Le 5 juillet 1684, il perdit un fils qui fut inhumé au cimetière de la paroisse Saint-Benoît.

H. HERLUISON, *Actes d'état civil d'artistes français*, 1873, p. 139.

Fiacre (Fiacre), maître sculpteur à Vic-sur-Seille au XVIIe siècle, mourut à Nancy en 1650.

Archives de Nancy, t III, p. 318. — A. JACQUOT, *Réunion des sociétés des beaux-arts des départements*, 1900, p. 330.

Ficquet (Adam), sculpteur parisien, est reçu membre de l'Académie de Saint-Luc le 23 avril 1666. Son nom figure encore sur les listes de la communauté en 1682.

P. LACROIX, *Revue universelle des arts*, t. XIII, 1861, p. 328.

Ficquet ou **Fiquet** (Jean), sculpteur établi à Paris au XVII° siècle, sans doute,parent du précédent, nous est connu par l'acte de décès de son fils inhumé, le 18 mai 1663, dans le cloître des Bernardins sur la paroisse Saint-Nicolas-du-Chardonnet.

H. HERLUISON, *Actes d'état civil d'artistes français*, 1873, p. 140.

Firmin de La Valle. Voir **La Valle** (Firmin de).

Flamberge (Jean), était fixé à Moret, près de Fontainebleau, vers le milieu du XVII° siècle. En 1651, on le trouve occupé à exécuter le maître-autel de l'église Saint-Thugal, à Château-Landon (Seine-et-Marne).

Th. LUILLIER, *Bulletin archéologique*, 1887, p. 407. — E. THOISON, *Réunion des sociétés des beaux-arts des départements*, 1899, p. 160.

Flamen (Anselme), né à Saint-Omer le 2 janvier 1647, était fils de Jean Flamen, marchand, et de Jeanne Dumont sa femme. Il quitta sa ville natale en 1669 et se rendit à Paris, où il devint l'élève de Gaspard de Marsy. Il remporta en 1673 le 3° prix de sculpture à à l'ancienne École académique et fut envoyé à Rome comme pensionnaire du roi le 6 avril 1675. Il revint en France en 1679. Reçu membre de l'Académie royale de peinture et de sculpture le 26 avril 1681, sur un médaillon en marbre représentant *saint Jérôme*, médaillon aujourd'hui dans l'église Notre-Dame, à Versailles, il fut nommé adjoint à professeur le 30 octobre 1694 et professeur le 6 août 1701. Il travailla aux châteaux de Versailles, de Marly et de Meudon et fit, à Paris, de nombreux ouvrages pour l'église des Invalides, pour l'église Saint-Paul et pour l'église des Carmélites de la rue Saint-Jacques. Il mourut le samedi 15 mai 1717 et fut enterré sur la paroisse Saint-Germain-l'Auxerrois. Il habitait au moment de sa mort rue du Louvre, près les Pères de l'Oratoire; il était veuf de Louise Blart, fille d'un bourgeois de Paris, qu'il avait épousée le 18 février 1680.

ŒUVRES

Le Faune Borghèse. Copie en marbre d'après l'antique, sculptée à Rome (années 1675-1679). Cette statue, selon la correspondance des directeurs de l'Académie de France à Rome (t. I, p. 130), fut envoyée en France. Ni Thomassin, ni Piganiol, ni d'Argenville n'en font mention.

Un fleuve. Figure décorant un monument élevé à la gloire de Louis XIV, qui se trouvait à l'Académie de France à Rome. Ce monument fut exécuté d'après les dessins d'Errard, directeur de l'Académie, par Flamen, Cornu, Hurtrelle, Lecomte et Monier (années 1675-1679).

Étude anatomique. Bas-relief fait, à Rome, d'après les dessins d'Errard (années 1675-1679).

Mars et Vénus. Bas-relief sculpté à Rome (années 1675-1679).

Trophées et masques à la façade du château de Versailles, du côté du Parterre d'Eau. Payés 7.875 livres (années 1680-1681).

Restauration de dix-huit figures antiques dans l'Allée-d'Eau du parc de Versailles (année 1680).

Ouvrages de sculpture en stuc à la grande aile du château de Versailles, du côté de l'Orangerie (année 1681).

Modèle d'une figure en plâtre pour la fontaine de la Renommée, dans le parc de Versailles (année 1681).

Saint Jérôme. Médaillon ovale en marbre. Morceau de réception à l'Académie (26 avril 1681). Chapelle de Saint-Sébastien dans l'église de Notre-Dame, à Versailles. Ce médaillon décorait autrefois au Louvre la salle de l'Académie royale de peinture et de sculpture ; déposé en 1792 au Musée des Monuments français, il fut donné en 1815 à l'église de Versailles.

Deux vases pour le pourtour de la pièce d'eau sous le Dragon, dans le parc de Versailles (année 1682).

Un vase de sept pieds et demi de haut pour Versailles (année 1683).

L'Enlèvement d'Orythie. Groupe en marbre (années 1684-1687). Ce groupe, commencé par Gaspard de Marsy et terminé par Flamen, était placé autrefois dans le parc de Versailles ; il a été transporté en 1716, à Paris, dans le parterre des Tuileries [1], où il se trouve aujourd'hui. Gravé par Thomassin, n° 78.

Le Faune au chevreau. Statue en marbre copiée d'après l'antique qui se trouvait à Rome dans le palais de la reine Christine de Suède [2] (années 1685-1687). Grande Allée ou Tapis-Vert du parc de Versailles. Gravée par Thomassin, n° 48.

Trois masques et deux vases pour la Colonnade du même parc. Payés 1.290 livres (année 1685).

Le berger Cyparisse. Statue en marbre (année 1688). Grande Allée ou Tapis-Vert du parc de Versailles. M. de Nolhac fixe l'époque de l'exécution de cette œuvre à l'année 1696 ; il a dû confondre avec la statue de *Calisto* dont je parle plus bas, les comptes des bâtiments du roi ne laissant pas de doute à cet égard.

Quatre chapiteaux en marbre pour Trianon. Payés 720 livres (année 1687).

Une nymphe de la suite de Diane. Statue en marbre. Bosquet des Dômes dans le parc de Versailles. Transportée en 1844 à Saint-Cloud, puis ramenée à Versailles en 1871, cette statue fut replacée dans le bosquet des Dômes en 1897. Elle dut être terminée avant 1688, car elle figure dans

---

1. Les guides de Joanne et de Baedeker attribuent ce groupe à Duquesnoy et à Gaspard de Marsy ; ils confondent ainsi Duquesnoy surnommé François Flamand, sculpteur mort en 1646, avec Anselme Flamen. Il est vrai de dire que Barbet de Jouy a commis la même erreur (*Description des sculptures du Moyen Age et de la Renaissance au Louvre*, n° 198).

2. Cette statue antique est aujourd'hui au Musée de Madrid.

un tableau de Cotelle [1] et dans une gravure de Simonneau [2] qui représentent le Bosquet des Dômes en cette même année

Un Génie ailé. Bas-relief en pierre. Arcade de la chapelle Saint-Grégoire, dans l'église des Invalides.

Deux prophètes. Haut-relief en plâtre doré. Chapelle Saint-Jérôme, dans la même église.

Deux prophètes. Bas-relief en plâtre doré. Chapelle Saint-Augustin, dans la même église.

Deux prophètes. Haut-relief en pierre. Même chapelle.

Concert d'anges. Haut-relief en plâtre doré. Chapelle de Saint-Ambroise, dans la même église. Tous ces ouvrages furent exécutés de 1690 à 1707.

Figure en plomb pour le dessus de la lanterne du dôme des Invalides. Payée 452 livres (année 1691).

Jupiter. Terme en marbre (année 1693).

Diane. Statue en marbre. Autrefois dans le parc de Marly. Payée 2.850 livres (année 1693).

Calisto, compagne de Diane. Statue en marbre placée jadis dans le parc de Marly (année 1696). Les comptes des bâtiments portent : « Au nommé Flamand, sculpteur, pour payement d'une figure de marbre blanc, représentant *Caliston (sic)*, compagne de Diane, qu'il a faite et posée dans le jardin du château de Marly en la présente année... 2.850 l. »

Vase en marbre pour le parc de Marly. Payé 850 livres (année 1697).

Deux griffons, une grande coquille et un masque, le tout en plomb, pour le parc de Marly. Payés 1.250 livres (année 1697).

Une figure d'ange, dans un des panneaux de la calotte du dôme des Invalides. Payée 1.000 livres (année 1699).

Un groupe d'enfants pour le château de Meudon (années 1699-1700).

Six grands cadres en pierre sculptée, dans les vestibules du château de Marly. Payés 1.452 livres (année 1699).

Deux petits bustes de marbre blanc. Salon de 1699.

Charles le Chauve. Médaillon (années 1700-1701). Église des Invalides.

Bas-reliefs d'enfants en stuc doré ornant la frise du salon de l'Œil-de-Bœuf, à Versailles. En collaboration de Van Clève et de Simon Hurtrelle (année 1701).

Nymphes avec des enfants et des attributs. Groupe en marbre. Autrefois près de la grande pièce d'eau du parc de Marly (années 1703-1705). Un autre groupe de nymphes faisant pendant à celui-ci était l'œuvre de Simon Hurtrelle ; d'Argenville l'attribue à tort à Flamen.

Diane. Buste en bronze. Salon de 1704.

Flore. Buste en bronze. Salon de 1704.

Cupidon. Statue en marbre. Salon de 1704.

Saint Chrysostome [3], *saint Barthélemy* et *saint Philippe.* Statues en pierre de 3 mètres de haut (année 1707). Balustrade extérieure de la chapelle du château de Versailles.

Le Silence et *l'Éloquence.* Statues en pierre. Ces statues, destinées d'abord au salon de la chapelle du château de Versailles, furent placées au château

---

1. Musée de Versailles, n° 734.
2. Chalcographie du Louvre, n° 2565.
3. Les comptes des bâtiments disent *saint Irénée.*

de Meudon ; elles furent payées, avec les trois précédentes, 5.000 livres
(année 1711).

Un ange portant la lance. Statue en bronze (année 1714). Chœur de Notre-
Dame de Paris,

Une nymphe de Diane. Statue en marbre. Payée 3.600 livres. Autrefois dans
le parc de Marly. Cette statue, transportée après la Révolution à la Malmaison, a été réintégrée dans les magasins de l'État. On y lit l'inscription
suivante : FAIT PAR ANSELM FLAMEN, NATIF DE SAINT-OMER, 1714.

L'Apothéose d'Élie dans un char de feu. Bas-relief en bois appartenant
avant la Révolution aux Carmélites de la rue Saint-Jacques, à Paris.
Transporté en 1794 au Musée des Monuments français, il a été rendu plus
tard aux Carmélites.

Le Miracle de la Manne. Bas-relief en argent provenant d'un tabernacle de
l'église des Carmélites.

L'Annonciation de la Vierge. Bas-relief en bronze doré placé autrefois dans
la même église.

Deux anges. Figures en bronze doré. Autrefois dans la même église. Toutes
ces œuvres ont fait partie pendant la Révolution du Musée des Monuments français ; elles ont disparu depuis.

Mausolée du duc de Noailles. Autrefois dans la chapelle de la Communion,
à l'église Saint-Paul.

Une statue décorant jadis, selon Piganiol [1], le jardin d'une maison située
rue du Grand Chantier, à Paris, appartenant à Jean Marie des Voigny,
receveur des finances de la généralité de Rouen.

Une chasseresse et une Nymphe revenant de la pêche. Statues en marbre
placées autrefois dans le parc du château de la Muette. Ces statues sont
données à Flamen par d'Argenville, mais aucun document ne confirme cette
attribution.

GUÉRIN, *Description de l'Académie royale de peinture et de sculpture,* 1715, p. 91.
— Simon THOMASSIN, *Recueil des statues, groupes etc. du château et parc de
Versailles,* 1724, pl. 48. 78. — D'ARGENVILLE, *Voyage pittoresque de Paris,* 1752,
p. 57, 182, 265, 374. — Idem, *Voyage pittoresque des environs de Paris,* 1762,
p. 15, 102, 112, 156, 161.— PIGANIOL DE LA FORCE, *Nouvelle description des châteaux
et parcs de Versailles et de Marly,* 1764, t. I, p. 256 ; t. II, p. 63, 77, 100, 170, 242,
275, 280, 291. — Idem, *Description historique de la ville de Parsi,* 1765, t. I,
p. 326 ; t. II, p. 381 ; t. IV, p. 165, 365 ; t. IX, p. 492, 493. — THIERY, *Guide des
amateurs et des étrangers à Paris,* 1787, t. I, p. 400, 694 ; t. II, p. 253. — A. N.
D'ARGENVILLE, *Vies des fameux sculpteurs,* 1787, p. 209. — *Archives de l'art français, Documents,* t. II, 1853, p. 369 ; t. V, 1857-1858, p. 277. — P. LACROIX, *Revue
universelle des arts,* t. X, 1859, p. 225. — Eud. SOULIÉ, *Notice du Musée impérial
de Versailles,* 1re partie, 1859, p. 3 ; 2e partie, 1860, p. 197 ; 3e partie, 1861, p. 510,
511. — A. JAL, *Dictionnaire critique de biographie et d'histoire,* 1872, p. 581. —
HERLUISON, *Actes d'état civil d'artistes français,* 1873, p. 142. — *Nouvelles archives
de l'art français,* 1873, p. 118 ; 1876, p. 77 ; 1879, p. 365 ; 1882, p. 19. — DE MON-
TAIGLON, *Procès-verbaux de l'Académie royale,* t. II, 1878, p. 7, 47, 161, 162, 178,
187 ; t. III, 1880, p. 150, 322 ; t. IV, 1881, p. 246. — Idem, *Correspondance des
directeurs de l'Académie de France à Rome,* t. I, 1887, p. 130, 132, 133, 141 ; t. II,
1888, p. 86. — L. DUSSIEUX, *Le château de Versailles,* 1881, t. I, p. 245 ; t. II, p. 112,

---

1. PIGANIOL DE LA FORCE, *Description historique de la ville de Paris,* t. IV,
p. 365.

207, 258, 319. — *Inventaire général des richesses d'art de la France. Paris, monuments religieux*, t. I, 1877, p. 389 ; t. III, 1901, p. 237, 238, 245, 247, 252 ; *Province, monuments religieux*, t. I, 1886, p. 157 ; *Archives du Musée des Monuments français*, t. I, p. 28, 29, 42 ; t. II, p. 60, 123, 191, 197 ; t. III, p. 314. — J. Guiffrey, *Comptes des bâtiments du roi sous le règne de Louis XIV*, t. I, 1881, col. 1288 ; t. II, 1887, col. 10, 20, 55, 136, 140, 158, 277, 301, 303, 336, 441, 473, 628, 995, 1101, 1114, 1175, 1176, 1188 ; t. III, 1891, col. 85, 94, 423, 556, 702, 846, 854, 855, 947, 951, 1004, 1006 ; t. IV, 1896, col. 8, 48, 63, 189, 190, 302, 330, 337, 470, 480, 518, 610, 618, 709, 727, 734, 852, 963, 964, 1072, 1177, 1184 ; t. V, 1901, col. 36, 40, 123, 349, 432, 526, 538, 610, 787, 874. — De Nolhac, *Les Jardins de Versailles*, 1906, p. 136.

Flamen (Anselme), sculpteur du roi né à Paris le 13 septembre 1680, fils du précédent, travaillait en 1702 à la restauration des statues du parc de Marly. Agréé à l'Académie royale de peinture et de sculpture le 26 février 1707, il devint académicien le 27 octobre 1708, sur une statuette en marbre représentant *Plutus*, dieu des richesses, statuette [1] aujourd'hui au Musée du Louvre, n° 676. Il mourut le 9 juillet 1730 ; il habitait alors au vieux Louvre et fut inhumé sur la paroisse Saint-Germain-l'Auxerrois. Il avait épousé Anne Oignon qui lui donna en 1712 un fils, Pierre Flamen, qui fut aussi sculpteur.

Guérin, *Description de l'Académie royale de peinture et de sculpture*, 1715, p. 117. — *Archives de l'art français, documents*, t. II, 1853, p. 369. — A. Jal, *Dictionnaire critique de biographie et d'histoire*, 1872, p. 581. — Herluison, *Actes d'état civil d'artistes français*, 1873, p. 142. — De Montaiglon, *Procès-verbaux de l'Académie*, t. IV, 1881, p. 41, 50, 70. — J. Guiffrey, *Comptes des bâtiments du roi sous le règne de Louis XIV*, t. IV, 1896, col. 853.

Fléquier (Denis), sculpteur en bois, pratiquait son art à Grenoble vers le milieu du xviie siècle.

Ed. Maignien, *Les artistes grenoblois*, 1887, p. 145.

Fleury (Antoine), était établi à Toulon, où il travaillait de 1690 à 1696, comme sculpteur décorateur de vaisseaux. De 1656 à 1701, il fut employé, avec Albert Duparc, à l'ornementation de la façade de la cathédrale Sainte-Marie [2]. En 1721, on le trouve encore occupé à différents ouvrages pour le compte de la marine.

Ch. Ginoux, *Réunion des sociétés des beaux-arts des départements*, 1884, p. 345, 357-359 ; 1895, p. 193. — Idem, *Revue de l'art français*, 1887, p. 49-51 ; 1889, p. 124 ; 1894, p. 246.

Folleville (Armand de), figure de 1680 à 1688 au nombre des sculpteurs de la maison du roi, avec 60 livres de pension.

J. Guiffrey, *Nouvelles archives de l'art français*, 1872, p. 68.

---

1. Elle ornait autrefois une des salles de l'ancienne Académie.
2. Les sculptures de cette façade, dues à Antoine Fleury et à Albert Duparc, ont presque toutes disparu aujourd'hui.

Fontaine (Louis), faisait partie d'une communauté religieuse. On lui attribue, à Pontoise, la décoration des jubés placés à l'entrée du chœur de l'église Saint-Maclou. Il mourut en 1664.

Ch. BAUCHAL, *Nouveau dictionnaire des architectes français*, 1887, p. 223.

Fontaine (Nicolas), est reçu membre de l'Académie de Saint-Luc le 20 mai 1680.

P. LACROIX, *Revue universelle des arts*, t. XIII, 1861, p. 334.

Fontelle (François), est employé à Versailles à partir de 1671. En 1679, il restaure différentes statues du parc. En 1680, il exécute des vases, des consoles et des ornements dans le vestibule du château en face le Parterre d'Eau et sculpte des trophées pour le corps de garde des Suisses. En 1681-1682, il travaille à la chapelle de la reine, dans l'église paroissiale de Versailles, et fait quatre vases de pierre pour la grande aile du château et deux autres vases pour le pourtour de la pièce d'eau sous le Dragon. En 1683, il est chargé de la décoration du catafalque de la reine Marie-Thérèse. On trouve en effet dans les archives des Menus-Plaisirs la mention suivante :

« A Fontelle, sculpteur, 600 l. pour quatre figures de vertus représentans la *Foy*, l'*Espérance*, la *Charité* et la *Religion*, moulées en carton et autres ouvrages et fournitures par lui faites pour le service de la Reyne à Notre-Dame ; les dites 4 figures, poséez aux quatre coins du mauzolée, et qui soutenoient la représentation de la Reyne ; trente testes de mort de carton moullées avec des aisles de chauves-souris qui estoient poséez dans les timpans entre les piramides ; 50 testes de plastre pour porter les obélisques ; 4 consolles poséez autour du tombeau, modelées de terre et moullées de plastre et carton ; une armoirie de 4 pieds de haut et trois de large, modelée ; une couronne royalle et deux branches de ciprey, moullées de plastre ; quatre pattes de lyon pour porter le tombeau ornez de feuilles de refent et quatre testes de morts ornéez de cartouche poseez audit tombeau. »

En 1684, il est occupé au Labyrinthe de Versailles et, en 1686, aux Bains d'Apollon. En 1687, il reçoit 37 livres « pour les feuilles de sculpture qu'il a mis devant les nuditez des figures du jardin de Versailles ». En 1688, il collabore encore aux travaux de Versailles. Il meurt avant 1696, car, le 18 mars de cette même année, sa veuve et ses héritiers touchent 862 livres qui lui étaient dues pour ses ouvrages.

Ulysse ROBERT, *Nouvelles archives de l'art français*, 1876, p. 59. — H. DE CHENNEVIÈRES, *Revue de l'art français*, 1886, p. 162. — J. GUIFFREY, *Comptes des bâtiments du roi sous le règne de Louis XIV*, t. I, 1881, col. 514, 615, 1161, 1287 ; t. II, 1887, col. 10, 15, 20, 23, 59, 64, 139, 140, 158, 163, 180, 181, 197, 203, 204, 205,

207, 278, 279, 314, 315, 335, 347, 438, 463, 472, 616, 617, 890, 891, 1116; t. III, 1891, col. 36, 1093, 1140; t. IV, 1896, col. 7, 62. — L. Dussieux, *Le château de Versailles*, 1881, t. II, p. 207, 208.

Fornier (Christophe), sculpteur en bois du XVIIe siècle, se rendit en Italie, où il travailla à la cathédrale de Pérouse.

A. Bertolotti, *Artisti francesi in Roma nei secoli XV, XVI e XVII*, 1886, p. 203.

Fortier, sculpteur ornemaniste qui, d'après les comptes des bâtiments du roi, travaillait à Versailles en 1683.

J. Guiffrey, *Comptes des bâtiments du roi sous le règne de Louis XIV*, t. II, 1887, col. 278, 476.

Fossé (Jacques), sculpteur établi à Aix, en Provence, 'dans la seconde moitié du XVIIe siècle, était occupé en 1659, avec ses confrères Pierre Pavillon et Jean-Claude Rombaud, à la décoration de la façade de l'Hôtel de Ville. Sa fille, Marie Fossé, épousa le 25 janvier 1683 le peintre Louis Vanloo.

Roux Alphéran, *Les rues d'Aix ou Recherches historiques sur l'ancienne capitale de la Provence*, 1846. — *Archives de l'art français, documents*, t. VI, 1862, p. 300. — *Réunion des sociétés des beaux-arts des départements*, 1884, p. 344.

Fougeau (Pierre), qualifié sieur de la Perrière, sculpteur et architecte, exerçait son art à Saumur. Il mourut en 1712, à l'âge de cinquante ans, et fut enterré à Bagneux (Maine-et-Loire).

Célestin Port, *Les artistes angevins*, 1881, p. 113.

Foulon (Nicolas-François), fils de César Foulon [1], naquit à Nancy le 19 mai 1628. Il fut élève de son père et prit part à ses travaux. Il mourut dans sa ville natale le 26 avril 1698.

Foulon (Nicolas-François II), fils et élève du précédent, né à Nancy le 30 octobre 1658, se maria le 26 mai 1686 avec Jeanne Jeanpierre, fille d'un tabellion.

Foulon (Jean), frère du précédent, était également établi à Nancy, où il épousa le 28 avril 1682 Claude-Françoise Levert. En 1698, on le trouve officier de la milice bourgeoise. On ne sait rien sur les œuvres de ces artistes.

Archives de Nancy, t. I, p. 178; t. II, p. 179, 282; t. III, p. 175, 258, 260, 300, 301, 324; t. IV, p. 9. — A. Jacquot, *Réunion des sociétés des beaux-arts des départements*, 1900, p. 330, 331.

1. *Dictionnaire des sculpteurs de l'École française du Moyen Age au règne de Louis XIV*, p. 202.

Fournier, sculpteur ornemaniste, membre de l'Académie de Saint-Luc, exécuta, en collaboration de son confrère Charles Rebillé, la sculpture du portail de l'église Notre-Dame-des-Victoires, à Paris. Il est cité dans les comptes des bâtiments du roi comme travaillant, en 1705, à deux petits baldaquins du bosquet des Bains d'Apollon, dans le parc de Versailles.

PIGANIOL DE LA FORCE, *Description historique de la ville de Paris*, 1765, t. III, p. 106. — *Inventaire général des richesses d'art de la France. Paris, monuments religieux*, t. II, 1888, p. 225. — J. GUIFFREY, *Comptes des bâtiments du roi sous le règne de Louis XIV*, t. V, 1901, col. 538.

Francin (François-Alexis), sculpteur des bâtiments du roi, né à Rennes, fils de Pierre Francin, marchand drapier, était établi à Paris à la fin du XVIIᵉ siècle. Il épousa le 12 janvier 1693, sur la paroisse Saint-Hippolyte, Éléonore Coustou, sœur des Coustou et nièce d'Antoine Coyzevox; il habitait alors aux Gobelins. L'année suivante, il partit pour Strasbourg, où il vivait encore en 1710. Il n'existait plus en 1724. Il était le père de Claude Francin, le sculpteur du XVIIIᵉ siècle.

A. JAL, *Dictionnaire critique de biographie et d'histoire*, 1872, p. 609. — HERLUISON, *Actes d'état civil d'artistes français*, 1873, p. 145. — *Réunion des sociétés des beaux-arts des départements*, 1883, p. 26. — DE GROUCHY, *Revue de l'art français*, 1890, p. 297.

François (Louis), dit François l'aîné [1], était membre de l'Académie de Saint-Luc, où il avait été admis le 16 mai 1675. De 1671 à 1711, il exécuta plusieurs ouvrages pour Versailles, pour Clagny, pour Marly, pour Chantilly et pour l'église des Invalides. On ignore la date de sa mort.

ŒUVRES

Corniches de stuc dans les attiques de l'appartement du roi, au château de Versailles. Payées 1.606 livres (année 1671).

Vases exécutés pour Versailles (année 1672).

Consoles en pierre dure pour le château de Clagny (année 1679).

Figure de pierre pour la grande aile du château de Versailles (année 1682).

Huit chapiteaux en marbre blanc à la Colonnade du parc de Versailles. Payés 1.808 livres (année 1684).

Deux chapiteaux pilastres en marbre pour Trianon. Payés 345 livres (année 1687).

Cassolettes d'angle sur la balustrade du comble de Trianon (année 1688).

Vases pour tous les pavillons du château de Marly. En collaboration de Jean François (années 1688-168).

---

1. Le tome V des *Comptes des bâtiments du roi sous le règne de Louis XIV* désigne Jean François comme étant l'aîné et Louis comme étant le cadet; c'est le contraire qui est exact.

Travaux de sculpture au château et à l'église de Chantilly. En collaboration
de Jean-François (années 1689-1690).

Sculpture des chapiteaux de la chapelle du château de Versailles (années
1702-1703).

Ornements dans le dôme de l'église des Invalides (année 1703).

Vase en marbre pour Marly. Payé 950 livres (année 1703).

Cinquante roses sculptées à la grande corniche de la chapelle du château de
Versailles. Payées 300 livres (année 1704).

Ouvrages de sculpture en plomb à l'île du Bassin des Carpes de Marly
(année 1704).

Cinquante modillons à la corniche extérieure de la chapelle du château de
Versailles (année 1705).

Sainte Monique. Statue. Autrefois dans la chapelle Saint-Augustin, à l'église
des Invalides. Payée 600 livres (année 1705).

Chapiteaux sculptés à l'extérieur de la chapelle du château de Versailles
(année 1708).

Ouvrages de sculpture pour le château de Meudon (année 1709).

François (Jean), frère cadet du précédent, fut employé aux travaux entrepris à Versailles, à Saint-Germain-en-Laye, à Chantilly et à
l'église des Invalides. Il fut reçu membre de l'Académie de Saint-Luc
le 27 mai 1676. Il est assez difficile de discerner les œuvres de Jean de
celles de Louis, car les comptes ne font souvent mention que du nom
de François; on constate cependant que les deux frères ont travaillé
presque toujours ensemble.

ŒUVRES

Ouvrages à la balustrade d'en haut du château de Saint-Germain-en-Laye
(année 1684).

Deux chapiteaux pilastres en marbre pour Trianon. Payés 280 livres
(année 1687).

Ouvrages de sculpture au-dessus des croisées des bas-côtés de l'église des
Invalides. Payés 330 livres (année 1690).

Sculpture aux arcs-doubleaux et à la grande corniche du pourtour de
l'église des Invalides (années 1692-1700).

Une gargouille sculptée à la chapelle du château de Versailles (année 1704).

Roses sculptées pour la grande corniche de la même chapelle (année 1705).

Bas-relief d'enfants en pierre au-dessus d'une des croisées, à l'extérieur de
la même chapelle (années 1708-1709).

D'ARGENVILLE, *Voyage pittoresque de Paris*, 1752, p. 372. — PIGANIOL DE LA
FORCE, *Nouvelle description des châteaux et parcs de Versailles et de Marly*,
1764, t. II, p. 242. — THIERY, *Guide des amateurs et des étrangers à Paris*, 1787,
t. II, p. 614. — P. LACROIX, *Revue universelle des arts*, t. XIII, 1861, p. 332. —
L. DUSSIEUX, *Le château de Versailles*, 1881, t. II, p. 112, 207, 319. — J. GUIF-
FREY, *Comptes des bâtiments du roi sous le règne de Louis XIV*, t. I, 1881, col.
514, 618, 697, 710, 1191; t. II, 1887, col. 12, 136, 178, 442, 516, 623, 800, 989,
1175; t. III, 1891, col. 37, 94, 167, 337, 423, 472, 558, 560, 702, 704, 845; t. IV,
1896, col. 331, 472, 610, 611, 612, 727, 828, 939, 956, 963, 1048, 1049, 1074, 1101,
1157, 1158, 1176; t. V, 1901, col. 34, 41, 42, 125, 214, 215, 234, 303, 316, 321, 349,

412, 415, 528, 529, 530, 531. — *Inventaire général des richesses d'art de la France. Paris, monuments religieux*, t. III, 1901, p. 217. — G. Macon, *Les arts dans la maison de Condé*, 1903, p. 43-44.

François (Jean-Nicolas), exerçait son art à Dijon dans la seconde moitié du xvii° siècle. En 1681-1682, il était occupé à la décoration de la cheminée de la salle du conseil à l'Hôtel de Ville. Il est possible que ce soit le même artiste que le précédent.

Archives de la ville de Dijon, M. 257.

François de La Haye. Voir **La Haye** (François de).

François de La Londe. Voir **La Londe** (François de).

François de La Roche. Voir **La Roche** (François de).

François de Monchy. Voir **Monchy** (François de).

Fraziole (Laurent), sculpteur établi à Paris sur la paroisse Saint-Paul dans la seconde moitié du xvii° siècle, nous est connu par son acte de mariage daté du 19 juin 1664.

H. Herluison, *Actes d'état civil d'artistes français*, 1873, p. 146.

Frédeau (Ambroise), sculpteur et peintre, né à Paris en 1589, devint l'élève de Simon Vouet, mais ayant essuyé des revers de fortune il entra dans l'ordre des Augustins. Il vint à Toulouse au commencement de 1640 ; il y travailla pour l'église et le cloître des Augustins et ouvrit une école de sculpture et de peinture dans son couvent. Il mourut dans cette ville en 1673.

ŒUVRES

Le Massacre des Innocents. Bas-relief en terre cuite. Musée de Toulouse (n° 852 du catalogue de 1865).

La Fuite en Egypte. Terre cuite. Même Musée (n° 853).

Ecce Homo. Bas-relief en bois. Même Musée (n° 854).

Sainte-Famille. Bas-relief en bois. Même Musée (n° 855).

Cariatides en bois. Même Musée (n° 856).

Saint Roch. Tableau. Eglise Notre-Dame, à Lisle (Tarn).

Cayla, *Toulouse monumentale et pittoresque*, p. 175. — *Biographie toulousaine*, 1823, p. 445-447. — *Catalogue du Musée de Toulouse*, 1865, p. 321-322. — E. Jolibois, *Réunion des sociétés des beaux-arts des départements*, 1880, p. 56 ; 1881, p. 98.

Frémery (Martin), sculpteur en bois, était occupé de 1666 à 1668, aux Tuileries, à la décoration des appartements du Dauphin. On le retrouve en 1678 travaillant pour le château de Clagny.

J. Guiffrey, *Comptes des bâtiments du roi sous le règne de Louis XIV*, t. I, 1881, col. 126, 127, 185 245, 1076.

Frémery, né à Paris, peut-être fils du précédent, remporta, en 1680, le deuxième grand prix de sculpture à l'ancienne École acadé- mique et fut envoyé à Rome, la même année, comme pensionnaire du roi. Il exécuta dans cette ville des copies d'après l'antique qui furent envoyées en France et placées à Versailles et à Marly. En 1687, il était de retour à Paris et recevait, d'après les comptes des bâtiments du roi, 300 livres « pour avoir fini la figure de marbre de la Vénus de Médicis en grand commencée par feu Monnier ». Il mourut à Paris, mais on ignore à quelle époque.

ŒUVRES

Apollon. Statue en marbre d'après l'antique. Autrefois dans le parc de Marly.

Uranie. Statue en marbre, d'après l'antique qui se trouve à Rome au Capi- tole. Pourtour du Parterre de Latone, à Versailles.

Faustine. Statue en marbre d'après l'antique. Pourtour du Bassin de Nep- tune, à Versailles.

Vénus de Médicis. Statue en marbre d'après l'antique. Grande allée ou Tapis-Vert, à Versailles. Cette statue a été commencée par Michel Monier (années 1684-1687).

D'ARGENVILLE, *Voyage pittoresque de Paris*, 1762, p. 102, 115, 120, 401. — PIGANIOL DE LA FORCE, *Nouvelle description des châteaux et parcs de Versailles et de Marly*, 1764, t. II, p. 19, 38, 54, 64, 287. — DUVIVIER, *Archives de l'art fran- çais, documents*, t. V, 1857-1858, p. 278. — Eudore SOULIÉ, *Notice du Musée impérial de Versailles*, 3ᵉ partie, 1861, p. 507, 509, 511. — DE MONTAIGLON, *Procès-verbaux de l'Académie*, t. II, 1878, p. 172, 174. — Idem, *Correspondance des directeurs de l'Académie de France à Rome*, t. I, 1887, p. 102, 122, 129, 130, 164. — J. GUIFFREY, *Comptes des bâtiments du roi sous le règne de Louis XIV*, t. II, 1887, col. 1175.

Frémin (René), naquit à Paris le 1ᵉʳ octobre 1672 de Jean Frémin, maître ceinturier, et de Marguerite Tartarin, qui tenaient sur le Pont-au-Change une boutique ayant comme enseigne : *A la ville d'Amiens*. Il fut élève de Girardon et de Coyzevox et remporta le premier prix de sculpture à l'ancienne École académique le 28 octobre 1694, sur le sujet de concours : *Loth et ses filles sortant de la ville de Sodome*. Il partit pour Rome en 1695, mais ne fut admis comme pensionnaire du roi à l'Académie de France que l'année suivante. Il revint à Paris en 1699. Agréé à l'Académie royale de peinture et de sculpture le 24 avril 1700, reçu académicien le 27 août 1701, sur un bas-relief en marbre représentant le *Temps découvrant la Vérité*, il fut nommé adjoint à professeur le 30 décembre 1706, professeur le 28 septembre 1715, directeur le 7 juillet 1742, adjoint à recteur le 6 juillet 1743 et recteur le 31 janvier 1744.

De 1705 à 1715, Frémin travailla pour Versailles, pour Marly et pour l'église des Invalides et sculpta, en collaboration de Philippe Bertrand, le bas-relief figurant *le Christ et la Samaritaine* qui décorait l'ancienne pompe du Pont-Neuf. Le 14 janvier 1721, il obtint un congé pour se rendre en Espagne, où il fut occupé, avec son compatriote Jean Thierry, à la décoration du palais et des jardins de Saint-Ildefonse ou de la Granja, par ordre de Philippe V qui le nomma en 1727 son premier sculpteur et lui accorda dans la suite des lettres de noblesse. Il ne retourna en France qu'en 1738.

Il mourut à Paris aux galeries du Louvre le 17 février 1744, à 5 heures du soir, et fut inhumé le surlendemain à Saint-Germain-l'Auxerrois. Au moment de sa mort, il avait le titre « d'écuyer conseiller secrétaire du Roy, maison, couronne de France et de ses finances, directeur et recteur en son Académie royale de peinture et de sculpture, et premier sculpteur de sa Majesté catholique ». Il était veuf de Suzanne Cartaud, fille de l'architecte Sylvain Cartaud, qu'il avait épousée le 22 novembre 1707. Il laissa deux fils, Jean-Sylvain Frémin, conseiller du roi, maître ordinaire en la chambre des Comptes, et Claude-René Frémin, seigneur de Sy, qui après la mort de son père eut la survivance de la charge de secrétaire du roi.

Mariette[1] dit que René Frémin avait acquis par ses travaux en Espagne une grande fortune, mais il ajoute : « Il ne faut pas croire que ce soit l'habileté qui ait fait la fortune de M. Frémin. Il avait du talent, mais il s'en fallait de beaucoup que ce fut un homme de la première volée ; un peu de manigance a suppléé à ce qui lui manquait du côté de l'art et en a fait un sculpteur heureux ». D'Argenville[2] n'est pas plus tendre pour l'artiste : « Toutes ces productions, écrit-il en parlant de ses œuvres, lui font peu d'honneur ; les défauts l'emportent beaucoup sur quelques beautés en petit nombre ».

Il existe un portrait de Frémin gravé par P. L. Surrugue, d'après un pastel de La Tour, et un autre peint par Louis Autereau, en 1741, qui est au Musée du Louvre.

ŒUVRES

Un feu éteint par l'invocation de Saint-Ignace. Bas-relief en bronze exécuté, à Rome, pour la chapelle Saint-Ignace, dans l'église du Gésu (années 1695-1699).

Le Temps découvrant la Vérité. Bas-relief en marbre. Morceau de réception à l'Académie (27 août 1701). Cette œuvre, placée autrefois dans une des salles de l'ancienne Académie royale de peinture et de sculpture, fit partie pendant la Révolution du Musée des Monuments français ; elle se trouve aujourd'hui dans la deuxième cour de l'École des Beaux-Arts.

Portraits de l'architecte Carlo et de sa femme. Bustes. Salon de 1704.

Mercure enlevant Pandore. Groupe. Salon de 1704.

---

1. *Abecedario*, t. II, p. 282.
2. *Vies des fameux sculpteurs*, p. 233.

Hercule emmenant Dejanire après le combat avec Acheloüs. Groupe. Salon
de 1704.

Sainte Silvie. Statue (année 1705). Autrefois dans la chapelle Saint-Grégoire, à l'église des Invalides.

Décoration des baldaquins en plomb qui couvraient jadis les Bains d'Apollon, à Versailles. Cette décoration fut exécutée par l'artiste avec plusieurs
de ses confrères (année 1705).

Têtes de chérubins, ornements et bas-reliefs dans la chapelle du château
de Versailles (années 1707-1708).

Les armes du roi soutenues par des anges. Bas-relief « sous le cul-de-lampe
des angles de la tribune » de la même chapelle. En collaboration de
Simon Mazière (année 1708).

Un père de l'Église. Médaillon en pierre sous la voûte de la même chapelle
(année 1709).

La Modération et la Mortification. Bas-relief. Intérieur de la même chapelle
(année 1709). Les travaux de Frémin à la chapelle de Versailles lui furent
payés 5.910 livres.

Deux modèles en plâtre pour l'église des Invalides. Payés 700 livres (année
1709).

Flore. Statue en marbre. Musée du Louvre, n° 687. Provient de la Cascade
champêtre de Marly, du Musée des Monuments français et de la Malmaison. Elle est signée : FRÉMIN AN. 1709.

Ouvrages de sculpture en pierre, dans le vestibule de la chapelle du château de Versailles (année 1712).

L'Assomption de la Vierge. Grand bas-relief en bronze décorant jadis l'autel de la chapelle de Noailles, dans l'église Notre-Dame de Paris.

La Prudence et la Tempérance. Figures en plomb placées autrefois au-dessus d'une des arcades du chœur de la même église (années 1712-1713).

Zéphire et Flore. Groupe en marbre exécuté, en collaboration de Philippe
Bertrand, pour le jardin de Trianon (année 1713).

Une Nymphe de Diane. Statue en marbre faite pour le parc de Marly. Payée
3.600 livres (année 1714).

Jésus et la Samaritaine au puits de Jacob. Bas-relief en plomb ornant jadis
l'ancien bâtiment de la Samaritaine au Pont-Neuf. La figure du Christ
était de Bertrand et celle de la Samaritaine de Frémin (années 1714-1715).

Diane. Statue en marbre. Musée du Louvre, n° 688. Provient du Bosquet des
Dômes, à Versailles. Signée : FRÉMIN 1717.

Apollon. Statue. Palais de Saint-Ildefonse en Espagne.

Philippe V. Buste en marbre. Même palais.

Louis I. Buste en marbre. Même palais.

Les deux Reines. Bustes en marbre. Même palais.

Enfants et sphinx. Groupes en plomb au pied de la façade du palais,
dans les jardins de Saint-Ildefonse.

Vases en marbre ornés de bas-reliefs. Mêmes jardins.

Saturne, Junon, Neptune et une Nymphe. Statues en marbre. Pourtour de
la Cascade, dans les mêmes jardins.

*Les quatre Eléments, la Poésie lyrique, la Poésie pastorale, la Poésie
héroïque, la Poésie satirique.* Statues en marbre. Pourtour de la demi-
lune, dans les mêmes jardins.

La fontaine de Persée. Groupe en plomb représentant Persée délivrant Andromède. Mêmes jardins.

Groupes d'enfants, l'un domptant un cerf et l'autre un sanglier. Pont de la rivière, dans les mêmes jardins.

L'Afrique, la Fidélité, la Magnificence, l'Asie, un Berger, une Nymphe un Chien, un Cerf, un Sanglier et des Chevaux marins. Statues placées à la Cascade, dans les mêmes jardins.

Quatre Nymphes. Statues au-dessus de la Cascade, dans les mêmes jardins.

Eole. Statue. Fontaine des Vents, dans les mêmes jardins.

Saturne, Mars [1], *Vesta, Neptune, Cérès, Hercule, Minerve* et *la Paix*. Statues. Rond-point des huit allées, dans les mêmes jardins.

Apollon et Pandore. Groupe. Milieu du Rond-point des huit allées, dans les mêmes jardins.

La Fontaine des Grenouilles [2], représentant Latone, Apollon, Diane et les paysans de Lycie changés en grenouilles. Mêmes jardins.

Atalante et Lucrèce. Statues en marbre. Second Parterre, dans les mêmes jardins.

Huit grands vases en plomb. Fontaine de la Renommée, dans les mêmes jardins.

Un cheval et un Maure [3]. Statues. Même fontaine.

Sculptures de l'escalier de la chapelle du palais de Rio-Frio exécutées en collaboration de Thierry.

Toutes les œuvres entreprises par Frémin en Espagne furent faites de 1721 à 1738.

Autel en marbre. Autrefois dans l'église Saint-Louis du Louvre, à Paris (année 1742).

Ange en plomb doré tenant une suspension. Autrefois dans la même église.

GUÉRIN, *D scription de l'Académie royale de peinture et de sculpture*, 1715, p. 84. — D'ARGENVILLE, *Voyage pittoresque de Paris*, 1752, p. 6, 7, 24, 369. — PIGANIOL DE LA FORCE, *Nouvelle description des châteaux et parcs de Versailles et de Marly*, 1764, t. II, p. 193, 285. — Idem, *Description de la ville de Paris*, 1765, t. I, p. 328, 364 ; t. II, p. 52. — L'abbé DE FONTENAI, *Dictionnaire des artistes*, 1776, t. I, p. 612. — THIÉRY, *Guide des amateurs et des étrangers à Paris*, 1787, t. I, p. 229 ; t. II, p. 97, 106. — *Archives de l'art français, documents*, t. II, 1853, p. 370 ; t. V, 1857-1858, p. 282 ; *Abécédario de Mariette*, t. II, 1853-1854, p. 272. — *Mémoires inédits sur la vie et les ouvrages des membres de l'Académie royale*, 1854, t. II, p. 201-209. — Eud. SOULIÉ, *Notice du Musée impérial de Versailles*, 1re partie, 1859, p. 4, 5 ; 3e partie, p. 520. — A. JAL, *Dictionnaire critique de biographie et d'histoire*, 1872, p. 614-615. — H. HERLUISON, *Actes d'état civil d'artistes français*, 1873, p. 146. — L. DUSSIEUX, *Les artistes français à l'étranger*, 1876, p. 105, 367, 371, 372. — Idem, *Le château de Versailles*, 1881, t. II, p. 112, 255, 381. — *Revue de l'art français*, 1885, p. 53. — DE MONTAIGLON, *Procès-verbaux de l'Académie royale*, t. III, 1885, p. 149, 152, 293, 295, 324 ; t. IV, 1881, p. 36, 314. — Idem, *Correspondance des directeurs de l'Académie de France à Rome*, t. II, 1888, passim.

1. Cette statue et la précédente ont été sculptées par Hubert Dumandré, sculpteur lorrain du XVIIIe siècle, d'après les modèles de Frémin.

2. Cette fontaine a été terminée par Hubert Dumandré.

3. Ces statues ont été exécutées par Antoine Dumandré, frère d'Hubert, d'après les modèles de Frémin.

— A. Bertolotti, *Artisti francesi in Roma nei secoli XV, XVI e XVII*, 1886, p. 175. — J. Guiffrey, *Comptes des bâtiments du roi sous le règne de Louis XIV*, t. III, 1891, col. 916, 917, 1057; t. IV, 1896, col. 1177; t. V, 1901, col. 40, 72, 124, 214, 215, 318, 321, 348, 365, 413, 432, 530, 531, 538, 590, 610, 695, 786, 874.

Frémont (Louis), figure en 1688 au nombre des sculpteurs de la maison du roi, avec 60 livres de pension. Cette même année, il donne sa démission de sculpteur de la garde-robe et est remplacé par son confrère Louis Marbrey.

J. Guiffrey, *Nouvelles archives de l'art français*, 1872, p. 68. — A. Jal, *Dictionnaire critique de biographie et d'histoire*, 1872, p. 1113.

Frion (Louis), exerçait son art à Paris vers la fin du xviie siècle. Cet artiste nous est connu par l'acte de décès de sa femme morte de son vivant, âgée de 55 ans, le 25 décembre 1699.

H. Herluison, *Actes d'état civil d'artistes français*, 1873, p. 147.

Friquet. Un sculpteur de ce nom était établi à Paris, rue Culture-Sainte-Catherine au Marais, dans la seconde moitié du xviie siècle. Il eut comme apprenti, en 1667, le sculpteur Jean Ridoux.

M. Guiffrey, dans la table du tome II des comptes des bâtiments du roi, cite un Friquet, sculpteur, et cela d'après la mention suivante inscrite à l'année 1685 : « Au sr Friquet, scavoir : 2.400 l. pour deux Termes en marbre blanc qu'il a fournis au petit parc de Versailles, et 220 l. pour un tableau qu'il a fait et livré pour la chapelle du chasteau de Chambord, représentant la Communion de saint Louis.... 2.620 l. » Je pense qu'il s'agit plutôt ici du peintre Friquet de Vauroze qui vivait encore en 1705.

J. Guiffrey, *Comptes des bâtiments du roi sous le règne de Louis XIV*, t. II, 1887, col. 620. — Ch. Ginoux, *Revue de l'art français*, 1886, p. 120; 1896, p. 311 à Ridoux (Jean).

Friquet (Jean), sculpteur en bois, résidait à Troyes vers la fin du xviie siècle.

L. Morin, *Réunion des sociétés des beaux-arts des départements*, 1902, p. 319.

Funel (Vincent), frère convers de l'abbaye de Saint-Maximin (Var), exécuta de 1683 à 1692 les boiseries sculptées qui décorent l'église de ce couvent. Il fut aidé par les frères Dubois et Dureux et par les maîtres sculpteurs Gras et Maunier. Il mourut le 16 avril 1694, à l'âge de quarante-six ans.

ŒUVRES

Saint Dominique. — Saint Antoine, archevêque de Florence. — Saint Vincent Ferrier. — Saint Raymond de Pegnafort. — Saint Jean de Cologne.

Le Bienheureux Gonzalve d'Amarante. — *Le Bienheureux Albert le Grand.* — *Le Bienheureux Henri Suson.* — *Sainte Rose de Lima.* — *La Bienheureuse Marguerite de Castello.* — *Saint Pierre de Vérone, martyr.* — *Saint Thomas d'Aquin.* — *Saint Hyacinthe.* — *Saint Louis Bertrand.* — *Le Bienheureux Ambroise de Sienne.* — *Saint Pie V.* — *Le Bienheureux Jean de Vicence.* — *Sainte Catherine de Sienne.* — *Sainte Agnès de Monte-Pulciano.* — *La Bienheureuse Marguerite de Savoie.* — *Vision de saint Dominique à Rome.* — *Extase de saint Dominique.* — *La mort de saint Dominique.* Médaillons en bois [1] ornant le chœur de l'église de Saint-Maximin (Var).

L. Rostan, *Revue des sociétés savantes des départements*, 4e série, t. IV, 1866, p. 211-214. — *Inventaire général des richesses d'art de la France. Province, monuments religieux*, t. III, 1901, p. 246, 247, 248, 249, 463.

Fuziliers (Henri), sculpteur en bois, frère convers, exécuta de 1680 à 1682 les stalles qui ornaient le chœur de l'église de l'ancien couvent des Chartreux, à Paris.

Piganiol de la Force. *Description historique de la ville de Paris*, 1765, t. VII, p. 225. — *Topographie historique du vieux Paris*, t. IV, 1882, p. 76.

G

Gachet (Étienne), sculpteur ordinaire du roi, établi à Paris dans la seconde moitié du xxiie siècle, figure comme parrain le 25 juillet 1674 sur les registres de la paroisse Saint-Hippolyte. Il meurt à la fin de 1678 ou au commencement de 1679.

H. Herluison, *Actes d'état civil d'artistes*, 1873, p. 148, 463. — E. Piot, *État civil de quelques artistes français*, 1873, p. 49.

Gaignard ou **Guignard**, remporte le deuxième prix de sculpture à l'ancienne École académique de Paris en 1697. On lit dans les comptes des bâtiments du roi: « Au s^r Gagnard, élève sculpteur, pour sa subsistance pour l'année 1704..... 264 l...»

1. Deux autres médaillons en bois représentant le *Sacrifice d'Abraham* et *l'Apparition du buisson ardent à Moïse* sont encore attribués à Vincent Funel, mais sans aucune certitude.

Duvivier, *Archives de l'art français, documents*, t. V, 1857-1858, p. 283. — De Montaiglon, *Procès-verbaux de l'Académie*, t. III, 1880, p. 219-226. — J. Guiffrey, *Comptes des bâtiments du roi sous le règne de Louis XIV*, t. IV, 1896, col. 411, 553, 683, 798, 910, 1018, 1127.

Gaillard (Denis), sculpteur parisien, fut reçu membre de l'Académie de Saint-Luc le 13 février 1665. De 1700 à 1711, il fut occupé à la chapelle du château de Versailles et à Trianon. Vers 1705, il travailla, en collaboration de son confrère Jean Noël, à la partie ornementale du tombeau que le cardinal de Bouillon faisait alors élever dans l'abbaye de Cluny. En 1714, on le trouve sculptant des vases de pierre de Saint-Leu pour orner les balustrades du château de Versailles. Selon d'Argenville et Piganiol, il était aussi l'auteur d'un bas-relief en bronze doré, représentant le *Baptême de saint Augustin*, qui ornait le maître-autel de l'église des Petits-Augustins, à Paris.

D'Argenville, *Voyage pittoresque de Paris*, 1752, p. 359. — Piganiol de la Force, *Description de la ville de Paris*, 1765, t. VIII, p. 247. — P. Lacroix, *Revue universelle des arts*, t. XIII, 1861, p. 328. — J. Guiffrey, *Comptes des bâtiments du roi sous le règne de Louis XIV*, t. IV, 1896, col. 591, 709, 828, 939, 1049, 1157; t. V, 1901, col. 15, 16, 124, 214, 217, 319, 320, 321, 413, 528, 529, 590, 675, 763.

Gairouard (César), exerçait son art à Toulon de 1686, époque de son mariage, à 1717, date où il figure encore sur les registres de l'impôt de capitation.

Ch. Ginoux, *Revue de l'art français*, 1894, p. 31, 255.

Galle (Antoine), sculpteur ordinaire du roi, né en 1622, meurt à Paris, le 8 août 1667, et est inhumé dans le cimetière de la paroisse Saint-Roch.

H. Herluison, *Actes d'état civil d'artistes français*, 1873, p. 148. — E. Piot, *État civil de quelques artistes français*, 1873, p. 50.

Gallezot (Jean), résidait en Franche-Comté de 1685 à 1694. Il eut deux fils qui travaillaient au xviiie siècle à Besançon, l'un comme architecte et l'autre comme sculpteur.

Jules Gauthier, *Dictionnaire des artistes francs-comtois antérieurs au XIXe siècle*, 1892, p. 10.

Galliar (Nicolas), est cité au nombre des sculpteurs qui aidèrent Antoine Pater dans les travaux qu'il exécuta pour la ville de Valenciennes à la fin du xviie et au commencement du xviiie siècle.

Réunion des sociétés des beaux-arts des départements, 1887, p. 90.

Galliot (Jacques), sculpteur et peintre établi à Paris dans la seconde moitié du xviiᵉ siècle, fait baptiser un fils sur la paroisse Saint-Germain-l'Auxerrois le 28 septembre 1672.

H. Herluison, *Actes d'état civil d'artistes français*, 1873, p. 148.

Gardy (Nicolas), sculpteur, figure comme témoin dans l'acte de décès de son confrère Eustache Nourrisson, acte inscrit sur les registres de la mairie de Marly le 30 juillet 1706.

C. Piton, *Marly-le-Roi*, 1904, p. 372.

Garmont (Antoine), sculpteur parisien né en 1657, meurt le 12 décembre 1687 et est inhumé sur la paroisse Saint-Sulpice.

H. Herluison, *Actes d'état civil d'artistes français*, 1873, p. 150. — E. Piot, *État civil de quelques artistes français*, 1873, p. 50..

Garnaud (Pierre), exerçait son art à Lyon de 1682 à 1690. Le 9 juillet 1684, il épousa la fille du sculpteur lyonnais Jean I Thierry. Celle-ci étant morte, il se maria en secondes noces avec une nommée Catherine Cornier.

Natalis Rondot, *Les sculpteurs de Lyon du XIVᵉ au XVIIIᵉ siècle*, 1884, p. 61. — Idem, *Revue de l'art français*, 1887, p. 305.

Garnier (Louis), sculpteur parisien, membre de l'Académie de Saint-Luc, travailla pour Versailles et pour l'église des Invalides. Il fit aussi le mausolée qui contenait le cerveau de Jacques II, roi d'Angleterre, dans la chapelle du collège des Écossais et exécuta un modèle en bronze destiné à glorifier le Parnasse français. Il mourut, le 21 septembre 1728, à l'âge de quatre-vingt-neuf ans. Il est assez difficile de reconnaître, dans les comptes des bâtiments du roi, les œuvres qu'on peut lui attribuer avec certitude, car il y a souvent confusion entre lui et son contemporain Pierre Granier.

ŒUVRES

Restauration des bustes en marbre placés dans les magasins du roi. Ce travail fut payé à l'artiste 1.730 livres (année 1671).

Neuf bustes « tant neufs que restaurez » fournis pour le service du roi. Payés 2.170 livres (année 1672).

Ouvrages de sculpture en plomb pour la Cascade de Trianon (années 1702-1703).

Monument renfermant le cerveau de Jacques II, roi d'Angleterre. Chapelle du collège des Ecossais dans l'ancienne rue des Fossés-Saint-Victor, à Paris. Ce mausolée fut commandé à Garnier par le duc de Perth, gouverneur de Jacques III. Le vase en bronze doré, qui formait le motif principal du monument. a disparu à la Révolution; il ne reste plus aujourd'hui qu'un ouvrage de marbrerie encadrant l'épitaphe au bas de laquelle l'artiste a signé son nom avec la date de 1703.

Sainte Paule. Statue. Autrefois dans la chapelle Saint-Jérôme, à l'église
des Invalides. Payée 700 livres (année 1705-1709).

La Justice. Statue en pierre. Balustrade extérieure de la chapelle du château
de Versailles. Payée 1.000 livres (année 1707).

Le Parnasse français. Groupe en bronze (année 1721). Cette œuvre, commandée par un ancien officier de dragons, Evrard Titon du Tillet, fut
offerte par ce dernier à Louis XV qui la fit déposer à la Bibliothèque
royale. L'ensemble mesure plus d'un mètre de haut. Le Parnasse est
figuré par une montagne escarpée sur laquelle sont groupées trente-six
figures : « scavoir quatorze principales et vingt-deux plus petites, avec
plusieurs médaillons, un cheval Pégase et quelques petits animaux qui
servent de simboles pour caractériser le genre pastoral et celui des fables,
le tout groupé avec des lauriers, des palmiers, des mirtes et quelques
autres arbres convenables à un Mont-Parnasse [1] ». Ce bronze existe encore
aujourd'hui dans une des salles de la Bibliothèque nationale. Il a été gravé
par Jean Audran.

D'ARGENVILLE, *Voyage pittoresque de Paris*, 1752, p. 243, 252. — PIGANIOL DE LA
FORCE, *Nouvelle description des châteaux et parcs de Versailles et de Marly*, 1764,
t. II, p. 243. — THIÉRY, *Guide des amateurs et des étrangers à Paris*, 1787, t. II,
p. 167. — Ed. SOULIÉ, *Notice du Musée impérial de Versailles*, 1re partie, 1859,
p. 3. — DE GUILHERMY, *Inscriptions de la France du Ve siècle au XVIIIe*, t. I, 1873,
p. 610, 611 ; t. V, 1883, p. 205. — J. GUIFFREY, *Comptes des bâtiments du roi sous
le règne de Louis XIV*, t. I, 1881, col. 551, 669 ; t. II, 1887, col. 137 ; t. IV, 1896,
col. 126, 188, 268, 338, 419, 852, 965, 1072, 1177 ; t. V, 1901, col. 124, 348.

Gascard (Pierre), sculpteur parisien du XVIIe siècle, nous est
connu par l'acte de décès de sa femme morte le 1er février 1658. Cet
acte provient des registres de la paroisse Saint-Sulpice. Pierre
Gascard était probablement le père du peintre Henri Gascard,
membre de l'Académie royale de peinture et de sculpture.

H. HERLUISON, *Actes d'état civil d'artistes français*, 1873, p. 151. — E. PIOT,
État civil de quelques artistes français, 1873, p. 51.

Gaspard (Abraham), maître sculpteur établi à Lunéville dans la
première moitié du XVIIe siècle, exécuta le tabernacle du maître-autel
de l'église Saint-Jacques.

Gaspard (Claude-Élie), neveu et élève du précédent, fit, au
commencement du XVIIe siècle, quatre colonnes sculptées qui furent
placées près du maître-autel de l'église Saint-Jacques de Lunéville.

Archives de Lunéville, G. b. n° 5. — A. JACQUOT, *Réunion des sociétés des beaux-
arts des départements*, 1900, p. 331.

Gassotte (Jean), natif d'Orbey en Brie, était à la fois sculpteur,
comédien et opérateur. Excellait-il dans ces trois professions ? On

1. TITON DU TILLET, *Description du Parnasse français*, 1727,

l'ignore ; on sait seulement qu'il se maria le 22 septembre 1626 à l'église Saint-Epvre de Nancy.

Archives de Nancy, t. IV, p. 5. — A. Jacquot, *Réunion des sociétés des beaux-arts des départements*, 1900, p. 331.

Gaulier ou **Gaullier**, sculpteur de la fin du XVIIe siècle, fut nommé en 1691 professeur à l'Académie royale de peinture et de sculpture, à Bordeaux. Cet artiste, qui plus tard se fit moine, travailla pour les églises de la ville.

J. Delpit, *Revue universelle des arts*, t. X, 1859, p. 56, 62. — Ch. Braquehaye, *Réunion des sociétés des beaux-arts des départements*, 1878, p. 139. — Idem, *Les artistes du duc d'Épernon*, 1888, p. 241.

Gautier, sculpteur en bois de la fin du XVIIe siècle, exécute, en 1688-1689, deux figures destinées à décorer les appartements de Trianon.

J. Guiffrey, *Comptes des bâtiments du roi sous le règne de Louis XIV*, t. III, 1891, col. 95, 289.

Gay (Guillaume), exerçait son art à Toulon, où il se maria le 13 janvier 1659. On le trouve occupé jusqu'en 1671 comme maître sculpteur décorateur des vaisseaux de l'État.

Gay (Raymond), fils du précédent, également établi à Toulon, aidait son père dans les travaux de sculpture que ce dernier avait entrepris pour la marine d'après les dessins de Puget.

Archives de l'art français, documents, t. IV, 1856, p. 238. — Ch. Ginoux, *Revue de l'art français*, 1888, p. 167, 171, 258 ; 1894, p. 256, 257. — Idem, *Réunion des sociétés des beaux-arts des départements*, 1884, p. 343 ; 1891, p. 255.

Gayot. Un sculpteur de ce nom est cité dans les comptes des bâtiments du roi comme ayant exécuté, en 1709, différents ouvrages de bronze pour le château de Meudon. C'est peut-être le même artiste qu'Antoine II Guyot.

J. Guiffrey, *Comptes des bâtiments du roi sous le règne de Louis XIV*, t. V, 1901, col. 382.

Gédéon du Chesne. Voir **Chesne** (Gédéon du).

Géneteau, sculpteur ornemaniste et architecte établi à Saumur dans la seconde moitié du XVIIe siècle, était occupé en 1678 à l'église Saint-Pierre. Il reçut 140 livres « pour avoir faict les festons qui sont au-dessous de l'entablement du devant de ladite église, les deux culs-de-lampe, qui sont au-dessous des figures de saint Pierre et de saint

Paul, et les armes de Mgr le cardinal de Grimaldy, abbé de Saint-Florent, patron de la dite église, en reconnaissance de mil livres, qu'il a bien voulu donner pour aider a restablir la dite église ». Ce travail existe encore.

Archives de Maine-et-Loire. Comptes de Saint-Pierre, 1675-1681. — Célestin Port, *Les artistes angevins*, 1881, p. 124.

Gense (Pierre), originaire de Toulon, travaillait dans l'arsenal de la ville, en 1668, comme apprenti sculpteur décorateur de vaisseaux, sous la direction de Pierre Turreau.

Archives de l'art français, documents, t. IV, 1856, p. 238. — Ch. Ginoux, *Revue de l'art français*, 1888, p. 168 ; 1894, p. 257.

Genty (François), fut élu membre de l'Académie de Saint-Luc le 17 octobre 1677. Son nom figure encore sur les listes de la communauté en 1682.

P. Lacroix, *Revue universelle des arts*, t. XIII, 1861, p. 333.

Georges de Tourné. Voir **Tourné** (Georges de).

Gérard (Jean), sculpteur en bois résidant à Nancy au xviie siècle, sculpta en 1622 les armes de la ville au-dessus du buffet d'orgue de l'église Saint-Épvre. On lui devait aussi la décoration de la pyramide de la fontaine de la place Carrière. Il dut mourir fort âgé, car il vivait encore en 1680.

Archives de Nancy, t. II, p. 27, 225, 226, 229 ; t. III, p. 253. — *Archives de Meurthe-et-Moselle*, H. 2026. — A. Jacquot, *Réunion des sociétés des beaux-arts des départements*, 1900, p. 332.

Gérard (Claude), fils et élève du précédent, naquit à Nancy le 9 septembre 1633. Il travailla dans sa ville natale, où dès l'âge de treize ans, en 1646, on le trouve employé à la sculpture de la fontaine du reposoir de la Fête-Dieu.

Archives de Nancy, t. II, p. 243 ; t. III, p. 253. — A. Jacquot, *Réunion des sociétés des beaux-arts des départements*, 1900, p. 333.

Gérard ou **Girard** (René), sculpteur parisien qui, d'après les comptes des bâtiments du roi, fut occupé de 1678 à 1712 aux châteaux de Versailles, de Fontainebleau et de Chambord ainsi qu'à l'église Notre-Dame de Paris.

ŒUVRES

Ouvrages exécutés au château de Fontainebleau (année 1678). L'artiste toucha 328 livres « pour avoir restably des bustes ».

Vases pour la balustrade du château de Versailles (années 1679-1680).

Restauration de figures de marbre dans les jardins de Fontainebleau (année 1680).

Travaux de sculpture à la Petite Écurie de Versailles (année 1680).

Ouvrages exécutés au château de Chambord (années 1681-1684).

Fronton au-dessus de la salle de Comédie du château de Fontainebleau (année 1681).

Figure de pierre pour la grande aile du château de Versailles (année 1682).

Travaux à la pièce de Neptune, dans le parc de Versailles (année 1683).

Restauration de la sculpture du plafond du cabinet de Monsieur, au Palais-Royal, à Paris.

Travaux à la chapelle du château de Versailles (années 1709-1710).

Ouvrages de sculpture en bois « à douze pupitres plians des autels et à cinq formes des chantres », dans la même chapelle. Payés 1.410 livres (année 1711).

Trophées d'église pour le chœur de Notre-Dame de Paris (année 1712).

J. Guiffrey, *Comptes des bâtiments du roi sous le règne de Louis XIV*, t. I, 1881, col. 1030, 1162, 1247, 1289 ; t. II, 1887, col. 54, 81, 82, 83, 89, 90, 92, 96, 136, 137, 178, 278, 308, 376, 476, 530, 996 ; t. V, 1901, col. 527, 529, 531, 610, 695.

Germain. Un sculpteur de ce nom était employé à Toulon, en 1682, à des travaux de sculpture pour la marine de l'État.

Ch. Ginoux, *Revue de l'art français*, 1884, p. 352 ; 1888, p. 173 ; 1894, p. 257.

Gigonne (Dominique), exerçait son art dans la ville de Lyon de 1656 à 1660.

Natalis Rondot, *Les sculpteurs de Lyon du XIVᵉ au XVIIIᵉ siècle*, 1884, p. 53.

Gillequin (Philippe), sculpteur et peintre établi à Paris, mourut âgé d'environ vingt-huit ans, le 22 janvier 1676, et fut inhumé sur la paroisse Saint-Roch.

H. Herluison, *Actes d'état civil d'artistes français*, 1873, p. 156. — E. Piot, *État civil de quelques artistes français*, 1873, p. 52.

Gilson (Pierre), travaillait à Paris vers la fin du xviiᵉ siècle. Ce sculpteur nous est connu par l'acte de décès de sa fille, acte inscrit sur les registres de Saint-Roch à la date du 8 mars 1691.

H. Herluison, *Actes d'état civil d'artistes français*, 1873, p. 156.

Giralt (Pierre), exerçait son art à Perpignan dans la seconde moitié du xviiᵉ siècle. En 1668-1669, il était occupé à un travail de restauration dans l'église de Thuir (Pyrénées-Orientales).

Archives communales de Thuir, GG. 124.

Girard (Michel), dit Le Provençal, sculpteur établi à Bernay, en Normandie, dans la seconde moitié du xviiᵉ siècle, sculpte en 1669

un lutrin orné de figures d'enfants et d'anges ailés pour l'église de la
Couture. En 1671, il fait, toujours pour la même église, deux contre-
tables et deux prie-Dieu. En 1674, il travaille à l'agrandissement du
chœur de l'église Sainte-Croix. En 1683, il exécute un lutrin pour
l'église des Jonquerets et, en 1688, deux autels, une arcade et un
crucifix pour l'église de Courbépine ; ces derniers ouvrages lui sont
payés 480 livres. En 1697, on le trouve occupé à différents travaux
dans la chapelle de l'hôpital de Bernay.

Réunion des sociétés des beaux-arts des départements, 1893, p. 455.

Girardin (Antoine), dit l'aîné, remporte à l'ancienne École académique de Paris le deuxième prix de sculpture en 1686 et le premier
prix en 1688. Les comptes des bâtiments du roi le citent comme
travaillant, en 1696, au bassin du grand Parterre du jardin de
Luxembourg.

A. Duvivier, *Archives de l'art français, documents*, t. V, 1857-1858. p. 280. —
De Montaiglon, *Procès-verbaux de l'Académie royale*, t. II, 1878. p. 335, 336,
359, 362, 381, 384. — J. Guiffrey, *Comptes des bâtiments du roi sous le règne de
Louis XIV*, t. II, 1887, col. 726, 950, 951, 1266 ; t. IV, 1896, col. 48.

Girardon (François), naquit à Troyes, sur la paroisse Saint-Rémi.
le vendredi 17 mars 1628; il était fils de Nicolas Girardon, maître
fondeur, et d'Anne Saingevin sa femme. Poussé par son père à exercer la profession de procureur, il s'y refusa et entra chez Baudesson,
sculpteur en bois, qui lui enseigna les premiers principes de son art et
l'employa avec lui aux travaux du château de Saint-Liebault, à Estissac, château appartenant alors au chancelier Séguier. Ce dernier s'inté-
ressa au jeune artiste et lui fournit les moyens d'aller à Rome. De
retour à Troyes, en 1650, Girardon y entreprit quelques ouvrages,
puis se rendit à Paris, où il devint l'élève de Laurent Magnier et de
François Anguier. Il fut mis ensuite en rapport avec Le Brun qui lui
donna de nombreuses commandes. Habile dans son art, mais montrant
peu d'indépendance et peu d'individualité, il exécuta la plupart de ses
œuvres sous l'inspiration du premier peintre du roi.

Il se présenta le 22 novembre 1656 à l'Académie royale de peinture
et de sculpture, où il fut admis le 7 juillet 1657 sur un bas-relief
représentant *la Vierge*. Il fut nommé professeur le 3 juillet 1659,
adjoint à recteur le 3 décembre 1672, recteur le 6 octobre 1674 et
chancelier le 13 août 1695.

En 1667, il fut envoyé à Toulon par Colbert pour diriger les
travaux de décoration des vaisseaux le *Royal-Louis* et le *Dauphin-
Royal*, d'après les plans de Le Brun. Revenu bientôt à Paris, il

retourna à Toulon, le 27 mars 1668, et y sculpta deux des principales figures ornant le *Royal-Louis*. A la fin de la même année, il quitta cette ville, laissant la direction des sculpteurs de l'arsenal à Pierre Puget, et se rendit à Gênes et de là à Rome, avec la mission d'inspecter l'École de France et de rechercher les objets d'art pouvant concourir à l'embellissement des résidences royales. On le retrouve à Paris en 1669. A cette date, les comptes portent la mention suivante, au sujet du voyage qu'il venait d'effectuer : « Au s^r Girardon, 2.000 l. pour, avec 1.000 l. qu'il a cy-devant reçues l'année dernière, faire 3.000 l., tant pour les frais du voyage qu'il a fait à Rome pour se rendre plus capable de servir S. M. dans ses bastiments, que pour les ouvrages de sculpture qu'il a fait aux vaisseaux de S. M. en passant à Toulon et à Marseille... 2000 l... ».

A partir de cette époque, il commença à entreprendre ses œuvres les plus importantes. Il collabora à la décoration de la galerie d'Apollon, au Louvre ; il sculpta pour Versailles le groupe des Bains d'Apollon, la fontaine de la Pyramide, le grand bas-relief des Nymphes de la cascade de l'Allée d'eau, la statue de l'*Hiver* et le groupe de l'*Enlèvement de Proserpine* ; à Paris, il érigea au milieu de la place Louis-le-Grand la statue équestre du roi et fit de nombreux mausolées dont le plus célèbre, le tombeau du cardinal de Richelieu, existe encore aujourd'hui dans l'église de la Sorbonne. Entre temps, il n'oublia pas sa ville natale ; il lui donna un grand médaillon de Louis XIV en marbre pour l'Hôtel de Ville et un Christ en bronze pour l'église Saint-Rémi ; il éleva aussi, dans l'église Saint-Jean, le maître-autel et l'autel du Saint-Ciboire. Après la mort de Le Brun, en 1690, ayant obtenu la charge d'inspecteur général de tous les ouvrages de sculpture, lui qui avait si souvent employé son talent à exécuter des œuvres conçues par autrui, il composa à son tour des modèles destinés à être sculptés en marbre par ses confrères ; tels les groupes d'*Ino* et *Mélicerte* par Pierre Granier, d'*Aristée et Protée* par Sébastien Slodtz, de *Vénus et Adonis* par Lecomte, d'*Énée et Anchise* par Lepautre. Il eut cependant quelques déboires avec des artistes comme Coyzevox et les Coustou qui ne voulurent jamais reconnaître sa supériorité et se mettre sous sa dépendance.

Girardon avait créé au Louvre, dans le logement que lui avait donné le roi, une galerie célèbre à l'époque, renfermant en dehors de ses propres ouvrages de beaux antiques et des morceaux de Jean Bologne, de Michel-Ange et de Duquesnoy ainsi que des tableaux et des dessins de Lesueur et de Le Brun ; cette galerie fut vendue aux enchères après sa mort. Il jouissait d'une certaine fortune [1] et n'était pas exempt de vanité, aussi, en 1696, alors que tout le monde achetait moyennant vingt livres le droit de porter des armoiries, cédant à la faiblesse commune, il prit pour armes « d'azur à un saule arraché d'or, accosté de deux croissants d'argent ».

Il mourut le dimanche 1er septembre 1715, le même jour que Louis XIV, et fut inhumé le lendemain à l'église Saint-Landry dans le tombeau qu'il avait fait ériger en 1705, sous sa conduite et d'après ses dessins, par ses élèves Robert Le Lorrain et Eustache Nourrisson. Sa femme, Catherine Duchemin, y était déjà enterrée. Celle-ci, qui peignait avec talent les fleurs et les fruits et qui avait été admise à l'Académie [2] le 4 août 1663, était morte en 1698 à l'âge de 68 ans ; il l'avait épousé en 1657 et en avait eu dix enfants dont aucun ne suivit sa carrière.

On connaît plusieurs portraits de Girardon. Hyacinthe Rigaud en a fait un qui a été gravé par Duchange. On en voyait deux à l'ancienne Académie : l'un au pastel par Joseph Vivier et l'autre à l'huile par Gabriel Revel ; ce dernier est aujourd'hui au Louvre, n° 777. Le Musée de Troyes possède son buste par Louis-Claude Vassé ; ce buste, commandé par Grosley, a figuré au Salon de 1757.

ŒUVRES

Une Vierge. Statuette en pierre, de 50 centimètres de hauteur, qui se voyait encore à Troyes, en 1750, chez les descendants du frère de l'artiste.

Louis XIII en grand habit de l'ordre du Saint-Esprit. Statuette en marbre faisant partie jadis du cabinet de Grosley, avocat et écrivain troyen du XVIIIe siècle.

Travaux au château de Saint-Liebault, à Estissac près de Troyes, château appartenant alors au chancelier Séguier. Ces travaux furent exécutés sous la direction de Baudesson, sculpteur en bois, premier maître de Girardon (années 1645-1648).

Bustes, statues et ornements de portes et de cheminées décorant, à Troyes, l'hôtel d'un amateur d'art nommé Quinot (année 1650). Ces œuvres ont été détruites en 1760.

Saint François et saint Antoine de Padoue. Statues. Autrefois dans l'église des Jacobins de la rue Saint-Honoré, à Paris (année 1653).

La sainte Vierge représentée âgée. Médaillon ovale en marbre. Morceau de réception à l'Académie royale de peinture et de sculpture (7 juillet 1657). Ce médaillon était placé jadis au Louvre dans le salon de l'Académie. Il existait encore, en 1833, dans un jardin dépendant de l'École des Beaux-arts. Le modèle de cette œuvre figure au Musée de Troyes.

Monument de Jérôme Bignon, conseiller d'État, avocat général au Parlement de Paris et garde de la Bibliothèque du roi, mort en 1656. Chapelle

---

1. Il touchait 4.000 livres de pension.
2. Ce fut la première femme reçue académicienne.

de Saint-François de Sales, dans l'église de Saint-Nicolas du Chardonnet,
à Paris. Le bas-relief en pierre, représentant saint Jérome se frappant la
poitrine, qui orne le soubassement, ne faisait pas partie à l'origine du
monument ; il a été ajouté par Alexandre Lenoir. C'est l'ouvrage de Girardon ainsi que le buste en marbre du défunt placé sur le tombeau. Quant
aux figures symboliques qui accompagnent ce buste, elles ont été attribuées à Michel Anguier, mais sans aucune certitude ; peut-être sont-elles
aussi de la main de Girardon ? Ce mausolée a été déposé pendant la Révolution au Musée des Monuments français, n° 184 ; il a été rendu à l'église
Saint-Nicolas du Chardonnet en 1818. Il est reproduit dans Lenoir (*Musée
des Monuments français*, t. V, pl. 182). Un plâtre du buste de J. Bignon
se trouve au Musée de Versailles (n° 838 du catalogue d'Eudore Soulié).

Deux figures de pierre pour le grand Parterre de Fontainebleau (années 1664-
1666).

Décoration de la galerie d'Apollon, au Louvre, exécutée d'après les dessins
de Le Brun, en collaboration des frères Marsy et de Thomas Regnaudin
(années 1664-1671). Les figures en plâtre dues à Girardon sont : — *Un
fleuve couché, avec deux enfants ailés, dont un boit dans une tasse ;* —
*Deux muses avec leurs attributs ; — Deux satyres terminés en gaine,
groupés avec un jeune satyre et un autre personnage ; — Deux éphèbes
couronnés de fleurs ; — Un trophée au milieu de deux captifs enchaînés.*
Toutes ces œuvres ont été gravées par Saint-André. Elles sont reproduites
dans le Musée de sculpture de De Clarac (pl. 105, n°ˢ 5, 6 ; pl. 106 ;
pl. 108, n° 1 ; pl. 109, n° 2).

Prométhée. Statuette en terre cuite (année 1666). Autrefois dans une des
salles de l'ancienne Académie. Ce morceau fut détruit vers le milieu du
xviiiᵉ siècle.

Ouvrages de sculpture en stuc dans la chambre et dans le cabinet du roi,
aux Tuileries. Ces ouvrages, faits par Girardon, Lerambert, Regnaudin
et Tuby, furent payés 18.000 livres (années 1666-1667).

Apollon servi par les nymphes. Groupe en marbre par Girardon et par
Regnaudin. Bosquet des Bains d'Apollon [1], dans le parc de Versailles. La
figure d'Apollon et les trois nymphes placées en avant, dont une, à
genoux, tient un vase orné d'un bas-relief représentant le *Passage du
Rhin*, sont de Girardon ; les trois autres nymphes plus en arrière sont de
Regnaudin. Ce groupe, exécuté de 1666 à 1675, fut payé aux artistes
18.500 livres. Il a été gravé par Jean Edelinck et par Thomassin, n° 64.
Placé primitivement dans l'ancienne Grotte de Téthys, il fut transporté
en 1684 dans le bosquet des Dômes, puis en 1778 dans le bosquet [2]
qu'il occupe aujourd'hui.

Le Musée de Dresde possède une réduction en bronze de ce groupe. Vers
la fin du xviiiᵉ siècle, il en existait un petit modèle en marbre dans le
cabinet de M. Harenc de Presle, 25, rue du Sentier, à Paris. On voyait,
dans la galerie de Girardon, le modèle du bas-relief représentant le *Passage du Rhin* qui se trouve sur le vase tenu par une des nymphes.

Trophées pour Versailles. Payés 150 livres (année 1667).

---

1. La décoration de ce bosquet est complétée par les groupes des chevaux du
Soleil pansés par des Tritons, œuvres de Guérin et des frères Marsy.
2. Les plans de ce bosquet furent donnés par Hubert Robert.

Dessins et modèles, d'après Le Brun, pour la décoration de deux vaisseaux en chantier à Toulon : le *Royal-Louis* et le *Dauphin-Royal* (année 1668). Girardon sculpta lui-même les deux principales figures ornant le *Royal-Louis*.

Réparation de plusieurs bustes en marbre. Payée 710 livres (année 1670).

Ange en argent. Autrefois dans l'église Saint-Rémi, à Troyes. Cet ange surmontait un piédestal, où était enfermée une relique de saint Roch qui avait été donnée à l'église par Girardon (année 1671).

Fontaine de la Pyramide. Parterre du Nord, dans le parc de Versailles. Toutes les sculptures de cette fontaine, exécutées d'après les dessins de Claude Perrault, sont en plomb autrefois doré (année 1672). Gravée par Thomassin nº 142, par Perelle, par Aveline et dans l'ouvrage de Vaysse de Villiers sur Versailles. La Pyramide a été restaurée en 1822.

Cinq bustes en marbre. Jadis dans la galerie proche du grand escalier de Versailles. Payés 1.675 livres (année 1671).

Lamoignon (Guillaume de), premier président au Parlement de Paris. Buste en marbre. Ce buste, commandé à Girardon par l'Académie, le 25 avril 1671, pour reconnaître un service rendu à la Compagnie en 1668 par un des fils du président, fut placé, à Courson (Seine-et-Oise), dans la maison de campagne de MM. de Lamoignon. Il a figuré au salon de 1673. Le modèle en terre cuite de cette œuvre, ornant avant la Révolution une des salles de l'Académie, se trouve aujourd'hui au Musée de Versailles (nº 641 du catalogue d'Eudore Soulié).

Deux figures assises de grandeur naturelle sculptées, d'après les dessins de Le Brun, pour la pompe funèbre du chancelier Séguier célébrée le 5 mai 1672 dans l'église des Pères de l'Oratoire de la rue Saint-Honoré.

Décoration de la porte Saint-Denis, à Paris. Cette décoration, commencée par Girardon en 1672-1673, fut continuée par Michel Anguier.

Le mois d'octobre et *un autre mois*. Statues pour Versailles (année 1674). Le modèle en terre cuite du mois d'octobre figurait dans la galerie de Girardon.

Restauration de figures antiques en marbre (année 1674), parmi lesquelles : *La Vénus d'Arles* [1]. Musée du Louvre. Gravée par Thomassin, nº 3. Les deux bras ont été refaits par Girardon. — *Uranie*. Bosquet de l'Étoile, dans le parc de Versailles. Gravée par Thomassin, nº 8. — *Vestale*. Pourtour du bassin du Miroir, dans le même parc. Gravée par Thomassin, nº 9. Ces trois statues se trouvaient autrefois dans la grande galerie du château de Versailles.

Saturne entouré de quatre enfants avec les attributs de l'Hiver. Groupe en plomb exécuté d'après les dessins de Le Brun (années 1675-1677). Bassin de Saturne ou de l'Hiver, dans le Quinconce du Midi du parc de Versailles. Ce groupe fut payé 19.160 livres. Gravé par Thomassin, nº 132, et dans Vaysse de Villiers.

Nymphes au bain. Grand bas-relief en plomb bronzé exécuté d'après un dessin de Claude Perrault (année 1675). Bains de Diane ou Cascade de l'Allée d'Eau, dans le Parterre du Nord du parc de Versailles. Gravé par Thomassin, nº 144. Un moulage de ce bas-relief est placé au Musée du Trocadéro, nº 962.

---

1. Cette statue a été découverte à Arles en 1651.

Vingt bustes, plus grands que nature, représentant des empereurs romains ainsi que des rois et des reines de France. Ces bustes furent sculptés, en 1676, pour une maison située à Troyes appartenant à M. Darc, seigneur de Vaudes et maire de la ville ; ils ont été détruits au xviiie siècle.

Morceaux de sculpture. Autrefois dans l'hôtel des Ursins, rue Champeaux, à Troyes ; ces œuvres ont disparu.

Vasque en marbre placée au centre du bassin du bosquet des Dômes, ancienne fontaine de la Renommée, dans le parc de Versailles. Cette vasque a été sculptée par Girardon et Guérin (année 1676). On en voit un moulage au Musée du Trocadéro, n° 967.

Trophées d'armes. Bas-reliefs en marbre décorant la balustrade du bosquet des Dômes, à Versailles. Ces bas-reliefs, au nombre de quarante-quatre, ont été sculptés par Girardon, Mazeline et Guérin ; ils ont été payés 10.600 livres (années 1676-1679). Des moulages de ces bas-reliefs sont placés au Musée du Trocadéro, nos 969-1011.

Ornements pour l'Ile-Royale, dans le parc de Versailles. Payés 1.500 livres (années 1676-1682).

Décoration de l'ancien tabernacle du maître-autel de la chapelle de la Sainte-Trinité, à Fontainebleau (année 1678). Ce tabernacle est décrit dans l'ouvrage sur Fontainebleau publié par l'abbé Guilbert en 1721. L'artiste reçut 8.000 livres pour son travail.

Pallas ou la Sagesse. Statue en pierre. Façade du château de Versailles donnant sur la Cour de marbre.

Hercule se reposant après avoir vaincu l'Hydre. Figure en pierre. A gauche de l'horloge, sur le fronton du château de Versailles. Le modèle en cire de cette figure se trouvait dans la galerie de Girardon.

Monument renfermant le cœur du cardinal de Retz. Autrefois dans l'ancienne église du Calvaire du Marais, voisine de la place Royale. Ce monument avait été élevé, en 1679, par les soins de Marie-Catherine de Gondy, nièce du cardinal, religieuse du couvent du Calvaire. Il a fait partie du Musée des Monuments français, n° 198, et a été transporté depuis à Saint-Denis.

La Victoire de la France sur l'Espagne. Groupe en pierre. A gauche de la grille d'entrée du château de Versailles. Ce groupe fut payé 3.650 livres (années 1680-1682). Gravé par Thomassin, n° 68.

Cent quatre-vingts consoles en pierre sculptée pour supporter les bancs du petit parc de Versailles. Payées 1.800 livres (années 1680-1681).

Modèles des cintres des croisées du château de Versailles. Payés 1.400 livres (année 1681).

Deux grands vases en marbre pour le parc de Versailles, représentant l'un, *les travaux d'Hercule* et l'autre, *les Trois Grâces.* Un modèle en bronze des *travaux d'Hercule* se trouvait dans la galerie de Girardon.

Deux autres vases en marbre figurant l'un, le *Triomphe de Téthys* et l'autre, celui de *Galatée* (ce dernier est gravé par Thomassin, n° 207). Ces deux vases, commandés par M. de Seignelay, furent offerts par ce dernier au roi qui les fit mettre dans le Parterre du Nord de Versailles ; ils furent transportés ensuite à Trianon. Les modèles en bronze de ces vases ont été exposés aux Salons de 1699 et de 1704 ; ils étaient conservés dans la galerie de Girardon.

Tombeau de M. Bonneau de Tracy mort en 1682. Autrefois dans la cha pelle Saint-Louis de la cathédrale de Tournay. Ce monument fut détruit à la Révolution ; il n'en reste plus que la table contenant l'épitaphe. Il a été gravé par Sébastien Leclerc.

Le Grand Condé. Médaillon en marbre. Autrefois dans la bibliothèque des Jésuites de la rue Saint-Antoine, à Paris.

Christ en bois. Au-dessus de l'autel de l'église de Saint-Riquier (Somme). Ce christ a été commandé à Girardon par l'abbé Charles d'Aligre vers la fin du xviiᵉ siècle.

Tombeau d'Olivier et de Louis de Castellan tués au service du roi. Chapelle Sainte-Marguerite dans l'église de Saint-Germain-des-Prés, à Paris. Ce tombeau, exécuté en 1683, fut brisé en 1793. Les deux statues en marbre symbolisant la *Fidélité* et la *Piété* ayant été sauvées firent partie du Musée des Monuments français ; elles furent rendues ensuite à Saint-Germain-des-Prés, où le monument fut reconstitué à sa place primitive. Il a été gravé par Scotin.

François-Michel Le Tellier, marquis de Louvois, ministre d'État, mort en 1691. — Buste en marbre. Un plâtre de ce buste se trouvait autrefois dans une des salles de l'ancienne Académie ; il est placé aujourd'hui au Musée de Versailles (nᵒ 2843 du catalogue d'Eudore Soulié. Il a figuré au Salon de 1699.

L'Hiver. Statue en marbre, d'après un dessin de Le Brun (année 1686). Pourtour du Parterre du Nord, dans le parc de Versailles. Gravée par J. Edelinck et par Thomassin, nᵒ 91. Le modèle en terre cuite de cette statue se trouvait dans la galerie de Girardon.

Ouvrages de sculpture en pierre au grand fronton de la Petite Écurie de Versailles. Payés 1.800 livres (année 1685).

Six bustes d'empereurs romains. Salon de la Guerre, à Versailles. Les têtes en porphyre sont antiques; les bustes et les draperies sont l'œuvre de Girardon (année 1686).

Louis XIV. Médaillon en marbre de 1 ᵐ 77 de large sur 2ᵐ 80 de haut. Grande salle de l'Hôtel de Ville de Troyes. Ce médaillon fut donné par l'artiste à sa ville natale en 1687. Il a été gravé par Sébastien Leclerc.

Marcus Curtius. Statue équestre. Extrémité de la pièce d'eau des Suisses, à Versailles. Cette statue, œuvre du Bernin, représentait originairement Louis XIV. Le roi l'ayant trouvée défectueuse, Girardon en 1688 changea la tête, sculpta des flammes à la place du rocher soutenant le cheval, et en fit un Marcus Curtius, chevalier romain qui se dévoue pour apaiser les dieux infernaux.

Mausolée de Claude Berbier du Metz, gouverneur de Gravelines. Église Saint-Villebrock, à Gravelines (Nord). Ce mausolée fut mis en place en 1690. Il a été gravé par Sébastien Leclerc.

Tombeau de la famille de du Metz. Autrefois dans l'église Saint-Paul, à Paris. Ce monument est cité par Germain Brice (t. II, p. 317).

Christ en bronze. Au-dessus de la porte du chœur de l'église Saint-Rémi, à Troyes. Ce christ fut offert à l'église par Girardon le 30 mars 1690. Il a été gravé par Thomassin.

Ornements de deux tables de marbre blanc, sur lesquelles on lit l'énoncé de plusieurs fondations charitables faites par Girardon. Chapelle Sainte-Croix, dans la même église.

Buste de M. Quinot, amateur d'art, à Troyes année 1691).

Une danse d'enfants. Bas-relief en stuc décorant la maison Caulard, à Troyes. Il a été détruit en 1780.

Le maître-autel de l'église Saint-Jean de Troyes. Cet ouvrage, exécuté en 1692, coûta 40.000 livres ; il existe encore aujourd'hui.

L'autel du Saint-Ciboire. Même église. Cette œuvre a été détruite pendant la Révolution ; il n'en reste qu'un débris représentant une gloire en marbre blanc

Un ostensoir porté par un chérubin. Cet ostensoir, modelé par Girardon et exécuté par Ballin, se trouvait autrefois dans l'église de la Madeleine de Troyes. Il n'existe plus.

Deux têtes d'enfants en bronze, l'un riant, l'autre pleurant, placées à Troyes au secrétariat de la mairie. M. Corrard de Bréban identifie ces œuvres avec deux petits bustes représentant *Héraclite* et *Démocrite* qui étaient possédés jadis par un directeur de la Monnaie à Troyes.

Tombeau du cardinal de Richelieu Groupe en marbre. Signé : Fr. Girardon Tricassin. inv. et sculpsit. an. M. DC. XCIV [1]. Pendant la Révolution, ce tombeau, après avoir subi quelques mutilations, fut déposé au Musée des Monuments français, n° 174. Alexandre Lenoir écrit à ce sujet : « Cet ouvrage, parfait en sculpture, pour son exécution, avait déjà été mutilé par des ennemis des arts qui avaient eu accès dans la chapelle dont il faisait l'ornement, et depuis par des soldats de l'armée révolutionnaire, qui me blessèrent à la main droite d'un coup de baïonnette, dont je porte encore la marque, voulant préserver le visage de la statue qu'ils attaquaient. Le même coup décola le nez, qui a été restauré depuis cet événement ». Le monument fut rendu à l'église de la Sorbonne le 12 septembre 1823. Il a été gravé par B. Picard et par C. Simonneau ; il est reproduit dans Germain Brice (t. III, p. 192) et dans le Musée des Monuments français de Lenoir (t. V, p. 62).

Antoine Arnaud, théologien (1612-1694). Buste en marbre. Bibliothèque de Sainte-Geneviève, à Paris. Ce buste a été gravé par Auguste Saint-Aubin.

Tombeau d'Anne-Marie Martinozzi, princesse de Conti. Marbre. Autrefois dans le chœur de l'église Saint-André-des-Arts. Il a été gravé par Charpentier et par Paulin. Le bas-relief qui décorait ce monument, représentant une figure de femme accompagnée des attributs de la *Foi*, de l'*Espérance* et de la *Charité*, fut transporté pendant la Révolution au Musée des Monuments français, n° 193, puis, à la demande de l'impératrice Joséphine, il fut placé dans le parc de la Malmaison.

Boileau Despréaux. Buste en marbre. Musée du Louvre, n° 693. Ce buste se trouvait, vers le milieu du xviiie siècle, dans la maison de M. Titon du Tillet, rue de Montreuil, à Paris. Après la Révolution, il appartenait à un marchand nommé Dumont à qui Alexandre Lenoir l'acheta pour le placer au Musée des Monuments français, n° 312. C'est au sujet de cette œuvre que Boileau composa les vers suivants :

---

1. La plupart des auteurs prétendent que ce tombeau fut exécuté d'après les dessins de Le Brun : Grosley s'élève contre cette opinion, disant, peut-être avec raison, que dans ce cas Girardon n'aurait pas osé y mettre cette inscription.

> *Grâce au Phidias de notre âge,*
> *Me voilà sûr de vivre autant que l'univers ;*
> *Et ne connût-on plus ni mon nom ni mes vers,*
> *Dans ce marbre fameux taillé sur mon visage,*
> *De Girardon toujours on vantera l'ouvrage.*

Tombeau de la présidente de Lamoignon (Marie Deslandes). Marbre. Autrefois dans une chapelle du côté droit du chœur de l'église de Saint-Leu. Ce monument n'existe plus. Il a été gravé par Simonneau. Un bas-relief qui en faisait partie, représentant les pauvres de la paroisse inhumant la défunte, après avoir figuré au Musée des Monuments français, a été donné au Musée de Troyes.

Pierre Mignard. Buste en marbre. Première chapelle à main droite dans l'église Saint-Roch. Ce buste, provenant du tombeau [1] du célèbre artiste érigé autrefois dans l'église des Jacobins de la rue Saint-Honoré, a fait partie du Musée des Monuments français, n° 293. L'Inventaire des richesses d'art de la France (*Paris, mon. relig.*, t II. p. 156), sans doute sur la foi d'Alexandre Lenoir, l'attribue à tort à Desjardins, faisant ainsi confusion avec le buste de Mignard qui est au Louvre.

Restauration d'un Bacchus et d'une Diane placés jadis dans le parc de Marly (année 1697).

Deux groupes d'enfants en plomb doré. Parterre du grand Trianon, à Versailles.

Deux enfants. Figures, au milieu des bassins qui ornent le bois des Sources, à Trianon.

Louis XIV. Buste en marbre. Musée de Troyes. Provient du château de Villacerf, près de Troyes.

Marie-Thérèse, reine de France. Buste en marbre exécuté en collaboration de Desjardins. Musée de Troyes. Provient du château de Villacerf.

Saint Charles communiant les pestiférés. Bas-relief en bronze doré. Musée de Troyes. Provient de l'église Saint-Nicolas du Chardonnet, à Paris, et du Musée des Monuments français, n° 258.

Edouard Colbert, marquis de Villacerf, surintendant des Bâtiments du roi. Médaillon. Autrefois au château de Villacerf, près de Troyes. Ce médaillon a figuré au Salon de 1699 ; il a été gravé par Roullet en 1698.

L'Enlèvement de Proserpine. Groupe en marbre exécuté d'après les dessins de Le Brun. Bosquet de la Colonnade, dans le parc de Versailles. Ce groupe, œuvre capitale de l'artiste, est signé : PAR. F. GIRARDON TROIEN 1699. Il fut payé 20.500 livres y compris la statue de *l'Hiver* que j'ai citée plus haut. Il a été gravé par Thomassin, n° 67. Le piédestal en marbre est orné d'un bas-relief représentant *Pluton enlevant Proserpine dans son char attelé de deux chevaux* : il est également signé. Un moulage de cette œuvre se voit au Musée du Trocadéro, n° 1032.

Il y a eu plusieurs réductions en bronze faites d'après ce groupe. Une se trouvait dans la galerie de Girardon ; elle a été exposée au Salon de 1699 et à celui de 1704. D'autres ont passé aux ventes de Selle (1761), Jullienne, (1767), Blondel de Gagny (1776), Lemarié (1776), de Juvigny (1779) et La Reynière (1793). Le musée de Dresde possède une de ces réductions. Une

---

1. Ce tombeau était l'œuvre de Jean-Baptiste Lemoyne, fils de Jean-Louis.

autre appartenant à M. Gustave de Rothschild a figuré à l'Exposition de l'art français ouverte en 1888 dans l'hôtel de Chimay, à Paris.

Louis XIV vêtu à la romaine. Statue équestre en bronze, érigée autrefois sur la place Louis-Le-Grand, aujourd'hui place Vendôme. Cette statue fut fondue [1] par Balthazar Keller. On employa 83.752 livres de métal, et les frais montèrent à 250.000 écus. Elle fut inaugurée, le 13 août 1699, en présence du duc de Gesvres et de la muni ipalité. Détruite en septembre 1792, il n'en reste qu'un débris : le pied gauche du roi, aujourd'hui au Musée du Louvre, n° 692. Elle a été gravée par B. Picard, par Simonneau, par Lepautre et par Tardieu.

Une autre statue, fondue d'après le même modèle, en 1694, ayant été jugée trop petite pour la place qu'elle devait occuper, Louis XIV en fit don au maréchal de Boufflers pour son château de Boufflers. Plus tard, en 1784, le comte de Crillon, propriétaire de ce château, la fit transporter à Beauvais sur la place publique; elle fut brisée à la Révolution.

Girardon a fait de nombreuses réductions en bronze de la statue équestre de Louis XIV. Le musée du Louvre en possède une, n° 691, qui a figuré au Musée des Monuments français. On en voit une autre au Musée de Dresde. Dans la galerie de Girardon, il en existait une qui a été exposée aux Salons de 1699 et de 1701. Une fut exécutée pour M. de Pontchartrain; cette dernière se trouvait en 1730 chez M. de la Haye, fermier général. Enfin un exemplaire passa à la vente Gaignat, en 1768, et un à la vente Caulet d'Hauteville, en 1775. Un petit modèle en cire de cette statue, appartenant à M. Germain Bapst, a fait partie de l'Exposition de l'art français à l'hôtel de Chimay.

Tombeau de François-Michel Le Tellier, marquis de Louvois, ministre d'État, mort en 1691. Ce tombeau fut érigé dans l'église des Capucines de la place Vendôme en 1699. La statue du marquis de Louvois, la figure en bronze de *la Prudence* qui décore un des côtés du soubassement et tous les ornements ont été exécutés par Girardon. La statue de la marquise, Anne de Souvré, et la figure de *la Vigilance* sont dues à Desjardins [2]. Ce mausolée, après avoir fait partie du Musée des Monuments français, n° 205, a été transporté en 1819 dans la chapelle de l'hospice de Tonnerre (Yonne). Il a été gravé par Aveline dans la *Description de Paris* de Germain Brice (t. I, p. 352).

La Mise au tombeau. Bas-relief en bronze doré [3]. Ce bas-relief ornait autrefois l'autel de la chapelle de Louvois dans l'église des Capucines de la place Vendôme; déposé à la Révolution au Musée des Monuments français, il fut donné sous la Restauration à l'église Notre-Dame de Paris, où il est placé aujourd'hui, derrière le maître-autel, au-dessous de la Descente de Croix de Nicolas Coustou. L'Inventaire des richesses d'art de la France l'attribue à tort à Van Clève. Un autre bas-relief semblable avait été offert par Madame de Montespan à l'église de l'Oratoire de la rue Saint-Honoré. Ce bas-relief a été détruit, car, contrairement au dire de

---

1. L'architecte Germain Boffrand a publié, en 1745, un volume contenant la description des procédés employés pour la fonte de cette statue.

2. Le marbre de la statue d'Anne de Souvré a été sculpté par Van Clève, d'après le modèle de Desjardins.

3. La dorure de ce bas-relief aurait coûté 500 écus.

M. Corrard le Breban, c'est bien le bas relief provenant des Capucines qu'a figuré au Musée des Monuments français.

Alexandre. Buste en marbre et en bronze. La tête de porphyre est antique. Musée du Louvre, n° 694. Provient des collections de Richelieu, de la galerie de Girardon, du cabinet du maréchal d'Estrées et des collections du roi. Il a été exposé au Salon de 1699.

Saint Jean-Baptiste Statuette en bronze. Autrefois dans la galerie de Girardon. Cette statuette a figuré au Salon de 1699.

Saint Louis. Modèle de la statue en marbre sculptée par Nicolas Coustou. Portail extérieur de l'église des Invalides. Ce modèle fut payé à Girardon 1.150 livres (année 1703).

Aristée et Protée. Groupe en bronze. Cette œuvre, qui a été exposée au Salon de 1704, se trouvait dans la galerie de Girardon. Elle servit de modèle à Sébastien Slodtz pour exécuter, en 1723, le groupe en marbre d'*Aristée et Protée* placé dans le parc de Versailles.

Tombeau de Girardon et de Catherine Duchemin, sa femme, érigé en 1705 dans l'église Saint-Landry, d'après les modèles de l'artiste et sous sa conduite, par ses élèves Le Lorrain et Nourrisson. Ce monument fut démoli à la Révolution. Le calvaire qui en faisait partie, conservé au Musée des Monuments français, n° 321, a été placé en 1817 dans l'église Sainte-Marguerite, derrière le maître-autel. Ce tombeau est reproduit dans Millin (t. V, n° LIX, p. 9).

Apollon. Statue en bronze. Autrefois à Meudon. Payée **3.000** livres (année 1709). Un Apollon, statuette en terre cuite, figurait dans la galerie de Girardon ; c'était peut-être le modèle de cette statue.

Ouvrages de sculpture pour le vœu de Louis XIII, à Notre-Dame de Paris. Payés 1.500 livres (année 1709).

La Religion. Statue en marbre. Chapelle Saint-Augustin, dans l'église des Invalides. Provient du Musée des Monuments français, n° 234.

Jupiter. Statue en plâtre de 4 m. de hauteur, exécutée pour la colonnade du Louvre. Cette statue était placée dans la galerie de Girardon.

Un génie en pleurs tenant un flambeau renversé. Cette œuvre, selon d'Argenville [1], se trouvait autrefois, dans l'église Saint-Étienne-du-Mont, adossée contre un pilier proche la porte du chœur, à droite.

Louis XIV, sous la figure d'Apollon vainqueur du serpent Python. Statue en marbre. Autrefois dans le cabinet du duc de Tallard, à Paris. Lors de la vente de ce cabinet, en 1756, cette statue fut vendue 3.400 livres.

Hercule au berceau étouffant des serpents. Marbre. Faisait partie au XVIII° siècle du cabinet de M. Blondel de Gagny, place Vendôme.

Deux vases en marbre. Même collection (*Dictionnaire pittoresque et historique* d'Hébert, 1766, t. I).

Deux vases en cire. Autrefois dans le cabinet de M. La Live de Jully, rue Saint-Honoré.

Un petit enfant couché sur un matelas. Cette œuvre ornait en 1787 le salon du comte de Vaudreuil, dont l'hôtel était situé, à Paris, rue de la Chaise.

Un Neptune. Figure en bronze. Appartenait également au comte de Vaudreuil.

1. *Voyage pittoresque de Paris*, p. 258.

Cicéron. Petit buste en marbre. Se trouvait vers 1750 à l'hôtel Cluny, chez M. Forné, procureur au Parlement.

Mercure, Flore, Apollon et Pomone. Bustes en marbre. Ces bustes, provenant d'un château royal, ont figuré au Musée des Monuments français, n° 310. D'après des renseignements fournis par Lenoir, Corrard de Breban rapporte que le premier de ces bustes aurait été remis aux Invalides et que les trois autres auraient été donnés, en 1833, pour décorer le Ministère des finances.

Minerve. Figure en pierre. Autrefois sur le fronton de l'ancien château de Sceaux [1].

Le cardinal de Richelieu. Buste en bronze. Château de Sans-Souci, près de Potsdam en Prusse.

Le Dauphin. Buste en bronze. Autrefois dans la galerie de Girardon, au Louvre.

Le Supplice de Marsyas. Médaillon en terre cuite. Même galerie.

Mars et Bellone. Statuettes de petite dimension. Même galerie.

Ino et Mélicerte. Groupe en cire. Même galerie. Cette œuvre servit de modèle à Pierre Granier pour exécuter le marbre qui est aujourd'hui dans le parc de Versailles. Un bronze fondu sans doute d'après le groupe de Girardon se trouve actuellement chez M. Kraemer, à Paris.

Énée et Anchise. Groupe en cire. Même galerie. Modèle du groupe des Tuileries par Lepautre.

Vénus et Adonis. Groupe en cire et plâtre. Payé 400 livres à Girardon en 1684. Modèle du groupe en pierre de Louis Lecomte, à Versailles.

Le fleuve Achéloüs, le dieu Pan et Syrinx. Ces termes en marbre du parc de Versailles ont été sculptés par Simon Mazière, d'après des modèles de Girardon.

Louis XIV. Buste. Autrefois sur la porte de la citadelle de Nîmes.

Louis XIV. Grand buste en bronze. Musée Wallace à Londres. Ce buste est attribué à Girardon.

GUÉRIN, *Description de l'Académie royale de peinture et de sculpture*, 1715, p. 50, 51, 52, 67, 115, 187. — Germain BRICE, *Description de la ville de Paris*, 1752, t. I. p. 67, 147. 335, 353, 354, 355 ; t. II. p. 4, 268, 317, 435, 503 ; t. III, p. 192, 225, 320 ; t. IV, p. 274. — D'ARGENVILLE, *Voyage pittoresque de Paris*, 1752, p. 26, 39, 45, 51, 112, 137, 214, 233, 258, 263, 280, 283, 284. — Idem, *Voyage pittoresque des environs de Paris*, 1762, p. 83, 85, 106, 112, 117, 124, 144, 207. — PIGANIOL DE LA FORCE, *Nouvelle description des châteaux et parcs de Versailles et de Marly*, 1764, t. I, p. 12, 14, 18, 214, 224, 226, 234 ; t. II, p. 20, 27, 41, 155, 166, 170, 192, 241, 243, 248, 284, 288. — Idem, *Description historique de la ville de Paris*. 1765, t. I, p. 422, 423, 424, 425 ; t. II, p. 131, 132 ; t. VII, p. 78 ; t. VIII, p. 52, 55, 58, 62 ; t. IX, p. 227, 454, 490, 491, 497, 498. — A. N. D'ARGENVILLE, *Vie des fameux sculpteurs*, 1787, p. 209-232. — THIÉRY, *Guide des amateurs et des étrangers à Paris*, 1787, t. I. p. 122. 131, 152, 446, 501 ; t. II, p. 546, 549. — A. LENOIR, *Musée des monuments français*, t, V, 1806, p. 23, 61, 62, 63, 130, 131. — CORRARD DE BREBAN, *Notice sur la vie et les œuvres de François Girardon*, 1850. — *Mémoires inédits sur la vie et les ouvrages des membres de l'Académie royale*, 1854, t. I, p. 291-306. — Eud. SOULIÉ, *Notice du Musée impérial de Versailles*, 1re partie, 1859, p. 1, 2, 172, 221, 230 ; 2e partie, 1860, p. 67, 394 ; 3e par-

---

1. Corrard de Breban attribue faussement à Girardon le *Baptême du Christ* de l'église de Sceaux ; cette œuvre est de Tuby.

tie, 1861, p. 496, 503, 504, 509, 510, 511, 514, 516, 517, 520. — Jal, *Dictionnaire critique de biographie et d'histoire*, 1872, p. 641-643. — Herluison, *Actes d'état civil d'artistes français*, 1873, p. 157. — De Guilhermy, *Inscriptions de la France du Ve siècle au XVIIIe siècle*, t. I, 1873, p. 273, 274, 356, 635, 731 ; t. II, 1875, p. 3. — Assier, *Les arts et les artistes dans l'ancienne capitale de la Champagne*, 1876, p. 103. — De Montaiglon, *Procès-verbaux de l'Académie royale*, t I. 1875, p. 120, 122, 124, 130, 132, 157, 361, 397, 402 ; t. II, 1878, p. 12, 34 ; t. III, 1880, p. 167 ; t. IV, 1881, p. 209, 211. — Idem, *Correspondance des directeurs de l'Académie de France à Rome*, t. I, 1877, p. 19-21. — *Réunion des sociétés des beaux-arts des départements*, 1884, p. 341 ; 1890, p. 356. — Ch. Ginoux, *Revue de l'art français*, 1888, p. 167 ; 1894, p. 257. — *Inventaire général des richesses d'art de la France. Paris, monuments religieux*, t. I, 1877, p. 88, 114 ; t. III, 1901, p. 125, 126, 234, 247. — J. Guiffrey, *Comptes des bâtiments du roi sous le règne de Louis XIV*, t. I, 1881, col. 13, 40, 69, 94, 124, 133, 182, 193, 252, 279, 293, 332, 333, 365, 406, 418, 462, 470, 495, 511, 548, 575, 617, 658, 697, 722, 759, 760, 789, 803, 831, 862, 882, 901, 902, 963, 1001, 1030, 1048, 1049, 1072, 1097, 1130, 1160, 1161, 1215, 1229, 1247, 1287, 1353 ; t. II, 1887, col. 11, 16, 20, 63, 83, 90, 91, 118, 137, 163, 165, 169, 175, 182, 197, 201, 252, 310, 313, 314, 317, 335, 349, 352, 390, 439, 441, 478, 567, 615, 619, 621, 622, 631, 654, 729, 967, 987, 988, 993, 1002, 1176, 1181, 1190, 1296 ; t. III, col. 93, 96, 196, 218, 288, 290, 375, 430, 502, 560, 571, 649, 704, 721, 797, 816, 853, 854, 934, 948, 957, 959, 960, 985, 1004, 1009, 1075, 1096, 1098, 1123, 1145, 1149, 1201 ; t. IV, 1896, col. 22, 23, 50, 71, 126, 137, 158, 184, 188, 190, 217, 284, 299, 305, 338, 360, 429, 478, 555, 568, 694, 798, 809, 912, 923, 955, 1021, 1032, 1127, 1136, 1237, 1248 ; t. V, 1901, col. 108, 188, 199, 290, 297, 340, 384, 390, 474, 476, 570, 572, 653, 655, 744, 746, 839, 841. — L. Gonse, *La sculpture française*, 1895, p. 173-178. — Idem, *Les chefs-d'œuvre des Musées de France*, 1904, p. 347-348. — De Nolhac, *Les jardins de Versailles*, 1906, p. 55, 63, 68, 69, 109, 110, 140, 149, 162.

Girardon (Louis et Pierre). Ces deux sculpteurs, qui n'ont rien de commun avec François Girardon, figurent, d'après Jal, dans les registres de Saint-Sulpice à l'année 1682. Les procès-verbaux de l'Académie royale de peinture èt de sculpture nous font connaître également un Girardon fils qui obtint le premier prix de sculpture en 1675, avec un bas-relief représentant la *Transgression d'Adam*. Il s'agit sans doute de Louis ou de Pierre Girardon.

A. Duvivier, *Archives de l'art français, documents*, t. V, 1857-1858, p. 277. — A. Jal, *Dictionnaire critique de biographie et d'histoire*, 1872, p. 643. — De Montaiglon, *Procès-verbaux de l'Académie royale*, t. II, 1878, p. 56.

Girin (François), maître sculpteur établi à Lyon de 1682 à 1706, fait baptiser un fils le 1er novembre 1682 sur la paroisse de Saint-Nizier.

Natalis Rondot, *Les sculpteurs de Lyon du XIVe au XVIIIe siècle*, 1884, p. 61. — Idem, *Revue de l'art français*, 1887, p. 305.

Giro (Antoine), résidait à Lescar (Basses-Pyrénées) vers la fin du XVIIe siècle. Son nom figure dans un contrat de mariage daté du 8 juillet 1692.

Archives des Basses-Pyrénées, E. 1397, fo 105. — Paul Raymond, *Les artistes en Béarn*, 1874, p. 167.

Girouard (Jean), exerçait son art à Poitiers au xviiᵉ siècle. De 1644 à 1648, il exécuta la porte de l'ancien tribunal consulaire, porte démolie en 1848. Deux statues provenant de ce monument font partie du Musée de la ville ; elles symbolisent la *Justice* et la *Prudence* [1]. En 1670, Girouard fut chargé d'élever le portail de l'église conventuelle des Augustins qui, mutilé à la Révolution, existe encore aujourd'hui. On lui attribue également, dans cette même église, une chaire en bois soutenue par un Samson colossal. On regarde aussi comme étant de lui : un bas-relief en bois représentant l'Assomption qui se trouve dans la cathédrale [2] ; un autre bas-relief de l'Assomption, autrefois dans l'église Saint-Cyprien, église détruite à la Révolution ; une statue de la Vierge placée au Musée des Antiquaires de l'ouest ; enfin un christ en bois de grandeur naturelle érigé derrière le maître-autel de la chapelle de l'Hospice général. Jean Girouard mourut à Poitiers, le 3 décembre 1676, laissant plusieurs enfants dont quatre fils qui furent sculpteurs comme lui.

Girouard (Jean II), né à Poitiers le 11 mars 1661, fils du précédent, travailla d'abord chez son père, puis se rendit à Paris, d'où il revint dans sa ville natale vers 1686. Il y exécuta une statue de Louis XIV en pierre, représentant le roi vêtu à la romaine avec un manteau fleurdelisé. Cette statue, érigée sur la place du Marché-Vieux le 25 août 1687, fut brisée en 1792 ; il n'en reste que la tête déposée aujourd'hui au Musée des Beaux-Arts de la ville. L'artiste alla ensuite en Bretagne, où il sculpta de nombreuses œuvres, parmi lesquelles on cite : un saint Pierre posé jadis sur le maître-autel de l'église d'Ancenis ; une statue de la Foi qui se voit encore dans l'église paroissiale de Notre-Dame, à Rennes ; dans la même ville, un Dieu flagellé ornant autrefois l'ancienne église des Augustins ; un mausolée pour la famille de Montigny aux Carmes-Déchaussés de Vannes, mausolée qui n'existe plus ; deux statues de saints dans l'ancien couvent des Cordeliers, à Auray, et deux autres statues, dont une de saint Bruno, ornant jadis l'autel de l'église des Chartreux, près de la même ville. Jean II Girouard fut occupé aussi à l'abbaye de Prières (Morbihan) ; c'est là qu'il mourut, en 1720, alors qu'il travaillait à la décoration du maître-autel de l'église.

Girouard (Pierre), né à Poitiers le 3 mai 1664, frère du précédent, fit sa carrière dans sa ville natale, où il vivait encore en 1706.

1. Peut-être ces statues n'ont-elles été exécutées qu'en 1686 ? Elles seraient alors l'œuvre de Jean Girouard le fils.
2. Il provient de l'ancienne abbaye de la Trinité.

Girouard (Joseph), né à Poitiers le 1ᵉʳ février 1668, frère des précédents, habitait La Rochelle en 1696. On trouve un Girouard, sculpteur, occupé en 1714 à décorer un tabernacle pour le couvent des Bénédictins de Bassac (Charente) ; il est probable qu'il s'agit de Joseph Girouard.

Girouard (Jacques), né le 7 mars 1669, frère des précédents, travaillait à Poitiers, où il se trouvait encore en 1706.

Un Girouart, sculpteur de la fin du xviiᵉ siècle, est cité comme étant l'auteur de plusieurs statues qui ornaient, avant la Révolution, une chapelle du couvent de la Visitation, au Mans ; j'ignore s'il s'agit de Jean II, de Pierre ou de Jacques Girouard.

Revue universelle des arts, t. XXIII, 1866, p. 114. — *Revue de l'art français*, 1889, p. 248. — Em. Biais, *Réunion des sociétés des beaux-arts des départements*, 1891, p. 597. — A. Brouillet, *Les Girouard (Réunion des sociétés des beaux-arts des départements*, 1891, p. 325, 355). — Esnault, *Dictionnaire des artistes et artisans manceaux*, 1899, p. 287.

Giroux (Allain), sculpteur parisien, fut reçu membre de l'Académie de Saint-Luc le 2 septembre 1671. Il mourut entre 1672 et 1682.

P. Lacroix, *Revue universelle des arts*, t. XIII, 1861, p. 330.

Gobert (André), sculpteur en bois, fils de Jean Gobert, maître menuisier, exerçait son art à Fontainebleau, où il était né en 1635. En 1658, il exécuta, d'après les dessins de son père, un retable monumental pour le maître-autel de l'église de Nemours (Seine-et-Marne) ; cette œuvre a été détruite il y a une quinzaine d'années. En 1659, il entreprit la construction d'un plafond pour l'antichambre de la reine, au palais de Fontainebleau. Il mourut dans cette ville le 9 février 1672.

Gobert (Jean), sculpteur du roi, frère du précédent. On possède peu de renseignements sur lui : on sait seulement qu'il se maria à Fontainebleau et qu'il mourut avant le mois d'octobre 1681.

Un autre sculpteur du nom de Gobert était l'auteur d'une statue équestre de Louis XIV que le duc de Richelieu avait fait ériger, à Rueil, en 1685. Le même artiste exécuta, en 1692, une statue en marbre représentant le roi, vêtu à la romaine, foulant aux pieds l'hérésie. Cette œuvre, faite d'après la statue en bronze, par Coyzevox, qui orne aujourd'hui la cour du Musée Carnavalet, a figuré à l'exposition de l'art français ouverte à Paris en 1888 dans l'hôtel de Chimay ; elle appartenait alors à la comtesse d'Yvon.

Revue universelle des arts, t. XXIII, 1866, p. 117. — *Revue de l'art français*, 1889, p. 247. — E. Thoison, *Réunion des sociétés des beaux-arts des départements*, 1899, p. 160-164 ; 1902, p. 440-441. — De Champeaux, *Gazette des beaux-arts*, 1888, t. II, p. 39.

Gobin (Gilles), travaillait à Lyon de 1681 à 1689 ; il n'existait plus en 1706.

HERLUISON, *Actes d'état civil d'artistes français*, 1873, p. 160. — Natalis RONDOT, *Les sculpteurs de Lyon du XIVe au XVIIIe siècle*, 1884, p. 59.

Godart (Claude), sculpteur et architecte de la ville d'Orléans, né le 19 septembre 1671, concourut en 1702, avec Jules Dugoulon, pour l'adjudication de la sculpture des stalles de la cathédrale; ce fut Dugoulon qui l'emporta. On attribue à Claude Godart l'autel de la chapelle des Minimes, élevé vers 1700.

HERLUISON, *Artistes orléanais*, 1863. p. 29, 82, 83. — G. VIGNAT, *Réunion des sociétés des beaux-arts des départements*, 1893, p. 730, 732, 735, 745, 747.

Godefroy (Philippe), sculpteur à Paris, figure comme témoin, à la date du 16 février 1683, dans l'acte de décès d'une fille de son confrère Jacob Bauche inhumée sur la paroisse des Saints-Pères.

HERLUISON, *Actes d'état civil d'artistes français*, 1873, p. 21 à l'article *Bauche*.

Godequin (Honoré), fut admis au nombre de membres de l'Académie de Saint-Luc le 15 octobre 1670. Il mourut à la fin de 1681. Depuis cette date jusqu'à 1696, les comptes des bâtiments du roi font mention de différents payements faits à sa veuve pour des travaux qu'il avait exécutés au château de Versailles.

P. LACROIX, *Revue universelle des arts*, t. VIII, 1861, p. 329. — J. GUIFFREY, *Comptes des bâtiments du roi sous le règne de Louis XIV*, t. II, 1887, col. 21, 137, 196, 303; t. III, 1891, col. 679, 1105; t. IV, 1896, col. 28.

Godon, sculpteur en bois établi en Normandie dans la seconde moitié du XVIIe siècle, sculpte en 1667 un tabernacle pour l'église de Jonquerets, près Bernay (Eure).

E. VEUCLIN, *Réunion des sociétés des beaux-arts des départements*, 1893 p. 455.

Godon, sculpteur et marbrier, est mentionné dans les comptes des bâtiments du roi comme ayant touché 450 livres, en 1670, « pour trois chambranles de marbre qu'il a fournis au magazin du Roy ». Ce n'est certainement pas le même artiste que le précédent.

J. GUIFFREY, *Comptes des bâtiments du roi sous le règne de Louis XIV*, t. I, 1881, col. 470.

Gohier. Un sculpteur de ce nom travaillait, de 1679 à 1684, à l'abbaye de Saint-Evroul (Orne).

Réunion des sociétés des beaux-arts des départements, 1888, p. 915.

Gondet, sculpteur en bois de la fin du XVIIe siècle, est cité dans les

comptes des bâtiments du roi. On lit en effet à l'année 1686 : « A
Gondet, sculpteur, pour un tabernacle de bois doré sculpté avec des
colonnes et autres ornemens qu'il a fourni pour l'église de Saint-Nicolas, à Maintenon..... 156 l. 11 s. ».

J. Guiffrey, *Comptes des bâtiments du roi sous le règne de Louis XIV*, t. II,
1887, col. 1072.

Gondreville (Isaac), sculpteur et architecte résidant à Lixheim,
en Lorraine, au xviiᵉ siècle, travaille en 1631 à la décoration de la
grande porte de l'abbaye.

Archives de Meurthe-et-Moselle, B. 6606, 6608. — A. Jacquot, *Réunion des sociétés des beaux-arts des départements*, 1900, p. 333.

Goret (Robert), sculpteur parisien de la seconde moitié du
xviiᵉ siècle, fait baptiser une fille, sur la paroisse Saint-Séverin, le
1ᵉʳ octobre 1683.

H. Herluison, *Actes d'état civil d'artistes français*, 1873, p. 161.

Gouerau (Claude), sculpteur établi à Nantes dans la seconde moitié
du xviiᵉ siècle, se marie, le 5 novembre 1674, sur la paroisse Saint-
Nicolas.

De Granges de Surgères, *Les artistes nantais* (*Revue de l'art français*, 1898,
p. 246).

Gougeon (Guillaume), maître sculpteur de la ville d'Argentan,
travaillait en 1659 à l'abbaye de Belle-Étoile, dans l'arrondissement
de Domfront (Orne). On trouve trace en effet dans les comptes d'un
traité entre le sculpteur et le chapitre de l'abbaye pour faire « cuire,
estoffer et plasser dans les lieux désignés dans l'abbaye, deux figures
en naturel, une Notre-Dame de Pitié avec un Christ mort, proportionné
à la hauteur de trois pieds et demi qui doit avoir la dite vierge et l'autre
figure d'une Sainte-Anne, accompagnée d'une petite Vierge propor-
tionnée au dessein de la dite figure, de quatre pieds ou environ,
moyennant la somme de 200 livres ».

À Argentan, il exécuta un retable pour la chapelle Saint-Joseph,
dans l'église Saint-Germain, et un autre retable pour l'église des
Dominicains. On le donne aussi comme l'auteur de quatre panneaux de
bois représentant les quatre Évangélistes ; ces panneaux, provenant de
l'église des Capucins d'Alençon, décorent aujourd'hui l'entrée de la
Bibliothèque de cette ville.

Guillaume Gougeon mourut à Argentan le 11 avril 1688, âgé d'environ quatre-vingt-deux ans, et fut enterré dans le cimetière de l'église
Saint-Martin.

Archives de l'Orne. H. 80. — *Le magasin pittoresque,* 1851. — L'abbé Laurent, *Histoire de l'église Saint-Germain d'Argentan,* p. 100. — Louis Duval, *Réunion des sociétés des beaux-arts des départements,* 1887, p. 228-240; 1888, p. 896, 908, 909, 914.

Gouis ou **Gouye**, résidait à Caen vers la fin du xviiᵉ siècle. Son nom se trouve inscrit sur les registres des impositions, de 1690 à 1692.

Armand Bénet, *Réunion des sociétés des beaux-arts des départements,* 1897, p. 150.

Goulon (Jean du). Voir **Dugoulon** (Jean).

Goulon (Jules du). Voir **Dugoulon** (Jules).

Goupil ou **Goupy** (André Le). Voir **Le Goupil** (André).

Gousson. Ce sculpteur figure sur les registres des Menus-Plaisirs, à la date du 1ᵉʳ septembre 1716, comme ayant reçu une somme de 200 livres pour différents travaux faits dans l'église de Saint-Denis, à l'occasion du bout de l'an de Louis XIV.

H. de Chennevières, *Revue de l'art français,* 1885, p. 69.

Goutte, maître sculpteur établi à Rodez (Aveyron) dans la seconde moitié du xviiᵉ siècle, est chargé, en 1687, de la construction du dôme et du balustre des fonts-baptismaux de l'église de Saint-Amans.

Archives de la ville de Rodez, CC. 179.

Gouy (Vincent de), sculpteur et marbrier dont le nom est inscrit dans les comptes des bâtiments aux années 1700 et 1708.

J. Guiffrey, *Comptes des bâtiments du roi sous le règne de Louis XIV,* t. IV, 1896, col. 578; t. V, 1901, col. 206.

Goy (Jean-Baptiste), né au mois de mars 1666 [1], sans doute fils du peintre Claude Goy qui est cité dans les comptes des bâtiments du roi, se rendit à Rome, où il fut admis comme pensionnaire à l'Académie de France en 1680. Il était le beau-frère de Charles Errard, directeur de cette Académie. Quoique fort jeune, il exécuta alors plusieurs copies en marbre d'après l'antique qui furent expédiées en France. Il dut revenir à Paris après 1684. On le trouve travaillant à Trianon en 1687 et à l'église des Invalides en 1691. L'année suivante, à l'âge de 26 ans, il embrassa l'état ecclésiastique, prit le degré de docteur dans la faculté théologique de Paris et, plus tard, le 12 janvier 1713, fut nommé par le cardinal de Noailles curé de l'église Sainte-Marguerite, au faubourg Saint-Antoine. Il mourut le 18 janvier 1738.

1. Dussieux le fait naître en 1664.

On prétend qu'on voyait de lui, dans son église, deux peintures représentant la Cène et la Prédication de Jésus au désert; c'était peut-être des œuvres du peintre Claude Goy.

M. Paul Mantz, dans l'Inventaire des richesses d'art de la France, pense qu'on pourrait attribuer à Jean-Baptiste Goy, dans cette même église Sainte-Marguerite, un bas-relief en pierre figurant la Madone tenant l'Enfant Jésus qui est placé aujourd'hui au chevet de la chapelle de la Vierge.

ŒUVRES

Le Sacrificateur du Capitole. Statue en marbre d'après l'antique. Autrefois dans la Salle verte des jardins de Marly.

Le satyre Marsyas et Olympe. Groupe en marbre d'après l'antique. Salle-de-Bal dans le parc de Versailles; autrefois dans le Rond-Vert. Gravé par Thomassin, n° 69. L'original figure dans la galerie de Florence. Ce groupe est donné par Eudore Soulié à Errard, parce que le nom de ce dernier se lit sur le rocher où est assis Marsyas; c'est une attribution fausse. Errard, directeur de l'Académie de France à Rome, était en effet peintre et non sculpteur; il demanda à Goy, son beau-frère, d'exécuter la copie du groupe du satyre Marsyas et signa cette copie pour en faire cadeau au roi.

Le Flûteur Borghèse. Statue en marbre d'après l'antique. Cette statue fut envoyée en France.

Figure couchée d'après Michel-Ange.

Cléopâtre. Statue en marbre d'après l'antique.

J'ignore si ces deux dernières figures furent transportées en France, l'inventaire général de l'Académie de France à Rome, dressé le 6 décembre 1684, les mentionnant sans faire connaître leur destination.

Toutes ces œuvres furent sculptées à Rome de 1680 à 1684.

Deux chapiteaux pour Trianon. Payés 280 livres (années 1687-1688).

Armoiries du roi, sculptées en pierre au-dessus de la porte d'entrée, à l'intérieur de l'église des Invalides. En collaboration de Robert Doisy (année 1691).

PIGANIOL DE LA FORCE, *Nouvelle description des châteaux et parcs de Versailles et de Marly*, 1764, t. II, p. 183, 330. — Idem, *Description historique de la ville de Paris*, 1765, t. V, p. 132 et suivantes. — HÉBERT, *Dictionnaire pittoresque et historique*, 1766, t. I, p. 305 — DE CHENNEVIÈRES et DE MONTAIGLON, *Abécédario de Mariette*, t. II, 1853, p. 327. — Eudore SOULIÉ, *Notice du musée impérial de Versailles*, 3e partie, 1861, p. 518. — DE MONTAIGLON, *Correspondance des directeurs de l'Académie de France à Rome*, t. I, 1887, p. 97, 122, 123, 129, 130, 133, 134, 139. — L. DUSSIEUX, *Le château de Versailles*, 1881, t. II, p. 207, 231, 319. — *Inventaire général des richesses d'art de la France. Paris, monuments religieux*, t. I, 1877, p. 351, 352. — J. GUIFFREY, *Nouvelles archives de l'art français*, 1881, p. 148, 306. — Idem, *Comptes des bâtiments du roi sous le règne de Louis XIV*, t. II, 1887, col. 1176; t. III, 1891, col. 95, 557.

Goyer. Un sculpteur de ce nom résidait à Caen à la fin du XVIIe et au commencement du XVIIIe siècle. C'est peut-être le même artiste que le sculpteur Gohier qui travaillait à l'abbaye de Saint-Evroul (Orne) de 1679 à 1684.

Armand Bénet, *Réunion des sociétés des beaux-arts des départements*, 1897, p. 153, 154.

Gramois, sculpteur de la fin du xviie siècle, était occupé en 1699 au château de Versailles.

J. Guiffrey, *Comptes des bâtiments du roi sous le règne de Louis XIV*, t. IV, 1896, col. 448, 591.

Grandmengin (Claude), originaire de Pont-Saint-Vincent, près de Nancy, exerçait son art dans cette dernière ville au xviie siècle.

Archives de Nancy, t. II, p. 176; t. III, p. 314. — A. Jacquot, *Réunion des sociétés des beaux-arts des départements*, p. 333.

Grangier (Esprit) [1], sculpteur en bois travaillant à Avignon au xviie siècle, collabore avec son confrère Balthazar Marrot à l'exécution des boiseries ornant la chapelle du Saint-Sacrement, le chœur et le faux orgue de la cathédrale de Cavaillon (Vaucluse). Ces boiseries existent encore aujourd'hui.

Archives départementales de Vaucluse, E. 97 et G. 22 f°s 58 et 60. — Achard, *Archives de l'art français, documents*, t. IV, 1855-1856, p. 185. — *Réunion des sociétés des beaux-arts des départements*, 1894, p. 108, 109.

Granier (Pierre), sculpteur du roi, originaire de Les-Matelles, chef-lieu de canton de l'arrondissement de Montpellier (Hérault), naquit en 1635. Il vint à Paris et entra dans l'atelier de François Girardon avec lequel il paraît avoir conservé des relations assez intimes pendant toute sa carrière. En effet, en 1685, il prêta à ce dernier une somme de mille livres; l'année suivante, une de ses filles eut pour marraine Catherine Duchemin, la femme du grand artiste troyen; en 1692, il s'occupa à réparer la cire de la statue équestre de Louis XIV destinée à la place Louis-le-Grand; enfin il exécuta, d'après un modèle de Girardon, le groupe représentant Ino et Mélicerte, aujourd'hui à Versailles. Il fut reçu membre de l'Académie royale de peinture et de sculpture le 30 juin 1685, sur un buste en marbre de Louis XIV. Il travailla surtout pour Versailles et pour Marly. A Paris, il collabora aux travaux entrepris au Collège des Quatre-Nations et à l'église des Invalides. Il mourut, le 6 octobre 1715, âgé de quatre-vingts ans; il habitait alors rue des Orties et fut inhumé sur la paroisse Saint-Germain-l'Auxerrois. Depuis quelques années, il n'exerçait plus

1. Je l'ai déjà cité dans le *Dictionnaire des sculpteurs de l'École française du Moyen Age au règne de Louis XIV*, p. 241.

son métier, comme le prouve la mention suivante tirée des comptes des bâtiments du roi à l'année 1713 : « Au s^r Granier, ancien sculpteur, pour la pension qui lui a esté accordée en considération de ses anciens services..... 200 l. ». Pierre Granier était le beau-père du sculpteur François-Benoît Massou.

ŒUVRES

Deux Pères de l'Église. Groupe décorant autrefois le pavillon central du collège des Quatre-Nations (palais de l'Institut). Ce groupe exécuté de 1670 à 1674 n'existe plus.

Le Poëme pastoral. Statue en marbre (années 1675-1680). Pourtour du Parterre du Nord, dans le parc de Versailles. Cette œuvre avait été commencée par Léonard Hérard. Gravée par Edelinck et par Thomassin, n° 109.

Quatre modèles de vases en bronze pour le parc de Versailles. Payés 1.100 livres (années 1679-1680).

Trois trophées pour le château de Versailles. Payés 300 livres (année 1680).

Les armes du roi posées sur des trophées d'armes et soutenues par deux Renommées. Fronton de l'avant-corps de la Grande Écurie de Versailles. En collaboration de Raon. Cet ouvrage fut payé 7.188 livres (années 1680-1681).

Travaux dans l'appartement du prince de la Roche-sur-Yon, au château de Versailles. Payés 2.165 livres (année 1682).

La Poésie. Figure en pierre pour la grande aile du château de Versailles (année 1682).

Trois têtes de femmes pour la même aile (année 1682).

Quatre vases en pierre placés sur les balustrades du château de Versailles. Payés 300 livres (année 1683).

Louis XIV. Buste en marbre. Morceau de réception à l'Académie (30 juin 1685). Ce buste se trouvait autrefois au Louvre dans une des salles de l'ancienne Académie.

Bacchus. Statue en marbre d'après l'antique (années 1684-1686). Pourtour du Parterre de Latone. Gravée par Thomassin, n° 127.

Deux masques et deux vases pour la Colonnade du parc de Versailles. Payés 1.192 livres (années 1685-1686).

Isocrate. Terme en marbre, d'après un dessin de Mignard (années 1685-1688). Pourtour du Parterre du Nord, dans le parc de Versailles. Gravé par Thomassin, n° 174.

Génies et amours. Bas-reliefs en marbre. Colonnade du parc de Versailles (années 1686-1687).

Restauration de deux figures antiques en marbre représentant *Jupiter* et *Junon.* Cette restauration fut payée 1.200 livres (année 1686).

Travaux au Palais-Royal, à l'hôtel de La Vallière et au Val-de-Grâce, à Paris (année 1686).

Sculpture « aux ornements du cadran et bassin de la Samaritaine », à Paris. Payée 337 livres (année 1686).

Sept chapiteaux en marbre pour Trianon. Payés 1.536 livres (années 1687-1688).

Groupe de trois enfants. Bronze (année 1690). Parterre d'Eau du parc de Versailles. Le modèle de ce groupe fut payé 1.000 livres.

Un Père de l'Église. Figure en pierre pour l'église dès Invalides (années 1690-1692).

Ornements du portail de la même église.

Anges à l'extérieur du dôme de la même église.

Un groupe d'anges. Chapelle Saint-Jérôme, dans la même église.

Sculptures aux arcs doubleaux du chœur de la même église. Tous ces ouvrages furent exécutés de 1690 à 1699.

Pétus et Aria. Petit groupe en bronze. Payé 450 livres (années 1696-1698).

Monstres marins et masques en plomb pour le château de Marly. Payés 512 livres (année 1697).

Philippe-Auguste. Médaillon dans l'église des Invalides (année 1700).

Vase en marbre pour Marly. Payé 1.050 livres (année 1701).

Christ en croix. Salon de 1704.

Ino et Mélicerte. Groupe en marbre, d'après un modèle de Girardon. Demi-lune entre la Grande Allée et le Bassin d'Apollon, dans le parc de Versailles. Payé 11.900 livres (année 1710).

GUÉRIN, *Description de l'Académie royale de peinture et de sculpture*, 1715, p. 50. — D'ARGENVILLE, *Voyage pittoresque des environs de Paris*, 1762, p. 103, 105, 116, 402. — PIGANIOL DE LA FORCE, *Nouvelle description des châteaux et parcs de Versailles et de Marly*, 1764, t. I, p. 8; t. II, p. 45, 52, 60, 74, 165, 330. — *Archives de l'art français, documents*, t. II, 1853, p. 371. — Eudore SOULIÉ, *Notice du Musée impérial de Versailles*, 3ᵉ partie, 1861, p. 505, 509, 511, 516. — JAL, *Dictionnaire critique de biographie et d'histoire*, 1872, p. 654. — *Nouvelles archives de l'art français*, 1873, p. 119; 1876, p. 77. — HERLUISON, *État civil de quelques artistes français*, 1873, p. 151, 163. — DE MONTAIGLON, *Procès-verbaux de l'Académie royale*, t. II, 1878, p. 224, 303; t. IV, 1881, p. 214. — L. VITET, *L'Académie royale de peinture et de sculpture*, 1880, p. 346.—L. DUSSIEUX, *Le château de Versailles*, 1881, t. II, p. 157, 207, 224, 263, 319. — *Inventaire général des richesses d'art de la France. Paris, monuments civils*, t. I, 1880, p. 4; *monuments religieux*, t. III, 1901, p. 233, 235, 246, 258. — J. GUIFFREY, *Comptes des bâtiments du roi sous le règne de Louis XIV*, t. I, 1881, col. 964, 1048, 1061, 1162, 1288, 1289; t. II, 1887, col. 11, 22, 88, 94, 172, 209, 301, 309, 335, 439, 441, 619, 625, 956, 991, 1176, 1177, 1274; t. III, 1891, col. 95, 354, 422, 494, 559, 571, 635, 701, 703, 790, 845, 853, 947, 990, 1004; t. IV, 1896, col. 48, 188, 329, 337, 470, 473, 480, 612, 619, 728, 734, 963, 964, 1072, 1074; t. V, 1901, col. 340, 431, 611, 744, 839. — DE NOLHAC, *Les jardins de Versailles*, 1906, p. 28, 58, 67, 140.

Gras (Joseph), sculpteur à Marseille, fut employé à l'ornementation des boiseries du chœur de l'église de Saint-Maximin (Var), sous la direction du frère Vincent Funel. Ces boiseries furent exécutées de 1683 à 1692.

L. ROSTAN, *Revue des sociétés des beaux-arts des départements*, 4ᵉ série, t. IV, 1866, p. 212-214. — *Inventaire général des richesses d'art de la France. Province, monuments religieux*, t. III, 1901, p. 246, 466.

Grata (Antoine), sculpteur et marbrier établi à Nancy au XVIIᵉ siècle, prit part en 1654 aux travaux entrepris dans le palais ducal. Il mourut en 1662.

Archives de Nancy, t. II, p. 179; t. III, p. 247, 248, 353. — H. LEPAGE, *Le palais*

ducal de Nancy, 1852, p. 114. — *Réunion des sociétés des beaux-arts des départe-*
ments, 1894, p. 764, 775, 793, 796, 897, 898, 935, 936; 1900, p. 334.

Grata (Benoît), sculpteur ornemaniste, fils et élève d'Antoine, .
naquit à Nancy le 31 janvier 1616. Il travaillait dans sa ville natale,
où il se maria le 1er juin 1637.

Archives de Nancy, t. III, p. 248, 260, 295, 297. — A. Jacquot, *Réunion des*
sociétés des beaux-arts des départements, 1900, p. 334.

Grata (Léger), fils et élève du précédent, exerçait également son
art à Nancy, où il mourut le 28 octobre 1691. On cite encore un Jean
Grata, sculpteur, habitant la même ville sur la paroisse Saint-Sébastien dans la première moitié du xviie siècle. Ce dernier faisait certainement partie de la même famille.

Archives de Nancy, t. III, p. 259, 260, 297, 315, 364. — A. Jacquot, *Réunion*
des sociétés des beaux-arts des départements, 1900, p, 334.

Grégoire (Dominique), exerçait son art à Toulon vers 1695.

Ch. Ginoux, *Revue de l'art français*, 1894, p. 261.

Grégoire (Jean), sculpteur lorrain, fils d'un menuisier, naquit à
Nancy sur la paroisse Saint-Sébastien le 25 janvier 1622. Admis
dans la bourgeoisie en 1658, on le trouve occupé en 1680 à différents
ouvrages exécutés pour la collégiale Saint-Georges.

Archives de Nancy, t. II, p. 1179; t. III, p. 257. — *Archives de Meurthe-et-*
Moselle, B. 9022. — A. Jacquot, *Réunion des sociétés des beaux-arts des départe-*
ments, 1900, p. 335.

Grégoire (Denis), sculpteur en bois, parent du précédent, travaillait également à Nancy vers 1676.

Archives de Nancy, t. II, p. 284. — A. Jacquot, *Réunion des sociétés des beaux-*
arts des départements, 1900, p. 335.

Grenoble (Alexandre). Voir **Jacquet** (Alexandre).

Grenoble (Jacques). Voir **Jacquet** (Jacques).

Grettepin, sculpteur du commencement du xviiie siècle, collabore
de 1705 à 1708 à la décoration des autels des chapelles, dans l'église des
Invalides. En 1709, il est occupé, à Versailles, à sculpter des bas-
reliefs d'enfants portant les attributs du culte catholique sur les croisées extérieures de la chapelle du château. Plus tard, en 1714, on
trouve encore dans les comptes des bâtiments la mention suivante :
« Au nommé Grettepin, autre sculpteur, pour la restauration d'une
figure en pierre dud. pavillon du bout de l'aile (du château de Ver-

sailles) et pour deux grands masques qu'il a faits en pierre aux clefs des deux grandes croisées d'iceluy pendant 1713..... 350 l. ».

Les comptes parlent aussi d'un sculpteur du nom de Grappin qui travaillait à la chapelle de Versailles en 1709 ; c'est le même artiste que Grettepin.

Eudore Soulié, *Notice du Musée impérial de Versailles*, 1re partie, 1859, p. 3. — L. Dussieux, *Le château de Versailles*, 1881, t. II, p. 112. — J. Guiffrey, *Comptes des bâtiments du roi sous le règne de Louis XIV*, t. IV, 1896, col. 1177 ; t. V, 1901, col. 35, 216, 234, 319, 320, 321, 347, 413, 528, 529, 530, 590, 675.

Grimault (Jacques), sculpteur de la seconde moitié du xviie siècle, fut envoyé comme pensionnaire du roi à Rome, où il exécuta d'après l'antique quatre grands vases aux masques de satyres. Ces vases furent placés dans le parc de Versailles ; ils sont gravés dans le recueil de Simon Thomassin, n° 212. L'artiste fit également, d'après un inventaire de l'Académie de France à Rome dressé en 1673, une statue de sénateur romain et un bas-relief composé de trois figures de soldats prises à la colonne Trajane.

Piganiol de la Force, *Description des châteaux et parcs de Versailles et de Marly*. 1764, t. II, p. 10. — Eudore Soulié, *Notice du Musée impérial de Versailles*, 3e partie, 1861, p. 507. — A. Castan, *Réunion des sociétés des beaux-arts des départements*, 1889, p. 96, 97, 103, 108, 110, 115.

Groleau (François), maître sculpteur, était fixé à Nantes dans la seconde moitié du xviie siècle.

De Granges de Surgères, *Les artistes nantais (Revue de l'art français*, 1898, p. 250).

Gros fils, sculpteur établi à Aix dans la seconde moitié du xviie siècle, fut chargé d'exécuter, avec ses confrères Veyrier et Rambot, huit figures à l'occasion de l'entrée du duc de Vendôme nommé gouverneur de Provence.

De Chennevières Pointel, *Recherches sur la vie et les ouvrages de quelques peintres provinciaux*, 1847-1850. — *Réunion des sociétés des beaux-arts des départements*, 1890, p. 369.

Grosil (Jean), sculpteur normand, vint s'installer en 1644 à Carrouges (Orne), où il dut travailler à la décoration du château, pour le compte de Jacques Le Veneur, abbé commendataire des abbayes de Notre-Dame de Silly, Ferrières, etc. Il mourut le 10 juin 1650.

G. Despierres, *Réunion des sociétés des beaux-arts des départements*, 1893, p. 241, 244, 251, 252 ; 1894, p. 945.

Grouard (Claude), exerçait son art à Lyon de 1680 à 1690.

Natalis Rondot, *Les sculpteurs de Lyon du XIVe au XVIIIe siècle*, 1884, p. 61.

Grouard ou **Grouart** (Guillaume), sculpteur parisien, est reçu membre de l'Académie de Saint-Luc le 24 octobre 1657. Vers 1680, on le trouve occupé au château de Chambord. Plus tard, il travaille à Marly, où il exécute la sculpture de la porte du Parc. En 1689, il reçoit 62 livres « pour la fleur de lys et autres ouvrages de sculpture par luy faits au poinçon et à la croix de la nouvelle église du village de Marly ».

P. Lacroix, *Revue universelle des arts*, t. XIII, 1861, p. 326. — J. Guiffrey, *Comptes des bâtiments du roi sous le règne de Louis XIV*, t. I, 1881, col. 1334 ; t. II, 1887, col. 82, 84, 96, 819, 1047 ; t. III, 1891, col. 167, 336. — C. Piton, *Marly-le-Roi*, 1904, p. 162.

Guépin (Antoine), sculpteur établi à Toulouse dans la seconde moitié du xviie siècle, était sans doute le fils de Guépin le Tourangeau[1]. En 1681, il sculpta les ornements héraldiques des portes de l'Hôtel de Ville et plaça un buste du Dauphin au fond de la troisième galerie, dans une niche encadrée de deux amours. Au Musée de la ville, on possède de lui une copie en pierre du Christ de Michel-Ange qui se trouve dans l'église de la Minerve, à Rome. Cette figure est signée : Guépin T. ; elle a été employée jadis à décorer l'entrée du Pont-Neuf, à Toulouse.

Catalogue du Musée de Toulouse, 1865, n° 865.

Guérin (Gilles). Voir le *Dictionnaire des sculpteurs de l'École française du Moyen Age au règne de Louis XIV*, p. 246.

Guérin (Pierre), exerçait son art à Toulon vers 1695.

Ch. Ginoux, *Revue de l'art français*, 1894, p. 263.

Guerinet ou **Guermier** (Gilles), figurait au nombre des sculpteurs de la maison du roi de 1674 à 1688 ; il touchait 60 livres de pension.

J. Guiffrey, *Nouvelles archives de l'art français*, 1872, p. 68.

Guerry (Pierre), sculpteur, fils de Nicolas Guerry, architecte, était établi à Nantes dans la seconde moitié du xviie siècle.

De Granges de Surgères, *Les artistes nantais (Revue de l'art français*, 1898, p. 252).

Guillaume de la Richardière. Voir **Richardière** (Guillaume de la).

Guillaume de la Tremblay. Voir **Tremblay** (Guillaume de la).

1. *Dictionnaire des sculpteurs de l'École française du Moyen Age au règne de Louis XIV*, p. 246.

Guillaume, sculpteur établi à Toulon, exécuta en 1687 une figure en pierre représentant saint Lazare pour décorer la fontaine de ce nom ; cette œuvre lui fut payée 18 livres.

Ch. GINOUX, *Revue de l'art français*, 1894, p. 263.

Guillaume (Simon), résidait à Lyon, où il travailla de 1681 à 1703 à l'Hôtel de Ville, à plusieurs églises et à l'abbaye des Bénédictines de Saint-Pierre, devenue aujourd'hui le Palais des Arts.

ŒUVRES

Saint Benoît dans le rocher de Subiaco. — *Sainte Madeleine.* — *Saint Jean l'Évangéliste.* — *La Charité.* — *Saint Pierre.* — *Le Baptême de Jésus-Christ.* — *La Vierge.* — *La Pudicité.* — *Saint Antoine.* — *Sainte Marguerite.* — *Judith.* — *Saint Ennemond.* — *Sainte Catherine.* — *Débora.* — *La Tempérance.* — *Sainte Barbe.* — *La mère des Macchabées.*
Toutes ces œuvres en stuc décorent le réfectoire de l'ancienne abbaye des Bénédictines, aujourd'hui le Palais des Arts, à Lyon ; exécutées, de 1684 à 1686, elles ont été payées à l'artiste la somme de cinq mille francs.
Génies et Renommées. Figures en stuc. Grand escalier du Palais des Arts.
L'abbesse Antoinette d'Albert de Chaulnes. Buste en marbre. Autrefois sur la porte donnant accès à la tribune des religieuses dans l'église de la même abbaye. Ce buste a disparu.
Jésus-Christ agonisant. Statue sculptée d'après les dessins du peintre Thomas Blanchet. Autrefois dans l'église paroissiale de Saint-Polycarpe, à Lyon.

Natalis RONDOT, *Les sculpteurs de Lyon du XIVe au XVIIIe siècle*, 1884, p. 59. — Idem, *Revue de l'art français*, 1887, p. 303. — *Réunion des sociétés des beaux-arts des départements*, 1893, p. 103-105, 120, 161, 163-165, 167. — *Inventaire général des richesses d'art de la France. Province, monuments civils*, t. V, 1891, p. 293-295.

Guillauseau (René-Jean), sculpteur parisien de la fin du xviie siècle, collabore en 1692 à la décoration intérieure de l'église des Invalides.

H. HERLUISON, *Actes d'état civil d'artistes français*, 1873, p. 169. — J. GUIFFREY, *Comptes des bâtiments du roi sous le règne de Louis XIV*, t. III, 1891, col. 703.

Guillebaud (Daniel), sculpteur en bois, originaire de Serres, était établi à Grenoble vers le milieu du xviie siècle. Il exécuta dans la grande salle d'audience du palais du Parlement une lanterne à jour décorée de fleurs de lis et de dauphins. En 1656, d'après une minute notariée, il fournit au duc de Lesdiguières un corps de bibliothèque orné de sculptures. Il mourut avant 1684. Un de ses fils, Ozias Guillebaud, sculpteur et architecte, fut forcé de quitter le royaume avec sa famille « pour fait de religion ».

Ed. MAIGNIEN, *Les artistes grenoblois*, 1887, p. 166. — Henri STEIN, *Les maîtres de l'œuvre en Dauphiné* (*Réunion des sociétés des beaux-arts des départements*, 1887, p. 299).

Guillemard (Pierre), sculpteur et peintre résidant à Paris, fit baptiser un fils sur la paroisse Saint-Benoît le 20 janvier 1669. Il mourut le 2 mai 1705 à l'âge de 71 ans.

H. HERLUISON, *Actes d'état civil d'artistes français*, 1873, p. 169, 170.

Guillemart (Henri), sculpteur parisien, né en 1651, meurt le 2 mai 1676 et est inhumé sur la paroisse Saint-Sulpice ; il était sans doute parent du précédent, le nom des membres d'une même famille étant souvent orthographié différemment sur les registres de l'époque.

H. HERLUISON, *Actes d'état civil d'artistes français*, 1873, p. 169.

Guillermin (Jean-Baptiste), sculpteur en bois et en ivoire, né à Lyon, était fils de Jacques Guillermin, sculpteur lyonnais dont j'ai déjà parlé [1]. Après avoir travaillé dans sa ville natale de 1641 à 1648, il se rendit à Avignon, où il s'installa place du Change. C'est là qu'il sculpta en 1659, pour la confrérie des Pénitents de la Miséricorde, le beau crucifix d'ivoire conservé aujourd'hui au Musée Calvet. Cet ouvrage, qui selon la tradition fut exécuté pour racheter la vie d'un neveu de l'artiste condamné à la peine de mort, jouissait déjà à l'époque d'une grande réputation : « Il est si beau et si bien faict, lit-on dans le registre des délibérations de la confrérie, que non seulement tout le peuple mais les plus excellans et experts hommes l'ont tenu et le tiennent pour une merveille et des plus rares pièces qui soit en le païs ». Guillermin fit encore pour la même confrérie un autre christ en buis qui a été perdu. Il quitta ensuite Avignon et vint résider à Paris, où il reçut le titre de sculpteur ordinaire du roi le 23 avril 1663. Florent Lecomte et l'abbé de Fontenai le regardent comme l'auteur d'un grand crucifix placé autrefois dans le chœur de l'abbaye royale du Val-de-Grâce et lui attribuent aussi d'autres petits ouvrages d'ivoire exécutés pour les Carmélites du faubourg Saint-Germain. Enfin il existe à Vienne, dans le cabinet de l'empereur d'Autriche, deux beaux vases d'ivoire signés de Guillermin. L'artiste mourut à Paris en 1699. Il était juré de l'Académie de Saint-Luc, où il avait été admis le 13 juin 1670.

Florent LE COMTE, *Cabinet des singularitéz d'architecture, peinture, sculpture, etc.*, 1702, t. III, p. 197. — L'abbé DE FONTENAI, *Dictionnaire des artistes*, 1776, t. I, p. 683. — BARJAVEL. *Dictionnaire historique, biographique et bibliographique du département de Vaucluse*, 1841, t. II, p. 62, 63. — Alphonse ROSTOUL, *Tableau d'Avignon*, 1836, p. 89-92. — P. LACROIX, *Revue universelle des arts*, t. XIII, 1861, p. 329. — Ph. DE CHENNEVIÈRES, *Notes d'un compilateur sur les sculpteurs et la sculpture en ivoire*, p. 17-21. — A. JAL, *Dictionnaire critique de biographie et d'his-*

1. *Dictionnaire des sculpteurs de l'École française du Moyen Age au règne de Louis XIV*, p 255.

loire, 1872, p. 605. — II. HERLUISON, *État civil d'artistes français*, 1873, p. 170. — MAZE-SENCIER, *Le livre des collectionneurs*, 1885, p. 620. — Natalis RONDOT, *Les sculpteurs de Lyon du XIVᵉ au XVIIIᵉ siècle*, 1884, p. 49. — Idem, *Revue de l'art français*, 1887, p. 296.

Guillermin (Jacques), sculpteur en bois et en ivoire, frère du précédent, exerçait son art à Lyon vers le milieu du XVIIᵉ siècle.

Natalis RONDOT, *Les sculpteurs de Lyon du XIVᵉ au XVIIIᵉ siècle*, 1884, p. 50.

Guillet, sculpteur angevin dont le nom est gravé, avec la date de 1699, sur un cadran solaire en ardoise sculptée qui se trouve à Cholet (Maine-et-Loire).

Réunion des sociétés des beaux-arts des départements, 1886, p. 30, 92.

Guiramand (Élie), né à Toulon, où il se maria en 1680, était employé en 1692 à des travaux de sculpture navale. Il vivait encore en 1698.

Ch. GINOUX, *Revue de l'art français*, 1888, p. 175 ; 1892, p. 285 ; 1894, p. 264.

Guyot (Antoine), sculpteur parisien, était le fils de Jean Guyot, bourgeois de Paris, et le gendre de Simon Guillain dont il épousa la fille en 1635. Doyen de l'Académie de Saint-Luc, où il avait été admis le 10 août 1632, il signa l'acte de jonction des maîtres peintres et sculpteurs avec les nouveaux académiciens; il habitait alors faubourg Saint-Michel. De 1661 à 1664, il travailla au Louvre et aux Tuileries, puis, de 1670 à 1679, il fut occupé à sculpter pour Versailles des vases et des bustes en marbre. Il vivait encore en 1682.

P. LACROIX, *Revue universelle des arts*, t. XIII, 1861, p. 323. — A. JAL, *Dictionnaire critique de biographie et d'histoire*, 1872, p. 669. — H. HERLUISON, *Actes d'état civil d'artistes français*, 1873, p. 170. — J. GUIFFREY, *Comptes des bâtiments du roi sous le règne de Louis XIV*, t. I, 1881, col. 14, 15, 181, 421, 427, 470, 1162, 1289.

Guyot (Antoine II), probablement fils du précédent, fut reçu membre de l'Académie de Saint-Luc le 17 mars 1682. D'après les comptes des bâtiments du roi, il travailla de 1687 à 1705 pour Versailles, pour Marly, pour Meudon et pour l'église des Invalides.

ŒUVRES

Ouvrages de sculpture en bois dans les appartements de Trianon. Payés 2.201 livres (années 1687-1688).

Quatre figures en bois pour la galerie et pour le salon de Trianon. Payées 600 livres (années 1687-1688).

Couronnements au-dessus des frontons des pavillons de la chapelle, de la salle des Gardes et des offices de Marly. En collaboration de Bourlier et de Boutet (année 1888).

Têtes d'anges soutenant les bordures des tableaux dans les chapelles de l'église des Invalides (année 1691).

Décoration de quarante-huit consoles au-dessus de la grande corniche du dôme de la même église. En collaboration de Mazière (années 1692-1699).

Sculptures aux arcs-doubleaux de la même église (années 1692-1700).

Consoles sculptées pour le château de Meudon (année 1701).

Enfant en bois sculpté dans la chambre du roi, à Versailles (année 1701).

Jeunes Tritons portant des coquilles. Têtes de monstres et masques. Ouvrages en plomb exécutés pour le parc de Marly en collaboration de Poultier, de Poirier, de Thierry, de Lemoyne, de Granier, de Desjardins et de Voiriot. Ces ouvrages furent payés 5.560 livres (année 1703).

Vase en marbre pour la Cascade du château de Marly. Payé 950 livres (années 1703-1704).

Roses et modillons à la corniche intérieure de la chapelle du château de Versailles. En collaboration de Voiriot (année 1705).

P. Lacroix, *Revue universelle des arts*, t. VIII, 1861, p. 335. — J. Guiffrey, *Comptes des bâtiments du roi sous le règne de Louis XIV*, t. II, 1887, col. 1176; t. III, 1891, col. 95, 167, 289, 560, 703, 704, 845, 846 ; t. IV, 1896, col. 331, 472, 473, 612, 696, 709, 963, 964, 1072, 1073, 1074, 1158. — *Inventaire général des richesses d'art de la France. Paris, monuments religieux*, t. III, 1901, p. 255.

Guyot (Jean-Baptiste), peut-être parent des précédents, remporte en 1712 le premier prix de sculpture à l'ancienne École académique de Paris. On avait donné cette année là comme sujet de concours : *Abigaïl s'humiliant devant David et obtenant la grâce de Nabal son époux.*

A. Duvivier, *Archives de l'art français, documents*, t. V, 1857-1858, p. 286. — De Montaiglon, *Procès-verbaux de l'Académie*, t. IV, 1881, p. 154.

H

Hainault (Jacques), sculpteur et peintre établi à Paris au xviie siècle, nous est connu par l'acte de décès de sa femme, inscrit sur les registres de Saint-Nicolas-du-Chardonnet à la date du 20 juillet 1664.

H. Herluison, *Actes d'état civil d'artistes français*, 1873, p. 170.

Haise (Pierre), fut reçu membre de l'Académie de Saint-Luc le 8 octobre 1674. Il vivait encore en 1682.

P, LACROIX. *Revue universelle des arts*, t. XIII, 1861, p. 331.

Hammenbut (Henri), était fixé à Tours, quand il se rendit à Baugé (Maine-et-Loire), où il travailla de 1682 à 1684 à la décoration de l'église. Il exécuta le tabernacle et le maître-autel. Il reçut en paiement 500 livres, plus 100 livres pour ses frais de voyage.

Célestin PORT, *Les artistes angevins*, 1881, p. 146. — E. GIRAUDET, *Les artistes tourangeaux*, 1886, p. 216.

Hanard ou **Havard** (Jean), fut reçu membre de l'Académie de Saint-Luc le 14 octobre 1677. Il vivait encore en 1707. Son frère, Nicolas Hanard, également sculpteur, résidait à Paris vers la même époque ; ils demeuraient tous deux sur la paroisse Saint-Nicolas-des-Champs. Les comptes des bâtiments du roi font mention de Hanard comme travaillant de 1687 à 1700 pour Versailles, pour Marly, pour Meudon et pour l'église des Invalides ; mais le prénom n'étant pas cité, il est difficile de savoir s'il s'agit de Jean ou de Nicolas.

P. LACROIX, *Revue universelle des arts*, t. XIII, 1861, p. 333. — H. HERLUISON, *Actes d'état civil d'artistes*, 1873, p. 172. — J. GUIFFREY, *Comptes des bâtiments du roi sous le règne de Louis XIV*, t. II, 1887, col. 1177 ; t. III, 1891, col. 96, 261, 289, 554, 825, 846, 1032, 1187 ; t. IV, 1896, col. 330, 472, 612, 652, 696.

Hannequin ou **Hennequin** (César), sculpteur lorrain établi à Metz en 1689, travaille à Nancy en 1700, dans l'église des Cordeliers, au catafalque du duc Charles V. Il est occupé en 1703 aux châteaux de Lunéville et d'Einville et en 1712 à celui de Nancy. M. Jacquot, dans son *Essai de répertoire des artistes lorrains*, cite un César Hannequin et un César Hennequin ; il est cependant évident qu'il s'agit du même artiste.

Archives de Meurthe-et-Moselle, B. 1541, 1562, 12446. — *Archives de Nancy*, t. II, p. 305 ; t. III, p. 263, 275, 298. 304. — A. JACQUOT, *Réunion des sociétés des beaux-arts des départements*, 1900, p. 337, 338.

Happedey (Abraham), maître sculpteur, exerçait son art à Nantes dans la seconde moitié du XVIIᵉ siècle.

De GRANGES DE SURGÈRES. *Les artistes nantais* (*Revue de l'art français*, 1898, p. 259).

Hardy (Charles-François), fils d'un marchand de la ville de Nancy,

se marie en 1711 ; il est qualifié sculpteur en bois de Sainte-Lucie [1]
dans un acte de baptême daté de 1713.

L. WIENER, *Journal de la société d'Archéologie et du comité du Musée lorrain*,
23ᵉ année, p. 127.

Hardy (Jean), sculpteur ordinaire du roi, né à Nancy en 1653, se
présenta le 27 février 1683 à l'Académie royale de peinture et de
sculpture, où il fut admis le 26 juin 1688 sur un bas-relief en
marbre figurant la *Religion terrassant l'Idolâtrie*. Il travailla pour
Versailles, pour Marly, pour Meudon, pour Chantilly et pour l'église
des Invalides. En dehors de ses œuvres de sculpture, il exécuta de
nombreux ouvrages de rocaille dans les parcs des résidences royales.
Enfin, il fut chargé de l'entretien et de la réparation des statues, bustes
et vases en marbre de Versailles et de Marly ; on possède à ce sujet
la pièce suivante :

« Mémoire des réparations faites pour le service du roi, tant
dans le jardin du château de Versailles, qu'au château, par l'ordre
de monseigneur le duc d'Antin, commencé depuis le 14 aoust
jusqu'à la fin de l'année 1726 par Hardy... Plus, dans le jardin
a esté faits à la main, sur le lieu, sept feuilles de vigne de plastre
pour couvrir les nudités des figures, une double sur la grande
figure d'Hercule de l'isle royale, et une autre feuille au gladiateur mourant, du bas de la rempe, une autre feuille au sathire du
théastre, une quatrième à la Vénus de l'Étoile, une autre au rotator,
une autre à la Vénus de l'alée royalle et un bout de draperie à la
Vénus Callypige, pour peines d'ouvrier et fourny le plastre, pour ce
24 livres. »

On ne se serait pas attendu à voir, sous Louis XV, un tel souci de la
pudeur ; les feuilles de vigne ne datent donc pas du règne de Louis-
Philippe, comme on le croit généralement [2].

Jean Hardy mourut à Versailles, sur la paroisse Saint-Louis, le
14 janvier 1737.

ŒUVRES

Fleuves et personnages mythologiques. Statues ornant les fontaines monu-
mentales placées de chaque côté de l'escalier appelé le Grand-Degré, à
l'entrée du parc de Chantilly. Ces statues furent exécutées, en 1684,
d'après les dessins de Le Nôtre.
Sculptures en bois décorant autrefois l'appartement de M. le Prince, au
château de Chantilly.

1. Sainte-Lucie est aujourd'hui une ferme dépendant de la commune de Sampigny, canton de Pierrefitte (Meuse). Le bois de Sainte-Lucie est un bois tirant
sur le roux et un peu odorant.
2. Déjà, sous Louis XIV, des artistes avaient été chargés de semblables travaux.

Grand modèle en plâtre pour la pièce d'eau sous le Dragon, dans le parc de Versailles. En collaboration de Lespagnandelle. Payé 5.086 livres (année 1684).

Deux vases en marbre ornés de branches de chêne et de laurier. Au milieu se trouvait jadis le chiffre de Louis XIV. Grande-Allée ou Tapis-Vert dans le même parc. Payés 3.300 livres (années 1684-1687).

Quatre chapiteaux en marbre pour Trianon. Payés 606 livres (année 1687).

Un sphinx en marbre, *un cartouche* et *un rocher* sculptés pour le château de Chantilly. Payés 1.115 livres (année 1687).

La Religion terrassant l'Idolâtrie. Bas-relief en marbre. Morceau de réception à l'Académie (26 juin 1688). Musée du Louvre, n° 706. Provient des salles de l'ancienne Académie royale de peinture et de sculpture.

Vase en marbre orné d'un bas-relief représentant *Mars enfant assis dans un char traîné par des loups* (année 1688). Parterre de Latone, dans le parc de Versailles. Gravé par Thomassin, n° 209.

Sculptures en pierre décorant les panneaux de l'une des voûtes des chapelles, à l'église des Invalides. En collaboration de Coustou, de Poirier et de Poultier. Payés 2.200 livres (années 1692-1699).

Anges soutenant les bordures des tableaux dans la chapelle Saint-Grégoire. Même église.

Concert d'anges. Haut-relief en plâtre doré dans la chapelle Saint-Ambroise. Même église.

Deux masques en plomb pour les cascades du parc de Meudon. Payés 300 livres (année 1698).

Ouvrages en rocaille pour les mêmes cascades. Payés 3.181 livres (années 1698-1699).

Quatre groupes de roseaux en plomb pour les mêmes cascades (année 1699).

Modèle d'un groupe d'enfants pour Meudon (année 1699).

Bénitier en marbre blanc pour la chapelle du même château (année 1699).

Ornement en stuc et en plâtre aux corniches des garde-robes de l'appartement du roi, à Trianon (année 1700).

Décoration de la corniche de l'antichambre de la princesse de Conti, à Meudon (année 1700).

Sculptures en stuc ornant le salon de l'Œil-de-Bœuf, dans le château de Versailles.

Trophées sculptés, en collaboration de Poirier, à la nouvelle porte du Cours-la-Reine, à Paris. Payés 720 livres (année 1701).

Dessins et modèles des rampes et des escaliers de la Ménagerie de Versailles. Payés 325 livres (année 1702).

Chapiteaux de la chapelle du château de Meudon (année 1702).

Ornements dans le dôme de l'église des Invalides (année 1703).

Armoiries sculptées, en collaboration de Lespingola, à la porte neuve du parc de Meudon (année 1703).

Ouvrages de sculpture en plomb à la cascade de Trianon. En collaboration de Garnier et de Le Lorrain. Payés 7.918 livres (année 1704).

Quatre vases en métal doré exécutés en collaboration de Poirier. Ces vases, selon Piganiol [1], ornaient une pièce d'eau dans le parc de Trianon.

---

1. *Nouvelle description des châteaux et parcs de Versailles et de Marly*, 1764, t. II, p. 250.

Deux dragons en métal doré décorant la même pièce d'eau.

Une gargouille pour la chapelle du château de Versailles.

Ornements à la corniche du même château (année 1704).

Deux groupes de bergers et de bergères, d'enfants et de sphinx exécutés pour Marly. En collaboration de Coustou et de Lespingola. Payés 32.400 livres (année 1704).

Le Mois de Mars. Statue en pierre. Avant-corps à droite sur la façade centrale du château de Versailles.

Décoration de la corniche intérieure de la chapelle du même château. En collaboration de Poirier et de Lespingola (année 1704).

Ornements en plomb pour le comble de la même chapelle (année 1705).

Ouvrages de sculpture en marbre au bassin des Bains d'Apollon, dans le parc de Versailles (année 1705).

Réparation des vases et trophées ornant les combles du château de Versailles (année 1706).

Quatre naïades en plomb. Autrefois dans la salle des Muses du parc de Marly. En collaboration de Thierry (année 1706).

Nymphe en marbre pour le même parc. En collaboration de Poirier (année 1706).

Deux vases en marbre pour le même parc (année 1709).

L'Ile des enfants. Groupe en plomb exécuté en 1710. Parc de Versailles. Cette sculpture dont on ignorait l'auteur vient d'être identifiée par M. de Nolhac dans son beau livre sur les Jardins de Versailles.

Vases en pierre de Saint-Leu pour les balustrades du château de Versailles (année 1714).

Deux trophées d'armes en plomb à un pavillon du bosquet des Dômes, dans le parc de Versailles (année 1714).

Ouvrages de sculpture en plâtre dans l'appartement de la duchesse de Berry, au château de Versailles. Payés 624 livres (année 1714).

Réparations entreprises au château de Fontainebleau (année 1714)-

Modèles en terre et en cire pour le bosquet de Diane, dans le parc de Versailles, et pour celui de Louveciennes, dans le parc de Marly. Payés 797 livres (année 1715).

Vingt-quatre têtes de cerfs en plâtre surmontées de bois naturels. Exécutées en 1723, elles ornaient autrefois les murs de la cour des Cerfs, au château de Versailles ; chaque tête fut payée 60 livres à l'artiste.

Diane. Statue. Autrefois à l'entrée du bosquet de Louveciennes, dans le parc de Marly. Payée 2.400 livres (année 1727).

Vases et coquilles en plomb pour le bassin de Neptune, dans le parc de Versailles (année 1736).

Guérin, *Description de l'Académie royale de peinture et de sculpture*, 1715, p. 132. — D'Argenville, *Voyage pittoresque des environs de Paris*, 1762, p. 102, 157. — Piganiol de la Force, *Nouvelle description des châteaux et parcs de Versailles et de Marly*, 1764, t. I, p. 256 ; t. II, p. 3, 11, 65, 74, 243, 250, 286. — *Archives de Nancy*, t. III, p. 255. — *Archives de l'art français, documents*, t. II, 1853, p. 372. — Eud. Soulié, *Notice du Musée impérial de Versailles*, 2e partie, 1860, p. 197 ; 3e partie, 1861, p. 492, 508, 511. — De Montaiglon, *Procès-verbaux de l'Académie*, t. II, 1878, p. 241, 376. — Dussieux, *Le château de Versailles*, 1881, t. I, p. 245 ; t. II, p. 210, 237. — J. Guiffrey, *Comptes des bâtiments du roi sous le règne de Louis XIV*, t. II, 1887, col. 441, 479, 623, 1177 ; t. III, 1891, col. 96, 294,

704, 845, 1084, 1132; t. IV, 1896, col. 407, 473, 479, 545, 592, 618, 652, 676, 708, 734, 735, 767, 771, 792, 801, 828, 852, 886, 905, 956, 963, 965, 997, 1034, 1049, 1072, 1073, 1074, 1101, 1157, 1184, 1185, 1215; t. V, 1901, col. 15, 28, 44, 73, 75, 124, 125, 135, 157, 169, 171, 214, 228, 267, 300, 308, 321, 331, 349, 365, 368, 414, 422, 432, 454, 485, 493, 501, 511, 528, 530, 549, 581, 589, 590, 594, 683, 719, 763, 764, 812, 823, 839, 854, 861, 872, 900. — *La France monumentale*, t. I, p. 54, 86, 87. — *Inventaire général des richesses d'art de la France. Paris, monuments religieux*, t. III, 1901, p. 252, 253. — G. MACON, *Les arts dans la maison de Condé*, 1903, p. 30, 32, 36, 39, 43, 54. — DE NOLHAC, *Les jardins de Versailles*, 1906, p. 103.

Hardy (N.), sculpteur toulousain de la fin du XVIIe siècle et du commencement du XVIIIe, élève de Marc Arcis, fit les statues de saint Jean et de saint Luc ornant le maître-autel de l'église Saint-Étienne de Toulouse. Il collabora également, sous la direction de son maître, au monument funéraire des évêques de la ville de Rieux (Haute-Garonne). Il était le père de l'architecte Philippe Hardy qui travaillait à Toulouse au XVIIIe siècle.

Biographie toulousaine, 1823, t. I, p. 295, 296. — CAYLA, *Toulouse monumentale et pittoresque*, p. 119.

Haumon (Yves), maître sculpteur, résidait à Nantes dans la seconde moitié du XVIIe siècle.

DE GRANGES DE SURGÈRES, *Les artistes nantais (Revue de l'art français*, 1898, p. 259).

Hénault ou **Hérault** (Antoine), originaire de Paris, travaillait à Toulon en 1668 comme sculpteur décorateur de vaisseaux, sous la direction de Gabriel Levray. Plus tard, en 1672, il était occupé en collaboration de Denis Payen à des ouvrages de sculpture navale, d'après des modèles de Pierre Puget.

Archives de l'art français, documents, t. IV, 1856, p. 238. — Ch. GINOUX, *Réunion des sociétés des beaux-arts des départements*, 1884, p. 343; 1891, p. 256. — Idem, *Revue de l'art français*, 1888, p. 171; 1894, p. 264.

Henrion (Claude), se trouvait établi en 1698 à Stockholm, où il avait le titre de sculpteur du roi de Suède.

L. DUSSIEUX, *Les artistes français à l'étranger*, 1876, p. 589.

Henry (Jean), exerçait son art à Lyon dans la seconde moitié du XVIIe siècle. Son nom figure dans des actes d'état civil, de 1670 à 1673.

Natalis RONDOT, *Les sculpteurs de Lyon du XIVe au XVIIIe siècle*, 1884, p. 57.

Henry (Octave), sculpteur et architecte, exécuta de 1677 à 1684, à Saint-Omer, l'ancien jubé de la cathédrale qui fut détruit vers 1750.

BAUCHAL, *Nouveau dictionnaire des architectes français*, 1887, p. 291. — *Réunion des sociétés des beaux-arts des départements*, 1896, p. 28, 65.

Hérard (Gérard-Léonard), sculpteur et graveur en médailles, né à Liège en 1630, fut reçu membre de l'Académie royale de peinture et de sculpture le 5 octobre 1670, sur un médaillon en marbre représentant *saint Jacques*. Il obtint des lettres de naturalisation au mois d'avril 1672. Il mourut à Paris le 8 novembre 1675; il demeurait alors au Louvre et fut inhumé sur la paroisse Saint-Germain-l'Auxerrois. Nagler prétend qu'Hérard aurait travaillé sous la direction de Jean Warin [1]; cela est possible, ces deux artistes étant tous deux originaires de Liège.

ŒUVRES

Saint Jacques le Majeur. Médaillon ovale en marbre. Morceau de réception à l'Académie (5 octobre 1670). Chapelle Saint-Pierre, dans l'église Notre-Dame de Versailles. Ce médaillon décorait autrefois, au Louvre, la salle de l'Académie royale de peinture et de sculpture. Transporté en 1792 au Musée des Monuments français, il fut donné en 1815 à l'église de Versailles.

Comus, dieu des festins et des réjouissances. Statue en pierre (année 1671). Façade du château de Versailles.

Momus, génie présidant à la bonne chère. Statue en pierre (année 1671). Même façade.

Bas-reliefs. Même façade. Ces bas-reliefs et les deux statues précédentes furent payés 1.180 livres (année 1671).

Le prince de Condé. Buste en marbre. Autrefois dans une des salles de l'ancienne Académie de peinture (année 1671).

Le chancelier Séguier. Buste en marbre [2]. Musée du Louvre, n° 707. Provient des salles de l'ancienne Académie de peinture (année 1671).

Vulcain. Statue en pierre exécutée pour les grands balcons du château de Versailles. Payée 400 livres (année 1672).

Ouvrages au Labyrinthe du parc de Versailles (année 1673).

Jetons d'argent (année 1673-1674).

Le Poème pastoral. Statue en marbre. Pourtour du Parterre du Nord, dans le parc de Versailles. Cette statue, commencée par Hérard en 1675, fut achevée par Pierre Granier en 1679.

GuÉRIN, *Description de l'Académie royale de peinture et de sculpture*, 1715, p. 51, 104. — PIGANIOL DE LA FORCE, *Nouvelle description des châteaux et parcs de Versailles et de Marly*, 1764, t. I, p. 14; t. II, p. 331. — NAGLER, *Künstler Lexicon*, 1897, t. IV, p. 147. — Eud. SOULIÉ, *Notice du Musée impérial de Versailles*, 3ᵉ partie, 1861, p. 494. — *Archives de l'art français*, docum nts, t. II, 1853, p. 372. — *Nouvelles archives de l'art français*, 1873, p. 252. — HERLUISON, *Actes d'état civil d'artistes français*, 1873, p. 153, 176. — DE MONTAIGLON, *Procès-verbaux de l'Académie royale de peinture*, t. I, 1875, p. 352. — *Inventaire général des richesses d'art de la France. Province, monuments religieux*, t. I, 1887, p. 155. — COURAJOD,

1. *Dictionnaire des sculpteurs de l'École française du Moyen Age au règne de Louis XIV*, p. 567.

2. Ce buste aurait été offert par l'artiste à l'Académie; cependant les comptes portent que le buste du chancelier Séguier et celui du prince de Condé furent exécutés pour le roi et payés 2 000 livres.

Alexandre Lenoir et son journal, t. III, 1887, p. 95. — J. GUIFFREY, *Comptes des bâtiments du roi sous le règne de Louis XIV*, t. I, 1881, col. 515, 550, 618, 671, 697, 735, 762, 780, 804, 831, 874, 875; t. III, 1891, col. 1004.

Hérault (Christophe), maître sculpteur et peintre à Paris, est reçu membre de l'Académie de Saint-Luc le 12 août 1642. Il fait baptiser un fils le 14 octobre 1649 sur la paroisse Saint-Jean-en-Grève. Il meurt entre 1672 et 1682.

P. LACROIX, *Revue universelle des arts*, t. XIII, 1861, p. 324. — HERLUISON, *Actes d'état civil d'artistes français*, 1873, p. 176.

Hérault (Joseph), sculpteur parisien, probablement parent du précédent, fut admis comme membre de l'Académie de Saint-Luc le 4 octobre 1664. Il vivait encore en 1682.

P. LACROIX, *Revue universelle des arts*, t. XIII, 1861, p. 328.

Héritier (Joseph), sculpteur établi en Savoie, exerçait son art à Montmélion, près de Chambéry, vers 1688.

A. DUFOUR et F. RABUT, *Les sculpteurs et les sculptures en Savoie du XIIIe au XIXe siècle*, 1874, p. 76.

Herluison (Edme), sculpteur et graveur, naquit à Troyes le 20 juin 1660 et mourut dans la même ville le 25 janvier 1701. On ne connaît pas ses œuvres de sculpture, mais on possède de lui quelques gravures.

Émile SOCARD, *Biographie des personnages remarquables de Troyes et du département de l'Aube*, 1882, p. 195.

Herluison (Toussaint), fils d'un menuisier de Troyes, figure comme témoin dans l'acte de décès de son frère Louis, peintre, inhumé à Paris sur la paroisse Saint-Germain-l'Auxerrois le 12 février 1706. On trouve, à Troyes, un sculpteur du nom d'Herluison occupé, en 1693, à exécuter dans l'église Saint-Jean vingt panneaux au balustre du Saint-Ciboire. J'ignore s'il s'agit de Toussaint ou bien d'Edme Herluison que je viens de citer précédemment. Ces deux artistes devaient descendre du sculpteur en bois Toussaint Herluison [1], qui travaillait à Troyes vers le milieu du xvie siècle.

H. HERLUISON, *Actes d'état civil d'artistes français*, 1873, p. 179. — Alex. ASSIER, *Les arts et les artistes dans l'ancienne capitale de la Champagne*, 1876, p. 103.

Herpin (Denis), né à Paris en 1654, fit son apprentissage dans sa

---

1. *Dictionnaire des sculpteurs de l'École française du Moyen Age au règne de Louis XIV*, 1898, p. 272.

ville natale et se rendit ensuite à Dijon, à Lyon et à Toulon. Il était établi dans cette dernière ville en 1679; il s'y maria en 1683.

Ch. Ginoux, *Revue de l'art français*, 1892, p. 286; 1894, p. 264.

Herpin (Jacques), sculpteur parisien, sans doute parent du précédent, exécuta pour Versailles, de 1684 à 1688, deux vases en marbre qui lui furent payés 4.600 livres. Il travailla de 1690 à 1699 à l'église des Invalides. Plus tard, il fut occupé à la sculpture de deux petits baldaquins en plomb du bosquet des Bains d'Apollon, dans le parc de Versailles, et à la décoration de la chapelle du château. A Paris, sous la direction de l'architecte Boffrand, il prit part de 1707 à 1714 aux travaux de l'hôtel de Mayenne que le prince de Vaudemont faisait alors aménager.

Un sculpteur du nom de Herpin travaillait encore, en 1736, à un nouveau bosquet du Dauphin, dans le parc de Versailles. Est-ce le même artiste ?

Archives de Meurthe-et-Moselle. Chambre des comptes de Lorraine, B. 12432, 12436, 12439. — D'Argenville, *Voyage pittoresque des environs de Paris*, 1762, p. 101, 115. — Piganiol de la Force, *Nouvelle description des châteaux et parcs de Versailles et de Marly*, 1764, t. II, p. 58, 60, 79, 331. — Eud. Soulié, *Notice du Musée impérial de Versailles*, 3e partie, 1861, p. 510. — J. Guiffrey, *Comptes des bâtiments du roi sous le règne de Louis XIV*, t. II, 1887, col. 420, 625, 992, 1177; t. III, 1891, col. 36, 423, 558, 702, 1092, 1139; t. IV, 1896, col. 331, 472; t. V, 1901, col. 320, 349, 528, 529, 538. — De Nolhac, *Les jardins de Versailles*, 1906, p. 136, 144.

Hessling, maître sculpteur, exerçait son art à Metz dans la seconde moitié du xviie siècle. Il faisait partie de l'église réformée.

Archives de la ville de Metz, 1120.

Hivernel (Jean), sculpteur parisien de la fin du xviie siècle, figure comme témoin sur les registres de la paroisse Saint-Sulpice, à la date du 26 décembre 1699, dans l'acte de décès de la femme de son confrère Louis Frion.

H. Herluison, *Actes d'état civil d'artistes français*, 1873, p. 147 à Frion.

Homch (Louis), sculpteur lorrain établi à Haguenau au xviie siècle, travaillait en 1625 à la décoration du maître-autel de l'église de Bitche pour lequel il sculpta une Vierge, un saint Jean, une sainte Catherine et un grand crucifix accompagné de quatre anges portant chacun un calice en main.

Archives de Meurthe-et-Moselle, B. 3153. — A. Jacquot, *Réunion des sociétés des beaux-arts des départements*, 1900, p. 338.

Hongrie (Philippe de), sculpteur et peintre résidant à Paris, meurt le 23 janvier 1661 et est enterré sur la paroisse Saint-Germain-l'Auxerrois. Il laisse deux fils, Henri et Nicolas, sculpteurs et peintres comme lui.

H. HERLUISON, *Actes d'état civil d'artistes français*, 1873, p. 179.

Honoré. Voir **Pelle** (Honoré).

Honoré (Georges), sculpteur manceau, s'engage en 1702 à exécuter, moyennant 500 livres, le grand autel de l'église de Mézières-sous-Lavardin (Sarthe).

G. ESNAULT, *Dictionnaire des artistes et artisans manceaux*, 1899, p. 18.

Hottin (Charles), né à Laon vers 1658, exerçait son art dans sa ville natale. Le 20 janvier 1683, il passa un marché avec la fabrique de l'église de Remies (Aisne) au sujet de l'exécution d'un retable. Il mourut à Laon, le 1er juillet 1701, laissant un fils, sculpteur comme lui.

Réunion des sociétés des beaux-arts des départements, 1894, p. 1098. — Ch. GRANDIN, *Revue de l'art français*, 1895, p. 144.

Houdayer (Michel), exerçait son art au Mans dans la seconde moitié du XVIIe siècle.

G. ESNAULT, *Dictionnaire des artistes et artisans manceaux*, 1899, p. 20.

Hourlier, sculpteur en bois, est cité dans les comptes des bâtiments du roi comme ayant exécuté, en 1700, un cadre destiné au château de Meudon.

J. GUIFFREY, *Comptes des bâtiments du roi sous le règne de Louis XIV*, t. IV, 1896, col. 696.

Houseau ou **Houzeau** (Jacques), sculpteur établi à Paris, était né à Bar-le-Duc (Meuse) en 1624. Il travailla au Louvre et aux Tuileries et exécuta surtout de nombreux ouvrages pour Versailles. Il obtint le 23 décembre 1656 un brevet de sculpteur des bâtiments du roi, brevet qui lui fut confirmé le 15 mars 1663 « en considération de la capacité qu'il a fait voir, tant pour les belles ouvrages qu'il a faites aux bastiments de S. M. qu'ailleurs ». Sculpteur de la maîtrise, il devint membre de l'Académie royale de peinture et de sculpture le 29 novembre 1664. Il mourut à Paris le 18 mai 1691. Il avait épousé Catherine Le Hongre, fille du sculpteur de ce nom.

ŒUVRES

Ouvrages de sculpture au palais du Louvre (année 1664).
Termes en marbre pour le grand jardin de Versailles (années 1664-1668).

Ouvrages de sculpture au vestibule et à l'escalier des Tuileries. Il toucha pour ces travaux 13.528 livres de 1666 à 1670.

Ouvrages de sculpture au bâtiment de la Samaritaine du Pont-Neuf. Payés 1.210 livres (années 1666-1667).

Soleil sculpté au fronton du château de Vincennes, du côté de la cour (année 1667).

Sphinx en marbre pour Versailles (année 1668).

Modèles des contre-cœurs pour les cheminées du Louvre (année 1669).

Trophées à la balustrade du château de Versailles (années 1670-1671).

Ornements des souches des cheminées du même château (année 1670).

Un groupe composé de deux figures ornant autrefois le pavillon central du Collège des Quatre-Nations (Palais de l'Institut). Ce groupe exécuté de 1670 à 1674 n'existe plus.

Ouvrages de sculpture dans les appartements du roi à Versailles. En collaboration de Le Hongre (année 1671).

Thalie. Statue en pierre. Façade du château de Versailles (année 1671).

Momus. Statue en pierre. Même façade (année 1671).

Terpsichore. Statue en pierre. Même façade (année 1671).

Le dieu Pan. Statue en pierre. Même façade (année 1671).

Iris. Statue en pierre. Autrefois sur la façade du château de Versailles donnant sur la grande Cour.

Galatée. Statue en pierre. Autrefois sur la même façade.

Une figure de génie sculptée pour la pompe funèbre du chancelier Séguier, qui eut lieu, le 5 mai 1672, dans l'église de l'Oratoire, à Paris.

Amphitrite. Statue en plâtre exécutée en collaboration de Raon pour la pièce d'eau de Neptune, dans le parc de Versailles (années 1672-1684).

Quatre cignes en plomb et en étain pour la pièce d'eau du Marais, à Versailles. Payés 1.000 livres (année 1672).

Ornements des combles de Trianon. Payés 2.616 livres (année 1672).

Travaux au Labyrinthe du parc de Versailles. L'artiste reçut à ce sujet 5.700 livres en 1673.

Le mois d'Octobre. Statue qui, d'après dom Calmet[1], se trouvait jadis dans un des salons du château de Versailles.

Travaux au château de Clagny (années 1676-1677).

Le Colérique. Statue en marbre. Pourtour du Parterre du Nord, dans le parc de Versailles. Gravée par Thomassin, n° 99.

Travaux au château de Fontainebleau (année 1679).

Douze vases en pierre pour la balustrade du château de Versailles. Payés 762 livres (années 1679-1680).

Ouvrages de sculpture pour la fontaine de l'Arc de Triomphe, dans le parc de Versailles (années 1679-1681).

Ouvrages de sculpture en pierre à la cascade de l'Ile-Royale, dans le même parc. En collaboration de Mazeline (années 1680-1681).

Douze vases en pierre placés sur les murs des écuries de Versailles. Payés 960 livres (année 1681).

Deux vases en plomb décorés de gueules de lions et de masques comiques entourés de guirlandes. Bosquet de la Salle de Bal, dans le parc de Versailles (année 1681).

---

1. *Bibliothèque lorraine*, p. 511-512.

Deux torchères, en forme de trépieds, ornées de coquilles, de fleur de lis, de têtes de Folies et d'attributs de musique. Même bosquet (année 1681).

Ouvrages de sculpture au bassin des Sources, dans le même parc. En collaboration de Raon. Payés 2.095 livres (année 1682).

Faune. Terme en marbre. Parterre de Latone, dans le même parc. Gravé par Thomassin, n° 199.

Tigre terrassant un ours. Groupe en bronze fondu par les Keller en 1687. Fontaine du Point-du-Jour, dans le Parterre d'eau du même parc.

Limier abattant un cerf. Groupe en bronze fondu par les Keller en 1687. Même fontaine. Gravé par Thomassin, n° 141.

Deux vases pour la Colonnade du parc de Versailles. Payés 840 livres (années 1685-1686).

Iris. Statue en pierre sur un des balcons du château de Versailles.

Galatée. Statue en pierre sur un des balcons du même château. Cette statue et la précédente sont attribuées à Houseau par Piganiol [1].

Groupes d'enfants en plomb dans l'ancien Théâtre-d'Eau du parc de Versailles. Ces groupes sont également attribués à Houseau par Piganiol [2].

Sainte Catherine. Figure placée jadis sur la façade de l'ancienne église Sainte-Catherine de la Culture, dans le quartier Saint-Antoine, à Paris.

La Tempérance et *la Prudence.* Figures allégoriques posées autrefois dans des niches, à côté de la porte de la même église.

D'Argenville, *Voyage pittoresque des environs de Paris*, 1762, p. 99, 110, 115, 123, 402. — Piganiol de la Force, *Nouvelle description des châteaux et parcs de Versailles et de Marly*, 1764, t. I, p. 14, 15; t. II, p. 4, 9, 27, 56, 150, 186. — *Mémoires inédits sur la vie et les ouvrages des membres de l'Académie royale*, 1854, t. I, p. 389. — *Archives de l'art français, documents*, t. III, 1855, p. 259. — Eud. Soulié. *Notice du Musée impérial de Versailles*, 3e partie, 1861, p. 491, 492, 501, 504, 509, 513. — A. Jal, *Dictionnaire critique de biographie et d'histoire*, 1872, p. 690. — De Montaiglon. *Procès-verbaux de l'Académie royale*, t. I, 1875, p. 271, 397. — U. Robert, *Nouvelles archives de l'art français*, 1876, p. 36, 39. — *Inventaire général des richesses d'art de la France. Paris, monuments civils*, t. I, 1880, p. 4. — Dussieux, *Le château de Versailles*, 1881, t. I, p. 59, 90; t. II, p. 199, 207, 239, 314. — J. Guiffrey, *Comptes des bâtiments du roi sous le règne de Louis XIV*, t. I, 1881, col. 21, 27, 45, 78, 125, 131, 132, 181, 190, 193, 201, 244, 253, 293, 302, 321, 332, 404, 405, 418, 420, 437, 462, 510, 512, 513, 575, 617, 624, 635, 658, 671, 696, 704, 722, 761, 762, 789, 830, 862, 902, 918, 962, 963, 983, 1001, 1048, 1049, 1075, 1097, 1130, 1157, 1158, 1191, 1215, 1283, 1285, 1289, 1353; t. II, 1887, col. 11, 20, 25, 54, 58, 92, 93, 94, 118, 136, 140, 160, 172, 173, 179, 180, 183, 190, 197, 252, 278, 279, 315, 390, 442, 471, 567, 621, 729, 919, 967, 988, 1177, 1296; t. III, 1891, col. 218, 375, 502, 785, 1090, 1137; t. IV, 1896, col. 6, 61. — De Nolhac, *Les jardins de Versailles*, 1906, p. 41, 66.

Houseau ou **Houzeau**, fils du précédent, travaillait au château de Clagny en 1679-1680. En 1685, il était occupé à la Colonnade du parc de Versailles.

J. Guiffrey, *Comptes des bâtiments du roi sous le règne de Louis XIV*, t. I, 1881, col. 1191, 1326; t. II, 1887, col. 621, 988.

1. *Nouvelle description des châteaux et parcs de Versailles et de Marly*, t. I, p. 14, 15.
2. Id., t. II, p. 186.

Houssay (Alain), sculpteur en ivoire qualifié faiseur de crucifix, exerçait son art à Nantes à la fin du xvii° et au commencement du xviii° siècle. En 1720, on le trouve figurant sur les listes de la milice bourgeoise.

DE GRANGES DE SURGÈRES, *Les artistes nantais* (*Revue de l'art français*, 1898, p. 272).

Housse (Jean), maître sculpteur parisien, assiste comme témoin, le 8 mars 1691, à l'enterrement d'une fille de son confrère Pierre Gilson, décédée sur la paroisse Saint-Roch.

H. HERLUISON, *Actes d'état civil d'artistes français*, 1873, p. 156 à GILSON.

Huard. D'après un acte d'état civil reproduit par MM. Herluison et Piot, un artiste de ce nom, qualifié « sculpteur ordinaire du Roy en son Académie de peinture et sculpture », aurait été inhumé, le 9 novembre 1675, sur la paroisse Saint-Germain-l'Auxerrois. Je crois qu'il y a là une erreur, car ce nom ne se trouve pas parmi ceux des membres de l'Académie royale de peinture et de sculpture. Il s'agit sans doute du sculpteur Hérard qui fut enterré sur la même paroisse et à la même date.

H. HERLUISON, *Actes d'état civil d'artistes français*, 1873, p. 182. — E. PIOT, *État civil de quelques artistes français*, 1873, p. 60.

Hubert (Nicolas), originaire de Dompaire, en Lorraine, vint se fixer à Orléans, où il se maria le 25 août 1653. Il exerça son art dans cette ville, malgré les offres qui lui furent faites par Colbert de venir travailler à Versailles. Cependant, on trouve dans les comptes des bâtiments du roi un sculpteur du nom d'Hubert employé à Versailles en 1683. Est-ce notre artiste qui, sur la fin de sa vie, aurait quitté momentanément Orléans pour participer aux travaux commandés par Louis XIV ou bien est-ce un homonyme ? Je l'ignore.

Avant la Révolution, on voyait de ses œuvres dans la plupart des églises et des couvents d'Orléans. Il commença pour les Filles de la Visitation de Sainte-Marie les figures en pierre des douze apôtres, mais il délaissa ces ouvrages, les religieuses n'ayant pas voulu, paraît-il, lui donner le prix qu'il exigeait. Il sculpta un saint Bruno au-dessus de la porte d'entrée du couvent des Chartreux et un saint François-de-Paule au-dessus de celle du couvent des Minimes. Il exécuta aussi au Portereau-Tudelle la croix surnommée Mort-tua-le-Vif. Sur l'ancien pont d'Orléans, il y avait de lui une Vierge placée dans une niche au-dessus du fort des Tourelles. Deux figures de l'artiste, représentant une Vérité et un Philosophe grec, furent mises dans les appartements de l'évêché, après avoir subi une transformation qui en fit, par l'addition d'emblèmes religieux, une Hélène et un saint Pierre. Par contre, lorsqu'on démolit l'église Saint-Michel pour bâtir une salle de théâtre, plusieurs statues de saints, œuvres du sculpteur, furent utilisées comme cariatides par l'architecte qui leur fit ajouter des masques et autres attributs profanes.

Nicolas Hubert mourut à Orléans le 21 mai 1689. Bellier de la Chavignerie, d'après une notice de Charles Brainne, le fait naître dans cette ville et fixe la date de sa mort à 1670. C'est une double erreur, comme le prouvent ses actes de mariage[1] et de décès[2] incrits sur les registres des paroisses Saint-Michel et Notre-Dame de Bonne-Nouvelle d'Orléans.

Ch. BRAINNE, *Les hommes illustres de l'Orléanais*, 1852, t. I, p. 20-21. — HERLUISON, *Artistes orléanais*, 1863, p. 30, 86, 87. — BELLIER DE LA CHAVIGNERIE, *Dictionnaire général des artistes de l'École française*, t. I, 1882, p. 784. — J. GUIFFREY, *Comptes des bâtiments du roi sous le règne de Louis XIV*, t. II, 1887, col. 279. — *Réunion des sociétés des beaux-arts des départements*, 1896, p. 656.

Huilliot (Claude-Philippe), maître sculpteur demeurant à Paris, rue Saint-Denis, figure comme témoin dans l'acte de mariage de son frère Pierre-Nicolas, peintre, membre de l'Académie royale de peinture et de sculpture, acte inscrit sur les registres de la paroisse Saint-Germain-l'Auxerrois le 11 décembre 1709.

H. HERLUISON, *Actes d'état civil d'artistes français*, 1873, p. 183. — E. PIOT, *État civil de quelques artistes français*, 1873, p. 60.

Hulot (Jacques), maître sculpteur à Paris, faisait partie de l'Académie de Saint-Luc, où il avait été reçu le 8 mars 1655. Il mourut entre 1672 et 1682.

P. LACROIX, *Revue universelle des arts*, t. XIII, 1861, p. 325.

Hulot (Philippe), fils du précédent, fut admis à l'Académie de Saint-Luc le 1er août 1680. Il vivait encore le 7 janvier 1719, date de la

---

1. « L'an de grace mil six cent cinquante trois, le ving-cinquiesme d'aoust, après les fianciailles faictes et les publications de trois bans. .., moy Jullian Laigre, vicaire de l'église Saint-Michel d'Orléans, ay interrogé Nicolas Hubert, sculpteur, dem. à présent (a) Orléans, natif de la paroisse de Domtaire en Loraine, fils de Girard Hubert, menuisier, et de Françoise Gombault, ses père et mère, et Elizabeth Payen, fille de Damian Payen, entrepreneur, et de Elizabeth Barbet, sa femme, ses père et mère, et leur consentement par moy, puis leur ay solennellement par paroles du présent conjoincts en mariage, etc. ».

2. « Cejourd'huy vingt trois may 1689 a esté inhumé le corps de Nicolas Hubert, me sculpteur en cette ville, dans le grand cimetière de lad. ville, en présence de ses parens et amys, lequel est décédé dès le vingt un dud. mois après avoir reçeu seulement le sacrement de l'extrême onction, ayant esté surpris d'une apoplexie. ».

mort de sa femme. L'acte de décès de celle-ci le qualifie maître sculpteur du duc d'Orléans, ancien recteur de l'Académie de Saint-Luc et bourgeois de Paris. Il eut deux fils, Pierre et Étienne, qui suivirent sa carrière.

P. Lacroix, *Revue universelle des arts*, t. XIII, 1861, p. 334. — H. Herluison, *Actes d'état civil d'artistes français*, 1873, p. 184.

Hulot (Guillaume), frère du précédent, épousa le 26 février 1685 sur la paroisse Saint-Hippolyte, à Paris, Élisabeth Coustou, fille du sculpteur lyonnais François Coustou et sœur par conséquent de Nicolas et de Guillaume Coustou. Il se rendit à Berlin au commencement du xviii° siècle, appelé par l'architecte Jean de Bodt. Il y exécuta quatre grandes statues représentant l'*Arithmétique*, la *Géométrie*, la *Mécanique* et la *Pyrotechnie* ; ces statues furent placées des deux côtés de l'entrée de l'arsenal. Il travailla encore à la porte de Berlin, à Wesel, et revint ensuite en France.

A. Jal, *Dictionnaire critique de biographie et d'histoire*, 1872, p. 693. — H. Herluison, *Actes d'état civil d'artistes français*, 1873, p. 184. — L. Dussieux, *Les artistes français à l'étranger*, 1876, p. 199.

Hulot (Nicolas), frère de Philippe et de Guillaume, remporte en 1676 et en 1678 le deuxième grand prix de sculpture à l'ancienne École académique de Paris. De 1687 à 1699, on le trouve occupé à Versailles, à Marly et à l'église des Invalides.

ŒUVRES

Quatre chapiteaux en marbre pour Trianon. Payés 693 livres (années 1687-1688).

Ouvrages de sculpture dans le petit appartement du roi, au château de Versailles (année 1693).

Cadre sculpté pour un tableau de Coypel représentant Esther, qui se trouvait au château de Marly (année 1697).

Vase en marbre pour Marly. Payé 850 livres (année 1697-1698).

Travaux de sculpture en bois à la Ménagerie de Versailles (année 1698).

L'Humilité. Bas-relief. Jadis au-dessus d'une porte dans l'une des chapelles de l'église des Invalides (année 1698).

Une compagne de Diane. Statue en marbre exécutée pour le roi (année 1699).

Réparation de la sculpture des cadres des vestibules du château de Marly (année 1699).

Un vase en marbre sans ornements. Perron à l'extrémité de la terrasse du Parterre d'Eau, dans le parc de Versailles.

D'Argenville, *Voyage pittoresque des environs de Paris*, 1762, p. 126, 402. — Piganiol de la Force, *Nouvelle description des châteaux et parcs de Versailles et de Marly*, 1764, p. 95, 333. — A. Duvivier, *Archives de l'art français, documents*, t. V, 1857-1858, p. 277-278. — H. Herluison, *Actes d'état civil d'artistes français*,

1873, p. 184. — DE MONTAIGLON, *Procès-verbaux de l'Académie royale*, t. II, 1878, p. 94, 126. — L. DUSSIEUX, *Le château de Versailles*, 1881, t. II, p. 207, 319. — J. GUIFFREY, *Comptes des bâtiments du roi sous le règne de Louis XIV*, t. II, 1887, col. 1177; t. III, 1891, col. 96, 423, 825; t. IV, 1896, col. 188, 312, 331, 337, 448, 473, 479, 517, 591, 619.

Humbert (Georges), maître sculpteur, exerçait son art à Lyon de 1646 à 1674. Il habitait sur la paroisse Saint-Nizier.

Natalis RONDOT, *Les sculpteurs de Lyon du XIV*^e *au XVIII*^e *siècle*, 1884, p. 52. — Idem, *Revue de l'art français*, 1887, p. 297.

Humbert (Jean), parent du précédent, travaillait également à Lyon vers la fin du XVIIe siècle.

Natalis RONDOT, *Les sculpteurs de Lyon du XIV*^e *au XVIII*^e *siècle*, 1884, p. 62.

Hurtrel ou **Hurtrelle** (Simon), né à Béthune (Pas-de-Calais) en 1648, fut envoyé à Rome comme pensionnaire du roi en 1676. Le 2 décembre de cette même année, Errard, directeur de l'Académie de France, écrivait à Colbert : « Le sieur Simon Urtrel (*sic*), sculpteur, est l'un des plus capables de l'Académie, lequel a plus de facilité au travail, qui s'y applique davantage et à l'étude, de bonne conduite et obéissant ». L'artiste fut nommé membre de l'Académie de Saint-Luc, à Rome, le 9 juillet 1678. Il revint en France en 1682 avec la mission d'accompagner tout un envoi de sculptures exécutées à l'Académie. A ce sujet, Colbert, dans une lettre datée du 20 mars 1682, dit à Errard : « Vous avez bien fait d'envoyer Hurtrel pour prendre soin de tout pendant le voyage, et je suis bien ayse qu'il se soit rendu capable de bien travailler pour le Roy ». A partir de cette époque, les comptes des bâtiments font souvent mention de Simon Hurtrel pour des travaux faits à Versailles, à Marly et à l'église des Invalides. Il sculpta également, avec son confrère Pierre Mazeline, les mausolées de Michel Le Tellier et du duc de Créqui. Admis à l'Académie royale de peinture et de sculpture le 31 mars 1690, sur un groupe en bronze représentant le *Christ pleuré par la Vierge et par les Anges*, il devint adjoint à professeur le 3 juillet 1706.

Il demeurait en 1715, à Paris, au bout de la rue de Bourbon, derrière les chantiers du Pont-Royal. Il y resta jusqu'en 1718, puis se rendit à Niort, où, d'après les almanachs royaux, il résidait encore en 1723. Il mourut à Gennevilliers, près de Paris, le 11 mars 1724.

ŒUVRES

Une rivière. Figure faisant partie d'un monument élevé à la gloire de Louis XIV, qui se trouvait à l'Académie de France à Rome. Ce monument fut exécuté d'après les dessins d'Errard (années 1672-1682).

Étude anatomique. Bas-relief sculpté, à Rome, d'après les dessins d'Errard (années 1676-1682).

Une Bacchante avec un petit Satyre. Statue en marbre exécutée à Rome (années 1676-1682). Cette statue, envoyée en France, fut placée sans doute à Marly.

Deux vases pour le pourtour de la pièce d'eau sous le Dragon, dans le parc de Versailles (années 1682-1683).

Les attributs de Pomone. Groupe pour Marly. Payé 1.150 livres (années 1683-1684).

Deux chapiteaux en marbre blanc dans l'antichambre des grands appartements du roi, à Versailles. Payés 440 livres (année 1685).

Deux vases pour la Colonnade du parc de Versailles. Payés 840 livres (année 1685).

Vase en marbre décoré de branches de vignes et de quatre têtes de béliers. Parterre du Nord, dans le même parc.

Mausolée du chancelier Michel Le Tellier. Église de Saint-Gervais et de Saint-Protais, à Paris. Sur le sarcophage : *Michel Le Tellier* accompagné d'un petit ange soutenant un écusson à ses armes. Groupe en marbre. A droite : *La Foi.* Statue en marbre. A gauche : *La Religion.* Statue en marbre. Ce mausolée, sculpté en collaboration de Pierre Mazeline vers 1685, a fait partie pendant la Révolution du Musée des Monuments français, n° 232. Il a été restitué à l'église de Saint-Gervais et de Saint-Protais en 1817. Gravé dans Germain Brice (t. II, p. 154). Un moulage de ce monument se trouve au Musée de Versailles (n° 1891 du catalogue d'Eudore Soulié).

Le triomphe de Thétis. Modèle d'un groupe exécuté en collaboration de Jouvenet et de Mazeline. Ce groupe était destiné à être placé au milieu d'un des grands bassins du Parterre, en face du château de Versailles. Payé 7.110 livres (année 1685).

Faune jouant de la flûte. Statue en marbre d'après l'antique. Pourtour du Parterre de Latone, dans le parc de Versailles (année 1685). Gravée par Thomassin, n° 14. La figure antique est au Musée du Louvre.

Décoration de la chaire à prêcher et du cadre du maître-autel de l'église paroissiale de Versailles (année 1686).

Théophraste. Terme en marbre. Pourtour du Parterre du Nord, dans le parc de Versailles (année 1686). Gravé par Thomassin sous le nom d'Hippocrate, n° 176.

Quatre chapiteaux en marbre pour Trianon. Payés 1.021 livres (années 1687-1688).

Monument funéraire de Charles, duc de Créqui, décédé en 1687. Groupe en marbre. Ce tombeau, sculpté en collaboration de Pierre Mazeline, était placé autrefois au couvent des Capucines de la place Vendôme (année 1688). Il a figuré au Musée des Monuments français, n° 492, et a été transporté sous la Restauration à l'église Saint-Roch, où il orne aujourd'hui la chapelle de Saint-Étienne. Un moulage de ce mausolée se trouve au Musée de Versailles (n° 1896 du catalogue d'Eudore Soulié).

Le Christ pleuré par la Vierge et les Anges. Groupe en bronze. Musée du Louvre, n° 720. Morceau de réception à l'Académie (31 mars 1690).

Prise de Damiette. Bas-relief en pierre. Transept de droite de l'église des Invalides (année 1691).

Ornements des corniches de la Ménagerie de Versailles. En collaboration de Mazeline. Payés 2.764 livres (années 1698-1699).

Saturne dévorant ses enfants. Statue en marbre. Salon de 1699.

Louis le Débonnaire. Médaillon. Église des Invalides (années 1699-1700).

Décoration du grand salon du château de Marly, exécutée en collaboration de Van Clève et de Nicolas Coustou.

Sculptures en stuc ornant le salon de l'Œil-de-Bœuf, dans le château de Versailles. En collaboration de Flamen et de Van Clève. Payés 2.100 livres (années 1701-1702).

Saint Jérôme et saint Augustin. Groupe posé jadis sur la façade de l'église des Invalides (année 1703). Ce groupe a disparu à la Révolution.

Deux nymphes avec des enfants et des attributs. Groupe en marbre. Autrefois dans le parc de Marly. Payé 14.000 livres (années 1703-1707).

Un Chasseur. Statue exécutée pour le château de Chantilly. Payée 1.500 livres (année 1707).

Saint Grégoire de Nazianze. Statue en pierre de Tonnerre. Balustrade extérieure de la chapelle du château de Versailles (année 1707).

Un Ange portant l'éponge. Statue en bronze. Chœur de l'église Notre-Dame de Paris. Le modèle de cette statue fut payé à l'artiste 815 livres (années 1712-1714).

Mausolée de Nicolas de Catinat, maréchal de France, mort le 22 février 1712. Ce tombeau était érigé dans l'église paroissiale de Saint-Gratien (Seine-et-Oise). Il se composait, d'après la description donnée par Dulaure [1], d'un médaillon en marbre représentant le défunt soutenu par trois génies et par une figure symbolisant *la Religion.* Privé à la Révolution d'une partie de sa décoration, ce monument disparut lors de la reconstitution de l'église. En 1860, les restes de Catinat furent renfermés dans un nouveau tombeau sculpté en pierre par le comte de Nieuwerkerke, directeur général des Musées nationaux.

GUÉRIN, *Description de l'Académie royale de peinture et de sculpture,* 1715, p. 119, — D'ARGENVILLE, *Voyage pittoresque de Paris,* 1752, p. 138, 178, 374. — PIGANIOL DE LA FORCE, *Nouvelle description des châteaux et parcs de Versailles et de Marly,* 1764, t. I, p. 256; t. II, p. 13, 45, 52, 255, 279, 280. — Idem, *Description de la ville de Paris,* 1765, t. I, p. 326; t. III, p. 43; t. IV, p. 141; t. IX, p. 491. — *Archives de l'art français, documents,* t. II, 1853, p. 373; *Abécédario de Mariette,* t. II, 1853-1854, p. 391. — Eudore SOULIÉ, *Notice du Musée impérial de Versailles,* 1ʳᵉ partie, 1859, p. 3; 2ᵉ partie, 1860, p. 66, 68, 197; 3ᵉ partie, 1861, p. 503, 504, 509. — A. JAL, *Dictionnaire critique de biographie et d'histoire,* 1872, p. 695. — H. HERLUISON, *Actes d'état civil d'artistes français,* 1873, p. 187. — DE MONTAIGLON, *Procès-verbaux de l'Académie royale,* t. II, 1878, p. 365; t. III, 1880, p. 33. — Idem, *Correspondance des directeurs de l'Académie de France à Rome,* t. I, 1887, p. 63, 65, 112, 113, 132, 133. — *Réunion des sociétés des beaux-arts des départements,* 1889, p. 96, 97, 100, 109, 111, 115. — *Inventaire général des richesses d'art de la France. Paris, monuments religieux,* t. III, 1901, p. 181, 234, 238, 242; *Archives du Musée des Monuments français,* t. I, p. 28, 29, 75, 79, 99, 106, 107; t. II, p. 93, t. III, p. 267. — J. GUIFFREY, *Comptes des bâtiments du roi sous le règne de Louis XIV,* t. II, 1887, col. 140, 278, 367, 522, 619, 622, 905, 988, 995, 1177; t. III, 1891, col. 96, 422, 557, 702, 845, 1082, 1093, 1131, 1140; t. IV, 1896,

1. *Nouvelle description des environs de Paris,* 1790, t. I, p. 253, 255.

col. 312, 329, 448, 470, 613, 709, 728, 955, 964, 1072, 1184. — G. Macon, *Les arts dans la maison de Condé*, 1903, p. 56.

Hutinot (Pierre), élève de Simon Guillain, naquit à Paris en 1616. En 1660, il obtint le titre de sculpteur du roi ; il demeurait alors rue des Fontaines. Il fut reçu membre de l'Académie royale de peinture et de sculpture le 3 septembre 1667, sur un bas-relief en marbre représentant la *Peinture et la Sculpture découvertes par le Temps*. Il mourut le 29 septembre 1679 sur la paroisse Saint-Nicolas-des-Champs.

ŒUVRES

Masques et têtes de satyres décorant la façade de l'hôtel de Beauvais, dans la rue Saint-Antoine, à Paris (année 1657).

La Peinture et la Sculpture découvertes par le Temps. Bas-relief en marbre. Musée du Louvre, n° 722. Morceau de réception à l'Académie (3 septembre 1667).

Armoiries sculptées à la porte de la chancellerie du château de Saint-Germain-en-Laye. Payées 250 livres (année 1669).

Modèles de vases pour les Tuileries et pour Versailles. Payés 1.210 livres (années 1670-1672).

Ouvrages en stuc aux plafonds d'un cabinet et du salon du grand appartement du roi, à Versailles (année 1671).

Trophées pour le château de Versailles (année 1672).

Travaux au Labyrinthe du parc de Versailles. Payés 876 livres (année 1673).

L'Été, sous la figure de Cérès qui tient des épis de blé. Statue en marbre. Pourtour du Parterre du Nord dans le même parc. Gravée par G. Edelinck et par Thomassin, n° 93. Cette statue, commencée en 1675, fut laissée inachevée par la mort de l'artiste ; elle a été terminée par son fils.

Corniche en stuc dans une des pièces du château de Clagny. En collaboration de Michel La Perdrix. Payée 702 livres (année 1677).

Ornements en plomb et en étain aux lucarnes du château de Versailles. En collaboration de La Perdrix et de Lecomte (année 1679).

D'Argenville, *Voyage pittoresque des environs de Paris*, 1762, p. 124, 402. — Piganiol de la Force, *Nouvelle description des châteaux et parcs de Versailles et de Marly*, 1764, t. II, p. 41, 333. — *Archives de l'art français, documents*, t. II, 1853, p. 373. — *Mémoires inédits sur la vie et les ouvrages des membres de l'Académie royale*, 1854, t. I, p. 194, 411 ; t. II, p. 82. — Eudore Soulié, *Notice du Musée impérial de Versailles*, 3e partie, 1861, p. 504. — De Montaiglon, *Procès-verbaux de l'Académie royale*, t. I, 1875, p. 280, 296, 310, 312, 322. — Ulysse Robert, *Nouvelles archives de l'art français*, 1876, p. 50. — J. Guiffrey, *Comptes des bâtiments du roi sous le règne de Louis XIV*, t. I, 1881, col. 321, 345, 475, 511, 618, 670, 697, 762, 830, 902, 964, 983, 1048, 1076, 1159, 1160, 1191. — De Nolhac, *Les jardins de Versailles*, 1906, p. 56.

Hutinot (Pierre), fils du précédent, reçoit le 6 décembre 1679 la somme de 300 livres « à compte d'une figure de marbre que le sr deffunt (son père) a commancée, et laquelle est continuée par le dit

comparant, son fils, dans le Parterre d'eau de Versailles ». Il s'agit
de la statue de l'*Été* que j'ai citée plus haut. Je n'ai trouvé aucun autre
renseignement sur cet artiste.

Ulysse Robert. *Nouvelles archives de l'art français*. 1876, p. 68. — J. Guiffrey,
Comptes des bâtiments du roi sous le règne de Louis XIV, t. II, 1887, col. 197.

I

Imbert (Gaspard), né à Blois, exerçait son art dans sa ville natale,
où il habitait sur la paroisse Saint-Martin dans la seconde moitié du
XVIIᵉ siècle. Il sculpta le maître-autel de l'église Saint-Honoré, église
démolie à la Révolution. Il fit les sculptures du chœur de la chapelle
des Jésuites (devenue l'église paroissiale de Saint-Vincent-de-Paul) et
très probablement les deux groupes érigés de chaque côté du même
sanctuaire, dont l'un porte la date de 1677.

Il travailla aussi en dehors de la ville de Blois. C'est à lui qu'on doit
l'autel et le retable de l'église de Bracieux, en Sologne; ces ouvrages
terminés en 1663 existent encore aujourd'hui. En 1690, il exécuta les
statues de saint Marc et de saint Luc destinées à la décoration de la nouvelle façade de l'église Saint-Pierre de Saumur. Il fut occupé également
à Chambord. On le voit en effet toucher en 1684 « le parfait payement
de 334 l. pour ouvrages de sculpture en pierre et en bois qu'il a fait
tant à l'église qu'au chateau ». En 1693, les comptes portent : « A
Imbert, sculpteur et peintre, pour un crucifix de bois, dont le Christ
a trois pieds de hault, qu'il a fait mettre au-dessus de la porte du
chœur de l'église parochiale de Chambord, et qu'il a peint en couleur
de chair à huisle et la draperie blanche avec un filet d'or sur les extre-
mitez. . . . . 40 l. ».

Gaspard Imbert mourut en 1695.

A. Dupré, *Revue des sociétés savantes des départements*. 6ᵉ série, t. I, 1875,
p. 99-100. — Célestin Port. *Les artistes angevins*, 1881, p. 328. — J. Guiffrey,
Comptes des bâtiments du roi sous le règne de Louis XIV, t. I, 1881, col. 443 ;
t. II, 1887, col. 82, 96, 376, 530 ; t. III, 1891, col. 782.

Imbert (Louis), était établi à Toulon à la fin du xviiᵉ et au commencement du xviiiᵉ siècle. De 1683 à 1685, il exécuta en pierre, dans une des salles de l'Hôtel de Ville, des ornements et les armoiries de la cité. En 1690, il sculpta, d'après les modèles de son confrère Claude Dubreuil, la porte en bois [1] du séminaire des aumôniers de la marine, aujourd'hui hôpital maritime. Entre temps, de 1684 à 1721, il fut occupé à des travaux de sculpture pour la décoration des vaisseaux de l'État. Il vivait encore en 1730. Il avait un fils, Étienne Imbert, sculpteur comme lui, qui vers cette époque exerçait aussi son art à Toulon.

Ch. GINOUX, *Réunion des sociétés des beaux-arts des départements*, 1884, p. 352, 358, 359 ; 1891, p. 253. — Idem, *Revue de l'art français*, 1888, p. 174 ; 1894, p. 269. — *Inventaire général des richesses d'art de la France. Province, monuments religieux*, t. VI, 1892, p. 292.

Isaac. Un sculpteur de ce nom résidait à Nancy dans la première moitié du xviiᵉ siècle. Il nous est connu par l'acte de décès de son fils mort en 1626. On ne sait rien de lui.

Archives de Nancy, t. III, p. 314. — A. JACQUOT, *Réunion des sociétés des beaux-arts des départements*, 1900, p. 339.

Isnard (Honoré), né à Toulon, demeurait dans sa ville natale, où il se maria le 22 avril 1663. En 1668, il travaillait dans l'arsenal sous la direction de Guillaume Gay. En 1698, on le trouve encore au nombre des sculpteurs employés à la décoration des vaisseaux de l'État.

Archives de l'art français, documents, t. IV, 1856, p. 238. — Ch. GINOUX, *Réunion des sociétés des beaux-arts des départements*, 1884, p. 358. — Idem, *Revue de l'art français*, 1888, p. 175, 258 ; 1894, p. 269.

Isnard (Pierre), sculpteur lyonnais de la seconde moitié du xviiᵉ siècle, figure comme parrain dans l'acte de baptême d'un fils de son confrère Simon Guillaume, acte inscrit sur les registres de l'église Saint-Nizier le 20 août 1683. Peut-être Pierre Isnard était-il parent du précédent ?

Natalis RONDOT, *Les sculpteurs de Lyon du XIVᵉ au XVIIIᵉ siècle*, 1884, p. 61. — Idem, *Revue de l'art français*, 1887, p. 305.

1. Cette porte existe encore.

J

Jacob (Claude), sculpteur de la fin du XVIIᵉ siècle, est cité dans les comptes des bâtiments du roi comme ayant travaillé au château de Marly de 1689 à 1697. En 1715, il exécute des ouvrages de sculpture au clocher de l'église de l'abbaye royale de Poissy.

J. GUIFFREY, *Comptes des bâtiments du roi sous le règne de Louis XIV*, t. III, 1891, col. 337, 472, 615, 764, 897, 1169 ; t. IV. 1896, col. 242 ; t. V, 1901, col. 885.

Jacob de Villeneuve. Voir **Villeneuve** (Jacob de).

Jacquard (Claude), sculpteur et charpentier, était établi à Nancy au XVIIᵉ siècle.

A. JACQUOT, *Réunion des sociétés des beaux-arts des départements*, 1900, p. 340.

Jacques (François), né à Reims vers 1628, était fils du sculpteur Nicolas I Jacques[1]. Il collabora d'abord avec son père, puis, à la mort de ce dernier, il entreprit en 1659 la décoration du portique nord du chœur de l'église Saint-Rémi. Il fut aidé dans cet ouvrage par un maître maçon nommé Henry Gentillastre. Il mourut, le 20 juillet 1664, à la suite d'une chute qu'il fit en travaillant au portail de la chapelle des Carmélites.

Henri JADART, *Les Jacques, sculpteurs rémois* (*Réunion des sociétés des beaux-arts des départements*, 1890, p. 574, 575, 580, 581).

Jacques (Nicolas II), fils du précédent, naquit à Reims en 1654. Il fit toute sa carrière dans sa ville natale, où il obtint la maîtrise de son art en 1678. Il dut aider son père dans la sculpture du portique nord du chœur de l'église Saint-Rémi, mais on n'a pas de renseignements positifs à ce sujet et on ne connaît aucune de ses œuvres. On

1. Voir le *Dictionnaire des sculpteurs de l'Ecole française du Moyen Age au règne de Louis XIV*, p. 287.

lui attribue cependant avec quelque vraisemblance un groupe en terre cuite représentant un jeune garçon et une jeune fille dansant, qui se trouve au Musée de Reims. Il mourut en janvier 1726 et fut enterré au cimetière de Saint-Symphorien, sa paroisse.

Henri JADART, *Les Jacques, sculpteurs rémois (Réunion des sociétés des beaux-arts des départements*, 1870, p. 575, 581).

Jacques (Thomas), exerçait son art à Toulon vers 1703. A cette époque, son fils Jean, sculpteur comme lui, était établi aussi dans la même ville. M. Charles Ginoux cite encore un Jacques Thomas, originaire du Dauphiné, qui de 1668 à 1696 exécuta dans l'arsenal de Toulon différents travaux de sculpture navale. C'est sans doute le même artiste.

Ch. GINOUX, *Réunion des sociétés des beaux-arts des départements*, 1884, p. 358. — Idem, *Revue de l'art français*, 1888, p. 169 ; 1894, p. 270, 316.

Jacques-Joseph de la Croix. Voir **La Croix** (Jacques-Joseph de).

Jacques de Mougeot. Voir **Mougeot** (Jacques de).

Jacquesson (Claude), maître sculpteur et doreur né à Reims, vint résider à Lyon, où il se maria en 1675.

Natalis RONDOT, *Les sculpteurs de Lyon du XIV⁰ au XVIII⁰ siècle*, 1884, p. 58.

Jacquet (Alexandre), dit Grenoble, né vers 1614, était fils de Germain Jacquet[1]. Il obtint comme son père la double charge de sculpteur du roi et de garde des antiques. En 1639, il passa un marché pour l'exécution d'une tombe destinée à l'église des Capucins de Chartres. Plus tard, il travailla au Louvre, aux Tuileries, à Versailles et à Saint-Germain-en-Laye. Il mourut à Paris, le 28 mai 1686, et fut inhumé le lendemain à Saint-Hippolyte. Les comptes des bâtiments du roi citent un Jacques Grenoble, mais c'est le même artiste qu'Alexandre Grenoble ; on en a fait à tort deux sculpteurs différents.

ŒUVRES

Masques de satyres et têtes de lions sculptés à une cheminée du pavillon des Tuileries. En collaboration de Michel Boissard. Payés 240 livres (année 1664).
Ornementation de deux souches de cheminées du Louvre. En collaboration de Boissard. Payée 1.080 livres (année 1665).

1. Voir le *Dictionnaire des sculpteurs de l'École française du Moyen Age au règne de Louis XIV*, p. 291.

Une Renommée. Figure sculptée au fronton de l'une des petites cours du château de Versailles. Payée 800 livres (années 1671-1672).

Trophées sur la grande balustrade du même château. Payés 1.000 livres (années 1679-1680).

Ornements des cintres de trois croisées du même château (année 1681).

Une figure en pierre pour la grande aile du même château (année 1682).

Travaux à la pièce d'eau de Neptune, au-dessous de celle du Dragon, dans le parc de Versailles (année 1683).

Ouvrages de sculpture à la balustrade en haut du château de Saint-Germain-en-Laye (année 1684).

Glaçons sculptés aux bassins des Bains d'Apollon, dans le parc de Versailles. Payés 216 livres (année 1685).

A. Jal, *Dictionnaire critique de biographie et d'histoire*, 1872, p. 656. — J. Guiffrey, *Comptes des bâtiments du roi sous le règne de Louis XIV*, t. I, 1881, col. 15, 71, 514, 515, 615, 1162, 1287 ; t. II, 1887, col. 10, 136, 162, 278, 303, 476, 516, 628, 803.

Jacquin, dit le grand Jacquin. Cet artiste lorrain, originaire de Neufchâteau selon dom Calmet, aurait été le chef d'une école de sculpture lorraine. C'est lui qu'on regarde comme le maître de César Bagard. Peut-être est-il possible de l'identifier avec un Nicolas Jacquin de Neufchâteau, né en 1625, qui est cité par Chevrier. M. Jacquot, s'en rapportant à dom Calmet, prétend qu'il se rendit à Paris, où il fut reçu de l'Académie et où il travailla pour le duc d'Orléans ; je ne le vois cependant pas figurer sur la liste des académiciens. Il le donne aussi comme l'auteur d'une statue de la Vierge exécutée en 1656 pour l'église des Carmes-Déchaussés de Paris ; or d'Argenville et Thiéry attribuent cette statue à Antonio Raggi, sculpteur italien, qui l'aurait sculptée à Rome sur un modèle du Bernin. Dom Calmet rapporte encore que le maître-autel de cette même église des Carmes aurait été fait en 1683, d'après les dessins de Jacquin. N'y aurait-il pas confusion avec d'autres sculpteurs du même nom, établis à Paris, dont je parle plus loin ?

Dom Calmet, *Bibliothèque lorraine*, 1751, p. 539. — A. Jacquot, *Réunion des sociétés des beaux-arts des départements*, 1900, p. 340.

Jacquin (Mathieu), sculpteur, sans doute parent du précédent, est reçu bourgeois de Nancy en 1658.

A. Jacquot, *Réunion des sociétés des beaux-arts des départements*, 1900, p. 340.

Jacquin (Antoine), exerçait so   art à Lyon de 1656 à 1666. I l

habitait sur la paroisse de Saint-Nizier. Il devait être parent des sculpteurs lyonnais, François, Jean et Nicolas Jacquin, que j'ai déjà cités[1].

Natalis Rondot, *Les sculpteurs de Lyon du XIVe au XVIIIe siècle*, 1884, p. 53.
— Idem, *Revue de l'art français*, 1887, p. 298.

Jacquin (Pierre), sculpteur et peintre parisien établi sur la
paroisse de Saint-Sulpice, devient veuf le 14 janvier 1654 et se remarie
le 30 novembre 1656.

H. Herluison, *Actes d'état civil d'artistes français*, 1873, p. 189.

Jacquin (Christophe), sculpteur parisien, peut-être fils du précédent, fut reçu membre de l'Académie de Saint-Luc le 26 avril 1657. Il
vivait encore en 1682.

P. Lacroix, *Revue universelle des arts*, t. XIII, 1861, p. 325.

Jacquin (François), né en 1631, fils d'un Jean Jacquin, sculpteur, était architecte et ingénieur du roi et premier sculpteur de
Monsieur. Il se maria à Paris en 1687 et mourut dans cette ville, le
31 mars 1708 ; il fut enterré sur la paroisse Saint-Benoît.

H. Herluison, *Actes d'état civil d'artistes français*, 1873, p. 189. — E. Piot, *État
civil de quelques artistes français*, 1873, p. 63.

Jacquin (Joseph), résidait à Paris, sur la paroisse Saint-Sulpice,
quand il partit en Suède vers la fin du xviie siècle. D'après le registre
de la chapelle de France à Stockholm[2], il figurait avec la qualification
de sculpteur pensionnaire du roi de Suède sur les actes de baptême
de ses enfants, actes inscrits l'un, le 8 décembre 1690 et l'autre, le
27 décembre 1700. La date de 1690 est certainement une erreur, car
l'artiste n'obtint son congé pour aller en Suède que le 21 juillet 1693 et
sa femme, Claude Pélisson, n'eut la permission de le rejoindre que le
18 juin 1697. Dans ce dernier congé, il est désigné sous le nom de
Joseph Jacquin le cadet, sculpteur en bois. C'est sans doute lui qui est
mentionné dans les comptes des bâtiments du roi comme ayant
exécuté, en 1677, douze figures de bois pour le château de Clagny et,
en 1688, d'autres figures pour le dessus des frontons du salon de
Trianon, à Versailles, et comme ayant travaillé, de 1691 à 1693, à
l'église des Invalides.

De Montaiglon, *Revue universelle des arts*, t. IV, 1856-1857, p. 312, 313. —
L. Dussieux, *Les artistes français à l'étranger*, 1876, p. 589, note 2. — J. Guiffrey,

1. Voir le *Dictionnaire des sculpteurs de l'École française du Moyen Age au
règne de Louis XIV*, p. 292.
2. Ce registre, qui se trouvait aux archives de l'Hôtel de Ville de Paris, a été
brûlé en mai 1871.

Nouvelles archives de l'art français, 1878, p. 6, 8. — Idem, *Comptes des bâti-ments du roi sous le règne de Louis XIV,* t. I, 1881, col. 983; t. III, 1891, col. 97, 290, 554, 701, 703, 844.

Jacquin (Gabriel), était établi à Grenoble de 1674 à 1716. En 1683, il reçut la commande de sculpter, moyennant 267 livres, le plafond du grand bureau de la chambre des Comptes.

Ed. MAIGNIEN, *Les artistes grenoblois,* 1887, p. 178.

Jacquot (Claude), sculpteur des bâtiments du roi, demeurant à Saint-Germain-en-Laye, signe à Paris, le 30 janvier 1713, le contrat de mariage d'une de ses filles. C'est par cet acte que l'artiste nous est connu. Ne serait-ce pas le même sculpteur que Claude Jacob dont j'ai parlé plus haut? Les noms, en effet, sont souvent écrits dans les comptes d'une façon bien fantaisiste.

H. JOUIN, *Revue de l'art français,* 1890, p. 309.

Jadin (François-Léonard), sculpteur lorrain établi à Nancy au XVIIᵉ siècle, avait en 1658 le titre de bourgeois de la ville.

A. JACQUOT, *Réunion des sociétés des beaux-arts des départements,* 1900, p. 341.

Jaillot (Pierre-Simon), sculpteur en ivoire, né en 1633 à Saint-Oyan-en-Joux (Saône-et-Loire), vint s'établir à Paris en 1657. Il fut reçu membre de l'Académie royale de peinture et de sculpture le 28 mai 1661 ; il avait présenté comme morceau de réception un Christ en ivoire. Il fut destitué le 10 octobre 1673 pour injures envers Le Brun, et son christ, retiré des salles de l'Académie, fut déposé dans l'église de l'hôpital de Saint-Germain-des-Prés, dit des Petites-maisons. Il mourut le 23 septembre 1681 et fut inhumé dans l'église Saint-André-des-Arts.

On connaît un ouvrage de Simon Jaillot par une gravure représentant le Christ en croix sur le Calvaire. Cette gravure porte en effet l'inscription suivante : *Simon Jaillot invenit et sculpsit in ebore.* — *Lichery pinxit. J. Meinselman sculpsit.* Dans la vente d'Alexandre Lenoir (11 décembre 1837), se trouvait, sous le numéro 188, un buste en ivoire de Charles Le Brun sculpté d'après Coyzevox par Jaillot. Le buste de Coyzevox ayant été exécuté en 1679, la copie a pu en être faite par Simon, celui-ci n'étant mort qu'en 1681 ; cependant elle doit être plutôt l'œuvre de son frère Hubert, car Simon exclu de l'Académie pour outrages adressés à Le Brun ne devait pas être très disposé à accomplir ce travail.

Jaillot (Alexis-Hubert), sculpteur en ivoire, né vers 1640, frère

17

cadet du précédent, avec lequel il vint à Paris en 1657. Il épouas
le 11 janvier 1665 Jeanne, fille de Nicolas Bercy, marchand graveur
de la paroisse Saint-André, et eut de ce mariage sept enfants. Il
perdit sa femme le 1ᵉʳ novembre 1675 et se remaria le 26 août
1676 avec Charlotte Orbane qui lui donna huit enfants. Après avoir
travaillé en collaboration de son frère, il abandonna la sculpture
pour se livrer à l'étude de la géographie. Dès 1678, au baptême
d'un de ses fils, il prit le titre de sculpteur et géographe ordinaire
du roi. En 1700, il fit paraître un atlas français en deux volumes,
ouvrage dédié à Louis XIV. Il mourut à Paris, rue des Augustins, le mercredi 2 novembre 1712. Un portrait d'Hubert Jaillot a été
gravé en 1695 par C. Vermeulen.

Florent LECOMTE, *Cabinet des singularitez d'architecture, peinture, sculpture et
gravure*, 1702, t. III, p. 185, 187. — *Archives de l'art français, documents*, t. II,
1853, p. 373 ; *Abécédario de Mariette*, t. III, 1856, p. 2. — Ph. DE CHENNEVIÈRES,
Notes d'un compilateur sur les sculpteurs et la sculpture en ivoire, p. 25, 28. —
A. JAL, *Dictionnaire critique de biographie et d'histoire*, 1872, p. 701. — H. HER-
LUISON, *Actes d'état civil d'artistes français*, 1873, p. 190. — DE MONTAIGLON,
Procès-verbaux de l'Académie, t. I, 1875, p. 176, 177, 180, 378, 380, 381, 382 ;
t. II, 1878, p. 13, 16, 19, 111, 112, 114, 115. — BELLIER DE LA CHAVIGNERIE, *Dic-
tionnaire général des artistes de l'École française*, t. I, 1882, p. 817. — Jules GAU-
THIER, *Dictionnaire des artistes francs-comtois antérieurs au XIXᵉ siècle*, 1892,
p. 11.

Janson (Jacques), sculpteur parisien, était un des anciens de
l'Académie de Saint-Luc où il avait été admis le 2 décembre 1654. Il
vivait encore en 1682.

P. LACROIX, *Revue universelle des arts*, t. XIII, 1862, p. 325.

Jaquin (Nicolas), travaillait en Lorraine dans la seconde moitié
du xviiᵉ siècle, sous le règne de Charles IV. Ne serait-ce pas le même
artiste que Jacquin, dit le grand Jacquin, dont j'ai parlé plus haut ?

H. LEPAGE, *Le palais ducal de Nancy*, 1852, p. 122.

Jarnac (David). On trouve dans les archives de l'Hôtel de Ville
de la Rochelle un acte notarié, daté du 5 octobre 1676, qui qualifie
David Jarnac « sculpteur et habitant de l'île Sainte-Croix en l'Amérique ». Sa femme, Marie Raymond, figure dans cet acte comme pro-
curatrice de son mari. C'est le seul renseignement que l'on possède
sur cet artiste dont Dussieux ne fait pas mention.

DE RICHEMOND, *Revue de l'art français*, 1888, p. 185.

Jaunet (Pierre), sculpteur angevin, résidait à Doué-la-Fontaine
(Maine-et-Loire) vers 1680.

Célestin PORT, *Les artistes angevins*, 1881, p. 157.

Jay (Pierre), sculpteur établi en Savoie, exerçait son art dans la ville de Thonon vers 1679.

A. DUFOUR et F. RABUT, *Les sculpteurs et les sculptures en Savoie du XIIIe au XIXe siècle*, 1874, p. 72.

Jean-Baptiste du Chesne. Voir **Chesne** (Jean-Baptiste du).

Jean d'Armagnac. Voir **Armagnac** (Jean d').

Jean d'Aurimon. Voir **Aurimon** (Jean d').

Jean de La Croix. Voir **La Croix** (Jean de).

Jean de Lavau. Voir **Lavau** (Jean de).

Jean le Maire. Voir **Maire** (Jean le).

Jean (Joseph), travaillait à Toulon en 1668 comme sculpteur décorateur de vaisseaux, sous la direction de Guillaume Gay.

Archives de l'art français, documents, t. III, 1856, p. 238. — Ch. GINOUX, *Revue de l'art français*, 1894, p . 271.

Job (François), sculpteur établi à Toulon, élève de Gabriel Levray, était occupé en 1668 à des travaux de décoration navale.

Archives de l'art français, documents, t. IV, 1856, p. 238. — Ch. GINOUX, *Revue de l'art français*, 1888, p. 169; 1894, p. 271.

Jollivet. Ce sculpteur est cité dans les comptes des bâtiments du roi comme travaillant aux châteaux de Marly et de Meudon de 1699 à 1704. Entre temps, en 1702, il touche 134 livres « pour les ouvrages de sculpture qu'il fait à l'apartement de Monseigneur le-cardinal de Noailles, chez les prestres de la Mission de la paroisse de Versailles ». En 1705 et en 1708, on le trouve occupé à l'église des Invalides. En 1709, il est employé à la décoration des confessionnaux de la chapelle du château de Versailles et à des travaux de sculpture en bois pour la chapelle de la Vierge et pour celle de Sainte-Thérèse, dans l'église des Invalides. Il vivait encore en 1713.

J. GUIFFREY, *Comptes des bâtiments du roi sous le règne de Louis XIV*, t. IV, 1896, col. 479, 570, 618, 676, 696. 792, 838, 906, 1015, 1073, 1142, 1177 ; t. V, 1901, col. 234, 317, 348, 414, 531, 534, 696.

Jolly (François), fut admis au nombre des membres de l'Académie de Saint-Luc le 6 juin 1673. Son nom est encore inscrit sur les listes de la communauté en 1682.

P. LACROIX, *Revue universelle des arts*, t. XIII, 1861, p. 331.

Joly (Pierre), sculpteur en ivoire d'origine bourguignonne, résidait à Rome vers 1665.

A. BERTOLOTTI, *Artisti francesi in Roma nei secoli XV, XVI e XVII*, 1886, p. 203.

Joly (Jean), élève de Girardon, naquit à Troyes vers 1654. Il vint à Paris, où il remporta en 1680 le premier prix de sculpture à l'ancienne École académique, avec un bas-relief représentant *le fratricide de Caïn*. Il partit la même année pour Rome et fut admis comme pensionnaire du roi à l'Académie de France. De retour à Paris, il se présenta le 26 octobre 1686 à l'Académie royale de peinture et de sculpture, mais il ne fut pas reçu, n'ayant pas exécuté dans les délais convenus le bas-relief que la Compagnie lui avait demandé de faire en marbre. De 1687 à 1699, il travailla pour Versailles, pour Marly et pour l'église des Invalides. Au commencement du XVIIIᵉ siècle, il vint s'établir à Montpellier, où il mourut le 24 décembre 1710 à l'âge de 86 ans; il fut inhumé le lendemain à l'église des Peres-Augustins. Il est désigné dans son acte de décès comme « sculpteur du roy et de la province du Languedoc, originaire de Troyes en Champagne ».

ŒUVRES

Ganymède. Statue en marbre d'après l'antique. Bosquet de l'Étoile, dans le parc de Versailles. Ce marbre fut exécuté à Rome, en 1683, d'après une copie modelée par Martin Carlier. L'original de cette figure est à Florence.

Quatre chapiteaux en marbre pour Trianon. Payés 746 livres (années 1687-1688).

Vase en marbre orné de cannelures et de feuilles d'acanthe. Grande Allée ou Tapis-Vert, dans le parc de Versailles. Payé 1.200 livres (années 1687-1688). Gravé par Thomassin nº 218.

Trophées en pierre au-dessus des croisées de Trianon. En collaboration de Nicolas Coustou. Payés 11.465 livres (année 1688).

Paniers et corbeilles de fleurs en pierre pour la balustrade du comble de Trianon. En collaboration de Nicolas Coustou. Payés 2.530 livres (année 1688).

Paniers en pierre avec fleurs en plomb pour mettre sur les murs de Trianon. En collaboration de Nicolas Coustou. Payés 3.750 livres (années 1688-1689).

Ouvrages de sculpture au-dessus des croisées du dôme des Invalides. Payés 1.000 livres (année 1690).

Sculptures aux panneaux d'une des voûtes des chapelles de la même église (année 1693).

Tombeau du maréchal de Créqui, exécuté en collaboration de Nicolas Coustou et de Coyzevox vers 1695. Autrefois dans l'église des Jacobins de la rue Saint-Honoré. Ce tombeau a été détruit à la Révolution; il ne reste plus que le buste de la statue du maréchal, œuvre de Coyzevox, déposé aujourd'hui dans l'église Saint-Roch.

Un vase en marbre pour Marly. Payé 850 livres (années 1697-1698).

Louis XIV. Statue équestre en bronze. Cette statue, commandée par les États de Languedoc, fut modelée et fondue à Paris, puis transportée à Montpellier, où elle fut érigée sur la place du Peyrou.

D'Argenville, *Voyage pittoresque de Paris*, 1752, p. 110. — Piganiol de la Force, *Nouvelle description des châteaux et parcs de Versailles et de Marly*, 1764, t. II, p. 76, 178. — *Archives de la ville de Montpellier*, GG. 119, fol. III, V°. Paroisse Saint-Pierre. — Thiéry, *Guide des amateurs et des étrangers à Paris*, 1787, t. I, p. 151. — A. Duvivier, *Archives de l'art français, documents*, t. V, 1857-1858, p. 278. — Eud. Soulié, *Notice du Musée impérial de Versailles*, 3e partie, 1861, p. 511, 519. — *Nouvelles archives de l'art français*, 1876, p. 68 ; 1882, p. 24. — De Montaiglon, *Procès verbaux de l'Académie royale*, t. II, 1878, p. 172, 174, 339, 345 ; t. III, 1880, p. 17. — Idem, *Correspondance des directeurs de l'Académie de France*, t. I, 1887, p. 102, 124, 133. — Chaubry de Troncenord, *Mémoires de la Société d'agriculture, etc., du département de la Marne*, 1862, p. 292-293. — E. Socard, *Biographie des personnages de Troyes et du département de l'Aube*, 1882, p. 225. — J. Guiffrey, *Comptes des bâtiments du roi sous le règne de Louis XIV*, t. II, 1887, col. 1178 ; t. III, 1891, col. 35, 97, 248, 422, 554, 790, 843, 845, 990 ; t. IV, 1896, col. 188, 331, 336, 420, 471. — L. Morin, *Revue des sociétés des beaux-arts des départements*, 1902, p. 319.

Jouquet (Louis), est qualifié compagnon sculpteur dans l'acte de baptême de sa fille, inscrit à Paris sur les registres de la paroisse Saint-Benoît le 10 juillet 1701

H. Herluison, *Actes d'état civil d'artistes français*, 1873, p. 203 à La Haye.

Jourdain (Tanguin), sculpteur en bois né à Brest en 1626, meurt à Paris le 22 mai 1651 et est inhumé dans le cimetière de l'église Saint-Roch.

H. Herluison, *Actes d'état civil d'artistes français*, 1873, p. 196.

Jourdan (Pierre), sculpteur en bois originaire de Vaulnaveys, était établi à Grenoble dans la seconde moitié du xviie siècle. De 1664 à 1683, il exécuta des retables et des tabernacles pour les églises des Jésuites et des Jacobins ainsi que pour la Chartreuse de Durbon. Il travailla également au palais épiscopal pour le compte de l'évêque Étienne Le Camus. Il mourut vers 1690.

Ed. Maignien, *Les artistes grenoblois*, 1887, p. 183-187.

Jouvenet (Noël I), sculpteur et peintre rouennais, faisait partie de la maîtrise de sa ville vers le milieu du xviie siècle. Les archives de la Seine-Inférieure citent un Noël Jouvenet, sculpteur demeurant à Rouen sur la paroisse Saint-Pierre-l'Honoré, qui, en 1648, travaillait à l'église de Pissy (Seine-Inférieure). C'est de Noël I dont il s'agit sans doute.

Jouvenet (Noël II), sculpteur et peintre né à Rouen, neveu du précédent, exerçait son art dans sa ville natale, où il exécuta en 1666 pour l'église Saint-Michel une contretable qui lui fut payée 1.100 livres. En 1671, il sculpta encore une contretable pour l'église de Morgny (Seine-Inférieure). Vers la même époque, il était occupé à l'église de Saint-Godard de Rouen. Il mourut dans cette ville en 1693. Il était le frère du célèbre peintre Jean Jouvenet.

Jouvenet (Noël III), sculpteur des bâtiments du roi, né à Rouen, cousin du précédent et fils de Noël I, vint s'établir à Paris, où il demeurait rue des Jeuneurs. De 1670 à 1704, il travailla au Collège des Quatre-Nations, à l'église des Invalides, à la place Vendôme et aux châteaux de Versailles, de Trianon, de Clagny, de Meudon, de Saint-Germain-en-Laye et de Marly. Il exécuta beaucoup de ses ouvrages en collaboration de Pierre Mazeline ; ce dernier en effet est souvent associé à lui dans les comptes des bâtiments du roi.

Noël III Jouvenet devait avoir une certaine aisance, car, le 22 novembre 1684, il louait 1.600 livres une maison qu'il possédait à Versailles ; de plus, il acheta en 1687 un terrain rue de l'Université, à Paris, et y fit bâtir deux maisons. C'est là qu'il habitait en 1710. On trouve trace de lui pour la dernière fois en 1711.

ŒUVRES

Deux Pères de l'Église. Groupe en pierre ornant autrefois le pavillon central du collège des Quatre-Nations (Palais de l'Institut). Ce groupe, sculpté de 1670 à 1674, n'existe plus.

Ouvrages en stuc exécutés pour Versailles (année 1672).

Ornements des combles de Trianon (années 1672-1673).

Décoration des combles de Versailles (année 1673).

Le Sanguin. Statue en marbre. Pourtour du Parterre du Nord, dans le parc de Versailles (années 1675-1680). Gravée par Thomassin, n° 100.

Ouvrages de sculpture au château de Clagny. Payés 2.961 livres (années 1676-1677).

Ornements en plomb des deux lanternes des combles du château de Versailles. En collaboration de Mazeline (année 1679).

Ouvrages de sculpture en stuc à l'appartement des parfums, dans le vieux château de Saint-Germain-en-Laye. Payés 2.800 livres (année 1679).

Décoration des souches de cheminées au-dessus des combles du château de Versailles. En collaboration de Desjardins. Payée 1.640 livres (année 1680).

Chapiteaux, trophées et consoles en pierre à la façade du même château (année 1680).

Masques des fontaines de l'avant-cour du même château (années 1680-1683). Payés 3.712 livres.

Décoration du cabinet de la duchesse de Fontange, au château de Saint-Germain-en-Laye (année 1681).

Quatre torchères et vases pour le bosquet de la Salle-de-Bal, dans le parc de Versailles. En collaboration de Mazeline (années 1682-1683).

Ouvrages de sculpture dans l'appartement de Madame de Maintenon, au château de Versailles. En collaboration de Mazeline. Payés 1.899 livres (année 1682).

Quatre figures et vases en bois pour la nouvelle chapelle du même château. En collaboration de Mazeline (année 1682).

Ornements au-dessus des portes du grand escalier du même château. En collaboration de Mazeline. Payés 169 livres (année 1682).

Ouvrages de sculpture en bois et en stuc pour le cabinet des curiosités, dans le même château. En collaboration de Le Hongre et de Mazeline. Payés 24.449 livres (année 1682).

Cinquante vases en plâtre posés sur la balustrade autour de l'hôtel de Vermandois, à Versailles. Payés 1.500 livres (année 1683).

Travaux au château de Marly (année 1683).

Ouvrages de sculpture au Grand-Commun de Versailles. En collaboration de Mazeline (année 1684).

La Charité. Bas-relief en pierre. Façade de l'église Notre-Dame, à Versailles.

Hercule et Téléphe. Statue en marbre d'après l'antique. Grande-Allée ou Tapis-Vert, dans le parc de Versailles (années 1684-1685). D'Argenville, Piganiol et les comptes des bâtiments du roi donnent cette statue comme représentant l'Empereur Commode en Hercule. L'original est à Rome au Musée du Vatican.

Chapiteaux au portail de l'église paroissiale de Versailles. En collaboration de Mazeline (années 1684-1685).

Ouvrages de sculpture en plomb et en étain aux lucarnes des quatre pavillons de la cour du château de Versailles. Payés 1.710 livres (année 1684).

Groupe de figures à la façade du château de Marly. Payé 1.100 livres (année 1684).

Six chapiteaux en marbre pour la Colonnade du parc de Versailles et un autre pour la Salle des Gardes du roi (années 1684-1685).

Chapiteaux en pierre dans l'église des Invalides (année 1685).

Deux vases pour la Colonnade du parc de Versailles. Payés 840 livres (année 1685).

Le Triomphe de Thétis. Modèle d'un groupe exécuté en collaboration de Mazeline et de Simon Hurtrelle. Ce groupe était destiné à être posé au milieu d'un des grands bassins, en face du château de Versailles. Payé 7.110 livres (année 1685).

Ouvrages de sculpture à la chapelle du château de Marly. En collaboration de Mazeline (année 1685).

Modèles de deux trophées et de deux enfants soutenant une couronne. Ils étaient destinés à orner le piédestal devant porter le buste de Louis XIV par le Bernin dans la salle de billard (salon de Diane) du château de Versailles. En collaboration de Mazeline. Payés 1.451 livres (année 1685). Ces modèles furent fondus par les Keller.

Ornements en stuc à la corniche du cabinet de la princesse de Conti, à Versailles (année 1687).

Sculpture des chapiteaux du portail du nouveau couvent des Capucines de la place Vendôme, à Paris. Payée 404 livres (année 1687).

Décoration des corniches des appartements des châteaux de Versailles et de Trianon. En collaboration de Barrois et de Mazeline (année 1687).

Chapiteaux pour la grande aile du château de Versailles (année 1687).

Fleurs de lis et têtes de lions sculptées aux chapiteaux du grand portail de l'église des Invalides. Payées 1.428 livres (année 1687).

Seize chapiteaux en marbre pour Trianon. En collaboration de son frère Isaac Jouvenet. Payés 3.045 livres (année 1687).

Gaine en marbre pour porter un buste de Junon placé dans le parc de Versailles. Payée 750 livres (année 1688).

Couronnements au-dessus des frontons du château de Marly. En collaboration de Barrois et de Mazeline. Payés 8.136 livres (années 1688-1689).

Trente-huit chapiteaux et soixante-cinq consoles en pierre ornant les bâtiments de la place Vendôme, à Paris. Payés 1.198 livres (années 1690-1691).

Modèles des ornements des corniches à l'intérieur de l'église des Invalides (année 1691).

Ouvrages de sculpture en pierre à le Ménagerie de Versailles. En collaboration de Corneille Van Clève (année 1698).

Huit chapiteaux sculptés dans les chapelles de l'église des Invalides (année 1698).

Deux vases en marbre pour la Ménagerie de Versailles (année 1699). .

Ornements de deux grands cadres en pierre dans le vestibule d'entrée du château de Marly. En collaboration de Nicolas Coustou (année 1699).

Le roi Dagobert. Médaillon dans l'église des Invalides (année 1700).

Six vases en pierre pour les pilastres des trois grilles du mur de clôture du petit parc de Marly (année 1700).

Chapiteaux sculptés dans la chapelle du château de Meudon. Payés 3.800 livres (année 1702).

Un vase en marbre pour la cascade de Marly (années 1703-1704).

Corbeilles, urnes et cassolettes décorant, selon Piganiol, la balustrade de Trianon.

Un des vases de marbre ornant, d'après le même auteur, le parterre de la même résidence.

Jouvenet (Isaac), frère cadet du précédent, qualifié « sculpteur chez le roy », naquit vers 1660. De 1687 à 1692, il travailla, en collaboration de son frère, à Trianon et à l'église des Invalides. Il mourut le 27 septembre 1692 ; il demeurait alors à Paris, rue de Varennes, et fut inhumé sur la paroisse de Saint-Sulpice.

Archives de la Seine-Inférieure, G. 6621, 7170, 8401, 8457. — D'ARGENVILLE, *Voyage pittoresque des environs de Paris*, 1762, p. 102, 123, 149, 403. — PIGANIOL DE LA FORCE, *Nouvelle description des châteaux et parcs de Versailles et de Marly*, 1764, t. II, p. 27, 61, 203, 212, 242, 251, 254. — Eud SOULIÉ, *Notice du Musée impérial de Versailles*, 3ᵉ partie, 1861, p. 504, 510. — A. JAL, *Dictionnaire critique de biographie et d'histoire*, 1872, p. 709, 710. — H. HERLUISON, *Actes d'état civil d'artistes français*, 1873, p. 197. — *Nouvelles archives de l'art français*, 1876, p. 65, 77 ; 1882, p. 21. — *Topographie historique du vieux Paris*, t. IV, 1882, p. 216. — *Inventaire général des richesses d'art de la France. Paris, monuments civils*, t. I, 1880, p. 4 ; *Province, monuments religieux*, t. I, 1886, p. 152. —

J. Guiffrey, *Comptes des bâtiments du roi sous le règne de Louis XIV*, t. I, 1881, col. 618, 636, 695, 705, 763, 830, 902, 918, 965, 982, 1048, 1075, 1137, 1157, 1158, 1190, 1283 ; t. II, 1887, col. 11, 20, 53. 71, 75, 136, 140, 160, 161, 163, 167, 172, 174, 184, 196, 197, 203, 212, 232, 279, 298, 303, 309, 310, 315, 316, 366, 367, 410, 412, 440, 472, 516, 522, 618, 627, 628, 654, 819, 890, 904, 919, 994, 995, 1033, 1115, 1132, 1177, 1178. 1181 ; t. III, 1891, col. 79, 96, 167, 248, 289, 334, 336, 423, 424, 553, 562, 680, 701, 702, 705, 825, 844, 897, 1086, 1093, 1134, 1140 ; t. IV, 1896, col. 312, 330, 448, 472, 479, 517, 591, 611, 652, 709, 728, 828, 852, 905, 963, 1074 ; t. V, 1901, col. 16, 125, 349, 532. — Pierre de Nolhac, *Gazette des beaux-arts*, 1902, t. II, p. 33-44.

Julience, sculpteur provençal de la fin du xviiᵉ et du commencement du xviiiᵉ siècle, est l'auteur du petit lutrin en bois sculpté placé aujourd'hui dans le chœur de l'église Notre-Dame de Paris. Ce lutrin, qui se trouvait autrefois dans l'église des Chartreux, fit partie pendant la Révolution du Musée des monuments français ; il fut transporté à Notre-Dame en 1802.

D'Argenville, *Voyage pittoresque de Paris*, 1778, p. 338. — Millin, *Antiquités nationales*, t. V, an VII, p. 57, et planche VIII. — *Inventaire général des richesses d'art de la France. Paris, monuments religieux*, t. I, p. 387 ; *Archives du Musée des Monuments français*, t. I, p. 11, 12, 287 ; t. II, p. 89, 188 ; t. III, p. 70, 155, 235, 314.

Jullien. Un sculpteur de ce nom est cité dans les comptes des bâtiments du roi comme ayant collaboré, en 1701, à la décoration de la chambre du roi, à Versailles.

J. Guiffrey, *Comptes des bâtiments du roi sous le règne de Louis XIV*, t. IV, 1896, col. 709.

Jumel ou **Jumelle** (Pierre), sculpteur du roi et peintre établi à Paris dans la seconde moitié du xviiᵉ siècle, fut agréé à l'Académie royale de peinture et de sculpture le 11 avril 1677, mais ne devint pas académicien. En 1687, il travaillait à Trianon, où il sculptait des chapiteaux en collaboration de Philippe Caffieri.

On trouve dans les procès-verbaux de l'Académie qu'un sieur Jumelle, sculpteur, fut reçu au nombre des huissiers de ladite Académie. Il s'agit sûrement de notre artiste. Il mourut le 14 avril 1697 et fut remplacé, dans sa charge de second huissier, par le peintre Antoine Reynès qui a laissé des notes biographiques sur les académiciens.

H. Herluison, *Actes d'état civil d'artistes français*, 1873, p. 197. — De Montaiglon, *Procès-verbaux de l'Académie*, t. II, 1878, p. 105, 261 ; t. III, 1880, p. 212. — L. Vitet, *L'Académie royale de peinture et de sculpture*, 1880, p. 383. — J. Guiffrey, *Comptes des bâtiments du roi sous le règne de Louis XIV*, t. II, 1887 col. 1094-1174 ; t. III, 1891, col. 97.

Juste. Un artiste français de ce nom (Giusto sculptore francese) est cité par Bertolotti comme ayant travaillé à Padoue vers la fin du xvii° siècle.

A. BERTOLOTTI, *Artisti francesi in Roma nei secoli, XV, XVI e XVII*, 1886, p. 177.

K

Kélan. Un sculpteur de ce nom est mentionné dans les comptes des bâtiments du roi comme collaborant à Versailles, en 1687, à la sculpture des vaisseaux, gondoles et barques du canal.

J. GUIFFREY, *Comptes des bâtiments du roi sous le règne de Louis XIV*, t. II, 1887, col. 1115.

Knyff (Antoine), originaire de Lyon, exerçait son art en Savoie de 1673 à 1676,

A. DUFOUR et E. RABUT, *Les sculpteurs et les sculptures en Savoie du XIII° au XIX° siècle*, 1874, p. 71.

L

La Barre, sculpteur en bois établi èn Normandie dans la seconde moitié du xvii° siècle, sculpte en 1667 six grands chandeliers pour le maître-autel de l'église des Jonquerets, près Bernay (Eure).

E. VEUCLIN, *Réunion des sociétés des beaux-arts des départements*, 1893, p. 454.

Labbé (Joseph), maître sculpteur originaire de La Ciotat (Bouches-du-Rhône), travaillait à Toulon en 1670 à des ouvrages de sculpture navale, d'après des modèles faits par Pierre Puget. En 1655, il devait être déjà fixé à Toulon, car, à cette date, un Joseph Labbé, maître sculpteur, fournit le cautionnement d'un marché passé par Nicolas Levray au sujet de l'exécution d'une fontaine destinée à être érigée sur le carré du port.

Ch. GINOUX, *Revue de l'art français*, 1888, p 170; 1894, p. 274. — Idem, *Réunion des sociétés des beaux-arts des départements*, 1884, p. 342; 1886, p. 315; 1890, p. 355, 359; 1891, p. 255.

Labelle ou **Lebelle** (Claude), est cité par Bertolotti comme un sculpteur français occupé à Rome aux travaux de l'église des Jésuites, de 1695 à 1698. Dussieux n'en fait pas mention.

A. BERTOLOTTI, *Artisti francesi ni Roma nei secoli XV, XIV e XVII*, 1886, p. 175.

La Colonge (Claude), exerçait son art à Lyon dans la seconde moitié du XVIIe siècle. Il serait l'auteur du buste en marbre de Boileau qui se trouve aujourd'hui à la Bibliothèque municipale de la ville. Ce buste aurait été donné par Boileau lui-même à Claude Brossette, avocat à Lyon.

Natalis RONDOT, *Les sculpteurs de Lyon du XIVe au XVIIIe siècle*, 1884, p. 60.

Lacoste (Jean), frère bénédictin, fut chargé en 1699 d'exécuter les stalles de l'église du couvent de Bassac (Charente), ainsi que le prouve la mention suivante extraite d'un registre-mémorial rédigé au monastère : « Le 9 avril de la présente année (1699) nous avons commencé à faire travailler aux chaires du chœur de nostre église. Frère Jean Lacoste, habile sculpteur, a fait le dessin et a eu la direction de cet ouvrage, lequel n'a été fini que vers la fin de l'année 1700. » Ces stalles existent encore aujourd'hui dans l'église de Bassac. En 1701, frère Jean Lacoste entreprit aussi la sculpture de deux retables de pierre placés autrefois au bas du chœur de la même église. Il dut mourir vers 1707, laissant inachevé un lutrin en bois [1] qui fut terminé par Jean Tournier, sculpteur augoumoisin.

Emile BIAIS, *Les stalles de Bassac* (*Réunion des sociétés des beaux-arts des départements*, 1891, p. 593-597).

La Cour. Un sculpteur de ce nom est cité dans les comptes des bâtiments du roi comme travaillant, en 1689, sous la direction de François Girardon.

J. GUIFFREY, *Comptes des bâtiments du roi sous le règne de Louis XIV*, t. III, 1891, col. 289.

1. Ce lutrin se trouve dans le chœur de l'église de Bassac; il porte la date de 1709.

La Croix (Charles de), sculpteur parisien, fut reçu membre de l'Académie de Saint-Luc en 1657. Il mourut entre 1672 et 1682.

P. LACROIX, *Revue universelle des arts*, t. XIII, 1861, p. 325.

La Croix (Jacques-Joseph de), « sculpteur du roi de l'Académie des Gobelins à Paris », né en 1653, vint s'établir à Lyon vers la fin de sa carrière. Il mourut fort âgé dans cette ville le 27 janvier 1747.

Natalis RONDOT, *Les sculpteurs de Lyon du XIVe au XVIIIe siècle*, 1884, p. 53.

La Croix (Jean de), maître sculpteur à Paris, sans doute parent du précédent, figure comme témoin dans l'acte de mariage de son confrère Jacques Vandelle, acte inscrit le 16 janvier 1674 sur les registres de la paroisse Saint-Côme.

H. HERLUISON, *Actes d'état civil d'artistes français*, 1873, p. 440 à Vandelle.

Lacroix, né à Paris, était en 1680 pensionnaire du roi à l'Académie de France à Rome. Piganiol et d'Argenville, qui le désignent comme un sculpteur originaire de Paris, ne citent de lui qu'une copie en marbre de l'Antinoüs du Belvédère[1], statue ornant aujourd'hui le pourtour du Parterre de Latone, dans le parc de Versailles. Il serait mort avant 1791.

D'ARGENVILLE, *Voyage pittoresque des environs de Paris*, 1762, p. 116, 400. — PIGANIOL DE LA FORCE, *Nouvelle description des châteaux et parcs de Versailles et de Marly*, 1764, t. II, p. 51, 322. — Eud. SOULIÉ, *Notice du Musée impérial de Versailles*, 3e partie, 1861, p. 508. — DE MONTAIGLON, *Correspondance des directeurs de l'Académie de France à Rome*, t. I, 1887, p. 102, 115.

Lacroix, sculpteur résidant à Reims, fut nommé le 30 mars 1677, par décision de l'Académie royale de peinture et de sculpture, académicien en l'École académique de Reims.

DE MONTAIGLON, *Procès-verbaux de l'Académie royale*, t. II, 1878, p. 103, 108.

Lacroix. Un artiste de ce nom, originaire de la Bourgogne, vivait à Gênes à la fin du XVIIe siècle. Il avait, paraît-il, une grande réputation comme sculpteur de crucifix en bois et en ivoire. Ratti lui attribue un crucifix qui se voyait autrefois sur le maître-autel de l'église de l'Annonciation del Guastato; cette œuvre a disparu.

RATTI, *Delle vite dé pittori, scultori ed architetti genovesi*, t. II, 1769, p. 327. — *Archives de l'art français*, documents, t. V, 1857-1858, p. 189. — P. DE CHENNEVIÈRES, *Notes d'un compilateur sur les sculpteurs et les sculptures en ivoire*, p. 22, 23. — L. DUSSIEUX, *Les artistes français à l'étranger*, 1876, p. 103, 431.

1. Cet antique, qui est au Musée du Vatican, fut trouvé à Rome dans les Termes d'Adrien, sous le pontificat de Léon X.

Lacroix (Simon), exerçait son art à Lyon vers 1675. Il travailla en collaboration de Nicolas Bidau et d'Emmanuel Bagnieux au retable du maître-autel de l'église des Bénédictines de Saint-Pierre, retable commandé, en 1675, par l'abbesse Antoinette d'Albert d'Ailly de Chaulnes, sur les dessins du peintre architecte Thomas Blanchet.

Natalis RONDOT, *Les sculpteurs de Lyon du XIVᵉ au XVIIIᵉ siècle*, 1884, p. 58. — L. CHARVET, *Réunion des sociétés des beaux-arts des départements*, 1893, p. 101, 102. — *Inventaire général des richesses d'art de France. Province, monuments religieux*, t. III, 1901, col. 356.

La Faye (Thomas), était établi à Caen dans la seconde moitié du XVIIᵉ siècle. En 1676, il exécuta un tabernacle pour l'église de Cormelles-le-Royal.

Réunion des sociétés des beaux-arts des départements, 1904, p. 344.

Lafaux (Claude), né à Laon vers 1653, fut reçu à Reims dans la maîtrise de son art le 23 janvier 1683. Il épousa, en 1692, Catherine Demonceaux, sœur du sculpteur Cosme Demonceaux. Il mourut le 29 juillet 1720.

Ch. GRANDIN, *Revue de l'art français*, 1895, p. 139. — *Réunion des sociétés des beaux-arts des départements*, 1890, p. 594; 1894, p. 1098; 1895, p. 133; 1896, p. 647.

La Feuillée ou **Delafeuillée**, sculpteur en bois établi en Normandie à la fin du XVIIᵉ et au commencement du XVIIIᵉ siècle, exécuta de nombreux travaux, de 1694 à 1710, dans l'église de Saint-Vincent-du-Boulay (Eure). Il y fit, entre autres ouvrages, la contretable du maître-autel qui existe encore aujourd'hui.

E. VEUCLIN, *Réunion des sociétés des beaux-arts des départements*, 1893, p. 453.

Lafontaine, sculpteur résidant à Paris au XVIIᵉ siècle, nous est connu par l'acte de décès de son fils inhumé le 30 janvier 1658 dans le cimetière de la paroisse Saint-Roch.

H. HERLUISON, *Actes d'état-civil d'artistes français*, 1873, p. 201.

La Guerre (Louis), remporte le troisième prix de sculpture à l'ancienne École académique de Paris en 1683.

A. DUVIVIER, *Archives de l'art français, documents*, t. V, 1857-1858, p. 279.

La Haye (Clément de), sculpteur parisien, est reçu membre de l'Académie de Saint-Luc le 28 septembre 1668. Son nom figure encore sur les listes de la communauté en 1682.

P. LACROIX, *Revue universelle des arts*, t. XIII, 1861, p. 329.

La Haye (Francois de), parent du précédent, est nommé membre de l'Académie de Saint-Luc le 13 août 1678. Il est encore inscrit sur les listes de la communauté en 1682.

P. LACROIX, *Revue universelle des arts*, t. XIII, 1861, p. 333.

La Haye (Nicolas de), sculpteur et graveur en médailles établi à Lyon de 1662 à 1691. On connaît de lui plusieurs médailles, mais on ignore ses œuvres de sculpture. D'après M. Natalis Rondot, cet artiste serait le fils ou le neveu de Simon-Pierre de La Haye, peintre du roi; ce dernier était petit-fils de Corneille de La Haye, peintre flamand résidant à Lyon, qui avait le titre de peintre de Henri II, de François II et de Charles IX.

Nicolas de La Haye dut venir dans la suite s'installer à Paris, car on trouve son nom inscrit sur les registres de la paroisse Saint-Benoît, en 1699 et en 1703, à l'occasion de la mort de deux de ses enfants.

H. HERLUISON, *Actes d'état civil d'artistes français*, 1873, p. 202. — Natalis RONDOT, *Les sculpteurs de Lyon du XIVᵉ au XVIIIᵉ siècle*, 1884, p. 55.

La Haye (Pierre de), est de tous les sculpteurs nommés de La Haye le seul qui figure dans les comptes des bâtiments du roi. On lit, en effet, au 24 avril 1666 : « à Pierre de La Haye, pour son paiement d'une figure de plomb représentant un Amour sur un cigne, pour mettre à un bassin de fontaine de Versailles. . . . . 190 l. . »

J. GUIFFREY, *Comptes des bâtiments du roi sous le règne de Louis XIV*, t. I, 1881, col. 77.

Lainé, sculpteur ornemaniste, est cité dans les comptes des bâtiments du roi comme travaillant à partir de 1708 à la chapelle du château de Versailles. En 1710, il reçoit 503 l. 17 s. 5 d., « pour les ouvrages de sculpture en bois qu'il a faits pour le Roy au château de Fontainebleau ». En 1711, il collabore à la décoration des chaires du chœur de l'église Notre-Dame de Paris. Lainé est l'auteur d'une suite de trente pièces numérotées représentant des principes d'ornement, des tables, des consoles, des cheminées, des portes-cochères, des moulures de cadres sculptés, etc. ; cette suite est intitulée: *Livre de divers Desseins d'ornemens qui, par la nouveauté, l'intelligence et le bon goût des compositions et leurs richesses, n'est pas moins utile à ceux qui commencent à s'appliquer au dessein qu'à ceux que leur profession obligent journellement d'en faire usage. Inventé par M. Lainé, architecte et sculpteur du Roy. Mis au jour par les soins du sieur René Viale, peintre du Roy. Gravé à Paris, par J.J. Balechou, 1740. Se vend à Aix, chez Viale.*

D. Guilmard, *Les maîtres ornemanistes*, 1881, p. 124. — J. Guiffrey, *Comptes des bâtiments du roi sous le règne de Louis XIV*, t. V, 1901, col. 217, 320, 321, 414, 459, 511, 529, 530, 531.

Laisné (Nicolas), fut reçu membre de l'Académie de Saint-Luc le 19 septembre 1663. Il mourut entre 1672 et 1682.

P. Lacroix, *Revue universelle des arts*, t. XIII, 1861, p. 327.

La Jarie (Maurice), maître sculpteur, résidait à Nantes vers la fin du xviiᵉ siècle.

De Granges de Surgères, *Les artistes nantais* (*Revue de l'art français*, 1898, p. 272).

La Lande (Robert de), sculpteur parisien, fut reçu membre de l'Académie de Saint-Luc le 16 décembre 1679. Il travailla, de 1684 à 1715, pour Versailles, pour Marly, pour Meudon et pour l'église des Invalides ; on lui devait surtout des ouvrages de sculpture en bois. Il collabora également à la décoration des stalles du chœur de l'église Notre-Dame de Paris. Les comptes des bâtiments du roi mentionnent encore un Louis Delalande, sculpteur en bois employé au château de Meudon ; comme ce dernier n'est cité qu'une fois, ce doit être une erreur de prénom, et il s'agit sans doute de Robert qui en effet fut occupé beaucoup à Meudon.

ŒUVRES

Un cadre en bois pour un portrait du Grand Condé qui se trouvait jadis au château de Chantilly. Payés 33 livres (année 1680).

Six grands cadres en bois sculpté et doré pour des tableaux de Van der Meulen placés au château de Marly. Payés 1.456 livres (année 1684).

Un autre cadre pour un tableau représentant le *Port de Gênes*, dans le même château. Payé 227 livres (année 1685).

Trois autres cadres dont un pour le tableau de saint Jean-Baptiste de Raphaël, aujourd'hui au Louvre, et un autre pour un tableau du Guerchin. Payés 432 livres (année 1685).

Dix-neuf bordures sculptées et dorées pour le cabinet des glaces de Monsieur, au Palais-Royal. En collaboration de Louis Villaine. Payées 728 livres (année 1686).

Ouvrages de sculpture dans l'appartement de Madame de Maintenon, à Fontainebleau. Payés 1.569 livres (année 1686).

Quatre chapiteaux en marbre pour Trianon (année 1687).

Sculptures en bois exécutées dans les appartements du même palais. Payées 2.498 livres (année 1687).

Décoration du retable de l'autel de la chapelle du Chenil, à Versailles. Payée 284 livres (année 1688).

Ouvrages de sculpture en bois au nouveau couvent des Capucines de la place Vendôme, à Paris. Payés 644 livres (année 1688).

Cadre en bois sculpté pour un tableau de Mignard représentant la *Famille de Darius* (année 1689).

Ouvrages de sculpture en bois à la grande aile du château de Versailles. Payés 1.149 livres (année 1689).

Travaux à l'église paroissiale de Marly. Payés 184 livres (années 1689-1690). De La Lande a exécuté dans cette église les deux anges du maître-autel en collaboration de Sébastien Bourlier et de Paul Boutet.

Ouvrages de sculpture en pierre à l'église des Invalides (année 1691).

Cadres au-dessus des cheminées de la Surintendance des Bâtiments, à Versailles (année 1692).

Cadre en bois sculpté pour un portrait du roi par Mignard. Payé 160 livres (année 1694).

Six consoles en bois sculpté pour le château de Meudon (année 1695).

Ornements, roses et modillons aux corniches de deux chapelles de l'église des Invalides (années 1698-1699).

Cadres sculptés pour le cabinet du roi, à Meudon. Payés 1.038 livres (années 1698-1699).

Ouvrages de sculpture en bois dans les appartements du duc de Bourgogne, au château de Versailles. Payés 1.284 livres (année 1699).

Travaux à la Ménagerie de Versailles. Payés 1.100 livres (années 1699-1700).

Sculpture de trois pieds de table pour le château de Meudon. Payée 562 livres (années 1699-1700).

Ouvrages de sculpture en bois dans l'appartement du duc de Grammont, au château de Versailles (année 1702).

Décoration d'une chaloupe du canal de Versailles. Payée 1.949 livres (année 1703.)

Travaux au château de Fontainebleau. Payés 296 livres (année 1704).

Ornements de la corniche, à l'intérieur de la chapelle du château de Versailles. En collaboration de Belan, de Dugoulon, de Le Goupil et de Taupin (année 1705).

Sculpture en bois au maître-autel de l'église des Invalides. En collaboration des mêmes artistes (années 1705-1706).

Décoration des stalles du chœur de l'église Notre-Dame de Paris. En collaboration des mêmes artistes. Payée 57.261 livres (années 1710-1715).

P. Lacroix, *Revue universelle des arts*, t. XIII, 1861, p. 334. — H. Herluison, *Actes d'état civil d'artistes français*, 1873, p. 99, à Delalande. — J. Guiffrey, *Comptes des bâtiments du roi sous le règne de Louis XIV*, t. II, 1887, col. 442, 522, 619, 995, 996, 1052, 1180, 1258; t. III, 1891. col. 56, 79, 99, 238, 261, 290, 336, 389, 431, 472, 526, 535, 554, 571, 680, 690, 721, 825, 846, 853, 990, 1187; t. IV, 1896, col. 18, 95, 330, 407, 447, 459, 472, 479, 545, 591, 612, 619, 696, 710, 828, 852, 926, 938, 1007, 1048, 1073, 1114, 1139, 1157, 1176, 1250; t. V, 1901, col. 15, 34, 41, 112, 123, 132, 157, 177, 214, 225, 300, 316, 347, 381, 414, 432, 494, 511, 547, 555, 609, 873. — G. Macon, *Les arts dans la Maison de Condé*, 1903, p. 8. — C. Piton, *Marly-le-roi*, 1904, p. 162.

Laligne (François), sculpteur et architecte, achève en 1656, en collaboration de son confrère François Lambert, le portail de l'église Saint-Pierre d'Auxerre. En 1662, il répare dans la même ville la chapelle Sainte-Barbe de l'église Saint-Eusèbe. L'année suivante, il travaille à l'église de Quenne.

> BAUCHAL, *Nouveau dictionnaire des architectes français*, 1887, p. 324.

Lallemant (Pierre), était établi à Lyon à la fin du XVIIe et au commencement du XVIIIe siècle. Il se maria en secondes noces en 1710.

> . Natalis RONDOT, *Les sculpteurs de Lyon du XIVe au XVIII siècle*, 1884, p. 62.

La Londe (François de), exerçait son art dans la ville de Caen vers la fin du XVIIe siècle. On trouve son nom inscrit sur les registres d'impositions aux années 1690 et 1692.

> Armand BÉNET, *Réunion des sociétés des beaux-arts des départements*, 1897, p. 150.

Lalozière (Étienne), sculpteur d'Avignon, exécuta de 1644 à 1648 le retable du maître-autel de l'église de Notre-Dame de Sisteron (Basses-Alpes). Cette œuvre commandée par Mgr de Glandevez, évêque de la ville, fut payée 750 livres.

> DE LAPLANE, *Histoire de Sisteron*, t. II, p. 329. — *Inventaire général des richesses d'art de la France. Province, monuments religieux*, t. III, 1901, p. 337.

Lamarc ou **Lamare**, sculpteur en bois, était établi à Nancy dans la seconde moitié du XVIIe siècle. En 1673, il avait la réputation d'exécuter de beaux crucifix.

> *Archives de Nancy*, t. II, p. 282. — L. WIENER, *Journal de la société d'archéologie et du comité du Musée lorrain*, 1874, p. 125. — A. JACQUOT, *Réunion des sociétés des beaux-arts des départements*, 1900, p. 342.

Lambert (François), sculpteur et architecte, termine vers 1656, en collaboration de François Laligne, le portail de l'église Saint-Pierre d'Auxerre. En 1663, il exécute avec François Edme le maître-autel de l'église d'Irancy (Yonne) et, en 1673, celui de l'église d'Escamps (Yonne).

> Ch. BAUCHAL, *Nouveau dictionnaire des architectes français*, 1887, p. 326.

Lambert (Jean), sculpteur ornemaniste parisien habitant sur la paroisse Saint-Roch, est cité dans les comptes des bâtiments du roi comme ayant travaillé à Versailles de 1682 à 1714.

ŒUVRES

Décoration d'une corniche dans l'appartement du duc de Vendôme, à Versailles. En collaboration d'Antoine André. Payée 200 livres (année 1682).
Deux grands bassins à coquilles exécutés pour l'Ile-Royale, dans le parc de Versailles. En collaboration d'Antoine André (années 1683-1684).

18

Cinquante roses et cinquante modillons sculptés à la grande corniche de la chapelle du château de Versailles. En collaboration de Bertin. Payés 1.050 livres (année 1704).

Ornements aux bases des colonnes de la même chapelle (année 1708).

Ouvrages en pierre à une petite voûte triangulaire du côté de la sacristie de la même chapelle. Payés 1.000 livres (année 1711).

Un trophée d'armes en plomb posé à un des pavillons du bosquet des Dômes, dans le parc de Versailles. Payé 750 livres (année 1714).

H. HERLUISON, *Actes d'état civil d'artistes français*, 1873, p. 205. — J. GUIFFREY, *Comptes des bâtiments du roi sous le règne de Louis XIV*, t. II, 1887, col. 137, 278, 473; t. IV, 1896, col. 1048; t. V, 1901, col. 216, 316, 319, 528, 529, 531, 763.

La Mer ou **Delamer**. Ce sculpteur, peut-être originaire de Toulon, se trouvait à Gênes vers 1662, en même temps que Pierre Puget, et était employé avec ce dernier à l'achat des marbres. Son nom figure dans une lettre écrite à Colbert, le 7 novembre 1662, par M. Testard de La Guette, intendant de la marine du Levant.

Archives de l'art français, documents, t. IV, 1856, p. 228. — L. DUSSIEUX, *Les artistes français à l'étranger*, 1876, p. 103, 431. — A. BERTOLOTTI, *Artisti francesi in Roma nei secoli XV, XVI e XVII*, 1886, p. 177.

Lamoralle Tullié, maître sculpteur, exerçait son art à Paris vers 1666.

E. COYECQUE, *Revue de l'art français*, 1887, p. 322.

Lamoureux (Abraham-César), né à Lyon, se rendit en Danemark et y exécuta de 1681 à 1688 la statue équestre de Christian V qui se trouve aujourd'hui sur la grande place de Copenhague. Il sculpta également un buste en marbre du même roi. Il recevait alors un traitement annuel de 600 écus danois valant à peu près 2.700 francs. Il mourut en 1692.

E. DUSSIEUX, *Les artistes français à l'étranger*, 1876, p. 103, 348. — *Réunion des sociétés des beaux-arts des départements*, 1900, p. XLVII.

Lamoureux (Claude), né à Lyon en 1674, sans doute frère du précédent, était élève de Nicolas Coustou. Il suivit son frère en Danemark, où il resta jusqu'en 1699. De retour à Lyon, il entreprit sur les plans de l'architecte Jean Delamonce les sculptures ornant l'ancienne chaire de l'église du lycée Ampère. On lui devait également dans sa ville natale : deux bas-reliefs sous une des tribunes de la chapelle du Confalon, représentant l'un, *Jésus-Christ au milieu des docteurs*, et l'autre, la *Mort de la Vierge*; deux figures de l'*Annonciation* dans un retable placé dans l'église du Verbe Incarné; enfin la décoration du tabernacle du premier couvent de la Visitation.

Claude Lamoureux mourut jeune. Il se noya dans la Saône, où il tomba par accident en revenant par eau de Thoissey à Lyon.

CLAPASSON, *Description de la ville de Lyon*, 1741, p. 20, 21, 68, 74, 211. — L'abbé DE FONTENAI. *Dictionnaire des artistes*, 1776, t. I, p. 52. — D'ARGENVILLE, *Vies des fameux sculpteurs*, 1787, p. 285. — Natalis RONDOT, *Les sculpteurs de Lyon du XIVᵉ au XVIIIᵉ siècle*, 1884, p. 57. — *Inventaire général des richesses d'art de la France. Province, monuments religieux*, t. III, 1901, p. 371, 480.

Lamy (Julien), sculpteur établi à Paris vers la fin du xviiᵉ siècle, figure comme témoin dans un acte inscrit sur les registres de la paroisse Saint-Benoît le 7 août 1694.

H. HERLUISON, *Actes d'état civil d'artistes français*, 1873, p. 206.

Lange (Michel), sculpteur ornemaniste parisien, fut reçu membre de l'Académie de Saint-Luc le 16 octobre 1669. On le trouve occupé, de 1687 à 1689, à des ouvrages de sculpture en bois dans les appartements de Trianon et, de 1691 à 1709, à la décoration de l'église des Invalides. En 1707, il exécuta un cadre pour un tableau placé jadis dans la galerie des Cerfs, au château de Chantilly. En 1713, il travailla à l'hôtel de Mayenne[1] que le prince de Vaudemont faisait alors aménager sous la direction de l'architecte Boffrand. Les boiseries qui ornaient cet hôtel et qui sans doute avaient été sculptées par Michel Lange ont été vendues, il y a quelques années, et se trouvent aujourd'hui dans l'hôtel de M. Cahen d'Anvers, rue de Villejust, à Paris.

Archives de Meurthe-et-Moselle. B. 12439. — P. LACROIX, *Revue universelle des arts*, t. XIII, 1861, p. 329. — A. JACQUOT, *Réunion des sociétés des beaux-arts des départements*, 1900, p. 342. — J. GUIFFREY. *Comptes des bâtiments du roi sous le règne de Louis XIV*, t. II, 1887, col. 1180; t. III, 1891, col. 99, 290, 558, 702, 705, 844; t. IV, 1896, col. 330, 331, 472, 611; t. V. 1901, col. 349. — G. MÂCON, *Les arts dans la Maison de Condé*, 1903, p. 50.

Langlois (François), maître sculpteur à Paris, était un des anciens de l'Académie de Saint-Luc, où il avait été admis le 26 novembre 1643. Il est cité dans les comptes des bâtiments du roi à propos d'un travail de moulage. On lit en effet à l'année 1671 : « A François Langlois, pour le moulle de plastre du Roy du Cavallier Bernin ». Il mourut entre 1672 et 1682.

P. LACROIX, *Revue universelle des arts*, t. XIII, 1861, p. 324. — H. HERLUISON, *Actes d'état civil d'artistes français*, 1873, p. 210. — J. GUIFFREY, *Comptes des bâtiments du roi sous le règne de Louis XIV*, t. I, 1881, col. 553.

1. Cet hôtel est à Paris et non à Nancy, comme le dit M. Albert Jacquot dans son *Essai de répertoire des artistes lorrains* ; Lange n'était donc pas établi dans cette dernière ville

Langlois (François), maître sculpteur établi à Laval dans la seconde moitié du xviie siècle, exécute en 1662 pour l'abbaye de Belle-Étoile, dans le canton de Flers (Orne) « une contre-table au grand autel, de 30 pieds de hauteur et 15 de largeur, suivant et conformément au plan et dessin, pour la somme de 1.000 livres ».

C'est peut-être le même artiste que le précédent.

Archives de l'Orne, II. 80. — Louis Duval, *Réunion des sociétés des beaux-arts des départements*, 1887, p. 234, 235 ; 1888, p. 914.

Langlois (Jean), sculpteur résidant à Paris vers le milieu du xviie siècle, fait baptiser une fille sur la paroisse Saint-Séverin, le 29 octobre 1641.

H. Herluison, *Actes d'état civil d'artistes français*, 1873, p. 210.

Langlois (Charles), sculpteur parisien de la fin du xviie siècle, nous est connu par un acte de baptême inscrit le 16 août 1693 sur les registres de Saint-Roch, acte de baptême où sa femme figure comme marraine d'un fils de son confrère François Le Sueur.

H. Herluison, *Actes d'état civil d'artistes français*, 1873, p. 252, à Le Sueur François).

Langlois (Pierre), sculpteur et fondeur établi à Paris sur la paroisse Saint-Benoît vers la fin du xviie siècle, travaille de 1680 à 1701 à Versailles, à Marly, à Meudon, à Fontainebleau et à l'église des Invalides. Le 22 mars 1684, il passe un marché, en association de ses confrères Nicolas Meunier, Henri Meunier et Pierre Varin, pour la fonte en bronze de vingt-deux groupes d'enfants destinés à décorer l'Allée-d'Eau du parc de Versailles « au lieu et place, dit le contrat, de ceux de plomb qui y sont présentement ». Chaque groupe devait être payé la somme de 1.450 francs.

ŒUVRES

Consoles sculptées à la Grande Écurie de Versailles. En collaboration de Nicolas Meunier et de Pierre Varin, (année 1680).

Draperies en bronze doré à un buste de *Mars* et à un autre de *Vitellius*. En collaboration de Nicolas Meunier et de Pierre Varin. Ces bustes se trouvaient au château de Versailles (année 1684).

Quatre masques en bronze pour la fontaine de la Pyramide, dans le parc de Versailles. En collaboration des mêmes artistes (année 1684).

Douze vases en bronze doré pour le même parc. En collaboration de Pierre Varin. Payés 5.500 livres (années 1685-1686).

Masques en bronze pour les piédestaux des fontaines de marbre des bosquets du même parc (année 1686).

Quinze chapiteaux pour Trianon. En collaboration de Meunier et de Varin (année 1687).

Ouvrages en marbre pour la fontaine de Monsieur, à Saint-Cloud. En collaboration des mêmes artistes (année 1687).

Travaux de réparations au château de Fontainebleau. En collaboration de
Simon Mazière. Payés 1.084 livres (année 1687).

Fontaines de plomb pour le château de Marly. En collaboration de Varin.
Payées 3.034 livres (années 1696-1697).

Ornements sculptés à la voûte de l'église des Invalides (année 1698).

Cassolettes en plomb pour le château de Marly. En collaboration de Varin
(année 1698).

Restauration de douze groupes d'enfants placés dans le parc de Marly. En
collaboration du même artiste (année 1698).

Chapiteaux corinthiens au pourtour de l'église des Invalides (année 1699).

Contre-cœur en bronze pour la cheminée de la garde-robe du roi, à Marly.
En collaboration de Varin. Payé 875 livres (année 1699).

Travaux au château de Meudon (années 1699-1700).

Contre-cœur pour une chambre des appartements du même château
(année 1701).

II. HERLUISON, *Actes d'état civil d'artistes français*, 1873, p. 210. — L. DUSSIEUX,
Le château de Versailles, 1881, t. II, p. 207, 208, 236, 254, 320. — *Revue de
l'art français*, 1892. p. 60. J. — GUIFFREY. *Comptes des bâtiments du roi sous le
règne de Louis XIV*, t. I, 1881, col. 1289; t. II, 1887, col. 88, 441, 468, 626, 627,
891, 993, 994, 996, 1184, 1258; t. IV, 1896, col. 48, 189, 330, 338, 385, 471, 472,
480, 517, 519, 611, 613, 651, 678, 735, 769, 794, 964, 994 1073, 1177, 1185.

Langueneux (Raymond), désigné le plus souvent sous le nom de
Rombaud Langueneux, naquit en Flandre en 1638. Il dut venir de
bonne heure en France, car on le trouve établi à Toulon dès 1661,
époque où il était chargé de sculpter quatre statues en bois de noyer
pour compléter l'ornementation faite par Pierre Puget dans la chapelle
du *Corpus Domini*, à la cathédrale. Ces figures, payées 800 livres,
représentaient un *Ecce homo*, une *Notre-Dame-de-Pitié* et deux *Anges*;
elles furent détruites dans un incendie en 1681.

Langueneux entreprit en 1667 d'après les dessins de Le Brun, avec
son confrère Pierre Turreau, la sculpture de la poupe du *Royal-Louis*,
vaisseau de 104 canons. S'étant fort bien acquitté de ce travail, il fut
alors nommé, sur la recommandation de François Girardon, maître
sculpteur de la marine avec mille livres de gages. En 1684, il décora
le vaisseau l'*Ardent*. En 1689, il donna les modèles des deux grandes
figures allégoriques et des deux enfants qui soutiennent un écusson
au-dessus de la porte de l'hôpital maritime ; ces figures furent sculptées sous sa direction par Pierre Tombarelli. En 1692, il fournit les
dessins de la décoration du nouveau *Royal-Louis* qui devait remplacer
l'ancien vaisseau de ce nom, décoration que son confrère Albert Duparc
obtint à l'adjudication au prix de 5.300 livres. Raymond Langueneux
mourut à Toulon le 30 juillet 1718 et fut enterré dans le cimetière

de la paroisse Saint-Louis. Il s'était marié en 1665 et avait eu onze
enfants dont aucun ne paraît avoir suivi sa carrière.

V. Brun, *Bulletin de l'Académie du Var,* 1860-1861, p. 93-98. — Ch. Ginoux,
Revue de l'art français, 1888, p. 258, 261, 266; 1891, p. 274-277. — Idem, *Réunion
des sociétés des beaux-arts des départements,* 1890, p. 360-365; 1892, p. 160, 168,
174. — *Inventaire général des richesses d'art de la France. Province, monuments
civils,* t. VI, 1892, p. 292,

Lanvaust (Jean), est reçu membre de l'Académie de Saint-Luc le
29 juillet 1679. Son nom se trouve encore sur les listes de la communauté en 1682.

P. Lacroix, *Revue universelle des arts,* t. XIII, 1861, p. 334.

La Perdrix (Michel de), résidait à Nantes en 1661 et figurait
comme parrain dans un baptême célébré le 2 juillet de cette même
année sur la paroisse Saint-Nicolas. Il était à Paris en 1674, époque
où il travaillait pour Versailles. Il mourut avant le 14 juin 1693, car
à cette date on lit dans les comptes : « A la veuve de Michel La
Perdrix, sculpteur, parfait payement de 3.050 l. à quoy monte la
figure de marbre représentant le *Mélancolique,* que led. feu La Perdrix
a faite et posée dans le jardin de Versailles..... 50 l. ».

OEUVRES

Un oiseau sculpté pour le Labyrinthe du parc de Versailles (année 1674).
Le Mélancolique, sous la figure d'un homme tenant une bourse et un livre
    et ayant un bandeau sur la bouche. Statue en marbre. Pourtour du Par-
    terre de Latone, dans le même parc (années 1675-1780). Gravée par Tho-
    massin, n° 102.
Travaux au château de Clagny (années 1675-1678).
Ornements en plomb pour les dômes du même château. En collaboration
    de Pierre Hutinot. Payés 1.080 livres (année 1679).
Ouvrages en plomb décorant les lucarnes du château de Versailles (année
    1679).

D'Argenville, *Voyage pittoresque des environs de Paris,* 1762, p. 116, 405. —
Piganiol de la Force, *Nouvelle description des châteaux et parcs de Versailles
et de Marly,* 1764, t. II, p. 50, 346. — Eud. Soulié, *Notice du Musée impérial de
Versailles,* 3e partie, 1861, p. 508. — J. Guiffrey, *Comptes des bâtiments du roi
sous le règne de Louis XIV,* t. I, 1881, col. 762, 830, 846, 902, 918, 964, 983, 1048,
1076, 1159, 1191, 1288, t. III, 1891, col. 854. — De Granges de Surgères, *Les
artistes nantais* (*Revue de l'art français,* 1898, p. 291).

La Pierre, de son vrai nom Pierre Mallerot, sculpteur ordinaire
du roi et marbrier, était établi à Paris à la fin du xvii° et au commencement du xviii° siècle. Il exécuta la plupart des grands ouvrages de
marbrerie qu'on voit au château de Versailles et à Trianon. Il fut aussi
très occupé à la décoration de l'église des Invalides. Piganiol le fait

mourir en 1737[1], mais c'est là certainement une erreur, car sa veuve, Jeanne Delaistre, fut inhumée le mardi 30 mai 1719 à l'église Saint-Séverin, sa paroisse.

ŒUVRES

Construction du bosquet de la Colonnade, dans le parc de Versailles, exécutée d'après les dessins de J. H. Mansard (années 1685-1688).

Figure en pierre dans l'un des panneaux de la voûte du grand dôme de l'église des Invalides. En collaboration de Denis Martin (année 1693).

La Religion. Bas-relief en pierre. Chapelle Saint-Augustin, dans la même église. Payé 450 livres (année 1699). Les comptes désignent ce bas-relief sous le nom de la *Charité*.

Deux anges soutenant un médaillon représentant le *Mariage de saint Louis*. Bas-relief. Chapelle Saint-Grégoire, dans la même église (année 1699).

Décoration de deux panaches du dôme de la même église. En collaboration de Legros et de Ph. Magnier (années 1700-1701).

Henri IV. Médaillon exécuté pour la même église (années 1700-1701).

Ouvrages de sculpture en plomb à la cascade de Trianon (année 1703).

Deux groupes de Tritons en plomb avec coquilles et masques exécutés pour la rivière de Marly. En collaboration de Flamen, de Jean de Dieu, de Lepautre et de Le Lorrain. Payés 11.760 livres (années 1703-1704).

Ouvrages de sculpture en plomb faits à l'Ile du bassin des Carpes, à Marly (année 1704).

Fonts baptismaux. Autrefois dans l'église Saint-Landri, à Paris (année 1705).

Un ange en plomb placé jadis à l'église des Invalides dans la chapelle de Sainte-Thérèse.

Décoration des corniches de l'appartement du roi, à Trianon. En collaboration de Magnier, de G. Coustou, de Poirier, de Lemoyne et de Van Clève (année 1706).

Saint Mathias. Statue en pierre de Tonnerre. Balustrade extérieure de la chapelle du château de Versailles (année 1707).

L'Humilité et la Sagesse. Bas-relief. Pourtour intérieur de la même chapelle (année 1708).

Quatre trophées d'église à l'un des piliers de la même chapelle (années 1708-1709).

Anges soutenant des attributs de la Passion. Bas-relief à l'intérieur de la même chapelle (année 1709). Les travaux de l'artiste exécutés dans cette chapelle, de 1707 à 1710, lui furent payés 14.107 livres.

Une nymphe de Diane. Statue en marbre pour le parc de Marly (année 1710).

Deux têtes de chérubins et deux trophées d'église pour le chœur de Notre-Dame de Paris (années 1712-1714).

D'Argenville, *Voyage pittoresque de Paris*, 1762, p. 372. — Piganiol de la Force, *Nouvelle description des châteaux et parcs de Versailles et de Marly*, 1764, t. II, p. 212, 243, 347. — Idem, *Description de la ville de Paris*, 1765, t. I, p. 425. — P. Lacroix, *Revue universelle des arts*, t. II, 1855, p. 437. — Eud. Soulié, *Notice du Musée impérial de Versailles*, 1re partie, 1859, p. 3, 4, 5 ; 3e partie,

1. Probablement pour 1717.

1861, p. 516. — *Bulletin de la société de l'histoire de l'art français*, 1877, p. 170.
— J. Guiffrey, *Comptes des bâtiments du roi sous le règne de Louis XIV*, t. III,
1891, col. 844, 845; t. IV, 1896; col. 330, 469, 470, 472, 610, 612, 727, 728, 852,
964, 965, 1072, 1101 ; t. V, 1901, col. 123, 215, 318, 347, 349, 412, 432, 494, 610,
695, 747. — *Inventaire général des richesses d'art de la France. Paris, monuments
religieux*, t. III, 1901, p. 233, 246, 250.

Lapicque (Nicolas), sculpteur lorrain, exerçait son art à Nancy vers
la fin du XVIIe siècle.

Archives de Nancy, t. III, p. 301. — A. Jacquot, *Réunion des sociétés des beaux-
arts des départements*, 1900, p. 342.

Lapierre (Jean), travaillait vers 1673 à la décoration des chapiteaux et modillons des façades de l'Hôtel de Ville d'Arles.

Réunion des sociétés des beaux-arts des départements, 1898, p. 416.

La Porte (Louis de), obtint un congé pour aller en Suède le
21 juillet 1693. Il se trouvait encore en 1700 à Stockholm, où il avait
le titre de sculpteur du roi de Suède.

L. Dussieux, *Les artistes français à l'étranger*, 1876, p. 589, 594. — J. Guiffrey,
Nouvelles archives de l'art français, 1878, p. 5.

Laporte (Étienne), était l'auteur d'un christ en bronze qui se trouvait à Paris, dans l'église de Saint-Eustache, sur la grande grille de
fer séparant la nef du chœur. « Ce morceau de sculpture, dit Piganiol,
est assez estimé des connaisseurs pour le dessein, c'est peut-être la
plus grande figure en ce genre qui soit en France. Elle pèse seule six
cent vingt-deux livres, et avec la croix et l'écriteau, mille cinquante-
quatre livres ».

Étienne Laporte est sans doute le même artiste qu'un Laporte, élève
de Girardon, qui travaillait à Troyes en 1692 à l'autel de l'église
Saint-Jean.

Piganiol de la Force, *Description historique de la ville de Paris*, 1765, t. III,
p. 180. — Thiéry, *Guide des amateurs et des étrangers à Paris*, 1787, t. I, p. 422.
— Alex. Assier, *Les arts et les artistes dans l'ancienne capitale de la Champagne*,
1876, p. 103.

La Roche (François de), sculpteur ornemaniste du XVIIe siècle,
était occupé à Versailles en 1671.

J. Guiffrey, *Comptes des bâtiments du roi sous le règne de Louis XIV*, t. I,
1881, col. 515.

La Scie ou **Lassie** (Jean), né en 1661, exerçait son art à Paris en
1686, époque où il perdit une fille décédée à l'âge de quatre mois sur
la paroisse Saint-Roch. Il partit ensuite pour la Suède et mourut à

Stockholm le 29 juin 1697. D'après un acte extrait d'un registre de la chapelle de France à Stockholm, il fut enterré dans cette ville au cimetière de l'église Saint-Jacques.

Revue universelle des arts, t. IV, 1856-1857, p. 310. — H. Herluison, *Actes d'état civil d'artistes français,* 1873, p. 215. — L. Dussieux, *Les artistes français, à l'étranger,* 1866, p. 589.

La Seigne (Georges), dit Estevenard, sculpteur et architecte franc-comtois né au Russey (Doubs), quitte cette localité en 1647 et va travailler à Fribourg. On le retrouve en 1667 à Dôle, où il est admis dans la bourgeoisie et où il exécute le retable du maître-autel et le jubé de l'église. Il meurt vers 1670.

La Seigne (Jean-Philippe), sculpteur en bois né vers 1650, fils du précédent, restaure en 1677 la chaire de l'église de Dôle. De 1693 à 1711, il est occupé en Franche-Comté à la décoration du couvent de la Visitation, à Gray, et à celle des églises de Belfort, d'Amagney, de Mailly, de Buthiers, de Morteau, de Granges, d'Avrigney, d'Auxon-Dessus, de Sornay, des Carmes de Dôle, de Baumotte et de Charcenne. Reçu citoyen de Besançon en 1699, il travaille dans cette ville à l'église des Jésuites et à la Citadelle. Il meurt à Besançon en 1725.

Jules Gauthier, *Dictionnaire des artistes francs-comtois antérieurs au XIXᵉ siècle,* 1892, p. 12.

Launay (Nicolas de), faisait partie de l'Académie de Saint-Luc, où il avait été admis le 17 avril 1679. Son nom figure encore sur les listes de la communauté en 1682.

P. Lacroix, *Revue universelle des arts,* t. XIII, 1861, p. 334.

La Valle (Firmin de), sculpteur résidant à Paris vers le milieu du XVIIᵉ siècle, fait baptiser une fille à l'église Saint-Jean-en-Grève le 20 novembre 1642.

H. Herluison, *Actes d'état civil d'artistes français,* 1873, p. 216.

La Vallée (Charles), sculpteur parisien, figure comme parrain dans un acte de baptême inscrit le 14 mars 1686 sur les registres de Saint-Germain-l'Auxerrois.

H. Herluison, *Actes d'état civil d'artistes français,* 1872, p. 216.

Lavau (Jean de), né le 23 avril 1633, fils de Claude Lavau, maître peintre, était fixé à Grenoble, où, en 1654, il fut un des fondateurs de l'Académie de dessin. En 1667, il exécuta deux lions en pierre qui se voyaient encore il y a une trentaine d'années au Jardin de ville. En

1675, il entreprit diverses sculptures pour la paroisse de Saint-Geoire, près Mians. Il mourut le 21 mars 1691.

Ed. MAIGNIEN, *Les artistes grenoblois*, 1887, p. 205, 206.

Laviron (Pierre), natif d'Anvers, obtint le premier grand prix de sculpture à l'ancienne École académique de Paris en 1676 et en 1678. Le 16 avril de cette dernière année, il fut envoyé à Rome comme pensionnaire du roi. De retour à Paris en 1682, il fut agréé à l'Académie royale de peinture et de sculpture le 27 février 1683, sur un bas-relief en plâtre représentant *Bacchus et Ariane*, mais il ne devint pas académicien. Il travailla pour Versailles et pour Marly. Il dut mourir jeune, car il n'est plus fait mention de lui à partir de 1686.

ŒUVRES

Ganymède. Statue en marbre copiée à Rome d'après l'antique (années 1678-1682). Pourtour du Parterre de Latone, dans le parc de Versailles. Gravée par Thomassin, n° 40.

Deux vases pour le pourtour du bassin du Dragon, dans le même parc (année 1682).

Les attributs du plaisir. Groupe en pierre décorant jadis la façade du château de Marly. Payé 850 livres (années 1683-1684).

Grand modèle d'un groupe de figures exécuté en collaboration de Van Clève pour le bassin du Dragon, dans le parc de Versailles. Payé 500 livres (année 1684).

Modèle d'un groupe d'enfants pour le petit parc de Versailles (année 1685).

Un Philosophe. Terme en marbre pour le même parc (année 1685).

Deux vases pour la Colonnade du parc de Versailles (année 1685). Ces vases laissés inachevés, sans doute à la mort de Laviron, furent terminés par Legros en 1686.

D'ARGENVILLE, *Voyage pittoresque des environs de Paris*, 1762, p. 115, 403. — PIGANIOL DE LA FORCE, *Nouvelle description des châteaux et parcs de Versailles et de Marly*, 1764, t. II, p. 54, 355. — A. DUVIVIER, *Archives de l'art français*, t. V, 1857-1858, p. 277, 278. — Eud. SOULIÉ, *Notice du Musée impérial de Versailles*, 3e partie, 1861, p. 509. — A. JAL, *Dictionnaire critique de biographie et d'histoire*, 1872, p. 750. — DE MONTAIGLON, *Procès-verbaux de l'Académie*, t. II, 1878, p. 94, 126, 130, 241. — L. VITET, *L'Académie royale de peinture et de sculpture*, 1880, p. 384. — J. GUIFFREY, *Comptes des bâtiments du roi sous le règne de Louis XIV*, t. I, 1881, col. 1085 ; t. II, 1887, col. 140, 278, 367, 438, 479, 522, 621, 993.

Lebeau (Jean), sculpteur né en 1659, meurt à Orléans le 3 mai 1710.

HERLUISON, *Artistes orléanais*, 1863, p. 34, 94.

Le Bègue (Jean), maître sculpteur établi à Reims dans la seconde moitié du XVIIe siècle, figure comme expert, en 1685, dans un procès engagé entre le sculpteur Michel Ducastel et un menuisier nommé

Claude de Soize au sujet de travaux entrepris dans l'abbaye de Saint-Vincent, à Laon.

Georges GRANDIN, *Réunion des sociétés des beaux-arts des départements*, 1894, p. 10, 99.

Leblanc (Jean), né à Paris vers 1677, remporte à l'ancienne École académique le deuxième prix de sculpture en 1701 et le premier prix en 1704. Il se présente comme graveur en médailles à l'Académie et est agréé le 27 novembre 1717. Il est reçu académicien le 30 avril 1718, sur un cartouche en bronze doré contenant trois médailles en argent représentant : la première, *le portrait du duc d'Orléans, régent du royaume*; la seconde, *la France écrivant sur un bouclier*; la troisième, *la France remettant le gouvernail aux mains du Régent*. Au Salon de 1732, il expose un cadre renfermant plusieurs médailles de l'histoire du roi, le portrait en cire du Pape régnant modelé à Rome, et le portrait du Czar Ier modelé d'après nature. Au Salon de 1740, on voyait de lui plusieurs médailles de l'histoire du roi renfermées sous une glace. Il meurt le 22 décembre 1749.

A. DUVIVIER, *Archives de l'art français, documents*, t. V, 1857-1853, p. 284. — L. VITET, *L'Académie royale de peinture et de sculpture*, 1880, p. 357. — DE MONTAIGLON, *Procès-verbaux de l'Académie*, t. III, 1880, p. 324, 333, 401; t. IV, 1881. p. 2, 255, 264.

Le Blanc (Louis), sculpteur et peintre né en 1637, exerçait son art à Paris vers le milieu du xviie siècle. Il mourut le 12 novembre 1662 et fut enterré à l'église Saint-Sulpice.

H. HERLUISON, *Actes d'état civil d'artistes français*, 1873, p. 219.

Leblond (Jacques-Joseph), figure au nombre des sculpteurs qui aidaient Antoine Pater dans les travaux que ce dernier entreprit, à Valenciennes, au commencement du xviiie siècle.

Réunion des sociétés des beaux-arts des départements, 1887, p. 90, 95.

Le Blond (Pierre), maître sculpteur établi à Paris, fut reçu membre de l'Académie de Saint-Luc le 11 février 1665. Il vivait encore en 1682. Une de ses filles épousa en 1668 le sculpteur Arnaud Simon.

P. LACROIX, *Revue universelle des arts*, t. XIII, 1861, p. 328. — A. JAL, *Dictionnaire critique de biographie et d'histoire*, 1872, p. 1135.

Lebreton (Odet), résidait à Paris, où il mourut le 5 janvier 1676; il habitait alors rue de Charenton, dans le faubourg Saint-Antoine. Ce sculpteur, dont je n'ai trouvé trace que dans les scellés et inventaires d'artistes publiés par M. Guiffrey, n'était peut-être qu'un artisan.

J. GUIFFREY, *Nouvelles archives de l'art français*, 1883, p. 9.

Le Breton (Jean), sculpteur et peintre demeurant à Paris dans la seconde moitié du xviie siècle, perd un fils en 1685 et un autre en 1690, tous deux décédés en bas âge sur la paroisse Saint-Roch.

H. HERLUISON, *Actes d'état civil d'artistes français*, 1873, p. 221.

Le Brun, sculpteur de la fin du xviie siècle, travaillait à Versailles de 1679 à 1682.

J. GUIFFREY, *Comptes des bâtiments du roi sous le règne de Louis XIV*, t. I, 1881, col. 1162, 1287; t. II, 1887, col. 10, 162.

Leclerc (Jean), sculpteur ordinaire du roi, exerçait son art à Paris vers le milieu du xviie siècle. Il recevait pour ses gages 400 livres par an et avait son logement aux Tuileries. Il mourut le 24 janvier 1659 et fut inhumé à l'église Saint-Germain-l'Auxerrois.

J. GUIFFREY, *Nouvelles archives de l'art français*, 1872, p. 32. — A. HERLUISON, *Actes d'état civil d'artistes français*, 1873, p. 224.

Le Clerc (Antoine), sculpteur parisien, était un des anciens de l'Académie de Saint-Luc, où il avait été admis le 16 septembre 1658. D'après les comptes des bâtiments du roi, il travailla pour Versailles et pour Saint-Germain-en-Laye. Il vivait encore en 1682.

ŒUVRES

Réparation du maître-autel de l'église du Val-de-Grâce (année 1667).
Trois portes sculptées pour les Écuries de Versailles. En collaboration de Noël Briquet. Payées 516 livres (année 1672).
Ouvrages de sculpture dans l'appartement de Mme de Montespan, à Saint-Germain-en-Laye (année 1674).
Décoration de six bancs ornant le bassin d'Encelade, dans le parc de Versailles (année 1676).
Ouvrages faits à la cheminée du cabinet près de l'oratoire de la reine, au château de Saint-Germain-en-Laye (année 1677).
Chambranles sculptés dans l'appartement situé au-dessus de celui du roi, à Saint-Germain-en-Laye. En collaboration de Noël Briquet. Payés 1.737 livres (1679).
Consoles sculptées pour les lucarnes de la petite Écurie de Versailles. En collaboration de Briquet. Payées 1.253 livres (année 1679).
Décoration des chambranles de croisées, au château de Versailles. En collaboration de Briquet. Payée 900 livres (année 1679).

P. LACROIX, *Revue universelle des arts*, t. VIII, 1861, p. 326. — J. GUIFFREY, *Comptes des bâtiments du roi sous le règne de Louis XIV*, t. I, 1881, col. 168, 169, 618, 753, 903, 952, 1050, 1137, 1161, 1288; t. II, 1887, col. 93.

Leclerc (Pierre), sculpteur angevin, figure comme témoin dans un acte passé en 1701 à Marcé (Maine-et-Loire).

Célestin PORT, *Les artistes angevins*, 1881, p. 180.

Lecointe ou **Lecointre** (Jean), sculpteur et architecte né en 1613, était établi à Angers, où il mourut le 23 octobre 1679.

Célestin Porr, *Les artistes angevins*, 1881, p. 180.

Lecomte, maître sculpteur résidant à Poitiers, exécuta de 1697 à 1699 un tabernacle pour l'église des Capucins de Saumur. Cette œuvre lui fut payée 600 livres.

Célestin Porr, *Les artistes angevins*, 1881, p. 180.

Lecomte (Jean), sculpteur demeurant à Reims dans la seconde moitié du xviie siècle, obtient la maîtrise de son art le 19 septembre 1684.

Réunion des sociétés des beaux-arts des départements, 1890, p. 594.

Lecomte (Louis), dit Lecomte Picard, né à Abbeville en 1650, remporta le premier prix de sculpture à l'ancienne École académique de Paris en 1673, avec un bas-relief représentant le *Passage du Rhin*, et fut envoyé comme pensionnaire du roi à Rome le 6 avril 1675. Il collabora dans cette ville, avec ses confrères Jean Cornu, Simon Hurtrelle, Anselme Flamen et Michel Monier, à un monument exécuté à l'Académie de France en l'honneur de Louis XIV, d'après les dessins d'Errard. Il ne resta pas longtemps à Rome, car on le retrouve travaillant à Versailles en 1678. Le 4 juin de cette même année, il fut agréé à l'Académie royale de peinture et de sculpture, mais ne devint pas académicien, étant mort avant d'avoir terminé le morceau de réception qui lui avait été imposé. En 1680, il commença pour Versailles une statue de Mercure en pierre qui fut achevée en 1683 par Legeret. Il mourut à Paris le 6 décembre 1681 et fut inhumé dans l'église Saint-Hippolyte. Il ne faut pas confondre ce sculpteur avec le suivant.

A. Duvivier, *Archives de l'art français*, t. V, 1857-1858, p. 277. — H. Herluison, *Actes d'état civil d'artistes français*, 1873, p. 227. — De Montaiglon, *Procès-verbaux de l'Académie*, t. II, 1878, p. 7, 46, 47, 133, 134, 161. — Idem, *Correspondance des directeurs de l'Académie de France à Rome*, t. I, 1887, p. 51, 132. — J. Guiffrey, *Comptes des bâtiments du roi sous le règne de Louis XIV*, t. I, 1881, col. 1288; t. II, 1887, col. 310.

Lecomte (Louis), né à Boulogne, près de Paris, vers 1639, se présenta le 6 avril 1675 à l'Académie royale de peinture et de sculpture et y fut admis le 25 janvier 1676 sur un médaillon en marbre de *saint Barthélemy*; il devint adjoint à professeur le 26 septembre 1693. Il exécuta de nombreux ouvrages pour Versailles et travailla également à Marly et à l'église des Invalides. Il mourut à Paris le 24 décembre 1694 et fut enterré le lendemain dans l'église Saint-Laurent, comme le prouve l'acte de décès suivant, inscrit sur les registres de cette paroisse : « 25 déc. 1694, Louis Le Compte (*sic*) agé de cinquante-cinq ans, sculpt. du Roy, adjt. à professeur de l'Acad. Roy. de peint. et de sculpt. décédé d'hier, rue Neuve-de-Bourbon (Bourbon-Villeneuve) a esté enterré en l'église avec l'assistance de 24 prestres, en présence de M. François Girardon, recteur de la mesme Acad. etc. ».

ŒUVRES

Ecce Homo. Cette statue fut donnée en 1671 à l'église Saint-Germain d'Amiens.

Saint Barthélemy tenant les instruments de son martyr. Médaillon ovale en marbre. Morceau de réception à l'Académie (25 janvier 1676). Chapelle de Saint-Roch, dans l'église Notre-Dame, à Versailles. Ce médaillon décorait autrefois au Louvre la salle de l'Académie; transporté en 1792 au Musée des Monuments français, il fut donné en 1815 à l'église de Versailles.

Ouvrages de stuc pour le château de Versailles (année 1678).

Quatre vases en bronze pour le bosquet de la Salle-de-Bal, dans le parc de Versailles (années 1678-1682).

Ornements des lucarnes du château de Versailles. En collaboration de Michel de la Perdrix et de Pierre Hutinot (année 1679.

La Renommée. Statue en pierre. Façade du château de Versailles donnant sur la Cour de marbre (année 1679).

L'Art. Statue en pierre. Façade centrale du même château (année 1679). Cette statue est reproduite, sous le nom d'*Hébé*, dans J. B. Monicart, *Versailles immortalisé*, t. II, 1720, pl. 38.

La Nature. Statue en pierre. Même façade (année 1679).

Figures en bois ornant autrefois l'ancienne chaire à prêcher[1] de l'église Saint-Eustache, à Paris. Ces figures, exécutées d'après les dessins du peintre Le Brun, représentaient la *Foi*, la *Confiance*, l'*Humilité*, la *Valeur* l'*Espérance* et la *Constance* ainsi que saint Eustache et ses deux fils, enlevés l'un par un lion et l'autre par une louve.

Six vases de pierre pour la balustrade du petit château de Versailles (année 1679).

Ouvrages de sculpture dans l'escalier et dans l'antichambre du petit appartement de la reine, au château de Versailles. En collaboration de Houzeau et de Magnier. Payés 2.712 livres (années 1679-1680).

Trophées dans la grande galerie du même château (année 1680).

Deux figures en pierre pour l'un des côtés de l'avant-corps du château de Clagny (année 1680).

Les armes du roi. Groupe en pierre placé au-dessus de la porte de la Petite Écurie de Versailles (année 1681). Gravé par Thomassin, n°1.

Le cocher du cirque. Groupe en pierre décorant le dessus de la même porte (année 1681). Gravé par Thomassin, n° 85.

Décoration d'un des balcons du château de Versailles. Payée 675 livres (année 1682).

---

1. Cette chaire avait été commandée par Colbert qui venait d'être élu marguillier d'honneur de l'église.

Deux trophées en pierre pour le même château. Payés 600 livres (année 1682).

Ouvrages de sculpture aux frontons du Grand Commun de Versailles. En collaboration de Simon Mazière (année 1683).

Flore et les Plaisirs. Groupes en pierre sur la façade du château de Marly. Payés 2.200 livres (années 1683-1684).

Vierge. Statue en marbre placée autrefois sur l'autel de l'église de la Sorbonne à côté d'un Christ en croix, exécuté par Michel Anguier en 1684, qui se trouve aujourd'hui à l'église Saint Roch. Cette Vierge a disparu après avoir fait partie du Musée des Monuments français. La statue de saint Jean, qui lui faisait pendant, était due à Guillaume Cadaine.

Hercule. Terme en marbre (années 1684-1686). Pourtour du Parterre de Latone, dans le parc de Versailles. Gravé par Thomassin, n° 195. Un moulage de ce terme figure au Musée du Trocadéro, n° 1012.

La Fourberie. Statue en marbre, d'après les dessins de Mignard (années 1684-1686). Grande Allée ou Tapis-Vert, dans le même parc. Gravée par Thomassin, n° 112.

Modèle en plâtre d'une figure représentant la *Naissance de Vénus* pour la pièce d'eau devant le château de Versailles. Payé 688 livres (années 1684-1685).

Deux vases et deux masques pour la Colonnade du parc de Versailles. Payés 1140 livres (année 1685).

Ouvrages de sculpture « au modèle du Triomphe de Vénus » pour l'un des grands bassins du parterre en face du château de Versailles. En collaboration de Drouilly et de Legeret. Payés 6.610 livres (années 1685-1688).

Génies et Amours. Bas-reliefs en marbre décorant la Colonnade du parc de Versailles (années 1686-1687).

Zéphyre et Flore. Groupe en pierre. A droite de la grille d'entrée de l'Orangerie de Versailles (années 1687-1688). Gravé par Thomassin, n° 75.

Vénus et Adonis. Groupe en pierre, d'après Girardon. A gauche de la grille d'entrée de l'Orangerie de Versailles (années 1687-1688). Gravé par Thomassin, n° 74.

Cinq chapiteaux en marbre pour Trianon. Payés 1.270 livres (années 1687-1688).

Louis XIV debout, vêtu à la romaine, foulant à ses pieds l'hérésie. Statue en marbre placée autrefois dans la cour d'un hôtel ayant vue sur le Palais-Royal et appartenant à M. du Bois-Guérin, valet de chambre du roi (année 1689). Cette statue fut ensuite transportée au château d'Harcourt ; elle a été gravée par Vermeulen.

Louis XIV. Buste. Jadis dans la maison de campagne du contrôleur général des finances Le Pelletier, maison sise à Villeneuve-le-Roi, près de Paris.

L'Espérance. Bas-relief en pierre. Chapelle Saint-Grégoire, dans l'église des Invalides (année 1692).

L'Humilité. Bas-relief en pierre. Chapelle Saint-Antoine, dans la même église (année 1692). Ce bas-relief qui, dans l'Inventaire général des richesses d'art de la France, est donné à Lecomte, est attribué au contraire, dans les comptes des bâtiments du roi, à Nicolas Hulot. Peut-être y avait-il dans l'église des Invalides deux bas-reliefs représentant le même sujet.

Figure en pierre dans un des panneaux de la voûte du dôme de la même église (année 1693).

GUÉRIN, *Description de l'Académie royale*, 1715, p. 77. — D'ARGENVILLE, *Voyage pittoresque de Paris*, 1752, p. 279. — Florent LE COMTE, *Cabinet des singularitez d'architecture, de peinture, sculpture, etc.*, 1702, t. III, p. 116. — PIGANIOL DE LA FORCE, *Nouvelle description des châteaux et parcs de Versailles et de Marly*, 1764, t. I, p. 10, 17 ; t. II, p. 3, 57, 60, 98, 165, 318. — Idem, *Description historique de la ville de Paris*, 1765, t. VI, p. 352 ; t. IX, p. 492. — L'abbé DE FONTENAI, *Dictionnaire des artistes*. 1776, t. I, p. 402. — *Mémoires inédits sur la vie et les ouvrages des membres de l'Académie royale*, 1854, t. I, p. 31. — *Archives de l'art français, documents*, t. II, 1853, p. 376 ; t. III, 1855, p. 73. — Eud. SOULIÉ, *Notice du Musée impérial de Versailles*, 1re partie, 1859, p. 2 ; 3e partie, 1861, p. 493, 496, 510, 516. — *Revue universelle des arts*, t. XXIII, 1866, p. 115. — A. JAL, *Dictionnaire critique de biographie et d'histoire*, 1872, p. 756. — DE MONTAIGLON, *Procès-verbaux de l'Académie*, t. II, 1878, p. 46, 66 ; t. III, 1880, p. 46, 126, 158. — *Revue de l'art français*, 1889, p. 248. — *Inventaire général des richesses d'art de la France. Archives du Musée des monuments français*, t. II, p. 188 ; *Paris, monuments religieux*, t. III, 1901, p. 250, 252. — J. GUIFFREY, *Comptes des bâtiments du roi sous le règne de Louis XIV*, t. I, 1881, col. 1049, 1050, 1159, 1160, 1285, 1327 ; t. II, 1887, col. 11, 57, 91, 93, 139, 159, 161, 169, 172, 177, 181, 197, 208, 232, 276, 335, 367, 438, 522, 617, 621, 623, 989, 990, 1115, 1178 ; t. III, 1891, col. 35, 97, 248, 703, 845, 953, 1007 ; t. IV, 1896, col. 4, 8, 60, 63, 473, 611 ; t. V, 1901, col. 349. — DE NOLHAC, *Les jardins de Versailles*, 1906, p. 122, 134.

Ledoux (Jacques), né vers 1656, demeurait en 1686 à Bruyères-sous-Laon (Aisne). En 1697, on le trouve établi à Laon, où il mourut sur la paroisse Saint-Honoré le 27 mai 1719.

G. GRANDIN, *Réunion des sociétés des beaux-arts des départements*, 1894, p. 1099 ; 1895, p. 133 ; 1896, p. 647. — Idem, *Revue de l'art français*, 1895, p. 150.

Le Dru (Pierre), sculpteur parisien, fut admis à l'Académie de Saint-Luc le 10 juin 1664. Il mourut entre 1672 et 1682.

P. LACROIX, *Revue universelle des arts*, t. XIII, 1861, p. 328.

Lefebure (Nicolas), maître sculpteur, bourgeois de Paris, habitait rue et île Saint-Louis en 1702.

Th. LHUILLIER, *Revue des sociétés savantes des départements*, 5e série, t. IV, 1872, p. 504.

Lefebvre (Joseph), sculpteur lorrain né en 1658, était établi à Nancy, où il mourut fort jeune le 27 novembre 1679.

Archives de Nancy, t. III, p. 323. — A. JACQUOT, *Réunion des sociétés des beaux-arts des départements*, 1900, p. 343.

Lefebre (Jean), sculpteur en bois résidant à Dijon dans la seconde moitié du XVIIe siècle, obtient des lettres de maîtrise en 1679.

Archives de la ville de Dijon, G. 97.

Lefebvre (Nicolas), était établi à Lyon de 1660 à 1672. Il exécuta de nombreux travaux pour le Consulat et reçut le titre de sculpteur ordinaire de la ville.

Un pélican, emblème de la charité. Bas-relief en pierre. Autrefois au fronton de l'hospice de la Charité, à Lyon. Cette œuvre, qui a disparu, a été remplacée par une reproduction exécutée en 1839 par le sculpteur Prost.

Une Vierge foulant un serpent sous les pieds. Statue posée jadis au coin « de la petite rue longue » à côté de l'église Saint-Nizier.

Saint Pierre. Figure en relief. Autrefois « au coing de la vieille maison de ville » derrière la même église.

La Philosophie et la Charité. Figures ornant la cheminée de la salle des échevins, à l'hôtel de ville.

Guirlandes, fleurs, fruits et mascarons en bois décorant la grande salle des Archives, dans le même monument.

Un grand coffre en bois orné d'un panneau représentant l'*Assomption de la Vierge*. Ce coffre qui est conservé aux Archives de la ville est daté de 1679.

Archives de l'art français, 2ᵉ série, t. II, 1862, p. 118, 159, 160. — Natalis Rondot, *Les sculpteurs de Lyon du XIVᵉ au XVIIIᵉ siècle*, 1884, p. 54. — *La France monumentale*, t. II, 1887, p. 199. — *Inventaire général des richesses d'art de la France. Province, monuments civils*, t. II, 1887, p. 308.

Lefeubre (Robert). Cet artiste, né à Arras en 1617, mourut à Angers en 1652 et fut inhumé dans le cimetière de Sainte-Croix.

Célestin Port, *Les artistes angevins*, 1881, p. 182.

Lefèvre (Armand), né à Anvers, faisait partie de l'Académie de Saint-Luc, où il avait été admis le 15 octobre 1675. Il travailla pour Versailles et pour l'église des Invalides. Il mourut avant 1701.

La Fidélité. Statue en marbre exécutée d'après les dessins de Mignard (année 1685). Grande-Allée ou Tapis-Vert, dans le parc de Versailles. Gravée par Thomassin, nº 111.

Cinq chapiteaux en marbre pour Trianon. Payés 769 livres (année 1687).

Artémise. Statue en marbre. Grande-Allée ou Tapis-Vert, dans le parc de Versailles. Cette statue, commencée par Lefèvre en 1687, a été achevée par Martin Desjardins.

Vase en marbre décoré d'une branche de lierre. Pourtour du bassin du Miroir, dans le même parc (années 1687-1688).

La Charité. Bas-relief en pierre. Chapelle Saint-Jérôme, dans l'église des Invalides (années 1690-1691).

Un groupe d'anges placé au-dessus d'une des niches des chapelles, dans la même église (années 1690-1691).

D'Argenville, *Voyage pittoresque des environs de Paris*, 1762, p. 101-102. — Piganiol de la Force, *Nouvelle description des châteaux et parcs de Versailles et de Marly*, 1764, t. II, p. 65, 78, 157, 325. — Eud. Soulié, *Notice du Musée impérial de Versailles*, 3ᵉ partie, 1861, p. 510, 511, 515. — P. Lacroix, *Revue universelle des arts*, t. XIII, 1861, p. 332. — J. Guiffrey, *Comptes des bâtiments du roi sous le règne de Louis XIV*, t. II, 1887, col. 441, 627, 994, 1179 ; t. III, 1891, col. 98, 423, 554, 1133. — De Nolhac, *Les jardins de Versailles*, 1906, p. 134.

Lefèvre (Dominique), né à Gan l, sans doute parent du précédent, travaillait à Versailles et à Marly. Il vivait encore en 1711. Dans le tome X des *Comptes des bâtiments du roi*, on attribue à tort à Armand Lefèvre les ouvrages exécutés par Dominique.

ŒUVRES

Mercure. Statue en marbre, d'après Anguier. Autrefois dans le parc de Marly (année 1698).

Pandore. Statue en marbre, d'après Legros. Autrefois dans le même parc (année 1698). Cette statue et la précédente furent payées 1.200 livres.

Apollon. Statue en marbre exécutée pour le jardin de Trianon (année 1703).

Diane. Statue en marbre exécutée pour le même jardin (année 1703). Ces deux statues furent payées 3.150 livres.

Ouvrages de sculpture dans la chapelle du château de Versailles (années 1708-1709).

PIGANIOL DE LA FORCE, *Nouvelle description des châteaux et parcs de Versailles et de Marly*, 1764, t. II, p. 247, 250, 288, 325. — J. GUIFFREY, *Comptes des bâtiments du roi sous le règne de Louis XIV*, t. IV, 1896, col. 299, 337, 361, 853, 946, 1073; t. V, 1901, col. 41, 316, 320, 529, 530.

Lefèvre. Un artiste de ce nom remporte le premier prix de sculpture à l'ancienne École académique de Paris en 1710, sur le sujet de concours: *Abraham adorant Dieu en la personne de trois anges qui lui renouvellent la promesse de la naissance d'Isaac.*

A. DUVIVIER, *Archives de l'art français, documents*, t. V, 1857-1858, p. 285. — DE MONTAIGLON, *Procès-verbaux de l'Académie*, t. IV, 1881, p. 111.

Le François (Charles), maître sculpteur établi à Rouen au commencement du xviiie siècle, travaillait en 1704-1705 à l'église paroissiale de Saint-Godard, où il exécutait un crucifix. En 1720-1721, il était encore occupé à la même église.

Archives de la Seine-Inférieure, G. 6625, 6627.

Le Frileux (Lambert). Cet artiste, qui vivait à Paris au xviie siècle, nous est connu par l'acte de décès de sa fille, inscrit sur les registres de Saint-Germain-l'Auxerrois à la date du 6 septembre 1666.

H. HERLUISON, *Actes d'état civil d'artistes français*, 1873, p. 230.

Legeay, sculpteur résidant à la Flèche (Sarthe), exécuta en 1700-1701 la chaire à prêcher ainsi que les autels de Notre-Dame et de Saint-Jean de l'église de Cré. On lui doit également la chaire de la chapelle du collège de la Flèche.

Gustave-René ESNAULT, *Dictionnaire des artistes et artisans manceaux*, 1899, p. 97.

. **Legendre** (Michel), sculpteur fixé à Bourges dans la seconde moitié du xviie siècle, passe un marché en 1658 par lequel il s'engage, envers les procureurs de la communauté des maîtres foulons de Bourges, à faire un bâton de confrérie moyennant 150 livres tournois. En 1666, il entreprend le même travail pour la communauté des Cordiers.

Archives du Cher, E. 1154, 1562.

Legendre (Nicolas), naquit à Étampes (Seine-et-Oise) le 7 août 1619. Ancien juré de la maîtrise, il fut nommé membre de l'Académie royale de peinture et de sculpture le 29 novembre 1664, sur une figure en terre cuite représentant la *Madeleine pénitente*; il devint adjoint à professeur le 4 juillet 1665. Il travailla beaucoup pour les églises de Paris et fut occupé aussi au Louvre et aux Tuileries ainsi qu'aux châteaux de Vaux, de Versailles et de Meudon. Il mourut à Paris le 28 octobre 1671 et fut inhumé dans l'église Saint-Nicolas-du-Chardonnet, sa paroisse, où il avait exécuté de nombreux ouvrages. Sa dalle funéraire se trouve dans le bas-côté de la nef à main gauche.

ŒUVRES

Statues en pierre représentant saint Bruno dans diverses attitudes. Ces statues ornaient autrefois la chartreuse de Gaillon (Eure).

Plusieurs figures pour l'abbaye de la Victoire, près de Senlis (Oise). Cette abbaye est aujourd'hui en ruines.

Une tête du Christ et une tête de la Vierge. Bas-reliefs en bois décorant jadis la porte du Collège de la Marche, dans la rue de la Montagne-Sainte-Geneviève, à Paris.

Deux anges terminés en consoles, tenant sur un piédestal un panier rempli de fruits. Figures en bois au-dessus de la frise de la même porte.

Une pieta, un saint Pierre, un saint Paul, huit anges et trois bas-reliefs représentant la Conversion de saint Paul, le martyr du saint et deux épisodes de la vie de saint Pierre. Sculptures en bois. Autrefois dans l'église Saint-Paul (année 1655).

Saint Benoît et sainte Scholastique. Figures en pierre qui ornaient la porte de l'ancien couvent des Bénédictines situé à Issy, près de Paris.

Décoration de la façade de l'hôtel de Beauvais dans la rue Saint-Antoine (année 1627).

Ouvrages de sculpture au portail du château de Meudon, exécutés sous la conduite de Jacques Sarrazin (année 1658).

Ornements en stuc aux plafonds du château de Vaux. Ces ornements furent sculptés pour le compte de Fouquet, d'après les dessins de Le Brun (année 1659).

Saint Denis [1], *sainte Geneviève et deux anges*. Statues décorant jadis le por-

---

1. C'est sous ce nom que Guillet de Saint-Georges désigne cette statue ; d'après l'*Inventaire général des richesses d'art de la France* (*Paris, mon. relig.*, t. I, p. 80), elle représentait saint Nicolas.

tail de l'église Saint-Nicolas-du-Chardonnet (années 1662-1663). Ces statues disparurent à la Révolution.

Une Vierge en stuc pour la chapelle de la Vierge, dans la même église (années 1662-1663).

Un Christ mort. Même chapelle (années 1662-1663).

Décoration en stuc de la chapelle des Agonisants, dans la même église (années 1662-1663).

Saint Élie et *sainte Thérèse.* Statues en pierre de Tonnerre pour l'ancien couvent des Carmélites de la rue Chapon.

Saint François et *saint Antoine de Padoue.* Statues en pierre ornant autrefois le jubé de l'église des Cordeliers.

Deux enfants sculptés au-dessus de la porte du bureau des marchands bonnetiers, près de l'église Saint-Jacques-la-Boucherie.

Un crucifix, saint Jean et *la Vierge* sculptés, d'après les modèles de Philippe Buyster, au jubé du Sépulcre de la rue Saint-Denis.

La Madeleine pénitente. Figure en terre cuite. Morceau de réception à l'Académie (29 novembre 1664).

Deux Renommées en bois tenant les armes royales. Figures exécutées d'après les modèles de Gilles Guérin dans la chambre du roi, au Louvre. Les travaux de Legendre au Louvre, en 1665, furent payés 807 livres.

Une sainte Radegonde pour un couvent de Poitiers.

Saint Leu et *saint Gilles.* Statues pour l'église d'Étampes (Seine-et-Oise).

Modèles de vases pour le parc de Versailles. Ces vases furent exécutés en bronze par Ambroise Duval, fondeur du roi (année 1665).

Ouvrages en stuc au plafond de l'antichambre du roi, dans le palais des Tuileries. En collaboration de Henri Legrand. Payés 6.100 livres (année 1666).

Quatre masques sculptés à la façade du Louvre, du côté de la rue Saint-Honoré. En collaboration de Benoît Massou. Payés 122 livres (année 1669).

Ouvrages en stuc dans la grande galerie du Louvre (année 1669).

Travaux au petit appartement du roi, à Saint-Germain-en-Laye (année 1669).

Bas-reliefs pour un bassin de l'Allée-d'Eau, dans le parc de Versailles. En collaboration de Laurent Magnier. Payés 1.100 livres (année 1670).

Le fronton de la Bibliothèque Mazarine. Haut-relief en pierre exécuté en collaboration de Martin Desjardins. Legendre étant mort avant l'achèvement de cette œuvre, son travail fut continué par Jacques Samson.

FLORENT LE COMTE, *Cabinet des singularitez d'architecture, peinture, sculpture,* etc., 1702, t. III, p. 113. — GUILLET DE SAINT-GEORGES, *Mémoires inédits sur la vie et les ouvrages des membres de l'Académie,* 1854, t. I, p. 408-414. — *Archives de l'art français, documents,* t. II, 1853, p. 376 ; t. VI, 1862, p. 11. — *Nouvelles archives de l'art français,* 1876, p. 41 ; 1881, p. 151. — DE GUILHERMY, *Inscriptions de la France du Ve siècle au XVIIIe,* t. I, 1873, p. 275, 276. — DE MONTAIGLON, *Procès-verbaux de l'Académie royale,* t. I, 1875, p. 270, 272, 287. — J. GUIFFREY, *Comptes des bâtiments du roi sous le règne de Louis XIV,* t. I, 1881, col. 27, 69, 70, 79, 80, 123, 125, 182, 243, 319, 343, 406, 420, 495, 513. — *Inventaire général des richesses d'art de la France. Paris, monuments civils,* t. I, 1880, p. 6.

Legendre (Jacques), sculpteur et peintre parisien, sans doute fils du précédent, fut reçu membre de l'Académie de Saint-Luc le 29 juillet 1662. Il fit baptiser une fille à l'église Saint-Benoît le 20 septembre 1674. Il vivait encore en 1698, date de la mort de sa seconde femme. Il avait un frère, Jean Legendre, qui était également sculpteur et peintre.

P. Lacroix, *Revue universelle des arts*, t. XIII, 1861, p. 327. — H. Herluison, *Actes d'état civil d'artistes français*, 1873, p. 231.

Léger. Un sculpteur de ce nom est cité dans les comptes des bâtiments du roi, comme travaillant en 1691 à l'église des Invalides.

J. Guiffrey, *Comptes des bâtiments du roi sous le règne de Louis XIV*, t. III, 1891, col. 560.

Legeret (Jean), maître sculpteur parisien né en 1608, est reçu membre de l'Académie de Saint-Luc le 13 octobre 1651. Le 15 juillet 1669, il marie une fille, Anne-Élisabeth[1], avec François Francart, peintre du roi. Il meurt le 18 juin 1683 et est inhumé dans l'église Saint-Hippolyte, sa paroisse. Jal commet donc une erreur en prétendant qu'il ne vivait plus le 10 mai 1666, date du mariage de son fils, Jean II Légeret.

Archives de l'art français, documents, t. III, 1855, p. 174. — P. Lacroix, *Revue universelle des arts*, t. XIII, 1861, p. 325. — A. Jal, *Dictionnaire critique de biographie et d'histoire*, 1872, p. 758. — H. Herluison, *Actes d'état civil d'artistes français*, 1874, p. 231.

Legeret (Jean II), sculpteur ordinaire du roi, fils du précédent, naquit vers 1628. Nommé membre de l'Académie de Saint-Luc le 9 juillet 1664, il fut agréé à l'Académie royale de peinture et de sculpture le 28 août 1683, sur le modèle d'un crucifix, mais il ne devint pas académicien. Il travailla pour Versailles, où se trouvent encore deux vases en marbre exécutés par lui. Il avait surtout une grande réputation comme sculpteur de crucifix. Florent Lecomte, dans son *Cabinet des singularitez*, parle de lui en ces termes : « Le Géret, françois de nation, a été un très excellent sculpteur pour les crucifix, et ils sont d'une telle recherche, principalement ceux qui sont au-dessous de deux pieds, que l'on les paye des sommes qui font voir jusqu'où peut aller la curiosité ; ce qui est particulier de lui, c'est qu'il n'avait aucun génie pour d'autre figure. Il était établi à Paris, et s'il n'y a pas fait une fortune des plus considérable, c'est qu'il ne l'a pas voulu. »

1. Jal donne à tort cette fille à Jean II Légeret, car, née en 1641, elle n'aurait eu que treize ans de différence avec son père.

Après avoir occupé pendant longtemps un logement aux Gobelins, il vint demeurer rue Beauregard, au « Trois torches » ; c'est là qu'il mourut, selon Jal, le 26 décembre 1688. Il avait épousé le 10 mai 1666 Élisabeth Yvart, fille de Baudrain Yvart, peintre du roi; celle-ci lui donna plusieurs enfants dont un fils, Jean-Baptiste, né le 14 septembre 1672, qui devint sculpteur comme son père.

ŒUVRES

Ouvrages de sculpture exécutés pour Trianon. Payés 2.616 livres (année 1672).

Travaux au grand escalier du château de Versailles. Payés 1.988 livres (année 1674).

Animaux en plomb pour le Labyrinthe du parc de Versailles (année 1674).

Travaux au bâtiment du Val, à Saint-Germain-en-Laye (année 1675).

Travaux au château de Clagny (années 1676-1680).

Ornements en stuc dans les appartements du château de Versailles (année 1679).

Trophées et roses en plomb pour la grande galerie du même château (années 1679-1680).

Mercure. Statue en pierre exécutée pour Versailles. Payée 100 livres (année 1683). Cette statue avait été commencée par Louis Lecomte d'Abbeville.

Six chapiteaux en marbre pour la Colonnade du parc de Versailles. Payés 1.356 livres (années 1684-1685).

Décoration des embarcations du canal de Versailles. En collaboration de Dufour. Payée 3.026 livres (années 1685-1686).

Le Triomphe de Vénus. Modèle d'un groupe destiné à l'un des deux grands bassins du Parterre, en face du château de Versailles. Ce modèle, exécuté en collaboration de Drouilly et de Lecomte, fut payé 6.610 livres (années 1685-1688).

Trois chapiteaux en marbre pour Trianon. Payés 470 livres (année 1687).

Vase en marbre orné de fleurs de soleils. Grande-Allée ou Tapis-Vert, dans le parc de Versailles (années 1687-1688).

Vase en marbre entouré d'une branche de lierre. Pourtour du bassin du Miroir, dans le même parc.

Ouvrages de sculpture en bois dans les appartements de Trianon. Payés 3.311 livres (années 1687-1688).

Crucifix en ivoire. Dans le *Catalogue des effets curieux du cabinet de feu M. de Selle, trésorier-général de la marine par Pierre Remy, 1761*, on lit à la page 27 : « Un beau crucifix d'yvoire de seize pouces de proportion, fait par Legeret, qui y excelloit ; il est posé sur un fond de velours et renfermé dans une très riche bordure en forme de lyre, enrichie de fleurs et de grappes de raisins, faite avec un soin admirable ; elle est en bois sculpté doré... Vendu 200 livres. »

Florent Lecomte, *Cabinet des singularités d'architecture, sculpture, etc.*, 1702, t. III, p. 185. — D'Argenville, *Voyage pittoresque des environs de Paris*, 1762, p. 102, 108, 403. — Piganiol de la Force, *Nouvelle description des châteaux et parcs de Versailles et de Marly*, 1764, t. II, p. 62, 160, 335. — *Archives de l'art français*, documents, t. III, 1855, p. 174, note 3. — Eud. Soulié, *Notice du Musée impérial de Versailles*, 3ᵉ partie, 1861, p. 511, 515. — A. Jal, *Dictionnaire critique de biographie et d'histoire*, 1872, p. 758. — H. Herluison, *Actes d'état civil d'artistes français*, 1873, p. 232. — De Montaiglon, *Procès-verbaux de l'Académie royale*, t. II, 1878, p. 251, 258. — J. Guiffrey, *Comptes des bâtiments du roi sous le règne de Louis XIV*, t. I, 1881, col. 635, 697, 762, 803, 822, 875, 1010, 1049, 1130, 1137, 1139, 1283, 1284, 1290 ; t. II, 1887, col. 11, 136, 160, 169, 172, 178, 181, 278, 310, 442, 618, 621, 623, 890, 918, 990, 1178 ; t. III, 1891, col. 98, 290 ; t. IV, 1896, col. 4, 60. — De Nolhac, *Les jardins de Versailles*, 1906, p. 136.

Le Goupil (André), sculpteur en bois et ornemaniste, fils d'un Gilles Le Goupil et de Marie Gérardin, résidait à Paris à la fin du XVIIe et dans la première moitié du XVIIIe siècle. Il travailla principalement à Versailles, à Fontainebleau, à Marly et à Meudon. En mai 1700, il fit baptiser un fils à l'église Saint-Germain-l'Auxerrois ; l'acte de baptême le qualifie « sculpteur des bâtiments du Roy et garde en charge de sa communauté ». Il mourut le lundi 5 janvier 1733 ; il habitait alors au vieux Louvre. Son acte d'inhumation daté du 7 porte : « André Le Goupil, sculpteur des bâtiments de Roy, ancien et recteur de l'Académie de Saint-Luc, veuf, en premières noces, de Marie Collet et, en secondes, de Françoise Bardon, âgé de 71 ans environ. » D'après cet acte il serait donc né vers 1662.

André Le Goupil avait un frère, Mathieu, et un fils, Jacques-Alexandre, qui étaient également sculpteurs.

ŒUVRES

Piédestaux sculptés pour le château de Saint-Cloud. Payés 340 livres (année 1691).

Ouvrages de sculpture en pierre à l'église des Invalides (années 1691-1693).

Deux cadres et deux couronnements de glaces dans l'antichambre du nouvel appartement de Trianon (année 1692).

Sculpture des chambranles et des cintres des croisées du même palais. En collaboration de Noël Briquet (année 1694).

Quatre consoles en bois sculpté pour le château de Meudon (année 1695).

Deux cadres de tableaux (année 1696).

Ouvrages de sculpture à la Ménagerie de Versailles et à Trianon. Payés 7.849 livres (années 1698-1699).

Ornements, roses et modillons sculptés aux corniches de deux des chapelles de l'église des Invalides. En collaboration de Legrand. Payés 1.923 livres (années 1698-1699).

Modèle d'un contre-cœur de cheminée exécuté pour le roi. Payé 200 livres (année 1699).

Chambranles et trumeaux sculptés dans les appartements du château de Meudon (année 1699).

Travaux de sculpture en bois dans l'appartement du roi, à Marly. En collaboration de Pierre Taupin. Payés 12.300 livres (année 1699).

Deux cadres de glaces dans le cabinet du roi, au château de Meudon (année 1699).

Décoration de la cheminée de la chambre de Mme de Maintenon, dans le même château. En collaboration de Jules Dugoulon. Payée 641 livres (année 1699).

Sculptures en bois ornant le salon de l'Œil-de-Bœuf, dans le château de Versailles.

Boiseries sculptées dans la chapelle du château de Meudon (année 1702).

Travaux de sculpture en bois au château de Fontainebleau (années 1702-1705).

Ornements de la corniche intérieure de la chapelle du château de Versailles. En collaboration de Belan, de Dugoulon, de Lalande et de Taupin (année 1705).

Ornements du maitre-autel et sculptures décoratives du chœur de l'église des Invalides. En collaboration des mêmes artistes (années 1705-1706).

Travaux de sculpture en bois dans l'hôtel de Longueville, rue des Poulies, à Paris. En collaboration de Dugoulon et de Taupin (année 1709).

Décoration des stalles du chœur de Notre-Dame de Paris. En collaboration de Belan, de Dugoulon, de Lalande et de Taupin. Payée 57.261 livres (années 1710-1715).

Sculpture des gondoles et des galiotes du canal de Fontainebleau. En collaboration des mêmes artistes (année 1712).

Ouvrages de sculpture en bois au château de Marly (année 1713).

Ornementation de boiseries entreprise à Paris, en collaboration de Belan, de Dugoulon et de Taupin, pour décorer les appartements du palais que Philippe V faisait alors construire à Madrid (années 1713-1714).

Travaux aux Tuileries et au palais du Luxembourg (année 1715).

PIGANIOL DE LA FORCE, *Nouvelle description des châteaux et parcs de Versailles et de Marly*, 1764, t. I, p. 256, 259, 329. — Eud. SOULIÉ, *Notice du Musée impérial de Versailles*, 2e partie, 1860, p. 197. — A. JAL, *Dictionnaire critique de biographie et d'histoire*, 1872, p. 759. — HERLUISON, *Actes d'état civil d'artistes français*, 1873, p. 233. — *Revue de l'art français*, 1885, p. 53 ; 1891, p. 5, 6. — J. GUIFFREY, *Comptes des bâtiments du roi sous le règne de Louis XIV*, t. III, 1891, col. 558, 679, 825, 846, 966, 1105, 1187; t. IV, 1896, col. 28, 48, 312, 330, 336, 448, 472, 478, 479, 517, 545, 570, 583, 584, 591, 612, 618, 651, 677, 696, 709, 734, 767, 783, 792, 794, 828, 852, 882, 897, 905, 938, 964, 994, 1015, 1035, 1048, 1073, 1139, 1157, 1176, 1250; t. V, 1901, col. 15, 34, 91, 112, 123, 132, 157, 177, 214, 225, 300, 316, 329, 341, 347, 381, 414, 432, 491, 511, 555, 589, 597, 609, 631, 639, 675, 683, 694, 763, 773, 786, 823, 854, 873, 909. — *Inventaire général des richesses d'art de la France. Paris, monuments religieux*, t. III, 1901, p. 258.

Legrand (Henri), sculpteur ordinaire du roi, né en 1621, était un des anciens de l'Académie de Saint-Luc, où il avait été admis le 24 avril 1646. Il mourut à Paris le 8 décembre 1673 et fut inhumé dans l'église Saint-Roch.

ŒUVRES

Travaux au château de Versailles et au Palais-Royal, à Paris (année 1662).

Ouvrages de stuc faits au plafond d'une chambre du Louvre attenante à la Salle des antiques (année 1665).

Consoles pour le château de Versailles. En collaboration d'Antoine Poissant (année 1665).

Travaux au château de Vincennes. Payés 315 livres (année 1665).

Ouvrages de stuc exécutés au plafond de l'antichambre du roi, aux Tuileries. En collaboration de Nicolas Legendre. Payés 9.800 livres (année 1666).

Ouvrages de stuc à la corniche de la grande galerie du Louvre (années 1668-1670).

Ouvrages de stuc au petit appartement du roi, à Saint-Germain-en-Laye (année 1669).

Seize chapiteaux sculptés au portail du Louvre. En collaboration de Poissant (année 1670).

Ouvrages de stuc dans les appartements du château de Versailles (année 1672).

P. Lacroix, *Revue universelle des arts*, t. XIII, 1861, p. 324. — H. Herluison, *Actes d'état civil d'artistes français*, 1873, p. 233. — U. Robert, *Nouvelles archives de l'art français*, 1876, p. 41. — J. Guiffrey, *Comptes des bâtiments du roi sous le règne de Louis XIV*, t. I, 1881, col. 71, 80, 92, 125, 182, 208, 243, 319, 334, 343, 405, 406, 419, 495, 513, 617.

Legrand (Eloi et Jacques), sculpteurs ordinaires des bâtiments du roi, peut-être fils du précédent, étaient établis à Paris à la fin du XVIIe siècle. D'après les comptes [1], ils furent occupés de 1670 à 1693 à l'église des Invalides et aux châteaux de Versailles, de Marly et de Choisy. En 1686, un de ces artistes travaillait au tabernacle de la paroisse de Versailles ainsi qu'au maître autel et au buffet d'orgue de la chapelle de Saint-Cyr. Le 27 décembre 1688, ils donnèrent tous deux quittance de « la somme de deux cens quatre vingtz livres, à eux ordonnée pour le parfait paiement de celle de mil quatre vingt livres, à quoy monte la sculture de douze cassolètes, avecq des testes de bélier, qu'ilz ont faites pour le dessus des combles de Trianon ». Le 8 janvier 1693, Éloi fit baptiser un fils à l'église Saint-Roch. Un des Legrand, j'ignore lequel, était mort en 1696, car, à cette date, sa veuve reçut le paiement d'une somme qui lui était due ; quant à l'autre, il entreprit encore différents ouvrages à l'église des Invalides en 1700, exécuta en 1707 les deux lions en pierre de Vernon placés à Chantilly, à l'entrée de la route du Connétable, et sculpta la même année les statues de l'Air et du Feu [2] qui décorent le Vertugadin, dans cette résidence.

H. Herluison, *Actes d'état civil d'artistes français*, 1873, p. 233. — U. Robert, *Nouvelles archives de l'art français*, 1876, p. 67. — J. Guiffrey, *Comptes des bâtiment du roi sous le règne de Louis XIV*, t. I, 1881, col. 829, 1255; t. II, 1887, col. 309, 442, 619, 626, 890, 904, 993, 1115, 1179 ; t. III, 1891, col. 36, 56, 98, 100, 248,

1. M. Guiffrey attribue des travaux mentionnés dans ces comptes jusqu'en 1693 à Henri Legrand. Ce dernier étant mort en 1673, il faut donc les donner à Eloi et à Jacques.

2. Ces statues sont les copies des figures de Versailles, œuvres de Le Hongre et de Dossier.

261, 291, 397, 525, 535, 558, 560, 571, 679, 704, 825, 805, 846, 901, 924, 1083, 1093,
1132, 1140; t. IV, 1896, col. 8, 63, 330, 331, 472, 612. — G. Macon, *Les arts dans
la Maison de Condé*, 1903, p. 55.

Legros (Pierre), élève de Jacques Sarrazin, naquit le 27 mai 1629 à
Chartres, où son père était marchand épicier. Agréé à l'Académie
royale de peinture et de sculpture le 15 septembre 1663, il fut nommé
académicien le 30 juillet 1666, sur un médaillon en marbre représentant *saint Pierre* ; il devint adjoint à professeur le 29 avril 1690 et
professeur le 24 juillet 1702. Il travailla beaucoup pour Versailles, où
ses œuvres existent encore. Il avait le titre de sculpteur du roi
et touchait 150 livres de gages. Il mourut à Paris le 10 mai 1714 ; il
habitait alors rue Saint-Marc, sur la paroisse Saint-Eustache, et fut
inhumé dans le cimetière Saint-Joseph. Il avait épousé en premières
noces le 15 septembre 1663 Jeanne Marsy, fille du sculpteur
Gaspard Marsy, et en secondes noces le 9 août 1669 Marie Lepautre,
sœur de Pierre Lepautre. Il eut trois fils : Pierre II de son premier
mariage et Jean et Nicolas de son deuxième. Jean Legros fut reçu
membre de l'Académie, comme portraitiste, le 29 décembre 1725 ; on
lui doit le portrait de Nicolas Coustou placé aujourd'hui au Louvre.

ŒUVRES

Saint Pierre. Médaillon ovale en marbre. Morceau de réception à l'Académie (30 juillet 1666). Église Notre-Dame de Versailles. Ce médaillon se
trouvait autrefois au Louvre dans une des salles de l'Académie. Transporté en 1792 au Musée des Monuments français, il fut donné en 1815
à l'église de Versailles.

La Vigilance. Statue en pierre. Payée 400 livres (année 1666). Cette statue
décorait le grand pavillon des Tuileries du côté de la cour du Carrousel ;
elle a été détruite dans l'incendie du palais en 1871.

Ouvrages de sculpture aux portes du parc du château de Saint-Léger. En
collaboration de Flury Macron (années 1667-1668).

Trois petits Tritons. Groupe en bronze reproduit en double. Allée-d'Eau
du parc de Versailles. Le modèle de ce groupe exécuté en 1670 fut fondu
en 1688. Gravé par Lepautre et par Thomassin, n° 157.

Trois petits danseurs. Groupe en bronze reproduit en double. Même emplacement. Le modèle de ce groupe exécuté en 1670 fut fondu en 1688. Gravé
par Lepautre et par Thomassin, n° 149.

Trois petits satyres. Groupe en bronze reproduit en double. Même emplacement. Le modèle de ce groupe exécuté en 1670 fut fondu en 1688. Gravé
par Lepautre et par Thomassin, n° 151. Un moulage de ce groupe se
trouve au Musée du Trocadéro, n° 1018.

Fleuves et enfants portant des corbeilles de fleurs. Bas-reliefs en plomb,
Façade principale de la Cascade de l'Allée-d'Eau, dans le même parc
(année 1670). Les Fleuves sont gravés par Thomassin, n° 143. Deux moulages de ces bas-reliefs figurent au Musée du Trocadéro, n°s 963, 964.

Nymphes, amours montés sur des dauphins et poissons. Trois bas-reliefs en plomb décorant le côté droit de la même cascade (année 1670). Le moulage d'un de ces bas-reliefs se trouve au Musée du Trocadéro, n° 966.

L'Europe. Statue en pierre. Façade du château de Versailles donnant sur la Cour de marbre (année 1670).

La Générosité. Statue en pierre. Même façade (année 1670).

Pomone. Statue en pierre. Avant-corps à gauche de la façade en retour du château de Versailles regardant le Parterre du Midi (année 1670).

Vertumne. Statue en pierre. Même façade (année 1670).

Une Hespéride. Statue en pierre. Même façade (année 1670).

Figure d'homme. Statue en pierre. Même façade (année 1670). Félibien et Piganiol donnent par erreur à cette figure le nom d'Amalthée.

Trophées en pierre pour la balustrade du château de Versailles (année 1670).

Ouvrages de stuc dans l'appartement de la reine, à Versailles. En collaboration de Benoît Massou. Payés 13.255 livres (année 1671).

Ésope. Statue en plomb. Payée 1.400 livres (années 1672-1673). Cette figure, placée aujourd'hui dans le parc de Versailles au Bosquet de l'Arc de Triomphe, faisait partie autrefois du Labyrinthe.

Ouvrages de sculpture aux combles du palais de Trianon. Payés 1.248 livres (année 1672).

Jupiter assis sur un aigle posé sur un globe céleste. Petit groupe en plomb exécuté pour l'ancien Théâtre-d'Eau du parc de Versailles (année 1673). Ce groupe a disparu lors de la démolition du bosquet sous Louis XIV.

Deux amours se jouant avec une lyre. Groupe en plomb. Autrefois dans le même bosquet.

Six masques et six consoles en plomb pour les buffets du bosquet du Marais, dans le même parc. Payés 800 livres (années 1673-1674).

La Prise de la ville de Limbourg. Bas-relief en pierre décorant, à Paris, la façade de la Porte Saint-Martin, du côté du faubourg (années 1674-1675).

Ornements pour le Labyrinthe du parc de Versailles (année 1776).

Travaux au château de Clagny (années 1676-1777).

Quatre bustes en marbre exécutés pour le roi (année 1676).

Ouvrages de sculpture au fronton de la chapelle du château de Versailles. En collaboration de Le Hongre. Payés 1.500 livres (année 1677).

Ornements en marbre et en métal pour la fontaine de l'Arc de Triomphe, dans le parc de Versailles. En collaboration de Benoît Massou. Payés 7.560 livres (années 1679-1681).

Trophées en plomb dans la grande galerie du château de Versailles. Payés 800 livres (années 1680-1682).

Six dessus de portes en métal dans le salon de l'appartement de la reine, à Versailles (années 1680-1681). En collaboration de Massou.

L'Eau. Statue en marbre (année 1681). Parterre d'Eau, à gauche de la fontaine du Point-du-Jour, dans le parc de Versailles.

Modèles de vases et de torchères pour le bosquet de la Salle-de-Bal, dans le parc de Versailles. En collaboration de Benoît Massou (année 1681).

L'Aveugle-né. Groupe en pierre exécuté de 1681 à 1683. Ce groupe fait partie de la décoration de la clôture du chœur de la cathédrale de Chartres.

Ouvrages de sculpture pour l'appartement de Madame situé dans la grande aile du château de Versailles. En collaboration de Benoît Massou. Payés 3.486 livres (année 1682).

Groupe en pierre pour la façade du château de Marly. Payé 1.150 livres (année 1684).

Pandore. Terme en marbre, d'après les dessins de Mignard (année 1686). Pourtour du Parterre de Latone, dans le parc de Versailles. Gravé par Thomassin, n° 204.

Vénus sortant du bain. Statue en marbre connue sous le nom de Vénus de Richelieu, comme ayant été exécutée d'après une figure antique qui était placée dans le château de Richelieu (années 1685-1692). Grande-Allée ou Tapis-Vert, dans le même parc. Gravée par Thomassin, n° 43.

Antinoüs du Belvédère. Statue en marbre. Pourtour du Parterre de Latone, dans le même parc (années 1685-1686).

Quatre vases pour la Colonnade du même parc, dont deux avaient été commencés par Laviron. Payés 1.680 livres (années 1685-1686).

Nymphe appuyée sur une rame et sur une proue et accompagnée d'un amour tenant un oiseau. Groupe en bronze. Bassin du côté du Parterre du Nord, dans le même parc. Ce groupe a été fondu par les frères Keller en 1688. Gravé par Thomassin, n° 167.

Nymphe appuyée sur un dauphin et accompagnée d'un amour. Groupe en bronze. Même emplacement. Ce groupe a été fondu par les frères Keller en 1688. Gravé par Thomassin, n° 163.

Le Point-du-Jour, sous la figure d'un jeune homme tenant un flambeau et ayant à ses pieds des nuages et un hibou. Statue en marbre. Bosquet des Dômes, dans le parc de Versailles. Payée 3.700 livres. Signée : P. LEGROS, 1696. Cette statue fut transportée en 1844 à Saint-Cloud ; ramenée à Versailles en 1871 elle a été replacée dans le bosquet des Dômes en 1897. Gravée par Thomassin, n° 121.

Un grand vase en marbre pour le parterre de l'Orangerie de Versailles (année 1687).

Modèles de bas-reliefs destinés à décorer des vases en marbre sculptés par Claude Bertin pour le parc de Versailles (année 1687).

Quatre chapiteaux en marbre pour le palais de Trianon. Payés 720 livres (année 1687).

L'Aurore et Céphale. Groupe en pierre. A droite de la grille d'entrée de l'Orangerie de Versailles, grille placée à droite du côté de la ville (années (1687-1688). Gravé par Thomassin, n° 72.

Vertumne et Pomone. Groupe en pierre. A gauche de la même grille (années 1687-1688). Gravé par Thomassin, n° 73.

Deux groupes en pierre posés sur le comble du péristyle du palais de Trianon. Payés 1.100 livres (année 1688).

Douze torchères en pierre pour le faîte du château de Marly. En collaboration de Grouard et de Robert. Payées 2.400 livres (années 1688-1689).

Un grand vase en marbre pour l'Allée-Royale du parc de Versailles (années 1688-1692).

Jeux d'enfants. Groupe en bronze fondu en 1690. Parterre d'Eau du parc de Versailles. Gravé par Thomassin, n° 170.

Trophées d'armes. Bas-relief. Portail de l'église des Invalides (années 1690-1692).

Bordures en pierre des tableaux des Évangélistes. Nef de la même église (années 1690-1692).

Saint Louis servant les pauvres. Bas-relief en pierre. Chœur de la même église (années 1691-1692).

Un des quatre Évangélistes. Statue en pierre pour l'un des angles du dôme de la même église (année 1691).

Un Père de l'Église. Statue en pierre pour la même église (années 1691-1692).

Deux monstres marins et deux têtes en plomb pour le château de Marly. Payés 536 livres (année 1697).

Louis XII. Médaillon pour l'église des Invalides (années 1700-1701).

L'Hiver. Terre en marbre. Musée du Louvre, n° 754. Provient de Saint-Cloud.

Le Printemps. Terme en marbre. Musée du Louvre, n° 755. Même provenance.

L'Été. Terme en marbre. Musée du Louvre, n° 756. Même provenance.

L'Automne. Terme en marbre. Musée du Louvre, n° 757. Même provenance.

D'ARGENVILLE, *Voyage pittoresque de Paris*, 1752, p. 369. — PIGANIOL DE LA FORCE, *Nouvelle description des châteaux et parcs de Versailles et de Marly*, 1754, t. I, p. 17, 18; t. II, p. 5, 27, 28, 29, 78, 83, 86, 92, 98, 100, 108, 175, 186, 212, 288. — Idem, *Description historique de la ville de Paris*, 1765, t. IV, p. 63. — *Mémoires inédits sur la vie et les ouvrages des membres de l'Académie royale*, 1854, t. I, p. 115, 125, 126, 310, 327, 328. — Eud. SOULIÉ, *Notice du Musée impérial de Versailles*, 1re partie 1859. p. 2; 3e partie, 1861, p. 492, 496, 500, 501, 504, 505, 510, 519. — A. JAL, *Dictionnaire critique de biographie et d'histoire*, 1872, p. 761. — H. HERLUISON, *Actes d'état civil d'artistes français*, 1873, p. 234. — D. GUILHERMY, *Inscriptions de la France du Ve siècle au XVIIIe*, t. II, 1875, p. 5. — DE MONTAIGLON, *Procès-verbaux de l'Académie royale*, t. I, 1875, p. 237, 268, 306; t. III, 1880, p. 346; t. IV, 1881, p. 181. — *Nouvelles archives de l'art français*, 1873, p. 116, 119; 1876, p. 47, 59, 77. — J. GUIFFREY, *Comptes des bâtiments du roi sous le règne de Louis XIV*, t. I, 1881, col. 125, 199, 253, 261, 330, 332, 417, 418, 511, 513, 615, 616, 624, 635, 695, 761, 774, 789, 830, 862, 902, 918, 933, 963, 983, 1001, 1048, 1097, 1159, 1216, 1233, 1286 1353; t. II, 1887, col. 11, 12, 20, 25, 57, 92, 118, 137, 138, 140, 158, 160, 163, 164, 169, 172, 181, 190, 232, 252, 278, 311, 335, 367, 390, 437, 473, 478, 522, 567, 626, 729, 967, 993, 1115, 1116, 1179, 1296; t. III, 1891, col. 36, 98, 167, 218, 336, 375, 422, 439, 502, 553, 555, 649, 705, 721, 797, 853, 855, 934, 949, 950, 1005, 1006, 1075, 1201; t. IV, 1896, col. 10, 64, 137, 188, 284, 291, 329, 336, 351, 429, 469, 568, 610, 694, 727, 809, 853, 923, 1032, 1137, 1248; t. V, 1901, col. 108, 199, 298, 349, 384, 476, 572, 655, 747. — *Réunion des sociétés des beaux arts des départements*, 1890. p. 535. 536; 1891, p. 379. — *Inventaire général des richesses d'art de la France. Province, monuments religieux*, t. I, 1886, p. 154; *Paris, monuments religieux*, t. III, 1901. p. 234, 237, 255. — Pierre de NOLHAC, *Gazette des beaux-arts*, 1899, t. II, p. 265-282; 1902, t. I, p. 5-18, 209-224). — Idem. *Les jardins de Versailles*, 1906, p. 21, 24, 35, 38, 73, 86, 116, 122, 135.

Legros (Pierre II), fils et élève du précédent, naquit à Paris le 12 avril 1666, comme le prouve l'acte de baptême suivant extrait des registres de la paroisse Saint-Eustache : « Le 12 avril 1666, fut baptisé Pierre, fils de Pierre Legros, académicien, et de Jeanne Marcy, sa

femme, demeurant rue Saint-Marcq, le parrain Lubin Legros, peintre,
la marraine Ursule Marcy, fille de Gaspard Marcy, sculpteur. »

Pierre II remporta le premier prix de sculpture à l'ancienne École
académique de Paris en 1686[1], sur un bas-relief représentant *Noé
entrant dans l'arche*. Il se rendit à Rome comme pensionnaire du roi
en 1690. Cinq ans après, ayant accepté contrairement au règlement de
l'Académie de France d'exécuter un groupe pour l'église du Gèsu, il
fut renvoyé de cette Académie, dont le directeur, qui était alors
La Teulière, s'exprimait ainsi sur son compte dans une lettre adressée le 27 décembre 1695 au marquis de Villacerf, surintendant des
bâtiments : « Sy je voulais me donner la liberté de me départir des
manières ordinaires, je vous dirois que le sieur Legros est d'une
humeur fort cachée, ayant même, sous de fausses apparences, bonne
opinion de luy un peu plus qu'il n'en faut pour profiter des avis
d'autruy. C'est le pays du monde le plus à craindre pour les personnes
qui se trouvent dans ces sortes de dispositions, les Italiens estant fort
libéraux en louanges quand ils les donnent en présence, comme sont
ordinairement les flatteurs, et la fumée que produit cette sorte d'encens
est très pernicieux pour les petites testes sans expérience. »

Pierre II Legros se fixa complètement à Rome[2] et y entreprit de
nombreux travaux ; il ne retourna en France qu'en 1713 pour subir
l'opération de la pierre. Au bout de deux ans il revint à Rome, où il
mourut d'une fluxion de poitrine le 3 mai 1719 ; il fut enterré dans
cette ville à l'église Saint-Louis-des-Français. Ayant perdu sa première
femme, Marie Petit, le 16 juin 1704, il avait épousé en secondes noces
Marie Houasse et était ainsi le beau-frère de Nicolas Coustou. Voici
en quels termes Poerson, à cette époque directeur de l'Académie de
France, annonça au duc d'Antin la mort de l'artiste : « Le sieur
Le Gros, sculpteur, qui s'estoit fait à Rome beaucoup de réputation,
vient de mourir, âgé seulement de 54 ans. Il avoit été taillé de la
pierre à Paris. Il étoit naturellement chagrin et par conséquent mal
sain. Il laisse, à ce qu'on dit, 44 ou 45 mille écus Romains ; aussi a-t-il
fait beaucoup d'ouvrages, et d'ailleurs il estoit fort économe. Madame
sa veuve est fille de feu M. Houasse, fort vertueuse et très estimée de
tous ceux qui la connoissent, encore jeune, n'ayant, je crois, que
trente-deux ans. »

ŒUVRES

Une Vestale[3]. Statue en marbre exécutée à Rome d'après l'antique, de

---

1. Non en 1677, comme le disent Dussieux et Bellier de la Chavignerie.
2. Il avait son atelier dans le palais Farnèse.
3. Dans la correspondance des directeurs de l'Académie de France à Rome, cette
statue est citée comme représentant Véturie.

1692 à 1695. Jardin des Tuileries. Alexandre Lenoir mentionne une Diane
copiée d'après l'antique par Legros, qui, après avoir fait partie du Musée
des Monuments français, fut transportée en 1797 dans le jardin des
Tuileries. On peut supposer qu'il s'agit de la même statue. Cependant,
selon Lenoir, cette Diane provenait de Marly ; or la statue de Vestale était
déjà placée aux Tuileries au xviiie siècle. Le modèle en terre cuite de cette
figure se trouvait dans le cabinet de M. La Live de Jully, rue Saint-
Honoré (*Dict. pitt. et hist. d'Hébert*, 1766, t. I).

La Religion foulant aux pieds l'Hérésie. Groupe en marbre placé à droite
du maître-autel de l'église du Gèsu, à Rome. Ce groupe, dont Legros
obtint l'exécution au concours, fut payé 2.000 écus romains (années 1695-
1699). Une esquisse en terre cuite de cette œuvre se trouve au Musée de
Montpellier (Hérault).

Saint Ignace avec trois anges. Groupe en argent sur l'autel de la chapelle
de Saint-Ignace. Même église. Ce groupe a disparu, au xviiie siècle, à la
suppression de l'ordre des Jésuites.

Un bas-relief et deux figures en stuc au frontispice de la chapelle de la
Croix. Même église.

Saint Thomas et saint Barthélemy. Statues colossales en marbre. Église
Saint-Jean-de-Latran, à Rome. La statue de saint Thomas fut payée par
le roi de Portugal et celle de saint Barthélemy par le cardinal Corsini.
L'artiste reçut pour chaque figure 5.000 écus romains.

Saint Stanislas Kotska. Statue en marbre de plusieurs couleurs. Église
Saint-André du Noviciat des Jésuites, à Rome. Gravée par J. C. Allet.

Le Mausolée du cardinal Jérôme Casanata. Même église.

Le Mausolée du duc de Bouillon, à Cluny (Saône-et-Loire). Legros dut exécuter ce monument à Rome vers 1698, d'après le projet de l'architecte
Gilles-Marie Oppenordt. Commandé par le cardinal de Bouillon, chargé
d'affaires du gouvernement français à Rome, ce mausolée se composait,
en dehors d'un riche sarcophage, de la statue du duc Frédéric Maurice de
Bouillon, frère du grand Turenne, et de celle de la duchesse sa femme.
Il devait être surmonté d'un ange qui portait le cœur de Turenne
et complété par un bas-relief représentant le duc victorieux dans un
combat de cavalerie, bas-relief destiné à orner le soubassement du sarcophage. Tous ces marbres furent envoyés dans plusieurs caisses de
Rome à Cluny ; mais, en 1711, le Parlement ayant rendu un arrêt
interdisant l'érection du tombeau sous prétexte de prétentions généalo-
giques injustifiables, les scellés furent posés sur les caisses qui restèrent
dans l'abbaye de Cluny jusqu'en 1776, époque où elles furent ouvertes.
Pendant la Révolution on laissa les marbres à Cluny. Ils s'y trouvent
encore aujourd'hui ; les uns sont placés dans la chapelle de l'hôpital et
les autres dans le Musée de la ville.

La gravure de l'ensemble du monument a été faite en 1708 par Benoît
Audran, d'après le dessin de l'architecte Oppenordt ; elle figure dans
l'Histoire généalogique de la maison d'Auvergne de Baluze.

Saint Louis de Gonzague porté au ciel par des anges [1]. Bas-relief. Église de
Saint-Ignace, à Rome.

Le Mausolée de Grégoire V. Même église. La figure du pape, celle de l'Abon-

---

1. Guillaume Coustou a travaillé à ce bas-relief.

dance et celle de la Religion sont de la main de Legros ; le reste du tombeau a été exécuté sur ses modèles.

Tobie. Bas-relief en marbre placé en 1705 à l'Oratoire du Mont-de-Piété, à Rome.

Le Tombeau du cardinal Aldobrandini érigé en 1707 dans l'église Saint-Pierre-es-liens, à Rome.

Saint Dominique. Statue colossale en marbre. Église Saint-Pierre de Rome.

Le cardinal Jérôme Casanata [1]. Statue en marbre signée et datée de 1708. Bibliothèque de Sainte-Marie-de-la-Minerve, à Rome.

Deux enfants ailés décorant l'atrium de cette bibliothèque, en face de l'escalier. C'est là que se trouvait autrefois la statue du cardinal, maintenant au bout de la salle de lecture.

Saint François Xavier. Statue en marbre. Église Saint-Apollinaire, à Rome.

Saint Philippe de Néri. Statue en marbre. Église Saint-Jérôme-de-la-Charité, à Rome.

Sculptures de la chapelle de l'avocat Antamoro. Même église.

La Foi et la Dévotion tenant un chapelet. Figures en stuc. Église des Saints-Apôtres, à Rome.

Un bas-relief du tombeau de Pie IV. Église Sainte-Marie-des-Anges, à Rome.

Catafalque exécuté en 1712 dans l'église Saint-Louis-des-Français, à l'occasion de la mort du duc de Bourgogne, père de Louis XV.

Décoration en stuc du cabinet de M. Crozat, célèbre amateur, à Paris (années 1713-1715). Cette décoration fut démolie avant la fin du xviiie siècle.

Le Saint-Esprit dans une gloire. Autrefois dans la chapelle de l'ancien château de Montmorency (Seine-et-Oise).

La Géométrie. Buste en marbre. Musée du Louvre, n° 758. Provient du château de Montfermeil.

La Charité. Buste en marbre. Musée du Louvre, n° 759. Même provenance.

Saint François de Paule invoquant la sainte Vierge pour la guérison des malades. Bas-relief en marbre. Église Saint-Jacques-des-Incurables, à Rome.

Sainte Thérèse et sainte Christine. Statues en marbre. Ces statues, placées jadis à Turin dans l'église des Carmélites, sont aujourd'hui dans la cathédrale de la ville.

Saint Félicien, évêque. Statue en argent. Cathédrale de Foligno. Cette statue fut faite sous les auspices du Jésuite Andréa Pozzi, architecte. Il est vrai de dire qu'on l'attribue aussi à Giambattista Maini.

Le pape Grégoire II. Statue en marbre. Abbaye du Mont-Cassin.

L'Amour et Psyché. Groupe en marbre donné à Legros par Alexandre Lenoir. Ce groupe, qui ornait le jardin du maréchal de Richelieu, à Paris, fit partie pendant la Révolution du Musée des Monuments français. Il fut transporté en 1804 au Ministère de l'Intérieur; on ignore ce qu'il est devenu.

Un combat d'Athlètes. Bas-relief en marbre. Deuxième cour de l'École des Beaux-Arts, à Paris. Ancienne collection Panckoucke. Ce bas-relief a figuré au Musée des Monuments français, n° 487. .

---

1. Le cardinal Casanata est le fondateur de la bibliothèque de Sainte-Marie-de-la-Minerve.

Le satyre Marsyas lié à un arbre. Marbre vendu 900 livres à la vente La
Live de Jully, en mars 1770.
Saint Barthélemy debout tenant l'instrument de son matyre. Marbre vendu
4.002 livres, en 1779, à la vente de l'abbé Terray, ministre d'Etat.

Lione Pascoli, *Vite de Pittori, scultori et architetti moderni,* vol. I, Roma,
1730, p. 273. — D'Argenville, *Voyage pittoresque de Paris,* 1752, p. 57, 143. —
L'abbé de Fontenai, *Dictionnaire des artistes,* 1776, t. I, p. 669. — A. N. D'Argenville, *Vies des fameux sculpteurs,* 1787, p. 267-276. — L'abbé Titi, *Descrizione di Roma, passim.* — *Abécédario de Mariette,* t. III, 1856, p. 118-120. —
A. Jal, *Dictionnaire critique de biographie et d'histoire,* 1872, p. 761. — A. Duvivier, *Archives de l'art français, documents,* t. V, 1857-1858, p. 280. — Eug. Müntz,
Nouvelles archives de l'art français, 1874-1875, p. 199, 354-358. — De Montaiglon,
Procès-verbaux de l'Académie, t. II, 1878, p. 334, 336. — Idem, *Correspondance
des directeurs de l'Académie de France,* t. I, 1887, p 196, 199, 203, 214, 232, 240,
253 ; t. II, 1888, p. 173, 174, 183, 185, 191 ; t. IV, 1893, p. 230-232, 386 ; t. V,
1895, p. 230-231. — A. Bertolotti, *Artisti francesi in Roma nei secoli XV, XVI e
XVII,* 1886, p. 174. — A. Dussieux, *Les artistes français à l'étranger,* 1876, p. 102.
480, 513. — Bellier de la Chavignerie, *Dictionnaire général des artistes de l'Ecole
française,* 1882, p. 979. — A. Castan, *Réunion des sociétés des beaux-arts des
départements,* 1891, p. 370-386. — *Inventaire général des richesses d'art de la
France. Archives du Musée des monuments français,* t. I, p. 183, 315, 316 ; t. II,
p. 63, 191, 332, 334, 336, 337 ; t. III, p. 207, 226, 231.

Legrue (Jean), sculpteur ornemaniste, est reçu membre de l'Académie de Saint-Luc le 16 mai 1653. D'après les comptes des bâtiments
du roi, il est occupé de 1664 à 1680 au Louvre, aux Tuileries, à
l'église du Val-de-Grâce, à Fontainebleau, à Vincennes et à Versailles.
Le 24 juin 1674, il donne quittance, avec ses confrères Hubert Misson
et Jérôme Derbais, d'une somme de 1.000 livres à compte sur une
grande cuve de marbre destinée au Cabinet des bains, au château de
Versailles. Cette cuve, qui fut payée 9.000 livres en 1673 et 15.000
en 1674, fut cédée en 1750 à Mme de Pompadour qui la fit installer
comme bassin dans le jardin de l'Ermitage.

P. Lacroix, *Revue universelle des arts,* t. XIII, 1861, p, 325. — *Nouvelles archives
de l'art français,* 1876, p. 46 ; 1882, p. 17. — J. Guiffrey, *Comptes des bâtiments
du roi sous le règne de Louis XIV,* t. I, 1881, col. 13, 15, 21, 27, 39, 70, 80, 95,
124, 134, 142, 164, 181, 193, 201, 244, 254, 320, 362, 384, 404, 420, 437, 454, 512,
619, 643, 697, 752, 763, 832, 904, 989, 1051, 1290, 1291 ; t. II, 1887, col. 98,

Leguay, sculpteur ornemaniste de la fin du xviie siècle, exécuta de
nombreux travaux, de 1688 à 1715, à Versailles, à Marly et à Meudon.

ŒUVRES

Deux figures en bois pour les frontons de la galerie de Trianon. Payées
300 livres (année 1688).
Ornements de sculpture en bois aux confessionnaux de la chapelle du château
de Versailles. Payés 788 livres (années 1709-1711).
Travaux de sculpture en bois à la Surintendance des bâtiments, à Versailles.
Payés 1.650 livres (année 1709).

teau de Choisy (Seine), du côté de la cour. Ce château appartenait alors à Mademoiselle de Montpensier, fille de Gaston d'Orléans ; il a été détruit à la Révolution (année 1682).

Armoiries, trophées, chapiteaux et masques sculptés sur les façades du même château (année 1682).

Douze têtes avec les attributs des douze mois de l'année. Façades du même château (année 1682).

Décoration intérieure des appartements et de la chapelle du même château (année 1682).

Ornements en bois, en stuc et en bronze dans le Cabinet des Curiosités du château de Versailles. En collaboration de Noël Jouvenet et de Pierre Mazeline. Payés 12.949 livres (année 1682).

Modèles des bronzes ornant le bureau du roi placé dans le même cabinet.

Quatre torchères en plomb ornées de trophées d'instruments de musique et de petits bas-reliefs de nymphes et de bacchantes. Bosquet de la Salle-de-Bal, dans le parc de Versailles (année 1682). Le moulage d'une de ces torchères se trouve au Musée du Trocadéro, n° 1028.

Quatre vases en plomb représentant le premier une danse de nymphes, le le second une bacchanale d'enfants, le troisième Neptune et Amphitrite et le quatrième des enfants chevauchant des dauphins (années 1682-1683). Même bosquet. Les moulages de deux de ces vases se trouvent au Musée du Trocadéro, n°s 1026, 1027.

Modèles de la chaire à prêcher de la chapelle du château de Versailles (année 1684).

Pomone. Terme en marbre. Grande-Allée ou Tapis-Vert du parc de Versailles (années 1684-1685).

Vertumne. Terme en marbre. Même emplacement (années 1684-1685).

Une Nymphe prenant un diadème et un collier dans une coquille présentée par un amour. Groupe en bronze. Parterre d'Eau, dans le même parc. Bassin du côté du Parterre du Midi. Le modèle de ce groupe, exécuté de 1684 à 1686, fut fondu par les Keller en 1690.

Une Nymphe tenant des fleurs, accompagnée d'un Zéphyre portant une couronne. Groupe en bronze. Même emplacement. Mêmes dates.

Le Fleuve la Seine. Groupe en bronze. Parterre d'Eau, dans le même parc. Bassin du côté du Parterre du Nord. Le modèle de ce groupe, exécuté de 1684 à 1686, fut fondu par les Keller en 1690.

La Rivière la Marne. Groupe en bronze fondu par les Keller en 1689. Même emplacement. Les modèles de ce groupe et des trois précédents furent payés 5.640 livres, non compris la fonte.

L'Air. Statue en marbre. Parterre d'Eau dans le même parc. Payée 5.000 livres (année 1685). Gravée par J. Edelinck et par Thomassin, n° 95.

Tritons et Sirènes. Deux groupes en plomb exécutés en collaboration de Jean-Baptiste Tuby. Parterre du Nord, dans le même parc. Gravés par Thomassin, n° 145 et 146.

Fleuves et enfants portant des corbeilles de fleurs. Bas-reliefs en plomb. Parterre du Nord, dans le même parc. Cascade de l'Allée-d'Eau. Les fleuves ont été gravés par Thomassin, n° 143. Un moulage de ces bas-reliefs se trouve au Musée du Trocadéro, n° 963.

Nymphes, amours montés sur des dauphins et poissons. Trois bas-reliefs en

. plomb décorant le côté gauche de la même cascade. Le moulage d'un de ces bas-reliefs figure au Musée du Trocadéro, n° 965. Les bas-reliefs du côté droit sont l'œuvre de Pierre Legros.

Trois masques et deux vases pour la Colonnade du même parc. Payés 1.370 livres (années 1685-1686).

Génies et amours. Bas-reliefs en marbre décorant la même Colonnade (année 1686).

Travaux de décoration dans l'église Notre-Dame de Paris à l'occasion du service funèbre du Grand Condé célébré le 10 mars 1687.

Quatre chapiteaux en marbre pour Trianon. Payés 720 livres (années 1687-1688).

Minerve armée de son casque, de son javelot et de son bouclier. Bas-relief ornant jadis la façade de l'ancien théâtre des Comédiens du roi que l'architecte d'Orbay venait de construire, rue des Fossés-Saint-Germain, à Paris (année 1688).

Figures et ornements exécutés en 1689 pour la pompe funèbre de la reine d'Espagne. Payés 800 livres.

Louis XIV à cheval, vêtu à la romaine. Statue en bronze de 9 mètres de haut. Cette statue fut commandée à Le Hongre par les États de Bourgogne en 1686. Exécutée d'après les dessins de Mansard, elle fut fondue en 1690, mais ne fut achevée qu'en 1692, après la mort de Le Hongre. Elle fut payée 90.000 livres. En dehors de ce prix, on dépensa encore 1.000 livres pour l'emballage et le transport des ateliers du Louvre au quai de la Seine, 400 livres pour le voyage par eau de Paris à Auxerre et 30.000 livres pour l'amener de cette ville à Dijon, où elle arriva le 21 septembre 1718; il fallut construire un chariot spécial, aplanir les routes et même, dans Dijon, démolir plusieurs maisons qui obstruaient le passage. Le piédestal fut fait d'après les modèles de l'architecte Gabriel. La statue ne fut érigée à Dijon sur la place d'armes qu'en 1724; elle fut démolie au mois d'août 1792. C'est sur l'emplacement qu'elle occupait que fut posée, le 13 juillet 1799, la colonne départementale de la Côte-d'Or.

Tombeau du cardinal de Mazarin. Musée du Louvre, n° 252. Ce tombeau, qui provient de la chapelle du Collège des Quatre-Nations, a été exécuté par Coyzevox, avec la collaboration d'Étienne Le Hongre et de Jean-Baptiste Tuby. C'est sans doute à ces derniers qu'on doit les statues en bronze de la *Paix* et de la *Fidélité* assises au-dessous du sarcophage ainsi que les figures en marbre de la *Religion* et de la *Charité* qui servent de support aux armoiries du cardinal au faîte du mausolée. Le Hongre mourut avant la fin de ce travail qui fut terminé en 1692.

Archives de la Côte-d'Or, C. 3776. — Guérin, *Description de l'Académie royale de peinture et de sculpture,* 1715, p. 90, 173. — D'Argenville, *Voyage pittoresque des environs de Paris,* 1762, p. 103, 105, 110, 116, 124, 125. — Piganiol de la Force, *Nouvelle description des châteaux et parcs de Versailles et de Marly,* 1764, t. I, p. 15, 17 ; t. II, p. 22, 27, 28, 49, 67, 73, 150, 165, 186. — Idem, *Description historique de la ville de Paris,* 1765, t. IV, p. 63; t. IX, p. 491, 492. — L'abbé de Fontenai, *Dictionnaire des artistes,* 1776, p. 708. — N. D'Argenville, *Vies des fameux sculpteurs,* 1787, p. 158. — Guillet de Saint-Georges, *Mémoires inédits sur la vie et les ouvrages des membres de l'Académie royale,* 1854, t. I, p. 363-382 — Eudore Soulié, *Notice du Musée impérial de Versailles,* 1re partie, 1859, p. 2 ; 2e partie, 1860, p. 64 ; 3e partie, 1861, p. 500, 501, 503, 504, 512, 513, 516. — A. Jal,

Dictionnaire critique de biographie et d'histoire, 1872, p. 762. — H. Herluison, *Actes d'état civil d'artistes français*, 1873, p. 235. — De Guilhermy, *Inscriptions de la France du V* siècle au XVIII*, t. I, 1873, p. 477; t. II, 1875, p. 5. — De Montaiglon, *Procès-verbaux de l'Académie royale*, t. I, 1875, p. 231, 280, 319, 353, 397; t. II, 1878, p. 87, 332; t. III, 1880, p. 36. — J. Goussard, *Nouveau guide pittoresque du voyageur à Dijon*, p. 232, 233. — *Nouvelles archives de l'art français*, 1876, p. 45, 47, 52, 64; 1882, p. 111. — *Revue de l'art français*, 1885, p. 34; 1887, p. 138; 1892, p. 69, 77. — Dussieux, *Le château de Versailles*, 1881, t. I, p. 59; t. II, p. 207, 220, 221, 263, 313, 319. — J. Guiffrey, *Comptes des bâtiments du roi sous le règne de Louis XIV*, t. I, 1881, col. 126, 181, 188, 190, 245, 302, 321, 322, 333, 349, 353, 405, 414, 418, 495, 500, 510, 512, 513, 541, 616, 617, 635, 696, 705, 735, 743, 760, 832, 846, 894, 903, 917, 956, 963, 982, 1050, 1075, 1130, 1137, 1158, 1191, 1196, 1283, 1286, 1287, 1326; t. II, 1887, col. 11, 68, 71, 136, 137, 139, 160, 172, 174, 175, 178, 197, 232, 310, 315, 336, 367, 439, 619, 625, 922, 1179; t. III, 1891, col. 91, 98, 218, 238. — *Inventaire général des richesses d'art de la France. Paris, monuments civils*, t. I, 1880, p. 4. *Archives du Musée des monuments français*, t. II, p. 31, 59. — G. Macon, *Les arts dans la maison de Condé*, 1903, p. 39, 55. — C. Piton, *Marly-le-Roi*, 1904, p. 76. — De Nolhac, *Les jardins de Versailles*, 1906, p. 27, 28, 31, 36, 61, 70, 71.

Lelong, est cité dans les comptes des bâtiments du roi comme travaillant, en 1708, aux consoles et aux festons ornant à l'extérieur les croisées de la chapelle du château de Versailles. L'année suivante, il prit part à la décoration des confessionnaux de la même chapelle et fit aussi différents ouvrages en bois pour la chapelle de la Vierge et pour celle de Sainte-Thérèse, à l'église des Invalides. En 1712, il exécuta un trophée d'église pour le chœur de Notre-Dame de Paris et fut employé à différents travaux entrepris au château de Fontainebleau.

J. Guiffrey, *Comptes des bâtiments du roi sous le règne de Louis XIV*, t. V, 1901, col. 217, 234, 317, 319, 321, 348, 414, 527, 529, 531, 610, 695.

Le Lorrain (Robert), naquit à Paris dans le cloître Saint-Nicolas le lundi 15 novembre 1666, fils de Claude Le Lorrain[1] et de Marie Guerche[2]. Il étudia d'abord la peinture avec Pierre Mosnier, peintre du roi, puis il entra dans l'atelier de François Girardon qui l'occupa, conjointement avec Nourrisson, à sculpter les figures du tombeau de Richelieu. En 1689, il remporta le premier prix de sculpture à l'ancienne École académique et fut envoyé à Rome comme pensionnaire du roi. Il revint à Paris en 1694 et se fit admettre à l'Académie de Saint-Luc. Agréé à l'Académie royale de peinture et de sculpture le 27 mars 1700, il fut reçu académicien le 29 octobre 1701 sur une figure de *Galatée*; il devint adjoint à professeur le 27 septembre 1710, professeur le 29 mai 1717, adjoint à recteur le 28 novembre 1733 et recteur le 2 juillet 1737. Il commença par tra-

1. Il était attaché à Fouquet et fut entraîné dans la disgrâce de ce ministre.
2. Fille de Gérard Guerche, orfèvre du roi.

vailler à Versailles et à Marly, puis il fut employé par le cardinal de Rohan à l'embellissement du château de Saverne et à la décoration extérieure du palais épiscopal de Strasbourg. C'est pour le même personnage qu'il exécuta vers la fin de sa vie l'ouvrage qu'on peut considérer comme son chef-d'œuvre : les *Chevaux du Soleil* sculptés sur la porte des écuries de l'ancien hôtel de Rohan, à Paris. Il décéda le 1er juin 1743 et fut enterré dans l'église Saint-Nicolas-des-Champs ; il habitait alors rue Meslay. Il avait épousé le 20 février 1702, à Saint-Pierre des Arcis, Marie-Françoise Soint, fille de feu Bernard Soint, marchand à Paris ; cette dernière mourut quinze ans avant son mari. Le Louvre possède le portrait de Robert Le Lorrain par Hubert Drouais ; il a été gravé par Le Bas. Un autre portrait de l'artiste a été peint par Nonotte et gravé par J. M. Tardieu.

ŒUVRES

Une Vierge. Statuette en marbre. Autrefois à l'encoignure de la rue du Roi de Sicile et de la rue des Rosiers, à Paris.

Andromède. Statuette en bronze exécutée pour M. Crozat, célèbre amateur parisien. Cette œuvre figura ensuite dans le cabinet de M. Blondel de Gagny, place Vendôme (*Dictionnaire pittoresque et historique* d'Hébert, 1766, t. I).

Galatée. Statuette en marbre. Morceau de réception à l'Académie (29 octobre 1701). Autrefois, au Louvre, dans une des salles de l'ancienne Académie royale de peinture et de sculpture.

Modèles de quelques-uns des bas-reliefs en bois décorant les stalles du chœur de la cathédrale d'Orléans (1702). Ces stalles sculptées par Jules Dugoulon disparurent à la Révolution ; une grande partie de leurs lambris est aujourd'hui dans la chapelle du Grand Séminaire de la ville.

Ouvrages de sculpture en plomb à la Cascade de Trianon. En collaboration de Hardy et de Garnier. Payés 7.918 livres (années 1702-1704).

Vertumne, Pomone et un amour. Groupe en bronze. Salon de 1704.

Bacchante. Statue en bronze. Salon de 1704.

Deux têtes de jeunes garçons. Marbre. Salon de 1704.

Ouvrages de sculpture en plomb à deux petits baldaquins destinés au bosquet des Bains d'Apollon, dans le parc de Versailles (année 1705).

Sainte Émilienne. Statue en plâtre placée autrefois à l'église des Invalides, dans la chapelle Saint-Grégoire-le-Grand. Payée 700 livres (année 1705).

Tombeau de Girardon et de Catherine Duchemin [1], sa femme, élevé dans l'église Saint-Landry, en collaboration d'Eustache Nourisson, d'après les modèles et sous la conduite de Girardon. Ce monument, érigé en 1702, fut démoli probablement à la Révolution. Ses fragments furent conservés au Musée des Monuments français, n° 321 ; ils ont été placés en 1817 dans l'église Sainte-Marguerite, où ils constituent aujourd'hui un groupe représentant *le Christ descendu de la croix*.

Un Faune. Statue en marbre. Jadis à la cascade champêtre de Marly. Payée 2.900 livres (années 1706-1709). Gravée par Thomassin n° 220.

1. Morte en 1698.

La Charité. Statue en pierre de Tonnerre. Balustrade extérieure de la chapelle du château de Versailles (année 1707).

Têtes de chérubins. Même chapelle (année 1707).

Un médaillon. Sous la voûte de la même chapelle (année 1709).

La Libéralité et le Zèle. Bas-relief en pierre. Pourtour intérieur 'de la
même chapelle (années 1708-1711).

La Charité et la Religion. Bas-relief en pierre. Même emplacement (années
1708-1711). Toutes les œuvres de Le Lorrain, sculptées pour la chapelle
de Versailles, furent payées 8.860 livres.

Apollon. Statue en bronze. Autrefois dans le grand salon de l'hôtel de Condé,
à Paris.

Faune antique tenant Jupiter enfant. Statue en bronze. Même emplacement.
Cette statue et la précédente furent payées 575 livres (année 1708).

Bacchus. Statue en marbre exécutée pour Versailles. Payée 3.000 livres
(années 1710-1712).

Deux vases en plomb dans la partie du jardin de Trianon, dite l'Amphi-
théâtre.

Un lutrin orné d'enfants en bronze pour l'église de Saint-Sauveur à Paris.

Mausolée de la famille de Laigue. Ce mausolée, orné de deux bas-reliefs
représentant une bataille et un combat naval, se trouvait dans l'église
des Jacobins, rue Saint-Dominique, au faubourg Saint-Germain, à Paris.

Une Vierge en marbre pour la paroisse de Marly.

Deux figures et deux anges en bois ornant jadis le maître-autel de l'église
de Louveciennes (Seine-et-Oise).

Un grand Christ en croix qui se trouvait dans la chapelle de l'ancienne
Chartreuse de Bourgfontaine, près de Villers-Cotterets.

Deux figures en bois pour le maître-autel de l'ancien couvent des religieuses
de l'Annonciade de Meulan (Seine-et-Oise).

Le Mausolée de Joseph Benoist, directeur de la Monnaie d'Orléans, érigé
dans l'église Saint-Pierre-le-Martroy, à Orléans, en 1730.

Deux Bacchantes. Statues en pierre. Autrefois dans le château de Grosbois
(Seine-et-Oise) appartenant alors à M. Chauvelin, garde des sceaux.

Une Galatée et un Apollon en pierre de Tonnerre pour le maréchal de
Tallard.

Plusieurs groupes d'enfants en pierre. Jadis dans le château d'Orsonville
(Seine-et-Oise) dont le propriétaire était M. de la Motte, trésorier de
France.

Deux bustes en marbre pour le même personnage.

*Les Vents enveloppés de nuages et huit têtes de Fleuves de différents carac-
tères.* Bas-reliefs en pierre au nombre de seize. Autrefois à Clichy-la-
Garenne, chez M. Crozat.

Une Hébé et un Mercure. Bronzes.

Pan, Syrinx, Vertumne et Pomone. Bustes en terre cuite.

Les Quatre parties du monde et les Quatre Saisons. Bustes en terre cuite.
Ces huit bustes se trouvaient, vers 1725, en la possession du sieur Audran,
concierge du Luxembourg.

Ganymède et Flore. Bustes en marbre décorant au xviii° siècle l'escalier de
l'hôtel de M. Blondel de Gagny, place Vendôme.

Un Enfant en bronze. Collection Blondel de Gagny.

Un Faune et une Dryade. Bustes en marbre. Même collection.

Deux bustes de femmes en bronze. Même collection.

L'air. Figure en bronze. Même collection (*Dictionnaire pittoresque et historique d'Hébert*, 1766, t. I).

La Vérité, la Religion, la Charité, la Vigilance, la Prudence, la Justice, la Force et la Tempérance. Statues décorant autrefois le grand salon à colonnes du palais de Saverne, en Alsace.

Un groupe d'enfants représentant des Génies jouant avec des trophées. Au-dessus des fenêtres du même salon.

Apollon poursuivant Daphné avec le fleuve Pénée. — Mercure apportant la lyre à Apollon pendant qu'il garde le troupeau d'Admète. — Midas jugeant entre Apollon et Pan. — Le supplice de Marsyas. Bas-reliefs. Ces quatre œuvres étaient placées au-dessus des portes du même salon.

Les Quatre saisons avec leurs attributs. Aux clefs de voûtes des fenêtres du même salon.

Deux Sphinx, plus grands que nature, coiffés l'un à la grecque et l'autre à l'allemande. Ces sphinx étaient posés à droite et à gauche du perron qui descendait dans le jardin du même palais. Toutes ces œuvres, exécutées pour le compte du cardinal de Rohan, étaient terminées en 1723 ; elles furent détruites dans l'incendie qui éclata à Saverne au mois de septembre 1779.

Les Quatre saisons. Statues en pierre. Premier étage de la façade de l'ancien hôtel Soubise, à Paris (palais des Archives nationales).

Les armes de Soubise ornant autrefois le fronton du même hôtel. Ces armes ont disparu.

La Prudence et la Renommée. Figures couchées de chaque côté du fronton du même hôtel.

Quatre groupes d'enfants avec des trophées. Au-dessus du second étage du même hôtel. Ces œuvres et les deux précédentes sont attribuées à Le Lorrain par Thiery (*Guide des amateurs*, t. I, p. 582). L'abbé Gougenot, dans les *Mémoires inédits sur les académiciens*, ne les cite pas parmi les œuvres de l'artiste ; il ne parle que des trophées placés à l'extérieur de l'hôtel.

Seize têtes de prophètes et de prophétesses aux clefs des arcades des fenêtres de la façade de la principale entrée du palais épiscopal de Strasbourg.

La Religion et la Clémence. Statues. Entablement de la même façade.

Quatre groupes d'enfants. Même entablement.

Neuf têtes coiffées à la grecque et à la romaine, aux clefs des fenêtres du même palais donnant sur le fond de la cour.

La Force et la Prudence. Statues. Corniche du fronton du même palais.

Deux anges en adoration au pied d'une croix. Fronton de la chapelle du même palais. Ces anges furent exécutés d'après les modèles de Le Lorrain.

La Charité et ses attributs, les armes du roi, celles de l'Evêché ainsi que des Trophées. Frontons du même palais. Tous les ouvrages sculptés par Le Lorrain pour le palais épiscopal de Strasbourg étaient achevés en 1737.

Une Fille qui frise son amant. Petit groupe en terre cuite. Salon de 1737.

Une Fille tenant un lapin qu'un jeune homme veut lui arracher et l'Amour témoin de leur scène. Petit groupe en terre cuite. Salon de 1737.

Un Fleuve. Terre cuite. Salon de 1797. Cette œuvre a fait partie au XVIIIe siècle de la collection de M. La Live de Jully.

Les chevaux du Soleil à l'abreuvoir. Haut-relief en pierre couronnant la porte des écuries de l'ancien hôtel de Rohan (Imprimerie nationale), rue Vieille-du-Temple, à Paris. On parle de démolir cet hôtel et de transporter le groupe de Le Lorrain au Musée des Arts décoratifs ; espérons que ce projet ne sera pas mis à exécution et que le chef-d'œuvre de l'artiste échappera ainsi à une mutilation inévitable. Le Musée du Trocadéro en possède le moulage, n° 938.

Guérin, *Description de l'Académie royale de peinture et de sculpture*, 1715, p. 120. — D'Argenville, *Voyage pittoresque des environs de Paris*, 1752, p. 14, 198, 203, 369. — Piganiol de la Force, *Nouvelle description des châteaux et parcs de Versailles et de Marly*, 1764, t. II, p. 285. — L'abbé de Fontenai, *Dictionnaire des artistes*, 1776, t. II, p. 36. — A. N. D'Argenville, *Vies des fameux sculpteurs*, 1787, p. 289, 301. — Thiéry, *Guide des amateurs et des étrangers à Paris*, 1787, t. I, p. 582-584. — Louis Gougenot, *Mémoires inédits sur la vie et les ouvrages des membres de l'Académie royale*, 1854, t. II, p. 210-230. — *Abécédario de Mariette*, t. III, 1856, p. 125-128. — *Archives de l'art français, documents*, t. V, 1857-1858, p. 281. — Eud. Soulié, *Notice du Musée impérial de Versailles*, 1re partie, 1859, p. 3, 4, 5. — A. Jal, *Dictionnaire critique de biographie et d'histoire*, 1872, p. 763. — H. Herluison, *Actes d'état civil d'artistes français*, 1873, p. 236. — *Bulletin de la société de l'art français*, 1877, p. 130. — De Montaiglon, *Procès-verbaux de l'Académie*, t. III, 1880, p. 14, 16, 291, 294, 326 ; t. IV, 1881, p. 113, 247, 260. — Idem, *Correspondance des directeurs de l'Académie de France à Rome*, t. I, 1887, p. 118, 295, 395 ; t. II, 1888, p. 73. — J. Guiffrey, *Nouvelles archives de l'art français*, 1884, p. 41. — Idem, *Comptes des bâtiments du roi sous le règne de Louis XIV*, t. II, 1887, col. 726, 950, 951, 1266 ; t. III, 1891, col. 188, 355, 490, 639, 731, 785 ; t. IV, 1896, col. 852, 964, 965, 1072, 1177 ; t. V, 1901, col. 40, 72, 123, 124, 215, 240, 319, 321, 340, 348, 432, 526, 530, 531, 538, 611. — L. Gonse, *La sculpture française*, 1895, p. 119-201.

Lemaire (Jean), exerçait son art à Paris vers la fin du XVIIe siècle. De 1687 à 1695, les comptes des bâtiments du roi en font mention pour différents ouvrages en pierre et en bois qu'il exécuta dans les châteaux de Versailles, de Trianon, de Choisy et de Meudon ainsi que dans l'église des Invalides. Il n'existait plus en 1698. Sa veuve mourut le 16 mai 1717 à l'âge de soixante-quatre ans.

H. Herluison, *Actes d'état civil d'artistes français*, 1873, p. 237. — J. Guiffrey, *Comptes des bâtiments du roi sous le règne de Louis XIV*, t. II, 1887, col. 1179 : t. III, 1891, col. 37, 56, 98, 261, 290, 558, 702, 924, 1109, 1187 ; t, IV, 1896, col. 331, 472, 564.

Lemaire (Philippe), fils du précédent, travaillait en 1698 à l'église des Invalides. En 1708-1709, il était occupé à la décoration de la chapelle du château de Versailles. En 1713, il sculptait des boiseries dans les appartements de Mme de Maintenon, au palais de Trianon, et touchait de ce fait 3.154 livres. L'année suivante, il recevait 1.641 livres pour des ouvrages de sculpture en bois exécutés « dans les bâtiments des dehors du château de Versailles ».

J. Guiffrey, *Comptes des bâtiments sous le règne de Louis XIV*, t. V, 1901, col. 217, 319, 320, 349, 413, 528, 529, 530, 675, 773.

Le Marchand (David), sculpteur en ivoire né à Dieppe, était établi à la fin du xvii° siècle en Angleterre, où il exécuta plusieurs œuvres, parmi lesquelles : le buste du chevalier Isaac Newton, le médaillon de Charles Marbury, le buste de lord Somers appartenant à lord Oxford, et son propre portrait sculpté par lui-même qui faisait partie de la collection de M. West. Il a signé plusieurs de ses ouvrages D. L. M. Il mourut en 1726. M. de Chennevières nous fait connaître encore une de ses œuvres : un petit bas-relief en ivoire, représentant l'Adoration des Mages, signé Le Marchand, qui se trouvait chez un antiquaire du quai Voltaire. Le même auteur est porté à reconnaître un degré de parenté entre l'artiste et le peintre dieppois Guillaume Le Marchand dont l'église Saint-Remi possède trois tableaux.

L. Dussieux, *Les artistes français à l'étranger*, 1876, p. 273. — Ph. de Chennevières, *Notes d'un compilateur sur les sculpteurs et les sculptures en ivoire*, p. 12, 13. — Maze-Sencier, *Livre des collectionneurs*, 1885, p. 639.

Le Maréchal (Michel), sculpteur et maître menuisier à Séez (Orne), travaillait, de 1643 à 1649, à la décoration intérieure du château de Carrouges. Il était encore dans cette localité en 1681, et l'on peut sans doute lui attribuer les sculptures du maître-autel de l'église paroissiale qui furent faites en 1680.

G. Despierres, *Réunion des sociétés des beaux-arts des départements*, 1893, p. 243, 244, 252, 253 ; 1894, p. 945, 947.

Lemesle (Michel), sculpteur et architecte établi à Laval, s'engage en 1687 à exécuter le maître autel de l'église de Sacé.

G.-R. Esnault, *Dictionnaire des artistes et artisans manceaux*, 1899, p. 106.

Lemire ou **Le Mire** (Gilles), sculpteur lorrain établi à Nancy dans la seconde moitié du xvii° siècle, se marie le 21 février 1674 sur la paroisse Saint-Sébastien.

A. Jacquot, *Réunion des sociétés des beaux-arts des départements*, 1900, p. 343.

Le Morel (Claude), maître sculpteur et doreur, exerçait son art à Lyon dans la seconde moitié du xvii° siècle. Le 15 mai 1683, d'après les registres de l'église Saint-Nizier, il servit de parrain à un fils de son confrère Marc Desasse.

Natalis Rondot, *Les sculpteurs de Lyon du XIV° au XVIII° siècle*, 1884, p. 59. — Idem, *Revue de l'art français*, 1887, p. 302.

. **Lemort** (Nicolas), sculpteur ornemaniste d'origine bretonne, était au nombre des artistes employés par Fouquet à la décoration du château de Vaux. Il mourut en 1661, quatre jours avant la fameuse fête offerte par le surintendant à Louis XIV.

E. Grésy, *Archives de l'art français, documents*, t. VI, 1862, p. 11.

Le Moyne (Bernard), sculpteur en bois, travaillait à Angers vers la fin du xviiᵉ siècle.

Célestin Port, *Les artistes angevins*, 1881, p. 186.

Lemoyne (Jean-Louis), né à Paris en 1665, fils de Jean Lemoyne, peintre ornemaniste, membre de l'Académie, était élève d'Antoine Coyzevox. Il remporta le premier prix de sculpture à l'ancienne École académique en 1687, mais n'alla pas à Rome. Le 26 janvier 1692, il fut admis à l'Académie de Bordeaux en présentant comme morceau de réception un portrait du roi sculpté en bois de noyer. Agréé à l'Académie royale de peinture et de sculpture le 4 avril 1699, il fut reçu académicien le 30 juin 1703 sur le buste en marbre de J. Hardouin Mansard ; il devint adjoint à professeur le 28 décembre 1715, professeur le 5 février 1724, adjoint à recteur le 28 mars 1744 et recteur le 26 mars 1746. Il se maria deux fois. Il épousa d'abord Armande-Henriette, fille du peintre de fleurs Jean-Baptiste Iᵉʳ Monnoyer ; c'est de ce mariage que naquit, en 1704, Jean-Baptiste Lemoyne, le plus célèbre des sculpteurs de ce nom. Il convola en secondes noces avec Marie-Clément Gillier dont il était veuf au moment de son décès. Il mourut en son appartement du vieux Louvre, le 4 mars 1755, âgé de 90 ans. Jean-Louis Lemoyne était sculpteur du roi et valet de chambre du duc d'Orléans. Son portrait par Tocqué est au Musée du Louvre ; un autre portrait de lui par Allou a figuré au Salon de 1737.

ŒUVRES

Portrait de Louis XIV sculpté en bois de noyer. Morceau de réception à l'Académie de Bordeaux (26 janvier 1692). Cette œuvre était placée autrefois au-dessus de la porte de cette Académie.

Michel Duplessis, architecte et ingénieur du roi. Buste en marbre. Musée de Bordeaux. Ce buste porte l'inscription suivante : « LEMOYNE FESIT PARISIEN, 1694.

Le Président de Ménards. Buste en marbre (année 1698).

Réparation des corniches de la chambre du roi, dans le palais de Trianon. Payée 83 livres (année 1700).

Ouvrages de sculpture en plomb exécutés pour la cascade de Trianon (années 1702-1703).

J. Hardouin Mansard. Buste en marbre. Morceau de réception à l'Académie royale (30 juin 1703). Musée du Louvre, n° 764. Ce buste, provenant d'une des salles de l'ancienne Académie, a figuré pendant la Révolution au Musée des Monuments français. On en voit un moulage dans le chœur de l'église Notre-Dame de Versailles.

Ouvrages de sculpture en plâtre dans l'appartement des marronniers, au château de Meudon (année 1703).

Collaboration à deux groupes de jeunes Tritons portant des coquilles et à des Têtes de monstres et de vents, en plomb, pour la rivière du parc de Marly (année 1703).

Céphale et Procris. Groupe. Salon de 1704.

Tête d'un jeune homme. Même salon.

Mansard, surintendant des bâtiments, arts et manufactures de France et protecteur de l'Académie. Buste en bronze. Même salon.

Décoration des baldaquins en plomb des Bains d'Apollon, dans le parc de Versailles (années 1705-1706).

Ornements des corniches de la galerie du palais de Trianon. En collaboration de Philippe Magnier. Payés 2.790 livres (année 1706).

Saint Simon. Statue en pierre de Tonnerre. Balustrade extérieure de la chapelle du château de Versailles (année 1707).

Saint Jude. Statue en pierre de Tonnerre. Même emplacement (année 1707).

La Piété et l'Obéissance. Bas-reliefs en pierre. Pourtour intérieur de la même chapelle (année 1708).

Les ouvrages exécutés par Jean-Louis Lemoyne à la chapelle du château de Versailles furent payés 5.525 livres.

Un ange en plomb placé autrefois, à l'église des Invalides, dans la chapelle Sainte-Thérèse.

Huit torchères et quatre vases en pierre pour orner le faîte de la chapelle du château de Meudon et le clocher de la paroisse. En collaboration de Lepautre, de Poultier et d'Offement. Payés 1.560 livres (année 1709).

Une nymphe. Statue en marbre exécutée pour Marly (année 1710).

La Foi et l'Espérance. Figures en plomb placées autrefois au-dessus des arcades du chœur de l'église Notre-Dame de Paris (années 1712-1713).

Philippe d'Orléans, régent du royaume. Buste en marbre. Musée de Versailles (n° 1902 du catalogue d'Eudore Soulié). Derrière ce buste se trouve l'inscription suivante : PHILIPPE D'ORLÉANS, REGENT DU ROYᵐᵉ DE FRANCE EN 1715 AGÉ DE 41 ANS FAY FAR J. L. LEMOYNE DE PARIS.

Antoine Coyzevox. Buste en terre cuite. École des Beaux-Arts. Provient de l'ancienne Académie de peinture et de sculpture à laquelle il avait été donné par Jean-Jacques Caffieri le 7 juillet 1781.

Diane. Statue en marbre. Cette statue, placée jadis dans le Parterre du château de la Muette, orne aujourd'hui l'escalier de l'hôtel qui appartenait à M. Rodolphe Kann, avenue d'Iéna, 51, à Paris. Elle est signée : *Jean-Louis Lemoyne parisinus fecit* 1724.

Le Printemps, sous la figure d'une femme arrosant des fleurs que lui présente un amour. Statue en marbre. Cette statue, qui provient du château de la Muette, se trouve aujourd'hui dans une collection particulière, à Londres.

Fénelon. Buste en marbre. Musée de la ville de Cambrai. Ce buste fut exécuté pour le monument élevé au prélat, en 1724, dans l'église métropolitaine de Cambrai.

Le peintre Largillière, chancelier de l'Académie. Buste en terre cuite. Salon de 1737.

GUÉRIN, *Description de l'Académie royale de peinture et de sculpture*, 1715, p. 50.
— D'ARGENVILLE, *Voyage pittoresque de Paris*, 1752, p. 7, 372. — PIGANIOL DE LA
FORCE, *Description de la ville de Paris*, 1765, t. I, p. 328. — L'abbé DE FONTENAI,
Dictionnaire des artistes, 1776, t. II, p. 159. — THIÉRY, *Guide des amateurs et des
étrangers à Paris*, 1787, t. II, p. 97. — *Archives de l'art français, documents*, t. II,
1853, p. 376, t. V, 1857-1858, p. 280. *Abécédario de Mariette*, t. III, 1856, p. 135.
— J. DELPIT, *Revue universelle des arts*, t. X, 1859, p. 89. — Eudore SOULIÉ,
Notice du Musée impérial de Versailles, 1re partie, 1859, p. 3, 4, 5, 56, 219;
2e partie, p. 69. — A. JAL, *Dictionnaire critique de biographie et d'histoire*, 1872,
p. 764. — U. ROBERT, *Nouvelles archives de l'art français*, 1876, p. 75. — *Réunion
des sociétés des beaux-arts des départements*, 1878, p. 135 ; 1889, p. 700. — DE
MONTAIGLON, *Procès-verbaux de l'Académie*, t. II, 1878, p. 359, 361 ; t. III, 1880,
p. 85, 256, 367, 372 ; t. V, 1883, p. 111. — Eugène MÜNTZ, *Guide de l'Ecole des
beaux-arts*, p. 189. — *Inventaire général des richesses d'art de la France. Province,
monuments religieux*, t. I, 1886, p. 154. — J. GUIFFREY, *Comptes des bâtiments du
roi sous le règne de Louis XIV*, t. II, 1887, col. 726, 750, 951, 1266 ; t. III, 1891,
col. 188, 355, 490 ; t. IV, 1896, col. 301, 590, 852, 926, 964, 965, 1034, 1074, 1101,
1185, ; t. V, 1901, col. 16, 41, 123, 143, 215, 300, 316, 318, 347, 379, 381, 412, 414,
432, 494, 538, 610, 695. — L. GONSE, *Les chefs-d'œuvre des Musées de France*.
1904, p. 99-100, 295.

Lemoyne (Jean-Baptiste), frère du précédent, naquit à Paris en
décembre 1679. Il remporta le deuxième prix de sculpture en 1705.
Agréé à l'Académie royale le 25 janvier 1710, avec une figure d'*Andromède*, il fut reçu académicien le 31 août 1715, sur un groupe en
marbre représentant la *Mort d'Hippolyte*, groupe aujourd'hui au
Musée du Louvre, n° 761; il devint adjoint à professeur le 28 avril
1725. Il se maria avant 1722 avec Élisabeth-Suzanne Silvestre dont
il eut un fils, Marie-René, qui fut sculpteur comme lui. Jean-Baptiste
fut chargé d'exécuter un groupe figurant le *Baptême du Christ* pour le
maître-autel de l'église Saint-Jean-en-Grève, mais lorsqu'il mourut, le
20 octobre 1731, cette œuvre était fort peu avancée ; elle fut alors continuée par son neveu, le sculpteur du xviiie siècle, qui portait le même
prénom que lui. Ce groupe, après avoir fait partie pendant la Révolution du Musée des Monuments français, fut transporté ensuite dans
l'église Saint-Roch, où il se trouve aujourd'hui.

Archives de l'art français, documents, t. II, 1853, p. 376; t. V, 1857-1858, p. 285,
— A. JAL, *Dictionnaire critique de biographie et d'histoire*, 1872, p. 764. — DE
MONTAIGLON, *Procès-verbaux de l'Académie*, t. IV, 1881, p. 14, 19, 98, 111, 207,
394. — *Réunion des sociétés des beaux-arts des départements*, 1882, p. 123. —
Inventaire général des richesses d'art de la France. Province, monuments religieux,
t. II, 1888, p. 149.

Lempereur (Henri), sculpteur d'origine flamande résidant à Paris
dans la seconde moitié du xviie siècle, nous est connu par l'acte de
décès de sa femme inhumée, le 15 août 1666, dans le cimetière de la
paroisse Saint-Roch.

A Abbeville, on cite un sculpteur du nom de Lempereur qui aurait été le premier maître de Jean Poultier. Il travailla pour plusieurs églises de la ville et en particulier pour celle de la Chapelle, dans le faubourg de Thuison, où il sculpta des stalles et des boiseries. Il est possible que ce soit le même artiste qui, en effet, a pu venir s'établir ensuite à Paris.

H. HERLUISON, *Actes d'état civil d'artistes français*, 1873, p. 240. — *Réunion des sociétés des beaux-arts des départements*, 1897, p. 421.

Lenain (Charles), fut admis au nombre des membres de l'Académie de Saint-Luc le 8 octobre 1642. Il mourut entre 1672 et 1682.

P. LACROIX, *Revue universelle des arts*, t. XIII, 1861, p. 324.

Lenain (Pierre), sans doute parent du précédent, fut reçu membre de l'Académie de Saint-Luc le 9 juillet 1658. Il vivait encore en 1682.

P. LACROIX, *Revue universelle des arts*, t. XIII, 1861, p. 326.

Lenain (Louis), maître sculpteur né en 1676, mourut à Paris le 22 octobre 1733. Il habitait alors rue Poissonnière et fut enterré au cimetière Saint-Joseph, sur la paroisse Saint-Eustache. Il était probablement parent du précédent.

H. HERLUISON, *Actes d'état civil d'artistes français*, 1873, p. 242. — E. PIOT, *État civil d'artistes français*, 1873, p. 75.

Le Nègre ou **Le Nerre** (Pierre), sculpteur, fondeur et doreur cité dans les comptes des bâtiments du roi comme ayant exécuté, de 1682 à 1687, six vases en bronze et différents ornements pour le château de Versailles.

J. GUIFFREY, *Comptes des bâtiments du roi sous le règne de Louis XIV*, t. II, 1887, col. 218, 314, 459, 634, 885, 996, 1182.

Lengro (Pierre), sculpteur et peintre, exerçait son art à Paris vers le milieu du XVIIe siècle. Cet artiste nous est connu par un acte de baptême, daté de 1645, où sa femme figure comme marraine.

H. HERLUISON, *Actes d'état civil d'artistes français*, 1873, p. 97, à Dassier (Michel).

Lenoir (Pierre), est qualifié sculpteur en pierre dans l'acte de décès de sa veuve morte à Paris le 6 février 1675, acte inscrit sur les registres de l'église Saint-Paul.

H. HERLUISON, *Actes d'état civil d'artistes français*, 1873, p. 243.

Léonard (Antoine), sculpteur franc-comtois, exerçait son art à Besançon vers 1674.

J. GAUTHIER, *Dictionnaire des artistes francs-comtois antérieurs au XIXe siècle*, 1893, p. 13.

Lepautre (Pierre), naquit à Paris le 6 septembre 1660, fils de Jean Lepautre, dessinateur et graveur du roi. Il était donc le neveu d'Antoine Lepautre, l'architecte renommé, et non son fils ainsi que le dit Bellier de la Chavignerie dans son *Dictionnaire* d'après la notice de Mariette. Il remporta le premier prix de sculpture en 1683, avec un bas-relief représentant l'*Invention des forges par Tubal-Caïn*, et fut envoyé l'année suivante à Rome comme pensionnaire du roi. Il retourna à Paris en 1696 pour régler des affaires d'intérêt, puis repartit de suite en Italie dont il revint définitivement en avril 1701, Il n'entra pas à l'Académie royale de peinture et de sculpture, mais fit partie de l'Académie de Saint-Luc avec le titre de recteur perpétuel. Il mourut à Paris le 22 janvier 1744 et fut enterré à l'église Saint-Nicolas-des-Champs. Le 22 avril 1678, à peine âgé de 18 ans, il avait épousé Marthe Tyrus, fille d'un bourgeois de Paris ; ceci est prouvé par l'acte suivant, extrait des registres de la paroisse Saint-Christophe : « Le vingt et deuxieme j. d'aoust 1678, après la public. de trois bans par trois diff. dimanches et feste en l'égl. paroissiale de St Christophe, à Paris, entre Pierre Le Paultre, fils de Jean Le Paultre, graveur à Paris, et Marguerite Gastellier, d'une part ; et Marthe Tyrus, fille de Louis Tyrus, bourgs de Paris, et d'Heleine Magot, d'autre part, tous deux de St Christophe... ont été fiancez et le lendemain mariés en l'égl. de St Christophe par moy... présents pour le d. Le Paultre Marie-Jacques Le Paultre, son frère, et Charles Mariette, paroisse St Benoist ». Devenu veuf, il s'était remarié en secondes noces avec Hélène Pain dont il eut une fille, Angélique, qui épousa le 19 janvier 1740 Claude Francin, sculpteur, fils de François-Alexis Francin, également sculpteur, que j'ai cité plus haut.

Pierre Lepautre était aussi graveur. On a de lui quelques pièces à l'eau-forte, parmi lesquelles : le portail et le plan de l'hôtel des Invalides, l'arc de triomphe de la place Dauphine d'après Lebrun, la statue de Louis XIV par Coyzevox érigée en 1689 à l'Hôtel de Ville et un plan de Versailles daté de 1717. Le Musée d'Angers possède de l'artiste un dessin original à la plume d'après son groupe d'Énée et Anchise ; ce dessin, qui a figuré à la vente du baron Denon, a été donné au Musée par David d'Angers.

ŒUVRES

Faune portant un chevreau. Statue en marbre. Musée du Louvre, n° 765.
   Cette statue, copiée à Rome d'après l'antique[1] en 1685, se trouvait jadis dans le parc de Marly.

Méléagre. Statue en marbre d'après l'antique. Faite à Rome pour le roi en 1687-1688.

---

1. La statue antique figure au Musée de Madrid.

Arrie et Paetus. Groupe en marbre. Jardin des Tuileries. Cette œuvre, commencée par Théodon, fut achevée à Rome par Lepautre de 1691 à 1695. Germain Brice et Piganiol donnent ce groupe comme représentant Lucrèce et Collatin.

Atalante. Statue en marbre. Jardin des Tuileries. Provient de Marly. Cette statue fut payée 2.000 livres ; elle est signée : *Lepautre fecit 1702*.

Restauration de figures en marbre pour le parc de Marly (année 1702).

Ornements en plomb pour le comble de la chapelle du château de Versailles (année 1705).

Collaboration à la décoration des façades de Trianon (année 1705).

Sainte Marcelline. Statue en plâtre. Autrefois dans la chapelle de Saint-Ambroise, à l'église des Invalides. Payée 700 livres (années 1705-1709).

La Modestie et la Pureté. Bas-relief en pierre. Pourtour intérieur de la chapelle du château de Versailles (années 1708-1709).

Deux anges en bronze surmontant la bordure en marbre d'un tableau de Silvestre représentant la Cène, dans la même chapelle (année 1709).

Deux anges en bronze surmontant la bordure en marbre d'un tableau de Santerre représentant sainte Thérèse en extase, dans la même chapelle (année 1709).

Deux groupes d'anges en plomb. Extrémités du comble de la même chapelle. En collaboration de Guillaume Coustou. Payés 8.000 livres (année 1709).

Un Père de l'Église. Médaillon. Sous la voûte de la même chapelle (année 1709).

Huit torchères et quatre vases en pierre pour orner le faîte de la chapelle du château de Meudon et le clocher de la paroisse. En collaboration de Jean-Louis Lemoyne, d'Offement et de Poultier. Payés 1.650 livres (année 1709).

Trophee en pierre à un des piliers de la nef de la chapelle du château de Versailles (année 1710).

Saint Grégoire. Statue en pierre de Tonnerre. Balustrade extérieure de la même chapelle (année 1710).

Saint Ambroise. Statue en pierre de Tonnerre. Même emplacement (année 1710). Cette statue et la précédente furent payées 8.425 livres.

Une Nymphe. Statue en marbre exécutée pour le parc de Marly. Payée 3.600 livres (année 1710-1714).

L'Humilité et l'Innocence. Figures en plomb. Placées autrefois au-dessus des arcades du chœur de l'église Notre-Dame de Paris (année 1712).

Enée portant son père Anchise. Groupe en marbre. Jardin des Tuileries. Cette œuvre, commencée à Rome en 1696 d'après un petit modèle en cire de Girardon, fut achevé à Paris en 1716. Une esquisse en terre cuite de ce groupe, appartenant au dessinateur Louis Morin, a figuré en 1900 à l'Exposition rétrospective de la ville de Paris. C'est peut-être la même que celle qui se trouvait au xviii° siècle dans le cabinet de M. La Live de Jully.

Les quatre Saisons. Bas-reliefs ornant jadis le château de Meudon.

Monument de Jean Auberi, marquis de Vastan. Marbre. Ce monument, qui a disparu, se trouvait avant la Révolution dans l'église Saint-Mery.

Une Vierge. Figure en marbre placée autrefois, d'après d'Argenville et Thiéry, dans la chapelle de la Vierge, à l'Hospice de la Charité. Cette statue

ne devait plus exister à la Révolution, car Alexandre Lenoir n'en parle pas
dans l'inventaire des objets d'art de l'hospice.

Le Banc d'œuvre de l'église Saint-Eustache, exécuté d'après les dessins de
l'architecte Jean-Sylvain Cartaud. Le duc d'Orléans, alors régent du
royaume, versa 20.000 francs pour la construction de ce banc d'œuvre.

Clytie changée en tournesol. Statue en marbre. Cette figure, qui ornait
jadis le jardin du château de la Muette, est placée aujourd'hui dans l'hôtel
de M. Maurice Kann, avenue d'Iéna, 49.

Le prophète Jérémie. Statue. Autrefois à côté de l'autel de la chapelle de
l'Académie de Saint-Luc, à Paris.

Sculptures du portail de l'ancienne église des Mathurins entreprises, selon
Piganiol, en 1728.

Sculptures décorant jadis l'autel de l'église des religieuses de la Visitation
de Sainte-Marie, dans le quartier Saint-Antoine.

D'Argenville, *Voyage pittoresque de Paris*, 1752, p. 7, 15, 57, 237, 355, 373. —
Idem, *Voyage pittoresque des environs de Paris*, 1762, p. 16, 154, 155. — Germain
Brice, *Description de la ville de Paris*, 1752, t. I, p. 155. — Piganiol de la Force,
Nouvelle description des châteaux et parcs de Versailles et de Marly, 1764, t. II,
p. 277, 289, 346 — Idem, *Description historique de la ville de Paris*, 1765, t. I,
p. 328; t. II, p. 380, 381 ; t. III, p. 179, 457; t. VI, p. 289. — L'abbé de Fontenai,
Dictionnaire des artistes, 1776, t. II, p. 274. — Thiéry, *Guide des amateurs et des
étrangers à Paris*, 1787, t. I, p. 399, 400; t. II, p. 523. — *Archives de l'art français*, *Abécédario de Mariette*, t. III, 1856, p. 190-192; *documents*, t. V, 1857-1858,
p. 279. — Eud. Soulié, *Notice du Musée impérial de Versailles*, 1re partie, 1859,
p. 3, 4, 5. — A. Jal, *Dictionnaire critique de biographie et d'histoire*, 1872, p. 774.
— H. Herluison, *Actes d'état civil d'artistes français*, 1873, p. 245. — L. Dussieux,
Le château de Versailles, 1881, t. II, p. 112, 207, 370, 375, 380, 416. — De Montaiglon, *Procès-verbaux de l'Académie*, t. II, 1878, p. 262, 263. — Idem, *Correspondance des directeurs de l'Académie de France à Rome*, t. I, 1887, p. 163, 169,
199, 227, et *passim* ; t. II, 1888, p. 367 et *passim* ; t. III, 1889, p. 75 et *passim*. —
J. Guiffrey, *Nouvelles archives de l'art français*, 1884, p. 66. — Idem, *Comptes
des bâtiments du roi sous le règne de Louis XIV*, t. II, 1887, col. 539; t. IV, 1896,
col. 56, 853, 964, 965, 1073, 1157, 1177, 1184; t. V, 1901, col. 215, 305, 316, 317,
318, 321, 348, 379, 361, 412, 413, 432, 530, 531, 532, 610, 695, 787, 873. — *Inventaire général des richesses d'art de la France*. *Paris, monuments religieux*, t. III,
1901, p. 253 ; *Musée des Monuments français*, t. II, p. 133 ; t. III, p. 265.

Lepautre (Jean), fils de l'architecte Antoine Lepautre et par
conséquent cousin du précédent, naquit en 1648 et mourut le 2 juillet
1735 ; il demeurait alors rue Saint-Julien-des-Ménétriers et fut inhumé
dans le cimetière de Saint-Nicolas-des-Champs. Jal cite cet artiste
comme un sculpteur de talent moyen, d'ailleurs fort peu connu.

A. Jal, *Dictionnaire critique de biographie et d'histoire*, 1872, p. 774.

Le Pileur (Jean), sculpteur résidant à Paris, fait baptiser une fille
le 11 octobre 1699 à la paroisse Saint-Germain-l'Auxerrois ; à cette
époque, il a le titre de sculpteur et fondeur du roi et habite « rue Champ-
Fleury ». La même année, il travaille au château de Marly. Deux ans
plus tard, on le trouve occupé au château de Meudon ; il touche alors

1.550 livres « pour les deux contre-cœurs qu'il a faits pour le cabinet de l'entresolle audit château ».

A. Jal, *Dictionnaire critique de biographie et d'histoire*, 1872, p. 775. — J. Guiffrey, *Comptes des bâtiments du roi sous le règne de Louis XIV*, 1895, col. 517, 551, 794.

Le Pilleur (Mathieu), maître sculpteur établi à Limoges dans la seconde moitié du XVIIᵉ siècle, passe un marché en 1660 par lequel il s'engage à exécuter, moyennant 300 livres, un tabernacle pour l'église de Guéret.

A. Richard, *Assises scientifiques de Limoges*, 1867, p. 165 et suiv.

Le Portier (Michel), sculpteur parisien du XVIIᵉ siècle, nous est connu par l'acte de décès de sa fille morte à l'âge de 18 ans le 13 janvier 1656, acte inscrit sur les registres de la paroisse Saint-Sulpice.

H. Herluison, *Actes d'état civil d'artistes français*, 1873, p. 246.

Le Prince (Jean), maître sculpteur résidant à Rouen vers la fin du XVIIᵉ siècle, travaillait en 1691-1695 « à la fontaine de Notre-Dame ». C'est peut-être le même artiste qu'un Le Prince, sculpteur ornemaniste, qui est cité dans les comptes des bâtiments du roi comme ayant été employé, en 1709, à la décoration de la chapelle du château de Versailles.

Archives de la Seine-Inférieure, G. 2731. — J. Guiffrey, *Comptes des bâtiments du roi sous le règne de Louis XIV*, t. V, col. 321, 528, 529.

Lequeux (Claude), sculpteur établi à Reims dans la seconde moitié du XVIIᵉ siècle, est admis dans la maîtrise de son art le 30 mars 1678.

Réunion des sociétés des beaux-arts des départements, 1890, p. 594.

Lerambert (Louis), naquit à Paris en 1660 et non 1664, comme l'indiquent tous les dictionnaires, ou, en 1638, comme le dit Guillet de Saint-Georges ; ceci est prouvé par son acte de baptême transcrit par Jal. Il était fils de Simon Lerambert[1], garde des marbres du roi. Il apprit à dessiner chez Simon Vouet et entra ensuite dans l'atelier de Jacques Sarrazin. Le 4 avril 1653, ayant déjà le titre de sculpteur et garde des marbres du roi, il obtint le brevet de garde des magasins des antiques, charge qui lui fut retirée dix ans plus tard. Le 9 février 1660, il épousa Marie Gissey, fille du sculpteur Germain Gissey ; celle-

1. Voir, sur la filiation des Lerambert, le *Dictionnaire des sculpteurs de l'École française du Moyen Age au règne de Louis XIV*, p. 351, 352.

ci mourut le 19 septembre 1661 sans lui laisser d'enfant. Le 31 mars
1663, il fut admis à l'Académie royale de peinture et de sculpture, sur
la connaissance que la Compagnie avait de son mérite, mais, le 19
juillet de l'année suivante, il lui fit don du buste en terre cuite de
Mazarin, buste qu'il exécuta plus tard en marbre. Il fut nommé adjoint
à professeur le 25 octobre 1664 et professeur le 31 octobre 1665. Il
mourut le 15 juin 1670; il habitait alors rue de Richelieu et fut inhumé
à Saint-Germain-l'Auxerrois. Un portrait de Louis Lerambert, peint
longtemps après le décès de l'artiste par Nicolas-Simon-Alexis Belle,
a été gravée en 1776 par J. G. Muller.

ŒUVRES

Un Amour endormi tenant des pavots à la main. Autrefois dans le cabinet
des bains d'Anne d'Autriche, au Louvre. Cette figure avait déjà disparu à
la fin du xvii⁰ siècle, mais on en voyait une copie en bronze chez le marquis de Seignelay.

La Jeunesse, la Santé, la Richesse, l'Amour, la Musique et l'Allégresse.
Statues ornant jadis une maison, à Sèvres, appartenant vers la fin du
xvii⁰ siècle au marquis de Sourdiac.

Tombeau du marquis et de la marquise de Dampierre exécuté pour l'église
de Dampierre (Loiret).

Deux enfants aux prises avec deux chats. Figures décorant autrefois un
bassin de fontaine dans la propriété de M. Monerot, fermier général, propriété située à Sèvres.

Deux chasseurs chargés de gibier. Statues. Autrefois au bas de la rampe de
l'escalier de la même maison.

La Mémoire et la Méditation. Bas-reliefs en marbre. Église Saint-Louis, à
Blois. Le bas-relief symbolisant la *Méditation* est signé et daté de 1669.
Ces œuvres, d'après Guillet de Saint-Georges et d'après d'Argenville,
faisaient partie du tombeau de Jean Courtin, président au présidial de
Blois, mort en 1626. Joanne au contraire, dans son *Guide de la Loire*,
les donne, j'ignore pourquoi, comme des restes du mausolée de la mère du
roi Stanislas de Pologne, mausolée érigé jadis dans l'église de l'Imma-
culée-Conception de Blois.

Décoration de la chapelle et des appartements du château de Chamarande,
près d'Etampes (année 1661). Ce château, appelé à l'époque château de
Bonnes, appartenait à Pierre Méraut, fermier général.

Sculptures du tombeau que M. d'Aquilanguy, grand vicaire de Normandie,
se faisait élever alors à Pontoise.

Ornements en stuc de la corniche de la grande chambre du roi, aux Tuileries (année 1664).

Deux figures en pierre pour le dôme des Tuileries. Payées 800 livres (année
1664).

Les douze signes du Zodiaque avec leurs symboles. Termes en pierre. Autrefois dans le parc de Versailles. Payés 2.200 livres (année 1664).

*Bacchante, avec un tambour de basque, et petit Satyre jouant des casta-
gnettes.* Groupe en pierre (année 1665). Gravé par Thomassin, n° 82.

Le Dieu Pan tenant un cornet à bouquin. Statue en pierre (année 1665).
Gravée par Thomassin, n° 114.

Un Satyre. Statue en pierre (année 1665). Gravée par Thomassin nº 115.

Hamadryade dansant. Statue en pierre (année 1665). Gravée par Thomassin, nº 124. Cette œuvre et les trois précédentes étaient placées dans le parc de Versailles, autour du Bassin d'Apollon, quand elles furent transportées en 1693, à Paris, dans le jardin du Palais-Royal. Elles ont dû disparaître à la Révolution.

Deux têtes de Faunes et plusieurs bas-reliefs ornant jadis la maison d'André Le Nôtre, à Paris.

Les anciens bénitiers de l'église de Saint-Germain-l'Auxerrois. Ces bénitiers étaient décorés de têtes d'anges en marbre blanc.

Deux tombeaux dont les figures étaient en terre cuite. Même église.

Une Vierge. Statue en pierre de grandeur naturelle posée autrefois au carrefour du Pont-au-Change.

Une autre Vierge. Statue en pierre plus petite que la précédente. Jadis au carrefour de la rue des Rosiers, dans la rue Vieille-du-Temple.

Un bas-relief en marbre exécuté pour le tombeau de la famille Bastard dont plusieurs membres avaient été huissiers du roi. Ce tombeau se trouvait dans l'église Saint-Eustache, du côté opposé à la chapelle de Sainte-Anne.

Deux Sphinx en marbre portant chacun un Amour en bronze tenant des guirlandes (années 1667-1668). Parterre du Midi, dans le parc de Versailles. Gravés par Lepautre et par Thomassin nᵒˢ 83, 84. Les Amours ont été fondus en bronze par Duval, en 1670, d'après des modèles de Jacques Sarrazin.

Un Amour tirant une flèche. Figure posée autrefois au milieu d'un bassin, dans le même parc (année 1667).

Deux groupes d'enfants soutenant des cassolettes. Ces groupes, d'après Piganiol, étaient placés dans le parc de Marly.

Trois enfants dansant. Groupe en bronze reproduit en double (année 1670). Allée-d'Eau dans le parc de Versailles. Gravé par Lepautre et par Thomassin, nº 152. Piganiol attribue ce groupe à Jacques Buirette.

Trois petits joueurs d'instruments. Groupe en bronze reproduit en double (année 1670). Même emplacement. Gravé par Lepautre et par Thomassin, nº 153.

Trois petits Termes. Groupe en bronze reproduit en double (année 1670). Même emplacement. Gravé par Lepautre et par Thomassin, nº 156. Un moulage de cette œuvre figure au Musée du Trocadéro, nº 1018.

Les modèles de ces trois groupes, exécutés en 1670, furent fondus en bronze en 1688.

Le cardinal Mazarin. Buste en marbre placé autrefois au Louvre dans le salon de l'Académie royale de peinture et de sculpture. Cette œuvre fut sculptée d'après un buste en terre cuite exécuté en 1664.

Le maréchal duc de la Meilleraye. Buste en marbre. Ce buste et le précédent furent payés 600 livres à l'artiste.

M. Hesselin, trésorier de la Chambre aux deniers. Buste.

M. et Mᵐᵉ Jabach. Bustes.

Bas-relief placé autrefois dans l'église paroissiale de Meudon. Ce bas-relief, d'après d'Argenville, était destiné au tombeau de Lerambert qui possédait à Meudon une maison de campagne.

Une croix de pierre élevée aux environs de Meudon. Cette œuvre ainsi que la précédente étaient, toujours selon d'Argenville, peu dignes du talent du sculpteur.

Des Tapisseries représentant l'histoire du Christ, qui se trouvaient dans l'église Saint-Merry, auraient été exécutées, d'après Thiéry, sur les dessins de l'artiste.

Guérin, *Description de l'Académie royale*, 1715, p. 50, 168. — Germain Brice, *Description de la ville de Paris*, 1752, t. I, p. 147. — D'Argenville, *Voyage pittoresque de Paris*, 1752, p. 51, 97. — Piganiol de la Force, *Nouvelle description des châteaux et parcs de Versailles et de Marly*, 1764, t. II, p. 28, 29, 287, 336. — Idem, *Description de la ville de Paris*, 1765, t. II, p. 338, 369. — L'abbé de Fontenai, *Dictionnaire des artistes*, 1776, t. II, p. 26. — Thiéry, *Guide des amateurs et des étrangers à Paris*, 1787, t. I, p. 549. — A.N. D'Argenville, *Vies des fameux sculpteurs*, 1837, p. 172, 179. — Guillet de Saint-Georges, *Mémoires inédits sur la vie et les ouvrages des académiciens*, 1854, t. I, p. 330-336. — *Archives de l'art français, documents*, t. III, 1855, p. 233-234. — Eud. Soulié, *Notice du Musée impérial de Versailles*, 3ᵉ partie, 1861, p. 499, 505. — *Revue universelle des arts*, t. XXIII, 1866, p. 121. — A. Jal, *Dictionnaire critique de biographie et d'histoire*, 1872, p. 776. — H. Herluison, *Actes d'état civil d'artistes français*, 1873, p. 247. — *Nouvelles archives de l'art français*, 1872, p. 37; 1876, p. 39, 40. — Dupré, *Revue des sociétés savantes des départements*, 6ᵉ série, t. I, 1875, p. 96, 97, 101. — De Montaiglon, *Procès-verbaux de l'Académie royale*, t. I, 1875, p. 219, 261, 270. — J. Guiffrey, *Comptes des bâtiments du roi sous le règne de Louis XIV*, t. I, 1881, col. 20, 100, 124, 150, 152, 182, 193, 208, 216, 244, 253, 293, 303, 333, 362, 420, 462, 475. — L. Dussieux, *Le château de Versailles*, 1881, t. II, p. 207, 240. — Pierre De Nolhac, *Les premiers sculpteurs de Versailles* (*Gazette des beaux-arts*, 1899, t. I, p. 91-95). — André Pératé, *Versailles*, 1904, *passim*. — Pierre de Nolhac, *Les jardins de Versailles*, 1906, p. 16, 17, 73, 174.

Le Riboudois, sculpteur en bois établi à Pont-Audemer, exécute en 1683, pour la somme de 350 livres, les stalles des chapelles de l'église de Saint-Vincent-du-Boulay (Eure).

E. Veuclin, *Réunion des sociétés des beaux-arts des départements*, 1893, p. 457.

Leroy (Dominique), sculpteur lorrain, exerçait son art à Nancy vers 1703.

Archives de Nancy, t. II, p. 320. — A. Jacquot, *Réunion des Sociétés des beaux-arts des départements*, 1900, p. 344.

Leroy (Henri), sculpteur parisien, fut reçu membre de l'Académie de Saint-Luc le 13 octobre 1666. Il mourut entre 1672 et 1682.

P. Lacroix, *Revue universelle des arts*, t. XIII, 1861, p. 328.

Leroy (Pierre), sculpteur et peintre né vers 1605, meurt à Paris le 13 octobre 1670. Cet artiste, probablement parent du précédent, nous est connu par son acte de décès inscrit sur le registre du cimetière protestant des Saints-Pères.

H. Herluison, *Actes d'état civil d'artistes français*, 1873, p. 248.

Lerrel (Guillaume), maître sculpteur breton établi à Landivisiau (Finistère), exécute en 1712 un retable pour l'église de la ville. Auparavant, en 1697, il avait sculpté en collaboration d'un de ses confrères, Alain Castel, des niches et des statues dans l'église de Plouguerneau.

LE MEN, *Recherches et documents sur l'art et les artistes bretons du XVe au XVIIIe siècle* (*Bulletin de la société archéologique du Finistère*, t. VII, 1879-1880, p. 37-42).

Lescot, sculpteur en bois et ornemaniste, est cité dans les comptes des bâtiments du roi comme étant occupé, de 1706 à 1707, à la décoration du château de Versailles.

J. GUIFFREY, *Comptes de bâtiments du roi sous le règne de Louis XIV*, t. V, col. 216, 319, 411, 493, 500, 528, 529, 530, 590, 675, 763, 854.

Le Sieutre (Bernard), sculpteur résidant à Rouen au XVIIe siècle, travaillait en 1661 à l'église de Saint-Jean pour le compte de la confrérie de Notre-Dame de Pitié.

Archives de la Seine-Inférieure, G. 6789.

Lespagnandelle (Mathieu)[1], né à Paris en 1617, se fit admettre dans la communauté de Saint-Luc, puis fut reçu à l'Académie royale de peinture et de sculpture le 30 mai 1665 ; sa réception fut confirmée le 5 mars 1672, sur présentation d'un médaillon en marbre de *l'apôtre saint Simon*. Exclu de l'Académie comme protestant le 10 octobre 1681, il fut réintégré après son abjuration le 1er décembre 1685. Il travailla d'abord en Touraine, où il était occupé en 1640 au château de Richelieu. Il revint ensuite à Paris et exécuta de nombreuses œuvres pour Versailles, dont quelques-unes existent encore. Il mourut le jeudi 28 avril 1689, à dix heures et demie du matin, et fut inhumé le lendemain dans la nef de l'église Saint-Étienne-du-Mont. Il avait épousé Périne Prou, parente du sculpteur Jacques Prou ; celle-ci, en 1646, lui avait donné un fils qui mourut le 15 août 1652.

ŒUVRES

Travaux de décoration au château de Richelieu (Indre-et-Loire) (année 1640).

Un bas-relief. Église de Saint-Paterne (Indre-et-Loire). Ce bas-relief proviendrait de l'abbaye de la Clarté-Dieu.

Ouvrages de sculpture au fronton de la Bibliothèque du Louvre. Payés 554 livres (année 1663).

---

1. J'ai déjà parlé de cet artiste au sujet de ses travaux exécutés en Touraine, mais c'est à tort qu'il a été qualifié alors sculpteur tourangeau (*Dictionnaire des sculpteurs de l'École française du Moyen Age au règne de Louis XIV*, p. 360).

Quatre Sphinx en grès pour le jardin du château de Fontainebleau. Payés 1.150 livres (années 1664-1666).

Ouvrages de sculpture en bois exécutés dans l'appartement du roi, aux Tuileries. En collaboration de Philippe Caffieri (année 1666).

Travaux d'ornementation au Val-de-Grâce. Payés 1.800 livres (années 1666-1667).

Chapiteaux en pierre à l'avant-corps de l'entrée du Louvre, du côté de la cour. En collaboration de Caffieri. Payés 3.740 livres (année 1668).

Quarante et un panneaux sculptés aux croisées du palais des Tuileries. En collaboration de Caffieri. Payés 1.040 livres (année 1668).

Décoration des boiseries de la chapelle du château de Saint-Germain-en-Laye. En collaboration de Caffieri. Payée 2.196 livres (année 1669).

Ouvrages de sculpture en bois au petit et au grand appartement du roi, dans le même château. En collaboration de Caffieri. Payés 9.292 livres (année 1669).

Ouvrages de sculpture en bois dans la grande galerie du Louvre. En collaboration de Caffieri (année 1670).

Dix grands cadres de glaces pour Trianon. En collaboration de Caffieri. Payés 1.140 livres (année 1670).

Un modèle des armes de France avec leurs supports pour l'arc de triomphe de la porte Saint-Antoine, à Paris. Payé 250 livres (année 1671). Ce monument ne fut jamais terminé.

Ouvrages de sculpture en bois aux portes et aux croisées du château de Versailles. En collaboration de Caffieri. Payés 16.680 livres (années 1671-1672).

L'apôtre saint Simon. Médaillon en marbre. Morceau de réception à l'Académie (5 mars 1672).

Chapiteaux et colonnes pour la chambre des bains du château de Versailles. En collaboration de Caffieri (année 1672).

Ornements pour les combles de Trianon (année 1672).

Travaux dans l'appartement de Mᵐᵉ de Montespan, au château de Saint-Germain-en-Laye. En collaboration de Caffieri. Payés 4.490 livres (année 1673).

Travaux dans l'oratoire de la reine, au château de Versailles. En collaboration de Caffieri. Payés 1.196 livres (année 1673).

Huit chapiteaux de bois pour le Labyrinthe du parc de Versailles. En collaboration de Caffieri. Payés 360 livres (année 1675).

Le Flegmatique. Statue en marbre. Pourtour du Parterre du nord, dans le même parc (années 1675-1679). Gravée par Thomassin, n° 101.

Modèle de la rampe du grand escalier du château de Versailles. Payé 660 livres (année 1676).

Ouvrages de sculpture au péristyle de la grande façade du Louvre (année 1678).

Ouvrages en stuc à la corniche de la grande galerie du château de Versailles (années 1679-1680).

Travaux de sculpture exécutés pour le château de Vaux. Lespagnandelle figure en effet sur le compte général des créanciers de Fouquet. On possède la quittance suivante de l'artiste datée du 16 juin 1681 : « Mathieu Lespagnandelle, sculpteur ordinaire des Bâtiments du Roy, demeurant grande rue du faubourg Saint-Victor, reconnaît avoir reçu de Louis Fouc-

quel, archevêque et comte d'Agde, par les mains de Claude Dagne-
ron, advocat demeurant au cul de sac de la rue Quincampoix,
1.758 livres pour solde des travaux de sculpture faits en la maison de
Vaux ».

Deux vases pour le pourtour de la pièce d'eau sous le Dragon, dans le parc
de Versailles (année 1682).

Prisonnier barbare. Statue en marbre d'après l'antique (années 1684-
1685). Pourtour du Parterre de Latone, dans le même parc. Gravée par
Thomassin, n° 52, et dans Clarac, pl. 851, B.

Diogène. Terme en marbre d'après les dessins de Mignard (années 1685-
1686). Même emplacement. Gravé par Thomassin, n° 175.

Socrate. Terme en marbre. Autrefois dans le parc de Versailles. Gravé par
Thomassin, n° 177.

Charlemagne et saint Louis. Statues décorant l'autel de la chapelle Saint-
Nicolas placée jadis dans le Palais de Justice de Paris, à l'extrémité de la
salle des Procureurs.

Le retable du maître-autel de l'ancienne église des Prémontrés, rue Hautefeuille, à Paris. Cette œuvre est attribuée à Lespagnandelle par l'abbé de
Fontenai et par Florent Le Comte.

Florent LE COMTE, *Cabinet des singularitez d'architecture. peinture, sculpture,*
etc., 1702, t. III, p. 116. — D'ARGENVILLE, *Voyage pittoresque des environs de Paris,*
1762, p. 115, 116, 124, 268, 401. — PIGANIOL DE LA FORCE. *Nouvelle description des*
châteaux et parcs de Versailles et de Marly, 1764, t. II, p. 26, 52, 56. — L'abbé
DE FONTENAI. *Dictionnaire des artistes.* 1776, t. p. 559. — THIÉRY, *Guide des ama-*
teurs et des étrangers à Paris, 1787, t. II, p. 20. — *Archives de l'art français,*
Abécédario de Mariette, t. III, 1856, p. 193 ; *documents.* t. I, 1852. p. 367 ; t. V, 1857-
1858, p. 78. — Eud. SOULIÉ, *Notice du Musée impérial de Versailles,* 3ᵉ *partie,*
1861, p. 504, 509. — A. JAL, *Dictionnaire critique de biographie et d'histoire,* 1872,
p. 778. — DE MONTAIGLON, *Nouvelles archives de l'art français,* 1872, p. 242. —
Idem, *Procès-verbaux de l'Académie,* t. I, 1875, p. 284, 377 ; t. II, 1878, p. 198, 313,
361, 366, 377 ; t. III. 1880, p. 7. — L. DUSSIEUX, *Le château de Versailles,* 1881,
t. I, p. 300 ; t. II, p. 207. — E. GIRAUDET, *Les artistes tourangeaux,* 1885, p. 270. —
J. GUIFFREY, *Comptes des bâtiments du roi sous le règne de Louis XIV,* t. I, 1881,
col. 39, 123, 146, 167, 182, 230. 243. 293, 321, 343, 404, 421, 462, 504, 512, 575,
614, 635, 658, 684, 690, 696, 722, 743, 762, 789, 815, 831, 862, 887, 902, 903, 945,
964, 1004, 1023, 1048, 1097, 1159, 1160, 1216, 1284, 1353; t. II. 1887. col. 118, 137,
140, 169, 178, 252, 278, 390. 439, 479, 567, 628, 729, 967, 995, 1180, 1296 ; t. III,
1891, col. 99, 218, 942, 1007. — DE GROUCHY, *Revue de l'art français,* 1892,
p. 268.

Lespagnol (Jacques), maître sculpteur breton exerçant son art à
Morlaix dans les premières années du XVIIIᵉ siècle, signe en 1712 un
procès-verbal d'expertise au sujet d'un retable exécuté pour l'église
de Landivisiau par le sculpteur Guillaume Lerrel.

LE MEN, *Recherches et documents sur l'art et les artistes bretons du XVᵉ au*
XVIIIᵉ siècle (Bulletin de la soc. arch. du Finistère, t. VII, 1879-1880, p. 37-39).

Lespingola (François), fils de Toussaint Lespingola, officier du
roi, et de Jacqueline Bouret, naquit à Joinville (Meuse) en 1644 et

non en 1654 ainsi que le dit Jal. Il remporta le prix de sculpture à l'ancienne École académique de Paris le 8 mai 1665 et le 5 janvier 1666, avec un bas-relief représentant la *Renommée annonçant aux quatre parties du monde les merveilles du règne de Louis XIV*. Il fut envoyé à Rome comme pensionnaire du roi le 21 avril 1666. Il resta dans cette ville juqu'en 1675 et y fut nommé membre de l'Académie de Saint-Luc le 31 août 1672. De retour à Paris, il fut admis à l'Académie royale de peinture et de sculpture le 29 février 1676, sur un bas-relief figurant la *Jonction des Académies de France et de Rome*. Ne se montrant pas exact aux réunions de la Compagnie, il en fut exclu pour absence prolongée le 6 novembre 1694. Il mourut le 18 juillet 1705 et fut inhumé dans l'église Saint-Roch ; il habitait alors rue de l'Échelle. Il avait épousé Cécile Joannet qui lui donna neuf enfants. Devenu veuf, il s'était remarié le 16 février 1697 avec Barbe Lefol ; cette dernière vivait encore en 1711.

ŒUVRES

Bérénice. Statue en marbre exécutée à Rome, d'après l'antique, en 1673. Pourtour du bassin de Neptune, à Versailles. Gravée par Thomassin, n° 37.

La Jonction des Académies de France et de Rome. Bas-relief en marbre. Morceau de réception à l'Académie (29 février 1676). Ce bas-relief serait aujourd'hui dans les magasins du Louvre.

Bas-reliefs au-dessous du fronton de la chapelle du château de Versailles (années 1676-1677).

La Victoire. Statue en pierre. Façade du même château donnant sur la Cour de marbre. Payée 400 livres (année 1678).

Ornements en plomb et en étain décorant l'ancienne fontaine de la Renommée, aujourd'hui le bosquet des Dômes, dans le parc de Versailles. En collaboration de Jacques Buirette. Payés 21.430 livres (années 1678-1680).

Sculptures en stuc dans la Salle de l'Œil-de-Bœuf, au château de Versailles (année 1682).

Deux vases au pourtour de la pièce d'eau sous le Dragon, dans le parc de Versailles (année 1682).

Ouvrages de sculpture exécutés dans l'appartement du prince de Vermandois, au château de Versailles. En collaboration de Buirette. Payés 2.366 livres (année 1682).

Modèles de trophées en bronze pour le salon du roi, dans le même château (année 1682).

Les attributs de Flore. Groupe en pierre ornant jadis la façade du château de Marly. Payé 1.300 livres (années 1683-1684).

Arrie et Paetus. Groupe en marbre d'après l'antique. Parterre de Latone, dans le parc de Versailles. Payé 7.650 livres (années 1684-1688). Gravé par Thomassin, n° 57. De Clarac cite ce groupe sous le nom de Manacée et Canacé (*Musée de sculpture antique et moderne*, t. V, p. 64, pl. 825).

Modèle d'un groupe en plâtre fait en collaboration de Clérion pour la pièce de Neptune, dans le même parc. Payé 350 livres (année 1684).

Deux masques. Colonnade du même parc. Payés 300 livres (année 1685).

L'Hiver. Terme en marbre exécuté pour le roi (année 1686).

Des Sphinx et des groupes d'enfants qui, selon Piganiol, décoraient les perrons du château de Marly.

Corbeilles de fleurs et de fruits en pierre placées jadis sur les quatre piliers des grilles de l'Orangerie de Versailles. Payées 680 livres (années 1687-1688).

Sphinx. Autrefois au bas des rampes de la même Orangerie. Les modèles de ces sphinx furent payés 527 livres (année 1688).

Trois chapiteaux en marbre pour Trianon. Payés 816 livres (années 1687-1688).

Ornements en plomb et en bronze pour la pièce d'eau de Neptune, dans le parc de Versailles (année 1687).

Dix figures en bois pour le dessus des frontons des croisées de la galerie de Trianon (année 1688).

Sept bas-reliefs en bois pour les fausses croisées de la même galerie. Payés 1.400 livres (année 1688).

Enfants debout sur des dauphins. Groupe en bronze. Bassin du côté du Parterre du Midi, dans le Parterre d'Eau du parc de Versailles. Le modèle de ce groupe, exécuté en collaboration de Jacques Buirette, fut payé 1.000 livres ; il a été fondu en 1690. Gravé par Thomassin, n° 172.

Le Pape donnant la bénédiction à saint Louis et à ses enfants. Bas-relief en pierre (années 1691-1692). Église des Invalides.

Une figure en pierre dans un des panneaux de la voûte du dôme de la même église (année 1693).

Ouvrages de sculpture en plâtre à la corniche du salon du château de Meudon (année 1699).

Ouvrages de sculpture dans l'appartement du duc de Bourgogne, au château de Versailles. Payés 2.090 livres (année 1699).

Décoration de la balustrade de la chambre du roi, au palais de Trianon. Payée 1.280 livres (année 1700).

Ornements de sculpture en plâtre pour les corniches des appartements du roi, au château de Versailles. En collaboration de Noël Jouvenet. Payés 9.510 livres (année 1701).

La France et deux Renommées. Figures en plâtre exécutées en collaboration de Nicolas Coustou (année 1701). Ces figures décorent le plafond de la chambre de Louis XIV, au château de Versailles.

Anges soutenant le tabernacle de l'ancien couvent des filles du Saint-Sacrement, rue Cassette, à Paris.

Armoiries et deux licornes en bronze doré qui accompagnaient autrefois le médaillon d'Édouard Colbert de Villacerf, œuvre de Nicolas Coustou, dans l'église des Minimes de Paris.

D'Argenville, *Voyage pittoresque de Paris*, 1752, p. 235, 316, 371. — Dom Calmet, *Bibliothèque lorraine*, 1731, p. 583, 584. — Piganiol de la Force, *Nouvelle description des châteaux et parcs de Versailles et de Marly*, 1764, t. I, p. 17, 256 ; t. II. p. 41, 58, 254, 336. — Idem, *Description historique de la ville de Paris*, 1765, t. IV, p. 443. — *Archives de l'art français, documents*, t I, 1852, p. 369 ; t. II, 1853, p. 377 ; *Abecédario de Mariette*, t. III, 1856, p. 194. — Eud. Soulié, *Notice du Musée impérial de Versailles*, 1re partie, 1859, p. 2 ; 2e partie, 1860, p. 197 ; 3e partie, 1861, p. 500, 507, 510. — A. Jal, *Dictionnaire critique de biographie et d'histoire*, 1872, p. 779. — H. Herluison, *Actes d'état civil d'artistes français*, 1873, p. 249, 250. — De Montaiglon, *Procès-verbaux de l'Académie*, t. II, 1878, p. 71, 79; t. III, 1888, p. 151. — Idem, *Correspondance des directeurs de l'Académie de France à Rome*, t. I, 1887, p. 12, 51, 132, 141. — *Nouvelles archives de l'art français*, 1876, p. 76; 1882, p. 21. — *Réunion des sociétés des beaux-arts des départements*, 1889, p. 96, 100, 103, 109, 110, 115. — L. Dussieux, *Le château de Versailles*, 1881, t. I, p. 231, 245; t. II, p. 207, 220, 224, 260, 319, 377. — J. Guiffrey, *Comptes des bâtiments du roi sous le règne de Louis XIV*, t. I, 1881, col. 106, 714, 903, 964, 1050, 1161, 1284; t. II, 1887, col. 11, 137, 139, 140, 172, 181, 277, 278, 367, 439, 473, 522, 624, 819, 990, 1115, 1173, 1178, 1179; t. III, 1891, col. 10, 36, 92, 97, 103, 290, 423, 554, 555, 705, 809, 844, 845, 868, 869; t. IV, col. 470, 546, 591, 610, 611, 709; t. V, 1901, col. 16, 34, 41, 125, 169, 349, 493. — *Inventaire des richesses d'art de la France. Paris, monuments religieux*, t. III, 1901, p. 236. — Pierre De Nolhac, *Les jardins de Versailles*, 1906, p. 26, 132.

Lestivoudois (Claude), maître sculpteur à Caudebec, exécute en 1697 une sainte Anne et un saint Sébastien pour l'autel de l'église de Betteville (Seine-Inférieure).

Archives de la Seine-Inférieure, G. 8016.

L'Estocart ou **Lestocart** (Claude), élève de Jacques Sarrazin, naquit à Arras. On lui attribue le piédestal de la statue du cardinal de Bérulle, statue sculptée par Sarrazin en 1657 pour le couvent des Carmélites de la rue Saint-Jacques, à Paris. Ce piédestal représente, d'un côté, le *Sacrifice offert par Noé après le déluge*, et de l'autre, le *Sacrifice de la Messe*; sur la face antérieure, on voit les armoiries du cardinal avec deux Renommées embouchant la trompette. La statue du prélat, avec son piédestal, fit partie pendant la Révolution du Musée des Monuments français, n° 167; elle a été rendue aux Carmélites en 1836. Claude L'Estocart est aussi l'auteur de la chaire de l'église Saint-Étienne-du-Mont; cette chaire, exécutée vers 1640 d'après le dessins du peintre Laurent de la Hire, existe encore aujourd'hui.

D'Argenville, *Voyage pittoresque de Paris*, 1752, p. 258, 268. — L'abbé De Fontenai, *Dictionnaire des artistes*, 1776, t. I, p. 562. — Thiéry, *Guide des amateurs et des étrangers à Paris*, 1787, t. II, p. 232, 254. — De Guilhermy, *Inscriptions de la France du V° siècle au XVIII°*, t. I, 1873, p. 560. — *Inventaire général des richesses d'art de la France. Paris, monuments religieux*, t. I, 1877, p. 305; *Archives du Musée des Monuments français*, t. I, p. 310; t. II, p. 63, 185, 186, t. III, p. 176, 179.

Le Sueur (François), sculpteur à Paris, fait baptiser un fils le 16 août 1693 sur la paroisse Saint-Roch. La même année, d'après les comptes des bâtiments, il reçoit une gratification de 50 livres pour avoir été blessé en travaillant à la statue équestre du roi, œuvre de Girardon, destinée à la place Vendôme.

H. Herluison, *Actes d'état civil d'artistes français*, 1873, p. 252. — J. Guiffrey,

Comptes des bâtiments du roi sous le règne de Louis XIV, t. III, 1891, col. 927.

Le Sueur (Cathelin), sculpteur en bois originaire de Montdidier, vint s'établir à Paris, où il mourut en 1666 à l'âge de 91 ans. Il était le père du peintre Eustache Le Sueur.

Mémoires inédits sur la vie et les ouvrages des membres de l'Académie de peinture et de sculpture, 1854, t. I, p. 147, 148.

Le Tellier (Jacques), sculpteur établi à Caen vers la fin du XVIIᵉ siècle, figure sur les registres d'impositions de 1689 à 1705.

A. BENET, *Réunion des sociétés des beaux-arts des départements*, 1897, p. 150, 153.

Le Tellier ou **Le Tillier** (Jacques-Louis), se trouvait à Rome, en 1687, et y travaillait à différentes figures commencées par Jean-Baptiste Théodon, alors pensionnaire du roi à l'Académie de France. Il revint en 1688 à Paris, où, le 26 janvier 1704, il fit baptiser une fille à l'église Saint-Benoît. Ce sont les seuls renseignements que l'on possède sur cet artiste.

H. HERLUISON, *Actes d'état civil d'artistes français*, 1873, p. 253. — DE MONTAIGLON, *Correspondance des directeurs de l'Académie de France à Rome*, t. I, 1887, p. 196, 246, 352, 459.

Letellier (Jean), sculpteur et architecte, résidait à Nantes dans la seconde moitié du XVIIᵉ siècle.

DE GRANGES DE SURGÈRES, *Les artistes nantais* (*Revue de l'art français*, 1898, p. 313).

Le Tort (Jacques), artiste manceau, sculpte en 1637 une statue de la Vierge et une statue de saint Jean-Baptiste pour l'église de Parigné-l'Évêque. En 1651 il exécute la boiserie de l'autel de l'église de Congé-sur-Orne.

G. R. ESNAULT, *Dictionnaire des artistes et artisans manceaux*, 1899, p. 126.

Levray (Nicolas I), naquit au commencement du XVIIᵉ siècle, probablement à Toulon, où il était établi en 1639. Jusqu'en 1648, il fut occupé exclusivement à des travaux de sculpture navale. A cette date, il reçut de la ville la commande des fontaines d'Astour et du Portail-d'Aumont qu'il exécuta avec Gaspard Puget. L'année suivante, il termina en collaboration de Pierre Puget une autre fontaine sur la place Saint-Lazare et une statue de saint Louis destinée à surmonter la fontaine de la Poissonnerie. En 1655, il commença la réfection de la fontaine Saint-Éloi. Le 22 avril de la même année, il passa un marché avec les consuls pour l'exécution de la grande porte de l'Hôtel de Ville, vis-à-vis du quai ; mais, le contrat ayant été résilié, le travail fut confié en 1656 à Pierre Puget qui entreprit alors la fameuse porte actuelle avec les deux cariatides soutenant le balcon. Comme dédommagement, Levray fut chargé par la municipalité d'élever une fontaine en face cette porte sur le carré du port. A partir de 1662, l'artiste s'adonna entièrement à la décoration des vaisseaux de l'État ; il travailla notamment au *Saint-Philippe*, au *Royal-Louis* d'après les dessins de Le Brun et à *la Trompeuse* d'après ceux de Pierre Puget. Il mourut à Toulon le 26 août 1678.

Archives de l'art français, documents, t. IV, 1856, p. 237, 238. — Ch. GINOUX, *Revue de l'art français*, 1888, p. 164 ; 1889, p. 66-72 ; 1890, p. 153, 353 ; 1892, p. 226 ; 1894, p. 283. — Idem, *Réunion des sociétés des beaux-arts des départements*, 1890, p. 354-360. — *Inventaire général des richesses d'art de la France. Province, monuments civils*, t. VI, 1892, p. 263, 274.

Levray (Gabriel), fils de Nicolas Ier, naquit à Toulon vers 1640. En 1667, il travaillait en même temps que son père à l'ornementation du vaisseau le *Royal-Louis*. Jusqu'en 1701, il fut employé à Toulon comme sculpteur décorateur de la marine. Il figurait encore sur le registre de l'impôt de capitation en 1717. Il dut mourir peu de temps après, car on perd sa trace à partir de cette époque.

Archives de l'art français, documents, t. IV, 1856, p. 238. — Ch. GINOUX, *Revue de l'art français*, 1888, p. 167 ; 1892, p. 226 ; 1894, p. 285.

Levray (Antoine), frère cadet du précédent, né à Toulon vers 1663, était occupé dans l'arsenal de la ville en 1668 comme apprenti sculpteur décorateur de vaisseaux, sous la direction de son père Nicolas Ier Levray. Il vivait encore à Toulon en 1710. Il eut un fils, Nicolas III, qui fut également sculpteur.

Archives de l'art français, documents, t. IV, 1856, p. 237. — Ch. GINOUX, *Revue de l'art français*, 1888, p. 167 ; 1892, p. 226 ; 1894, p. 285, 286.

Levray (Pierre), fils de Gabriel, né à Toulon le 26 février 1673, était employé dans sa ville natale à des travaux de sculpture navale. On trouve encore trace de lui en 1717.

Ch. GINOUX, *Revue de l'art français*, 1892, p. 227 ; 1894, p. 286.

Levray (Nicolas II et Jean), maîtres sculpteurs, frères du précédent, nés, le premier vers 1675 et le second vers 1681, exerçaient leur art à Toulon au commencement du xviii° siècle. On rencontre également dans la même ville, en 1720, un Louis Levray sculpteur, mais j'ignore quel degré de parenté existait entre lui et les artistes que je viens de mentionner.

Ch. GINOUX, *Revue de l'art français*, 1892, p. 227 ; 1894, p. 286.

Lheureux (Florent), sculpteur établi à Paris dans la seconde moitié du xviiᵉ siècle, fait baptiser un fils le 27 mars 1661 à l'église Saint-Benoît. Cet artiste est très probablement le même que le Florent Lheureux [1] que j'ai déjà cité comme travaillant à Rouen de 1646 à 1648.

H. HERLUISON, *Actes d'état civil d'artistes français*, 1873, p. 256.

Lheureux (Georges), sans doute parent du précédent, est admis comme membre de l'Académie de Saint-Luc le 30 octobre 1679. Il figure encore sur les listes de la communauté en 1682.

P. LACROIX, *Revue universelle des arts*, t. XIII, 1862, p. 334.

Liesse (Antoine), sculpteur calaisien, se rend à Boulogne-sur-Mer en 1656-1657 pour travailler, en collaboration d'un maître tailleur de pierre, Grégoire Wantier, à la décoration de l'église Notre-Dame. Auparavant, en 1628, il avait aidé le sculpteur Adam Lottman [2] dans l'exécution du retable de l'église Notre-Dame de Calais.

J. VAILLANT, *Revue de l'art français*, 1895, p. 125. — *Réunion des sociétés des beaux-arts des départements*, 1894, p. 1223.

Lieutaud (Joseph), naquit à la Ciotat (Bouches-du-Rhône) le 25 juillet 1644 ; il était fils de Pierre Lieutaud, pelletier, et de Claire Estienne, sa femme. Très jeune encore, il se rendit à Rome et y travailla pendant quelque temps sous la direction du Bernin. Après être resté en Italie une vingtaine d'années, il alla à Toulon, où il fut employé dans l'atelier de Pierre Puget. En 1678, il exécuta le maître-autel et la décoration du fond du sanctuaire de l'église de Saint-Maximin (Var). Dans la suite, il fit plusieurs ouvrages qui furent placés à la Ciotat et à la Cadière. Il se maria dans cette dernière ville avec Anne Jayne et acheta en 1687, de la commune, pour le prix de 8000 livres, la terre du Moulin qui vers la fin du xviiiᵉ siècle était encore en la possession de ses descendants. Il mourut à la Cadière le 28 décembre 1726 et fut enterré dans le cimetière de la chapelle des Pénitents noirs.

1. Voir le *Dictionnaire des sculpteurs de l'École française du Moyen Age au règne de Louis XIV*, p. 365.
2. Idem, p. 375.

Gloire ou groupe d'anges entourant la sainte Trinité. Statue en plâtre doré. Chœur de l'église de Saint-Maximin (Var).

La Communion de sainte Madeleine par le saint Pontife Maximin. Bas-relief en terre cuite. Chœur de la même église.

Apparition de Jésus aux disciples d'Emmaüs. Médaillon de forme octogonale en bronze doré. Maître-autel de la même église.

Mort de saint Joseph. Médaillon de forme octogonale en bronze doré. Maître-autel de la même église.

Le maître-autel et la décoration du sanctuaire de l'église de Saint-Maximin furent commencés en 1678. Le maître-autel fut achevé en 1682 et l'artiste reçut en payement 22.000 livres.

Saint André. Statue en pierre qui surmontait la principale fontaine de la Cadière (Var). Cette statue, brisée en 1862, a été remplacée par une copie.

Saint François de Sales. Statue destinée à décorer la fontaine de Bandol (Var). Cette statue est restée en la possession des descendants de l'artiste.

Saint André. Statuette en terre cuite. Cette statuette appartenait en 1860 à l'abbé de Savournin, curé de Garéoult (Var) ; c'est peut-être la maquette du saint André de la Cadière.

Saint Pierre. Statue ornant la salle des prud'hommes de la Ciotat.

L'autel de l'ancienne église des Carmélites d'Aix. Cet autel a été transporté à Pertuis (Vaucluse).

Revue universelle des arts, t. IV, 1856, p. 165. — L'abbé MAGLOIRE GIRAUD, *Revue des sociétés savantes des départements,* 2ᵉ série, t. III, 1860, p. 389-401. — Idem, *Répertoire des travaux de la société de statistique de Marseille,* t. XXV, 5ᵉ série, t. V, 1862, p. 200 et suiv. — Ch. GINOUX, *Revue de l'art français,* 1888, p. 171 ; 1894, p. 286. — *Inventaire général des richesses d'art de la France. Province, monuments religieux,* t. III, 1901, p. 243, 244, 483.

Ligier (Jean), dit l'aîné, travaillait à Besançon en 1685. Il mourut vers 1700.

Ligier (Jean), dit le jeune, neveu et élève du précédent, exerçait son art à Besançon de 1685 à 1730. Il fut occupé dans cette ville à l'église Saint-Maurice, aux Cordeliers, à la citadelle, à l'église des Jésuites et aux Carmélites, où il exécuta un retable conservé aujourd'hui à Saint-Hilaire. Il travailla également à Gray, à Moncey et à Vuillafans. Il était le gendre du sculpteur bisontin Philippe Doby. Il eut deux fils, Jean-Claude et Nicolas, sculpteurs comme lui, qui moururent à Besançon, le premier en 1721 et le second en 1749.

Jules GAUTHIER, *Dictionnaire des artistes francs-comtois antérieurs au XIXᵉ siècle,* 1892, p. 13. — Idem, *Réunion des sociétés des beaux-arts des départements,* 1895, p. 812, 813.

Lignon, sculpteur en cire. Cet artiste, originaire de Paris, vint s'établir à Nancy ; sa présence y est constatée en 1698, année où il fit baptiser une fille sur la paroisse Saint-Sébastien.

Archives de Nancy, t. III, p. 264. — A. Jacquot, *Réunion des sociétés des beaux-arts des départements*, 1900, p, 345.

Linard (Jacques), résidait à Troyes dans la seconde moitié du XVIIᵉ siècle. Il mourut le 23 avril 1709 à l'âge de 69 ans.

L. Morin, *Réunion des sociétés des beaux-arts des départements*, 1902, p. 319.

Lisqui ou **Lixe** (Pierre), sculpteur ornemaniste et marbrier né en Allemagne, obtint le 6 septembre 1680 des lettres de naturalisation. Il travailla aux châteaux de Versailles, de Clagny, de Meudon, de Marly, de Saint-Germain-en-Laye et de Fontainebleau, ainsi qu'à l'église des Invalides et à Notre-Dame de Paris. Il mourut âgé de 55 ans le 22 décembre 1728. Cet artiste qui, d'après les comptes des bâtiments du roi, était plutôt un marbrier, est qualifié dans son acte de décès maître peintre sculpteur.

Piganiol de la Force, *Nouvelle description des châteaux et parcs de Versailles et de Marly*, 1764, t. II, p. 289, 336. — *Archives de l'art français, documents*, t. VI, 1862, p. 272. — J. Guiffrey, *Nouvelles archives de l'art français*, 1882, p. 100. — Idem, *Comptes des bâtiments du roi sous le règne de Louis XIV*, t. I, 1880, *passim*; t. II, 1887, *passim*; t. III, 1891, *passim*; t. IV, 1896, *passim*; t. V, 1901, *passim*.

Locremon (Girard), sculpteur établi à Paris, figure comme parrain dans un acte de baptême inscrit sur les registres de la paroisse Saint-Benoît à la date du 30 octobre 1643.

H. Herluison, *Actes d'état civil d'artistes français*, 1873, p. 259.

Loiseau (Pasquet), maître sculpteur en bois résidant à Bernay (Eure), exécute en 1654, avec son confrère Thomas Caboulet, les stalles de l'église des Cordeliers, moyennant le prix convenu de 600 livres tournois. Ces stalles ont disparu depuis 1790.

Loiseau (François), parent du précédent, demeurant également à Bernay, travaillait en 1667 pour l'église de Saint-Vincent du Boulay, près de Thiberville.

E. Veuclin, *Artistes normands* (*Réunion des sociétés des beaux-arts des départements*, 1893, p. 451).

Loisel (Robert), sculpteur à Paris, fut reçu membre de l'Académie de Saint-Luc le 2 juin 1655. On possède les actes de décès de ses fils, actes inscrits l'un, sur les registres de Saint-Roch, le 19 décembre 1658, et l'autre, sur ceux de Saint-Nicolas-du-Chardonnet, le 23 janvier 1666. Il vivait encore en 1682.

P. Lacroix, *Revue universelle des arts*, t. XI, 1861, p. 325. — H. Herluison, *Actes d'état civil d'artistes français*, 1873, p. 260, 266.

Loisel (Philippe), sculpteur parisien parent du précédent, faisait également partie de l'Académie de Saint Luc, où il avait été admis le 30 juin 1659. Il vivait encore en 1682.

P. LACROIX, *Revue universelle des arts*, t. XIII, 1861, p. 326.

Loisel (Pierre), sans doute parent des précédents, est reçu membre de l'Académie de Saint-Luc le 9 janvier 1681.

P. LACROIX, *Revue universelle des arts*, t. XIII, 1861, p. 334.

Loisel (Jacques), remporte le premier prix de sculpture à l'ancienne École académique de Paris en 1702. Les comptes des bâtiments du roi citent un Loisel qui, en 1709-1710, travaillait à la décoration de la chapelle du château de Versailles et, en 1712, exécutait deux trophées pour le chœur de l'église Notre-Dame de Paris; il s'agit sans doute de Jacques Loisel.

DUVIVIER, *Archives de l'art français, documents*, t. V, 1857-1858, p. 284. — DE MONTAIGLON, *Procès-verbaux de l'Académie*, t. III, 1880, p. 349, 352. — J. GUIFFREY, *Comptes des bâtiments du roi sous le règne de Louis XIV*, t. V, col. 316, 530, 610, 695, 873.

Lombard (Jean), sculpteur et architecte, était occupé en 1684 à la décoration du chœur de l'église de Saint-Maximin (Var).

Ch. BAUCHAL, *Nouveau dictionnaire des architectes français*, 1887, p. 384.

Longuemas (Louis), sculpteur d'origine normande, travaillait à Toulon en 1668 à des ouvrages de sculpture navale, sous la direction de Pierre Turreau.

Archives de l'art français, documents, t. IV, 1856, p. 238. — Ch. GINOUX, *Revue de l'art français*, 1888, p. 170; 1894, p. 287.

Loude (Claude), exerçait son art à Paris dans la seconde moitié du XVIIᵉ siècle. Cet artiste nous est connu par l'acte de décès de son fils, inscrit sur les registres de l'église Saint-Sulpice à la date du 2 août 1660.

H. HERLUISON, *Actes d'état civil d'artistes français*, 1873, p. 264.

Louet (Adrien), est qualifié maître peintre et sculpteur dans l'acte de décès de sa fille inhumée, le 11 août 1668, sur la paroisse Saint-Sulpice.

H. HERLUISON, *Actes d'état civil d'artistes français*, 1873, p. 265.

Louis de La Porte. Voir **La Porte** (Louis de).

Lucas, sculpteur de la fin du XVIIᵉ siècle, est cité dans les comptes des bâtiments du roi comme ayant exécuté, de 1670 à 1680, trois bustes de marbre et des vases pour Versailles.

J. Guiffrey, *Comptes des bâtiments du roi sous le règne de Louis XIV*, t. I, 1881, col. 427, 1162, 1289.

Lucret (Florent), sculpteur établi à Paris dans la seconde moitié du xviiᵉ siècle, fait baptiser un fils sur la paroisse Saint-Benoît le 7 janvier 1664.

H. Herluison, *Actes d'état civil d'artistes français*, 1873, p. 266.

Luguet (Abraham), exerçait son art à Nancy dans la première moitié du xviiᵉ siècle.

Archives de Nancy, t. II, p. 228 ; t. III, p. 249, 250. — A. Jacquot, *Réunion des sociétés des beaux-arts des départements*, 1900, p. 345.

M

Marbrey (Louis), était en 1680 sculpteur de la maison du roi avec 60 livres de pension. En 1688, il obtint le titre de sculpteur de la garde-robe, en remplacement de son confrère Louis Frémont ; j'ignore en quoi consistait cette charge.

A. Jal, *Dictionnaire critique de biographie et d'histoire*, 1872, p. 1113. — J. Guiffrey, *Nouvelles archives de l'art français*, 1872, p. 69.

Macé (Charles), sculpteur établi à Paris dans la seconde moitié du xviiᵉ siècle, fut reçu académicien le 21 avril 1663, sur un groupe représentant les *Amours d'Hercule et d'Omphale*. Il dut mourir peu de temps après sa réception, car les comptes des bâtiments du roi n'en font pas mention et on ne possède sur lui aucun renseignement.

L. Dussieux, *Archives de l'art français, documents*, t. I, 1852, p. 362. — De Montaiglon, *Procès-verbaux de l'Académie*, t. I, 1875, p. 225.

Macquette (Noël), exerçait son art à Angers vers 1686.

Célestin Port, *Les artistes angevins*, 1881, p. 206.

Macron (Fleury), sculpteur parisien, fut admis à l'Académie de
Saint-Luc le 29 décembre 1660. De 1667 à 1669, il travaillait avec son
confrère Pierre Legros au château de Saint-Léger. En 1670, on le
trouve occupé à Versailles; il touchait alors 759 livres « pour son
entier paiement des glaçons qu'il a taillés au grand bassin de l'Allée
d'Eau ». Il vivait encore en 1682.

P. LACROIX, *Revue universelle des arts*, t. XIII, 1861, p. 327. — J. GUIFFREY,
Comptes des bâtiments du roi sous le règne de Louis XIV, t. 1, 1881, col. 199, 330,
420.

Magnan (Michel), était au nombre des sculpteurs employés au
XVIIe siècle, par le surintendant Fouquet, à la décoration du château
de Vaux.

E. GRÉSY, *Archives de l'art français, documents*, t. VI, 1862, p. 11.

Magne (Jean), exerçait son art à Paris vers le milieu du XVIIe siècle.
Il est qualifié maître sculpteur dans l'acte de décès de son fils, inscrit
sur les registres de Saint-Roch à la date du 18 juin 1659.

H. HERLUISON, *Actes d'état civil d'artistes français*, 1873, p. 267.

Magnier (Pierre I), maître sculpteur originaire de Beauvais, vint
s'établir à Paris, où il demeurait rue Saint-Martin. Il était un des
anciens de l'Académie de Saint-Luc. Il épousa Marie Brisset dont il
eut plusieurs fils qui furent sculpteurs comme lui.

P. LACROIX, *Revue universelle des arts*, t. XIII, 1861, p. 325. — A. JAL, *Dictionnaire critique de biographie et d'histoire*, 1872, p. 820.

Magnier (Pierre II), fils du précédent, naquit à Paris vers 1625.
Il faisait également partie de l'Académie de Saint-Luc, où il avait été
admis le 13 janvier 1656. Il se maria le 24 novembre 1659 avec Marie
Barrois, fille de Claude Barrois, maître menuisier rue des Gravilliers.
En 1665, il demeurait rue Transnonain. Il mourut entre 1672 et 1682.

Magnier (Henri), frère du précédent, était aussi sculpteur. On
ignore la date de sa naissance. Il mourut à Paris le 19 juin 1674.

P. LACROIX, *Revue universelle des arts*, t. XIII, 1861, p. 325. — A. JAL, *Dictionnaire critique de biographie et d'histoire*, 1872, p. 830.

Magnier (Laurent), frère des précédents, naquit à Paris vers 1619.
Après avoir appris de son père les premiers principes de son art, il se
rendit à Rome en 1638 et y resta jusqu'en 1643, époque de son retour
à Paris. Le 13 octobre de cette même année, il se fit admettre à
l'Académie de Saint-Luc. Le 6 août 1651, il fut du nombre des sculp-

teurs qui ratifièrent l'acte d'union des maîtres avec la nouvelle Académie royale de peinture et de sculpture. Il fut reçu académicien le
29 novembre 1664, devint adjoint à professeur le 8 janvier 1684 et
professeur le 29 avril 1690. Il mourut le 6 février 1700. Il avait épousé
Marie Vivier dont il eut plusieurs enfants.

ŒUVRES

Une Annonciation. Sculpture en bois placée jadis sur l'entablement de
    l'église des Religieuses de Sainte-Catherine, rue Saint-Denis, à Paris
    (année 1643).
Deux Vierges avec l'enfant Jésus, une Vierge de Pitié et une Assomption.
    Figures en pierre commandées par le chancelier Séguier pour le monastère
    des Carmélites, à Pontoise.
Sainte Ursule avec ses attributs. Haut-relief en pierre pour le portail du
    couvent des Ursulines, dans la même ville.
Décoration du plafond en bois de la grande chambre du Parlement, à
    Rennes (année 1648).
Deux Renommées tenant les armes du roi. Figures en bois pour la chambre
    du roi au Louvre.
Décoration d'une porte de l'antichambre du roi, dans le même palais. L'ar-
    tiste sculpta pour cette porte, d'après des dessins de Jean Goujon, des
    ornements et un bas-relief figurant la Victoire assise sur des trophées.
Décoration du plafond du cabinet du roi. Même palais (année 1652).
Deux enfants tenant des guirlandes de fleurs de chaque côté d'un médaillon
    enrichi de lauriers, renfermant le chiffre d'Anne d'Autriche. Ouvrages
    en bois au-dessus de la croisée du cabinet de la reine-mère, donnant sur
    la Seine. Même palais.
Sculpture du plafond et du lambris de l'appartement d'Anne-d'Autriche, au
    château de Fontainebleau.
La Justice et la Force. Statues en pierre ornant autrefois le portail de
    l'église Sainte-Catherine de la Culture, à Paris (année 1660).
Hercule arrêtant une biche consacrée à Diane. Modèle en terre cuite pré-
    senté par l'artiste au moment de sa demande d'admission à l'Académie.
Le combat de l'art contre la nature. Bas-relief en marbre. Cette œuvre, ornée
    d'une riche bordure sculptée, fut donnée par Magnier à l'Académie le
    26 mars 1667 ; elle se trouvait autrefois, au Louvre, dans une des salles
    de cette Académie.
Modèle de la nef qui figurait dans le service de la table du roi. Ce modèle,
    fondu en or par Gravet, fut payé à Magnier 450 livres (année 1665).
Quatre vases en bronze pour le parc de Versailles (année 1665).
Ouvrages de stuc dans la salle des gardes du roi, aux Tuileries. En colla-
    boration de Philibert Bernard. Payés 2.361 livres (année 1666).
Un grand trophée dans la salle des gardes d'Anne-d'Autriche. Même palais
    En collaboration de Nicolas Legendre (année 1666).
Un grand pavillon avec un soleil au milieu au-dessus de la cheminée de
    la même salle (année 1666).
Un trophée avec les armes du roi ainsi que tous les ornements des croisées,
    de la corniche et du plafond d'une chambre située près de la même salle
    (année 1666).

Décoration de la corniche de l'escalier conduisant à l'appartement de la reine Marie-Thérèse d'Autriche, aux Tuileries (année 1666).

Sculptures en bois dans la chambre du roi, au château de Chambord.

Travaux dans la galerie d'Apollon, au Louvre (années 1668-1671).

Ouvrages en stuc dans les appartements du château de Saint-Germain-en-Laye (année 1669).

Bas-reliefs pour le bassin de l'Allée-d'Eau, dans le parc de Versailles. En collaboration de Nicolas Legendre. Payés 1.100 livres (année 1670).

Sculptures dans la chambre des bains, dans la chambre du billard et dans l'escalier de la reine, au château de Versailles (année 1671).

Un Fleuve tenant de la main droite une corne et de la gauche un aviron. Statue en pierre (année 1671). Château de Versailles. Façade de l'avant-corps à droite.

Une Naïade tenant de la main gauche un aviron. Statue en pierre (année 1671). Même emplacement.

Un Fleuve tenant de la main droite un aviron et de la gauche une urne. Statue en pierre (année 1671). Même emplacement.

Une Naïade tenant une urne des deux mains. Statue en pierre (année 1671). Même emplacement.

Eudore Soulié attribue à tort ces statues à Philippe Magnier.

Un Cyclope. Statue en pierre. Cette statue fut posée sur la corniche du péristyle, à l'entrée du château de Versailles (année 1672).

Deux loups et des hérissons. Figures en plomb pour le Labyrinthe du parc de Versailles (année 1673).

Deux statuettes représentant un homme et une femme tenant chacun un vase d'où ils versent de l'eau. Salon de 1673.

Travaux à la fontaine proche du couvent des Capucines de la rue Saint-Honoré, à Paris. Payés 100 livres (année 1674).

Travaux exécutés, en collaboration de Jérôme Derbais, à la chapelle Sainte-Marguerite, dans l'abbaye de Saint-Germain-des-Prés. Payés 2.580 livres (année 1679).

La Justice et *la Force.* Statues en pierre ornant jadis l'une des façades du château de Clagny (année 1680).

Plusieurs masques et trophées au-dessus des croisées de la façade du château de Versailles, du côté de l'ancienne grotte de Thétis (année 1680).

Sainte Geneviève. Statue en pierre. Autrefois dans la première cour de l'abbaye de Sainte-Geneviève, à Paris (année 1680).

Une Vierge assise tenant l'enfant Jésus. Statue en pierre. Autrefois sur l'escalier du dortoir de la même abbaye (année 1680).

Les quatre prophètes Daniel, Ézéchiel, Jérémie et Zacharie. Statues en pierre. Même emplacement (année 1680).

Le Printemps ou Flore. Statue en marbre (année 1681). Cabinet du Point-du-Jour, dans le Parterre d'Eau du parc de Versailles. Gravée par G. Edelinck et par Thomassin, n° 92. Cette statue est donnée à tort par Eudore Soulié à Philippe Magnier, sans doute d'après Piganiol et d'après Thomassin. Elle est de Laurent Magnier ; les comptes des bâtiments du roi ne laissent subsister aucun doute à cet égard.

Deux vases au pourtour de la pièce d'eau sous le Dragon, dans le parc de Versailles (année 1682).

Circé. Terme en marbre. Pourtour du Parterre de Latone, dans le même parc (année 1684). Gravé par Thomassin, n° 202. Ce terme est faussement attribué à Philippe Magnier par Thomassin, par Piganiol et par Eudore Soulié. Il fut payé à l'artiste, avec la statue du Printemps, 7.800 livres.

Le Temps tenant d'une main sa faux et s'appuyant sur une colonne brisée où étaient tracées les heures. Figure en haut-relief décorant jadis, à Paris, la maison du surintendant Pelletier, du côté du jardin.

Le Tombeau du chancelier d'Aligre. Ce tombeau était placé avant la Révolution à Saint-Germain-l'Auxerrois, dans une chapelle à droite près du chœur. Les statues en marbre d'Étienne d'Aligre mort en 1635 et de son fils Etienne, le chancelier, mort en 1677, ont fait partie du Musée des Monuments français.

Un génie tenant le médaillon de Laurent Magnier. Ce monument, élevé à la mémoire de l'artiste et exécuté par lui-même, se trouvait autrefois dans l'église Saint-Nicolas-des-Champs.

GUÉRIN, *Description de l'Académie royale de peinture et de sculpture*, 1705, p. 111. — D'ARGENVILLE, *Voyage pittoresque de Paris*, 1752, p. 32. 164. — L'abbé DE FONTENAI, *Dictionnaire des artistes*, 1776, t. II, p. 58. — THIÉRY, *Guide des amateurs et des étrangers à Paris*, 1787, t. I, p. 407, 544. — GUILLET DE SAINT-GEORGES, *Mémoires inédits sur la vie et les ouvrages des membres de l'Académie*, 1854, t. I, p. 415-421. — A. JAL, *Dictionnaire critique de biographie et d'histoire*, 1872, p. 819, 820. — *Nouvelles archives de l'art français*, 1876, p. 42, 45; 1882, p. 17, 18. — *Revue de l'art français*, 1888, p. 293. — DE MONTAIGLON, *Procès-verbaux de l'Académie*, t. I, 1875, p. 271, 287, 314; t. II, 1878, p. 267; t. III, 1880, p. 37, 287. — J. GUIFFREY, *Comptes des bâtiments du roi sous le règne de Louis XIV*, t. I, 1881, col. 79, 100, 124, 182, 243, 319, 321, 343, 406, 420, 495, 513, 617, 697, 743, 762, 829, 902, 964, 1023, 1048, 1161, 1285, 1327; t. II, 1887, col. 11, 82, 91. 93, 96, 140, 161, 172, 278, 437, 619, 624; t. III, 1891, col. 952, 1007. — *Inventaire général des richesses d'art de la France. Archives du Musée des Monuments français*, t. I, p. 309; t. II, p. 121, 188; t. III, p. 73, 74. — A. BERTOLOTTI, *Artisti francesi in Roma nei secoli XV, XVI e XVII*, 1886, p. 177.

Magnier (Philippe), sculpteur ordinaire du roi, fils du précédent, naquit à Paris en 1647. Il se maria le 29 février 1672 avec Catherine Convers. S'étant présenté le 29 juillet 1679 à l'Académie royale de peinture et de sculpture, il y fut admis le 30 mars 1680, sur un médaillon en marbre représentant *saint Thadée*; il fut nommé adjoint à professeur le 20 décembre 1692, professeur le 5 janvier 1704 et trésorier de l'Académie le 1er juin 1709. Le 17 août 1708, par brevet du roi, il obtint un logement au Louvre, logement occupé précédemment par le sculpteur Thomas Regnauldin. Il mourut le 25 décembre 1715 et fut inhumé sur la paroisse Saint-Germain-l'Auxerrois. Les œuvres de Philippe Magnier ont été souvent confondues avec celles de son père Laurent Magnier ; les comptes des bâtiments du roi m'ont permis de rectifier ces erreurs.

ŒUVRES

Saint Thadée. Médaillon en marbre. Morceau de réception à l'Académie (30 mars 1680). Autrefois, au Louvre, dans une des salles de l'Académie royale de peinture et de sculpture.

Les Lutteurs. Groupe en marbre copié d'après l'antique (années 1684-1687). Placé d'abord dans le parc de Versailles, ce groupe fut transporté ensuite à Marly, puis aux Tuileries où il se trouvait en 1798.

Ulysse. Terme en marbre. Pourtour du Parterre du Nord, dans le parc de Versailles (années 1684-1688).

Deux vases et *deux masques* pour la Colonnade du même parc. Payés 1.140 livres (année 1685).

Nymphe tenant des perles et des coraux, ayant auprès d'elle un enfant et un crocodile. Groupe en bronze. Même parc. Bassin du côté du Parterre du Nord, dans le Parterre d'Eau. Gravé par Thomassin, n° 162. Un moulage de ce groupe figure au Musée du Trocadéro, n° 1016.

Nymphe accompagnée d'un enfant qui souffle dans un coquillage. Groupe en bronze. Même emplacement. Gravé par Thomassin, n° 166. Un moulage de ce groupe se trouve au Musée du Trocadéro, n° 1017.

Les modèles de ces deux groupes, exécutés de 1685 à 1687, furent payés 2.800 livres ; ils ont été fondus par les frères Keller, le premier en 1689 et le second en 1690.

Deux chapiteaux en marbre pour Trianon. Payés 490 livres.

Un groupe de figures en pierre pour le comble du péristyle du même palais (année 1688).

Sculpture des corniches des appartements de la grande aile du château de Versailles. En collaboration de Van Clève (année 1688).

Deux figures en pierre au pourtour extérieur du dôme des Invalides. Payées 700 livres (années 1690-1691).

Une figure d'Évangéliste à l'un des angles du même dôme (année 1691).

Saint Louis touchant les malades. Bas-relief en pierre. Transept de gauche de l'église des Invalides (années 1691-1698).

Saint Louis ordonnant la construction des Quinze-Vingts. Bas-relief en pierre. Transept de droite de la même église (années 1691-1678).

Anges tenant un médaillon. Bas-relief en pierre. Chapelle de Saint-Ambroise, dans la même église (années 1691-1698).

Sainte Thérèse. Statue. Autrefois dans la chapelle de Sainte Thérèse, dans la même église (années 1691-1698).

Louis XIII. Médaillon. Même église (année 1700).

L'Aurore ou Flore. Statue en marbre. Bosquet des Dômes, dans le parc de Versailles. Payée 4.500 livres (année 1704). Cette statue fut transportée à Saint-Cloud en 1844 ; ramenée à Versailles en 1871, elle a été replacée dans le bosquet des Dômes en 1897. Un bronze de cette figure, avec quelques variantes, se trouve dans le jardin des Tuileries.

Décoration des baldaquins en plomb des bains d'Apollon, dans le même parc. Payée 14.500 livres (années 1705-1707).

Ornements des corniches de la galerie du palais de Trianon. En collaboration de Jean-Louis Lemoyne. Payés 2.790 livres (année 1706).

Saint Thomas. Statue en pierre de Tonnerre. Balustrade extérieure de la chapelle du château de Versailles (année 1707).

Saint Jacques le Mineur. Statue en pierre de Tonnerre. Même emplacement (année 1707).

Les armes de France soutenues par deux anges. Bas-relief au-dessus de la porte d'entrée de la tribune du roi, dans la même chapelle (année 1708).

L'Adoration et la Contemplation. Bas-relief en pierre. Pourtour extérieur de la même chapelle (année 1709).

Les travaux exécutés par Philippe Magnier à la chapelle de Versailles, de 1707 à 1710, furent payés 7.335 livres.

Une Nymphe. Statue en marbre. Autrefois dans le parc de Marly (année 1710).

Un ange tenant l'inscription. Statue en bronze. Chœur de l'église Notre-Dame de Paris. Le modèle de cet ange fut payé 945 livres (années 1712-1713). Dans l'Inventaire des richesses d'art de la France, cette œuvre est attribuée faussement à Laurent Magnier.

GUÉRIN, *Description de l'Académie royale de peinture et de sculpture*, 1715, p. 95, 96. — D'ARGENVILLE, *Voyage pittoresque de Paris*, 1752, p. 372. — Idem, *Voyage pittoresque des environs de Paris*, 1762, p. 116, 160. — PIGANIOL DE LA FORCE, *Nouvelle description des châteaux et parcs de Versailles et de Marly*, 1764, t. I, p. 14 ; t. II, p. 3, 43, 84, 91, 171, 194. 282, 336. — Idem, *Description de la ville de Paris*, 1765, t. I, p. 326. — Eudore SOULIÉ, *Notice du Musée impérial de Versailles*, 1re partie, 1859, p. 3, 4. 5 ; 3e partie, 1861, p. 493, 500, 501, 504, 509. — *Archives de l'art français, documents*, t. III, 1855, p. 219. — A. JAL, *Dictionnaire critique de biographie et d'histoire*, 1872, p. 819, 820. — H. HERLUISON, *Actes d'état civil d'artistes français*, 1873, p. 267. — *Nouvelles archives de l'art français*, 1876, p. 63. DE MONTAIGLON, *Procès-verbaux de l'Académie royale*, t. II, 1878, p. 151, 153, 155, 163 ; t. III, 1880, p. 101, 380 ; t. IV, 1880 p. 84. — L. DUSSIEUX, *Le château de Versailles*, 1881, t. II, p. 112, 207, 220, 221. 255, 258, 260, 319. — J. GUIFFREY, *Comptes des bâtiments du roi sous le règne de Louis XIV*, t. II, 1887, col. 437, 622, 988, 994, 1180 ; t. III, 1891, col. 36 55, 99, 422, 557, 705, 846, 952, 1007, 1093, 1140 ; t. IV, 1896, col. 330, 471, 610, 612. 727, 728, 1184 ; t. V, 1901, col. 16, 41, 124, 143, 199, 217, 298, 316, 318, 345, 347, 349, 384, 412, 432, 437, 476, 494, 518, 538, 572, 610, 613, 618, 655, 703, 747, 787, 796, 841, 882 — *Inventaire général des richesses d'art de la France. Paris, monuments religieux*, t. I, 1877, p. 389 ; t. III, 1901, p. 240, 241, 253. — Pierre DE NOLHAC, *Les jardins de Versailles*, 1906, p. 2, 27, 34, 121.

Magnier (François), sculpteur, frère de Philippe Magnier. On ne possède sur cet artiste aucun renseignement, on sait seulement qu'il assista au mariage de son frère le 29 février 1672.

A. JAL, *Dictionnaire critique de biographie et d'histoire*, 1872, p. 820.

Maille (Michel), dit le Bourguignon, sculpteur d'origine franc-comtoise, était établi à Rome en 1678, époque où il se fit recevoir à l'Académie romaine de Saint-Luc. De 1678 à 1700, il exécuta de nombreux ouvrages pour les églises de la ville. Il était connu en Italie sous le nom de Monsieur Michel. Il avait un frère, également sculpteur, qui avait le prénom de François.

ŒUVRES [1]

Saint Corneille. Statue placée au-dessus du portique de l'église Sainte-Marie-du-Transtévère.

Figures en marbre blanc au-dessus des confessionnaux de l'église de Jésus-Maria.

1. Toutes ces œuvres de Michel Maille se voyaient autrefois à Rome.

Un tombeau en marbre dans la même église.

Trois statues en stuc et les ornements du côté gauche de la voûte dans la même église.

Stucs décorant une chapelle, à Sainte-Marie-in-Campitelli.

La Religion. Statue faisant partie du tombeau du cardinal Bonelli, dans l'église de la Minerve.

Saint Philippe de Néri. Statue placée devant la chaire du prédicateur, à l'église Saint-Philippe-de-Néri.

Médaillons, ornements et un saint Jean en stuc décorant la chapelle principale de l'église Saint-Jean-des-Florentins.

Saint Pierre d'Alcantara. Statue en marbre. Église Sainte-Marie-d'Araceli.

Sculptures de la chapelle de Angelis. Même église.

Saints en stuc placés aux côtés du maître-autel de l'église Saint-Marcel.

L'Innocence. Figure exécutée en 1692 pour la chapelle du Baptême de l'église Saint-Pierre de Rome.

F. Titi, *Descrizione delle pitture sculture e architetture delle chiese di Roma,* 1763, p. 46, 191, 383, 384, 449. — L. Dussieux, *Les artistes français à l'étranger,* 1876, p. 102, 484. — Bertolotti, *Artisti francesi in Roma nei secoli XV, XVIe XVII,* 1886, p. 175, 176. — *Réunion des sociétés des beaux-arts des départements,* 1887, p. 124. — De Montaiglon, *Correspondance des directeurs de l'Académie de France à Rome,* t. I, 1887, p. 335, 451, 452, 457. — Jules Gauthier, *Dictionnaire des artistes francs-comtois antérieurs au XIXe siècle,* 1892, p. 14.

Maire (Jean le), sculpteur parisien, fut reçu membre de l'Académie de Saint-Luc le 5 juin 1674. Il vivait encore en 1682.

P. Lacroix, *Revue universelle des arts,* t. XIII, 1861, p. 331.

Maisonnade (Martial), sculpteur et architecte établi à Limoges au xviie siècle, mourut dans cette ville en 1688 et fut inhumé dans l'église Saint-Pierre.

Bulletin de la société archéologique du Limousin, t. V, 1854. — Ch. Bauchal, *Nouveau dictionnaire des architectes français,* 1887, p. 393.

Malherbe (Jacques), sculpteur et maître architecte résidant à Nantes, entreprit en 1645 la construction et la décoration du portail de l'Hôtel de Ville ; ce travail lui fut payé 8.700 livres. Il reçut encore une somme de 135 livres tournois pour avoir sculpté les armes de l'évêque de Nantes sur une des portes de la Chambre de commerce. En 1653, il aurait bâti pour César de Renouard, seigneur de Drouges, trésorier général des États de Bretagne, l'hôtel de Drouges, aujourd'hui de Rosmadec, situé rue de la Commune.

Mellinet, *La milice et la commune de Nantes,* t. I, p. 280. — De Granges de Surgères, *Les artistes nantais (Revue de l'art français,* 1898, p. 325).

Malidain ou **Maliadin** (Vincent), sculpteur et architecte, était établi à Nantes vers le milieu du xviie siècle.

De Granges de Surgères, *Les artistes nantais* (*Revue de l'art français*. 1898, p. 326).

Mallerot (Pierre). Voir **La Pierre**.

Mallet (Gabriel), exerçait son art à Paris dans la seconde moitié du xviie siècle. Le 26 août 1688, il perdit sa femme qui fut inhumée sur la paroisse Saint-Roch.

H. Herluison, *Actes d'état civil d'artistes français*, 1873, p. 269.

Mallet (Louis), sculpteur en bois, demeurait à Alençon, où il se maria le 6 mars 1653. Il n'existait plus en 1691, car, le 15 novembre de cette même année, sa veuve servait de caution à un maître menuisier de la ville. L'artiste dut avoir un fils, également sculpteur, portant le même prénom que lui. On trouve en effet un Louis Mallet qui toucha, le 12 août 1692, « six livres pour avoir refait le coin du buffet de l'orgue » de Notre-Dame d'Alençon. Le 15 juin de l'année suivante, il reçut « vingt livres pour avoir fait la grande porte du côté du Prieuré, et pour avoir fait trois barreaux de balustre de l'autel du chœur de la dite église et un barreau à la chaire d'icelle ». De 1717 à 1722, il travailla encore dans la même église à la chapelle du Rosaire.

Réunion des sociétés des beaux-arts des départements, 1892, p. 437; 1893, p. 458.

Malœuvre ou **Malleure** (Louis), sculpteur originaire d'Abbeville établi à Paris, était juré et garde de l'Académie de Saint-Luc, où il avait été admis le 4 juillet 1662. Il demeurait rue Saint-Nicolas-des-Champs et avait comme élève en 1667 Antoine Vassé, le père. En 1670, il exécuta dans l'église des Camaldules de Bessé (Maine-et-Loire) le mausolée de Gilles Renard. Il s'était inspiré pour ce monument du groupe des Trois Grâces de Germain Pilon ; aussi les moines effrayés du caractère peu religieux de l'œuvre demandèrent que, « vu la nudité indécente d'une des figures, le tombeau fût placé dans un, coin et lieu de leur église où il pût moins donner de scandale ». Malgré cette protestation, le monument fut posé devant le chœur de l'église; il y resta jusqu'en 1767, époque où il fut transporté à Paris et vendu. On attribue à l'artiste, dans la ville de Senlis, le tombeau d'Anne-Nicole Godefroy morte en 1673; cette œuvre, érigée primitivement dans l'église Saint-Rieul, se trouve maintenant à l'entrée de la chapelle de l'évêché. Louis Maloeuvre n'existait plus en 1682.

P. Lacroix, *Revue universelle des arts*, t. XIII, 1861, p. 327. — *Revue de l'art français*, 1886, p. 120. — *Réunion des sociétés des beaux-arts des départements*, 1884, p. 344; 1888, p. 122; 1893, p. 523. — G. R. Esnault, *Dictionnaire des artistes et artisans manceaux*, 1899, p. 143.

Maltier (Jean), maître sculpteur et architecte résidant à Angers au xvii⁰ siècle, construit en 1667 le maître-autel de l'église Saint-Denis et est occupé de 1668 à 1673 à Saint-Mainbeuf. Il meurt en 1677 et est inhumé dans l'église Saint-Maurice.

Célestin Port, *Les artistes angevins*, 1881, p. 209.

Mamaille (Jean-Baptiste), travaillait vers 1673 à la sculpture des chapiteaux et modillons des façades de l'Hôtel de Ville d'Arles.

Réunion des sociétés des beaux-arts des départements, 1898, p. 416.

Mangin ou **Mengin** (François), sculpteur demeurant à Nancy à la fin du xvii⁰ et au commencement du xviii⁰ siècle, travaille en 1703 à l'église Saint-Epvre et à l'église Notre-Dame. En 1719, il est employé au château de Lunéville.

Archives de Nancy, t. II, p. 34, 220, 324; t. III, p. 269, 272; t. IV, p. 10. — *Archives de Meurthe-et-Moselle*, B. 12446. — A. Jacquot, *Réunion des sociétés des beaux-arts des départements*, 1900, p. 346.

Manier. Un sculpteur de ce nom exécuta avec Augustin Cornille, d'après les dessins de l'architecte Simon Vollant, toute la décoration de la porte de Paris [1], à Lille, monument construit de 1685 à 1695.

L. Quarré-Reybourbon, *Réunion des sociétés des beaux-arts des départements*, 1891, p. 165, 166.

Manvuisse (Laurent), sculpteur en bois, exerçait son art à Nancy dans la seconde moitié du xvii⁰ siècle.

Archives de Nancy, t. III, p. 354. — A. Jacquot, *Réunion des sociétés des beaux-arts des départements*, 1900, p. 347.

Manvuisse (Jean), fils du précédent, était établi à Nancy à la fin du xvii⁰ et au commencement du xviii⁰ siècle. Comme son père, il s'adonnait principalement à la sculpture en bois.

Archives de Nancy, t. III, p. 265, 267, 302, 349. — A. Jacquot, *Réunion des sociétés des beaux-arts des départements*, 1900, p. 348.

Manvuisse (François), sculpteur en bois de Sainte-Lucie, parent des précédents, résidait également à·Nancy à la fin du xvii⁰ et au commencement du xviii⁰ siècle.

1. Cette porte existe encore aujourd'hui.

Archives de Nancy, t. II, p. 309; t. III, p. 264, 265, 266, 267, 270, 273, 302, 346.
— A. Jacquot, *Réunion des sociétés des beaux-arts des départements,* 1900, p. 347.

Marc (Laurent), originaire de Castellet (Var), travaillait à Toulon en 1668 comme apprenti sculpteur décorateur de vaisseaux, sous la direction de Guillaume Gay.

Archives de l'art français, documents, t. IV, 1856, p. 238. — Ch. Ginoux, *Revue de l'art français,* 1888, p. 169; 1894, p. 289.

Marc (Jean), probablement parent du précédent, était occupé à Toulon, de 1692 à 1698, à des travaux de sculpture navale.

Ch. Ginoux, *Revue de l'art français,* 1888, p. 175; 1894, p. 289. — Idem, *Réunion des sociétés des beaux-arts des départements,* 1884, p. 358.

Marcellin (le père), capucin, élève de Simon Guillain, travaillait à Paris en 1648, sous la direction de Thibault Poissant, à la décoration de la chapelle de Notre-Dame de la Paix, dans l'église du couvent de la rue Saint-Honoré.

Mémoires inédits sur la vie et les ouvrages des membres de l'Académie royale de peinture et de sculpture, 1854, t. I, p. 325.

Marchais (Toussaint), maître sculpteur originaire de Paris, meurt à Nantes le 19 avril 1701 à l'âge de 47 ans.

DE Granges de Surgères, *Les artistes nantais (Revue de l'art français,* 1898, p. 329 à la note).

Marchal (Thierry), sculpteur lorrain établi à Nancy au xviie siècle, exécute en 1624 différents ouvrages de sculpture à Blainville pour le compte d'Antoine de Lenoncourt, primat de Lorraine.

Journal d'archéologie lorraine, 1859, p. 31. — A. Jacquot, *Réunion des sociétés des beaux-arts des départements,* 1900, p. 349.

Marchand, sculpteur ornemaniste, est cité dans les comptes des bâtiments du roi comme ayant été blessé, en 1691, alors qu'il travaillait au modèle du maître-autel de l'église des Invalides.

J. Guiffrey, *Comptes des bâtiments du roi sous le règne de Louis XIV,* t. III, 1891, col. 635.

Marcou (Jacques), sculpteur lorrain, exerçait son art à Nancy au xviie siècle.

Archives de Nancy, t. III, p. 249. — A. Jacquot, *Réunion des sociétés des beaux-arts des départements,* 1900, p. 349.

Marguiet (Nicolas), sculpteur et peintre parisien, fait baptiser une fille sur la paroisse Saint-Sauveur le 30 mai 1642.

H. Herluison, *Actes d'état civil d'artistes français*, 1873, p. 272.

Marqueron (Claude), sculpteur originaire de Saint-Claude, en Franche-Comté, était établi à Angers en 1662.

Célestin Port, *Les artistes angevins*, 1881, p. 212.

Marrot (Balthazar), sculpteur en bois et ornemaniste demeurant à Cavaillon (Vaucluse) au xviie siècle, exécuta dans la cathédrale, avec l'aide de son confrère Esprit Grangier, les boiseries de la chapelle du Saint-Sacrement ainsi que celles du chœur et du faux orgue; ces boiseries existent encore aujourd'hui. Balthazar Marrot fut le maître du sculpteur Jean-Ange Maucord qui entra en apprentissage dans son atelier le 22 novembre 1687.

Archives départementales de Vaucluse, E. 97 et G. 22, fol. 58 et 60. — *Réunion des sociétés des beaux-arts des départements*, 1894, p. 108, 116, 117.

Marselof (Jean), est admis au nombre des membres de l'Académie de Saint-Luc, à Paris, le 15 juin 1682.

P. Lacroix, *Revue universelle des arts*, t. XIII, 1861, p. 335.

Marsy (Gaspard), fils de Gaspard Marsy[1], sculpteur cambrésien, naquit à Cambrai en 1624 ou en 1625. Après avoir étudié dans sa ville natale sous la direction de son père, il vint à Paris en 1648 et eut comme maîtres Sarrazin, Michel Anguier, Van Obstal et Philippe Buister. S'étant présenté à l'Académie royale de peinture et de sculpture le 13 novembre 1655, il y fut admis le 5 août 1657, avec un médaillon en marbre représentant un *Ecce Homo*. Il devint professeur le 3 juillet 1659. Privé bientôt de cette charge à cause de son manque d'assiduité, il y fut rétabli le 7 octobre 1669. Il fut nommé adjoint à recteur le 3 août 1675.

Gaspard Marsy travailla au Louvre, aux Tuileries, à la porte Saint-Martin et principalement à Versailles. Il fut aidé dans l'exécution de la plupart de ses ouvrages par son frère Balthazar dont je parle plus loin. Il épousa à l'église Saint-Merry, le 4 novembre 1664, Marie-Gabrielle Denison, fille de Pierre Denison, marchand épicier et ancien échevin de Paris; cette dernière mourut le 3 juillet 1680.

Les comptes des bâtiments du roi nous apprennent, particularité

---

1. *Dictionnaire des sculpteurs de l'École française du Moyen Age au règne de Louis XIV*, p. 389.

assez curieuse, que Gaspard vendit au roi en 1668 quatre tableaux pour la somme de 10.400 livres : une *Noce de village* d'Annibal Carrache, le *Repos de la Sainte-Famille* du Dominiquin[1], le *Christ au jardin des Oliviers* de Guido Reni[2] et le *Bain de Diane* de Poelenburg[3]. De qui l'artiste tenait-il ces tableaux dont un, celui de Guido Reni, avait appartenu au cardinal de Mazarin et ensuite à la duchesse de Chevreuse? On l'ignore. Il mourut le 10 décembre 1681 et fut inhumé sur la paroisse Saint-Germain-l'Auxerrois. Son portrait par Jacques Carré ornait autrefois, au Louvre, une des salles de l'ancienne Académie; il est aujourd'hui au Musée de Versailles (n° 3519 du catalogue d'Eudore Soulié).

On trouve sous le porche de l'église de Croissy-sur-Seine, près de Chatou, une pierre dressée contre le mur, sur laquelle une inscription gravée en 1683 rappelle une donation faite à l'église par le sculpteur, donation de 1.000 livres qui devait être employée à l'achat et à l'entretien d'une lampe devant le Saint-Sacrement ; cela fait supposer que Gaspard avait probablement une habitation à Croissy.

ŒUVRES

Ornementation de l'hôtel de M. de la Vrillière, secrétaire d'État, hôtel situé à Paris, rue des Petits-Champs (aujourd'hui la Banque de France). En collaboration de Balthazar Marsy (année 1653).

Ouvrages en stuc dans l'hôtel Salé, au Marais. En collaboration de Balthazar Marsy.

Ecce Homo. Médaillon ovale en marbre. Morceau de réception à l'Académie (5 août 1657). Autrefois, au Louvre, dans une des salles de l'ancienne Académie de peinture et de sculpture.

Travaux de décoration dans le château du Bouchet, près d'Étampes, appartenant alors à M. Marchand, fermier-général. En collaboration de Balthazar Marsy.

Saint Denis à genoux et priant. Statue en marbre. Autrefois dans la chapelle basse de l'église des Martyrs, à l'abbaye de Montmartre. En collaboration de Balthazar Marsy.

Sculptures en stuc décorant la galerie d'Apollon, au Louvre, exécutées sous la direction de Le Brun. En collaboration de Balthazar Marsy, de Girardon et de Regnauldin (années 1664-1671).

Restauration de la corniche en stuc du vestibule du château de Versailles (année 1664).

Corniches en stuc dans la Ménagerie de Versailles. En collaboration de Balthazar Marsy. Payées 510 livres (année 1664).

Quatre figures en pierre pour le grand Parterre du château de Fontainebleau (années 1664-1665). Deux de ces figures avaient été exécutées par Balthazar Marsy.

1. Aujourd'hui au Musée du Louvre, n° 1610.
2. Autrefois au Musée du Louvre (n° 327 du catalogue de F. Villot, 1858).
3. Autrefois au Musée du Louvre (n° 388 du catalogue de F. Villot, 1858).

Frontons en pierre sur les façades de la grande galerie du Louvre. En
collaboration de Balthazar Marsy. Payés 43.000 livres (années 1666-
1678).

La Diligence. Statue ornant le dôme des Tuileries (année 1666). Cette statue fut détruite dans l'incendie de 1871.

Chiffres sculptés sur la façade du même dôme (année 1666).

*Grenouilles, tortues, lézards et six figures d'hommes et de femmes
représentant les paysans de la Lycie changés en grenouilles.* Sculptures
en plomb bronzé. Bassin de Latone, dans le parc de Versailles (années
1666-1667). En collaboration de Balthazar Marsy.

Un enfant. Figure en plomb qui se trouvait dans un des bassins du jardin
de l'Orangerie, à Versailles (année 1667).

Les Figures du bassin du Dragon, dans le parc de Versailles. Ces figures
en plomb doré n'existaient déjà plus en 1730 ; elles ont été reconstituées
en 1889 par M. Tony Noël. Le corps du Dragon est l'original de Gaspard
Marsy.

Deux Tritons abreuvant les chevaux d'Apollon. Groupe en marbre. Bains
d'Apollon, dans le même parc. En collaboration de Balthazar Marsy.
Gravé par Étienne Picard et par Thomassin, n° 65. Payé 14.318 livres
(années 1668-1775). Autrefois dans la grotte de Thétys qui était construite
sur l'emplacement du vestibule de la chapelle actuelle et qui fut détruite
en 1686. Un des Tritons jette une housse sur un des chevaux, ce qui
permet de distinguer ce groupe d'un autre semblable placé à côté ; ce dernier est l'œuvre de Gilles Guérin.

Latone et ses enfants. Sculpture de marbre et de plomb doré. Bassin de
Latone, dans le même parc. En collaboration de Balthazar Marsy (années
1668-1671). Gravé par G. Edelinck et par Thomassin, n° 139.

*Le mois de Novembre, le mois de Décembre, le mois de Janvier et le mois
de Février.* Statues en pierre. En collaboration de Balthazar Marsy
(année 1670). Façade de l'avant-corps à gauche du château de Versailles,
du côté des jardins.

*Le mois d'Août, le mois de Juillet, le mois de Septembre, le mois d'Octobre,
Diane et Apollon.* Statues en pierre. En collaboration de Balthazar Marsy
(année 1670). Façade de l'avant-corps au centre du même château, du côté
des jardins.

Vingt-quatre statues antiques restaurées par Gaspard et Balthazar Marsy.
Autrefois dans la salle des Antiques du parc de Versailles.

Trophées décorant la balustrade du château de Versailles. En collaboration
de Balthazar Marsy, de Legros, de Houzeau, de Le Hongre et de Massou.
Payés 14.600 livres (années 1670-1671).

Ouvrages en stuc dans le vestibule, salle des Gardes, antichambre et chambre
de l'appartement du roi, à Versailles. En collaboration de Balthazar
Marsy (année 1671).

*Un Amour sur un dauphin se retournant pour prendre une flèche dans son
carquois.* Figure en plomb doré. Autrefois dans l'ancien Théâtre-d'Eau du
parc de Versailles.

Quatre figures symbolisant la mort. Ces figures furent exécutées, en collaboration de Balthazar Marsy, pour la pompe funèbre du chancelier Séguier,
qui eut lieu à l'église de l'Oratoire, à Paris, le 5 mai 1672.

Mausolée du roi de Pologne, Jean Casimir, devenu abbé de Saint-Germain

en 1669 après avoir abdiqué [1]. Église de Saint-Germain-des-Prés. Ce
tombeau en marbre noir a la forme d'un lit funéraire ; il est surmonté de
la statue du roi en marbre blanc. Exécuté en 1672 avec la collaboration
de Balthazar Marsy, il a figuré au Musée des Monuments français, nº 194.
Les deux esclaves en marbre qui étaient placés de chaque côté du sarcophage ont été brisés à la Révolution. On en a retrouvé les débris lors
du percement du boulevard Saint-Germain ; ils sont aujourd'hui au
Musée Carnavalet. Certains attribuent ces statues à Jean Thibault, frère
convers de l'abbaye, l'auteur du bas-relief en bronze, représentant une
Victoire de Jean Casimir, qui fait partie du mausolée.

Bacchus assis entouré de quatre petits satyres. Groupe en plomb, d'après
les dessins de Le Brun. Bassin de Bacchus ou de l'Automne, dans le parc
de Versailles. Gravé par Thomassin, nº 135. Payé 13.400 livres (années
1673-1675).

Mars portant l'écu de France et poursuivant un aigle, pour signifier les
victoires de Louis XIV en Allemagne. Bas-relief en pierre décorant la
façade de la Porte Saint-Martin donnant sur le faubourg (années 1674-
1675). Le bas-relief qui lui fait pendant est l'œuvre de Legros.

Le mois de Février. Statue en bronze. Autrefois dans la chambre des bains
du château de Versailles. Payée 1.400 livres (année 1675).

La Sagesse et la Valeur. Statues en marbre ornant le tombeau de Turenne
par Jean-Baptiste Tuby (année 1675). Transept de gauche de l'église des
Invalides. Ce tombeau était érigé avant la Révolution dans l'église abbatiale de Saint-Denis ; il a été transporté aux Invalides en 1800 après
avoir fait partie du Musée des Monuments français, nº 195. Les statues de
la Sagesse et de *la Valeur* sont faussement données à Balthazar Marsy dans
l'*Inventaire général des richesses d'art de la France* (*Paris, Mon. relig.*,
t. III, p. 241).

Le géant Encelade écrasé sous les débris de rochers. Figure en plomb. Bassin de l'Encelade dans le parc de Versailles. M. André Pératé, dans son
ouvrage sur Versailles, attribue cette œuvre à Balthazar Marsy qui l'aurait
exécutée en 1675. Ceci est une erreur, Balthazar étant mort en 1674.
Gaspard est donc bien l'auteur de cette figure, comme le prouve l'article
suivant extrait des comptes des bâtiments du roi : « 9 mai 1676 : A Marsy
pour son parfait payement de 1.600 l. pour la figure de l'Encelade qu'il a
faite... ».

La Renommée. Statue en plomb doré décorant autrefois la fontaine de la
Renommée, dans le parc de Versailles (années 1676-1677). Cette statue
disparut en 1684, lorsque le bosquet prit le nom de fontaine des Bains
d'Apollon avant de devenir en 1704 le bosquet des Dômes.

L'heure de Midi représentée par Vénus. Statue en marbre (années 1676-
1680). Fontaine de Diane, dans le Parterre d'Eau du même parc. Gravée
par G. Edelinck et par Thomassin, nº 88.

Le Point du jour ou l'Aurore. Statue en marbre (années 1676-1680). Fontaine
du Point du jour, dans le Parterre d'Eau du même parc. Gravée par
G. Audran et par Thomassin, nº 87.

---

1. Ce tombeau n'a renfermé que le cœur du roi dont le corps a été transporté
en Pologne.

L'Abondance. Statue en pierre. Façade du château de Versailles donnant sur la Cour de Marbre (année 1679).

La Magnificence. Statue en pierre. Même emplacement (année 1679).

Mars. Figure en pierre soutenant le cadran de l'horloge, sur la façade du château de Versailles, en pendant avec une figure d'Hercule de Girardon.

Modèle d'un cheval de bronze exécuté pour le roi (année 1679).

La Victoire de la France sur l'Empire. Groupe en pierre (année 1680). A droite de la grille d'entrée du château de Versailles. Gravé par Thomassin, n° 69. Ce groupe coûta 3.020 livres; le prix en fut soldé aux héritiers de l'artiste le 7 mars 1683.

La Vigilance. Statue en marbre, commandée par Colbert, ornant jadis les appartements du château de Sceaux. Alexandre Lenoir mentionne une statue de *l'Hiver,* par Marsy, provenant de Sceaux; c'est peut-être la même statue, à moins qu'il n'y ait eu confusion avec la statue de *l'Hiver* de Tuby, qui se trouvait autrefois dans le même château.

Un petit Amour porté par un dauphin. Cette figure, selon Piganiol (t. II, p. 250, était placée au milieu d'un bassin, dans le jardin de Trianon.

Un petit Satyre entouré de pampres de vigne, jouant avec une panthère. Groupe qui ornait, d'après Piganiol (t. II, p. 244, un bassin du jardin des Marronniers, à Trianon.

La prise de Cambrai par Louis XIV. Bas-relief en marbre. Musée de Cambrai. Ce bas-relief a été acheté à Paris dans une vente publique, en 1828, pour le prix de 600 francs.

Vénus et l'Amour. Figure en albâtre. Autrefois dans le cabinet de M. Bouret, fermier-général (*Almanach des Beaux-Arts,* 1762). Cette figure était sans doute une réduction de *l'Heure de Midi* du parc de Versailles.

Jupiter. Statue copiée d'après l'antique. Cette statue est attribuée à un des frères Marsy par Lenoir (n° 480 du *catalogue* de 1810).

Borée et Orithye. Groupe en marbre. Jardin des Tuileries. Commencé par Gaspard Marsy et achevé par Flamen, ce groupe se trouvait dans le Parterre de l'Orangerie, à Versailles; il a été transporté aux Tuileries en 1716. Gravé par Thomassin, n° 78.

Guérin, *Description de l'Académie royale,* 1715, p. 105, 198. — D'Argenville, *Voyage pittoresque de Paris,* 1752, p. 45, 57, 335. — Idem, *Voyage pittoresque des environs de Paris,* 1768, p. 99, 100, 107, 111, 117, 118, 121. — Piganiol de la Force, *Nouvelle description des châteaux et parcs de Versailles et de Marly,* 1764, t. I, p. 12, 16, 17, 18; t. II, p. 2, 3, 11, 31, 48, 91, 100, 155, 176, 194, 242, 244, 250. — Idem, *Description de la ville de Paris,* 1765, t. IV, p 63; t. VIII, p. 42. — L'abbé de Fontenai, *Dictionnaire des artistes,* 1776, t. II, p. 91. — Thiéry, *Guide des amateurs et des étrangers dans Paris,* 1787, t. I, p. 400. — Guillet de Saint-Georges, *Mémoires inédits sur la vie et les ouvrages des académiciens,* 1854, t. I, p. 307, 311, 327, 328, 368, 391. — *Archives de l'art français. Abécédario de Mariette,* t. III, 1856, p. 262, 263. — Eud. Soulié, *Notice du Musée impérial de Versailles,* 1re partie, 1859, p. 1, 2; 3e partie, 1861, p. 493, 501, 502, 508, 514, 518, 520. — A. Jal, *Dictionnaire critique de biographie et d'histoire,* 1872, p. 841, 842. — Herluison, *Actes d'état civil d'artistes français,* 1873, p. 283. — De Guilhermy, *Inscriptions de la France,* t. II, 1875, p. 297, 298. — A. Durieux, *Les artistes cambrésiens du IXe au XIXe siècle,* 1874, p. 121, 124. — De Montaiglon, *Procès-verbaux de l'Académie,* t. I, 1875, p. 106, 122, 124, 130, 133, 134, 157, 343, 397; t. II, 1878, p. 53. — *Nouvelles archives de l'art français,* 1872, p. 275; 1876, p. 40, 44, 46, 47. —

Inventaire général des richesses d'art de la France. Paris, monuments religieux, t. I, 1877, p. 113. — *Archives du Musée des Monuments français*, t. I, p. 5; t. II, p. 187; t. III, p. 5, 205. — L. Dussieux, *Le château de Versailles*, 1881, t. II, p. 200, 207, 221, 222, 223, 226, 231, 232, 233, 236, 245, 255, 264. — J. Guiffrey, *Comptes des bâtiments du roi sous le règne de Louis XIV*, t. I, 1881, col. 13, 21, 40, 69, 94, 124, 134, 181, 192, 218, 249, 252, 282, 293, 331, 333, 302, 406, 417, 418, 462, 495, 510, 511, 513, 575, 615, 658, 722, 789, 830, 862, 902, 903, 918, 964, 1001, 1023, 1048, 1050, 1097, 1160, 1216, 1229, 1286, 1353; t. II, 1887, col. 16, 63, 175, 305. — A. Pératé, *Versailles*, 1904, p. 64. — De Nolhac, *Gazette des beaux-arts*, 1899, t. II, p. 265-282; 1900, t. I; 1902, t. I, p. 5, 18. — Idem, *Les jardins de Versailles*, 1906, p. 34, 47, 82, 111, 115, 127, 131, 163.

Marsy (Balthazar), frère de Gaspard, naquit à Cambrai au commencement de 1728, comme le prouve l'acte de baptême suivant extrait des registres de la paroisse de la Madeleine : « Le 6 janvier 1628, fut baptisé Balthazar, fils de m̄re Jespar Marsy et Jacqueline Tabagney et fut parin m̄re Robert Lanechin et marine fut dam^elle Mioselle Van der Cambre ».

Balthazar vint à Paris avec Gaspard en 1648. Il étudia sous les mêmes maîtres et fut associé ensuite à tous les travaux entrepris par son frère. Le 15 novembre 1669, il épousa Geneviève, fille de Claude Poitevin, marchand apothicaire demeurant rue Sainte-Marguerite. Il fut reçu académicien le 26 février 1673, sur un buste de femme en marbre représentant la *Douleur*, et fut nommé le même jour adjoint à professeur. Il mourut le mercredi 16 mai 1674, trois jours après son père Gaspard Ier Marsy ; il demeurait alors rue Saint-Marc et fut inhumé dans l'église Sainte-Eustache.

Gaspard et Balthazar Marsy eurent deux frères, Charles et Nicolas, désignés dans les actes d'état civil comme sculpteurs. Ne connaissant aucune œuvre de ces derniers, on peut supposer qu'ils furent des collaborateurs modestes de leurs frères.

A. Jal, *Dictionnaire critique de biographie et d'histoire*, 1872, p. 841, 842. — H. Herluison, *Actes d'état civil d'artistes français*, 1873, p. 841, 842. — J. Guiffrey, *Comptes des bâtiments du roi sous le règne de Louis XIV*, t. I, 1881, col. 13, 40, 69, 94, 124, 134, 252, 293, 406, 417, 418, 462, 495, 510, 511, 513, 575, 615, 658, 722.

Marteau (Louis), sculpteur en bois de la fin du xviie et du commencement du xviiie siècle, collabore en 1699-1700, avec son confrère Jean Noël, à la décoration des stalles et des boiseries qui ornent le chœur de Notre-Dame de Paris. Ces sculptures furent faites d'après les dessins et sous les ordres de Jules Dugoulon.

Inventaire général des richesses d'art de la France. Paris, monuments religieux, t. I, 1877, p. 386, 387.

Martin (Denis), sculpteur et architecte du roi, faisait partie de l'Académie de Saint-Luc, où il avait été admis le 14 octobre 1677.

Depuis cette date jusqu'en 1713, les comptes des bâtiments du roi
font mention de cet artiste pour divers travaux entrepris au château
de Versailles, à l'église des Invalides et à Notre-Dame de Paris. En
1705, il dut être chargé de la sculpture décorative du monument du
duc de Bouillon par Pierre Legros, monument envoyé de Rome pour
être érigé dans l'église abbatiale de Cluny. On sait qu'il demanda
10.000 livres comme prix d'une figure du Temps en bronze destinée
à ce mausolée, mais on ignore s'il exécuta cette œuvre, car elle n'est
pas citée dans une lettre adressée par Alexandre Lenoir au ministre
de l'Intérieur le 15 septembre 1799, lettre contenant l'inventaire des
différentes parties du mausolée. Selon M. H. Stein [1], le cardinal de
Bouillon commanda également à Denis Martin une statue équestre de
Turenne en bronze qui fut transportée à Paray-le-Monial en 1706.
D'après un mémoire publié dans les *Nouvelles archives de l'art
français* [2], cette statue, qui était en plâtre et qui arriva fort détériorée
par le voyage, était non pas l'ouvrage de Martin, mais le moulage
d'une figure équestre de Louis XIV, œuvre de Coustou et de Lespingola [3], à laquelle on avait enlevé la tête pour lui substituer celle de
Turenne faite d'après le buste de Coyzevox.

ŒUVRES

Travaux au château de Clagny (année 1679).

Enfants assis sur des trophées. Frontons de deux pavillons de la Grande
    Écurie de Versailles (année 1680).

Trophées pour le château de Versailles (année 1682).

Collaboration à la statue équestre de Louis XIV, œuvre de Girardon, des-
    tinée à la place Vendôme, à Paris (années 1687-1688).

Sculpture en pierre à deux dessus de croisées des chapelles de l'église des
    Invalides (année 1692).

Concert d'anges. Haut-relief en plâtre doré. Chapelle Saint-Ambroise, dans
    la même église (année 1698).

Une figure en pierre à l'un des panneaux de la voûte du dôme de la même
    église. En collaboration de Jacques Paris. Payée 1.000 livres (année 1699).

Décoration de chapiteaux pour la chapelle du château de Versailles (année
    1703).

Une gargouille. Même chapelle (année 1704).

Roses sculptées en pierre pour la corniche de la même chapelle (année
    1704).

Vingt-cinq modillons sculptés pour la même corniche (année 1705).

Ouvrages de sculpture à Trianon (années 1705-1706).

1. *Revue de l'art français*, 1886, p. 193, 195.
2. 1882, p. 339-348.
3. Je n'ai trouvé aucune trace de cette statue de Louis XIV, ni dans les œuvres
de Coustou, ni dans celles de Lespingola ; peut-être le mémoire fait-il confusion
avec la statue de Desjardins, érigée autrefois à Lyon sur la place de Bellecour, ou
avec celle de Le Hongre, commandée par les États de Bourgogne en 1686.

Trophées de musique à la tribune de la chapelle du château de Versailles (année 1708). Les travaux de Denis Martin exécutés dans cette chapelle, de 1703 à 1709, lui furent payés 6.834 livres.

Ornements en plomb pour les arcs-doubleaux du chœur de Notre-Dame de Paris (année 1713).

Le maître-autel de l'église du couvent des Dominicains, à Paris. Cette œuvre fut démolie en 1722.

Piganiol de la Force, *Nouvelle description des châteaux et parcs de Versailles et de Marly*, 1764, t. I, p. 7. — Idem, *Description de la ville de Paris*, 1765, t. VIII, p. 140. — P. Lacroix, *Revue universelle des arts*, t. XIII, 1861, p. 333. — J. Guiffrey, *Nouvelles archives de l'art français*, 1882, p. 339, 348. — Idem, *Comptes des bâtiments du roi sous le règne de Louis XIV*, t. I, 1881, p. 1075, 1190, 1191, 1289, 1326; t. II, 1887, col. 11, 137, 161, 178, 1181; t. III, 1891, col. 196, 703, 844, 845; t. IV, 1896, col. 330, 470, 612, 939, 1049, 1158; t. V, 1901, col. 15, 16, 216, 319, 320, 527, 528, 529, 695, 788.

Massé (Nicolas), sculpteur ordinaire du roi, établi à Paris dans la seconde moitié du XVIIIe siècle, fut reçu membre de l'Académie de Saint-Luc le 4 juillet 1654. D'après les comptes des bâtiments du roi, il travailla de 1664 à 1668 au Louvre, aux Tuileries et au château de Versailles. Il mourut entre 1682 et 1684.

P. Lacroix, *Revue universelle des arts*, t. XIII, 1861, p. 325. — J. Guiffrey, *Nouvelles archives de l'art français*, 1883, p. 70. — Idem, *Comptes des bâtiments du roi sous le règne de Louis XIV*, t. I, 1881, col. 14, 80, 125, 245.

Massé (Nicolas), sculpteur en bois et menuisier, sans doute parent du précédent, était occupé en 1664 à la décoration de l'appartement de la reine mère, au Louvre. En 1665, il sculptait un traîneau pour Versailles. En 1666, il travaillait aux Tuileries et, de 1676 à 1679, à l'Orangerie du château de Clagny. Il vivait encore en 1688.

Ulysse Robert, *Nouvelles archives de l'art français*, 1876, p. 65. — J. Guiffrey, *Comptes des bâtiments du roi sous le règne de Louis XIV*, t. I, 1881, col. 14, 72, 78, 127, 192, 916, 981, 1192.

Massé (Dorothée), veuve Godequin, fut reçu membre de l'Académie royale de peinture et de sculpture le 23 novembre 1680, « sur un agencement de feuillage taillé sur bois avec beaucoup de délicatesse, à l'entour d'un écusson et d'un chiffre ». Cette artiste devait être parente des précédents.

Archives de l'art français, documents, t. II, 1853, p. 378. — De Montaiglon, *Procès-verbaux de l'Académie royale*, t. II, 1878, p. 175.

Masson (Jacques), était un des anciens de l'Académie de Saint-Luc, où il avait été admis le 17 juin 1653. Il mourut entre 1672 et 1682.

P. Lacroix, *Revue universelle des arts*, t. XIII, 1861, p. 325.

Masson (Claude), né à Troyes en 1654, fils de Jean Masson, maître menuisier, passait un contrat d'apprentissage en 1683 avec son frère Jacques qu'il ne faut pas confondre · avec le précédent, contrat par lequel il s'engageait à « monstrer et enseigner au dict Jacques Masson ledit art de sculteur et les œuvres qui en deppendent ». Il était alors désigné comme « M⁰ sculteur demeurant à Paris, au fossey de l'Estrappade, paroisse Saint-Jacques du Hault-pas ». De 1691 à 1700, il travaillait à la décoration des arcs-doubleaux du chœur de l'église des Invalides. Il vivait encore en 1709.

Inventaire général des richesses d'art de la France. Paris, monuments religieux, t. III, 1901, p. 258. — J. Guiffrey, *Comptes des bâtiments du roi sous le règne de Louis XIV*, t. III, 1891, col. 558, 560, 702, 704, 705, 844, 845 ; t. IV, 1896, col. 331, 471, 472, 611, 612 ; t. V, 1901, col. 349. — L. Morin, *Réunion des sociétés des beaux-arts des départements*, 1902, p. 317, 318.

Masson (Étienne), sculpteur établi à Dijon dans la seconde moitié du xviiᵉ siècle, travaillait en 1681-1682 à l'ornementation de la cheminée de la salle du conseil, à l'Hôtel de Ville. De 1692 à 1694, il était occupé à des ouvrages de sculpture exécutés dans la salle des gardes du Logis du roi, ouvrages qui furent payés la somme de 4.322 livres. En août 1710, il donnait le dessin du catafalque élevé dans la Sainte-Chapelle à l'occasion du service célébré pour le repos de l'âme du duc de Bourbon, gouverneur de la province.

Archives de la ville de Dijon, M 257, 266, 268, 284.

Massou (Benoît), né à Richelieu (Indre-et-Loire) en 1627, se présenta le 27 décembre 1664 à l'Académie royale de peinture et de sculpture. Reçu académicien le 1ᵉʳ août 1665, sur un médaillon en marbre figurant *saint Paul*, il devint adjoint à professeur le 31 août 1680. Il fut occupé principalement à Versailles, où il travailla le plus souvent en collaboration de Pierre Legros. Il mourut à Paris le 8 octobre 1684.

ŒUVRES

Saint Paul. Médaillon ovale en marbre. Morceau de réception à l'Académie (1ᵉʳ août 1665). Chapelle de Saint-Louis, à l'église Notre-Dame de Versailles. Ce médaillon était placé autrefois, au Louvre, dans une des salles de l'ancienne Académie. Transporté en 1795 au Musée des Monuments français, il fut donné à l'église de Versailles en 1815.

Une figure de pierre pour le dôme des Tuileries (année 1666).

Quatre masques à la façade du Louvre, du côté de la rue Saint-Honoré, façade donnant aujourd'hui sur la rue de Rivoli. En collaboration de Nicolas Legendre. Payés 122 livres.

Un crucifix, une Vierge et un saint Jean. Figures en bois exécutées pour l'église paroissiale de Versailles. Payés 700 livres (année 1669).

Vingt-quatre trophées à la balustrade du château de Versailles. En collaboration de Houzeau, de Le Hongre, des Marsy et de Legros. Payés
14.100 livres (année 1670-1671).

Deux Pères de l'Église. Figures ornant autrefois le pavillon central du Collège des Quatre-Nations (palais de l'Institut). Ces figures exécutées de
1670 à 1674 n'existent plus.

Pluton, le trident à la main, à cheval sur Cerbère. Groupe en plomb (années
1671-1673). Autrefois dans l'ancien Théâtre-d'Eau du parc de Versailles.

Deux Amours jouant avec un griffon. Groupe en plomb doré (années 1671-
1673). Autrefois dans le même emplacement.

Flore. Statue en pierre. Autrefois sur la façade d'un des pavillons du château
de Versailles donnant sur la grande cour (Piganiol).

La Prudence. Statue en pierre (année 1671). Façade du même château donnant sur la cour de marbre.

L'Asie. Statue en pierre (année 1671). Même façade.

Le mois d'Avril, le mois de Mai et *le mois de Juin.* Statues en pierre (année
1671). Façade de l'avant-corps à droite du même château, du côté du
parc.

Ouvrages de stuc dans l'appartement de la reine. Même château. En collaboration de Legros (année 1672).

Une figure de génie pour la pompe funèbre du chancelier Séguier. qui fut
célébrée le 5 mai 1672 dans l'église de l'Oratoire, à Paris.

Travaux au Labyrinthe du parc de Versailles (années 1672-1674).

Ouvrages de sculpture aux combles de Trianon. Payés 1.234 livres (année
1674).

Travaux au château de Clagny (années 1676-1677).

Trois bustes en marbre exécutés pour le roi (année 1676).

Modèles de sculpture pour la fontaine de l'Arc-de-Triomphe, dans le parc de
Versailles. En collaboration de Legros. Payés 7.560 livres (années 1677-
1682).

Trois enfants avec les attributs de la chasse. Groupe en bronze reproduit en
double. Allée-d'Eau dans le même parc (année 1678). Gravé par Thomassin, n° 155. Piganiol attribue ce groupe à Pierre Mazeline.

Trois enfants gesticulant. Groupe en bronze reproduit en double. Même
emplacement (année 1678). Gravé par Thomassin, n° 148. Piganiol attribue
ce groupe à Buirette.

Trois jeunes filles dont l'une tient un oiseau. Groupe en bronze reproduit
en double. Même emplacement (année 1678). Gravé par Thomassin,
n° 154.

Les modèles de ces trois groupes furent fondus en bronze en 1688.

Six dessus de portes en plomb dans le salon de l'appartement de la reine,
au château de Versailles. En collaboration de Legros (années 1680-1681).

La Terre. Statue en marbre (année 1681). Rampe du Parterre du Nord, dans
le parc de Versailles. Gravée par G. Edelinck et par Thomassin, n° 96.

Trophées dans la grande galerie du même château. Payés 800 livres (années
1680-1682).

Deux vases en plomb décorés de gueules de lions et de masques comiques
entourés de guirlandes. Bosquet de la Salle-de-Bal, dans le parc de Versailles (année 1682).

Comptes des bâtiments du roi sous le règne de Louis XIV, t. III, 1891, col. 554, 560, 702, 704, 844, 846 ; t. IV, 1896, col. 330, 331, 472, 611, 612. — *Inventaire général des richesses d'art de la France. Paris, monuments religieux*, t. III, 1901, p. 258.

Maugé (Pierre), maître sculpteur, était fixé à Nantes dans la seconde moitié du xvii° siècle.

De Granges de Surgères, *Les artistes nantais* (*Revue de l'art français*, 1898, p. 336).

Maunier (Balthasar), originaire de Cavaillon (Vaucluse), travaille dans la seconde moitié du xvii° siècle à l'église de Saint-Maximin (Var) pour laquelle il exécute, en 1667, le retable du Rosaire en bois doré qui existe encore aujourd'hui dans l'abside du bas côté droit. Plus tard, de 1683 à 1692, il collabore à la décoration du chœur de la même église sous la conduite du frère Vincent Funel.

L. Rostan, *Revue des sociétés savantes des départements*, 4° série, t. IV, 1866, p. 212, 214. — *Inventaire général des richesses d'art de la France. Province, monuments religieux*, t. III, 1901, p. 246, 267.

Mauric (Philippe), natif de Toulon, était employé dans sa ville natale, en 1668, comme apprenti sculpteur décorateur de vaisseaux, sous la direction de Raymond Langueneux.

Archives de l'art français, documents, t. IV, 1856, p. 238. — Ch. Ginoux, *Revue de l'art français*, 1888, p. 169 ; 1894, p. 292.

Maury, maître sculpteur établi à Nimes vers la fin du xvii° et au commencement xviii° siècle, figure de 1688 à 1725, dans les comptes du chapitre de la cathédrale, comme ayant sculpté de nombreux tabernacles.

Archives du Gard, G. 660, 670, 678, 679, 683, 1351.

Mauville (Jean-Baptiste), originaire de Marseille, était occupé en 1668 dans l'arsenal de Toulon comme sculpteur décorateur de vaisseaux, sous la direction de Gabriel Levray.

Archives de l'art français, documents, t. IV, 1856, p. 238. — Ch. Ginoux, *Revue de l'art français*, 1888, p. 169 ; 1894, p. 292.

Mayeur (Claude), né à Nancy le 28 février 1604, exerçait son art dans sa ville natale. En 1628, il travailla au piédestal de la grande fontaine de la place Saint-Épvre. En 1649, il refit la statue équestre de cette même place. En 1654, il collabora aux ouvrages entrepris dans le château ducal. Enfin en 1657, il exécuta différentes œuvres, d'après les dessins du peintre Claude Deruet, pour l'entrée du roi à Nancy. Il mourut dans cette ville le 22 janvier 1675.

Archives de Nancy, t. II, p. 180, 221, 228, 247, 267 ; t. III, p. 254, 256, 299, 322 ;

t. IV, p. 5. — *Archives de Meurthe-et-Moselle*, B. 7488; H. 2022, 2653, 42026. — *Réunion des sociétés des beaux-arts des départements*, 1894, p. 797; 1900, p. 349.

Mayeur (Joseph), fils et élève du précédent, né vers 1615, était étab'i également à Nancy, où il mourut le 14 septembre 1685.

Archives de Nancy, t. III, p. 299, 324. — *Réunion des sociétés des beaux arts des départements*, 1900, p. 350.

Mayret (Jean-Emmanuel), sculpteur franc-comtois originaire de Chargey (Haute-Saône), exerçait son art à Besançon de 1699 à 1726. Il était le gendre du sculpteur Jean Gauthier [1] d'Ornans.

J. GAUTHIER, *Dictionnaire des artistes francs-comtois antérieurs au XIXe siècle*, 1892, p. 16.

Mazaleyrat (Joachim), maître sculpteur, travaillait à Tulle (Corrèze) au XVIIe siècle.

René FAGE, *Bulletin de la société des lettres, sciences et arts de la Corrèze*, t. IV, 1882, p. 220.

Mazeline (Pierre), naquit à Rouen en 1632. Il vint à Paris et travailla aux châteaux de Versailles, de Marly et de Meudon. Il fut occupé aussi à l'église des Invalides et exécuta, en collaboration de Simon Hurtrelle, le mausolée de Charles de Créqui et celui du chancelier Michel Le Tellier. Nommé membre de l'Académie royale de peinture et de sculpture le 3 mars 1668, sur un médaillon en marbre représentant *saint Jean l'Évangéliste*, sa réception fut confirmée le 7 juillet de la même année. Il devint adjoint à professeur le 1er juillet 1699 et professeur le 4 juillet 1699. Il mourut à Paris le 7 février 1708 et fut inhumé dans l'église Saint-Sauveur; il habitait alors rue de Bourbon (Villeneuve). Il avait épousé le 15 juillet 1669 Jeanne-Françoise Francar, fille de François Francar, peintre ordinaire du roi. Un portrait de Mazeline par Nicolas Belle ornait autrefois, au Louvre, une des salles de l'ancienne Académie royale.

ŒUVRES

Saint Jean l'Évangéliste. Médaillon ovale en marbre. Morceau de réception à l'Académie (3 mars 1668). Ce médaillon, qui a disparu, se trouvait jadis dans une des salles de l'Académie.

Décoration d'un bateau pour le grand canal de Versailles. Payée 9.200 livres (années 1669-1670).

Ouvrages en stuc dans le petit appartement du roi, au château de Saint-Germain-en-Laye (année 1669).

1. *Dictionnaire des sculpteurs de l'École française du Moyen Age au règne de Louis XIV*, 1898, p. 221.

Travaux au palais de Trianon. Payés 11.850 livres (années 1670-1671).

Décoration en stuc des plafonds de l'appartement de la reine, au château de Versailles. En collaboration de Jean-Baptiste Tuby. Payée 21.993 livres (années 1671-1672).

Figures d'animaux en plomb pour le Labyrinthe du parc de Versailles (années 1672-1673).

Pomone. Statue en pierre. Autrefois sur la façade d'un des pavillons du château de Versailles donnant sur la grande cour (Piganiol).

Deux enfants en bas-relief pour la pompe funèbre du chancelier Séguier célébrée à l'église de l'Oratoire, à Paris, le 5 mai 1672.

Corbeilles, urnes et cassolettes en pierre décorant la balustrade des combles du palais de Trianon (année 1674).

L'Europe. Statue en marbre (années 1675-1680). Pourtour du Parterre du Nord, dans le parc de Versailles. Gravée par Thomassin, n° 103 et par Desplaces.

Un vase en marbre qui, d'après Piganiol, ornait le parterre de Trianon.

Huit chapiteaux de bois pour le Labyrinthe du parc de Versailles. Payés 360 livres (année 1675).

Travaux au château de Clagny (années 1676-1678).

Quatre vases en marbre décorant, d'après Piganiol, le jardin des Marroniers, à Trianon.

Ornements de sculpture à la fontaine de l'Arc-de-Triomphe, dans le parc de Versailles (années 1677-1682).

La France victorieuse. Groupe en plomb doré (années 1677-1682). Gravé par Thomassin, n° 130. Ce groupe, qui faisait partie autrefois du bosquet de l'Arc-de-Triomphe, n'existe plus.

La gloire de la France. Groupe en plomb doré (années 1677-1682). Ce groupe, comme le précédent, ornait le bosquet de l'Arc-de-Triomphe. Gravé par Thomassin, n° 131. Il est attribué par ce dernier à Pierre Mazeline, tandis que Piganiol et Dussieux le donnent au contraire comme une œuvre de Coyzevox exécutée d'après les dessins de Le Brun.

Ornements en plomb pour les combles du château de Versailles. En collaboration de Jouvenet. Payés 5.820 livres (années 1680-1682).

Ouvrages de sculpture en pierre à la cascade de l'Ile-Royale, dans le parc de Versailles. En collaboration de Houzeau. Payés 7.942 livres (années 1680-1687).

Trophées d'armes. Bas-reliefs en marbre décorant la balustrade du bosquet des Dômes, ancienne fontaine de la Renommée, dans le même parc (année 1680). Ces bas-reliefs furent sculptés par Mazeline, Girardon et Guérin ; il en existe des moulages au Musée du Trocadéro, n°s 969 à 1011.

Ornements au-dessus de trois croisées dans le salon de l'appartement de la reine, au château de Versailles (année 1681).

Trois enfants jouant avec des poissons. Groupe en bronze reproduit en double, fondu en 1688 d'après un modèle exécuté en 1678. Allée-d'Eau du parc de Versailles. Gravé par Thomassin, n° 147. Ce dernier attribue ce groupe à Pierre Legros, tandis que Piganiol le donne à Mazeline.

Trois enfants avec les attributs de la chasse. Groupe en bronze reproduit en double. Même emplacement. Gravé par Thomassin, n° 155. Ce dernier attribue ce groupe à Massou ; Piganiol au contraire dit qu'il est l'œuvre de Mazeline.

Les comptes des bâtiments du roi portent à l'année 1681 : « à Mazeline sculpteur, parfait payement de 3.800 l. pour les groupes de l'Allée-d'Eau du petit parc ».

Deux vases pour le pourtour de la pièce d'eau sous le Dragon, dans le même parc (année 1682).

Travaux dans l'appartement de Mme de Maintenon, au château de Versailles. En collaboration de Jouvenet. Payés 1.899 livres (année 1682).

Ouvrages de sculpture en marbre aux bancs du bosquet de l'Arc-de-Triomphe, dans le parc de Versailles. En collaboration de Houzeau. Payés 3.240 livres (année 1682).

Quatre figures et vases en bois pour la chapelle du château de Versailles. En collaboration de Houzeau (année 1682).

Ornements au-dessus des portes du grand escalier du même château. En collaboration de Jouvenet (année 1682).

Ouvrage de sculpture en bois et en stuc pour le cabinet des Curiosités, dans le même château. En collaboration de Le Hongre et de Jouvenet. Payés 24.449 livres (année 1682).

Ouvrages de sculpture dans les deux oratoires de la reine. Même château. En collaboration de Jouvenet. Payés 3.288 livres (année 1683).

Quatre petites torchères en plomb et en étain pour le bosquet de la Salle-de-Bal, dans le parc de Versailles. En collaboration de Jouvenet. Payés 3.200 livres (année 1683).

Ouvrages de sculpture dans le grand salon du château de Marly (année 1683).

Travaux au Grand Commun de Versailles. En collaboration de Jouvenet (année 1684).

Apollon du Belvédère. Statue en marbre copiée d'après l'antique. Pourtour du Parterre de Latone, dans le parc de Versailles. Gravée par Thomassin, n° 34. L'original de cette figure est à Rome au Musée du Vatican.

Enfants portant des cassolettes. Groupe en plomb. Autrefois dans le parc de Marly (année 1684).

Deux vases pour la Colonnade du parc de Versailles. Payés 640 livres (année 1685).

La Religion. Bas-relief en pierre. Façade de l'église de Notre-Dame, à Versailles (année 1685).

Chapiteaux en pierre au maître-autel de la même église. En collaboration de Jouvenet (années 1685-1686).

Ouvrages de sculpture à la chapelle du château de Marly. En collaboration de Jouvenet (année 1685).

Mausolée du chancelier Michel Le Tellier. Église de Saint-Gervais et de Saint-Protais, à Paris. Sur le sarcophage : *Michel Le Tellier accompagné d'un petit ange soutenant un écusson à ses armes.* Groupe en marbre. A droite : *la Foi.* Statue en marbre. A gauche : *la Religion.* Statue en marbre. Ce tombeau exécuté vers 1685, en collaboration de Simon Hurtrelle, a fait partie pendant la Révolution du Musée des Monuments français, n° 232. Il a été rendu à l'église de Saint-Gervais et de Saint-Protais en 1817. Gravé dans Germain Brice (t. II, p. 154). Un moulage de ce monument se trouve au Musée de Versailles (n° 1891 du catalogue d'Eudore Soulié).

Le Triomphe de Thétis. Modèle d'un groupe sculpté en collaboration de

Jouvenet et de Hurtrelle. Cette œuvre devait être placée au milieu d'un
des grands bassins du Parterre, en face du château de Versailles. Payé
7.110 livres (année 1685).

Modèles de deux trophées et de deux enfants soutenant une couronne. Ils
étaient destinés à décorer le massif devant porter le buste de Louis XIV
par le Bernin dans la salle de billard (Salon de Diane) du château de
Versailles. En collaboration de Jouvenet. Payés 1.451 livres (année 1685).
Ces modèles furent fondus par les Keller.

Ouvrages de sculpture à Saint-Cyr. En collaboration de Jouvenet (année
1686).

Décoration des corniches des appartements du palais de Trianon. En collaboration de Jouvenet (année 1687).

Deux chapiteaux en marbre pour le même palais. Payés 440 livres (année
1687).

Quatre groupes d'enfants en pierre. Au-dessus du péristyle du même palais.
En collaboration de Barrois et de Jouvenet. Payés 1.040 livres (année
1688).

Couronnements des frontons du château de Marly. En collaboration de
Barrois et de Jouvenet. Payés 8.136 livres (année 1688).

Monument funéraire de Charles, duc de Créqui, décédé à Paris en 1683.
Groupe en marbre. Ce tombeau, exécuté en collaboration de Simon Hurtrelle, était placé autrefois dans l'église des Capucines de la place Vendôme. Il a figuré au Musée des Monuments français, n° 492, et a été
transporté sous la Restauration dans la chapelle de Saint-Étienne, à l'église
Saint-Roch, où il se trouve aujourd'hui. Un moulage de ce mausolée
figure au Musée de Versailles (n° 1896 du catalogue d'Eudore Soulié).

Saint Jean Chrysostome et saint Grégoire le Grand. Figures en pierre décorant autrefois la façade de l'église des Invalides (année 1690).

Deux autres figures en pierre à la même façade (année 1690). Ces deux
figures et les précédentes furent payées 1.660 livres.

Ouvrages de sculpture au modèle du maître-autel de la même église. Payés
2.536 livres (année 1691).

Deux chevaux marins, une grande coquille et un masque en plomb pour le
grand bassin en demi-lune du parc de Marly. Payés 2.300 livres (année
1697).

Ornements aux corniches des appartements de la Ménagerie de Versailles.
En collaboration de Hurtrelle. Payés 2.764 livres (année 1698).

Ornements de bronze pour les cheminées des mêmes appartements. Payés
700 livres (année 1699).

Quatre vases en marbre pour le parc de Marly. Payés 4.000 livres (année
1699).

Ouvrages de sculpture en pierre au fronton du château de Meudon. En collaboration de Cornu. Payés 1.760 livres (année 1699).

Ornements des bas-côtés de la chapelle du château de Versailles (année
1709).

Guérin, *Description de l'Académie royale,* 1715, p. 97, 171. — D'Argenville,
Voyage pittoresque de Paris, 1752, p. 138, 178, 374. — Piganiol de la Force,
Nouvelle description des châteaux et parcs de Versailles et de Marly, 1764, t. I,
p. 14 ; t. II, p. 29, 48, 85, 170, 197, 212, 242, 244, 254, 281, 291, 340. — Idem, *Description historique de la ville de Paris,* 1765, t. IV, p. 141 ; t. IX, p. 491, 494. —

Archives de l'art français, documents, t. III, 1855, p. 175. — Eud. Soulié, *Notice du Musée impérial de Versailles,* 2ᵉ partie, 1860, p. 66, 68 ; 3ᵉ partie, 1861, p. 505, 509, 520. — A. Jal, *Dictionnaire critique de biographie et d'histoire,* 1872, p. 852. — H. Herluison, *Actes d'état civil d'artistes français,* 1873, p. 292. — De Montaiglon, *Procès-verbaux de l'Académie,* t. I, 1875, p 329, 332, 397 ; t. III, 1880, p. 43 ; t. IV, 1881. p. 58. — U. Robert, *Nouvelles archives de l'art français,* 1876. p. 63, 68. — De Grouchy, *Revue de l'art français,* 1891, p. 91. — L. Dussieux, *Le château de Versailles,* 1881, t. II. p. 207, 226, 238, 239, 260, 265, 276, 319, 377. — J. Guiffrey, *Comptes des bâtiments du roi sous le règne de Louis XIV,* t. I, 1881, col. 334, 341, 343, 418. 430, 513, 539, 616, 625, 635, 695, 700, 761, 767, 773, 789, 830, 839, 845, 862, 902. 918, 963, 982, 1001, 1048, 1049, 1076, 1097, 1157, 1158, 1159, 1216, 1282, 1283, 1353 ; t. II, 1887, col. 11, 20, 25. 53, 58, 60, 92, 107, 136, 137, 140, 161, 163, 169, 172, 174, 179, 183, 184, 190, 196, 197, 203, 204, 212, 232, 252, 278, 279, 298, 303, 309, 315, 317, 318, 335, 366, 390, 410, 412, 440, 472, 516, 522, 567, 618, 627, 628, 654, 729, 819, 890, 914, 922, 968, 994, 995, 1033, 1115. 1181, 1296 ; t. III, 1891. col. 35, 100, 167, 218, 248, 336, 375, 421, 502, 553, 554, 557, 649, 701, 797, 825, 934, 1075, 1086, 1093, 1134, 1140, 1169, 1186, 1201 ; t. IV, 1896, col. 6, 61, 95, 129, 137, 189, 241, 284, 312, 330, 337, 385, 429, 448, 471, 517, 545, 568, 591, 613, 652, 677, 694, 710, 728, 734, 809, 852, 923, 955, 963, 1032, 1137, 1184, 1248 ; t. V, 1901, col. 108, 199, 319, 328, 532. — *Inventaire général des richesses d'art de la France. Paris, monuments religieux,* t. II. 1888, p. 157, 158 ; t. III, 1901, 181, 234 ; *Province, monuments religieux,* t. I, 1886, p. 152. — Pierre De Nolhac, *Gazette des beaux-arts,* 1902. t. II, p. 33-44. — Idem, *Les Jardins de Versailles,* 1906, p. 53, 75, 166.

Mazeline (Robert), sculpteur établi à Rouen, parent du précédent, exécute en 1660 dans l'église Saint-Vivien une châsse pour poser le Saint-Sacrement. En 1672, il est occupé dans la même église à réparer la contretable du chœur. En 1681. il sculpte pour l'église de Martainville (Seine-Inférieure) un retable et la croix du cimetière. En 1701, on trouve un sculpteur du nom de Mazeline travaillant à un retable dans l'église Saint-Rémy de Dieppe ; il s'agit sans doute de Robert Mazeline qui pouvait vivre encore à cette époque.

Archives de la Seine-Inférieure. G. 7788, 7790, 7796, 8123.

Mazière (Simon), naquit à Pontoise vers 1649, fils de Simon Mazière, marchand, et de Michelle Asseline. Les comptes des bâtiments du roi sous le règne de Louis XIV en font mention à partir de 1679, époque où il travaillait à Versailles. Il fut occupé aussi aux châteaux de Marly, de Meudon et de Fontainebleau. A Paris, il exécuta différents ouvrages pour l'église des Invalides et sculpta le tombeau de Jean Le Camus, conseiller à la Cour des aides, et celui de Nicolas Ménager, plénipotentiaire du roi. En 1714, il fit sept groupes pour la clôture du chœur de la cathédrale de Chartres. Nagler place la date de son décès à l'année 1720; mais on ne sait sur quoi est basée cette affirmation, car l'acte d'inhumation de l'artiste n'a pas été retrouvé. Jal pense qu'il dut mourir à Pontoise. Il avait épousé le 28 mai 1689

24

Marie-Catherine Coutel, fille d'un avocat au Parlement; cette dernière mourut le 25 octobre 1706.

ŒUVRES

Vases et consoles sculptés à l'aile gauche de l'avant-cour du château de Versailles. Payés 551 livres (années 1679-1680).

Trophées au-dessus de la porte du corps de garde français. Même château. Payés 540 livres (année 1680).

La Cosmographie. Statue en pierre. Aile du Midi . Même château. Payée 450 livres (année 1682).

Ouvrages de sculpture aux frontons du Grand Commun de Versailles. En collaboration de Lecomte. Payés 1.220 livres (année 1683).

Vases pour le pourtour de la pièce d'eau sous le Dragon, dans le parc de Versailles (année 1883).

Un groupe de figures en pierre pour la façade du château de Marly. Payé 1.500 livres (années 1683-1684).

Silène et le jeune Bacchus. Statue en marbre copiée d'après l'antique (année 1684). Pourtour du Parterre de Latone, dans le parc de Versailles. Gravée par Thomassin, nº 38. L'original de cette figure, connu sous le nom de Faune Borghèse, est au Musée du Louvre.

Modèles de deux groupes d'enfants pour Versailles. Payés 730 livres (année 1683).

Grand vase en marbre d'Égypte. Parterre du Nord, dans le parc de Versailles (année 1685).

Trois masques et deux vases pour la Colonnade du même parc. Payés 1.342 livres (années 1685-1686).

Génies et Amours. Bas-reliefs en marbre décorant la même Colonnade (années 1686-1687).

Restauration de deux figures antiques en marbre représentant *Uranie* et *Clio*. Payée 1.200 livres (années 1686-1687).

Le fleuve Achéloüs. Terme en marbre d'après Girardon. Signé : S. MAZIÈRE F. 1688. Pourtour du Parterre de Latone, dans le parc de Versailles. Gravé par Thomassin, nº 197.

Sept chapiteaux en marbre pour Trianon (année 1688). En collaboration de Philippe Mazière.

Quatre guéridons et deux socles sculptés en marbre pour deux fontaines du Labyrinthe, dans le parc de Versailles (année 1689). En collaboration de Philippe Mazière.

Le dieu Pan. Terme en marbre, d'après Girardon (année 1689). Même parc. Demi-lune entre la Grande-Allée et le Bassin d'Apollon. Gravé par Thomassin, nº 203.

Syrinx. Terme en marbre d'après Girardon. Signé : S. MAZIÈRE F. 1689. Même emplacement. Gravé par Thomassin, nº 198.

Plusieurs ornements du portail de l'église des Invalides (années 1690-1693).

Anges à l'extérieur du dôme de la même église (années 1690-1693).

Deux anges placés sous les bordures des cadres dans la coupole de la chapelle Saint-Jérôme. Même église (années 1690-1693).

Vase en marbre pour le parc de Marly. Payé 850 livres (année 1697).

Quarante-huit consoles sculptées au-dessus de la grande corniche du dôme des Invalides (année 1699).

Flore ou *le Printemps*. Terme en marbre. Demi-Lune entre la Grande-Allée et le bassin d'Apollon, dans le parc de Versailles. Cette œuvre commencée par Marc Arcis a été terminée par Mazière qui y a mis sa signature avec la date de 1699. Ce dernier reçut 1.500 livres pour son travail. Ce terme fut mis en place en 1702.

Modèle d'un groupe d'enfants destiné à la Cascade du château de Meudon. Payé 800 livres (année 1699).

Dix têtes en pierre décorant les murs de deux pavillons du château de Marly. En collaboration de Jean de Dieu. Payées 250 livres (année 1700).

Ouvrages de sculpture en plomb à la Cascade de Trianon (année 1702).

Saint Alippe. Statue en plâtre. Autrefois dans la chapelle Saint-Augustin, dans l'église des Invalides. Payée 700 livres (année 1705). Cette œuvre a disparu.

Ouvrages de sculpture aux corniches de Trianon (année 1706).

Bas-reliefs au-dessus des croisées, à l'intérieur de la chapelle du château de Versailles (année 1708).

Bas-relief d'anges et trophées d'église à un pilier de la nef de la même chapelle (année 1710).

Une Nymphe. Statue en marbre pour le parc de Marly. Payée 3.400 livres (années 1710-1714).

Monument de Jean Le Camus, conseiller à la Cour des Aides de Paris, mort en 1710. Ce monument, élevé autrefois dans l'église des Blancs-Manteaux sous la première arcade du chœur, fut mutilé pendant la Révolution. La partie supérieure de la statue du défunt, qui subsiste seule aujourd'hui, a figuré au Musée des Monuments français, n° 317; elle est aujourd'hui au Musée de Versailles (n° 2854 du catalogue d'Eudore Soulié). Millin nous a conservé l'aspect de ce mausolée (t. IV, n° XLVII, p. 8).

Modèles de têtes de cerfs exécutés en collaboration d'un peintre nommé Vernansal pour la galerie du château de Fontainebleau (année 1714).

Le Jardin des Oliviers, la Trahison de Judas, le Jugement de Ponce-Pilate, la Flagellation, le Couronnement d'épines, la Crucifixion et *la Descente de Croix*. Groupes en pierre sculptés en 1714. Clôture du chœur de la cathédrale de Chartres.

Tombeau de Nicolas Ménager, plénipotentiaire du roi à la Paix d'Utrecht en 1713. Monument en marbre (année 1715). Cette œuvre se trouvait avant la Révolution dans l'église Saint-Roch, à Paris, au sixième pilier de la nef à gauche. Le médaillon du défunt, qui en faisait partie, après avoir figuré au Musée des Monuments français, fut déposé dans les magasins de Versailles le 4 novembre 1835; il est placé aujourd'hui dans l'escalier qui donne accès aux bureaux de la Conservation du Musée.

D'ARGENVILLE, *Voyage pittoresque de Paris*, 1752, p. 109, 197, 372. — PIGANIOL DE LA FORCE, *Nouvelle description des châteaux et parcs de Versailles et de Marly*, 1764, t. I, p. 8; t. II, p. 13, 66, 73, 74, 82, 87, 165, 243, 340. — Idem, *Description historique de la ville de Paris*, 1765, t. IV, p. 322. — THIERY, *Guide des amateurs et des étrangers à Paris*, 1787, t. I, p. 164, 574. — NAGLER, *Künstler-Lexicon*, 1839, t. 8, p. 501. — Eudore SOULIÉ, *Notice du Musée impérial de Versailles*, 2e partie, 1860, p. 396 ; 3e partie, 1861, p. 502, 509, 510, 511, 512, 516. — A. JAL, *Dictionnaire critique de biographie et d'histoire*, 1872, p. 852. — DE GUILHERMY,

Inscriptions de la Franc , du Vᵉ siècle au XVIIIᵉ, t. I, 1873, p. 384. — *Nouvelles archives de l'art français*, 1873, p. 119 ; 1876, p. 63. — L. Dussieux, *Le château de Versailles*. 1881, t. II, p. 157, 207, 263, 319. — *Réunion des sociétés des beaux-arts des départements*, 1890, p. 537, 538. — J. Guiffrey, *Comptes des bâtiments du roi sous le règne de Louis XIV*, t. I, 1881, col. 1162, 1288, 1289 ; t. II, 1887, col. 12, 137, 171, 174, 276, 278, 367, 438, 522, 626, 956, 992, 993, 1180, 1181, 1258 ; t. III, 1891, col. 97, 100, 291, 294, 422, 560, 703, 810, 845, 846, 869, 1093, 1097, 1140 ; t. IV, 1896, col. 189, 337, 353, 473, 479, 652, 852, 931, 963, 965, 1072, 1148, 1176 ; t. V, 1901, col. 15, 16, 215, 318, 348, 400, 413, 432, 530, 538, 823, 874. — *Inventaire général des richesses d'art de la France. Paris, monuments religieux*, t. II, 1888, p. 4 ; t. III, 1901, p. 233, 235, 246, 248 ; *Archives du Musée des Monuments français*, t. II, p. 34, 35, 189 ; t. III, p. 235, 263. — J.-J. De Vasselot, *Revue de l'histoire de Versailles et de Seine-et-Oise*, 1902, p. 198-202.

Mazière (Philippe), frère du précédent, naquit à Pontoise en 1650. D'après les comptes des bâtiments du roi, il collabora aux travaux entrepris par Simon Mazière à Versailles et à l'église des Invalides. Il vivait encore en 1706, car il fut présent à cette époque à l'inhumation de sa belle-sœur. Marie-Catherine Coutel. On ignore la date de sa mort.

A. Jal., *Dictionnaire critique de biographie et d'histoire*, 1872, p. 852. — J. Guiffrey, *Comptes des bâtiments du roi sous le règne de Louis XIV*, t. II, 1887, col. 991, 992, 1092, 1181 ; t. III, 1891, col. 100, 422, 560, 703 ; t. IV, 1896, col. 293, 353.

Mazille (Adrien), sculpteur du roi établi à Paris vers la fin du XVIIᵉ siècle, nous est connu par un acte notarié, daté du 8 juillet 1691, dans lequel il donne à bail une maison lui appartenant rue Saint-Denis. Il demeurait alors rue Princesse, sur la paroisse Saint-Sulpice.

H. Jouin, *Revue de l'art français*, 1890, p. 309.

Mazouy, sculpteur ornemaniste angevin, dont le nom est gravé avec la date de 1668 sur un cadran solaire en ardoise sculptée qui se trouve à Cholet.

Réunion des sociétés des beaux-arts des départements, 1886, p. 30, 92.

Melin (Jean), sculpteur lorrain, exerçait son art à Nancy dans la première moitié du XVIIᵉ siècle. Vers la même époque, on cite un Melin ou Melling, sculpteur établi à Saint-Avold ; peut-être s'agit-il du même artiste.

A. Jacquot, *Réunions des sociétés des beaux-arts des départements*, 1900, p. 350.

Mellon (Antoine), résidait à Toulon vers le milieu du XVIIᵉ siècle. En 1650, il exécuta différents travaux pour l'entrée, dans la ville, de Mgr d'Aiguebonne.

Ch. Ginoux, *Réunion des sociétés des beaux-arts des départements*, 1887, p. 314. — Idem, *Revue de l'art français*, 1888, p. 165 ; 1894, p. 293.

Mélo (Barthélemy de), sculpteur d'origine flamande, vint se fixer à Paris, où il vivait vers la fin du xviiᵉ et au commencement du xviiiᵉ siècle. Il travailla pour Versailles et pour différentes églises de la capitale. On possède encore de lui plusieurs œuvres qui se trouvent dans le département de la Sarthe. M. H. Chardon, qui a écrit une notice sur ces derniers ouvrages, dit que Mélo serait devenu membre de l'Académie royale de peinture et de sculpture ; j'ignore où il a pris ce renseignement, car Mélo ne figure pas sur la liste des académiciens. Il vivait encore en 1709.

ŒUVRES.

Tombeau de Michel de Marolles, abbé de Villeloin, mort en 1681. Ce monument en marbre se trouvait autrefois dans l'église Saint-Sulpice, à Paris. Il représentait le médaillon de l'abbé soutenu par un génie qui d'une main tenait un flambeau renversé et de l'autre essuyait ses larmes.

Ce médaillon, qui a fait partie pendant la Révolution du Musée des Monuments français, est aujourd'hui au Musée du Louvre, n° 766.

Mercure. Statue en marbre copiée d'après l'antique. Pourtour du Parterre de Latone, dans le parc de Versailles (années 1684-1685). Gravée par Thomassin, n° 50. L'original de cette figure est à Rome.

Apollonius. Terme en marbre d'après Mignard. A gauche de l'entrée du bosquet des Bains d'Apollon, dans le même parc (années 1685-1687). Les comptes des bâtiments du roi désignent ce terme sous le nom de *Pittacus.*

Vase en marbre décoré de cannelures, où sont sculptées des fleurs de soleils' (années 1687-1688). Allée-Royale, dans le même parc.

Quatre chapiteaux en marbre pour Trianon. En collaboration de Pasquier. Payés 746 livres (année 1688).

Saint Martin à la porte d'Amiens. Groupe en terre cuite qui se trouvait avant la Révolution sur le maître-autel de l'église Saint-Martin, à Château-du-Loir (Sarthe). Cette église ayant été détruite en 1810, le groupe de Saint-Martin subit plusieurs mutilations ; il est aujourd'hui dans l'église de Saint-Guingalois, à Château-du-Loir. Il a été modelé en 1688 d'après un modèle de Carrache « sous l'ordre de Paul Fréard de Chantelou ».

Retable exécuté en 1690, en collaboration de François Pasquier, pour l'église d'Ecommoy (Sarthe). Ce retable, composé d'un bas-relief représentant saint Etienne avec les figures de saint Martin, de saint Paul et de sainte Françoise, a été détruit à la Révolution.

Saint Martin. Même église. Ce groupe semblable à celui de Château-du-Loir est attribué à Mélo (année 1691).

Hercule terrassant Antée. Groupe en marbre attribué à Melo (année 1691). Château du Lude (Sarthe).

Une figure de pierre dans l'un des panneaux de la voûte du dôme de l'église des Invalides. Payée 1.000 livres (année 1693).

Saint Barthélemy et sainte Catherine. Figures ornant jadis le portail de l'église Saint-Barthélemy, à Paris. Cette église a été détruite avec toutes les œuvres d'art qu'elle renfermait.

Tombeau du philosophe Claude Clerselier. Même église. Il représentait un

génie placé au pied d'une figure symbolisant la Religion. Entouré d'instruments de mathématique, ce génie regardait une tête de mort qu'il
tenait à la main.

D'Argenville, *Voyage pittoresque de Paris*, 1752, p. 17, 328-329. — Piganiol de la
Force, *Nouvelle description des châteaux et parcs de Versailles et de Marly*, 1764,
t. II, p. 45, 77, 85. — Idem, *Description de la ville de Paris*, 1765, t. I, p. 462;
t. VII, p. 343 ; t. IX, p. 491-494. — Thiéry, *Guide des amateurs et des étran-*
gers à Paris, 1787, t. II, p. 438. — De Reiffemberg, *Mémoires sur les sculpteurs et les*
architectes des Pays-Bas, 1847. — Nagler, *Künstler-Lexicon*, t. IX, p. 87. —
Eudore Soulié, *Notice du Musée impérial de Versailles*, 3ᵉ partie, 1861, p. 505,
509, 510. — H. Chardon, *Études historiques sur la sculpture dans le Maine (Bulle-*
tin de la société d'agriculture, sciences et arts de la Sarthe, 1872). — G. René
Esnault, *Dictionnaire des artistes et artisans manceaux*, 1899, t. II, p. 179. —
J. Guiffrey, *Comptes des bâtiments du roi sous le règne de Louis XIV*, t. II, 1887,
col. 439, 628, 994, 1181 ; t. III, 1891, col. 100, 294, 843, 846, 1079, 1128 ; t. IV, 1896,
col. 330, 331, 471 ; t. V, 1901, col. 349. — De Nolhac, *Les jardins de Versailles*,
1906, p. 144.

Mercier (Gilles), sculpteur demeurant à Paris vers la fin du
XVIIᵉ siècle, est présent le 28 août 1690 à l'inhumation de sa fille
morte à l'âge de cinq ans sur la paroisse Saint-Roch.

H. Herluison, *Actes d'état civil d'artistes français*, 1873, p. 294.

Mérillon (Noël), sculpteur manceau, sans doute parent de Jean et
de Jacques Mérillon[1], artistes établis au Mans au XVIᵉ siècle, sculpte
en 1650 un retable en bois pour l'église de Congé-sur-Orne. Cette
œuvre fut payée 1.400 livres.

G. René Esnault, *Dictionnaire des artistes et artisans manceaux*, 1899, p. 183.

Merlin, sculpteur et orfèvre lorrain du XVIIᵉ siècle, exécute en
argent, pour Louis XIV enfant, des petites statuettes de soldats modelées
par Charles Chassel.

A. Jacquot, *Réunion des sociétés des beaux-arts des départements*, 1900,
p. 351.

Mesnard. Un sculpteur de ce nom fut adjoint par Colbert le
9 juin 1669 à Antoine André, pour aller à Carrare, en Italie, afin de
hâter l'expédition des blocs de marbre acquis au nom du roi. Bertolotti
le cite comme étant venu faire une nouvelle provision de marbre à
Carrare en 1688, toujours avec Antoine André.

A. Jal, *Dictionnaire critique de biographie et d'histoire*, 1872, p. 45. — Bertolotti, *Artisti francesi in Roma nei secoli XV, XVI e XVII*, 1886, p. 176.

Mesny (Regnauld), né à Nancy vers 1662, sculpteur du duc de

1. Voir le *Dictionnaire des sculpteurs de l'École française du Moyen Age au règne*
de Louis XIV, p. 399.

Lorraine et professeur à l'Académie de peinture et de sculpture de Nancy, exerçait son art dans cette ville, où il mourut le 26 septembre 1712 ; il fut enterré dans la nef de l'église Notre-Dame.

ŒUVRES

Décoration du catafalque du duc Charles V dans l'église des Cordeliers de Nancy (année 1700).

Travaux au château de la Malgrange (année 1700).

Quatre têtes de turcs en forme de consoles destinées à supporter des bustes du duc Charles V (année 1701).

Ouvrages de sculpture pour le cabinet de la duchesse de Lorraine, dans le Palais ducal de Nancy (année 1702).

Travaux au château de Lunéville (année 1702).

Décoration de la Salle d'opéra du palais ducal de Nancy, sous la direction de l'architecte Francesco Bibiena (années 1708-1709).

Cadres dorés « à mettre les dessins que les princes et les princesses ont faits » (année 1710).

Construction d'un plan en relief du château et du nouveau jardin de Lunéville (année 1710).

Archives de Nancy, t. II, p. 305 ; t. III, p. 347, 357, 365 ; t. IV, p. 9. — *Archives de Meurthe-et-Moselle*, B. 190, 218, 1541, 1542, 1542, 1550, 1555, 1556, 1559, 1575, 1586, 1591, 1596, 1637. — H. LEPAGE, *Le palais ducal de Nancy*, 1852, p. 140, 181. — *Réunion des sociétés des beaux-arts des départements*, 1888, p. 859 ; 1892, p. 605 ; 1900, p. 351.

Mesny (Barthélemy), parent du précédent, naquit à Nancy vers 1650. Il exerça son art dans sa ville natale, où il mourut le 16 mars 1724. Il travaillait en 1719 au palais ducal ainsi qu'un autre sculpteur, François Mesny, qui faisait sans doute partie de sa famille.

Archives de Nancy, t. II, p. 305, 309 ; t. III, p. 261, 365, 366, 383. — A. JACQUOT, *Réunion des sociétés des beaux-arts des départements*, 1900, p. 352.

Mesny (Christophe), sculpteur lorrain, parent des précédents, était établi également à Nancy vers la fin du XVIIe siècle.

Archives de Nancy, t. III, p. 347. — A. JACQUOT, *Réunion des sociétés des beaux-arts des départements*, 1900, p. 353.

Métayer (Daniel), fut reçu membre de l'Académie de Saint-Luc le 12 mai 1660. Il mourut entre 1672 et 1682.

P. LACROIX, *Revue universelle des arts*, t. XIII, 1861, p. 326.

Métayer ou **Mettayer** (Mathurin), sculpteur à Paris, probablement parent du précédent, meurt le 23 septembre 1680 et est inhumé dans le cimetière protestant des Saints-Pères.

H. HERLUISON, *Actes d'état civil d'artistes français*, 1873, p. 297.

Mettreau (Alexandre), sculpteur lorrain, exerçait son art à Nancy vers la fin du XVIIe siècle.

Archives de Nancy, t. III, p. 264. — A. Jacquot, *Réunion des sociétés des beaux-arts des départements*, 1900, p. 353.

Meunier (Jean), sculpteur du roi établi à Paris dans la seconde moitié du XVIIe siècle, travailla de 1679 à 1683 au Louvre et aux châteaux de Versailles et de Saint-Germain-en-Laye. Il mourut en 1686.

H. Herluison, *Actes d'état civil d'artistes français*, 1873, p. 300. — J. Guiffrey, *Comptes des bâtiments du roi sous le règne de Louis XIV*, t. I, 1881, col. 1162, 1241, 1255, 1289 ; t. II, col. 12, 88, 624, 991.

Meunier (Nicolas), maître sculpteur et fondeur parisien de la fin du XVIIe et du commencement du XVIIIe siècle, peut-être fils du précédent, passa un marché le 22 mars 1684, en association de ses confrères Pierre Langlois, Henri Meunier et Pierre Varin, pour l'exécution en bronze de vingt-deux groupes d'enfants destinés à décorer l'Allée-d'Eau du petit parc de Versailles. La fonte de chaque groupe devait être payée 1.150 livres. Nicolas Meunier habitait alors rue Bourg-l'Abbé. Les mêmes artistes travaillèrent aussi, toujours à Versailles, à la cascade de la fontaine de la Pyramide et exécutèrent des draperies de bronze pour orner différents bustes. De 1688 à 1701, Nicolas Meunier fut occupé au château de Saint-Cloud et à l'église des Invalides. Il vivait encore en 1709.

Revue de l'art français, 1892, p. 60. — J. Guiffrey, *Nouvelles archives de l'art français*, 1882, p. 25. — Idem, *Comptes des bâtiments du roi sous le règne de Louis XIV*, t. II, 1887, col. 441, 1184 ; t. III, 1891, col. 103, 291, 388, 422, 431, 553, 554, 700, 702, 705, 844, 1088, 1136 ; t. IV, 1896, col. 330, 472, 611, 612, 728 ; t. V, 1901, col. 349.

Meunier (Henri), sculpteur et fondeur, probablement frère du précédent, nous est connu par le marché du 22 mars 1684 concernant la fonte des groupes d'enfants de l'Allée-d'Eau de Versailles. L'artiste est cité dans ce contrat comme demeurant alors à Paris, rue Neuve-Saint-Denis, sur la paroisse Saint-Laurent. De 1698 à 1701, il travailla à l'église des Invalides avec Nicolas Meunier.

Revue de l'art français, 1892, p. 60. — J. Guiffrey, *Comptes des bâtiments du roi sous le règne de Louis XIV*, t. IV, 1896, col. 330, 472, 611, 612, 728.

Meyzieu (Michel), maître sculpteur établi à Lyon de 1670 à 1684, fait baptiser un fils le 13 juin 1683 à l'église Saint-Nizier.

Meyzieu (Henri), parent du précédent, demeurant également à

Lyon dans la seconde moitié du xvii° siècle, figure comme parrain dans l'acte de baptême du fils de Michel.

Natalis RONDOT, *Les sculpteurs de Lyon du XIV° au XVIII° siècle*, 1884, p. 57, 60. — Idem, *Revue de l'art français*, 1887, p. 301.

Michel de La Perdrix. Voir **La Perdrix** (Michel de).

Michel (Jean), sculpteur et architecte, exerçait son art à Angers dans la seconde moitié du xvii° siècle. Il était cousin du sculpteur angevin Léger Plouvier.

Célestin PORT, *Les artistes angevins*, 1881, p. 218.

Micouin (François), demeurait à Caen, où il travaillait à l'Hôtel de Ville en 1681. A cette date, il recevait en effet 40 livres « pour avoir fait un bas-relief de la figure du Roy avec ses ornements pour placer contre le manteau de la cheminée de la seconde chambre dudit hostel de ville ».

Micouin (Jean), peut-être fils du précédent, exerçait également son art dans la ville de Caen vers 1705.

Armand BÉNET, *Réunion des sociétés des beaux-arts des départements*, 1897, p. 145, 153.

Mignot (Claude), né à Troyes vers 1645, était occupé dans sa ville natale de 1685 à 1687 au grand portail de la cathédrale ; il y sculpta la statue de saint André et y répara celle de saint Jude. On lit dans les comptes du chapitre : « 20 septembre 1685, à Mignot, sculpteur, la somme de trente-cinq livres pour avoir réparé l'image de saint Jude et mis un bras à une autre figure. — 12 mars 1687, payé audit Mignot, pour avoir fait la figure de saint André, la somme de quarante-huit livres, le chapitre ayant ordonné de lui donner douze livres outre trente six par le marché ». Il mourut au commencement du xvii° siècle. Un Claude Mignot, sculpteur, fut reçu membre de l'Académie de Saint-Luc le 27 février 1667 ; c'est peut-être le même artiste.

P. LACROIX, *Revue universelle des arts*, t. XIII, 1861, p. 328. — *Archives de l'Aube*, G. 1621. — Alex. ASSIER, *Les arts et les artistes dans l'ancienne capitale de la Champagne*, 1876, p. 103. — E. SOCARD, *Biographie des personnages remarquables de Troyes et du département de l'Aube*, 1882, p. 306. — *Revue de l'art français*, 1902, p. 175, à la note.

Millet (Louis), sculpteur de la seconde moitié du xvii° siècle cité dans les comptes des bâtiments du roi, travaillait à Paris en 1666 à la décoration de l'église du Val-de-Grâce. En 1667-1668, il était occupé au Louvre.

J. Guiffrey, *Comptes des bâtiments du roi sous le règne de Louis XIV*, t. I,
1881, col. 166, 183, 244.

Millet (Henri), sans doute fils du précédent, remporte le deuxième
prix de sculpture à l'ancienne École académique de Paris en 1699.

A. Duvivier, *Archives de l'art français, documents*, t. V, 1857-1858, p. 283. —
De Montaiglon, *Procès-verbaux de l'Académie*, t. III, 1880, p. 277, 290.

Milon (Pierre), sculpteur lorrain établi au xviie siècle à Damvillers
(Meuse), est cité comme ayant sculpté dans cette ville des armoiries
en pierre.

A. Jacquot, *Réunion des sociétés des beaux-arts des départements*, 1900,
p. 355.

Mimerel (Louis), fils du sculpteur Jacques Mimerel [1], travaillait à
Lyon vers la fin du xviie siècle. Il exécuta pour le tombeau de Jacques
Moyron, dans l'église des Cordeliers de l'Observance, une reproduction du buste de ce personnage par Nicolas Bidau. A la date du
18 novembre 1692, on le trouve figurant comme témoin dans l'acte de
décès de ce dernier artiste ; il habitait alors sur les Terreaux. Il mourut
en 1696.

Réunion des sociétés des beaux-arts des départements, 1884, p. 206, 234 ; 1893,
p. 106, 107. — Natalis Rondot. *Les sculpteurs de Lyon du XIVe au XVIIIe siècle*,
1884, p. 63. — Idem, *Revue de l'art français*, 1887, p. 306.

Minouflet (Nicolas), sculpteur parisien, fut reçu membre de
l'Académie de Saint-Luc le 15 octobre 1664. Il vivait encore en
1682.

P. Lacroix, *Revue universelle des arts*, t. XIII, 1861, p. 328.

Miot (Louis), natif de la ville de Langres, était employé en 1668
dans l'arsenal de Toulon à la sculpture du vaisseau le *Royal-Louis*,
sous la direction de Guillaume Gay.

Archives de l'art français, documents, t. IV, 1856, p. 238. — Ch. Ginoux, *Revue
de l'art français*, 1888, p. 168 ; 1894, p. 294.

Misson (Hubert), sculpteur et marbrier ordinaire du roi, originaire
de Charleville (Belgique), est cité dans les comptes des bâtiments
au sujet de nombreux travaux exécutés, de 1664 à 1697, aux châteaux
de Versailles, de Fontainebleau, de Saint-Germain-en-Laye, de Marly,
de Choisy et de Meudon. A Paris, il fut occupé au Louvre, aux

---

1. Voir le *Dictionnaire des sculpteurs de l'École française du Moyen Age au règne
de Louis XIV*, p. 405.

Tuileries et aux églises du Val-de-Grâce, des Invalides et des Petits-Pères. Il obtint des lettres de naturalisation au mois d'avril 1672. En 1676, il se rendit plusieurs fois dans les Pyrénées pour découvrir des carrières de marbre. Une œuvre de lui, faite en collaboration de Jean Legrue et de Jérôme Derbais, existe encore aujourd'hui : c'est une cuve en marbre qui se trouvait dans le cabinet des bains, au château de Versailles, et que Mme de Pompadour fit transporter en 1750 dans le jardin de l'Ermitage pour servir de bassin. Il mourut le 29 avril 1698 ; il habitait alors rue de la Poissonnière dans une maison dont il était propriétaire, comme le prouve l'inventaire dressé après son décès à la requête de sa veuve, Anne Autin.

Archives de l'art français, documents, t. V, 1857-1858, p. 76, 77. — H. Herluison, *Actes d'état civil d'artistes français*, 1873, p. 307. — *Nouvelles archives de l'art français*, 1873, p. 251 ; 1876, p. 46 ; 1882, p. 17 ; 1883, p. 198. — *Revue de l'art français*, 1892, p. 163. — J. Guiffrey, *Comptes des bâtiments du roi sous le règne de Louis XIV*, t. I, 1881, col. 39 à 1354 *passim* ; t. II, 1887, col. 13 à 1296, *passim* ; t. III, 1891, col. 37 à 1201, *passim* ; t. IV, 1896, col. 11 à 440, *passim*.

Molé (Michel), fut reçu membre de l'Académie de Saint-Luc le 10 avril 1674. Son nom figure encore sur les listes des membres de la communauté en 1682.

P. Lacroix, *Revue universelle des arts*, t. XIII, 1861, p. 331.

Monchy (François de), sculpteur établi à Lille, exécuta de 1652 à 1672 différents ouvrages d'art pour l'hospice Comtesse. En 1653, il reçut un acompte pour un travail de décoration fait aux portes de la Bourse, comme le prouve la mention suivante extraite des comptes de la ville : « A François de Monchy, maistre sculpteur, la somme de quarante huit livres parisis à luy accordé par Messieurs du Magistrat, pour et à tant moins de son travail fait en ladite qualité aux portes de la Bourse de cette dite ville, comme appert par ordonnance du 11e d'aoust 1653 ».

Quarré-Reybourbon. *Réunion des sociétés des beaux-arts des départements*, 1872, p. 326, 341.

Mongendre (Nicolas), exerçait son art au Mans dans la seconde moitié du xviie siècle. En 1670, il exécuta les trois autels de la chapelle de Notre-Dame de Toutes-Aides, à Saint-Rémy-du-Plain. En 1671, il fit encore, dans la même contrée, le tabernacle de Verneil-le-Chétif et en 1676 l'autel de Dangeul. La même année, il entreprit la construction du maître autel de l'église de Meurcé et y sculpta, moyennant 110 livres, un bas-relief représentant l'Assomption de la Vierge. Enfin, on lui doit encore le grand autel de l'église d'Ecommoy terminé en

1692 pour la somme de 1.500 livres. Nicolas Mongendre avait un frère, sculpteur comme lui, qui l'aida dans plusieurs de ses travaux.

H. CHARDON, *Études historiques sur la sculpture dans le Maine*, Bulletin de la société d'agriculture, sciences et arts de la Sarthe, 1872). — G. R. ESNAULT, *Diction-naire des artistes et des artisans manceaux*, 1899, t. II, p. 189.

Mongeot (Jacques), est reçu membre de l'Académie de Saint-Luc le 15 février 1678. Quatre ans après, on trouve encore son nom sur les listes de la communauté.

P. LACROIX, *Revue universelle des arts*, t. XIII, 1861, p. 333.

Mongin (Jean), exerçait son art dans la ville de Caen au commencement du XVIIIᵉ siècle. Son nom figure sur le rôle des impositions pour 1765.

Armand BÉNET, *Réunion des sociétés des beaux-arts des départements*, 1897, p. 153.

Monier ou **Monnier** (Michel), sculpteur ordinaire du roi né à Blois, fils du peintre Jean Monier, remporta un prix de sculpture à l'ancienne École académique de Paris le 26 mars 1671 et un autre le 2 juin 1672. La même année, il fut envoyé à Rome comme pensionnaire du roi. Il était de retour en France en 1682, époque où il travaillait à Versailles. Il mourut à Paris le 24 décembre 1686 ; il habitait alors rue Joquelet, sur la paroisse Saint-Eustache. Un inventaire fut dressé après son décès à la requête de Catherine Robillard, sa veuve.

ŒUVRES

Modèle en stuc d'une statue de Mercure exécuté à Rome en 1672.

Cérémonie d'une jeune mariée à qui on lave les pieds. Bas-relief en marbre composé de deux figures. Cette œuvre fut sculptée à Rome d'après l'antique.

Le Gladiateur mourant. Statue en marbre faite à Rome d'après l'antique. Parterre de Latone, dans le parc de Versailles. Gravée par Thomassin, nᵒ 42. L'original de cette figure est au Musée du Capitole.

Une reine esclave. Figure faisant partie d'un monument élevé à la gloire de Louis XIV. Ce monument, qui se trouvait à l'Académie de France à Rome, fut exécuté d'après les dessins d'Errard par Michel Monier, Jean Cornu, Simon Hurtrelle et Anselme Flamen (années 1672-1682)

Vases et cuvettes pour la pièce d'eau au-dessous du Dragon, dans le parc de Versailles (années 1682-1683).

Le Point-du-Jour. Figure en pierre pour le château de Marly (année 1683).

Modèle d'un groupe d'enfants pour le parc de Versailles (année 1685).

Quatre pièces de guillochés pour la Colonnade du même parc. Payées 640 livres (années 1685-1686).

Collaboration au groupe en marbre de *Papirius et sa Mère* désigné aussi sous le nom de la *Paix des Grecs*. Ce groupe, œuvre de Martin Carlier, est placé dans le parc de Versailles (années 1685-1686).

Vénus de Médicis. Copie en marbre d'après l'antique. Grande-Allée ou Tapis-Vert dans le même parc. Cette figure, commencée par Michel Monier en 1684, fut achevée par Frémery en 1687.

D'Argenville, *Voyage pittoresque des environs de Paris*, 1762, p. 100, 104. — Piganiol de la Force, *Nouvelle description des châteaux et parcs de Versailles et de Marly*, 1764, t. II, p. 85, 343. — A. Duvivier, *Archives de l'art français, documents*, t. V, 1857-1858, p. 276. — Eud. Soulié, *Notice du Musée impérial de Versailles*, 3ᵉ partie, 1861, p. 508. — Herluison, *Artistes orléanais*, 1863, p. 41. — De Montaiglon, *Procès-verbaux de l'Académie*, t. I, 1875, p. 358, 400. — Idem, *Correspondance des directeurs de l'Académie de France à Rome*, t. I, 1887, p. 38, 130, 132. 164. — L. Dussieux, *Le château de Versailles*, 1881, t. II, p 207, 208, 236, 320. — J. Guiffrey, *Nouvelles archives de l'art français*, 1883, p. 74. — Idem, *Comptes des bâtiments du roi sous le règne de Louis XIV*, t. I, 1881, col. 548; t. II, 1887, col. 140, 278, 367, 440, 626, 993, 1174, 1175. — A. Castan, *Réunion des sociétés des beaux-arts des départements*, 1889, p. 91, 97, 100, 103, 109, 111, 115.

Monnot (Étienne), sculpteur en bois originaire de Noël-Cerneux en Franche-Comté, travailla en 1657-1658 à l'église d'Orchamps-Vennes et la même année à l'église de Baume-les-Dames pour laquelle il exécuta un buffet d'orgue à trois tourelles. En 1676, on le trouve occupé à Besançon, où il venait d'obtenir la qualité de citoyen de la ville, et en 1687-1689 à Pelousey. Il se maria en 1654 à Besançon avec une bohémienne, Élisabeth Frequelerin ou Flegquerin, qui lui donna deux fils, puis étant devenu veuf, il épousa en 1665 à Baume Françoise Bobillier de Morteau (Doubs).

Jules Gauthier, *Dictionnaire des artistes francs-comtois antérieurs au XIXᵉ siècle*, 1892, p. 16. — *Réunion des sociétés des beaux-arts des départements*, 1887, p. 120, 122, 172; 1895, p. 811.

Monnot (Pierre-Étienne), fils du précédent, naquit à Orchamps-Vennes (Jura) le 9 août 1657. Il reçut de son père, à Besançon, les premières notions de la sculpture, puis alla en 1676 à Dijon, où il travailla dans l'atelier de Jean Dubois. L'année suivante, il se rendit à Paris pour s'y perfectionner dans son art.

De retour à Besançon, il exécuta en 1682 le dessin d'une boiserie décorative pour la chapelle de la Municipalité. Plus tard, en 1687, après avoir fait un nouveau séjour à Paris, il sculpta sur la commande d'un bourgeois de sa ville natale une statue de la Vierge destinée à l'abbaye de Saint-Vincent. Cette même année, il quitta la Franche-Comté et vint s'établir à Rome, où M. de la Teulière, directeur de l'Académie de France, lui demanda de suite pour le compte du roi une copie en marbre du Jules César figurant au Musée du Capitole.

En 1688, il ouvrit un atelier fréquenté bientôt par de nombreux élèves. De 1690 à 1699, il fit deux grands bas-reliefs pour l'église de

Sainte-Marie de la Victoire ainsi que deux figures d'anges et un bas-relief pour la chapelle Saint-Ignace, à l'église du Gèsu. Dans la suite, il travailla pour le prince Livio Odescalchi qui lui commanda le tombeau de son oncle, le pape Innocent XI, pour le cardinal Savo Millini et pour John Cecil, baron de Burghley et comte d'Exeter, qui se trouvait alors en Italie.

Pierre Monnot resta à Rome jusqu'en 1712, époque où il se rendit à Cassel auprès du landgrave Charles de Hesse. Celui-ci, qui faisait construire un palais dont le jardin dessiné par Le Nôtre devait être décoré de sculptures comme le parc de Versailles, avait alors l'idée de faire édifier un Bain de marbre dans une des annexes du château. Il fit part de son projet à Monnot qui entra de suite dans ses vues. Il faut dire que ce dernier avait entrepris à Rome depuis 1692, sans but déterminé et sans destination précise, une grande œuvre inspirée de la mythologie. Sept figures en marbre étaient déjà terminées ; il lui restait donc seulement à compléter un ensemble qu'il s'était engagé à faire important et grandiose. Cet ouvrage célèbre, connu sous le nom de *Marmorbad* de Cassel, fut achevé en 1730. Entre temps, comme le fait remarquer M. Castan dans sa notice sur Monnot, notre sculpteur dut se rendre plusieurs fois en Italie, car deux des statues du Bain de marbre ont été signées à Rome, l'une en 1716 et l'autre en 1720.

Monnot quitta définitivement Cassel en 1728 et revint s'installer à Rome, où il termina les deux dernières figures du *Marmorbad*. Il mourut le 24 août 1733 et fut enterré dans l'église franc-comtoise de Saint-Claude des Bourguignons.

ŒUVRES

Boiserie décorant autrefois la chapelle de la Municipalité de Besançon (année 1682).

Une Vierge dite Notre-Dame du Cordon bleu. Cette figure, exécutée en 1687 pour l'église abbatiale et paroissiale de Saint-Vincent, à Besançon, n'existe plus aujourd'hui.

Jules César. Statue en marbre copiée à Rome d'après l'original qui est au Musée du Capitole (année 1688).

Bacchus agaçant un Faune. Groupe en marbre exécuté à Rome en 1692. Marmorbad de Cassel.

Léda et le cygne. Groupe en marbre exécuté à Rome en 1692. Marmorbad de Cassel.

Deux anges en marbre soutenant un écusson où figure le monogramme du Christ. Chapelle de Saint-Ignace dans l'église du Gèsu, à Rome (années 1695-1696).

Saint Ignace délivrant des prisonniers. Bas-relief en bronze fondu par l'orfèvre Thomas Germain. Même emplacement (années 1695-1696).

Le prince Livio Odescalchi. Buste en marbre Rome (année 1696).

Bas-reliefs décorant le palais Odescalchi. Rome (année 1696).

Tombeau d'Innocent XI. Marbre. Basilique de Saint-Pierre de Rome (années 1697-1700).

Mercure avec l'Amour. Groupe en marbre exécuté à Rome en 1698. Marmorbad de Cassel.

Apollon vainqueur de Marsyas. Groupe en marbre exécuté à Rome en 1698. Marmorbad de Cassel.

L'Adoration des bergers et *la Fuite en Égypte.* Bas-reliefs en marbre. Signés et datés de 1699. Église de Sainte-Marie-de-la-Victoire, à Rome.

Tombeau du cardinal Savo Millini. Église de Sainte-Marie-du-Peuple, dans la même ville (année 1699).

Andromède. Statue en marbre. Burghley House (Angleterre). Payée 7.500 livres (années 1700-1704).

La Sainte Famille. Groupe en marbre. Même emplacement (années 1700-1704).

John Cecil comte d'Exeter et la comtesse d'Exeter, sa femme. Bustes en marbre. Même emplacement (années 1700-1704).

Deux enfants endormis. Groupe en marbre. Même emplacement (années 1700-1704).

Tombeau de John Cecil, comte d'Exeter, et de sa femme, Anne Cavendish. Marbre. Église Saint-Martin, à Stamford (Angleterre). On lit sur ce tombeau l'inscription suivante : PETRUS. STEPHANUS. MONNOT. BISUNTINUS. FECIT. ROMÆ MDCCIV.

Toutes ces œuvres, exécutées par Monnot à Rome pour le comte d'Exeter, existent encore aujourd'hui.

Saint Pierre et *saint Paul.* Statues colossales en marbre. Église Saint-Jean-de-Latran, à Rome (années 1704-1705). Le modèle de la statue de saint Pierre avait été commencé par Jean-Baptiste Théodon.

Vénus et Cupidon. Groupe en marbre exécuté à Rome en 1708. Marmorbad de Cassel.

Deux Renommées en marbre placées au sommet du tombeau de Grégoire XV, œuvre de Pierre Legros. Église de Saint-Ignace, à Rome (année 1710).

Deux chérubins en marbre pour le maître-autel de l'église Sainte-Marie-sur-Minerve, à Rome (année 1711). Ces œuvres ont disparu.

Latone avec ses deux enfants. Groupe en marbre exécuté à Rome en 1712. Marmorbad de Cassel.

Narcisse résistant à l'Amour pour se contempler lui-même. Groupe en marbre exécuté à Rome en 1712. Marmorbad de Cassel.

Charles de Hesse-Cassel et Marie-Amélie de Courlande, sa femme défunte. Bustes en marbre (année 1714). Museum Fridericianum de Cassel.

Faune chasseur. Statue en marbre exécutée à Rome en 1716. Marmorbad de Cassel.

Bacchante. Statue en marbre (année 1716). Marmorbad de Cassel.

Le berger Paris. Statue en marbre exécutée à Rome (année 1720). Marmorbad de Cassel.

Deux cheminées en marbre ornées de médaillons et de figures en pied (années 1712-1728). Marmorbad de Cassel.

Huit bas-reliefs en marbre représentant des sujets tirés des *Métamorphoses d'Ovide* (années 1712-1728). Marmorbad de Cassel. Les petits modèles en cire de ces bas-reliefs se trouvent, dans la même ville, au Museum Fridericianum

Huit bas-reliefs en marbre dans les compartiments d'une coupole (années 1712-1728). Marmorbad de Cassel.

Monument funéraire de François-Alexandre Monnot, fils de Pierre-Étienne. Marbre. Cloître du couvent des Franciscains de Fritzlar, près de Cassel (année 1728).

Guillaume de Hesse-Cassel, second fils du landgrave Charles. Buste en marbre (année 1728). Museum Fridericianum de Cassel.

La Vérité démasquant la Fausseté. Groupe en marbre attribué à Monnot. Même Musée.

Apollon et Marsyas. Groupe en marbre attribué à Monnot. Même Musée.

Flore et Zéphyre. Groupe en marbre exécuté à Rome de 1729 à 1730. Marmorbad de Cassel.

Minerve protectrice des arts. Groupe en marbre exécuté à Rome de 1729 à 1730. Marmorbad de Cassel.

Vingt bas-reliefs représentant des Vertus. Ces bas-reliefs furent compris dans la succession de Monnot.

Gladiateur mourant. Statue antique en marbre complétée par Monnot. Musée du Capitole, à Rome.

Pieta. Bas-relief en terre cuite légué par l'artiste à Francesco Savarelli, l'un de ses exécuteurs testamentaires.

Sainte Famille. Bas-relief en terre cuite légué par l'artiste à Antonio Valeriani, son autre exécuteur testamentaire. Ce bas-relief était peut-être une esquisse de la Sainte Famille en marbre placée à Burghley House, en Angleterre.

Lione PASCOLI, *Vite de Pittori e sculptori ed architetti moderni, Roma*, 1730-1736, t. II, p. 487-498. — L. DUSSIEUX, *Les artistes français à l'étranger*, 1876, p. 103, 176, 481, 485. — A. BERTOLOTTI, *Artisti francesi in Roma nei secoli XV, XVI e XVII*, 1886, p. 174. — H. STEIN, *Revue de l'art français*, 1887, p. 357, 358. — Auguste CASTAN, *Réunion des sociétés des beaux-arts des départements*, 1887, p. 116-173. — Jules GAUTHIER, *Dictionnaire des artistes francs-comtois antérieurs au XIXᵉ siècle*, 1892, p. 16, 17. — DE MONTAIGLON, *Correspondance des directeurs de l'Académie de France à Rome*, t. IV, 1893, p. 232.

. **Montéant** (Nicolas), maître sculpteur et marbrier résidant à Paris à la fin du xvɪɪᵉ et au commencement du xvɪɪɪᵉ siècle, est cité dans les comptes des bâtiments du roi au sujet de travaux entrepris aux châteaux de Versailles et de Marly ainsi qu'à l'église des Invalides, aux Tuileries, à Notre-Dame de Paris et au couvent des Filles de l'Ave-Maria. Il vivait encore en 1723 et habitait alors à Paris, rue de la Chauverrie.

ŒUVRES

Une console sculptée pour l'appartement du Dauphin, au château de Versailles (année 1688).

Un piédestal en marbre destiné à supporter un groupe d'enfants dans le parc de Marly. En collaboration d'Armand. Payé 3.000 livres (année 1702)

Sculpture de chapiteaux dans la chapelle du château de Versailles (années 1703-1704).

Un piédestal en marbre pour la figure d'Attalante, œuvre de Lepautre, dans le parc de Marly. En collaboration d'Armand. Payé 1.100 livres (année 1704).

Ouvrages de sculpture en plomb à l'île du bassin des Carpes, dans le même parc (année 1704).

Roses et modillons pour les corniches de la chapelle du château de Versailles. En collaboration d'Armand (année 1705).

Six consoles de marbre dans le bosquet de la galerie des Marronniers du parc de Versailles. En collaboration d'Armand (année 1705).

Sculpture de pieds de tables en marbre pour le jardin de Trianon. En collaboration d'Armand (année 1705).

Deux piédestaux en marbre pour des figures du bosquet des Dômes, dans le parc de Versailles. En collaboration d'Armand (année 1705).

Ouvrages de sculpture en plomb pour le grand baldaquin placé au-dessus des Bains d'Apollon, dans le même parc (années 1705-1707).

Vases et torchères pour la chapelle du château de Versailles. En collaboration de Noël (année 1707).

Trophées d'église en pierre aux piliers des bas-côtés de la même chapelle (années 1708-1709).

Trophée de musique à la tribune de la même chapelle (années 1708-1709).

Seize pieds de tables pour le bosquet des Sénateurs, à Marly. En collaboration d'Armand (année 1708).

Quatre balustrades de bronze pour la chapelle du château de Versailles. En collaboration de Thierry et de Villers (année 1709).

Ouvrages de sculpture à l'église des Invalides (année 1709).

Ouvrages de sculpture en pierre dans le chœur de l'église Notre-Dame de Paris (année 1711).

Ornements en plomb pour le dessus des portes collatérales du chœur de la même église. En collaboration de Charpentier (années 1712-1714).

Armoiries du roi en plomb et en étain pour le couvent des Filles de l'Ave-Maria, à Paris. En collaboration de Charpentier (année 1713).

Ouvrages de sculpture en pierre à la grande corniche du palais des Tuileries. En collaboration de Charpentier (année 1713).

Trophées décorant autrefois l'escalier de l'ancien hôtel de Toulouse, à Paris. En collaboration de Charpentier et d'Offemant.

D'ARGENVILLE, *Voyage pittoresque de Paris*, 1752, p. 121. — PIGANIOL DE LA FORCE, *Description historique de la ville de Paris*, 1765, t. III, p. 238. — THIÉRY, *Guide des amateurs et des étrangers à Paris*, 1787, t. I, p. 305. — *Nouvelles archives de l'art français*, 1883, p. 271. — J. GUIFFREY, *Comptes des bâtiments du roi sous le règne de Louis XIV*, t. III, 1891, col. 37; t. IV. 1896, col. 611, 853, 939, 966, 1049, 1073, 1101, 1157, 1184, 1230; t. V, 1901, col. 15, 123, 143, 157, 214, 215, 217, 240, 317, 319, 320, 321, 325, 347, 413, 483, 511, 527, 528, 529, 531, 538, 547, 590, 610, 696, 788, 873.

Montmarqué ou **Monmerqué** (Pierre), sculpteur parisien de la fin du XVIIe et du commencement du XVIIIe siècle, travaillait en 1709 à la décoration de la chapelle du château de Versailles. Il mourut le 11 octobre 1717 et fut enterré dans l'église Saint-Hippolyte. Son acte de décès le qualifie sculpteur ordinaire des bâtiments du roi, ancien de sa communauté et bourgeois de Paris. Il laissa plusieurs enfants dont deux, Charles-Martin et Pierre-François, furent sculpteurs comme lui.

Montmarqué(Pierre-Louis), sculpteur du roi, né en 1683, fils aîné du précédent, mourut avant son père le 8 avril 1711.

H. HERLUISON, *Actes d'état civil d'artistes français*, 1873, p. 312, 313. —J. GUIFFREY, *Comptes des bâtiments du roi sous le règne de Louis XIV*, t. V, 1901, col. 320, 528, 529, 530.

Morand ou **Maurent** (Benoît), né vers 1639, exerça son art en Franche-Comté et mourut à Besançon le 7 octobre 1689. Un Benoît Moran, sculpteur, fut admis le 9 juillet 1671 à l'Académie de Saint-Luc; c'est sans doute le même artiste.

Morand (Hugues-Melchior), sculpteur et graveur en médailles né vers 1660, fils du précédent, travaille à Besançon, où il sculpte en 1683 les armes du roi pour l'Hôtel de Ville. Le 20 juin 1704, il est nommé graveur des coins de la Monnaie de la ville. En 1707, on le trouve établi à Paris; il revient ensuite à Besançon et y meurt le 11 août 1725.

P. LACROIX, *Revue universelle des arts*, t. XIII, 1861, p. 329. — Jules GAUTHIER, *Dictionnaire des artistes francs-comtois antérieurs au XIXᵉ siècle,* 1892, p. 17.

Moreau (Étienne), sculpteur résidant à Paris dans la seconde moitié du xviiᵉ siècle, se marie le 4 mai 1667 à l'église Saint-Benoît. L'année suivante, il fait baptiser un fils à la même paroisse.

H. HERLUISON, *Actes d'état civil d'artistes français*, 1873, p. 314.

Moreau (René), sculpteur en bois, résidait à Mauléon, en Poitou, quand il s'engagea par marché, en date du 29 décembre 1687, à exécuter pour l'église de Martigné-Briant (Maine-et-Loire) un maître-autel et un tabernacle ornés de figures [1]. L'artiste, dans la suite, se fixa probablement en Anjou, car on le rencontre demeurant à Brissac en 1693.

Célestin PORT, *Les artistes angevins*, 1881, p. 222.

Morel. Un sculpteur de ce nom est cité dans les comptes des bâtiments du roi comme travaillant en 1708 à la décoration de la chapelle du château de Versailles.

J. GUIFFREY, *Compte des bâtiments du roi sous le règne de Louis XIV*, t. V, 1901, col. 321, 529.

1. M. Célestin Port fait remarquer que ces figures, qui ont disparu lors de la reconstruction de l'édifice, se trouvent peut-être dispersées aujourd'hui aux environs dans les chapelles de Cornu, de Villeneuve ou de Maligné.

Moret (Jean-Baptiste), était établi à Toulon où, en 1683, il sculptait en pierre les armoiries royales sur les guérites des fortifications que venait d'élever Vauban.

Ch. GINOUX, *Réunion des sociétés des beaux-arts des départements*, 1884, p. 353. — Idem, *Revue de l'art français*, 1888, p. 173.

Morin (Guillaume), exerçait son art à Nantes au xvii⁰ siècle.

DE GRANGES DE SURGÈRES, *Les artistes nantais* (*Revue de l'art français*, 1898, p. 348).

Morisot (Aymon), originaire de Toulouse, collaborait en 1668 aux travaux de sculpture navale exécutés dans l'arsenal de Toulon, sous la direction de Guillaume Gay.

Archives de l'art français, documents, t. IV, 1856, p. 238. — Ch. GINOUX, *Revue de l'art français*, 1888. p. 168 ; 1894, p. 295.

Morisot (Jean-Antoine), sans doute parent du précédent, travaillait dans l'arsenal de Toulon en 1668 comme apprenti sculpteur décorateur de vaisseaux, sous la direction de Pierre Turreau.

Archives de l'art français, documents, t. IV, 1856, p. 238. — Ch. GINOUX, *Revue de l'art français*, 1888, p. 169 ; 1864, p. 295.

Morizan (Louis), est reçu membre de l'Académie de Saint-Luc le 14 novembre 1674. Son nom figure encore sur les listes de la communauté en 1682.

P, LACROIX, *Revu universelle des arts*, t. XIII, 1861, p. 331.

Motte (Charles de la), sculpteur et architecte angevin, résidait à Montreuil-Bellay (Maine-et-Loire) de 1685 à 1705.

Célestin PORT, *Les artistes angevins*, 1881, p. 224.

Mougeot (Jacques de), maître sculpteur à Paris, est témoin dans un acte de mariage inscrit sur les registres de la paroisse Saint-Germain-l'Auxerrois à la date du 8 octobre 1673.

H. HERLUISON, *Actes d'état civil d'artistes français*, 1873, p. 180 à Hongrie (Philippe de).

Moulin (Toussaint), sculpteur et peintre établi à Saint-Côme-de-Vair dans la seconde moitié du xvii⁰ siècle, exécuta en 1684 différents travaux dans l'église de Contres.

G. R. ESNAULT, *Dictionnaire des artistes et artisans manceaux*, 1899, p. 195.

Moullandrin (Martin), sculpteur et peintre demeurant à Rouen, travaillait en 1671 aux églises de Saint-Denis et de Saint-Maclou et sculptait en 1675 un retable pour le maître-autel de l'église de Saint-Candé-le-jeune ; cet ouvrage fut payé 3.030 livres. L'artiste n'existait plus en 1696, année où ses héritiers firent une fondation à l'église paroissiale de Saint-Nicaise.

Archives de la Seine-Inférieure, G. 6324, 6398, 6944, 7301.

Mouret (Jacques I), maître sculpteur établi à Tulle (Corrèze) au XVII⁰ siècle, figure comme parrain dans un acte de baptême daté de 1651. En 1663, il s'engage à exécuter un tabernacle pour les Frères Mineurs de Sarlat.

Mouret (Jean), parent du précédent, résidant également à Tulle, est désigné comme parrain dans un acte de baptême inscrit en 1649 sur les registres de la paroisse Saint-Pierre. En 1666, il entreprend moyennant 300 livres la sculpture d'un retable en bois pour l'église d'Eymoutiers (Haute-Vienne). En 1689, il passe un marché, en collaboration de son fils Jacques II, au sujet de la confection d'un retable destiné à la chapelle de N.-D. de Pitié appartenant au chapitre de Saint-Germain, dans le diocèse de Limoges. Il vivait encore en 1691.

Mouret (Jacques II), fils du précédent, se marie en 1685. Comme nous venons de le voir, il travaille avec son père en 1689. Il fait baptiser un fils en 1691. Il meurt en 1726.

Un Jacques Mouret était installé en 1683 à Limoges, où il fut chargé d'achever un retable pour l'église Saint-Maurice, mais j'ignore s'il s'agit de Jacques I ou de Jacques II.

Mouret (Jean-Géral), parent des précédents, exerçait son art à Tulle dans la seconde moitié du XVII⁰ siècle.

Archives de la Corrèze, E. 443, 527, 531, 542. — René FAGE, *Bulletin de la société des lettres, sciences et arts de la Corrèze*, t. IV. 1882, p. 320, 327. — G. CLÉMENT-SIMON, *Compte rendu du LVII⁰ congrès archéologique de France*, 1890.

Mourguye (Antoine), maître sculpteur, résidait à Tulle vers le milieu du XVII⁰ siècle.

G. CLÉMENT-SIMON, *Compte rendu du LVII⁰ congrès archéologique de France*, 1890.

Moussy (de), sculpteur et mouleur, travaillait à Versailles en 1685. A cette date, les comptes relatifs aux ouvrages exécutés dans le château portent en effet : « A de Moussy, sculpteur, pour, avec la somme de 200 l. qui luy est déduite pour le payement des moules en plastre de cinq bustes qu'il a jettez en cire et en bronze, faire le parfait payement de 562 l., à quoy monte la façon seulement des moules en fonte desd. cinq bustes qu'il a jettez en cire et en bronze pour le service de S. M... 362 l. ».

J. GUIFFREY, *Comptes des bâtiments du roi sous le règne de Louis XIV*, t. II, 1887, col. 441, 442, 620.

Mulot (Claude), était établi à Paris au commencement du xviiie siècle. Cet artiste nous est connu par son acte de mariage inscrit sur les registres de la paroisse Saint-Benoît à la date du 17 avril 1706.

H. HERLUISON, *Actes d'état civil d'artistes français*, 1873, p. 317.

Murat (Antoine), originaire de Marseille, collaborait à Toulon en 1668 à la décoration sculpturale du vaisseau le *Royal-Louis*, sous la direction de Guillaume Gay.

Archives de l'art français, documents, t. IV, 1856, p. 238. — Ch. GINOUX, *Revue de l'art français*, 1888, p. 168 ; 1894, p. 295.

N

Nanques (Vincent), né probablement à Amiens, où son père était sergent royal, demeurait à Paris vers la fin du xviie siècle. Le 19 novembre 1697, il épousa à l'église Saint-Benoît la fille de son confrère Jacques Legendre.

HERLUISON, *Actes d'état civil d'artistes français*, 1873, p. 321.

Natoire (Florent), sculpteur et architecte né à Nancy vers 1667, alla s'établir à Nîmes (Gard), où il obtint une charge de consul qu'il occupait en 1723. Il était le père du peintre Charles-Joseph Natoire.

A. JACQUOT, *Réunion des sociétés des beaux-arts des départements*, 1900, p. 355.

Naurissart ou **Nourissart** (Jean), résidait à Paris au commencement du xviiie siècle. Le 20 juin 1708, il fit baptiser une fille à la paroisse Saint-Benoît. En 1709, il travailla à la décoration de la chapelle du château de Versailles. On lit en effet dans les comptes des bâtiments du roi : « à Nourrisson, Nourrissart, Saint-Laurent et Varin, sur les ornemens des bas-cotez de ladite chapelle... 300 l. — Auxd. Nourisson et Nourissart, sur les ornemens à un cul-de-four et cordon... 150 l... ».

Le Musée d'Orléans possède de cet artiste deux médaillons en marbre représentant l'un Apollon et l'autre Diane. Tous deux sont signés par derrière : NAURISSART F. 1710. D'après Bellier de la Chavignerie, il demeurait à Rouen en 1722.

H. HERLUISON, *Actes d'état civil d'artistes français*, 1873, p. 322. — *Inventaire général des richesses d'art de la France. Province, monuments civils*, t. I, 1878, p. 165. — J. GUIFFREY, *Comptes des bâtiments du roi sous le règne de Louis XIV*, t. V, 1901, col. 319. — BELLIER DE LA CHAVIGNERIE, *Dictionnaire des artistes de l'École française*, t. II, p. 153.

Négra (François), sculpte en 1687-1688 la corniche de l'autel de Saint-Pierre, dans l'église de Thuir (Pyrénées-Orientales).

Archives communales de Thuir, GG. 124.

Neus ou **Neusse** (Jean-Théodore), né en 1645, résidait à Paris, où il se maria le 22 octobre 1673. Il fut reçu membre de l'Académie de Saint-Luc le 19 novembre 1674. Son nom figure encore sur les listes de la communauté en 1682.

P. LACROIX, *Revue universelle des arts*, t. XIII, 1861, p. 331. — H. HERLUISON, *Actes d'état civil d'artistes français*, 1873, p. 322.

Nevers (Mathieu), maître sculpteur, était établi à Grenoble vers la fin du XVIIᵉ siècle.

Ed. MAIGNIEN, *Les artistes grenoblois*, 1887, p. 258.

Neveu ou **Lenepveu** (David), sculpteur en bois établi à Bernay (Eure), s'engage par marché, le 15 juin 1683, à sculpter moyennant 700 livres une contretable pour l'église de Sainte-Croix. L'année suivante, il touche 46 livres « pour avoir fait les armes de Mgr l'abbé de Bernay ».

E. VEUCLIN, *Réunion des sociétés des beaux-arts des départements*, 1893, p. 47.

Neville ou **Neuville** (Étienne), sculpteur et peintre demeurant à Rouen au XVIIᵉ siècle, travaillait en 1649 à l'église Saint-Jean et recevait un payement « tant pour ung ymage de la Vierge et un saint Jean, que pour avoir raccommodé et mis en état plusieurs autres figures ». En 1674-1675, il était occupé à l'église paroissiale de Saint-Gervais, où il exécutait une contretable qui lui fut payée 1.870 livres.

Archives de la Seine-Inférieure, G. 6585, 6733.

Nicolas (Michel), sculpteur lorrain né vers 1652, exerçait son art à Nancy, où il mourut le 7 juin 1722.

Archives de Nancy, t. III, p. 329. — A. JACQUOT, *Réunion des sociétés des beaux-arts des départements*, 1900, p. 355.

Nicolas de Brissy. Voir **Brissy** (Nicolas de).

Nicolas de La Haye. Voir **La Haye** (Nicolas de).

Nicolas de Launay. Voir **Launay** (Nicolas de).

Nicolas de la Voye. Voir **Voye** (Nicolas de la).

Nicolas de Roche. Voir **Roche** (Nicolas de).

Nicque (Claude), sculpteur et marbrier, exerçait son art à Paris à la fin du xviie et au commencement du xviiie siècle. En 1685, il travaillait comme apprenti avec Anselme Flamen. De 1709 à 1715, il était occupé à la décoration du chœur de l'église Notre-Dame. Il vivait encore en 1721, car, à cette date, on le trouve figurant avec la qualité de sculpteur du roi dans un acte de partage de la succession de son beau-père.

Revue de l'art français, 1890, p. 310 ; 1891, p. 90. — J. GUIFFREY, *Comptes des bâtiments du roi sous le règne de Louis XIV*, t. IV, 1896, col. 578 ; t. V, 1901, col. 341, 400, 401, 433, 512, 611, 697, 789, 876.

Nivelon (René), sculpteur à Fontainebleau, fils d'un jardinier du château et frère de Claude Nivelon, peintre, se marie en 1660. Dans l'église de Villiers-sous-Grez (arrondissement de Fontainebleau), il existe une chaire sculptée et un banc d'œuvre sur lesquels on lit : R. NIVELON 1673.

Th. LHUILLIER, *Revue des sociétés savantes des départements*, 5e série, t. IV, 1872, p. 507.

Noblet (Robert), était établi à Boulogne-sur-Mer à la fin du xviie et au commencement du xviiie siècle. En 1687, il travaillait à la halle de la ville et, en 1725, il sculptait le dormant de la porte du collège.

J. VAILLANT, *Revue de l'art français*, 1895, p. 119.

Noël (Jean), collabore en 1699-1700, avec Louis Marteau, à la sculpture des stalles et des boiseries du chœur de Notre-Dame de Paris, d'après les dessins et sous les ordres de Jules Dugoulon. De 1700 à 1714, il exécute différents ouvrages pour la chapelle du château de Versailles et sculpte des vases en pierre de Saint-Leu destinés à orner les balustrades du même château. Entre-temps, en 1705, il est occupé

avec Denis Gaillard à la partie décorative du tombeau que le cardinal
de Bouillon voulait faire ériger dans l'abbaye de Cluny.

Inventaire général des richesses d'art de la France. Paris, monuments religieux,
t. I, 1877, p. 386, 387. — J. Guiffrey, *Revue de l'art français,* 1888, p. 332, 347. —
Idem. *Comptes des bâtiments du roi sous le règne de Louis XIV,* t. IV, 1896, col.
591, 709, 939, 1049, 1157, t. V, 1901, col. 15, 16, 123, 124, 214, 217, 319, 320, 321,
413, 528, 529, 590, 675, 763.

Nonard (Jean-Baptiste), travaillait à Toulon, de 1682 à 1684,
comme sculpteur décorateur de la marine royale.

Ch. Ginoux, *Réunion des sociétés des beaux-arts des départements,* 1884, p. 352. —
Idem, *Revue de l'art français,* 1888, p. 173; 1894, p. 295.

Normain (Zacharie), fut reçu membre de l'Académie de Saint-Luc
le 13 octobre 1666 ; il mourut entre 1672 et 1682. Un autre sculpteur
du même nom résidait à Lyon de 1689 à 1690. Ces deux artistes
faisaient sans doute partie de le même famille.

·P. Lacroix, *Revue universelle des arts,* t. XIII, 1861, p. 328. — Natalis Rondot,
Les sculpteurs de Lyon du XIVe au XVIIIe siècle, 1884, p. 63.

Normand, était établi dans la seconde partie du xvıı^e siècle à
Toulon, où il exécutait en 1691 différents travaux de sculpture
navale.

Ch. Ginoux, *Réunion des sociétés des beaux-arts des départements,* 1884, p. 357. —
Idem, *Revue de l'art français,* 1888, p. 174 ; 1894, p. 296.

Nourisson ou **Nourrisson** (Eustache), né à Paris, fut agréé à
l'Académie royale de peinture et de sculpture le 30 juillet 1700. Le
27 novembre de la même année, il présenta à l'Académie un modèle
figurant *Neptune qui commande aux vents* et prit l'engagement de l'exécuter en marbre ; il dut mourir avant de le terminer, car il ne devint pas
académicien. De 1697 à 1709, il travailla pour Versailles, pour Marly
et pour l'église des Invalides. En 1705, il entreprit avec Robert Le Lorrain
le tombeau de Girardon et de Catherine Duchemin, sa femme.
Ce monument, élevé dans l'église Saint-Landry, a été démoli à la Révolution ; il a été reconstitué en partie en 1817 dans l'église Sainte-
Marguerite, où il se trouve aujourd'hui. Nourrisson fut occupé aussi,
toujours avec Le Lorrain, au mausolée de Richelieu érigé dans l'église
de la Sorbonne. Il mourut à Marly le 29 juillet 1706, âgé de cinquante-
deux ans. D'après son acte de décès, il demeurait ordinairement à Paris,
rue de Bourbon, paroisse Saint-Laurent. Bellier de la Chavignerie,
dans son dictionnaire, confond à tort cet artiste avec Jean Naurissart
dont j'ai parlé plus haut.

D'Argenville, *Voyage pittoresque de Paris,* 1752, p. 14. — Piganiol de la

Force, *Description historique de la ville de Paris*, 1765, t. I, p. 424. — L'abbé de Fontenai, *Dictionnaire des artistes*, 1776, t. II, p. 210. — L. Dussieux, *Archives de l'art français, documents*, t. I, 1852, p. 399. — De Montaiglon, *Procès-verbaux de l'Académie*, t. III, 1880, p. 298, 301, 304. — J. Guiffrey, *Comptes des bâtiments du roi sous le règne de Louis XIV*, t. IV, 1896, col. 190, 709; t. V, 1901, col. 319, 347, 530. — *Inventaire général des richesses d'art de France. Paris, Monuments religieux*, t. I, 1877, p. 356; t. III, 1901, p. 233. — *Archives du Musée des Monuments français*, t. I, p. 280; t. II, p. 35, 64, 192; t. III, p. 60, 63, 192, 193. — C. Piton, *Marly-le-Roi*, 1904, p. 372.

Nourisson (Eusèbe), probablement fils du précédent, remporte le deuxième prix de sculpture à l'ancienne École académique de Paris, en 1710, sur le sujet de concours: *Abraham adorant Dieu en la personne de trois anges qui lui renouvellent la promesse de la naissance d'Isaac*. Il est envoyé à Rome comme pensionnaire du roi en 1712; ne pouvant supporter le climat de cette ville, il revient en France en 1715.

A. Duvivier, *Archives de l'art français, documents*, t. V, 1857-1858, p. 285. — A. Jal, *Dictionnaire critique de biographie et d'histoire*, 1872, p. 921. — De Montaiglon, *Procès-verbaux de l'Académie*, t. IV, 1881, p. 111. — Idem, *Correspondance de l'Académie de France à Rome*, t. IV, 1893, p. 162 et *passim*.

Novel (Michel), exerçait son art à Lyon de 1682 à 1689. Il se maria deux fois. Le 25 octobre 1682, il fit baptiser à l'église Saint-Nizier une fille issue de son premier mariage et, le 26 octobre de l'année suivante, il fit encore baptiser à la même paroisse une autre fille née de sa seconde femme.

Natalis Rondot, *Les sculpteurs de Lyon du XIVᵉ au XVIIIᵉ siècle*, 1884, p. 60. — Idem, *Revue de l'art français*, 1887, p. 304.

Novel (Louis), parent du précédent, travaillait également à Lyon au commencement du XVIIIᵉ siècle.

Natalis Rondot, *Les sculpteurs de Lyon du XIVᵉ au XVIIIᵉ*, 1884, p. 65.

O

Offemant ou **Offement**, est cité dans les comptes des bâtiments du roi comme ayant travaillé, de 1704 à 1713, aux châteaux de Versailles, de Marly et de Meudon.

ŒUVRES

Ouvrages de sculpture en plomb à l'île du bassin des Carpes, dans le parc de Marly (année 1704).

Enfants portant les attributs du culte catholique. Bas-relief placé à l'extérieur de la chapelle du château de Versailles, au-dessus de l'une des croisées. Payé 1.060 livres (année 1707).

Ouvrages de sculpture en bronze pour les autels du Saint-Sacrement et de Sainte-Thérèse, dans la même chapelle (année 1709).

Ornements à une voûte de la même chapelle (année 1709).

Huit torchères et quatre vases en pierre posés sur la chapelle du château de Meudon et sur les quatre angles du clocher de la paroisse. En collaboration de Poultier, de Lepautre et de Lemoyne. Payés 1.360 livres (année 1709).

Ornements en plomb au comble de la chapelle du château de Versailles (année 1710).

Ouvrages de sculpture en plomb pour les bassins d'Apollon et de Daphné, dans le parc de Marly. En collaboration de Jean Hardy et de Jean Thierry. Payés 6.500 livres (année 1713).

Trophées décorant autrefois l'ancien hôtel de Toulouse, à Paris. En collaboration de René Charpentier et de Nicolas Monteant.

PIGANIOL DE LA FORCE, *Description historique de la ville de Paris*, 1765, t. III, p. 258. — Eudore SOULIÉ, *Notice du Musée impérial de Versailles*, 1re partie, 1859, p. 3. — J. GUIFFREY, *Comptes des bâtiments du roi sous le règne de Louis XIV*, t. IV, 1896, col. 1101 ; t. V, 1901, col. 215, 217, 300, 305, 317, 319, 320, 321, 379, 383, 412, 415, 527, 532, 590, 719, 812.

Oleri (Jean-Baptiste), sculpteur marseillais, était occupé vers la fin du XVIIe siècle à l'église de Saint-Maximin (Var). Il y exécuta pour la décoration du chœur plusieurs ouvrages en bois qui existent encore aujourd'hui : un christ en croix, deux anges et des statuettes représentant les trois vertus théologales et les quatre vertus cardinales.

Inventaire général des richesses d'art de la France. Province. monuments religieux, t. III, 1901, p. 245, 246, 494.

Ollivier (Jean), était établi à Toulon au commencement du XVIIIe siècle. Son nom figure à l'année 1717 sur le registre de l'impôt de capitation.

Ollivier (Joseph), exerçait également son art à Toulon, où il se maria en 1684. Il était encore fixé dans cette ville en 1709.

Ollivier (Louis), travaillait pour le compte de la marine à la fin du XVIIe et au commencement du XVIIIe siècle. En 1711, il sculpta en bois une statue de la Vierge pour la chapelle de Vieux-Beausset, près de Toulon. Il vivait encore en 1728. Ces trois sculpteurs toulonnais du nom d'Ollivier devaient certainement faire partie de la même famille.

Ch. Ginoux, *Réunion des sociétés des beaux-arts des départements*, 1884, p. 358.
— Idem, *Revue de l'art français*, 1888, p. 175; 1894, p. 31, 296, 297.

Osanne (Louis), sculpteur parisien de la fin du xviiᵉ siècle, se maria
le 30 mai 1678 sur la paroisse Saint-Benoît. Il vivait encore en 1693
et demeurait alors rue de Cléry.

Osanne (Nicolas), également sculpteur et probablement frère du
précédent, fit baptiser une fille à l'église Saint-Roch le 13 décembre
1693.

H. Herluison, *Actes d'état civil d'artistes français*, 1873, p. 330.

Ozanne, sculpteur et architecte breton établi à Brest vers le milieu
du xviiᵉ siècle, exécute en 1650 le calvaire de Pleyben qui est le plus
important du département du Finistère après celui de Plougastel.

Bauchal, *Nouveau dictionnaire des architectes français*, 1887, p. 454.

P

Paillet (Barthélemy), fils d'Antoine Paillet peintre d'histoire, remporta le deuxième prix de sculpture en 1695. Il fut agréé à l'Académie
royale de peinture et de sculpture le 30 juillet 1701, mais ne devint
pas académicien. En 1722, il était à Rouen, où il fut l'objet d'une
plainte adressée à l'Académie par les maîtres sculpteurs et peintres de
la ville, pour avoir pris le titre de sculpteur de l'Académie royale. La
compagnie lui fit défense de continuer à se prévaloir de ce titre sous
peine d'une amende de mille écus.

Archives de l'art français, documents, t. I, 1852, p. 400; t. V, 1857-1858, p. 282.
— De Montaiglon, *Procès-verbaux de l'Académie*, t. III, 1880, p. 171, 177, 320; t. IV,
1881, p. 338.

Paillet (Claude), maître sculpteur résidant à Lyon de 1671 à 1688,
fait baptiser un fils à l'église Sainte-Croix le 25 avril 1687.

Natalis Rondot, *Les sculpteurs de Lyon du XIVᵉ au XVIIIᵉ siècle*, 1884, p. 57.
— Idem, *Revue de l'art français*, 1887, p. 301.

Pàlleu ou **Pàllu** (Joseph), sculpteur en bois, est reçu membre de l'Académie de Saint-Luc le 16 mars 1673. De 1677 à 1696, il est cité dans les comptes des bâtiments du roi pour différents travaux exécutés aux châteaux de Versailles, de Clagny et de Saint-Germain-en-Laye. Le 22 mai 1681, il donne quittance, avec son confrère Noël Briquet, de la somme de 400 livres en acompte sur des ouvrages de sculpture en bois décorant la porte du Manège et celle de la Grande Écurie, à Versailles.

P. Lacroix, *Revue universelle des arts*, t. XIII, 1861, p. 330. — Le Roux de Lincy, *Archives de l'art français, documents*, t. V, 1857-1858, p. 86. — J. Guiffrey, *Comptes des bâtiments du roi sous le règne de Louis XIV*, t. I, 1881, col. 983, 1075, 1162, 1190, 1289, 1290, 1326; t. II, 1887, col. 22, 59, 68, 88, 160, 185, 188, 516, 803; t. IV, 1896, col. 28.

Palloquin (Julien), était établi à Nantes à la fin du xviiᵉ et au commencement du xviiiᵉ siècle.

De Granges de Surgères, *Les artistes nantais* (*Revue de l'art français*, 1898, p. 363).

Panisson (Charles), originaire de la Ciotat, travaillait en 1668 dans l'arsenal de Toulon, sous la direction de Gabriel Levray, à la décoration du vaisseau de l'État le *Royal-Louis*.

Archives de l'art français, documents, t. IV, 1856, p. 238. — Ch. Ginoux, *Revue de l'art français*, 1888, p. 169; 1894, p. 298.

Panon (Henri), exerçait son art à Toulon de 1695 à 1702.

Ch. Ginoux, *Revue de l'art français*, 1894, p. 298.

Panon (Jean), sculpteur en bois, parent du précédent, demeurait dès l'année 1632 à Toulon, où il se maria en 1647. Il travailla en 1659 à la cathédrale, dans la chapelle du *Corpus Domini*, à un retable destiné à encadrer les sculptures de Pierre Puget. En 1667, il termina un piédestal qui devait supporter un saint Sébastien commandé par les consuls en accomplissement d'un vœu fait au moment de la peste. En 1668, il exécuta de nouveau différents ouvrages à la chapelle du *Corpus Domini*, toujours d'après des modèles de Puget. Il vivait encore en 1670, car, à cette date, il faisait l'acquisition d'un terrain dans la ville de Toulon.

Ch. Ginoux, *Revue de l'art français*, 1888, p. 166, 257; 1889, p. 134; 1894, p. 298. — Idem, *Réunion des sociétés des beaux-arts des départements*, 1892, p. 174.

Panon (Pierre), parent des précédents, était également fixé à Toulon dans la seconde moitié du xviiᵉ siècle.

Ch. Ginoux, *Revue de l'art français*, 1894, p. 298.

Paris (Jacques), fut reçu membre de l'Académie de Saint-Luc le 7 mars 1669. Il travailla en 1667 à l'église du Val-de-Grâce; en 1670 au portail du Louvre; en 1676 au château de Clagny; en 1682 à Versailles, où il sculpta une figure de pierre pour la grande aile du château; enfin en 1699, il fut occupé à l'église des Invalides. La signature de Jacques Paris se trouve sur l'acte d'inhumation de François Anguier à la date du 9 août 1669.

P. LACROIX, *Revue universelle des arts*, t. XIII, 1861, p. 329. — J. GUIFFREY, *Comptes des bâtiments du roi sous le règne de Louis XIV*, t. I, 1881, col. 169, 230, 405, 918, 982, 1075, 1191, 1326; t. II, 1887, col. 93, 136, 161, 178. — *Réunion des sociétés des beaux-arts des départements*, 1889, p. 597.

Parise (Jean), graveur en médailles, alla travailler à Rome, d'où il fut appelé en Suède par la reine Christine. Il serait mort en 1655.

L. DUSSIEUX, *Les artistes français à l'étranger*, 1876, p. 101, 585.

Pariset (Nicolas), sculpteur et orfèvre lorrain, exerçait son art à Nancy vers la fin du XVIIe siècle.

A. JACQUOT, *Réunion des sociétés des beaux-arts des départements*, 1900, p. 356.

Pascon (Pierre), sculpteur parisien, faisait partie de l'Académie de Saint-Luc, où il avait été admis le 21 juin 1657. Il vivait encore en 1682.

P. LACROIX, *Revue universelle des arts*, t. XIII, 1861, p. 326.

Paslu (Pierre), fut reçu membre de l'Académie de Saint-Luc le 22 mars 1672. Son nom figure encore sur les listes de la communauté en 1682. Il était peut-être parent de Joseph Pallu dont j'ai parlé plus haut.

P. LACROIX, *Revue universelle des arts*, t. XIII, 1861, p. 330.

Pasquier (François), né à Paris en 1620, faisait partie de l'Académie de Saint-Luc, où il avait été admis le 2 juillet 1644. De 1664 à 1680, il travailla au Louvre, aux Tuileries, au Palais-Royal, au Val-de-Grâce, à Saint-Germain-en-Laye, à Saint-Cloud, à Fontainebleau et surtout à Versailles. En 1676-1678, il reçut 6.000 livres pour différents ouvrages exécutés dans l'hôtel de Condé, à Paris. Il mourut le 16 juillet 1681 et fut inhumé dans l'église Saint-Eustache. Son acte de décès le qualifie « sculpteur, peintre ordinaire des bâtiments du roi, bourgeois de Paris, demeurant rue et proche la porte Montmartre ». Il s'était marié le 23 juillet 1645 sur la paroisse Saint-Gervais. Sa veuve vivait encore encore en 1686, époque où elle touchait 4.000 livres pour parfait payement d'une somme de 9.295 livres due pour des travaux entrepris par son mari à Versailles.

P. LACROIX, *Revue universelle des arts*, t. XIII, 1861, p. 324. — H. HERLUISON, *Actes d'état civil d'artistes français*, 1873, p. 333. — J. GUIFFREY, *Revue de l'art français*, 1892, p. 229. — Idem, *Comptes des bâtiments du roi sous le règne de Louis XIV*, t. I, 1881, col. 15, 17, 21, 31, 71, 164, 230, 278, 362, 420, 470, 500, 512, 539, 599, 618, 697, 753, 763, 773, 802, 822, 833, 850, 888, 895, 903, 946, 955, 966, 1030, 1035, 1050, 1051, 1081, 1163, 1164, 1291. — G. MACON, *Les arts dans la maison de Condé*, 1900, p. 20.

Pasquier (François II), sculpteur et marbrier, sans doute fils du précédent, sculptait en 1688 quatre chapiteaux en marbre pour Trianon, en collaboration de Barthélemy de Mélo. En 1690-1691, il exécutait, toujours avec le même artiste, un retable pour le maître-autel de l'église d'Écommoy (Sarthe), retable représentant saint Étienne, saint Paul et sainte Françoise. Cette œuvre fut détruite à la Révolution. Pasquier vivait encore en 1709 ; il touchait alors 150 livres de pension comme marbrier du roi.

Henri CHARDON, *Études historiques sur la sculpture dans le Maine* (*Bulletin de la société d'agriculture, sciences et arts de la Sarthe*, 1872). — G. R. ESNAULT, *Dictionnaire des artistes et artisans manceaux*, 1899, t. II, p. 179. — J. GUIFFREY, *Comptes des bâtiments du roi sous le règne de Louis XIV*, t. III, 1891, col. 100, 106 ; t. IV, 1896, col. 1025, 1239 ; t. V, 1901, col. 100, 191, 288.

Pasquier (Jean), religieux minime, né en 1628 à Coursan, aux environs de Narbonne, mourut à Béziers en 1676. Le Musée de Toulouse possède de cet artiste deux figures en terre cuite provenant du couvent des Minimes : une *Vierge avec l'Enfant* et une statuette symbolisant la *Religion*.

Catalogue du Musée de Toulouse, 1865, p. 317.

Patena (François), sculpteur lorrain établi à Nancy, exécute en 1658, sur les dessins de Jacques Callot, une table d'argent offerte par la ville au sanctuaire de Notre-Dame-de-Lorette.

A. JACQUOT, *Réunion des sociétés des beaux-arts des départements*, 1900, p. 356.

Pater (Antoine-Joseph), né à Valenciennes en février 1670, obtint la maîtrise dans sa ville natale en 1693. Il commença par tailler dans la pierre toute une série d'enseignes, puis il fut chargé de restaurer une ancienne Vierge appartenant à la confrérie de Notre-Dame du Puy. Il sculpta deux buffets d'orgue, l'un dans l'église de Notre-Dame-la-Grande et l'autre dans l'abbaye de Saint-Jean ; ces deux œuvres ont disparu lors de la démolition des édifices où elles se trouvaient. En 1703, il exécuta des réparations au maître-autel de l'église Saint-Géry.

Plus tard, il fit deux épitaphes et une table d'autel pour la même église, deux autres épitaphes pour l'église Saint-Jean et deux pierres tombales pour l'église des Jésuites. En 1726, il entreprit la décoration de quatre stalles et de diverses boiseries pour le chœur de l'église paroissiale de Saint-Nicolas. Enfin on donne comme étant de lui les sculptures de la porte de Fresnes, à Condé-sur-l'Escaut, qui ont été détruites en 1881, et celles de la nouvelle porte de Cambrai, qui existent encore à Valenciennes. L'église Saint-Nicolas possède une œuvre attribuée à Pater : c'est une statue du Sauveur, en marbre, portant la date de 1717.

L'artiste mourut le 24 février 1747. Un tombeau lui fut érigé dans l'église Saint-Géry ; on y lisait l'inscription suivante conservée aujourd'hui au Musée de la ville :

Ici repose le corps du sieur Antoine Joseph Pater, marchand sculpteur, bourgeois de cette ville, décédé le 24 février 1747, âgé de 77 ans, et de Jeanne Élisabeth Defontaine, son épouse, native de Bruai, décédée le 4 février 1746, âgée de 80 ans.

Antoine Pater eut plusieurs fils, parmi lesquels Jean-François qui fut sculpteur comme lui et Jean-Baptiste, le célèbre peintre du xviiie siècle.

Il existe d'Antoine Pater, au Musée de Valenciennes, un portrait par Watteau et un buste par Jacques Saly.

Paul FOUCART. *Réunion des sociétés des beaux-arts des départements*, 1887, p. 78-98. — M. HÉNAULT, *Antoine Pater (Réunion des sociétés des beaux-arts des départements*, 1899, p. 185-205).

Patin (Michel), est cité parmi les anciens de l'Académie de Saint-Luc, où il avait été admis le 15 décembre 1651. Il mourut entre 1672 et 1682.

P. LACROIX, *Revue universelle des arts*, t. XIII, 1861, p. 325.

Pavillon (Pierre), maître sculpteur de la ville d'Aix, en Provence, passe marché en 1645-1646 pour l'exécution de trois statues représentant la Vierge avec l'Enfant Jésus, saint Nicolas et sainte Lucrèce, statues destinées à l'église des Carmes-Déchaussés de Marseille. En 1650, il sculpte en pierre de Calissane la Madeleine à la Sainte-Baume, œuvre donnée au couvent des Minimes d'Aix par Louis Duchesne, chanoine de Saint-Sauveur. En 1659, il travaille avec ses confrères Jacques Fossé et Jean-Claude Rombaud à la façade de l'Hôtel de Ville d'Aix et exécute, pour la décoration de cet édifice, les statues en pied de Charles III d'Anjou et de Louis XI ainsi qu'un grand buste de Louis XIV et un écusson aux armes de France soutenu par des anges. Tous ces ouvrages ont été détruits en 1792.

Pierre Pavillon était le père du graveur Balthazar Pavillon qui a reproduit des compositions du sculpteur provençal Bernard Turreau.

De Montaiglon, *Abécédario de Mariette*, t. IV, 1857-1858, p. 335. note 1. — *Archives de l'art français, documents*, t. VI, 1862, p. 300. — J. Guiffrey, *Nouvelles archives de l'art français*, 1879, p. 95. — Ch. Bauchal, *Nouveau dictionnaire des architectes français*, 1887, p. 459.

Pavillon (Henri), sculpteur parisien, fut admis comme membre de l'Académie de Saint-Luc le 10 mai 1645. Il vivait encore en 1682. Un autre artiste du même nom, sculpteur, peintre et bourgeois de Paris, peut-être le père de celui-ci, mourut à Paris le 22 avril 1650 et fut inhumé sur la paroisse de Saint-Eustache.

P. Lacroix, *Revue universelle des arts*, t. XIII, 1861, p. 324. — H. Herluison, *Actes d'état civil d'artistes français*, 1873, p. 336.

Payen (Denis), originaire d'Orléans, vint se fixer à Toulon, où il se maria en 1665. Il travaillait en 1672 dans l'arsenal, avec son confrère Antoine Hénault, à la décoration du vaisseau le *Parfait*, d'après les modèles de Pierre Puget.

Ch. Ginoux, *Réunion des sociétés des beaux-arts des départements*, 1884, p. 343; 1891, p. 256. — Idem, *Revue de l'art français*, 1888, p. 171, 259; 1894, p. 299.

Peillon (André), natif de la ville de Grasse, était établi à Toulon en 1663. Il était occupé dans l'arsenal en 1668, sous la direction de Nicolas Levray, à la décoration du vaisseau le *Royal-Louis*. En 1671, devenu maître sculpteur de la marine, il fut chargé avec Guillaume et Raymond Gay, père et fils, de tous les ouvrages de sculpture à exécuter d'après les modèles de Pierre Puget pour le vaisseau le *Fougueux*. Il vivait encore à Toulon en 1705.

Archives de l'art français, documents, t. IV, 1856, p. 237. — Ch. Ginoux, *Revue de l'art français*, 1888, p. 168, 258; 1894, p. 299. — Idem, *Réunion des sociétés des beaux-arts des départements*, 1884, p. 343; 1891, p. 255, 256.

Peillon (Honoré), originaire de Grasse, parent du précédent, travaillait avec ce dernier à Toulon en 1668 à la décoration du vaisseau le *Royal-Louis*, sous la direction de Nicolas Levray.

Archives de l'art français, documents, t. IV, 1856, p. 237. — Ch Ginoux, *Revue de l'art français*, 1888, p. 168; 1894, p. 299.

Pélissier (Joseph), était occupé à Toulon en 1668 comme sculpteur décorateur de vaisseaux, sous la direction de Raymond Langueneux.

Ch. Ginoux, *Revue de l'art français*, 1888, p. 168; 1894, p. 299.

Pelle (Honoré), travaillait à Gênes vers 1679-1680. Le Ratti, dans ses *Vite de pittori, scultori et architetti Genovesi*, le désigne sous le nom de *Monsu Onorato* et lui attribue plusieurs œuvres, parmi lesquelles : un saint Roch dans l'église de ce nom, deux anges à San Filippo Neri, deux autres à l'Annunziata et une statue à l'Albergo dé Poveri. On connaît encore un autre ouvrage de l'artiste placé dans une niche du vestibule de l'hôpital des Incurables, en face de la porte d'entrée : c'est un personnage en costume du xviiᵉ siècle, sur lequel on lit : *1680. — Honnore Pelle ma faict.* En 1694, il exécuta pour la chapelle de la sacristie, dans la cathédrale de Modène, une *Immaculée Conception* et l'*Enfant Jésus tenant la croix.* Peut-être aussi est-il l'auteur d'une Vierge en marbre qui se trouve dans le chœur de l'église de Notre-Dame du Laus (arrondissement de Gap)? Une inscription fait connaître en effet que cette statue a été donnée à l'église en 1716 par Honoré Pela de Gap. Si on reconnaît notre artiste dans ce donateur, on serait ainsi fixé sur son lieu d'origine.

RATTI, *Vite de pittori, scultori et architetti genovesi*, t. II, p. 326. — Léon LAGRANGE, *Archives de l'art français, documents*, t. V. 1857-1858, p. 186. — L. DUSSIEUX, *Les artistes français à l'étranger*, 1876, p. 103, 431, 440. — J. ROMAN, *Réunion des sociétés des beaux-arts des départements*, 1884, p. 486. — A. BERTOLOTTI, *Artisti francesi in Roma nei secoli XV, XVI e XVII*, 1886, p. 177. — *Inventaire général des richesses d'art de la France. Province, monuments religieux*, t. I, 1886, p. 91. 92.

Perdriel (Jean), était établi à Jarnac (Charente) dans la seconde moitié du xviiᵉ siècle. Cela est prouvé par un acte notarié, daté du 8 octobre 1683, dans lequel l'artiste est qualifié « sculpteur pour le Roy ».

Émile BIAIS, *Les artistes angoumoisins (Réunion des sociétés des beaux-arts des départements*, 1890, p. 743).

Pere ou **Peyre** (Jean), sculpteur et maître menuisier, résidait à Nantes à la fin du xviiᵉ et au commencement du xviiiᵉ siècle. Vers la même époque, on trouve encore à Nantes un autre Jean Peyre, sculpteur et architecte, qui avait un fils aussi nommé Jean, également sculpteur.

DE GRANGES DE SURGÈRES, *Les artistes nantais (Revue de l'art français*, 1898, p. 370).

Périer (Pierre), maître sculpteur demeurant à Limoges dans la seconde moitié du xviiᵉ siècle, exécute en 1661, moyennant 346 livres, un retable pour le maître-autel de l'église de Guéret.

A. RICHARD, *Assises scientifiques de Limoges*, 1867, p. 166-169.

Perrault (Jacques), sculpteur et architecte, était établi à Angers vers le milieu du XVIIᵉ siècle; il mourut en février 1658.

Célestin Port, *Les artistes angevins*, 1881, p. 243.

Perreau (Claude). Cet artiste que j'ai déjà cité[1] comme ayant exécuté dans l'église Saint-Job, à Venise, le tombeau du comte d'Argenson, ambassadeur de France, mort en 1651, fut occupé à Versailles de 1675 à 1678. Il y sculpta un grand vase et. travailla aux fontaines du parc, au bosquet de l'Arc de Triomphe et à la restauration des bateaux du grand canal. Il mourut en 1678.

Giannantonio Moschini, *Nuova guida per Venezia* 1828, p. 136. — Nagler, *Künstler-Lexicon*, t. XI, 1841, p. 120. — L. Dussieux, *Les artistes français à l'étranger*, 1876, p. 521. — J. Guiffrey, *Comptes des bâtiments du roi sous le règne de Louis XIV*, t. I, 1881, col. 832, 903, 964, 973, 1049.

Perrenot (Jean-Baptiste), sculpteur franc-comtois natif de Saint-Claude (Jura), vint à Besançon où il fut engagé en 1712 comme concierge de l'hôpital Saint-Jacques.

J. Gauthier, *Dictionnaire des artistes francs-comtois antérieurs au XIXᵉ siècle*, 1892, p. 18.

Perret (Henri), exerçait son art à Lyon vers la fin du XVIIᵉ siècle.

Natalis Rondot, *Les sculpteurs de Lyon du XIVᵉ au XVIIIᵉ siècle*, 1884, p. 63.

Perrin (Claude), membre de l'Académie de Saint-Luc, exécute de 1677 à 1682 plusieurs travaux de sculpture en bois pour les châteaux de Versailles, de Clagny et de Marly.

P. Lacroix, *Revue universelle des arts*, t. XIII, 1861, p. 333. — J. Guiffrey, *Comptes des bâtiments du roi sous le règne de Louis XIV*, t. I, 1881, col. 983, 1076, 1162, 1190, 1191, 1326; t. II, 1887, col. 69, 88, 160.

Perrin (Guillaume), exerçait son art à Lyon dans la seconde moitié du XVIIᵉ siècle.

Natalis Rondot, *Les sculpteurs de Lyon du XIVᵉ au XVIIIᵉ siècle*, 1884, p. 57.

Perrot (Jacques), sculpteur établi à Paris vers le milieu du XVIIᵉ siècle, fait baptiser un fils à la paroisse Saint-Benoît le 8 mars 1650.

H. Herluison, *Actes d'état civil d'artistes français*, 1873, p. 339.

Perrot (Salomon), sculpteur et peintre parisien, peut-être parent

---

1. Voir le *Dictionnaire des sculpteurs de l'École française du Moyen Age au règne de Louis XIV*, p. 438.

du précédent, fut reçu membre de l'Académie de Saint-Luc en 1660.
Il mourut le 14 août 1675 et fut inhumé dans le cimetière protestant
des Saints-Pères.

P. Lacroix, *Revue universelle des arts*, t. XIII, 1861, p. 326. — H. Herluison,
Actes d'état civil d'artistes français, 1873, p. 341.

Péru (Michel), maître sculpteur à Avignon, passa un marché en
1670 avec les pénitents de la Miséricorde pour des travaux de décoration à exécuter dans la chapelle de leur confrérie. Il sculpta également le maître-autel de l'ancien couvent des Dominicains et le tombeau
de l'abbé Simiane Lacoste, placé autrefois dans le chœur de l'église
des Bénédictins, tombeau figurant aujourd'hui au Musée Calvet.

Michel Péru, qui serait né en Lorraine, se maria en 1641 à Avignon.
Il eut deux fils, Jean et Pierre, et un petit-fils, Jean-Baptiste, qui
tous suivirent sa carrière. Ces artistes sont célèbres dans la contrée,
principalement Michel et Jean-Baptiste; cependant aucun dictionnaire
ne les cite, et je n'ai trouvé sur eux que ces seuls renseignements[1].

Réunion des sociétés des beaux-arts des départements, 1889, p. 665 ; 1895, p. 750,
751. — L. Gonse, *Les chefs-d'œuvre des Musées de France*, 1904, p. 86, 87.

Peseux ou **Pezeux** (Claude), sculpteur en bois demeurant à Pontarlier (Doubs) dans la seconde moitié du xviie siècle, exécute en 1676
un cadre pour un portrait de Louis XIV.

Peseux ou **Pezeux** (Jean-Baptiste), parent du précédent, habitait
également à Pontarlier. En 1684, il était occupé dans cette ville à la
réparation de la fontaine du Pont et, en 1686, il décorait la cloche de
l'église Saint-Bénigne de l'effigie de Saint-Jean-Baptiste et des armes
de la ville.

Archives de la ville de Pontarlier, CC. 64. — J. Gauthier, *Dictionnaire des
artistes francs-comtois antérieurs au XIXe siècle*, 1892, p. 18.

Petit (Charles), sculpteur né à Fontainebleau, nous est connu par
son contrat de mariage passé à Bourges en 1688.

Archives du Cher, F. 1108. — *Archives historiques, artistiques et littéraires*,
1890, p. 45. — *Inventaire sommaire des archives départementales du Cher*, t. III,
1893, p. 23.

Petit (Vincent), né en 1590, résidait à Paris, où il mourut le
13 juillet 1677. Il avait alors son logement au Louvre et fut inhumé

---

1. Il faut espérer que M. le chanoine Requin nous fera connaître ces sculpteurs
en écrivant sur eux une notice, comme il l'a déjà fait pour Jacques Bernus.

à Saint-Germain-l'Auxerrois. Son acte de décès le qualifie orfèvre et sculpteur en bronze.

H. HERLUISON, *Actes d'état civil d'artistes français*, 1873, p. 342.

Petit, sculpteur et architecte demeurant à Reims, fait en 1704 les dessins du retable et de l'autel de la chapelle Saint-Nicaise, dans la cathédrale.

C. BAUCHAL, *Nouveau dictionnaire des architectes français*, 1887, p. 470.

Peyron (Louis), maître sculpteur, exerçait son art à Lyon vers la fin du XVIIe siècle.

Inventaire sommaire des archives départementales de la Loire, série E, supplément, arrondissement de Montbrison, 1899, p. 54.

Philippe de Hongrie. Voir **Hongrie** (Philippe de).

Picard (Charles), sculpteur et architecte, était établi à Nantes à la fin du XVIIe et au commencement du XVIIIe siècle. En 1711, il exécuta la décoration de l'autel Sainte-Anne, dans l'église de Noirmoutiers.

DE GRANGES DE SURGÈRES, *Les artistes nantais (Revue de l'art français*, 1898, p. 374.

Pierre de Bria. Voir **Bria** (Pierre de).

Pierre-David de Cazenove. Voir **Cazenove** (Pierre-David de).

Pierre de Champeigne. Voir **Champeigne** (Pierre de).

Pierre de La Haye. Voir **La Haye** (Pierre de).

Pierre (Antoine), sculpteur lorrain fixé à Nancy à la fin du XVIIe et au commencement du XVIIIe siècle, travailla en 1700 au catafalque du duc Charles V dans l'église des Cordeliers. En 1703, il sculpta deux petits autels pour l'église Saint-Sébastien. En 1708-1709, il prit part à la décoration de la salle d'opéra du palais ducal sous la direction de l'architecte Francesco Bibiena. Il vivait encore en 1724.

Archives de Nancy, t. II, p. 305; t. III, p. 40, 387. — *Archives de Meurthe-et-Moselle*, B. 1541, 1586, 1591, 1637, 1640. — H. LEPAGE, *Le palais ducal de Nancy*, 1852, p. 181. — *Réunion des sociétés des beaux-arts des départements*, 1888, p. 859; 1892, p. 605; 1896, p. 705; 1900, p. 357.

Pierre (François), maître sculpteur établi à Grenoble, dont le nom figure dans un acte notarié daté du 13 août 1714. On connaît aussi un François Pierre qui exécuta en 1727 le fronton du portail de l'église

Saint-Sébastien de Nancy. Il s'agit peut-être du même artiste qui était sans doute le fils d'Antoine Pierre.

Archives de Nancy, t. III, p. 43. — Ed. Maignien, *Les artistes grenoblois*, 1887, p. 272. — A. Jacquot, *Réunion des sociétés des beaux-arts des départements*, 1900, p. 257.

Pineau (Jean-Baptiste), sculpteur ordinaire du roi, né en 1652, exerçait son art à Paris, où il habitait dans le quartier des Gobelins. De 1681 à 1688, les comptes des bâtiments du roi en font mention pour des travaux exécutés à Versailles et à Saint-Germain-en-Laye. Il mourut le 8 juillet 1694 et fut enterré sur la paroisse Saint-Hippolyte. Il avait épousé Marguerite Bonjean qui lui donna six enfants dont un, Nicolas Pineau, sculpteur comme lui, fut un des ornemanistes les plus réputés de la première moitié du xviii⁣e siècle.

ŒUVRES

Travaux à la Surintendance de Versailles (années 1681-1683).

Ouvrages de sculpture dans l'appartement de Mme de Maintenon, au château de Versailles. Payés 552 livres (année 1682).

Décoration des attiques de la grande aile du même château (année 1682).

Ouvrages de sculpture aux autels de l'église des Récollets, à Versailles. En collaboration de Briquet et de Caffieri. Payés 2.000 livres (année 1684).

Travaux dans les petits appartements du roi, au château de Versailles. En collaboration de Briquet. Payés 433 livres (année 1685).

Décoration des boiseries du Cabinet des parfums, dans le château de Saint-Germain-en-Laye (année 1685).

Vingt-quatre corbeilles remplies de fleurs. Sculptures en pierre décorant les piliers des grilles de l'Orangerie de Versailles. Payées 2.030 livres (année 1687).

Ouvrages de sculpture en bois dans les appartements de Trianon. Payés 4.952 livres (années 1688-1689).

Quatre consoles sculptées dans l'appartement de M. de Ponchartrain, à Versailles.

Piganiol de la Force, *Nouvelle description des châteaux et parcs de Versailles et de Marly*, 1764, t. II, p. 98, 348. — Eud. Soulié, *Notice du Musée impérial de Versailles*, 3e partie, 1861, p. 496. — A. Jal, *Dictionnaire critique de biographie et d'histoire*, 1872, p. 976. — H. Herluison, *Actes d'état civil d'artistes français*, 1873, p. 352. — J. Guiffrey, *Comptes des bâtiments du roi sous le règne de Louis XIV*, t. II, 1887, col. 21, 164, 178, 185, 196, 301, 303, 412, 440, 654, 803, 1115; t. III, 1891, col. 100, 288, 525. — E. Biais, *Les Pineau, sculpteurs, dessinateurs des bâtiments du roy*, 1892, p. 9-13.

Pingard (Philippe), sculpteur parisien de la fin du xvii⁣e siècle, nous est connu par l'acte de décès de sa femme inscrit le 8 janvier 1691 sur les registres de la paroisse Saint-Séverin; l'artiste habitait alors rue de la Harpe.

H. Herluison, *Actes d'état civil d'artistes français*, 1873, p. 353.

Pingat (Pierre), exerçait son art à Paris vers la fin du xviiᵉ siècle. Il perdit sa femme le 10 juillet 1687 et la fit inhumer sur la paroisse Saint-Sulpice.

H. Herluison, *Actes d'état civil d'artistes français*, 1873, p. 353.

Plouvier (Jean-Baptiste), sculpteur et architecte né à Angers le 30 août 1648, fils du sculpteur Antoine-Léger Plouvier[1], travaillait en 1711, dans sa ville natale, à la restauration des statues de l'église Saint-Pierre. Il mourut en 1726 et fut inhumé à Briollay (Maine-et-Loire).

Plouvier (Pierre-Philippe), frère du précédent, né à Angers le 15 avril 1652, était occupé dans cette ville, en 1683 et en 1686, à la décoration de la mairie. En 1693, il sculptait des motifs d'ornementation à la Porte Grandet et, en 1711, il collaborait avec son frère à la restauration des statues de l'église Saint-Pierre. Il mourut cette même année, laissant un fils, Philippe-René, qui devint également sculpteur. Vers la même époque, on rencontre encore à Angers un Denis Plouvier qualifié architecte ; c'était le frère aîné de Jean-Baptiste et de Pierre-Philippe.

Revue d'Anjou, 1853, t. I, p. 336. — Célestin Port, *Les artistes angevins*, 1881, p. 252.

Poiret (Pierre), né à Metz le 14 avril 1646, exerça la sculpture dans sa ville natale, puis il abandonna son art et se livra à la théologie. Il se rendit alors en Hollande, où il mourut le 21 mai 1719.

A. Jacquot, *Réunion des sociétés des beaux-arts des départements*, 1900, p. 358.

Poirier (Claude), né à Paris[2] vers 1656, travailla d'abord sous la direction de François Girardon. Agréé à l'Académie royale de peinture et de sculpture le 31 mai 1698, il fut nommé académicien le 31 mars 1703, sur un bas-relief allégorique représentant l'*Alliance de l'Hyménée et de la Paix*, et devint adjoint à professeur le 28 septembre 1715. Il exécuta principalement des ouvrages pour Versailles, pour Marly et pour l'église des Invalides. Il mourut à Varzy (Nièvre) le 10 octobre 1729, comme le prouve l'acte d'inhumation suivant extrait des registres de la commune : « L'an 1729, le onzième octobre, a été inhumé dans l'église de cette paroisse avec les cérémonies ordinaires, le corps de Mᵣ Claude Poirier, sculpteur ordinaire du roy et de son

---

1. Voir le *Dictionnaire des sculpteurs de l'École française du Moyen Age au règne de Louis XIV*, p. 455.
2. La liste chronologique des membres de l'Académie le fait naître à Varzy..

Académie royale, décédé d'hier muni de tous ses sacrements et âgé d'environ 76 ans, en foy de quoi j'ai signé. Berthier curé [1] ».

ŒUVRES

Collaboration, sous la direction de Girardon, à la statue équestre de Louis XIV destinée à la place Vendôme (année 1688).

Ouvrages de sculpture en pierre aux panneaux d'une des voûtes des chapelles de l'église des Invalides (années 1692-1693).

Un groupe d'anges au-dessus d'une des niches de la même église (année 1699).

Anges soutenant les bordures des tableaux dans la chapelle Saint-Grégoire. Même église.

Un ange en adoration. Figure en plomb placée autrefois dans la chapelle de la Vierge. Même église.

Clovis. Médaillon. Même église (années 1700-1701).

Sculptures en stuc décorant la Salle de l'Œil-de-Bœuf, dans le château de Versailles (année 1701).

Vase en marbre pour le château de Marly. Payé 2.500 livres (années 1701-1702).

Trophées à la nouvelle porte du Cours-la-Reine, à Paris. En collaboration de Hardy. Payés 720 livres (année 1701).

L'Hyménée et la Paix, alliance de la France et de la Savoie en 1698. Bas-relief en marbre. Morceau de réception à l'Académie (31 mars 1703). Cette œuvre, provenant des anciennes salles de l'Académie royale de peinture et de sculpture, au Louvre, a figuré pendant la Révolution au Musée des Monuments français ; elle se trouve aujourd'hui dans la deuxième cour de l'École des Beaux-arts.

Sculpture des quatre consoles des clefs des croisées sous le balcon du cabinet du roi, à Trianon. En collaboration de Hardy. Payée 200 livres (année 1703).

Deux têtes de cerfs en pierre placées aux deux pilastres de la grille des cerfs, à la Ménagerie de Versailles. Payées 520 livres (année 1703).

Une gargouille en pierre pour la chapelle du château de Versailles (année 1704).

Ornements à la corniche du même château (année 1704).

Enfants et rochers en plomb pour un bassin du parc de Marly. En collaboration de Hardy et de Lespingola (année 1704).

Sculpture en marbre au bassin des Bains d'Apollon, dans le parc de Versailles. En collaboration des mêmes artistes (année 1704).

Roses et modillons sculptés à la grande corniche de la chapelle du château de Versailles (année 1705).

Ornements en plomb pour le comble de la même chapelle (année 1705).

Deux grands vases en métal doré pour Trianon.

Ornements des corniches du péristyle du même palais. En collaboration de Poultier. Payés 12.606 livres (années 1705-1706).

Nymphe en marbre pour le parc de Marly. En collaboration de Hardy (année 1706).

1. Cet acte m'a été communiqué par mon confrère le statuaire Emile Boisseau qui est originaire de Varzy.

Saint Paul. Statue en pierre de Tonnerre. Balustrade extérieure de la chapelle du château de Versailles (année 1707).

Saint Pierre. Statue en pierre de Tonnerre. Même emplacement (année
1707).

Deux groupes en plomb pour le bas de la rivière de Marly. En collaboration
de Poultier (année 1707).

La Présentation au Temple. Bas-relief au-dessus d'une des portes de la tribune du roi, dans la chapelle du château de Versailles (année 1708).

La Prudence et la Justice. Bas-relief. Pourtour intérieur de la même chapelle (année 1708).

Sculpture des chapiteaux à l'extérieur de la même chapelle. En collaboration de Voiriot (année 1708).

Travaux au château de Meudon (année 1709).

Un grand bas-relief d'anges, un bas-relief d'enfants et des trophées d'église
dans la chapelle de Versailles (année 1709).

Deux vases en marbre pour le bas des escaliers de la rivière de Marly
(année 1709).

Deux cassolettes en marbre pour le parc de Marly. Payées 4.190 livres
(années 1709-1711).

Une femme appuyée sur une urne. Figure en marbre pour le même parc.
Payée 4.100 livres (année 1711).

Un ange tenant les clous. Statue en bronze dans le chœur de Notre-Dame
de Paris. Le modèle de cette figure fut payé à l'artiste 1.095 livres
(année 1712).

Deux nymphes. Statues en marbre pour le parc de Marly. Payées 8.300 livres
(années 1713-1715).

D'ARGENVILLE, *Voyage pittoresque de Paris*, 1752, p. 370. — PIGANIOL DE LA
FORCE, *Nouvelle description des châteaux et parcs de Versailles et de Marly*, 1764, ·
t. I, p. 40, 256 ; t. II, p. 243, 250, 277, 348. — Idem, *Description de la ville de
Paris*, 1765, t. I, p. 326. — *Archives de l'art français, documents*, t. I, 1852, p. 375 ;
t. II, 1853, p. 383. — Eud. SOULIÉ, *Notice du Musée impérial de Versailles*, 1re partie, 1859, p. 3, 4, 5 ; 2e partie, 1880, p. 197. — DE MONTAIGLON, *Procès-verbaux
de l'Académie*, t. III, 1880, p. 233, 234, 238, 245, 362. — J. GUIFFREY, *Comptes
des bâtiments du roi sous le règne de Louis XIV*, t. III, 1891, col. 196, 289, 704,
845 ; t. IV, 1896, col. 469, 473, 611, 613, 708, 709, 728, 734, 828, 852, 939, 963, 964,
1049, 1074, 1101, 1157, 1184, 1185; t. V, 1901, col. 16, 41, 124, 125, 143, 169, 214,
216, 300, 318, 340, 347, 349, 412, 432, 448, 494, 511, 531, 610, 719, 786, 873. —
Inventaire général des richesses d'art de la France. Paris, monuments religieux,
t. I, 1877, p. 388; t. III, 1901, p. 252, 255 ; *Archives du Musée des Monuments*
français, t. I, p. 28, 29 ; t. III, p. 319.

Poissant (Thibault et Louis-Antoine). Voir le *Dictionnaire des
sculpteurs de l'École française du Moyen Age au règne de Louis XIV*,
p. 156-157.

Poissant, sculpteur mouleur, travaillait à Versailles en 1710. On
lit en effet dans les comptes des bâtiments du roi : « A Poissant, sculpteur mouleur, pour les journées qu'il a employez et les fournitures
qu'il a fait pour mouler deux morceaux de rocher au pied du **groupe**
d'Ino et Mélicerte du jardin de Versailles... 25 l. 16 s... ».

Un Edme-Jérôme Poissant, sculpteur, demeurant à Paris rue Frépillon, époux de Marie-Anne de La Pierre, eut un fils baptisé le 15 décembre 1723, sur la paroisse Saint-Nicolas-des-Champs. C'est sans doute le même artiste ; il était peut-être fils de Louis-Antoine Poissant.

A. JAL, *Dictionnaire critique de biographie et d'histoire*. 1872, p. 981. — J. GUIF-FREY, *Comptes des bâtiments du roi sous le règne de Louis XIV*, t. V, 1901, col. 415.

Pointevin (Arnoult), exécute à Paris, en 1647, le retable du maître-autel de l'église des Chantres-et-Chanoines de Saint-Honoré.

Ch. BAUCHAL, *Nouveau dictionnaire des architectes français*, 1887, p. 480.

Portal (Mathieu), sculpteur et architecte établi à Marseille, fut chargé en 1670, en collaboration de Gaspard Puget, frère de Pierre, de l'agrandissement de la ville. Chacun des deux artistes devait recevoir par an 300 livres de gages. Au bout de trois ans, Mathieu Portal resta seul à la tête de la direction des travaux.

Ch. BAUCHAL, *Nouveau dictionnaire des architectes français*, 1887, p. 483.

Portier (Louis), exerçait son art à Paris dans la seconde moitié du xviie siècle. En 1678, il perdit une fille qui fut enterrée sur la paroisse Saint-Séverin.

H. HERLUISON, *Actes d'état civil d'artistes français*, 1873, p. 359.

Postel (Jean), sculpteur, élève du Bernin, établi à Caen dans la seconde moitié du xviie siècle, exécuta en pierre une statue de Louis XIV qui fut érigée dans la ville sur la place Royale, le 5 septembre 1685, pour célébrer le jour de la naissance du roi ; l'artiste reçut en payement 1.140 livres. De 1677 à 1678, il fut occupé à la décoration du maître-autel de l'église abbatiale de Belle-Étoile, dans le canton de Flers (Orne). On lui devait aussi, à Caen, une statue de Malherbe qui était placée dans une niche sur la façade d'un hôtel situé rue de Lengannerie. Il fit encore deux statues de saint Jean pour orner le chevet de l'église de ce nom.

Archives de l'Orne, II. 80. — *Revue universelle des arts*, 1889, p. 248. — *Revue de l'art français*, 1889, p. 248. — *Réunion des sociétés des beaux-arts des départements*, 1887, p. 236, 237 ; 1896, p. 472, 473, 476 ; 1897, p. 145.

Potier (Antoine), sculpteur lorrain du xviie siècle, travaille en 1642 au château de Commercy et en 1648 à Ville-Issey.

Archives de Meurthe-et-Moselle, B. 4791, 4797. — A. JACQUOT, *Réunion des sociétés des beaux-arts des départements*, 1900, p. 358.

Potier (Marc), peut-être parent du précédent, résidait à Dijon dans le seconde moitié du xviie siècle. En 1670-1671, il collabora aux préparatifs faits par la ville pour l'entrée du duc d'Enghien, gouverneur de la province.

Archives de la ville de Dijon, M. 246.

Pottevin (Louis), sculpteur en bois établi à Ablys (Eure-et-Loir) vers la fin du xviie siècle, reçoit 301 livres en 1696 pour avoir sculpté une balustrade dans l'église de Gommerville.

Archives d'Eure-et-Loir, G. 4851.

Pouchot dit **L'Amitié** (François), sculpteur et doreur, exerçait son art à Grenoble vers la fin du xviie siècle.

Ed. Maignien, *Les artistes grenoblois*, 1887, p. 276.

Poulain (Pierre), sculpteur franc-comtois né à Besançon vers 1680, travaillait dans sa ville natale au commencement du xviiie siècle.

J. Gauthier, *Dictionnaire des artistes francs-comtois antérieurs au XIXe siècle*, 1892, p. 20.

Poulin (Charles), est reçu membre de l'Académie de Saint-Luc le 20 novembre 1676. Six ans plus tard, son nom figure encore sur les listes de la communauté.

P. Lacroix, *Revue universelle des arts*, t. XIII, 1861, p. 332.

Poultier (Jean-Baptiste), naquit à Huppy, près d'Abbeville, en 1653. Il apprit d'abord les principes de son art avec un sculpteur abbevillois nommé Lempereur, puis il vint à Paris, où il se maria le 6 février 1678 à l'église Saint-Louis-en-l'Ile. Agréé à l'Académie royale de peinture et de sculpture le 26 juin 1683, il devint académicien le 24 mars de l'année suivante, en présentant une *Vierge* et un *saint Jean* en bois exécutés d'après les dessins de Le Brun ; ces figures furent placées sur la porte principale de l'entrée du chœur de l'église Saint-Nicolas-du-Chardonnet.

Poultier, qui devait avoir alors une certaine réputation et qui sans doute était protégé par Le Brun, commença à travailler à Versailles en 1684. Plus tard, il fut occupé à Fontainebleau, à Marly, à Meudon et à l'église des Invalides. Le 2 mai, 1709, demeurant rue de Cerisy, sur la paroisse Saint-Laurent, il passa un marché avec le chapitre de la cathédrale d'Amiens au sujet de l'exécution de deux statues en pierre représentant saint Firmin et saint François de Sales, statues qu'il s'engagea à livrer avant le 15 juin 1710 ; ces œuvres existent encore aujourd'hui. Les comptes des bâtiments du roi font mention de lui pour la dernière fois en 1713. Il mourut à Paris le 18 novembre 1719.

ŒUVRES

Le Christ en croix, la Vierge et saint Jean. Statues en bois d'après les dessins de Le Brun. Autrefois au-dessus de la porte du chœur de l'église Saint-Nicolas-du-Chardonnet, à Paris. Ces statues ont été brisées à la Révolution. Les modèles de la Vierge et de saint Jean, que l'artiste avait exécutés pour sa réception à l'Académie (24 mars 1684), étaient placés jadis au Louvre dans une des salles de cette Académie.

Décoration de la porte de la même église donnant sur la rue des Bernardins, toujours d'après les dessins de Le Brun.

Un grand cadre en bois pour un portrait de Louis XIV qui avait été donné au Procureur général. Payé 660 livres (année 1685).

Enfant tenant des guirlandes de fleurs. Groupe en bronze. Parterre d'Eau du parc de Versailles. Gravé par Thomassin, n° 168. Le modèle de ce groupe, exécuté en 1886, fut payé 1.000 livres; il a été fondu en 1690.

Cérès. Terme en marbre d'après Girardon. Pourtour du Parterre de Latone, dans le même parc (années 1687-1688). Gravé par Thomassin, n° 200.

Vase en marbre orné de losanges, où se voyaient des fleurs de lis. Grande-Allée ou Tapis-Vert, dans le même parc (années 1687-1688). Gravé par Thomassin, n° 217.

Didon. Statue en marbre (année 1689). Même emplacement. Gravée par Thomassin, n° 113. Cette œuvre et les deux précédentes furent payées 9.500 livres. M. de Nolhac fixe la date de cette statue à l'année 1695, confondant ainsi l'époque du paiement avec celle de l'exécution. Les comptes des bâtiments du roi portent en effet au 31 juillet 1695 : « Au s^r Poultier, sculpteur, 6.100 l. pour, avec 3.400 l. déja ordonnez, faire le parfait payement de 9.500 l. à quoy montent la figure représentant *Didon*, un terme représentant *Cérès*, et un grand vase, le tout de marbre blanc, qu'il a faits et posez dans les jardins de Versailles pendant les années 1687, 1688 et 1689... ».

Huit chapiteaux en marbre pour la galerie du palais de Trianon. Payés 2.169 livres (année 1688).

Travaux au château de Fontainebleau. Payés 1.258 livres (année 1688).

Saint Jean-Baptiste et le prophète Elie. Statues en pierre placées jadis au pourtour extérieur du dôme de l'église des Invalides. Payées 700 livres (années 1690-1691).

Travaux de décoration à l'ancien hôtel de Vendôme. L'artiste, en 1690, touche d'après les comptes 670 livres « sur ses ouvrages de sculpture à quarante-cinq chapiteaux et quarante-quatre consoles ».

Deux anges ailés tenant un médaillon représentant saint Louis pansant les plaies d'un vieillard. Bas-relief en pierre. Chapelle Saint-Jérôme, dans l'église des Invalides (années 1691-1693).

Deux anges portant un médaillon représentant saint Louis ensevelissant les morts. Bas-relief en pierre. Même chapelle (années 1691-1693).

Deux anges ailés tenant un médaillon représentant saint Louis honorant la vraie croix. Bas-relief en pierre. Chapelle Saint-Augustin, dans la même église (années 1691-1693).

Deux anges tenant un médaillon représentant saint Louis rendant la justice. Même chapelle (années 1691-1693).

Concert d'anges. Haut-relief en plâtre doré. Chapelle Saint-Grégoire, dans la même église (années 1691-1693).

Deux anges tenant un médaillon représentant saint Louis lavant les pieds des pauvres. Bas-relief en pierre. Chapelle Saint-Ambroise, dans la même église (années 1691-1693).

Concert d'anges. Haut-relief en plâtre doré. Même chapelle (années 1691-1693).

Vingt-trois chapiteaux et quarante-quatre consoles sculptés pour la même église. Payés 714 livres (année 1691).

Deux Pères de l'Église. Statues en pierre décorant autrefois le portail de la même église (année 1698).

Saint Sulpice. Statue en pierre. Église d'Huppy (Somme). On lit sur cette statue l'inscription suivante : *Cette figure a esté faite par Jean Poultier natif de ce lieu, sculpteur ordinaire du Roy et de son Accadémie roiale, en l'an 1698.*

Sculptures décorant les maisons de la place Vendôme (année 1700). Cette place fut commencée en 1699 sur les plans de Jules-Hardouin Mansard.

Enfants en bas-reliefs ornant les frises du salon du roi, dans le château de Versailles (année 1701).

Charlemagne. Médaillon. Église des Invalides (année 1701).

Collaboration à l'exécution de têtes de monstres et de deux groupes de jeunes Tritons portant des coquilles, le tout, en plomb, destiné à la rivière de Marly (année 1703).

Un Christ en bronze sur sa croix. Salon de 1704.

Adam et Eve tentés par le serpent. Salon de 1704.

Un joueur de guitare. Salon de 1704.

Apollon et Daphné. Salon de 1704.

Une Vénus. Salon de 1704.

Suzanne tentée par les deux vieillards. Salon de 1704.

Ornements en plomb sur le comble de la chapelle du château de Versailles (année 1705).

Saint Augustin. Statue en plâtre placée autrefois à l'église des Invalides sur l'autel de la chapelle de Saint-Augustin (année 1705).

Ornements des corniches du péristyle du palais de Trianon. En collaboration de Poirier. Payés 12.606 livres (années 1705-1706).

L'abbé Faultrier. Médaillon en marbre. Cet ouvrage nous est connu par une gravure exécutée par B. Picart en 1709.

Travaux de décoration exécutés sous la direction de l'architecte Boffrand à l'hôtel de Mayenne, à Paris, que le prince de Vaudemont faisait aménager (années 1707-1708).

Saint Athanase. Statue en pierre de Tonnerre. Balustrade extérieure de la chapelle du château de Versailles (année 1707).

Saint Basile. Statue en pierre de Tonnerre. Même emplacement (année 1707).

Deux groupes en plomb pour le bas de la rivière de Marly. En collaboration de Poirier (année 1707). ·

La Tempérance et la Foi. Bas-relief en pierre. Pourtour intérieur de la chapelle du château de Versailles (année 1709).

Anges tenant des instruments de la Passion. Bas-relief en pierre. Intérieur
de la même chapelle (année 1709).

Huit torchères et quatre vases en pierre placés jadis sur la chapelle du château de Meudon et sur les quatre angles du clocher de la paroisse.
En collaboration de Lepautre, de Lemoyne et d'Offement. Payés 1.560 livres
(année 1709).

Saint Firmin, premier évêque d'Amiens. Statue en pierre. Chapelle de Saint-
Jean-du-Vœu, dans la cathédrale d'Amiens. Cette statue est signée sur le
socle : J. POULTIER. 1710.

Saint François de Sales. Statue en pierre. Même chapelle. Signée également : J. POULTIER. 1710.

Le chef de saint Jean sur un plat. Bas-relief en cuivre doré (année 1710).
Au bas du retable de la même chapelle.

Une nymphe de Diane. Statue en marbre. Cette œuvre fut placée dans le
parc de Marly en 1714. Payée 3.600 livres.

La Charité et la Persévérance. Bas-reliefs en plomb placés autrefois au-
dessus des arcades du chœur de l'église Notre-Dame de Paris (années
1712-1713).

Une statue de Louis XIV sculptée par Poultier pour le romain Antonio
Bagneria (De Boislile, *Mémoires de la société de l'Histoire de Paris*, t. XV,
1888).

Monument funéraire du marquis de L'Hôpital, gouverneur de Toul, et de
sa femme. Église Notre-Dame-des-Victoires, autrefois des Petits-Pères.
De ce tombeau, il ne reste aujourd'hui qu'une statue en marbre, *la
Vérité*, placée dans la chapelle de Saint-Joseph. Elle a un miroir dans la
main droite et serre un serpent de la main gauche. Primitivement, elle
tenait un médaillon, où se voyaient les portraits du marquis et de la
marquise.

Le peintre Hyacinthe Rigaud. Buste en terre cuite. Signé : PAR POULTIER SON
AMY 1718. Ce buste se trouve à Paris, dans une collection particulière.

J. GUÉRIN, *Description de l'Académie royale de peinture et de sculpture*, 1715,
p. 148. — D'ARGENVILLE, *Voyage pittoresque de Paris*, 1752, p. 7, 130, 248, 372, 374.
— PIGANIOL DE LA FORCE, *Nouvelle description des châteaux et parcs de Versailles
et de Marly*, 1764, t. II, p. 55, 77, 78, 348. — Idem, *Description de Paris*, 1765,
t. I, p. 328 ; t. III, p. 4, 96 ; t. V, p. 305 ; t. IX, p. 492, 493. — THIÉRY, *Guide des
amateurs et des étrangers à Paris*, 1787, t. I, p. 122, 299 ; t. II, p. 97. — *Biographie des hommes célèbres du département de la Somme*, t. II, 1837, p. 287. —
Archives de l'art français, documents, t. I, 1852, p. 372 ; t. II, 1853, p. 383. —
Eud. SOULIÉ, *Notice du Musée impérial de Versailles*, 1re partie, 1859, p. 3, 4, 6 ;
3e partie, p. 500, 509, 510, 511. — *Archives de Meurthe-et-Moselle. Chambre des
comptes de Lorraine*, B. 12432, 12436, 12439. — A. JAL, *Dictionnaire critique de
biographie et d'histoire*, 1872, p. 997. — DE MONTAIGLON, *Procès-verbaux de l'Académie royale de peinture et de sculpture*, t. II, 1878, p. 247, 270, 271, 273 ; t. IV,
1881, p. 289. — Em. DELIGNIÈRES, *Réunion des sociétés des beaux-arts des départements*, 1897, p. 417, 460. — J. GUIFFREY, *Comptes des bâtiments du roi sous le
règne de Louis XIV*, t. II, 1887, col 442, 619, 1182 ; t. III, 1891, col. 100, 183, 291,
422, 424, 559, 560, 703, 704, 845, 846, 1082, 1131 ; t. IV, 1896, col 330, 471, 473,
708, 728 734, 853, 964, 1074, 1101, 1157, 1176 ; t. V, 1901, col. 16, 124, 143, 214,
216, 300, 319, 348, 379, 381, 412, 432, 610, 695, 788, 874. — *Inventaire général des*

richesses d'art de la France. Paris, monuments religieux, t. II, 1888, p. 229;
t. III, 1901, p. 234, 243, 245, 247, 248, 251 ; Archives du Musée des Monuments
français, t. II, p. 440. — De Nolhac, Les jardins de Versailles, 1906, p. 38, 142.

Pourchet (Jean), maître sculpteur, exerçait son art à Tulle
(Corrèze) dans la seconde moitié du xviiie siècle. Il mourut assassiné
dans le bourg de Sadrac vers 1681.

G. Clément-Simon, Compte rendu du LVIIe congrès archéologique de France,
1890.

Pourtal (François), sculpteur à Marseille, exécute en 1670
l'ornementation en plâtre doré de la chapelle Saint-Dominique, dans
l'église de Saint-Maximin (Var).

Inventaire général des richesses d'art de la France. Province, monuments religieux, t. III, 1901, p. 264.

Poussin, sculpteur ordinaire du roi, était établi à Paris dans la
seconde moitié du xviie siècle. Il mourut le 26 septembre 1661 et fut
enterré sur la paroisse Saint-Germain-l'Auxerrois.
Un sculpteur français, Claude Poussin, travaillait à Rome vers
1650 ; c'était peut-être le même artiste.

H. Herluison, Actes d'état civil d'artistes français, 1873, p. 360. — A. Bertolotti, Artisti francesi in Roma nei secoli XV, XVI e XVII, 1886, p. 168, 169.

Pradel (Étienne), résidait à Lyon dans la seconde moitié du
xviie siècle. Il se maria le 18 novembre 1673 sur la paroisse Saint-
Nizier.

Natalis Rondot, Les sculpteurs de Lyon du XIVe au XVIIIe siècle, 1884, p. 57.
— Idem, Revue de l'art français, 1887, p. 302.

Préaux dit **Villeneuve** (François-Jacques), est admis à l'Académie de Saint-Luc le 20 octobre 1676. Son nom figure encore sur les
listes de la communauté en 1682.

P. Lacroix, Revue universelle des arts, t. XIII, 1861, p. 332.

Précor, est cité dans les comptes des bâtiments du roi, comme
travaillant en 1708 à la chapelle du château de Versailles.

J. Guiffrey, Comptes des bâtiments du roi sous le règne de Louis XIV, t. V,
1901, col. 529.

Préhoust (Marin), exerçait son art au Mans dans la seconde
moitié du xviie siècle. Il mourut en 1693.

G. R. Esnault, Dictionnaire des artistes et artisans manceaux, 1899, p. 233.

Prestat. Ce sculpteur est cité dans les comptes des bâtiments du roi pour des travaux de décoration entrepris dans la chapelle du château de Versailles de 1703 à 1709 ; il toucha en payement 7.200 livres.

J. GUIFFREY, *Comptes des bâtiments du roi sous le règne de Louis XIV*, t. IV, 1896, col. 939, 1049, 1157 ; t. V, 1901, col. 16, 217, 319, 321, 528, 529.

Prévost (Jean), sculpteur, peintre et menuisier établi à Châlons-sur-Marne, exécuta en 1688 quelques ornements à la cheminée de la grande salle de l'ancien Hôtel de Ville ; ce travail lui fut payé 25 livres. En 1691, il renonça à la maîtrise de menuiserie pour se consacrer entièrement à la sculpture et à la peinture. Il était fils du sculpteur chalonnais Pierre Prévost[1] qui vivait dans la première moitié du XVIIe siècle.

L. GRIGNON, *Recherches sur les artistes chalonnais*, 1889, p. 38.

Prévot ou **Prevost** (Louis), figure de 1674 à 1686 au nombre des sculpteurs de la maison du roi ; il touche alors 60 livres de pension. En 1706, on le trouve occupé à la décoration de la chapelle du château de Versailles.

J. GUIFFREY, *Nouvelles archives de l'art français*, 1872, p. 69. — Idem, *Comptes des bâtiments du roi sous le règne de Louis XIV*, t. V, 1901, col. 321.

Prou (Jacques), né à Paris en 1655, fils de Jacques Prou, menuisier ordinaire du roi, remporta le premier prix de sculpture en 1674 et fut envoyé à Rome comme pensionnaire du roi en 1676. Il revint en France en 1680. Agréé à l'Académie royale de peinture et de sculpture au mois d'août de la même année, il fut reçu académicien le 27 juin 1682 sur un bas-relief représentant la *Peinture et la Sculpture*, bas-relief aujourd'hui au Musée du Louvre ; il devint adjoint à professeur le 13 août 1695 et professeur le 17 mars 1704.

Jacques Prou travailla pour Versailles, pour Marly et pour l'église des Invalides. Il mourut aux Gobelins le 6 mars 1706 et fut inhumé dans l'église Saint-Hippolyte. Il avait épousé le 16 février 1681 Suzanne Tuby, fille du sculpteur Jean-Baptiste Tuby.

ŒUVRES

Le Flûteur Borghèse. Statue en marbre copiée à Rome d'après l'antique (années 1676-1680). Cette figure fut envoyée en France.

Une Victoire. Statue exécutée à Rome (années 1676-1680). Cette statue est mentionnée dans l'inventaire général de l'Académie de France dressé en 1684.

1. Voir le *Dictionnaire des sculpteurs de l'École française du Moyen Age au règne de Louis XIV*, 1898, p. 466.

Une Flore. Statue exécutée également à Rome (années 1676-1680). Cette statue figure dans le même inventaire.

Travaux à la grande aile du château de Versailles, du côté de l'Orangerie. Payés 420 livres (années 1681-1682).

Ouvrages en stuc pour le salon du bout de la grande galerie, dans le même château (année 1681).

Neuf trophées en bronze pour le même salon. En collaboration de Coyzevox (année 1682).

Un bas-relief en bronze pour la cheminée du même salon. En collaboration de Coyzevox (année 1682). Les travaux exécutés dans ce salon furent payés aux deux artistes 10.330 livres.

Deux vases pour le pourtour de la pièce d'eau sous le Dragon, dans le parc de Versailles (années 1682-1683).

La Peinture et la Sculpture. Bas-relief en marbre. Musée du Louvre, n° 792. Morceau de réception à l'Académie (27 juin 1682). Provient d'une des salles de cette Académie.

Les attributs de la Terre. Groupe en pierre. Ce groupe était placé sur une des façades du château de Marly. Payé 950 livres (années 1683-1684).

Vase en marbre orné d'un bas-relief représentant *Mars enfant assis sur des trophées et entouré de génies de la guerre.* Ce vase fut exécuté d'après un dessin de Mansard. Parterre de Latone, dans le parc de Versailles. Gravé par Thomassin, n° 208.

Quatre chapiteaux en marbre pour le palais de Trianon. Payés 746 livres (années 1687-1688).

Seize cassolettes sculptées sur le faîte du château de Marly. Payées 1.945 livres (année 1688).

Deux bas-reliefs d'enfants au-dessus des niches, dans les chapelles de l'église des Invalides. Payés 900 livres (années 1691-1692).

Portrait de Monsieur, frère unique du roi. Marbre. Salon de 1704.

Un Christ à la colonne. Marbre. Salon de 1704.

Une Nymphe. Statue en marbre pour le bassin des Carpes, dans le parc de Marly. Payée 3.500 livres (année 1705).

La France triomphante. Groupe en plomb. Bosquet de l'Arc-de-Triomphe, dans le parc de Versailles. Ce groupe est l'œuvre de Coyzevox et de Tuby. D'après Piganiol de la Force, Jacques Prou y aurait aussi collaboré. J'ignore si cela est exact, car, nulle autre part, je n'ai trouvé trace de cette collaboration; ni Thomassin, ni d'Argenville, ni les comptes des bâtiments du roi n'en font mention.

GUÉRIN, *Description de l'Académie royale*, 1715, p. 130. — PIGANIOL DE LA FORCE, *Nouvelle description des châteaux et parcs de Versailles et de Marly*, 1764, t. II, p. 11, 196, 278, 349. — *Archives de l'art français, documents*, t. I, 1852, p. 371; t. II, 1853, p. 383; t. V, 1857-1858, p. 277. — GUILLET DE SAINT-GEORGES, *Mémoires inédits sur la vie et les ouvrages des membres de l'Académie*, 1854, t. II, p. 80-85. — Eudore SOULIÉ, *Notice du Musée impérial de Versailles*, 3e partie, 1861, p. 508. — A. JAL, *Dictionnaire critique de biographie et d'histoire*, 1872, p. 1010. — HERLUISON, *Actes d'état civil d'artistes français*, 1873, p. 361, 364. — *Nouvelles archives de l'art français*, 1876, p. 66. — DE MONTAIGLON, *Procès-verbaux des membres de l'Académie royale*, t. II, 1878, p. 35, 45, 170, 223; t. III, 1880, p. 168, 389; t. IV, 1881, p. 27. — Idem, *Correspondance des directeurs de l'Académie de France à Rome*, t. I, 1887, p. 130, 133. — J. Guiffrey, *Comptes des bâtiments du roi sous le règne de Louis XIV*. t I, 1881, col. 925 ; t. II, 1887, col. 11, 14, 136, 138, 139, 140, 169, 172, 178, 278, 314, 367, 440, 522, 623, 1181 ; t. III, 1891, col. 100, 167, 337, 554, 703, 1080, 1129 ; t. IV, 1896, col. 473, 1184 ; t. V, 1901, col. 44. — *Inventaire général des richesses d'art de la France. Paris, monuments religieux*, t. III, 1901, p. 255. — De Nolhac, *Les jardins de Versailles*, 1906, p. 128.

Proust (Antoine), maître sculpteur et peintre établi à Paris dans la seconde moitié du xviiᵉ siècle, est témoin dans un acte de mariage inscrit sur les registres de Saint-Germain-l'Auxerrois à la date du 3 octobre 1673.

H. Herluison, *Actes d'état civil d'artistes français*, 1873, p. 180, à Hongrie (Philippe de).

Prouvendier (Étienne), sculpteur parisien de la fin du xviiᵉ siècle, figure comme témoin le 19 août 1694, sur les registres de la paroisse Saint-Sulpice, dans l'acte d'inhumation de la veuve de Jean Hardy, graveur.

H. Herluison, *Actes d'état civil d'artistes français*, 1873, p. 174, à Hardy.

Puget (Pierre), sculpteur, peintre et architecte, fils de Simon Puget, maître maçon, naquit à Marseille au mois d'octobre 1620. A l'âge de quatorze ans, il entra en apprentissage chez un maître menuisier constructeur de galères nommé Jean Roman. Ayant appris là les premiers principes de la sculpture en bois, il partit en Italie, probablement vers 1640. Il se rendit à Florence, puis à Rome, où il devint l'élève de Pierre de Cortone. Il revint à Marseille en 1643 et alla travailler dans l'arsenal de Toulon ; il y reçut du duc de Brézé, amiral de France, la commande d'un projet de décoration pour un vaisseau de l'État.

D'après plusieurs de ses biographes, il serait retourné ensuite à Rome, en compagnie d'un religieux de l'ordre des Feuillants, à qui la reine-mère avait demandé de dessiner les monuments et les sculptures antiques, mais, comme le fait remarquer M. Philippe Auquier dans sa notice sur Puget, ce voyage, sur lequel on ne possède aucun renseignement précis, paraît bien problématique, surtout à cette époque, car l'artiste résidait à Toulon le 8 août 1647, date de son mariage.

De 1648 à 1650, il exécuta dans la cathédrale de cette ville un retable pour la chapelle du *Corpus Domini* et décora, en collaboration de Nicolas Levray, une fontaine que la municipalité avait fait ériger sur la place de la porte Saint-Lazare. Il s'adonna peu après à des travaux de peinture. C'est à ce moment de la vie de l'artiste qu'il faut rapporter le *Baptême de Constantin*, le *Baptême de Clovis* et le *Salvator*

27

Mundi ; ces tableaux peints pour la confrérie du Saint-Sacrement, à Marseille, sont maintenant au Musée. Il fit encore un *saint Felice de Cantalice* pour les Capucins de Toulon, une *Annonciation* pour les Dominicains de la même ville, une *Visitation* et une autre *Annonciation* pour la chapelle des Messieurs d'Aix, une *Vierge* pour l'église Notre-Dame-du-Saint-Rosaire de Carnoules, une *Sainte-Famille* placée aujourd'hui au château de Fonscolombe appartenant au marquis de Saporta, le *Sommeil de Jésus*, la *Fuite en Égypte*, une *sainte Cécile*, un *Sacrifice à Noé* et enfin la *Vierge montrant à lire à l'Enfant Jésus*[1].

En 1656, Puget entreprit à Toulon un de ses ouvrages de sculpture les plus célèbres, le portail de l'Hôtel de Ville, avec les deux admirables cariatides soutenant le balcon ; ce travail fut terminé en 1657. Deux ans après, on lui devait la *Custode du Saint-Sacrement* dans la chapelle du *Corpus Domini*, à la cathédrale, magnifique décoration ne bois peint et doré qui fut détruite dans un incendie en 1681.

En 1659, il vint à Paris, appelé par l'ami et le collaborateur de Fouquet, Claude Girardin, qui lui fit sculpter deux groupes et un bas-relief pour son château du Vaudreuil, en Normandie. Ces œuvres finies, il fut chargé par Fouquet d'aller choisir des marbres destinés au château de Vaux-le-Vicomte ; il reprit donc en 1660 la route de Toulon et s'embarqua pour Gênes. En attendant l'expédition de ces marbres, il commença la statue de l'*Hercule Gaulois* que lui avait commandée sans doute le Surintendant. Celui-ci étant tombé en disgrâce, la statue fut réclamée par Colbert qui la fit placer à Sceaux.

Le séjour de Puget à Gênes se prolongea jusqu'en 1667. Pendant cette période, il exécuta de nombreux ouvrages qui existent encore : le *saint Sébastien* et le *saint Ambroise* de l'église Sainte-Marie-de-Carignan, la *Conception de la Vierge* de la chapelle de l'*Albergo dei poveri*, la *Sainte Vierge et l'Enfant Jésus* du palais Cattaldi. Il entreprit aussi le maître-autel de l'église de Saint-Cyr et la *Vierge* de Saint-Philippe-de-Néri qui ne furent achevés qu'en 1670.

De retour à Toulon, nommé maître sculpteur au port, il prit la direction des ateliers de sculpture navale et donna les dessins de plusieurs vaisseaux dont la décoration fut exécutée sous sa conduite. Entre temps, il se rendit à Paris, à Marseille, à Aix et à Gênes. En 1679, rayé sur les états du personnel du port et dépouillé de son emploi, il termina les marbres qu'il avait sur le chantier : le *Milon de Crotone*, le groupe de *Persée et Andromède* et le bas-relief de *Diogène*

---

1. Ce tableau et les deux précédents sont à Marseille dans la collection de M. Émile Ricard.

et Alexandre. Le *Milon* daté de 1682 et le *Persée* daté de 1684 furent
envoyés à Versailles ; quant au *Diogène*, transporté à Paris en 1694,
il fut déposé dans les magasins du roi. Ces trois marbres sont aujour-
d'hui au Musée du Louvre.

En 1687, il passa un marché pour l'exécution d'une statue équestre
de Louis XIV qui devait être érigée à Marseille, mais ce marché fut
rompu en 1688 et le grand artiste eut la douleur de se voir supplanter
par un sculpteur inférieur à lui, Jacques Clérion. Cette statue, qui avait
causé tant de déboires à Puget, resta d'ailleurs à l'état de projet et ne
fut jamais mise en place. La dernière œuvre du maître est le bas-
relief en marbre représentant *saint Charles Borromée priant pour la
cessation de la peste de Milan* ; ce bas-relief se trouve au Musée de la
Consigne, à Marseille.

Puget mourut dans cette ville le 2 décembre 1694 et fut inhumé
dans l'église de l'Observance, église aujourd'hui démolie. Veuf de sa
première femme, Paule Boulete, qui lui avait donné un fils, François
Puget, peintre mort en 1707, il s'était remarié le 29 mai 1691 avec
Madeleine de Tamborin, fille d'un avocat à la Cour.

Il existe plusieurs portraits de Pierre Puget : un, par François Puget
figure au Musée du Louvre ; deux, peints par lui-même, se voient
l'un au Musée de Marseille et l'autre au Musée d'Aix ; ce dernier
Musée possède aussi le buste du sculpteur par son élève Christophe
Veyrier.

ŒUVRES [1]

Retable sculpté, peint et doré pour la chapelle du *Corpus Domini*, dans la
   cathédrale de Toulon. Cette œuvre fut payée 236 livres 10 sols tournois
   (années 1648-1650) ; elle disparut dans un incendie en 1681.
Fontaine Saint-Lazare, en pierre de Calissanne, exécutée en collaboration
   de Nicolas Levray pour la communauté de Toulon (année 1649).
Portail de l'Hôtel de Ville de Toulon. L'ornementation de ce portail se com -
   pose d'un balcon soutenu par deux cariatides d'hommes et d'un macaron
   surmontant un écusson aux armes de la ville au sommet du cintre de la
   porte. Ce bel ouvrage sculpté en pierre de Calissanne date de 1656-1657 ;
   il est signé P. PUGET. PIC. ESC. AR. M. T. *Pierre Puget, peintre, sculpteur, architecte marseillais à Toulon*. L'artiste toucha 1.700 livres pour
   son travail. Les cariatides ont été restaurées en 1825 par le sculpteur
   Louis Hubac. Le Musée du Trocadéro en possède un moulage, n° 940.
   Une maquette en terre cuite représentant un portefaix chargé d'un far-
   deau, groupé avec une proue de navire antique, maquette qui sans
   doute a dû servir d'étude pour l'une des cariatides, se trouvait en 1868
   chez M. Grésy, à Paris [2].

---

1. Je ne cite ici que les œuvres de sculpture.
2. Léon Lagrange, p. 383.

Custode du Saint-Sacrement ou autel avec retable en bois peint et doré dans la chapelle du *Corpus Domini* de la cathédrale de Toulon (année 1659). Cet ouvrage payé à Puget 5.095 livres fut détruit dans un incendie en 1681. Un dessin, qui était probablement le projet de cette custode, figurait au commencement du siècle dernier dans la collection de M. Magnan de la Roquette, à Aix.

Louis XIV jeune. Buste en marbre. Musée d'Aix. Ce buste, que le catalogue du Musée désignait, sans nom d'auteur, comme celui d'un inconnu, vient d'être identifié par M. Louis Gonse dans son intéressant livre sur les chefs-d'œuvre des Musées de France. M. Gonse a rendu ainsi à Puget une de ses plus belles œuvres jusqu'alors méconnue. Il croit y voir le buste en marbre commandé à l'artiste en 1659 pour orner le portail de l'Hôtel de Ville de Toulon, ou tout au moins une répétition destinée aux États de Provence. Léon Lagrange prétend que le buste de Toulon a été sculpté par un nommé Cogorde ; M. Gonse au contraire nie l'existence de cet artiste. Ce dernier cependant figure bien sur la liste des sculpteurs toulonnais publiée par M. Charles Ginoux, mais j'ignore sur quel document s'est basé Lagrange pour lui attribuer l'exécution d'un buste qui avait été commandé à Puget.

Hercule terrassant l'hydre de Lerne. Statue en pierre de Vernon. Musée de Rouen. Cette statue, exécutée de 1659 à 1660, se trouvait au château de Vaudreuil, en Normandie, appartenant alors à Claude Girardin, le collaborateur de Fouquet. Ce château ayant été démoli à la Révolution, la statue disparut à cette époque; elle a été retrouvée en 1882 par M. l'abbé de La Balle, curé de Saint-Ouen-du-Tilleul, dans un enclos faisant partie du domaine de la Londe, domaine situé à six lieues du Vaudreuil. Cette statue est reproduite dans les chefs-d'œuvre des Musées de France de M. Louis Gonse, p. 314. On en connaît un dessin dans la collection d'un amateur marseillais, M. Louis Grobet.

Janus couronné d'olivier par Cybèle. Groupe en pierre de Vernon placé jadis au château du Vaudreuil (années 1659-1660). On ne sait ce qu'il est devenu.

Un bas-relief. Autrefois dans le même château (années 1659-1660). On ignore ce qu'il représentait.

Hercule à demi couché. Bas-relief en marbre. Ce bas-relief, découvert récemment figure dans la collection de M. Émile Ricard, à Marseille.

La Lapidation de saint Étienne. Bas-relief en terre cuite portant la signature de l'artiste. Même collection. Ce bas-relief est reproduit dans la notice sur Pierre Puget par M. Philippe Auquier, p. 33.

L'Hercule gaulois. Statue en marbre. Musée du Louvre, n° 793. Commandée par Fouquet pour le château de Vaux-le-Vicomte, cette statue fut exécutée à Gênes en 1661. Après la disgrâce du Surintendant, Colbert la fit venir en France et la plaça au château de Sceaux. En 1797, elle fut transportée au Luxembourg, où elle resta jusqu'au moment de son transfert au Louvre. On en possède deux maquettes en terre cuite : l'une provenant du sculpteur Deloye, au Musée d'Amiens, et l'autre léguée par His de la Salle, à la Bibliothèque de l'École des Beaux-arts, à Paris.

Saint Sébastien. Statue colossale en marbre. Église de Sainte-Marie-de-Carignan, à Gênes.

Saint Ambroise. Statue colossale en marbre. Même église. Cette dernière et la précédente furent sculptées pour le compte de la famille Sauli de 1661 à 1667. Une maquette en terre cuite du *saint Ambroise* figure au Musée d'Aix.

La Conception de la Vierge. Groupe en marbre placé sur l'autel de la cha-pelle de l'*Albergo dei poveri*, à Gênes. Ce groupe commandé par Emma-nuel Brignole fut exécuté de 1662 à 1667.

La Sainte Vierge et l'Enfant Jésus. Statue en marbre. Chapelle domes-tique du palais Cattaldi, autrefois palais Carega, à Gênes. Une réduction de cette statue, exécutée par Christophe Veyrier, a été exposée à Marseille en 1861 sous le nom de Puget.

L'Assomption de la Vierge. Bas-relief en marbre sculpté à Gênes pour le duc de Mantoue de 1664 à 1665. Ce bas-relief a disparu.

L'Enlèvement d'Hélène. Groupe. Cette œuvre se trouvait jadis, à Gênes, dans le palais Spinola. Un petit groupe en terre cuite représentant le même sujet a figuré à la vente La Live de Jully en 1770 ; il se trouvait, en 1807 chez M. Bastide, à Marseille.

Maître-autel de l'église de Saint-Cyr, à Gênes. Cet ouvrage en bronze, exé-cuté de 1663 à 1670, fut commandé à Puget par un père théatin, dom Alexandre Marini. Il coûta 33.000 livres.

La Vierge Marie. Statue en marbre. Autel de Saint-Philippe-de-Néri, à Gênes. Destinée à la chapelle domestique des Lomellini, cette vierge fut donnée en 1762 à l'église Saint-Philippe-de-Néri par Stefano Lomellini. Sur la base de la statue, on lit l'inscription suivante : N. D. PVGET. MAC. F. AN. D. M. MDCLXX. *Nobilis Dominus Puget Massiliensis faciebat anno Domini mense primo 1670.*

Un mortier en marbre orné de bas-reliefs. Cette œuvre se trouvait autre-fois à Gênes.

Deux Renommées et deux Tritons. Bois doré provenant de la décoration d'un vaisseau. Musée de la Marine, à Paris.

Un bras. Bois. Fragment de décoration de navire. Musée du Louvre, nº 798. Legs Gatteaux. Ce bras a figuré à l'Exposition universelle de 1867 dans les galeries françaises de l'Histoire du travail.

Génie maritime. Bas-relief en terre cuite. Étude pour la décoration d'un vaisseau. Ce bas-relief, d'après Lagrange, se trouvait à Paris dans la collection de M. Jules Boilly.

Les armes du roi. Écusson en marbre accoté de deux génies héraldiques. Musée de Longchamp, à Marseille. Cet écusson, qui ornait le dessus de la porte de l'Hôtel de Ville de Marseille du côté du port, fut sculpté en 1674 moyennant la somme de 1.500 livres. Il resta en place jusqu'en 1888, époque où il fut transporté au Musée. Les emblèmes royaux n'existent plus, ayant été enlevés à la Révolution.

Couronnement de la porte d'une maison sise place de la Halle-aux-Pois-sons, à Toulon. Un moulage de cette décoration figure au Musée du Tro- cadéro, nº 941.

Le Ravissement de sainte Madeleine. Bas-relief en marbre, Archevêché d'Aix. Cette œuvre ornait jadis le maître-autel de la cathédrale.

L'Assomption de la Vierge. Groupe en marbre exécuté par Puget, en col-laboration de Christophe Veyrier, pour la chapelle du château de Saint-Martin-de-Pallières, près de Marseille. Ce groupe, qui appartient aujour-d'hui au marquis de Boisgelin, est sans doute une répétition du bas-relief sculpté à Gênes pour le duc de Mantoue. Des moulages de cette *Assomption* figurent aux Musées d'Aix et de Marseille.

Milon de Crotone. Groupe en marbre. Musée du Louvre, n° 794. Ce groupe provient du parc de Versailles ; il est signé : P. PUGET. SCVLP. MASSILIENSIS. F. ANNO. D. 1682. Il a été payé 6.000 livres. Gravé par Thomassin, n° 125, et par Desplaces. Le Musée de Rennes en possède un croquis qui doit en être la première idée. Une maquette en terre cuite du Milon se trouvait, paraît-il, à Aix, dans la collection de M. Magnan de la Roquette ; cette collection a été vendue à Paris en 1841.

Persée délivrant Andromède. Groupe en marbre. Musée du Louvre, n° 795. Provient du parc de Versailles. Ce groupe fut commencé en 1678 ; il est signé : P. PVGET. MASSIL. SCULP. ARCH. ET PIC. SCULPEBAT ET DICABAT EX. A. DOM. MDCLXXXIV. Il a été payé 15.000 livres. Gravé par Thomassin, n° 61. Un petit groupe en terre cuite du Persée figurait chez Puget au moment de sa mort.

Deux jeunes lions rampants. Figures en pierre ornant le fronton d'une porte de la maison d'Entrechaux, place de la Poissonnerie, à Toulon.

Saint Thomas. Statue en pierre, plus grande que nature, placée dans une niche de la chapelle de la Vierge, à l'église métropolitaine de Notre-Dame-des-Doms, à Avignon. Cette statue est donnée à Puget, mais Léon Lagrange fait remarquer que cette attribution est douteuse.

Louis XIV. Médaillon en marbre. Musée de Longchamp, à Marseille. Provient du château Borély. Ce médaillon, qui se trouvait à la mort de l'artiste dans son pavillon de Fongate, près de Marseille, est signé : P. PVGET. SCP.. Il en existe une répétition au Musée d'Aix.

Louis XIV à cheval, vêtu à la romaine. Bas-relief en marbre. Musée de Longchamp, à Marseille. Provient du château Borély.

Diogène et Alexandre. Bas-relief en marbre. Musée du Louvre, n° 796. Ce bas-relief commencé en 1670 ne fut terminé qu'en 1687. Transporté à Paris en 1694, il fut déposé dans les magasins du roi au lieu d'être placé sur la façade du château de Versailles comme l'avait rêvé l'artiste.

Génie ou ange assis. Statue en marbre, servant de support à la vasque des fonts baptismaux de l'église paroissiale d'Ollioules (Var).

Le Grand Dauphin. Médaillon en marbre.

Un seigneur du XVIIe siècle. Médaillon en marbre. Ce médaillon et le précédent sont cités par Lagrange comme se trouvant au château Borély, à Marseille.

Faune. Statue en marbre. Musée de Longchamp, à Marseille. Provient du château Borély. Ce marbre laissé inachevé était placé, du vivant de Puget, sur le perron du pavillon de Fongate. La maquette en terre cuite de cette statue figure également au même Musée.

Louis XIV. Buste en marbre plus grand que nature. Musée de Narbonne. Ce buste exécuté pour l'archevêché de Narbonne y resta jusqu'en 1801, époque de la suppression du diocèse.

Alexandre vainqueur. Petit groupe en marbre. Musée du Louvre, n° 797. Ce groupe a été acquis en 1849.

Saint-Jean-Baptiste enfant. Bas-relief en marbre cité par Lagrange, d'après Emeric David, parmi les œuvres de Puget.

Tête du Sauveur. Marbre. Cette œuvre, provenant de la collection d'un amateur marseillais, a été vendue en mai 1860 pour le prix de 1.660 francs.

L'Assomption. Bas-relief en marbre décorant un retable dans l'église de Cucuron (Vaucluse). Provient d'un couvent d'Aix. C'est sans doute une répétition du bas-relief sculpté à Gênes pour le duc de Mantoue.

Vitellius. Buste en marbre imité de l'antique. Musée Calvet, à Avignon.

Antoine et *Cléopâtre.* Bustes en marbre imités de l'antique. Hôtel d'Albertas, à Aix. Ces bustes sont attribués à Puget.

Enfants dansant. Bas-relief en marbre. Musée de Toulouse. Ce bas-relief a été donné par M. Clausade, ingénieur du canal du Midi.

Christ à la colonne. Groupe en argent. Trésor de la métropole Notre-Dame-des-Doms, à Avignon.

Tête de Gérard Tenque, fondateur de l'ordre des Hospitaliers de Jérusalem. Argent repoussé. Hôtel de Ville de Manosque (Basses-Alpes). Le buste de ce personnage était avant la Révolution dans la chapelle du château ; la tête seule a été sauvée.

Chenets en fonte de fer. Ces chenets, représentant un phœnix et une chimère montés sur des socles ornés de figurines d'enfants, se trouvaient à Marseille, au commencement du xixᵉ siècle, chez M. de Pierrefeu.

Neptune. Statue en marbre plus grande que nature. Cette statue fut achetée en 1801 par Alexandre Lenoir pour le Musée des Monuments français. D'après le catalogue de ce musée (an X, nº 313), elle ornait jadis une des pièces d'eau du château de Sceaux et elle avait été vendue par le citoyen Donjeux habitant au Grand-Gentilly. Plus tard, elle fut transportée à la Malmaison. Qu'est-elle devenue ? Aucun biographe de Puget n'en fait mention.

Femme nue couchée sur un lit. Terre cuite qui, d'après Lagrange, se trouvait, à Paris, chez M. Jules Boilly.

Tête de Christ. Terre cuite. Bibliothèque de l'École de Médecine de Montpellier. Le catalogue de la collection Atger désigne cette tête comme représentant le buste de saint Louis de Gonzague expirant.

Statue équestre de Louis XIV. Statuette en terre cuite, esquisse de la statue qui devait être érigée à Marseille. Cette statuette, selon Emeric David, se trouvait au commencement du siècle dernier chez un amateur marseillais.

Le Sommeil représenté sous la figure d'un adolescent. Terre cuite. Cette statuette signée P. P. est citée par Lagrange comme appartenant, en 1868, à un particulier domicilié à Gigean (Hérault).

Statue équestre de Louis XIV. Modèle en cire qui faisait partie, selon Emeric David, d'une collection à Marseille. C'était l'esquisse d'une statue que Puget comptait exécuter pour Versailles. Lagrange pense que c'est peut-être ce modèle qui a inspiré l'Alexandre vainqueur du Musée du Louvre.

Salvator Mundi. Buste en marbre. Musée de Longchamp, à Marseille. Ce buste était placé jadis sur la façade de la maison que l'artiste possédait, rue de Rome, à Marseille. Il a été cédé, en 1882, au Musée de cette ville par M. Charles Magne, amateur marseillais, qui l'avait depuis deux ans en sa possession.

Nicolas de Ranché, commissaire général des galères de France. Médaillon ovale en marbre. Cette œuvre est citée par Lagrange comme se trouvant, à Aix, dans une collection particulière.

Saint Charles Borromée priant pour la cessation de la peste de Milan. Bas-relief en marbre. Musée de la Consigne, ancienne Intendance sanitaire bâtie sur le Port-Vieux, à Marseille. Cette œuvre aurait été entreprise pour M. de la Chambre, curé de Saint-Barthélemy à Paris. Ce dernier étant mort, Puget en 1691 en proposa l'achat au roi, mais la réponse ne fut pas favorable. Le bas-relief était encore la propriété de Paul Puget, petit-fils de l'artiste, lorsqu'en 1730 le bureau de l'Intendance militaire en décida l'acquisition moyennant une somme de deux mille livres, plus une pension de cinq cents livres sur la tête du propriétaire. Le modèle en plâtre de la *Peste de Milan* figure au Musée de Longchamp.

Florent Le Comte, *Cabinet des singularitez d'architecture, peinture, sculpture*. *etc.*, 1702, t. III, p. 189-196. — Le père Bougerel, *Mémoires pour servir à l'histoire des hommes illustres de Provence*, 1752. — Piganiol de la Force, *Nouvelle description des châteaux et parcs de Versailles et de Marly*, 1764, t. II, p. 59, 79, 349. — Idem, *Description historique de la ville de Paris*, 1765, t. IX, p. 492, 493, 529, 530. — D'Argenville, *Vies des fameux sculpteurs*, 1787, p. 181-199. — Alphonse Rabbe, *Éloge de Puget*, 1807. — Duchesne aîné, *Éloge de Puget*, 1807. — Féraud, *Éloge de Puget*, 1807. — Eméric David, *Vies des artistes anciens et modernes*, p. 183-203, 265-302. — Zenon Pons, *Essai sur la vie et les ouvrages de Pierre Puget*, 1812. — Henry, *Mémoires de la société des sciences, arts et belles-lettres de Toulon*, 1853. — Léon Lagrange, *Pierre Puget*, 1868. — A. Jal, *Dictionnaire critique de biographie et d'histoire*, 1872, p. 1011, 1013. — *Archives de l'art français, documents*, t. II, p. 236, 240 ; t. IV, p. 227, 309, 310. — *Abécédario de Mariette*, t. IV. p. 223-228. — *Nouvelles archives de l'art français*, t. IV, p. 49. — *Revue de l'art français*, t. III, p. 23-24, 64, 114-117, 192, 316, 318 ; t. VI, p. 49, 50, 169, 217-221, 324 ; t. VIII, p. 106, 248. — L. Dussieux, *Les artistes français à l'étranger*, 1876, p. 428-431. — *Réunion des sociétés des beaux-arts des départements*, t. I, p. 84 ; t. VIII, p. 340-346, 351-356 ; t. X, p. 312-343 ; t. XI, p. 304-308, 325-332 ; t. XII, p. 106-121, 127-129 ; t. XIII, p. 454-464 ; t. XIV, p. 354-356, 360-362, 369-372 ; t. XVI, p. 167-169 ; t. XVII, p. 215-236 ; t. XVIII, p. 652-687 ; t. XIX, p. 785-796 ; t. XX, p. 381-383. — Louis Gonse, *La sculpture française*, 1895, p. 189-199. — Idem, *Les chefs-d'œuvre des Musées de France*, 1904, p. 18, 21, 22, 39, 85, 254-258, 259, 272, 290, 314-316.

Puget (Gaspard), sculpteur et architecte, frère aîné de Pierre, naquit à Marseille en 1615. On trouve trace de lui pour la première fois à Toulon en 1649, mais il devait être établi dans cette ville dès 1644. De 1649 à 1650, il exécuta plusieurs fontaines en collaboration de son frère Pierre et de Nicolas Levray. Vers la même époque, il fut chargé par la municipalité, toujours avec Nicolas Levray et un autre de ses confrères, Pierre Arnaud, de différents ouvrages d'architecture et de sculpture. En 1650, il revint à Marseille et y travailla, en 1652, à la construction des fonts baptismaux de l'église de la Mayor. En 1670, il fut occupé, en collaboration de Mathieu Portal, à l'agrandissement de la ville ; il recevait alors 300 livres de gages par an. Il serait l'auteur des plans des maisons élevées sur le cours Saint-Louis. Il vivait encore dans sa ville natale en 1683.

Charles Bauchal, *Nouveau dictionnaire des architectes français*, 1887 p. 491. —

Ch. GINOUX, *Revue de l'art français*, 1886, p. 191 ; 1888, p. 165 ; 1889, p. 67-70 ; 1894, p. 306. — Idem, *Réunion des sociétés des beaux-arts des départements*, 1890, p. 355, 360.

Puget (Antoine). Un sculpteur de ce nom résidait à Avignon dans les premières années du XVIII° siècle. Était-il parent de Pierre Puget ? On l'ignore.

L'abbé REQUIN, *Jacques Bernus*, 1885, p. 34, note 3.

Pussot (François), sculpteur parisien, est reçu membre de l'Académie de Saint-Luc le 26 avril 1657. On place sa mort entre 1672 et 1682.

P. LACROIX, *Revue universelle des arts*, t. XIII, 1861, p. 325.

Puthois ou **Putois**, remporte en 1713 le deuxième prix de sculpture à l'ancienne École académique de Paris.

A. DUVIVIER, *Archives de l'art français, documents*, t. V, 1857-1858, p. 286. — DE MONTAIGLON, *Procès-verbaux de l'Académie*, t. IV, 1881, p. 171.

Q

Quenot (Jean), faisait partie de l'Académie de Saint-Luc, où il avait été admis le 24 décembre 1681.

P. LACROIX, *Revue universelle des arts*, t. XIII, 1861, p. 325.

R

Racle (Jean), sculpteur et graveur en médailles natif de Brevennes, en Lorraine, travailla d'abord dans cette contrée. Vers 1630, on le trouve occupé à la cour du duc. Il se maria en 1640 avec Jeanne

Cheminot dont il eut une fille. Appelé à Paris, il obtint un logement
au Louvre et devint valet de chambre du roi et maître en la Monnaie.
Le 30 octobre 1650, il reçut des lettres de naturalisation. Il mourut à
Nancy entre 1656 et 1660 et fut inhumé dans la collégiale Saint-Georges.
Nagler place sa mort, mais sans preuves, en 1670. Il avait deux
frères : Étienne Racle, graveur des monnaies à Nancy en 1668, et
Nicolas, également graveur en médailles.

NAGLER, *Künstler-Lexicon*, 1842, t. XII, p. 185. — H. LEPAGE, *Palais ducal de
Nancy*, 1852, p. 108. — A. JAL, *Dictionnaire critique de biographie et d'histoire*,
1872, p. 1033. — J. GUIFFREY, *Nouvelles archives de l'art français*, 1873, p. 238. —
Réunion des sociétés des beaux-arts des départements, 1885, p. 129 ; 1889, p. 514,
515.

Raincheval (Jean ou François), travaillait à Amiens dans la seconde
moitié du xviie siècle. Il fut admis à la maîtrise de son art le 19 février
1680.

Robert GUERLIN, *Réunion des sociétés des beaux-arts des départements*, 1896,
p. 562.

Rambot ou **Rombaud** (Jean-Claude), maître sculpteur et architecte de la ville d'Aix, travailla en 1659, avec ses confrères Pierre
Pavillon et Jacques Fossé, à la décoration de l'Hôtel de Ville. En
1662, il fut chargé d'entreprendre la construction de la façade de
l'église Sainte-Madeleine, mais le travail, pour une cause inconnue, ne
ne fut pas continué[1]. On lui attribue dans cette église une Vierge
tenant l'Enfant Jésus, statue en pierre ornant le portail. En 1680, il
exécuta, en collaboration de Christophe Veyrier et de Gros fils, huit
figures à l'occasion de l'entrée, dans la ville, du duc de Vendôme
nommé gouverneur de la Provence.

Archives de l'art français, documents, t. VI, p. 300. — POINTEL DE CHENNEVIÈRES,
Recherches sur la vie et les ouvrages de quelques peintres provinciaux, 1847-1850. —
Réunion des sociétés des beaux-arts des départements, 1890, p. 369. — *Inventaire
général des richesses d'art de la France. Province, monuments religieux*, t. III,
p. 200, 201.

Rancurelle (Honoré), était établi à Dijon dans la seconde moitié
du xviie siècle. En 1681-1682, il était occupé à l'ornementation du
plafond et de la cheminée de la salle du conseil, à l'Hôtel de Ville,
aujourd'hui grande salle des séances dans le bâtiment des Archives
départementales de la Côte d'Or. Vers la même époque, aidé de son
confrère Bernard Rollin, il travaillait à des arcs de triomphe élevés à
l'occasion de l'arrivée du roi à Dijon. En 1688, il collaborait à un feu

1. La façade actuelle de l'église fut construite de 1855 à 1860.

de joie fait sur la place de la Sainte-Chapelle pour célébrer la prise de Philisbourg par le Dauphin.

Archives de la ville de Dijon, M. 257, 263. — JOANNE, *Itinéraire général de la France, Bourgogne, Morvan, Jura, Lyonnais*, 1902, p. 135.

Raon (Jean), naquit à Paris vers 1631, fils de Jean Raon, maître maçon, et de Charlotte de la Carrière. Il fut envoyé à Rome, avec une pension du roi, le 21 avril 1666. Il était de retour à Paris en 1669. Depuis cette époque jusqu'en 1699, les comptes des bâtiments du roi le mentionnent pour des travaux exécutés aux châteaux de Versailles, de Clagny, de Marly, de Meudon et à l'église des Invalides. Reçu membre de l'Académie royale de peinture et de sculpture le 26 mars 1672, sur un bas-relief en marbre représentant *saint Luc*, il fut nommé adjoint à professeur le 27 juillet 1675 et professeur le 1er juillet 1690. Il mourut le 5 avril 1707 et fut inhumé à Saint-Germain-l'Auxerrois. Il habitait alors au Louvre et était veuf de Geneviève Le Cœur qu'il avait épousée en 1661 et qui lui avait donné un fils, Jean Melchior Raon, qui devint sculpteur comme lui.

ŒUVRES

Apollon. Figure en pierre. Autrefois à Versailles. Payée 650 livres (années 1669-1672). Une esquisse en terre cuite de cette œuvre a figuré au Salon de 1673.

Trophées et captifs sculptés pour la décoration du modèle de l'Arc de Triomphe du faubourg Saint-Antoine, à Paris (année 1670).

Travaux dans l'appartement du roi, au château de Versailles (année 1672).

La Diligence. Statue en pierre. Façade du même château, donnant sur la Cour de marbre (année 1672).

Un enfant en bas-relief et des têtes de mort ailées exécutées pour le service funèbre du chancelier Séguier célébré à l'église de l'Oratoire, à Paris, en 1672.

Saint Luc. Médaillon ovale en marbre. Morceau de réception à l'Académie (26 mars 1672). Chapelle des Fonts baptismaux de l'église Notre-Dame de Versailles. Cette œuvre ornait jadis, au Louvre, une des salles de l'ancienne Académie royale; transportée en 1792 au Musée des Monuments français, elle fut donnée en 1815 à l'église de Versailles.

Figures d'animaux pour le Labyrinthe du parc de Versailles. Payées 880 livres (années 1673-1674).

Vases et consoles sculptés à l'aile gauche de l'avant-cour du château de Versailles. En collaboration de Simon Mazière. Payés 551 livres (année 1680).

Trophées d'armes décorant la grande Écurie de Versailles (années 1680-1681).

Travaux à la Petite Écurie de Versailles. En collaboration de René Gérard (année 1680).

Cinq figures en pierre pour le château de Clagny (année 1680).

Sculpture du grand vestibule du même château (année 1680).

La Nuit. Statue en marbre (année 1680). Rampe du Parterre du Nord, dans le parc de Versailles. Gravée par Thomassin, n° 90.

Deux vases pour le pourtour de la pièce d'eau sous le Dragon, dans le parc de Versailles (année 1682).

Ouvrages de sculpture faits au bassin des Sources, dans le même parc. En collaboration de Jacques Houzeau. Payés 2.005 livres (année 1682).

Décoration en stuc pour les appartements des bains, au château de Versailles. En collaboration de François Fontelle (année 1683).

Flore Farnèse. Statue colossale en marbre d'après l'antique. Extérieur du jardin du roi, à Versailles (années 1684-1686). Gravée par Thomassin, n° 31.

Deux vases en marbre pour la Colonnade du parc de Versailles. Payés 840 livres (années 1685-1686).

Nymphe accompagnée d'un enfant qui tient une torche. Groupe en bronze daté de 1688. Bassin du côté du Parterre du Midi, dans le Parterre d'Eau du même parc. Gravé par Thomassin, n° 165.

Nymphe accompagnée d'un amour qui tient une guirlande. Groupe en bronze. Même emplacement. Gravé par Thomassin, n° 164.

Un lion terrassant un sanglier. Groupe en bronze. Fontaine de Diane, dans le Parterre d'Eau du parc de Versailles (années 1686-1687). Gravé par Thomassin, n° 140. Ce groupe est faussement attribué à Van Clève.

Vase en marbre orné de pampres de vigne et de têtes de femmes couronnées de lierre. Parterre devant l'Orangerie de Versailles (années 1687-1689).

Bacchus. Terme en marbre. Demi-lune entre la Grande-Allée et le bassin d'Apollon, dans le même parc (années 1687-1693). Le modèle de ce terme avait été commencé par Jean Dugoulon.

Six chapiteaux en marbre pour Trianon. Payés 1.620 livres (années 1687-1688).

Deux figures en pierre pour l'église des Invalides. Payées 700 livres (année 1690).

Deux groupes d'anges placés au-dessus de deux niches, dans la même église (années 1691-1693).

Arion. Statue en marbre. Bosquet des Dômes, dans le parc de Versailles. Signée : JOANNES RAON PARISIENSIS 1695. Cette statue, retrouvée en 1880 dans un endroit désert du parc, a été replacée dans le bosquet des Dômes en 1897.

Un vase en marbre pour Marly. Payé 850 livres (années 1697-1698).

Deux monstres marins et deux têtes de vents en plomb pour Marly. Payés 560 livres (années 1697-1698).

Cinq bas-reliefs en dedans des chapelles de l'église des Invalides. Payés 3.000 livres (année 1699).

Apollon. Statue. Salon de 1699.

La Vigilance. Statue. Même salon.

Modèle d'un groupe d'enfants pour le château de Meudon (année 1699).

Raon (Jean-Melchior), sculpteur du roi, né vers 1669, fils du précédent, exécuta pour Versailles un terme en marbre représentant l'*Hiver*.

Il sculpta aussi des têtes de chérubins et des bas-reliefs d'enfants pour la chapelle du château ; ces ouvrages terminés en 1709 lui furent payés 3.745 livres. En 1712, il fit deux trophées d'église pour le chœur de Notre-Dame de Paris. Il mourut en 1719. Il avait un fils nommé également Jean-Melchior ; ce dernier fut envoyé à Rome en 1712 comme sculpteur pensionnaire du roi, mais, ne pouvant supporter le climat d'Italie, il revint en France en 1715.

Guérin, *Description de l'Académie royale*, 1815, p. 72. — D'Argenville, *Voyage pittoresque des environs de Paris*, 1762, p. 98, 103, 108, 112, 116, 127. — Piganiol de la Force, *Nouvelle description des châteaux et parcs de Versailles et de Marly*, 1764, t. I, p. 8, 18 ; t. II, p. 2, 9, 46, 73, 99, 161, 173. — *Archives de l'art français, documents*, t. I, 1852, p. 367, 413 ; t. II, 1853, p. 383. — Eudore Soulié, *Notice du Musée impérial de Versailles*, 1re partie, 1859, p. 2, 3 ; 3e partie, 1861, p. 497, 500, 505, 512, 615. — A. Jal, *Dictionnaire critique de biographie et d'histoire*, 1872, p. 1042. — H. Herluison, *Actes d'état civil d'artistes français*, 1873, p. 373. — *Nouvelles archives de l'art français*, 1873, p. 120 : 1874-1875, p. 208 ; 1876, p. 63. — De Montaiglon, *Procès-verbaux de l'Académie*, t. I, 1875, p. 380, 397 ; t. II, 1878, p. 53. — *Inventaire général des richesses d'art de la France. Province, monuments religieux*, t. I, 1885, p. 155 ; *Paris, monuments religieux*, t. III, 1901, p. 255. — L. Dussieux, *Le château de Versailles*, 1881, t. II, p. 112, 157, 208, 220, 258, 260, 319. — J. Guiffrey, *Comptes des bâtiments du roi sous le règne de Louis XIV*, t. I, 1881, col. 106, 363, 412, 421, 469, 514, 616, 647, 762, 830, 902, 917, 964, 982, 1048, 1075, 1106, 1190, 1288, 1326 ; t. II, 1887, col. 11, 22, 58, 60, 68, 88, 91, 92, 93, 136, 140, 160, 169, 172, 180, 189, 197, 278, 317, 324, 335, 438, 474, 624, 919, 990, 991, 994, 1183 ; t. III, 1891, col. 85, 101, 104, 291, 292, 294, 422, 558, 703, 844, 853, 947, 1004, 1085, 1132 ; t. IV, 1896, col. 188, 330, 336, 472, 479, 618, 853, 954, 1184 ; t. V, 1901, col. 124, 214, 216, 217, 320, 527, 529, 530, 538, 609. — De Nolhac, *Les jardins de Versailles*, 1906, p. 20, 36, 117.

Raulet (Jean-Baptiste), travaillait à Paris au commencement du xviiie siècle. Le 30 avril 1700, il perdit un fils, âgé de dix-neuf mois, qui fut inhumé sur la paroisse Saint-Benoît.

H. Herluison, *Actes d'état civil d'artistes français*, 1873, p. 374.

Ravau, est cité dans les comptes des bâtiments du roi, comme ayant exécuté à Paris, en 1713, différents ouvrages de sculpture en bois pour les maisons royales.

J. Guiffrey, *Comptes des bâtiments du roi sous le règne de Louis XIV*, t. V, 1901, col. 696.

Ravinot (Pierre), sculpteur demeurant à Paris dans la seconde moitié du xviie siècle, figure comme témoin dans l'acte de décès de son confrère Charles Desbrousses, acte inscrit le 31 mai 1687 sur les registres de la paroisse Saint-Roch.

On trouve encore un Pierre Ravinot, sculpteur, qui est inscrit sur le rôle des contribuables de la ville de Nancy en 1698. C'est peut-être le même qui a pu quitter Paris pour s'établir en Lorraine.

Archives de Nancy, t. II, p. 305. — H. Herluison, *Actes d'état civil d'artistes français*, 1873, p. 108 à Desbrousses. — A. Jacquot, *Réunion des sociétés des beaux-arts des départements*, 1900, p. 358.

Rayol, originaire du Languedoc, résidait à Paris dans la seconde moitié du xviie siècle. Il exécuta plusieurs œuvres pour Versailles et pour l'église des Invalides. Il se retira ensuite dans son pays natal, où il vivait encore en 1701.

ŒUVRES

Platon tenant le médaillon de Socrate, son maître. Terme en marbre. Pourtour du Parterre de Latone, dans le parc de Versailles (années 1685-1688). Gravé par Thomassin, n° 173.

Ino, fille de Cadmus. Statue en marbre. Bosquet des Dômes, dans le même parc (années 1685-1688). Cette statue, transportée à Saint-Cloud en 1844, fut rapportée à Versailles en 1871 et replacée dans le bosquet des Dômes en 1897.

Vase en marbre orné de cornes d'abondance (années 1687-1688). Allée Royale, dans le même parc. Un moulage d'une partie de ce vase figure au Musée du Trocadéro, n° 1.030.

Ouvrages de sculpture à la façade de la grande aile du château de Versailles. En collaboration de Jean Cornu (années 1687-1688).

Cinquante-deux fleurs de lis sculptées dans la frise du dôme de l'église des Invalides (année 1690).

Un Père de l'Église. Statue en pierre posée autour du dôme de la même église. Payée 350 livres (année 1691).

Deux dessus de portes dans une des chapelles de la même église (année 1691).

D'Argenville, *Voyage pittoresque des environs de Paris*, 1762, p. 101, 102, 112, 405. — Piganiol de la Force, *Nouvelle description des châteaux et parcs de Versailles et de Marly*, 1764, t. II, p. 77, 83, 174. — Eud. Soulié, *Notice du Musée impérial de Versailles*, 3e partie, 1861, p. 509, 510. — L. Dussieux, *Le château de Versailles*, 1881, t. II, p. 208, 258, 260. — J. Guiffrey, *Comptes des bâtiments du roi sous le règne de Louis XIV*, t. II, 1887, col. 622, 988, 1132, 1182; t. III, 1891, col. 55, 101, 423, 434, 555, 723, 945, 1002. — De Nolhac, *Les jardins de Versailles*, 1906, p. 117, 144.

Rebillé (Charles), sculpteur ornemaniste de la fin du xviie et du commencement du xviiie siècle, exécuta, en collaboration de son confrère Fournier, la décoration du portail de l'église Notre-Dame des Victoires, à Paris.

Piganiol de la Force, *Description historique de la ville de Paris*, 1765, t. III, p. 106. — *Inventaire général des richesses d'art de la France. Paris, Monuments religieux*, t. II, 1888, p. 225.

Redoutey (Noémi), sculpteur en bois, originaire de Chevigney-lez-Vercel, en Franche-Comté, exerçait son art à Baume vers 1680-1682.

Jules GAUTHIER, *Dictionnaire des artistes francs-comtois antérieurs au XIXᵉ siècle*, 1892, p. 21.

Regnaudin (Thomas), naquit à Moulins en 1622 et non en 1616, comme pourrait le faire croire son acte de décès, ou en 1627, comme l'indiquent les registres de l'Académie. Cela est prouvé par son acte de baptême que je transcris ici :

« Le mesme jour et an que dessus (18 février 1622), a esté baptizé Thomas Regnaudin, fils de Pierre Mᵉ tailleur de pierre et de Marie Fontenel ses père et mère. Et a esté son parrin Rémy Fontenel mᵉ thanneur, et marraine dame Catherine Pedrion. »

Thomas Regnaudin commença sans doute à exercer son art à Moulins dans l'atelier de son père, le maître tailleur de pierre, puis il se rendit à Paris, où il devint l'élève de François Anguier[1].

De 1652 à 1658, il collabora, sous la direction de ce dernier, au monument de Henri II de Montmorency, que la princesse des Ursins faisait élever, à Moulins, dans l'église du couvent de la Visitation ; c'est à lui qu'on doit les statues du dieu *Mars* et de la *Religion* qui font partie de ce mausolée.

Reçu membre de l'Académie royale de peinture et de sculpture le 28 juillet 1657, sur un médaillon en marbre représentant *saint Jean-Baptiste*, il fut nommé professeur le 26 juillet 1658 et adjoint à recteur le 30 octobre 1694. Il travailla au Louvre, aux Tuileries, à Saint-Germain-en-Laye, à Fontainebleau et principalement à Versailles. Au Louvre, en 1664, il exécuta avec les frères Marsy et François Girardon la décoration de la Galerie d'Apollon et celle du Grand Cabinet du roi. La même année, il sculpta deux figures en pierre pour le parterre de Fontainebleau. En 1666, il fut employé aux Tuileries avec Lerambert, Girardon et Tuby. En 1669, on le trouve occupé au château de Saint-Germain-en-Laye. Il fut envoyé ensuite à Rome avec une pension de mille écus. Il resta en Italie environ une année. Il y reçut la lettre suivante[2] signée de Colbert et datée de Saint-Germain le 18 avril 1670, lettre que l'on dirait adressée à un élève, alors que l'artiste, âgé de quarante-huit ans, était en pleine possession de son talent :

« J'ai esté bien aise de voir par la lettre que vous m'avez écrit (sic) le 18 febvrier dernier, que vous proffitiez du séjour que vous faites à Rome pour vous perfectionner dans vostre art. Comme vous avez encore quelque temps à y demeurer, continuez toujours à vous appli-

---

1. Voir le *Dictionnaire des sculpteurs de l'École française du Moyen Age au règne de Louis XIV*, p. 9.

2. *Archives de la marine. Registre des dépêches*, an 1670, t. I, fol. 168.

quer au travail et à acquérir de belles cognoissances de la sculpture, en sorte que le sieur Errard ayt lieu de m'en rendre de bons témoignages, et que vous soyez capable de bien servir le Roy dans la suite du temps. »

De retour en France en 1671, il entreprit de nombreuses œuvres destinées à orner le palais et le parc de Versailles et fit, à Paris, plusieurs ouvrages dont la plupart ont disparu aujourd'hui :

Thomas Regnaudin, depuis l'année 1668 jusqu'à sa mort, toucha 150 livres de gages comme sculpteur des bâtiments du roi. Il devait avoir une certaine fortune, car il possédait une maison, 6 quai de la Tournelle, maison qu'il donna à bail, en 1696, moyennant la somme de mille livres par an. Dans l'acte relatif à cette location, il est qualifié « sculpteur ordinaire du roi, professeur en la ville de Rome et adjoint Recteur de l'Académie royale de peinture et de sculpture, demeurant aux galeries du Louvre, paroisse Saint-Germain-l'Auxerrois. » Il mourut le 4 juillet 1706 ainsi que le constate son acte d'inhumation :

« Lundy 5º juillet 1706, Thomas Regnaudin, recteur de l'Acad. Roy. de peint. et sculp. époux de Marguerite-Louise Mounier, âgé de 90 ans ou environ, decédé samedi dernier à sept heures du matin, en son appartement au Louvre, rue Froidmanteau, a esté inhumé en présence de Pierre Le Blanc, controlleur général des compagnies des chevaux légers de la garde de S. M., et de Gaspard de Guillon, écuyer, cy-devant capitaine d'infanterie, tous deux gendres du déffunt, qui ont signé : Le Blanc, de Guillon. »

Regnaudin, qui avait épousé Marguerite-Louise Menier ou Mounier, selon l'acte reproduit plus haut, eut un fils, Antoine-François, élève sculpteur à l'Académie en 1695, et plusieurs filles dont une, d'après son acte de baptême inscrit sur les registres de Saint-Germain-l'Auxerrois, serait née en 1701, époque où notre artiste avait alors soixante-dix-neuf ans !

Un portrait de Thomas Regnaudin, peint par Louis Élie Ferdinand, ornait autrefois une des salles de l'Académie royale de peinture et de sculpture : ce portrait est aujourd'hui au Musée du Louvre.

ŒUVRES

Les armes de France et d'Espagne, soutenues par deux anges, exécutées au Tympan du fronton de l'église du Val-de-Grâce. En collaboration de Philippe de Buister [1].

La Vierge et saint Jean-Baptiste. Statues en bois sculptées sur des modèles de Philippe de Buister. Ces figures, d'après Guillet de Saint-Georges, se

---

1. Voir le *Dictionnaire des sculpteurs de l'École française du Moyen Age au règne de Louis XIV,* p. 101.

trouvaient jadis, à Paris, chez les religieuses Bernadines de Port-Royal, au faubourg Saint-Jacques.

Sainte Anne enseignant à lire à la Vierge. Groupe en pierre, d'après un modèle de Philippe de Buister. Autrefois au carrefour de la rue de l'Arbre-Sec et de la rue Bailleul. Ce groupe avait été commandé par la veuve d'un rôtisseur, qui, pour rappeler l'origine de sa fortune, fit sculpter sur la plinthe un bas-relief représentant des pigeons et de la volaille.

La Religion et le dieu Mars. Statues en marbre faisant partie du mausolée de Henri II de Montmorency, œuvre de François Anguier (années 1652-1658). Chapelle du lycée, anciennement église du Couvent de la Visitation, à Moulins.

Sainte Anne et saint Joseph. Figures en terre cuite exécutées en collaboration de Thibaut Poissant pour la chapelle du manoir de Saint-Fargeau, en Gâtinais, appartenant alors à Mademoiselle, fille de Gaston d'Orléans.

Saint Jean-Baptiste. Médaillon ovale en marbre. Chapelle Saint-Joseph de l'église de Notre-Dame de Versailles. Morceau de réception à l'Académie (28 juillet 1657). Ce médaillon décorait autrefois, au Louvre, une des salles de l'Académie royale de peinture et de sculpture. Transporté en 1792 au Musée des Monuments français, il fut donné en 1815 à l'église de Versailles.

Hercule et Pallas. Statues en pierre. Ces figures plus grandes que nature, exécutées en 1660, étaient placées jadis aux extrémités de la demi-lune qui s'étendait devant la Porte Saint-Antoine, à Paris, du côté du faubourg.

Sculptures en stuc ornant, au Louvre, la galerie d'Apollon et le grand cabinet du roi. En collaboration des frères Marsy et de Girardon. Payées 41.700 livres (années 1663, 1664 et 1671).

Esclaves et trophées au plafond de la chambre du roi, au Louvre.

Deux figures en pierre pour le grand parterre de Fontainebleau (années 1664-1665).

Ouvrages de sculpture en stuc dans l'appartement du roi, aux Tuileries (année 1666).

Apollon servi par les nymphes. Groupe en marbre de sept figures dont quatre sont de François Girardon et trois de Regnaudin. Les figures exécutées par ce dernier sont : Une nymphe portant un vase, une autre parfumant les cheveux d'Apollon et enfin une troisième tenant le bassin aux parfums (années 1666-1675). Bains d'Apollon, dans le parc de Versailles. Gravé par J. Edelinck et par Thomassin, n° 64.

Travaux au château de Saint-Germain-en-Laye (année 1669).

Modèles de deux contre-cœurs en bronze pour le même château. Payés 300 livres (année 1669).

Hercule vainqueur de l'Hydre. Groupe en terre cuite. Autrefois, au Louvre, dans une des salles de l'ancienne Académie de peinture et de sculpture.

Ouvrages de sculpture en stuc dans l'appartement du roi, au château de Versailles (années 1671-1672).

Cérès ou l'Été. Groupe en plomb (années 1672-1674). Bassin de Cérès, dans le parc de Versailles. Gravé par Thomassin, n° 134, et dans le Musée de sculpture de Clarac, pl. 380. La décoration de cette fontaine, exécutée d'après les dessins de Le Brun, fut payée 17.229 livres.

Un enfant en bas-relief. Figure sculptée pour le service funèbre du chancelier Séguier, qui fut célébré à Paris, dans l'église de l'Oratoire, le 5 mai 1672.

Figures d'animaux pour le Labyrinthe du parc de Versailles (année 1673).

Démocrite. Buste en plâtre. Salon de 1673.

Héraclite. Buste en plâtre. Salon de 1673.

Une petite Vierge. Bas-relief bronzé. Salon de 1673.

L'Automne. Statue en marbre. Pourtour du Parterre du Nord, dans le parc de Versailles. Gravée par Edelinck et par Thomassin, n° 94.

Le Mois de Mai. Statue en bronze doré citée par le comte de Caylus, dans les Mémoires inédits sur la vie des académiciens, comme se trouvant autrefois, à Versailles, dans le salon de l'appartement des bains. Cette figure a été détruite en 1772.

Travaux de décoration pour le grand escalier du château de Versailles. En collaboration de Le Hongre (année 1674).

La Paix. Statue en pierre. Façade du château de Versailles donnant sur la Cour de marbre (année 1681).

La Gloire. Statue en pierre. Même façade (année 1681).

L'Amérique. Statue en pierre. Même façade (année 1681).

Trois masques de pierre. Grande aile du même château (année 1681).

Deux vases en marbre pour le pourtour de la pièce d'eau sous le Dragon, dans le parc de Versailles (année 1682).

Enlèvement de Cybèle par Saturne. Groupe en marbre (année 1678). Jardin des Tuileries. Provient de l'Orangerie de Versailles d'où il fut retiré en 1716. Le modèle de ce groupe a figuré au Salon de 1699 sous le titre : *Le Temps qui découvre la Vérité*.

Faustine sous les traits de Cérès. Statue en marbre copiée d'après l'antique du palais Borghèse. Pourtour du Parterre de Latone, dans le parc de Versailles (année 1684). Gravée par Thomassin, n° 49.

Trois masques et deux vases pour la Colonnade du même parc. Payés 1.290 livres (année 1685).

La Rivière le Loiret accompagnée d'un amour portant une corne d'abondance. Groupe en bronze fondu par les Keller en 1689. Bassin du côté du Parterre du Midi, dans le Parterre d'Eau de Versailles.

Le Fleuve la Loire tenant une corne d'abondance et accompagné d'un amour portant un coquillage. Groupe en bronze fondu par les Keller en 1689. Même emplacement.

Les modèles de ces deux groupes furent payés 2.800 livres.

Deux chapiteaux en marbre pour Trianon. Payés 463 livres (année 1687).

Romulus et Rémus allaités par une louve. Bas-relief placé du côté de la cour sur la porte d'entrée de l'ancien hôtel de Hollande, rue Vieille-du-Temple, n° 47, à Paris.

Saint Louis et sainte Claire. Statues décorant autrefois la porte du couvent des Filles de l'Ave-Maria situé rue des Barrés, derrière le quai Saint-Paul, à Paris.

Jésus enfant et saint Jean-Baptiste. Groupe en marbre. Salon de 1699.

Énée emportant son père Anchise. Groupe. Salon de 1699. Ce même groupe
a figuré au Salon de 1704.

Adam et Éve. Groupe. Salon de 1699.

Le Bon Pasteur. Médaillon en marbre qui se trouvait, avant la Révolution,
dans le couvent des Dames hospitalières de Sainte-Catherine, à Paris. Il
fut transporté en 1794 au Musée des Monuments français.

Sainte Catherine. Statue en marbre sculptée en 1704 et donnée par l'artiste
au même couvent, où elle était placée sur la porte extérieure, rue Saint-
Denis. Cette œuvre entra en 1795 au Musée des Monuments français et
fut réclamée plus tard par la fabrique de l'église Saint-Merry. On ignore
ce qu'elle est devenue.

Guérin, *Description de l'Académie royale*, 1715, p. 78, 107, 167. — D'Argenville,
Voyage pittoresque de Paris, 1752, p. 28, 45, 56, 216, 269. — Piganiol de la Force,
Nouvelle description des châteaux et parcs de Versailles et de Marly, 1764, t. I,
p. 17, 18; t. II. p. 42, 53, 100, 180, 193. — Idem, *Description de la ville de Paris*,
1765, t. II, p. 149; t. IV, p. 285; t. V, p. 55; t. IX, p. 491. — L'abbé de Fontenai,
Dictionnaire des artistes. 1776, t. II, p. 431. — D'Argenville, *Vies des fameux
sculpteurs*, 1707, p. 171, 172. — *Mémoires inédits sur la vie et les ouvrages des
membres de l'Académie royale*, 1854. t. I, p. 27, 263, 286, 289, 326, 327, 368, 391,
451, 468-478. — *Archives de l'art français, documents*, t. I, 1852, p. 360, 407, 409;
t. II, 1853, p. 384. — Eudore Soulié, *Notice du Musée impérial de Versailles*,
1re partie, 1859, p. 2; 3e partie. 1861, p. 500, 504, 509, 517, 518. — A. Jal, *Dictionnaire critique de biographie et d'histoire*, 1872, p. 1044. — H. Herluison,
Actes d'état civil d'artistes français, 1873. p. 374. — *Nouvelles archives de l'art
français*, 1873, p. 107, 120; 1876, p. 78. — De Montaiglon, *Procès-verbaux de
l'Académie*, t. I, 1875, p. 123, 125, 130, 133, 145, 397; t. III, 1880, p. 150; t. IV,
1881, p. 30. — L. Dussieux, *Le château de Versailles*, 1881, t. II, p. 208, 220, 232,
245, 254, 260, 319. — *Revue de l'art français*, 1889, p. 126; 1891, p. 6. — Ernest
Bouchard, *Réunion des sociétés des beaux-arts des départements*, 1886, p. 343-
368. — *Inventaire général des richesses d'art de la France. Province, monuments
religieux*, t. I, 1886, p. 158; *Archives du Musée des Monuments français*, t. II,
p. 227-230; t. III, p. 268. — J. Guiffrey, *Comptes des bâtiments du roi sous le
règne de Louis XIV*, t. I, 1881, col. 13, 40, 69, 94, 124, 133, 182, 193, 252, 293,
332, 343, 366, 418, 462, 495, 511, 575, 616. 638, 696, 722, 760, 789. 831, 862, 902,
963, 1001, 1048, 1050, 1072, 1097, 1160, 1216, 1287, 1353; t. II, 1887, col. 11, 63,
118, 136, 137, 140, 175, 178, 181, 252, 277, 335, 336, 390, 439, 567, 622, 729, 967,
988, 1182, 1296; t. III, 1891, col. 85, 101, 107, 218, 375, 502, 649, 797, 934, 951,
1006, 1075, 1201; t. IV, 1896, col. 137, 284, 429, 568, 694, 809, 923, 1032, 1136,
1248; t. V, 1901, col. 108. — De Nolhac, *Les jardins de Versailles*, 1906, p. 21, 25,
66, 104, 109, 110.

Regnaudin (François), neveu du précédent, remporta comme élève
à l'ancienne École académique de Paris le troisième prix de sculpture
en 1687, le deuxième prix en 1688 et le premier prix en 1691. Il fut
occupé au Louvre à la décoration de la Galerie d'Apollon; une des
planches de l'ouvrage du comte de Clarac reproduit un spécimen de
son travail. Il ne faut pas confondre François Regnaudin, neveu de
Thomas, avec Antoine-François, fils de ce dernier.

Archives de l'art français, documents, t. V, 1857-1858, p. 280, 281. — De Montaiglon, *Procès-verbaux de l'Académie*, t. II, 1878, p. 381, 384; t. III, 1880,

p. 70, 76. — E. BOUCHARD, *Réunion des sociétés des beaux-arts des départements*, 1886, p. 356, 357.

Régnier (Gabriel), sculpteur établi à Lyon dans la seconde moitié du XVII⁰ siècle, fait baptiser un fils sur la paroisse de Saint-Nizier le 1ᵉʳ avril 1683.

Natalis RONDOT, *Les sculpteurs de Lyon du XIVᵉ au XVIIIᵉ siècle*, 1884, p. 60. — Idem, *Revue de l'art français*, 1887, p. 304.

Régnier (Gilles), sculpteur parisien de la seconde moitié du XVII⁰ siècle, perd une fille âgée de cinq ans, qui est inhumée le 15 septembre 1674 sur la paroisse Saint-Roch. Le 26 mars 1680, il est admis à l'Académie de Saint-Luc. En 1687-1688, il exécute des ouvrages de sculpture en bois dans les appartements de Trianon. On trouve encore trace de lui en 1705.

P. LACROIX, *Revue universelle des arts*, t. XIII, 1861, p. 334. — H. HERLUISON, *Actes d'état civil d'artistes français*, 1873, p. 376. — J. GUIFFREY, *Comptes des bâtiments du roi sous le règne de Louis XIV*, t. II, 1887, col. 1182; t. III, 1891, col. 101, 291.

Régnier (Louis), parent du précédent, travaillait à Paris au commencement du XVIII⁰ siècle. En 1705, il fit baptiser une fille sur la paroisse Saint-Roch. Piganiol cite un Régnier comme l'auteur du buffet d'orgue de l'église Notre-Dame-des-Victoires; on ne sait s'il s'agit de Gilles ou de Louis.

PIGANIOL DE LA FORCE, *Description historique de la ville de Paris*, 1765, t. III, p. 107. — H. HERLUISON, *Actes d'état civil d'artistes français*, 1873, p. 376.

Renard (Nicolas), naquit à Nancy le 22 septembre 1654 sur la paroisse Saint-Sébastien, fils de François Renard, boulanger, et de Claude Claudot. Il vint à l'âge de quinze ans à Paris, où il fut employé au Louvre à sculpter des chapiteaux. Il se rendit ensuite à Rome et y resta trois ans. De retour à Paris, il collabora de 1686 à 1687 aux travaux de Versailles. Il se présenta le 27 mai 1690 à l'Académie royale de peinture et de sculpture et ne fut pas agréé. En 1693, il exécuta le monument du prince d'Harcourt pour l'église des Feuillants de la rue Saint-Honoré, puis il travailla à l'église des Invalides. Il alla ensuite passer huit ans à Brest. Quels ouvrages entreprit-il alors? On l'ignore. En 1715, il retourna s'établir en Lorraine avec sa famille. Nommé professeur à l'Académie de Nancy, il mourut dans cette ville vers 1720 et fut inhumé dans le couvent des Augustins.

ŒUVRES

Trois chapiteaux en marbre pour Trianon. Payés 420 livres (année 1687).

Figure en pierre dans un des panneaux de la voûte du dôme de l'église des Invalides (année 1693).

Monument funéraire de Henri de Lorraine, comte d'Harcourt, mort en 1666, et de son fils Alphonse-Louis, chevalier de Malte et abbé de Royaumont. Autrefois dans l'église des Feuillants de la rue Saint-Honoré, à Paris, où il fut érigé en 1693. Le groupe principal de ce mausolée a fait partie pendant la Révolution du Musée des Monuments français, n° 264 ; il est placé aujourd'hui dans la première chapelle du bas-côté droit, à l'église Saint-Roch. Ce groupe en marbre est signé à droite : N. RENARD LOTHER. Le monument d'Henri de Lorraine est reproduit dans les Antiquités nationales de Millin (t. I, pl. 2, fig. 3).

Deux foyers de marbre posés, en 1695, dans une maison de la rue Saint-Honoré appartenant aux Feuillants.

Cinq bas-reliefs d'enfants au-dessus des niches, dans les chapelles de l'église des Invalides. Payés 3.250 livres (année 1698).

Statues des Bosquets de Lunéville et de Craon.

Statues de l'ancien château de la Malgrange, près de Nancy. Auparavant dans l'hôtel de Craon, à Nancy.

Archives de Nancy, t. III, p. 257, 331. — Dom CALMET, *Bibliothèque lorraine,* 1751, p. 803, 804. — Germain BRICE, *Description de la ville de Paris,* 1752, t. I, p. 297. — DURIVAL, *Description de la Lorraine et du Barrois,* t. II, p. 49-73. — L'abbé LIONNOIS, *Histoire de Nancy,* t. II, 1811, p. 550. — H. HERLUISON, *Actes d'état civil d'artistes français,* 1873, p. 377. — *Nouvelles archives de l'art français,* 1882, p. 21. — *Inventaire général des richesses d'art de la France. Paris, monuments religieux,* t. II, 1888, p. 156 ; t. III, 1901, p. 255 ; *Archives du Musée des monuments français,* t. II, p. 29, 60, 188 ; t. III, p. 186, 267. — J. GUIFFREY, *Comptes des bâtiments du roi sous le règne de Louis XIV,* t. II, 1887, col. 1182 ; t. III, 1891, col. 101, 558, 704, 705, 844 ; t. IV, 1896, col. 329, 469, 470. — A. JACQUOT, *Réunion des sociétés des beaux-arts des départements,* 1900, p. 359.

Renaud (Nicolas), exerçait son art à Paris au XVII° siècle. En 1656, il était au nombre des sculpteurs des bâtiments royaux et touchait 50 livres de gages. En 1665, il avait la qualité de sculpteur ordinaire du roi. Il mourut âgé de 52 ans le 17 octobre 1674 et fut inhumé sur la paroisse Saint-Germain-l'Auxerrois.

A. JAL, *Dictionnaire critique de biographie et d'histoire,* 1872, p. 1044. — H. HERLUISON, *Actes d'état civil d'artistes français,* 1873, p. 108. — J. GUIFFREY, *Nouvelles archives de l'art français,* 1872, p. 47.

Renier (Pierre), était un des anciens de l'Académie de Saint-Luc, où il avait été admis en 1653. Il mourut entre 1672 et 1682.

P. LACROIX, *Revue universelle des arts,* t. XIII, 1861, p. 325.

Reynier (Gaspard), né en 1669, était établi à Grenoble. Chargé par le chapitre de la cathédrale d'exécuter le mausolée de l'évêque Le Camus, il représenta le prélat agenouillé sur son tombeau, les mains jointes. La tête de cette statue qui fut brisée pendant la Révolution

est conservée aujourd'hui à l'évêché. L'artiste mourut le 5 avril 1737.
et fut enterré dans l'église Saint-Louis. On trouve encore à Grenoble,
au commencement du XVIIIᵉ siècle, un Claude Reynier, sculpteur ; il
était sans doute parent de Gaspard.

Ed. MAIGNIEN, *Les artistes grenoblois*, 1887, p. 289.

Richard (Pierre). Cet artiste nous est connu par son acte de décès
inscrit sur les registres de la paroisse Saint-Sulpice, à Paris, à la date
du 4 juin 1657.

H. HERLUISON, *Actes d'état civil d'artistes français*, 1873, p. 379.

Richard (René), sculpteur angevin, résidait au XVIIᵉ siècle à
Longué (Maine-et-Loire). Il n'existait plus en 1697.

Célestin PORT, *Les artistes angevins*, 1881, p. 268.

Richardière (Guillaume de la), sculpteur et peintre parisien, fut
reçu membre de l'Académie de Saint-Luc le 9 août 1678. Il vivait
encore en 1691 et demeurait alors rue des Graviliers sur la paroisse
Saint-Nicolas-des-Champs.

P. LACROIX, *Revue universelle des arts*, t. XIII, 1861, p. 333. — H. HERLUISON,
Actes d'état civil d'artistes français, 1873, p. 339 à Pertantan.

Richer (Jean), est admis à l'Académie de Saint-Luc le 28 janvier
1678. Quatre ans après, son nom figure encore sur les listes de la
communauté.

P. LACROIX, *Revue universelle des arts*, t. XIII, 1861, p. 333.

Ridoux (Jean), naquit vers 1650 en Picardie, à Molliens-Vidame,
dans le diocèse d'Amiens. Il vint d'abord à Paris, où il entra en apprentissage en 1667 chez un sculpteur, du nom de Friquet, demeurant au
Marais, rue Culture-Sainte-Catherine. Il quitta Paris en 1674 et vint
à Toulon. Il dut s'établir définitivement dans cette ville, mais on
ignore les travaux qu'il y exécuta ; on sait seulement qu'il s'y maria
en 1678.

Ch. GINOUX, *Revue de l'art français*, 1888, p. 172, 259 ; 1894, p. 311. — Idem,
Réunion des sociétés des beaux-arts des départements, 1888, p. 123.

Rifour (Gabriel), qualifié sculpteur et peintre, était établi à Angers
à la fin du XVIIᵉ et au commencement du XVIIIᵉ siècle.

Célestin PORT, *Les artistes angevins*, 1881, p. 270.

Rimbaud (Jean), exerçait son art à Toulon vers 1695.

Ch. GINOUX, *Revue de l'art français*, 1894, p. 311.

Rinbaut. Un sculpteur de ce nom est cité dans les comptes des bâtiments du roi comme travaillant en 1691 au château de Chambord.

J. Guiffrey, *Comptes des bâtiments du roi sous le règne de Louis XIV*, t. III, 1891, col. 631.

Rivasson (Pierre), sculpteur résidant à Paris dans la seconde moitié du xviiᵉ siècle, se marie à la paroisse Saint-Benoît le 19 août 1680.

H. Herluison, *Actes d'état civil d'artistes français*, 1873, p. 384.

Rivière (Jacques), sculpteur parisien, est reçu membre de l'Académie de Saint-Luc le 5 septembre 1670. On trouve encore son nom sur les listes de la communauté en 1682.

P. Lacroix, *Revue universelle des arts*, t. XIII, 1861, p. 329.

Rivoiron (Christophe), exerçait son art à Lyon vers 1689.

Natalis Rondot, *Les sculpteurs de Lyon du XIVᵉ au XVIIIᵉ siècle*, 1884, p. 63.

Robert de Lalande. Voir **Lalande** (Robert de).

Robert (Louis), sculpteur et graveur, exerçait son art à Grenoble dans la seconde moitié du xviiᵉ siècle.

Ed. Maignien, *Les artistes grenoblois*, 1887, p. 312.

Robert (Jacques), sculpteur du roi demeurant à Paris, rue des Poulies, paroisse Saint-Germain-l'Auxerrois, obtient le 6 août 1695 un certificat de l'Académie prouvant qu'il a travaillé pendant quatre ans comme élève de Pierre Legros. Le 8 janvier 1706, il donne quittance d'un semestre de 320 livres de rentes sur les aides et gabelles.

De Montaiglon, *Procès-verbaux de l'Académie royale*, t. III, 1880, p. 167. — J. Guiffrey, *Nouvelles archives de l'art français*, 1882, p. 25.

Robert (Jean), sculpteur et mouleur né à Paris en 1652, sans doute parent du précédent, fut occupé à Versailles, à Marly, à l'église des Invalides et à Notre-Dame. A Versailles, il exécuta deux vases en marbre dont l'un existe encore aujourd'hui. Il mourut en 1715, comme le prouve son acte d'inhumation inscrit sur les registres de Saint-Germain-l'Auxerrois :

« Le lundi 8 avril 1715, fut inhumé Jean Robert, sculpteur du Roy, époux de Marie Scofre, agé de soixante-trois ans ou environ, décédé hier matin dans le Louvre, en présence de Louis Saint-Fort, inspecteur des bâtiments du Roy, beau-frère du deffunct... et de Jean-Baptiste Robert sculpteur, son fils, qui ont signé : Robert, Saint-Fort. »

ŒUVRES

Quatre chapiteaux en marbre pour la Colonnade des Sources, dans le parc de Versailles. Payés 904 livres (années 1684-1685).

Ouvrages à la cheminée de l'antichambre du nouvel appartement de Madame, dans le Palais-Royal, à Paris (année 1684).

Trois chapiteaux en marbre pour Trianon. Payés 513 livres (années 1687-1688).

Vase en marbre orné de trophées d'instruments champêtres et de guirlandes de fleurs, d'après un dessin de Mansard. Allée de l'Hiver, dans le parc de Versailles.

Vase en marbre orné d'instruments de musique et de guirlandes de fleurs. Autrefois dans le parc de Versailles. Gravé par Thomassin, n° 214. Ce vase et le précédent furent payés 6.200 livres (années 1688-1689). D'Argenville et Thierry citent un vase en marbre par Robert qui décorait au XVIII° siècle la grande terrasse du jardin des Tuileries; c'est peut-être le même.

Douze torchères posées au-dessus du château de Marly. En collaboration de Legros et de Grouard. Payées 2.400 livres (années 1688-1689).

Roses et modillons sculptés à la corniche et au fronton du grand portail de l'église des Invalides. En collaboration de Rousselet et de Jacques Herpin. Payés 494 livres (année 1690).

Sculptures aux arcs-doubleaux du chœur de la même église (année 1691).

Quatre vases en plâtre placés dans le parc de Marly. Payés 702 livres (année 1701).

Collaboration à la construction de deux petits baldaquins pour le bosquet des Bains d'Apollon, dans le parc de Versailles (année 1705).

Travaux à la chapelle du château de Versailles (années 1708-1709). On lit dans les comptes des bâtiments du roi : « à Robert, sculpteur-mouleur, pour les moules et les cartons de la chapelle de Versailles, qu'il a faits pour servir aux peintres à faire les esquisses... »

Ouvrages de sculpture en plâtre au vieil hôtel de Longueville, dans la rue des Poulies, à Paris (année 1709).

Travaux de décoration à la corniche du grand escalier du château de Marly (année 1711).

Ouvrages de sculpture en plâtre pour le chœur de l'église Notre-Dame de Paris.

D'ARGENVILLE, *Voyage pittoresque de Paris*, 1752, p. 55. — PIGANIOL DE LA FORCE, *Nouvelle description des châteaux et parcs de Versailles et de Marly*, 1764, t. II, p. 100. — THIÉRY, *Guide des amateurs et des étrangers à Paris*, 1787, t. I, p. 398. — Eud. SOULIÉ, *Notice du Musée impérial de Versailles*, 3° partie, 1861, p. 514. — A. JAL, *Dictionnaire critique de biographie et d'histoire*, 1872, p. 1068. — HERLUISON, *Actes d'état civil d'artistes français*, 1873, p. 385. — J. GUIFFREY, *Comptes des bâtiments du roi sous le règne de Louis XIV*, t. II, 1887, col. 440, 500, 628, 995, 1183 ; t. III, 1891, col. 99, 102, 167, 291, 336, 423, 558, 560, 571, 702, 704, 845, 949, 1005 ; t. IV, 1896, col. 331, 472, 612, 651, 767, 853, 882, 964, 965, 1177, 1185 ; t. V, 1901, col. 42, 73, 234, 240, 341, 349, 351, 433, 452, 494, 510, 511, 537, 538, 547, 610, 696, 874. — *Inventaire général des richesses d'art de le France. Paris, monuments religieux*, t. III, 1901, p. 258. — DE NOLHAC, *Les jardins de Versailles*, 1906, p. 186.

Robert (Ignace), sculpteur lorrain établi à Nancy, s'absenta de cette ville vers 1658. A la fin du xviie siècle, on le retrouve occupé à la sculpture du grand autel de l'église des Carmélites de Pont-à-Mousson.

Archives de Nancy, t. II, p. 179 ; t. III, p. 322. — *Archives de Meurthe-et-Moselle*, H. 2522. — A. Jacquot, *Réunion des sociétés des beaux-arts des départements*, 1900, p. 363.

Robert (Nicolas), sculpteur du xviie siècle, naquit à la Mothe en Lorraine. Il quitta sa province et voyagea pendant plusieurs années, puis il vint résider à Metz, où il travailla à la cathédrale. Il mourut à Delme.

A. Jacquot, *Réunion des sociétés des beaux-arts des départements*, 1900, p. 363.

Robin (Mathurin), qualifié maître maçon sculpteur, demeurait à Angers vers le milieu du xviie siècle.

Robin (Pierre), maître sculpteur et architecte, parent du précédent, était occupé vers la même époque à Angers. Il mourut le 27 février 1673.

Célestin Port, *Les artistes angevins*, 1881, p. 274.

Roche (Nicolas de), maître sculpteur né à Angoulême, résidait à Oradour (Charente) lorsqu'il revint dans sa ville natale en 1673 pour exécuter différents ouvrages dans le couvent des Cordeliers. On lui attribue aussi, à Angoulême, un retable en pierre dans l'église Saint-André.

Émile Biais, *Les artistes angoumoisins (Réunion des sociétés des beaux-arts des départements*, 1890, p. 722, 723).

Rochelet (Rémy), sculpteur établi à Paris au commencement du xviiie siècle, fit baptiser un fils à la paroisse Saint-Benoît le 16 août 1701. Étant devenu veuf, il se remaria le 1er juin 1705. Il mourut âgé de cinquante-deux ans le 7 novembre 1708.

H. Herluison, *Actes d'état civil d'artistes français*, 1873, p. 387.

Rochet ou **Rochette** (Annet), sculpteur parisien, fut reçu membre de l'Académie de Saint-Luc le 8 mars 1678. Il travailla de 1685 à 1688 au château de Monceaux. En 1708, on le trouve occupé à la décoration de la chapelle du château de Versailles. Il vivait encore en 1714.

P. Lacroix, *Revue universelle des arts*, t. XIII, 1861, p. 333. — J. Guiffrey, *Comptes des bâtiments du roi sous le règne de Louis XIV*, t. II, 1887, col. 770, 1006, 1205 ; t. III, 1891, col. 129, 1095 ; t. V, 1901, col. 528, 773.

Rochet (F.), sculpteur franc-comtois établi à Poligny au commencement du xviiiᵉ siècle, exécute en 1708-1709 un pélican de bronze pour une fontaine érigée dans la ville d'Arbois.

Jules GAUTHIER, *Dictionnaire des artistes francs-comtois antérieurs au XIXᵉ siècle*, 1892, p. 21.

Roettiers (Joseph), graveur en médailles né à Anvers en 1635, alla d'abord en Angleterre, où en 1662 il travailla avec ses frères Jean et Philippe à la gravure des nouveaux types monétaires. Il resta au moins dix ans dans ce pays, puis vint s'établir en France appelé par Colbert. En juillet 1674, il reçut des lettres de naturalisation. En 1679, il obtint un brevet de logement au Louvre. Le 5 décembre 1682, il fut nommé graveur général des monnaies de France et, le 28 décembre de la même année, il fut admis à l'Académie royale de peinture et de sculpture sur un portrait de Colbert gravé en creux pour servir de sceau à cette Académie. Il mourut le 11 septembre 1703 et fut inhumé sur la paroisse Saint-Germain-l'Auxerrois. Son acte de décès le qualifie « graveur général des monoyes de France et particulier de la monoye de Paris, graveur des médailles de l'histoire du Roy et de son Académie royale de peinture et de sculpture ».

Le portrait de Joseph Roettiers a été peint par Largillière ; ce portrait a été gravé par son fils Charles-Joseph Roettiers [1] et par Cornélius Vermeulen.

Roettiers (Norbert), neveu du précédent, naquit en 1666. Il résida longtemps à Londres et travailla dans cette ville sous la direction de Joseph. De retour en France, il fut nommé par Jacques II graveur général du roi d'Angleterre ; c'est avec ce titre qu'on le trouve cité dans l'acte de décès de son oncle. Après la mort de ce dernier, il reçut de Louis XIV, le 17 janvier 1704, la survivance pour l'office de graveur général des monnaies du roi de France. Il devint membre de l'Académie royale le 31 janvier 1722 sur « un quarré de la tête du roi ». Il mourut le 18 mai 1727 à Choisy-le-Roi, où il fut inhumé dans le chœur de l'église.

Archives de l'art français, documents, t. I, 1852, p. 232, 381 ; t. II, 1853, p. 385 ; t. V, 1857-1858, p. 286 ; *Abécédario de Mariette*, t. V, 1858-1859, p. 4, 5. — A. JAL, *Dictionnaire critique de biographie et d'histoire*, 1872, p. 1071, 1072. — H. HERLUISON, *Actes d'état civil d'artistes français*, 1873, p. 387. — *Nouvelles archives de l'art français*, 1873, p. 116. — DE MONTAIGLON, *Procès-verbaux de l'Académie*, t. II, 1878, p. 237, 240 ; t. IV, 1881, p. 327. — *Revue de l'art français*, 1884,

1. Charles-Joseph Roettiers remporta le 2ᵉ prix de sculpture en 1711 et devint, comme son père, graveur général des monnaies et membre de l'Académie royale.

p. 66 ; 1885, p. 6, 9 ; 1888, p. 187. — Victor ADVIELLE, *Réunion des sociétés des beaux-arts des départements*, 1888, p. 446, 570.

Roger (Léonard), sculpteur résidant à Paris dans la seconde moitié du XVIIᵉ siècle, remporta le troisième prix de sculpture le 14 juillet 1663, sur une esquisse en bas-relief représentant *Marsyas écorché par ordre d'Apollon*. Le 10 septembre de l'année suivante, il eut encore un troisième prix avec le même sujet exécuté en grand et reçut la promesse d'être envoyé à Rome avec une pension du roi. Cette promesse ne fut pas tenue ; on ne trouve en effet aucune trace d'un séjour de l'artiste en Italie. Le 4 mai 1672, il fut agréé à l'Académie royale de peinture et de sculpture, mais il ne devint pas académicien. De 1669 à 1682, il travailla pour Versailles. Il dut ensuite aller s'établir en Normandie, car, en 1684, il exécuta un retable dans l'église de Silly (Orne) et, en 1694, il répara le jubé de l'église Sainte-Croix de Bernay.

ŒUVRES

Zéphire. Statue en pierre. Façade du château de Versailles regardant le Parterre du Midi (années 1669-1672). Une autre statue de *Zéphire* fut exécutée par Roger pour la façade de l'un des pavillons du même château donnant sur la grande cour.

Flore. Statue en pierre (années 1669-1672). Façade du même château sur le Parterre du Midi.

Diane. Statue en pierre. Autrefois à Versailles (année 1670).

L'Asie. Statue en marbre (années 1675-1680). Pourtour du Parterre du Nord, dans le parc de Versailles. Gravée par Thomassin, n° 105.

Un trophée au-dessus d'une croisée de l'appartement du roi, au château de Versailles. Payé 200 livres (année 1680).

Retable du maître-autel de l'église abbatiale de Silly (Orne), exécuté en 1684.

Figures décorant le jubé de l'église Sainte-Croix de Bernay (année 1694).

D'ARGENVILLE, *Voyage pittoresque des environs de Paris*, 1762, p. 124, 405. — PIGANIOL DE LA FORCE, *Nouvelle description des châteaux et parcs de Versailles et de Marly*, 1764, t. I, p. 14 ; t. II, p. 2, 4, 26. — *Archives de l'art français, documents*, t. V, 1857-1858, p. 274. — Eud. SOULIÉ, *Notice du Musée impérial de Versailles*, 3ᵉ partie, p. 491, 504. — DE MONTAIGLON, *Procès-verbaux de l'Académie royale*, t. I, 1875, p. 233, 266, 384, 389. — J. GUIFFREY, *Comptes des bâtiments du roi sous le règne de Louis XIV*, t. I, 1881, col. 229, 363, 421, 469, 514, 617, 830, 902, 1162, 1287, 1288 ; t. II, 1887, col. 11, 61, 93, 137. — *Réunion des sociétés des beaux-arts des départements*, 1893, p. 453 ; 1901, p. 530. — DE NOLHAC, *Les jardins de Versailles*, 1906, p. 48.

Roger (Joseph), sculpteur et fondeur, sans doute parent du précédent, était occupé en 1685 à la machine de Marly. En 1686, il fondait en bronze des groupes d'enfants pour les bassins de Vénus et de Thétis, à Versailles. En 1696, il fondait également une figure représentant la nymphe Calisto, œuvre de Flamen. Il mourut en 1697.

J. Guiffrey, *Comptes des bâtiments du roi sous le règne de Louis XIV*, t. II, 1887, col. 846, 995, 1111, 1184; t. III, 1891, col. 103, 292, 387, 388, 396, 397, 431, 808, 854, 1087 ; t. IV, 1896, col. 48, 105, 190.

Roger (Christophe), travaillait à Dunkerque comme sculpteur de la marine en 1683, époque où il donna quittance de « la somme de cent quatre vingts dix livres, à luy ordonnée à compte de la sculpture par luy entreprise pour l'ornement du vaisseau du roy, nommé l'*Emporté* ».

Archives de l'art français, documents, t. VI, 1862, p. 302.

Rogier (Jacques), sculpteur en bois, demeurait à Angoulême vers le milieu du XVIIᵉ siècle. Il se maria le 26 août 1641. Il eut probablement un fils, sculpteur comme lui, car on trouve dans la même ville un J. Rogier qui fit baptiser une fille en 1668, un fils en 1685 et une autre fille en 1690. C'est ce dernier sans doute qui exécuta en 1692, moyennant le prix de 700 livres, la chaire à prêcher de l'église Saint-André.

Émile Biais, *Les artistes angoumoisins (Réunion des sociétés des beaux-arts des départements*, 1890, p. 711, 743).

Roland (Nicolas), fut reçu membre de l'Académie de Saint-Luc le 28 août 1642. Il mourut entre 1672 et 1682.

P. Lacroix, *Revue universelle des arts*, t. XIII, 1861, p. 324.

Rollin (Antoine), maître sculpteur, exerçait son art à Angoulême dans la seconde moitié du XVIIᵉ siècle. On possède dans les Archives de la ville son acte de mariage daté du 6 juin 1679 et les actes de baptême de ses enfants, datés l'un du 2 avril 1680 et l'autre du 1ᵉʳ avril 1682. En 1685, il passa un marché par lequel il s'engagea à sculpter les figures d'un retable destiné à l'église des Minimes d'Angoulême.

P. de Fleury, *Documents pour servir à l'histoire des arts en Angoumois*, 1882, p. 48. — Émile Biais, *Réunion des sociétés des beaux-arts des départements*, 1890, p. 712, 743.

Rollin (Bernard), résidait à Dijon dans la seconde moitié du XVIIᵉ siècle. En 1681-1682, il collaborait à l'ornementation du plafond de la salle du Conseil, à l'Hôtel de Ville. La même année, il était occupé à des arcs de triomphe élevés pour l'arrivée du roi à Dijon. Enfin, en 1688, il travaillait à un feu de joie dressé sur la place de la Sainte-Chapelle, d'après les dessins du sculpteur Jean Dubois, à l'occasion de la prise de Philisbourg par le Dauphin.

Archives de la ville de Dijon, M. 257, 263. — *Archives de la Côte-d'Or*, C. 3724.

Romié ou **Roumier** (François), sculpteur en bois de la fin du XVIIe et du commencement du XVIIIe siècle, né à Corbigny-Saint-Léonard, en Nivernais, est cité par Piganiol de la Force comme un artiste qui excellait dans les ornements. Il exécuta en collaboration de Jules Dugoulon la décoration des boiseries de la bibliothèque du roi, à Versailles. On lui devait également les boiseries sculptées du chœur de l'église du Noviciat des Jacobins, à Paris. Il vivait encore en 1701.

D'Argenville, *Voyage pittoresque de Paris*, 1752, p. 352. — Piganiol de la Force, *Nouvelle description des châteaux et parcs de Versailles et de Marly*, 1764, t. I, p. 317, t. II, p. 351. — Idem, *Description de la ville de Paris*, 1765, t. VIII, p. 141.

Rossot (Gabriel), est qualifié « esculteur » dans un acte notarié signé à Grenoble le 22 mars 1673.

Ed. Maignien, *Les artistes grenoblois*, 1897, p. 315.

Rostan (Charles), travaillait dans l'arsenal de Toulon, en 1686, comme sculpteur décorateur de la marine de l'État.

Ch. Ginoux, *Réunion des sociétés des beaux-arts des départements*, 1884, p. 355, 356. — Idem, *Revue de l'art français*, 1888, p. 173; 1894, p. 312.

Rousseau (Jacques), sculpteur du roi, était établi à Paris où il avait son logement au Louvre. Il se maria le 26 septembre 1688 à Angers. D'après les comptes des bâtiments du roi, qui le désignent sous le nom de Rousseau du Louvre, il travailla de 1692 à 1713 à Versailles, à Marly, à l'église des Invalides et à Notre-Dame de Paris. Il mourut à Angers le 12 octobre 1714 et fut enterré dans le grand cimetière Saint-Pierre. Il avait un fils, Charles Rousseau, sculpteur du roi, qui nous est connu par son acte de mariage inscrit le 9 juillet 1715 sur les registres de la paroisse Saint-Germain-l'Auxerrois.

ŒUVRES

Travaux de décoration à l'intérieur du dôme de l'église des Invalides (années 1692-1699).

Deux vases en marbre d'Egypte pour le parc de Versailles. Payés 1.680 livres (année 1699). Un de ces vases existe encore aujourd'hui dans le Parterre du Nord, faisant pendant avec un autre sculpté par Mazière.

Restauration des bustes du parc de Marly (année 1700).

Trois pieds sculptés en marbre pour une table placée sous le pavillon doré, dans le même parc. Payés 628 livres (année 1701).

Collaboration à la construction du grand baldaquin posé autrefois sur le groupe des Bains d'Apollon, dans le parc de Versailles (années 1705-1707).

Modèle du bosquet de l'Encelade pour le même parc (année 1706).

Consoles et festons sculptés à l'extérieur de la chapelle du château de Versailles (année 1708).

Trois bénitiers de marbre pour la même chapelle (année 1711).

Enfants portant les attributs du culte catholique. Bas-relief en pierre (année 1711). Au-dessus d'une des grandes fenêtres en arcade, à l'extérieur de la même chapelle.

Deux têtes de chérubins, deux trophées d'église en plomb et deux chapiteaux en marbre, pour le chœur de Notre-Dame de Paris. Payés 1.800 livres (année 1713).

Un enfant nu à cheval sur un dauphin. Autrefois, selon Piganiol, au milieu d'un bassin qui se trouvait à Versailles dans le Parterre du bosquet du Dauphin.

Cascade en rocaille placée jadis dans le même bosquet.

PIGANIOL DE LA FORCE, *Nouvelle description des châteaux et parcs de Versailles et de Marly*, 1764, t. II, p. 13, 190, 191, 352. — Eud. SOULIÉ, *Notice du Musée impérial de Versailles*, 1re partie, 1859, p. 3; 3e partie, 1861, p. 502. — HERLUISON, *Actes d'état civil d'artistes français*, 1873, p. 390. — J. GUIFFREY, *Comptes des bâtiments du roi sous le règne de Louis XIV*, t. III, 1891, col. 702, 844; t. IV, 1896, col. 330, 469, 472, 479, 577, 578, 611, 613, 618, 734, 964; t. V, 1901, col. 217, 319, 347, 349, 401, 511, 529, 530, 538, 610, 675, 695, 787. — Célestin PORT, *Les artistes angevins*, 1881, p. 278.

Rousseau, appelé dans les comptes des bâtiments du roi Rousseau de Corbeil, était sans doute le frère de Jacques Rousseau avec lequel il collabora à de nombreux ouvrages. De 1707 à 1715, il était occupé à Versailles; il travaillait à la décoration de la chapelle et sculptait des vases en pierre de Saint-Leu qui furent posés sur les balustrades du château. On voyait de lui jadis dans le parc de la Muette un vase en marbre avec ornements; ce vase lui avait été payé 2.799 livres.

Les comptes font encore mention d'un sculpteur nommé Alexandre Rousseau qui exécuta en 1712 une *Vierge* et un *saint Louis* en pierre pour l'église de l'abbaye royale de Poissy. C'est peut-être le même artiste que Rousseau de Corbeil. Enfin un Rousseau était employé à Bonn, en 1717, par l'Électeur de Cologne, à des travaux de décoration; s'agit-il de Rousseau de Corbeil ou de Charles Rousseau? On l'ignore.

L. DUSSIEUX, *Les artistes français à l'étranger*, 1876, p. 183. — *Revue de l'art français*, 1892, p. 123-124. — J. GUIFFREY, *Comptes des bâtiments du roi sous le règne de Louis XIV*, t. V, 1901, col. 125, 215, 316, 320, 321, 399, 411, 413, 494, 502, 527, 528, 529, 533, 590, 600, 622, 685, 763, 764, 776, 863.

Rousseau (Jules), qualifié sculpteur des bâtiments du roi, signe comme parrain dans un acte de baptême inscrit sur les registres de la paroisse Saint-Pierre d'Angers.

Célestin PORT, *Les artistes angevins*, 1881, p. 278.

Rousseau (Martin), exerçait son art à Bonnétable (Sarthe) dans la seconde moitié du XVIIᵉ siècle.

Gustave-René Esnault, *Dictionnaire des artistes manceaux*, 1899, p. 261.

Roussel (Adrien), est cité dans les comptes des bâtiments du roi comme travaillant à Versailles de 1680 à 1686 et à Marly de 1688 à 1689. Dix ans plus tard, on le trouve occupé à l'église des Invalides.

J. Guiffrey, *Comptes des bâtiments du roi sous le règne de Louis XIV*, t. I, 1881, col. 1290; t. II, 1887, col. 93, 170, 442, 624, 990; t. III, 1891, col. 167, 337 ; t. IV, 1896, col. 330, 472. — *Réunion des sociétés des beaux-arts des départements*, 1888, p. 595, 596.

Roussel (Claude du), sculpteur parisien, est admis le 19 janvier 1664 au nombre des membres de l'Académie de Saint-Luc. Son nom figure encore sur les listes de la communauté en 1682.

P. Lacroix, *Revue universelle des arts*, t. XIII, 1861, p. 328.

Roussel (Jean), né vers 1643, exerçait son art à Tours à la fin du XVIIᵉ et au commencement du XVIIIᵉ siècle. En 1692, il exécuta la décoration d'un arc de triomphe en pierre que la ville faisait élever à la gloire de Louis XIV; ce monument ayant été démoli en 1775, ses matériaux ont servi à la construction du portail de l'archevêché. Roussel sculpta aussi plusieurs anges qui ornaient le maître-autel et le banc de fabrique de l'église Saint-Hilaire, église aujourd'hui détruite. Il mourut le 1ᵉʳ décembre 1723, laissant un fils, Jean II Roussel, également sculpteur, dont on ne connaît aucune œuvre.

Archives d'Indre-et-Loire. Registre de Saint-Hilaire, p. 33. — Ch. Grandmaison, *Documents pour servir à l'histoire des arts en Touraine*, 1885, p. 360. — Louis De Grandmaison, *Réunion des sociétés des beaux-arts des départements*, 1902, p. 479.

Roussel (Jean-Baptiste), maître sculpteur à Paris, figure en 1706 sur les registres de la paroisse Saint-Roch.

H. Herluison, *Actes d'état civil d'artistes français*, 1873, p. 391.

Roussel (Jérôme), graveur en médailles né vers 1663, était établi à Paris, où, de 1686 à 1688, il exécuta des médailles figurant : l'*Hérésie détruite*, la *Prise de la citadelle de Besançon*, la *Naissance de Monseigneur*, le *Te Deum pour la guérison du roi*, le *Mariage de Monseigneur le Dauphin*, la *Ville de Cambrai*, l'*Abandon de l'Issel par les Hollandais* et la *Prise d'Aire*. En 1699, il fit un revers de médaille représentant Notre-Dame de Paris. Il fut nommé membre de l'Académie royale de peinture et de sculpture le 23 mars 1709. Il grava à

cette occasion, pour servir de sceau à l'Académie, le portrait du duc
d'Antin, protecteur de la compagnie. Il mourut le 22 décembre 1713.

Archives de l'art français, documents, t. I, 1852, p. 377; t. II, 1853, p. 386. —
A. JAL, *Dictionnaire critique de biographie et d'histoire*, 1872, p. 1094. — DE MON-
TAIGLON, *Procès-verbaux de l'Académie royale de peinture et de sculpture*, t. IV,
1881, p. 74, 79. — J. GUIFFREY, *Comptes des bâtiments du roi sous le règne de
Louis XIV*, t. II, 1887, col. 1015, 1193; t. III, 1891, col. 111, 297; t. IV, 1896, col.
194, 341, 485, 626, 738, 856, 966, 1077, 1187; t. V, 1901, col. 45, 232, 241.

Rousselet (Jean), sculpteur ordinaire du roi, né en 1656, fils du
graveur Gilles Rousselet, fut admis en 1680 comme pensionnaire à
l'Académie de France à Rome. Il exécuta dans cette ville une copie
en marbre du Mercure de bronze qui se trouvait au palais Farnèse. Il
était de retour en France en 1684. Il fut reçu académicien le 26 juin
1686 sur un bas-relief en marbre représentant la *Poésie et la Musique*,
bas-relief placé aujourd'hui au Musée du Louvre, n° 807. En 1687, il
sculptait quatre chapiteaux en marbre pour Trianon. En 1690-1691,
il travaillait à l'église des Invalides. Il mourut le 13 juin 1693 et fut
inhumé à l'église Saint-Hippolyte; il demeurait alors dans la maison
royale des Gobelins.

Un Rousselet, probablement le fils de Jean, est mentionné comme
élève sculpteur dans les comptes de 1691 à 1694.

Archives de l'art français, documents, t. I, 1852, p. 372; t. II, 1853, p. 386. —
H. HERLUISON, *Actes d'état civil d'artistes français*, 1873, p. 392. — DE MON-
TAIGLON, *Procès-verbaux de l'Académie royale de peinture et de sculpture*, t. II,
1878, p. 269. 275, 329; t. III, 1880, p. 116. — Idem, *Correspondance des directeurs de l'Académie de France à Rome*, t. I, 1887, p. 104, 129. — J. GUIFFREY,
Comptes des bâtiments du roi sous le règne de Louis XIV, t. II, 1887, col. 1182;
t. III, 1891, col. 101, 423, 558.

Routier (Claude), maître sculpteur résidant à Aix, en Provence,
au commencement du xviii° siècle, était l'auteur de la sculpture des
vantaux de la grande porte de l'église Saint-Jean de Malte; cette
décoration n'existe plus. Claude Routier vivait encore en 1729.

*Inventaire général des richesses d'art de la France. Province, Monuments reli-
gieux*, t. III, 1901, p. 240.

Rouvra (Barthélemy), sculpteur parisien, fut reçu membre de
l'Académie de Saint-Luc le 14 avril 1668. Il vivait encore en 1682.

P. LACROIX, *Revue universelle des arts*, t. XIII, 1861, p. 329.

Roy (Claude), maître sculpteur établi à Bourges vers le milieu du
xvii° siècle, passe un marché en 1647 par lequel il s'engage à sculpter
moyennant 60 livres tournois, pour les maîtres drapiers et tisserands

en drap de Vierzon, un « baton de Saint Léger », patron de leur confrérie.

Inventaire sommaire des archives départementales du Cher, t. III, p. 193. — *Archives historiques, artistiques et littéraires*, 1890, p. 44.

Roy (Mathieu le), est reçu membre de l'Académie de Saint-Luc le 4 février 1681.

P. LACROIX, *Revue universelle des arts*, t. XIII, 1861, p. 335.

Ruys (André), originaire de la Ciotat, était au nombre des sculpteurs qui collaborèrent dans l'arsenal de Toulon en 1668, sous la direction de Nicolas Levray, à la décoration du vaisseau le *Royal-Louis*.

Archives de l'art français, documents, t. IV, 1856, p. 237. — Ch. GINOUX, *Revue de l'art français*, 1888, p. 168; 1894, p. 313.

S

Sabathier (Jean), exerçait son art à Montpellier vers la fin du XVIIe siècle. On ne connaît aucune des œuvres de cet artiste qui travaillait sans doute à la décoration des églises de la ville.

Louis DE LA ROQUE, *Biographie montpelliéraine, peintres, sculpteurs et architectes*, 1877, p. 98.

Saincton ou **Sainton**, remporte le deuxième prix de sculpture à l'ancienne École académique de Paris en 1694.

Archives de l'art français, documents, t. V, 1857-1858, p. 282. — DE MONTAIGLON, *Procès-verbaux de l'Académie royale*, t. III, 1880, p. 149, 152.

Saint (Jean-Claude), sculpteur en bois établi à Besançon au commencement du XVIIIe siècle, collabore de 1700 à 1706 avec son confrère François Choye.

Jules GAUTHIER, *Dictionnaire des artistes francs-comtois antérieurs au XIXe siècle*, 1892, p. 22.

Saint-André (André Faulcon sʳ de), sculpteur résidant à **Caen** vers la fin du xvɪɪᵉ siècle, figure sur les registres d'imposition de 1689 à 1693.

Armand Bénet, *Réunion des sociétés des beaux-arts des départements*, 1897, p. 150.

Saint-Laurent, est cité dans les comptes des bâtiments du roi comme travaillant, en 1708-1709, à la décoration de la chapelle du château de Versailles. On lit en effet: « A Saint-Laurent, sculpteur, sur les ornemens qu'il fait aux bases des colonnes de lad. chapelle, aux chapitaux du sallon et autres ouvrages... 1400 l.. »

C'est sans doute le même artiste qu'un **Jean** de Saint-Laurent qui partit en Russie en 1717.

J. Guiffrey, *Comptes des bâtiments du roi sous le règne de Louis XIV*, t. V, 1901, col. 216, 317, 319, 529, 530. — *Réunion des sociétés des beaux-arts des départements*, 1893, p. 488.

Sainte-Marie (Dauphin de), sculpteur ornemaniste de la fin du xvɪɪᵉ siècle, était occupé en 1688 à Versailles, où il sculptait treize vases en pierre pour décorer les combles de Trianon. En 1691 et en 1699, on le trouve employé, à Paris, aux travaux de l'église des Invalides. Il vivait encore en 1700.

J. Guiffrey, *Comptes des bâtiments du roi sous le règne de Louis XIV*, t. III, 1891, col, 36, 55, 556; t. IV, 1896, col. 175, 469, 577.

Saint-Urbain (Claude-Augustin), graveur en médailles né à Nancy vers 1628, exerçait son art dans sa ville natale, où il mourut le 6 octobre 1698 ; il fut inhumé à l'église Saint-Sébastien.

Saint-Urbain (Ferdinand), graveur en médailles et architecte du duc de Lorraine, fils du précédent, naquit à Nancy le 30 juin 1658. Il alla d'abord en Allemagne, puis en Italie, où le pape Innocent XI lui donna la direction de son cabinet de médailles et le nomma son premier architecte. Il resta vingt ans à Rome et revint ensuite à Nancy ; il exécuta alors une suite de médailles des ducs et duchesses de Lorraine et commença l'histoire métallique des papes. Il mourut dans sa ville natale le 10 janvier 1738.

Dom Calmet, *Bibliothèque lorraine*, 1751. — R. Menard, *L'art en Alsace-Lorraine*, 1870, p. 358. — A. Jacquot, *Réunion des sociétés des beaux-arts des départements*, 1889, p. 515, 516.

Salé (Nicolas), est cité par Bertolotti, d'après Baldinucci, comme un sculpteur français, élève du Bernin, travaillant à Rome de 1649 à 1651. Il aurait collaboré à la fontaine de la place Navone et aurait exécuté deux anges et des médaillons à Saint-Pierre et quelques bas-

reliefs pour la chapelle des Raimondi, à Montorio. Dussieux ne fait
pas mention de cet artiste.

A. BERTOLOTTI, *Artisti francesi in Roma nei secoli XV, XVI e XVII*, 1886,
p. 169.

Sallé (François), sculpteur et peintre établi au Mans à la fin du
XVIIe et au commencement du XVIIIe siècle, exécute en 1696, avec son
confrère Étienne Doudieux, différents ouvrages pour l'église de Mares-
ché (Sarthe). En 1709, il fait un *saint Sébastien*, un *saint Jonin* et un
saint Pierre destinés à décorer l'autel de Saint-Jean-d'Assé. En 1725,
il sculpte pour l'église du Lude, moyennant 76 livres, un *saint Médard*
et un *saint Joseph tenant l'Enfant Jésus*.

G. R. ESNAULT, *Dictionnaire des artistes et artisans manceaux*, 1899, p. 265.

Samson ou **Sanson** (Jacques), sculpteur des bâtiments du roi, fut
occupé au château de Fontainebleau en 1664. Plus tard, en 1671, il
fut employé au Palais-Royal et continua, au fronton de la Bibliothèque Mazarine, le travail laissé inachevé par la mort de Nicolas
Legendre, travail entrepris avec Martin Desjardins. Le 18 septembre
1672, il donna quittance avec son confrère Antoine Poissant[1] de « la
somme de trois cens livres, à eux ordonnée à compte des ouvrages de
sculpture de stuc qu'ils ont faits dans la salle des gardes et antichambre
de Monseigneur le Dauphin au château de Versailles ». La même
année, les deux artistes reçurent encore 2.680 livres « pour parfait
payement de 2.800 l. pour les flammes de pierre des cheminées et les
vazes qu'ils posent sur l'amortissement des lucarnes tant du chasteau
(de Versailles) que des quatre pavillons de l'avant-cour ». En 1675, il
travailla au château de Clagny et, en 1682, il exécuta, en collaboration de son confrère René Gérard, une statue en pierre pour la grande
aile du château de Versailles.

U. ROBERT, *Nouvelles archives de l'art français*, 1876, p. 52. — *Inventaire général des richesses d'art de la France. Paris, monuments civils*, t. I, 1880, p. 6. —
J. GUIFFREY, *Comptes des bâtiments du roi sous le règne de Louis XIV*, t. I, 1881,
col. 40, 205, 500, 513, 617, 619, 761, 846, 918; t. II, 1887, col. 136, 178.

Sansonnet (Jacob), sculpteur lorrain, exerçait son art à Nancy au
XVIIe siècle.

Archives de Nancy, t. II, p. 228. — A. JACQUOT, *Réunion des sociétés des beaux-
arts des départements*, 1900, p. 363.

Santier ou **Sentier** (Armand), sculpteur établi à Paris dans la
seconde moitié du XVIIe siècle, se rendit à Laon, où il travailla en

1. Voir le *Dictionnaire des sculpteurs de l'École française du Moyen Age au règne
de Louis XIV*, p. 457.

1676-1677 à la décoration de l'église Saint-Rémi. En 1685-1686, on le retrouve à Versailles occupé à la décoration des bateaux du canal.

J. Guiffrey, *Comptes des bâtiments du roi sous le règne de Louis XIV*, t. II, 1887, col. 617, 618, 890. — *Réunion des sociétés des beaux-arts des départements*, 1896, p. 688, 689.

Saphare (Jean), sculpteur normand résidant à Orbec (Calvados), s'engagea, le 10 septembre 1656, à exécuter moyennant 75 livres une statue de *saint Jacques* en bois destinée à l'église Sainte-Croix de Bernay (Eure). En 1664, il reçut 30 livres « pour avoir faict les armes de M^r l'abbé de Bernay, placées sous les orgues de l'églize de la Couture du dit lieu, et 18 livres pour trois fleurs de lys placées sur le positif du dit orgue ». Il mourut en 1680.

Saphare (Simon), frère du précédent, demeurant aussi à Orbec, sculpta en 1672 une contretable en bois pour l'église de la Cressonnière (Calvados). Il vivait encore en 1705. Jean et Simon Saphare avaient un frère nommé Pierre, également sculpteur, qui mourut en 1689 ; on ne possède sur ce dernier aucun renseignement.

Archives municipales de Bernay, GG. — E. Veuclin, *Réunion des sociétés des beaux-arts des départements*, 1893, p. 452, 453 ; 1904, p. 346.

Sarrazin (Jacques). Voir le *Dictionnaire des sculpteurs de l'École française du Moyen âge au règne de Louis XIV*, p. 508.

Saullet (Thomas), exerçait son art dans la ville de Caen au commencement du XVIIIe siècle. Son nom figure sur le rôle des impositions en 1705.

Armand Bénet, *Réunion des sociétés des beaux-arts des départements*, 1897, p. 154.

Sautray (Guillaume), sculpteur et fondeur, était occupé en 1701 à Versailles. En 1705, il fournit la cloche de l'horloge du château de Meudon. De 1706 à 1708, il fut employé à Marly, à Fontainebleau et à Trianon. En 1710, il exécuta pour la chapelle du château de Versailles la balustrade en bronze de l'autel du Saint-Sacrement et l'aigle du pupitre. La même année, il travailla au vieil hôtel de Longueville, à Paris. En 1713, il fit six culs de lampe en bronze pour le chœur de Notre-Dame de Paris. A la date de 1714, on lit encore dans les comptes des bâtiments du roi : « A Guillaume Sautray, sculpteur fondeur, pour les restaurations de sculpture de bronze doré qu'il a faites dans les bâtimens des dehors du château de Versailles ».

J. Guiffrey, *Comptes des bâtiments du roi sous le règne de Louis XIV*, t. V,

1901, col. 17, 42, 91, 144, 157, 177, 183, 383, 399, 409, 432, 512, 532, 592, 697, 772, 788, 875.

Scabol (Roger), sculpteur et fondeur ordinaire du roi, travaillait en 1690, avec son confrère François Aubry, à la fonte d'une statue équestre de Louis XIV, statue commandée à Étienne Le Hongre par les États de Bourgogne. Ce dernier étant mort la même année avant l'achèvement de son œuvre, Roger Scabol et François Aubry eurent à soutenir un procès contre ses héritiers pour se faire indemniser de leur travail. Scabol collabora également à la statue du roi, œuvre de Girardon, qui fut érigée sur la place Vendôme, à Paris. Vers 1694, il fut employé à la fonte des groupes d'enfants décorant le Parterre d'Eau, à Versailles. En 1714, il fondit en bronze quatre figures d'anges pour le chœur de Notre-Dame de Paris ; les modèles de ces anges étaient dus à Poirier, à Magnier et à Flamen.

PIGANIOL DE LA FORCE, *Nouvelle description des châteaux et parcs de Versailles et de Marly*, 1764, t. II, p. 8, 351. — Idem, *Description historique de la ville de Paris*, 1765, t. I, p. 326. — J. GUIFFREY, *Comptes des bâtiments du roi sous le règne de Louis XIV*, t. II, 1891, col. 1087, 1135 ; t. V, 1901, col. 697, 788, 875.

Scheemackers (Henri), né à Anvers, mourut dans la première moitié du XVIIIe siècle. D'Argenville le cite comme 'l'auteur de deux groupes représentant un fleuve et une naïade qui décoraient le parterre du château de Dampierre.

D'ARGENVILLE, *Voyage pittoresque des environs de Paris*, 1762, p. 195, 406.

Scotin (Pierre), exerçait son art à Paris dans la seconde moitié du XVIIe siècle. Ce sculpteur nous est connu par un acte de baptême inscrit sur les registres de la paroisse Saint-Hippolyte à la date du 14 avril 1675, acte où la femme de l'artiste figure comme marraine.

H. HERLUISON, *Actes d'état civil d'artistes français*, 1873, p. 425.

Selincart (Jean-Brio), sculpteur des bâtiments du roi, établi à Paris vers la fin du XVIIe siècle, se maria le 22 septembre avec Geneviève-Suzanne Thibault ; il demeurait alors Montagne-Sainte-Geneviève. C'est tout ce qu'on sait sur cet artiste qui était peut-être parent d'Henriette Selincart, femme du graveur Israël Silvestre.

J. GUIFFREY, *Revue de l'art français*, 1890, p. 297.

Sellier (Jean), résidait à Amiens dans la seconde moitié du XVIIe siècle ; il fut reçu maître en son art le 9 septembre 1680.

Robert GUERLIN, *Réunion des sociétés des beaux-arts des départements*, 1896, p. 561.

Seloisse, sculpteur en bois, travaillait à Chantilly au commencement du xviiie siècle. On trouve dans les comptes, au 3 octobre 1707 : « au sr Seloisse, sculpteur, la somme de 130 livres pour avoir fait une tête de renne de bois de chêne d'environ quatre pieds de long, comprise l'encolure, avoir fourni le bois et le collage, et pour être resté dix jours à Chantilly ».

G. Macon, *Les arts dans la maison de Condé*, 1903, p. 56.

Samblemon(Jacques), sculpteur parisien, était membre de l'Académie de Saint-Luc, où il avait été admis le 29 février 1672. Il mourut avant 1682.

P. Lacroix, *Revue universelle des arts*, t. XIII, 1861, p. 330.

Senaille ou **Senelle** (Pierre), sculpteur demeurant à Paris dans la seconde moitié du xviie siècle, fils de Jean Senelle, peintre originaire de Meaux, se marie le 24 mai 1671. Il fait baptiser une fille à la paroisse Saint-Benoît le 4 février 1673. Étant devenu veuf, il se remarie le 26 décembre 1682 et a deux enfants de ce second mariage, l'un en 1685 et l'autre en 1691.

Un Jules Senelle, sculpteur en marbre, bourgeois de Paris, probablement fils de Pierre, assiste en 1712 à un baptême dans l'église de Lissy-en-Brie.

H. Herluison, *Actes d'état civil d'artistes français*, 1873, p. 405. — Th. Lhuillier, *Bulletin du comité des travaux historiques et scientifiques, section d'histoire, d'archéologie et de philologie*, 1882, p. 38. — *Réunion des sociétés des beaux-arts des départements*, 1888, p. 138, 139.

Serceau (Nicolas), maître sculpteur en bois, travaillait à Châteaudun (Eure-et-Loir) vers le milieu du xviie siècle. Cet artiste nous est connu par un acte notarié daté de 1654, par lequel il s'engageait à entreprendre un travail de sculpture en bois. L'année suivante, il s'obligeait envers les Cordeliers de Châteaudun à exécuter avec un de ses confrères, Antoine Tiger, les ornements de deux autels placés dans la nef de l'église de Saint-François.

Archives d'Eure-et-Loir, E, 3497, 3503.

Serre (Charles de), sculpteur parisien, est reçu membre de l'Académie de Saint-Luc le 8 octobre 1681. Il fait baptiser une fille à la paroisse Saint-Germain-l'Auxerrois le 26 janvier 1686.

P. Lacroix, *Revue universelle des arts*, t. XIII, 1861, p. 335. — H. Herluison, *Actes d'état civil d'artistes français*, 1873, p. 406.

Seyty (Pierre), exerçait son art à Lyon vers 1683.

Natalis Rondot, *Les sculpteurs de Lyon du XIV* au *XVIII* siècle, 1884, p. 61.

Sibrayque ou **Siebrecht** (Georges), est cité dans les comptes des bâtiments du roi parmi les artistes travaillant à Versailles de 1672 à 1682. Il n'existait plus en 1694, car, à cette date, son confrère Jean Cornu touche un payement pour avoir terminé une figure laissée inachevée par lui. George Sibrayque était peut-être parent des sculpteurs Bernard et Gérard Sibrecq [1] établis à Lyon dans la première moitié du XVII° siècle.

ŒUVRES

Deux trophées placés sur la balustrade des pavillons de Trianon. Payés 470 livres (année 1672).

Un singe et un dauphin. Figures sculptées pour le Labyrinthe du parc de Versailles. Payées 490 livres (année 1673).

Trois grands bustes en marbre pour la galerie du Palais-Royal, à Paris (année 1677).

L'Afrique. Statue en marbre (année 1682). Pourtour du Parterre du Nord, dans le parc de Versailles. Gravée par Thomassin, n° 104, et par G. Audran. Cette statue fut terminée par Jean Cornu.

Ulysse Robert, *Nouvelles archives de l'art français*, 1876, p. 51, 52. — J. Guiffrey, *Comptes des bâtiments du roi sous le règne de Louis XIV*, t. I, 1881, col. 618, 635, 696, 830, 902, 946, 965, 1048, 1162, 1165, 1191, 1290 ; t. II, 1887, col. 197; t. III, 1891, col. 1003.

Sichaud (Étienne), sculpteur et peintre, résidait à Nantes dans la seconde moitié du XVII° siècle.

De Granges de Surgères, *Les artistes nantais* (*Revue de l'art français*, 1898, p. 432).

Sigaud (Pons), était fixé à Toulon dans les premières années du XVIII° siècle.

Ch. Ginoux, *Revue de l'art français*, 1894, p. 315.

Simon (Arnaud), né à Lyon, fils du sculpteur Mathias Simon [2], travaillait dans la seconde moitié du XVII° siècle. Il se maria à Paris, le 17 juillet 1668, avec une fille de P. Le Blond, maître sculpteur. Le 13 juillet 1674, il fut admis à l'Académie de Saint-Luc. A Lyon, il entreprit avec Claude Lamoureux la décoration de la chapelle royale des pénitents blancs de Notre-Dame du Confalon. On lui devait encore dans la même ville : *un Christ agonisant* qui était placé jadis dans

1. Voir le *Dictionnaire des sculpteurs de l'École française du Moyen Age au règne de Louis XIV*, p. 517.
2. Voir le *Dictionnaire des sculpteurs de l'École française du Moyen Age au règne de Louis XIV*, p. 519.

l'église de l'Oratoire ; un bas-relief représentant le *Sauveur guérissant les malades*, bas-relief ornant autrefois le portail de l'Hôtel Dieu et enfin les statues de *saint Jean* et de *saint Dominique* qui décoraient le portail de l'église des Jacobins. Arnaud Simon vivait encore en 1682.

André CLAPASSON, *Description de la ville de Lyon*, 1741, p. 38, 47, 48, 53, 68, 74, 143, 144. — P. LACROIX, *Revue universelle des arts*, t. XIII, 1861, p. 331. — *Archives de l'art français*, 2ᵉ série, t. II, 1862, p. 117, 119, 126, 150. — A. JAL, *Dictionnaire critique de biographie et d'histoire*, 1872, p. 1135. — Natalis RONDOT, *Les sculpteurs de Lyon du XIVᵉ au XVIIIᵉ siècle*, 1884, p. 55.

Simon (Jean), sculpteur et architecte établi à Angers, s'engage par contrat, en 1697, à faire pour l'église de Neuville (Indre-et-Loire), moyennant 1.600 livres, un autel décoré d'un bas-relief et de plusieurs figures. En 1699, il donne les plans et les dessins du maître-autel de la chapelle de l'hôpital Saint-Jean d'Angers. L'artiste étant mort la même année, cet ouvrage fut terminé par ses fils.

Célestin PORT, *Les artistes angevins*, 1881, p. 288.

Simon (Christophe et Jacques), fils du précédent, nés, le premier le 30 janvier 1679 et le second vers 1684, passèrent un marché à Angers, le 25 février 1700, pour construire d'après les dessins de leur père, dans la chapelle de l'hôpital Saint-Jean, le maître-autel qui existe encore aujourd'hui. A la même époque, ils exécutèrent un autel [1] dans une des chapelles de l'église des Ursulines et les statues de *saint Venant* et de *saint Sébastien* placées dans l'église paroissiale de La Meignanne (Maine-et-Loire). Aux environs d'Angers, on leur devait aussi, en 1705, les trois autels [2] de l'église de Villemoisant et, en 1707, les autels et les statues de l'église de Champtocé ainsi que l'autel de l'église de Saint-Martin-des-Bois [3]. Les deux frères travaillaient presque toujours ensemble ; cependant, on attribue à Jacques seul l'autel de l'église d'Andigné [4] et celui de Saint-Maurille des Ponts-de-Cé Christophe était occupé en 1747 à la décoration du maître-autel de Saint-Pierre de Saumur.

Célestin PORT, *Les artistes angevins*, 1881, p. 280, 282. — Ch. BAUCHAL, *Nouveau dictionnaire des architectes français*, 1887, p. 533.

Simon (Alexandre), sculpteur résidant à Paris, faisait partie de

1. Le retable de cet autel se voit encore dans l'église des Ursulines d'Angers.
2. Détruits il y a quelques années.
3. Le retable de cet autel existait encore en 1876 ; il a été brisé depuis.
4. Détruit.

l'Académie de Saint-Luc, où il avait été admis le 14 octobre 1672. Il vivait encore en 1682.

P. Lacroix, *Revue universelle des arts*, t. XIII, 1861, p. 330.

Simoneaau (Charles), maître sculpteur et architecte, demeurait à Nantes dans la seconde moitié du xviie siècle.

De Granges de Surgères, *Les artistes nantais* (*Revue de l'art français*, 1898, p. 433).

Simony. Un sculpteur de ce nom est cité dans les comptes des bâtiments du roi, comme ayant travaillé en 1704 à la décoration de la chapelle du château de Versailles. L'année suivante, on le trouve occupé à l'église des Invalides. En 1714, il exécute un trophée d'armes en plomb pour un des pavillons du bosquet des Dômes, dans le parc de Versailles.

J. Guiffrey, *Comptes des bâtiments du roi sous le règne de Louis XIV*, t. IV, 1896, col. 1049, 1157, 1177; t. V, 1901, col. 35, 214, 217, 317, 319, 321, 347, 528, 529, 531, 763.

Slodtz (Sébastien), sculpteur ordinaire des bâtiments du roi et recteur de l'Académie de Saint-Luc, naquit à Anvers en 1655. Il vint de bonne heure à Paris et entra dans l'atelier de Girardon. A partir de 1687, on le trouve occupé à Versailles et à l'église des Invalides. D'après les registres des Menus-Plaisirs, il exécuta, à Saint-Denis, différents ouvrages de décoration pour l'anniversaire de la Dauphine (1691), pour la pompe funèbre de Monsieur (1701) et pour le bout de l'an de Louis XIV (1716). Il mourut le 8 mai 1726. Il habitait alors au vieux Louvre et fut inhumé à Saint-Germain-l'Auxerrois. Il avait épousé, vers 1689-1690, Madeleine, fille de Dominique Cucci, qui lui donna plusieurs fils dont trois furent sculpteurs comme lui : Sébastien-René, Paul-Ambroise et René-Michel ; ce dernier est le plus connu de tous.

ŒUVRES

Quatre chapiteaux en marbre pour Trianon. Payés 746 livres (années 1687-1688).

Un vase en marbre orné de fleurs de soleil (année 1688). Allée Royale, dans le parc de Versailles. Un moulage d'une partie de ce vase figure au Musée du Trocadéro, n° 1031.

Groupe d'anges. Bas-relief en pierre. Chapelle de Saint-Ambroise, dans l'église des Invalides (années 1691-1693).

Saint Ambroise. Statue décorant autrefois la même chapelle (années 1691-1693). Cette œuvre a disparu.

Saint Louis envoyant des missionnaires chez les Infidèles. Bas-relief en pierre. Chœur de la même église (année 1691-1693).

Le maître-autel de l'église de Saint-Germain-des-Prés exécuté en 1704 d'après les dessins de l'architecte Oppenord. Cet autel a été détruit à la Révolution ; six colonnes de marbre cipolin qui en faisaient partie ornent aujourd'hui la galerie des tableaux du Louvre.

Vertumne. Statue en marbre pour la cascade du bosquet d'Agrippine, à Marly. Payée 2.900 livres (année 1706).

La Foi. Statue en pierre de Tonnerre. Balustrade extérieure de la chapelle du château de Versailles (année 1707).

La Clémence et la Miséricorde. Bas-relief. Pourtour intérieur de la même chapelle (année 1707). Cette œuvre est cachée par le buffet d'orgue.

Bas-reliefs d'enfants et ornements. Chapelle Saint-Louis, dans la même église (année 1709).

Travaux de décoration exécutés à Notre-Dame de Paris pour la pompe funèbre du prince Henry-Jules de Condé (7 août 1709). Ces travaux furent payés à l'artiste 2.072 livres.

Annibal comptant les anneaux des chevaliers romains tués à la bataille de Cannes. Statue en marbre. Musée du Louvre. n° 828. Provient de Marly et du jardin des Tuileries. Signée : SEB. SLODTZ FECIT 1720. Payée 5.650 livres.

Aristée et Protée. Groupe en marbre d'après un modèle de Girardon. Signé : S. SLODTZ.NATIF D'ANVERS 1723. Payé 11.700 livres. Demi-lune entre la Grande-Allée et le bassin d'Apollon. dans le parc de Versailles. Ce groupe est reproduit dans une planche de N. Chevallier ayant pour titre : *Veüe d'un des côtez de la gallerie du S. Girardon, sculpteur ordinaire du Roy.*

Titon du Tillet. Buste. Autrefois dans le cabinet de M. Titon du Tillet, rue de Montreuil, à Paris.

D'ARGENVILLE, *Voyage pittoresque de Paris*, 1752, p. 57, 373. — PIGANIOL DE LA FORCE, *Nouvelle description des châteaux et parcs de Versailles et de Marly*, 1764, t. II, p. 66, 76, 275, 285. — DE FONTENAI, *Dictionnaire des artistes*, 1776, t. II, p. 566. — THIÉRY, *Guide des amateurs et des étrangers dans Paris*, 1787, t. I, p. 400; t. II, p. 508. — *Archives de l'art français. Abécédario de Mariette*, t. V, 1858-1859, p. 223. — Eud. SOULIÉ, *Notice du Musée impérial de Versailles*, 1re partie, 1859, p. 3, 5 ; 3e partie, 1861, p. 511. — A. JAL, *Dictionnaire critique de biographie et d'histoire*, 1872, p. 1138, 1139. — HERLUISON, *Actes d'état civil d'artistes français*, 1873, p. 412. — *Nouvelles archives de l'art français*, 1873, p. 120; 1876, p. 71. — *Revue de l'art français*, 1885, p. 69 ; 1887, p. 138, 139. — J. GUIFFREY, *Comptes des bâtiments du roi sous le règne de Louis XIV*, t. II, 1887, col. 1182; t. III. 1891, col. 102, 294. 559. 704, 705, 844, 845, 853, 991, 1121, 1122; t. V, 1901, col. 40, 72, 124, 143, 215, 240, 319, 340, 413, 527, 538, 610, 788, 874. — *Inventaire général des richesses d'art de la France. Paris, monuments religieux*, t. I, 1877, p. 114; t. III, 1901, p. 253, 256. — G. MACON, *Les arts dans la Maison de Condé*, 1903, p. 63. — DE NOLHAC, *Les jardins de Versailles*, 1906, p. 144.

Solignon (Armand-Louis), sculpteur ornemaniste connu sous le nom d'Armand, naquit à Paris, paroisse Saint-Germain-l'Auxerrois, le 12 juin 1654. Il était fils de Jean Solignon, cocher, et d'Antoinette Thiéry, sa femme. Il exécuta plusieurs travaux de décoration à Versailles, à Marly et à l'église des Invalides. Il mourut le 17 septembre 1715 ; il demeurait alors sur la paroisse Saint-Sulpice dans une maison de la rue Saint-André-des-Arts. Depuis le 2 mars de la même année, il était veuf d'Angélique Subtil qu'il avait épousée en août 1684.

ŒUVRES

Enfants sculptés en ronde-bosse au-dessus des glaces, dans la chambre du roi, à Versailles. En collaboration de Jullien, de Guyot et de Nourrisson (année 1701).

Ouvrages de sculpture en bois dans les pavillons des Globes, à Marly (année 1703).

Gargouilles et chapiteaux sculptés à la chapelle du château de Versailles (année 1704).

Ouvrages de sculpture en plomb à l'île du bassin des Carpes, à Marly (année 1704).

Roses sculptées à la grande corniche intérieure de la chapelle du château de Versailles (année 1705).

Sculpture de pieds de tables en marbre pour le jardin de Trianon. En collaboration de Montéant (année 1705).

Piédestaux en marbre pour des figures placées à Versailles et à Marly. En collaboration de Montéant (année 1705).

Sculptures en bois ornant la grande porte de l'église des Invalides. En collaboration de Bourdict, de Montéant, de Nourisson et de Roussel. Solignon était le principal auteur de ces sculptures qui furent payées 17.365 livres (année 1706) ; les autres artistes paraissent avoir travaillé sous ses ordres, et lui-même était dirigé par les architectes Mansard et de Cotte.

Ornements du bassin de la fontaine des Dômes, dans le parc de Versailles (année 1707).

Enfants portant les attributs du culte catholique. Bas-relief en pierre au-dessus d'une des grandes fenêtres, à l'extérieur de la chapelle du château de Versailles (année 1708). Les travaux de Solignon à la chapelle de Versailles lui furent payés 9.900 livres.

Eud. Soulié, *Notice du Musée impérial de Versailles*, 1re partie, 1859, p. 3. — G. Lenoy, *Revue des sociétés savantes des départements*, 4e série, t. IV, 1866, p. 207, 210. — Dussieux, *Le château de Versailles*, 1881, t. I, p. 231. — *Nouvelles archives de l'art français*, 1883, p. 253. — J. Guiffrey, *Comptes des bâtiments du roi sous le règne de Louis XIV*, t. IV, 1896; col. 611, 1049, 1073, 1101, 1157, 1176, 1184, 1230; t. V, 1901, col. 15, 34, 123, 143, 157, 214, 215, 234, 240, 317, 320, 321, 347, 483, 527, 528, 538, 547. — *Inventaire général des richesses d'art de la France. Paris, monuments religieux*, t. III, 1901, p. 233.

Soudier (Pierre-René), dit du Verger, maître sculpteur du duc de Lorraine, exécute en 1703 différents travaux pour les châteaux de Lunéville et d'Einville.

Archives de Lunéville, GG. 17. — *Archives de Meurthe-et-Moselle*, B. 1563. — A. Jacquot, *Réunion des sociétés des beaux-arts des départements*, 1900, p. 365.

Soyes, sculpteur du xviiie siècle, figure dans les comptes des bâtiments du roi au nombre des artistes ayant travaillé à Versailles. On lit en effet à l'année 1687 : « A Soyes, sculpteur, sur un grand vaze de marbre.. ... 200 l... ».

J. Guiffrey, *Comptes des bâtiments du roi sous le règne de Louis XIV*, t. II, 1887, col. 1183.

Soyer (Louis), était établi à Nantes vers la fin du xviie siècle. A la même époque, on rencontre encore dans cette ville un autre sculpteur nommé Maximilien Soyer. Ce dernier, qui était sans doute parent de Louis, mourut avant 1687.

De Granges de Surgères, *Les artistes nantais* (*Revue de l'art français*, 1898, p. 435).

Spens (Henri-Louis), résidait à Troyes au commencement du xviiie siècle. Cet artiste nous est connu par une minute notariée du 20 août 1708, dans laquelle il déclare renoncer à la succession de son père, en son vivant conseiller du roi et receveur du tabac à Laon.

L. Morin, *Réunion des sociétés des beaux-arts des départements*, 1902, p. 319.

Springat (Pierre), est reçu membre de l'Académie de Saint-Luc le 6 novembre 1680.

P. Lacroix, *Revue universelle des arts*, t. XIII, 1861, p. 334.

Subreville (Antoine), né à Montpellier en 1638, exerçait son art dans sa ville natale. On le cite comme l'auteur de deux statues représentant *saint Jean Baptiste* et *sainte Madeleine*, statues qui ornent le chœur de la chapelle des Pénitents-blancs. On lui donne encore, dans cette église, les cariatides placées de chaque côté du maître-autel. Enfin on lui attribue aussi un retable qui se trouve dans l'église Saint-Mathieu, autrefois église des Dominicains ; cette œuvre exécutée en 1674 coûta la somme de 1.220 livres. Subreville mourut à Montpellier le 17 mai 1712 et fut enterré dans la chapelle des Pénitents-blancs. Il avait épousé, le 4 juillet 1668, la fille du sculpteur Timothée Coula. Sa sœur, Élisabeth Subreville, était la femme de Raymond de la Peyronie, maître chirurgien, père du célèbre François de la Peyronie qui devint premier chirurgien de Louis XV.

Louis de la Roque, *Biographie montpelliéraine, peintres, sculpteurs et architectes*, 1877, p. 98, 99.

Suirot (Jacques), sculpteur du xviie siècle, était l'auteur d'une statue de Louis XIV en pierre érigée à Issoire (Puy-de-Dôme).

Revue de l'art français, 1889, p. 248.

Surault (Gilbert), sculpteur et architecte angevin établi à Passavant (Maine-et-Loire), s'engage par marché, le 9 juillet 1685, à exécuter le maître-autel de l'église des Bénédictins de Saint-Pierre de Montreuil-Bellay.

Célestin PORT, *Les artistes angevins*, 1881, p. 291. — Ch. BAUCHAL, *Nouveau dictionnaire des architectes français*, 1887, p. 540.

Syre (Jean), sculpteur en bois, natif de Morteau en Franche-Comté, sculpte en 1665 la chaire et les balustres de l'église de Guyans-Vennes.

Jules GAUTHIER, *Dictionnaire des artistes francs-comtois antérieurs au XIXᵉ siècle*, 1892, p. 23.

T

Tabary (Jacques), sculpteur parisien, fut reçu membre de l'Académie de Saint-Luc le 31 août 1655. Il vivait encore en 1682.

P. LACROIX, *Revue universelle des arts*, t. XIII, 1861, p. 325.

Taboué (Cot), originaire du Limousin, vint à Tours, où il travailla en 1676, avec Antoine Audric, à la décoration de l'autel et des boiseries du chœur de l'ancienne église des Petits-Minimes qui sert aujourd'hui de chapelle au lycée. Plus tard, en 1679, il entra comme religieux au couvent de Plessis-les-Tours, en même temps que son confrère Audric.

Ch. GRANDMAISON, *Documents pour servir à l'histoire des arts en Touraine*, 1870, p. 233.

Tallion, sculpteur établi à Toulon vers la fin du XVIIᵉ siècle, reçoit des payements en 1686 pour divers travaux de sculpture navale qu'il avait obtenus à l'adjudication.

Ch. GINOUX, *Revue de l'art français*, 1888, p. 174; 1894, p. 315. — Idem, *Réunion des sociétés des beaux-arts des départements*, 1884, p. 355, 356.

Tarot (Jean), résidait à Toulon vers la fin du XVIIᵉ siècle. D'après les registres de l'impôt, il n'existait plus en 1701.

Ch. GINOUX, *Revue de l'art français*, 1894, p. 316.

Tassin (Étienne), né à Dijon en 1638, vint se fixer à Paris, où il mourut le 1er septembre 1660; il fut inhumé dans le cimetière de la paroisse Saint-Roch.

H. Herluison, *Actes d'état civil d'artistes français*, 1873, p. 123.

Tatebault (Antoine), maître sculpteur demeurant à Saint-Quentin au xviie siècle, figure comme témoin dans une information judiciaire datée du 13 septembre 1651. Il était alors âgé de 35 ans.

Victor Advielle, *Réunion des sociétés des beaux-arts des départements*, 1893, p. 368, 370.

Taubin, sculpteur et fondeur de la fin du xviie siècle, collabore de 1686 à 1695 à la fonte des groupes d'enfants des grands bassins du parterre de Versailles. Les comptes des bâtiments du roi font encore mention d'un fondeur nommé Jean Taupin qui travaillait pour les maisons royales vers 1705. Il est possible que ce soit le même artiste, les noms étant souvent écrits différemment. Il était peut-être parent du suivant Pierre Taupin.

J. Guiffrey, *Comptes des bâtiments du roi sous le règne de Louis XIV*, t. II, 1887, col. 995; t. III. 1891, col. 103, 292, 387, 388, 431, 1087, 1135; t. IV. 1896, col. 1073, 1186, 1211.

Taupin (Pierre), sculpteur ornemaniste né à Paris vers 1662, se marie le 14 avril 1692 sur la paroisse Saint-Roch. Il est cité dans les comptes des bâtiments du roi pour de nombreux travaux exécutés de 1698 à 1715 à Versailles, à Marly, à Meudon, à Fontainebleau, à l'église des Invalides et à Notre-Dame de Paris. On ignore la date de sa mort.

ŒUVRES

Trois grandes urnes de pierre placées sur le comble de la galerie de Trianon. En collaboration de Belan et de Lemaire. Payées 285 livres (année 1688).

Sculptures en bois dans la grande aile du château de Versailles (année 1688).

Ouvrages de sculpture en bois, pour les appartements de Trianon. Payés 1.596 livres (années 1688-1689).

Décoration de boiseries au château de Chantilly (année 1689).

Consoles en bois pour le cabinet des Termes, à Versailles. En collaboration de Jouvenet et de Charmeton. Payées 1.262 livres (année 1690).

Sculpture en pierre aux arcs-doubleaux de l'église des Invalides (années 1691-1693).

Deux cadres de glaces dans la chambre du roi, à Trianon (année 1692).

Cinq consoles en bois pour le château de Meudon (année 1695).

Ouvrages de sculpture en bois à la Ménagerie de Versailles (année 1698).

Un oratoire dans la première chapelle de l'église des Récollets, à Versailles. En collaboration de Dugoulon (année 1698).

Ornements, roses et modillons aux corniches de deux chapelles de l'église des Invalides (année 1698).

Sculptures en bois ornant le salon de l'Œil-de-Bœuf, à Versailles (année 1698).

Décoration des chaloupes du canal de Versailles (année 1699).

Pieds de tables sculptés pour le salon de Marly (année 1699).

Travaux à la Surintendance de Versailles. En collaboration de Jules Dugoulon. Payés 1.220 livres (année 1700).

Ouvrages de sculpture en bois dans l'appartement de Mme de Maintenon, à Marly (année 1701).

Travaux à Fontainebleau (années 1701, 1705 et 1714).

Ouvrages de sculpture en bois à la chapelle du château de Meudon. En collaboration de Belan (année 1703).

Ornements de la corniche intérieure de la chapelle du château de Versailles. En collaboration de Belan, de Le Goupil, de Dugoulon et de Lalande (année 1705).

Sculptures en bois au maître-autel de l'église des Invalides. En collaboration des mêmes artistes (année 1705).

Travaux dans l'hôtel de Longueville, rue des Poulies, à Paris. En collaboration de Jules Dugoulon et de Le Goupil (année 1709).

Décoration des stalles du chœur de Notre-Dame de Paris. En collaboration de Belan, de Dugoulon, de Lalande et de Le Goupil. Payée 57.261 livres (années 1710-1715).

Travaux exécutés dans les appartements du prince de Vaudemont, au château de Versailles (année 1711).

Sculpture des gondoles et des galiotes du canal de Fontainebleau. En collaboration de Balan, de Dugoulon, de Lalande et de Le Goupil (année 1712).

Travaux aux Grandes Écuries de Versailles (année 1713).

Décoration de boiseries destinées à orner les appartements royaux du palais de Madrid que Philippe V faisait alors construire. Ces boiseries furent sculptées, à Paris, sous la direction de l'architecte Robert de Cotte, par Taupin, Dugoulon, Belan et Le Goupil (années 1713-1714).

Ouvrages de sculpture en bois aux Tuileries et au palais du Luxembourg (année 1715).

Archives de Meurthe-et-Moselle, B. 12436. — Piganiol de la Force, *Nouvelle description des châteaux et parcs de Versailles et de Marly*, 1764, t. I, p. 256, 259. — Eud. Soulié, *Notice du Musée impérial de Versailles*, 2e partie, 1860, p. 197. — Herluison, *Actes d'état civil d'artistes français*, 1873, p. 423. — L. Dussieux, *Les artistes français à l'étranger*, 1876, p. 366. — Idem, *Le château de Versailles*, 1881, t. I, p. 155, 232, 245; t. II, p. 208, 320. — J. Guiffrey, *Comptes des bâtiments du roi sous le règne de Louis XIV*, t. III, 1891, col. 37, à 1187 *passim*; t. IV, 1896, col. 8, à 1250 *passim*; t. V, 1901, col. 15 à 909 *passim*.

Temporiti (François), sculpteur ornemaniste né à Milan, vint en France, où il fut attaché aux Gobelins. De 1667 à 1673, il travailla au Louvre, à l'Observatoire, au château de Versailles et à Trianon. En

1671, il obtint des lettres de naturalisation et reçut le titre de sculpteur ordinaire des bâtiments du roi. Il mourut âgé de 40 ans le 18 février 1674; il demeurait alors à Paris, rue Mouffetard.

HERLUISON, *Actes d'état civil d'artistes français*, 1873, p. 424. — J. GUIFFREY, *Nouvelles archives de l'art français*, 1873, p. 247. — Idem, *Comptes des bâtiments du roi sous le règne de Louis XIV*, t. I, 1881, col. 183, 218, 243, 320, 364, 390, 405, 412, 419, 463, 504, 515, 575, 597, 601, 614, 615, 635, 658, 671, 696, 697, 722, 743, 662.

Terrade (Benjamin), originaire du Poitou, exerçait son art à Feurs (Loire) à la fin du XVIIᵉ et au commencement du XVIIIᵉ siècle. C'est lui l'auteur du Jacquemart en bois de l'église représentant un homme et une femme frappant les heures, armés chacun d'un marteau.

Archives de la Loire, GG. 1 à 25.

Terras (Pierre), né à Marseille, travaillait à Toulon en 1668, sous la direction de Gabriel Levray, aux ouvrages de sculpture entrepris pour la décoration du vaisseau le *Royal-Louis*.

Archives de l'art français, documents, t. IV, 1856, p. 238. — Ch. GINOUX, *Revue de l'art français*, 1888, p. 169; 1894, p. 316.

Testu (Jean et Isaac), sculpteurs nés à Fontainebleau, fils de Mathurin Testu [1], étaient établis dans leur ville natale au XVIIᵉ siècle. Isaac se maria en 1660. Il fut poursuivi en 1678 faute d'un payement de 459 livres. Jean se maria en 1662 et mourut en 1668 ou 1669.

Th. LHUILLIER, *Bulletin du comité des travaux historiques*, 1882, p. 39. — *Réunion des sociétés des beaux-arts des départements*, 1887, p. 109, 111.

Théodon (Jean-Baptiste), né en 1646, fut envoyé à Rome comme pensionnaire du roi le 5 décembre 1676. Là, il sculpta d'abord deux termes en marbre représentant l'*Été* et l'*Hiver* et fit le groupe d'*Arrie et Paetus* ou de *Lucrèce et Collatin* dont le marbre fut exécuté plus tard par Lepautre. De graves dissentiments s'étant élevés entre lui et La Teulière, directeur de l'Académie de France, il quitta cette Académie en 1690; il resta cependant à Rome et y entreprit de nombreuses œuvres pour les églises de la ville. De retour en France vers 1705, il travailla aux châteaux de Versailles et de Marly et à l'église des Invalides. Il mourut à Paris le 18 janvier 1713 et fut inhumé dans l'église Saint-Hippolyte. La même année, sa veuve, Élisabeth-Françoise Jourdain, fonda la communauté des Filles de Sainte-Marthe pour l'instruction des filles pauvres; cette communauté, établie d'abord dans

---

1. Voir le *Dictionnaire des sculpteurs de l'École française du Moyen Age au règne de Louis XIV*, p. 533.

la grande rue du faubourg Saint-Antoine, fut transférée en 1719 dans la rue de la Muette.

ŒUVRES

L'Hiver. Terme en marbre exécuté à Rome (années 1679-1680). Quinconce du Nord, dans le parc de Versailles. Gravé par Thomassin, n° 192.

L'Été. Terme en marbre exécuté à Rome (années 1679-1680). Même emplacement. Gravé par Thomassin, n° 193.

Atlas métamorphosé en montagne. Statue en marbre exécutée à Rome (années 1688-1690). Musée du Louvre, n° 830. Provient du château de Ménars.

Phaétuse, sœur de Phaéton, changée en peuplier. Statue en marbre exécutée à Rome (années 1688-1690). Musée du Louvre, n° 831. Provient du château de Ménars.

Modèle du groupe d'Arrie et Paetus exécuté à Rome (année 1690). Ce groupe a été sculpté en marbre par Lepautre ; il est aujourd'hui dans le jardin des Tuileries.

La Foi foudroyant l'Idolâtrie. Groupe en marbre placé à gauche de l'autel de Saint-Ignace, dans l'église du Gèsu, à Rome. L'artiste obtint au concours l'exécution de cet ouvrage.

Deux anges. Nouvelle chapelle Saint-Ignace, dans la même église (années 1695-1698).

Saint Pierre. Statue sculptée, en 1703, pour l'église Saint-Jean-de-Latran, à Rome.

Un autel placé en face de celui de Sainte-Thérèse par le Bernin, dans l'église des Carmes déchaussés, à Rome.

Un bas-relief ornant le tombeau de la reine Christine, dans l'église Saint-Pierre de Rome. Ce bas-relief, représentant l'*Abjuration de la reine*, fut commandé par le pape Innocent XII.

Ornements de bronze doré décorant l'urne de porphyre que l'on dit avoir été le tombeau de l'empereur Othon II, dans la chapelle des fonts de la même église.

Sainte Calixte. Statue posée au-dessus du portique de l'église Sainte-Marie-du-Transtévère, à Rome.

Un épisode de l'histoire de Joseph. Bas-relief en marbre dans l'Oratoire du Mont-de-Piété, à Rome.

Saint Jérôme. Statue en plâtre. Autrefois à l'église des Invalides, dans la chapelle Saint-Jérôme. Payée 700 livres (année 1705).

Saint Jacques le Majeur. Statue en pierre de Tonnerre (année 1707). Balustrade extérieure de la chapelle du château de Versailles.

Saint André. Statue en pierre de Tonnerre (année 1707). Même emplacement. Cette statue et la précédente furent payées 2.000 livres.

Une Nymphe de Diane pour le parc de Marly (année 1710).

Deux figures en pierre placées au château neuf de Meudon. Payées 2.000 livres (année 1710).

La Vigilance. Statue en pierre. Payée 1.000 livres (année 1710).

Le piédestal en marbre du groupe de Jacques Sarrazin, représentant deux enfants et une chèvre, qui se trouve aujourd'hui dans la serre chaude du Jardin des Plantes, à Paris. Ce piédestal a dû être exécuté vers la fin du règne de Louis XIV. Surmonté de l'œuvre de Sarrazin, il resta dans le jardin de Marly pendant la plus grande partie du xviii⁰ siècle ; il en fut retiré avant 1786.

Figures d'anges en bois ornant autrefois l'ancienne chaire à prêcher de l'église Saint-Eustache. Ces figures avaient été sculptées d'après les dessins de Le Brun.

D'Argenville, *Voyage pittoresque de Paris*, 1752, p. 57, 371. — Piganiol de la Force, *Nouvelle description des châteaux et parcs de Versailles et de Marly*, 1764, t. II, p. 153, 181, 354. — Idem, *Description historique de la ville de Paris*, t. II, p. 380; t. V, p. 118. — De Fontenai, *Dictionnaire des artistes*, 1776, t. II, p. 616. — A. N. D'Argenville, *Vie des fameux sculpteurs*, 1787, p. 179, 180. — Thiéry, *Guide des amateurs et des étrangers dans Paris*, 1787, t. I, p. 399. — *Mémoires inédits sur la vie et les ouvrages des Académiciens*, 1854, t. I, p. 32. — Eud. Soulié, *Notice du Musée impérial de Versailles*, 1⁰ partie, 1859, p. 3; 3⁰ partie, 1861, p. 519. — Herluison, *Actes d'état civil d'artistes français*, 1873, p. 425. — L. Dussieux, *Les artistes français à l'étranger*, 1876, p. 102, 479. — Courajod, *Alexandre Lenoir, son journal, etc.*, t. III, 1887, p. 313. — De Montaiglon, *Correspondance des directeurs de l'Académie de France à Rome*, t. I, 1887, p. 69, 77, 191, 335, 456 et *passim*. — A. Bertolotti, *Artisti francesi in Roma nei secoli, XV, XVI e XVII*, 1886, p. 173, 174. — *Inventaire général des richesses d'art de la France. Paris, monuments civils*, t. II, 1889, p. 114. — J. Guiffrey, *Comptes des bâtiments du roi sous le règne de Louis XIV*, t. I, 1881, col. 925, 964; t. IV, 1896, col. 163, 204, 1176; t. V, 1901, col. 124, 317, 348, 432, 511, 516, 526, 615.

Théroude (Jacques), sculpteur en bois établi à Rouen vers la fin du xvii⁰ siècle, travaillait en 1694-1695 aux chaires de l'église de Saint-Vivien.

Archives de la Seine-Inférieure, G. 7795.

Thevenin (Claude-Joseph), sculpteur franc-comtois, exerçait son art à Besançon vers 1689. Il était le gendre du sculpteur Philippe Doby.

Jules Gauthier, *Dictionnaire des artistes francs-comtois antérieurs au XIX⁰ siècle*, 1892, p, 23. — Idem, *Réunion des sociétés des beaux-arts des départements*, 1895, p. 812.

Thevenot ou **Thevenon** (Jean), sculpteur en bois fixé à Paris au commencement du xviii⁰ siècle, figure comme témoin dans l'acte de mariage de son confrère Claude Mulot, acte inscrit sur les registres de Saint-Benoît le 19 avril 1706. On le trouve occupé en 1709-1710 à la chapelle du château de Versailles. On lit en effet dans les comptes : « A Thevenot, sur les ornemens de sculpture en bois qu'il fait aux portes du bas des escalliers sous la tribune et à celle des sacristies de lad. chapelle... ». Il reçoit pour ses travaux 2.891 livres.

H. Herluison, *Actes d'état civil d'artistes français*, 1873, p. 317. — J. Guiffrey, *Comptes des bâtiments du roi sous le règne de Louis XIV*, t. V, 1901, col. 321, 414, 531.

Thibault ou **Thibaut** (Jean), frère convers de l'abbaye de Saint-Germain-des-Prés, né à Orléans le 30 mai 1638, est l'auteur du bas-relief représentant une *Victoire de Jean Casimir* qui fait partie du mausolée du roi de Pologne, œuvre de Gaspard et de Balthazar Marsy ; ce mausolée est érigé dans l'église de Saint-Germain-des-Prés. Jean Thibault est mort à Paris en 1708.

D'Argenville, *Voyage pittoresque de Paris*, 1752, p. 335. — Piganiol de la Force, *Description de la ville de Paris*, 1765, t. VIII, p. 41. — Ch. Brainne, *Les hommes illustres de l'Orléanais*, 1852, t. I, p. 21. — Herluison, *Artistes orléanais*, 1863, p. 53, 123. — *Inventaire général des richesses d'art de la France. Paris, monuments religieux*, t. I, 1877, p, 113. — *Archives du Musée des monuments français*, t. I, p. 18 ; t. II, p. 80.

Thibault, sculpteur en bois établi à Paris au commencement du XVIIIe siècle, est mentionné dans les comptes des bâtiments du roi pour des ouvrages exécutés de 1705 à 1715 à Versailles, à Vincennes et à l'église des Invalides. Un Thibault, sculpteur parisien, travaillait en 1708 au château de Commercy (Meuse), sous la conduite du sieur Dorbay, architecte. Il est probable que c'est le même artiste. Enfin on trouve encore un sculpteur de ce nom, résidant à Bordeaux ; ce dernier devint en 1691 professeur à l'Académie royale de peinture et de sculpture de la ville.

Archives de Meurthe-et-Moselle, B. 12432. — *Revue universelle des arts*, t. X, 1859, p. 56, 62. — *Réunion des sociétés des beaux-arts des départements*, 1878, p. 139 ; 1900, p. 366. — J. Guiffrey, *Comptes des bâtiments du roi sous le règne de Louis XIV*, t. IV, 1896, col. 177; t. V, 1901, col. 34, 234, 321, 348, 414, 511, 531, 590, 696, 772, 788, 874.

Thibus (le Frère), du couvent des Récollets de Cambrai, exécuta dans cette ville différents ouvrages de sculpture vers la seconde moitié du XVIIe siècle.

A. Durieux, *Les artistes cambrésiens* (*Réunion des sociétés des beaux-arts des départements*, 1888, p. 426).

Thiebault ou **Thiebaut** (Georges), sculpteur lorrain, exerçait son art à Nancy dans la première moitié du XVIIe siècle. Il n'existait plus en 1658.

Archives de Nancy, t. II, p. 179, 228 ; t. III, p. 252, 253. — A. Jacquot, *Réunion des sociétés des beaux-arts des départements*, 1900, p. 366.

Thierry (Claude), résidait à Paris dans la seconde moitié du XVIIe siècle. Cet artiste nous est connu par l'acte de décès de sa femme morte de son vivant, âgée de soixante-six ans, et inhumée le 9 juin 1697 sur la paroisse Saint-Sulpice.

H. Herluison, *Actes d'état civil d'artistes français*, 1873, p. 426.

Thierry (Jean), né à Lyon en 1669, était fils de Jean Thierry[1], sculpteur de la ville. Il vint de bonne heure à Paris, où il fréquenta Coyzevox et Nicolas Coustou qui l'aidèrent de leurs conseils. Les comptes des bâtiments du roi en font mention à partir de 1699 pour de nombreux ouvrages exécutés à Marly et à Versailles. Agréé à l'Académie royale de peinture et de sculpture le 28 septembre 1714, il fut nommé académicien le 31 décembre 1717, sur une figure de *Léda* en marbre ; il devint adjoint à professeur le 30 octobre 1728. En mai 1721, il alla travailler en Espagne, appelé par Philippe V. Il revint à cause du mauvais état de sa santé en 1728, comme le constate le procès-verbal de la séance de l'Académie royale du 6 novembre de la même année. Il mourut célibataire à Lyon le 20 décembre 1739 et fut inhumé dans l'église Saint-Martin d'Ainay. On conservait paraît-il, dans sa famille, un manuscrit qui donnait des renseignements sur ses travaux en Espagne ; il avait pour titre : *Description de sujets de sculpture en figures de marbre, fontaines de plomb et vases en marbre, inventés et sculptés par Jean Thierry, sculpteur des rois de France et d'Espagne et pensionnaire de Leurs Majestés, dans les jardins et palais de Saint-Ildefonse en Espagne.*

ŒUVRES

Vénus Callipyge. Statue en marbre d'après l'antique. Autrefois dans le jardin des Tuileries (Millin, *Description des statues des Tuileries, 1798*, p. 83).

Restauration des ornements des façades du château de Marly. Ces travaux furent payés 8.045 livres (années 1699-1705).

Trois monstres en marbre pour le haut de la rivière de Marly. En collaboration de Lespingola et de Hardy. Payés 10.000 livres (années 1703-1704).

Sculpture à une croix de pierre, dans le parc de Marly. Payée 215 livres (année 1704).

L'Eau. Figure en marbre placée jadis à la cascade de Marly. Payée 2.900 livres (années 1706-1709).

Collaboration à la construction du grand baldaquin en plomb qui recouvrait le groupe des Bains d'Apollon, dans le parc de Versailles (année 1706).

Quatre naïades en plomb. Autrefois dans la salle des Muses du parc de Marly. En collaboration de Hardy (année 1706).

Deux dogues. Figures en pierre. Château de Chantilly. Ces figures, placées au haut de la rampe du château, furent commandées à l'artiste par Henry-Jules de Bourbon, fils du grand Condé. Payées 540 livres (année 1707).

Anges tenant des attributs de la Passion. Bas-relief en pierre. Chapelle du château de Versailles (années 1708-1709).

La Vigilance et l'Éternité. Bas-relief en pierre. Pourtour intérieur de la même chapelle (années 1708-1709).

---

1. Voir le *Dictionnaire des sculpteurs de l'École française du Moyen Age au règne de Louis XIV*, p. 536.

Quatre balustrades en bronze pour la même chapelle. En collaboration de Desjardins. Payées 28.847 livres (année 1710).

La Virginité et la Pureté. Figures en plomb placées autrefois au-dessus des des arcades du chœur de l'église Notre-Dame de Paris (années 1712-1713).

Ouvrages de sculpture en plomb pour les bassins d'Apollon et de Daphné, dans le parc de Marly. En collaboration de Hardy et d'Offément. Payés 6.500 livres (année 1713).

Léda. Groupe en marbre, Musée du Louvre, n° 832. Morceau de réception à l'Académie (31 décembre 1717).

Les statues des bains de Diane, dans une grotte. Palais de Saint-Ildefonse, en Espagne (années 1721-1728).

Enfants domptant une biche. Groupe placé sur le pont, dans les jardins du même palais (années 1721-1728).

Enfants domptant un sanglier. Groupe. Même emplacement (années 1721-1728).

Les statues de Pomone, de Vertumne, du Douro et de la Pisuerga ainsi que *des groupes d'enfants.* Bassin de la Yerba, dans les mêmes jardins (années 1721-1728).

Bacchus, Cérès, Zéphire, Amphitrite, le Tage, la Guadiana, le Printemps, l'Europe, trois naïades et une dryade. Statues décorant, dans les mêmes jardins, le parterre et la cascade devant la façade principale du palais (années 1721-1728).

Trois nymphes dans le haut de la cascade des mêmes jardins (années 1721-1728).

Deux grands vases à la demi-lune des mêmes jardins.

Sculptures de l'escalier et de la chapelle du palais du Frio [1] (années 1721-1728).

Un retable en marbre [2]. Ce retable, provenant de la chapelle du palais du Frio, a été transporté dans la cathédrale de Ségovie (années 1721-1728).

D'ARGENVILLE, *Voyage pittoresque de Paris*, 1752, p. 7. — PIGANIOL DE LA FORCE, *Nouvelle description des châteaux et parcs de Versailles et de Marly*, 1764, t. II, p. 285, 286, 355. — DE FONTENAI, *Dictionnaire des artistes*, 1776, t. II, p. 625. — Eud. SOULIÉ, *Notice du Musée impérial de Versailles*, 1re partie, 1859, p. 4, 5. — A. JAL, *Dictionnaire critique de biographie et d'histoire*, 1872, p. 1183. — DE MONTAIGLON, *Procès-verbaux de l'Académie royale*, t. IV, 1881, p. 190, 257; t. V, 1883, p. 49. — Natalis RONDOT, *Les sculpteurs de Lyon du XIVe au XVIIIe siècle*, 1884, p. 56. — Idem, *Revue de l'art français*, 1887, p. 300. — J. GUIFFREY, *Comptes des bâtiments du roi sous le règne de Louis XIV*, t. IV, 1896, col. 517, 651, 767, 882, 964, 965, 994, 1073, 1074, 1101, 1213; t. V, 1901, col. 40, 41, 72, 157, 169, 215, 240, 265, 306, 216, 317, 320, 365, 412, 413, 452, 531, 538, 547, 610, 631, 695, 719, 812, 900. — L. DUSSIEUX, *Les artistes français à l'étranger*, 1876, p. 105, 369, 372. — G. MACON, *Les arts dans la Maison de Condé*, 1903, p. 53, 54.

Thomas (Germain), originaire de Saint-Fargeau, en Auxerrois, était établi dans la seconde moitié du xviie siècle à Grenoble, où il était qua-

1. Frémin a travaillé aussi à ces ouvrages.
2. On attribue également cette œuvre à Hubert Dumandré, sculpteur français établi en Espagne au xviiie siècle.

lifié « sculpteur de Monseigneur le duc de Lesdiguières, domestique de Mademoiselle de Montpensier ». En 1667, il prit part à la décoration du deuxième monastère de la Visitation Sainte-Marie, lors des fêtes données pour la canonisation de saint François de Sales. En 1673, il exécuta, au compte d'un particulier, une Notre-Dame en terre cuite blanche qui fut placée dans une niche ornant une maison, rue Saint-Louis. En 1675, il sculpta, moyennant 110 livres, des armoiries au-dessus de la porte d'entrée de l'hôtel d'un conseiller au Parlement nommé Antoine Copin. En 1676, il reçut du duc de Lesdiguières la commande de nombreux travaux destinés au château de Vizille[1]; on possède à ce sujet le document suivant :

Estat des ouvrages que sieur Germain Thomas, maistre sculteur de cette ville, doit faire pour Monseigneur le duc de Lesdiguières.

« Premierement, une grande figure de la pierre blanche de Saint-Quentin, laquelle estant debout auroit six pieds et demy, représentant Hercule qui esgorge un lion.

« Plus, une autre figure de la mesme pierre et grandeur représentant un jeune homme quy dompte un taureau ; lesquelles deux figures seront pour mettre de chasque costé du degré neuf du chasteau de Vizille.

« Plus, deux bas-reliefs pour mettre dans deux niches quy sont au milieu dudit degré ; l'un représentant quatre enfans qui domptent un lion quy représentent la Justice, et l'autre composé de deux femmes assizes quy supportent un bas-relief et la niche enrichie de festons tout autour ; lesquels seront de la mesme pierre et de la grandeur à remplir lesdites deux niches. Plus, fera les pieds destaux nécessaires pour poser les dites figures.

« Du 2 septembre 1676. — Germain Thomas s'oblige et promet de rendre le tout faict dans un an à compter de ce jour moyennant la somme de 1.100 livres, le duc de Lesdiguières lui permet de se servir de la fonderie qui est en son jardin de Grenoble, pour travailler les deux figures. Gabriel Duclaux, mᵉ peintre, caution. »

En 1679, Germain Thomas entreprit la sculpture du portail de Sainte-Ursule, à Grenoble. Il mourut le 8 avril 1687 et fut enterré à l'église Saint-Laurent.

Ed. MAIGNIEN, *Les artistes grenoblois*, 1887, p. 346-349.

Thomas (Jacques), sculpteur dauphinois, peut-être parent du précédent, résidait dans la seconde moitié du xviiᵉ siècle à Toulon, où, en 1668, il était occupé, sous la direction de Nicolas Levray, à la décoration du

1. Ces travaux ont été souvent attribués à tort à Jacob Richier.

vaisseau le *Royal-Louis*. En 1684, il travaillait au vaisseau l'*Ardent* avec son confrère Imbert. En 1696, il exécutait encore différents ouvrages de sculpture navale pour le compte de la marine.

Archives de l'art français, documents, t, IV, 1856, p. 237. — Ch. GINOUX, *Revue de l'art français*, 1888, p. 169 ; 1894, p. 316.

Tiger (Antoine), sculpteur en bois demeurant à Châteaudun (Eure-et-Loir) vers le milieu du xviie siècle, s'engage avec son confrère Nicolas Serceau à exécuter les ornements des deux autels placés dans la nef de l'église de Saint-François.

Archives d'Eure-et-Loir, E. 3503.

Tombarelli (Pierre), né à Toulon, fit toute sa carrière dans sa ville natale. En 1689, il sculpta, d'après les modèles de son confrère Raymond Langueneux, les deux grandes figures assises symbolisant la *Religion* et la *Force* et les deux enfants soulevant un écusson qui décorent la porte de l'hôpital principal de la marine. Le 23 juillet 1693, il épousa une jeune fille de la ville, Thérèse Benoît. En 1701, on trouve trace d'un travail peu important exécuté par lui pour le compte de la municipalité. Il vivait encore en 1720.

Ch. GINOUX, *Réunion des sociétés des beaux-arts des départements*, 1884, p. 356 ; 1890, p. 362 ; 1891, p. 253. — Idem, *Revue de l'art français*, 1888, p. 174 ; 1889, p. 315 ; 1890, p. 154 ; 1891, p. 251 ; 1894, p. 317. — *Inventaire général des richesses d'art de la France. Province, Monuments civils*, t. VI, 1892, p. 292.

Topaud (Pierre), dit La Forest, exerçait son art à Lyon de 1683 à 1689.

Natalis RONDOT, *Les sculpteurs de Lyon du XIVe au XVIIIe siècle*, 1884, p. 62.

Tourné ou **Tourny** (Georges- de), sculpteur et peintre établi à Paris dans la seconde moitié du xviie siècle, donne quittance le 3 mai 1664 de la somme de « six vingts livres tournois » pour des travaux relatifs à un divertissement représenté à Versailles.

U. ROBERT, *Nouvelles archives de l'art français*, 1876, p. 37.

Tournier (Jean), natif du Quercy, vint se fixer à Angoulême au commencement du xviiie siècle. En 1709, il termina pour l'église de Bassac un lutrin commencé par Jean Lacoste. En 1728, toujours pour la même abbaye, il sculpta quatre figures représentant les Évangélistes ; ces figures étaient destinées au maître-autel de l'église.

Réunion des sociétés des beaux-arts des départements, 1891, p. 596.

Toussaint (Claude), sculpteur parisien, est reçu membre de l'Académie de Saint-Luc le 17 juin 1658. Il figure encore sur les listes de la communauté en 1682.

P. LACROIX, *Revue universelle des arts*, t. VIII, 1861, p. 326.

Toussaint (Nicolas[1] et Jean), sculpteurs et architectes lorrains, étaient établis à Toul au xviiᵉ siècle. Nicolas travaillait, en 1633, à la cathédrale et exécutait, en 1656, les balustrades du château de Commercy et une épitaphe pour M. de Raigecourt l'aîné. Les deux artistes étaient encore occupés à la cathédrale de Toul en 1669, époque où ils passèrent un marché touchant la construction et la décoration d'un autel dans la chapelle Saint-Joseph ; ce travail leur fut payé 2.000 livres. Nicolas mourut en 1681.

Ch. BAUCHAL, *Nouveau dictionnaire des architectes francais*, 1887, p. 551. — A. JACQUOT, *Réunion des sociétés des beaux-arts des départements*, 1900, p. 366, 367.

Touzé (Jacques), fut reçu membre de l'Académie de Saint-Luc le 30 décembre 1677. Cinq ans après, son nom figure encore sur les listes de la communauté.

P. LACROIX, *Revue universelle des arts*, t. XIII, 1861, p. 333.

Tremblay (Guillaume de la), sculpteur et architecte, frère convers de l'abbaye de Bernay (Eure), exécuta, de 1666 à 1694, de nombreux travaux de sculpture et d'architecture dans son couvent et dans celui du Bec ; il fit pour ce dernier monastère un autel et un jubé en marbre qui furent transportés en 1808 dans l'église Sainte-Croix de Bernay.

L'abbé PORÉE,*Guillaume de la Tremblaye (Annuaire de l'association normande*, 1881). — *Réunion des sociétés des beaux-arts des départements*, 1893, p. 453; 1896, p. 318.

Tricot (Guillaume), demeurait à Paris dans la seconde moitié du xviiᵉ siècle. Le 13 octobre 1670, il perdit un fils qui fut enterré sur la paroisse Saint-Germain-l'Auxerrois. En 1674, il habitait rue des Fossés et, en 1676, rue Jean-Tison.

H. HERLUISON, *Actes d'état civil d'artistes francais*, 1873, p. 432.

Trossu (Étienne), sculpteur parisien, faisait partie de l'Académie de Saint-Luc, où il avait été admis le 4 octobre 1664. Il vivait encore en 1682.

P. LACROIX, *Revue universelle des arts*, t. XIII, 1861, p. 328.

Tuby (Jean-Baptiste), dit le *romain*, naquit à Rome en 1630, selon le catalogue du Louvre et les registres de l'Académie, ou en 1635,

1. M. Jacquot cite un Nicolas Thoussain et un Nicolas Toussain ; il s'agit certainement du même artiste.

d'après son acte de décès qui le fait mourir en 1700 âgé de 65 ans. Il vint à Paris avant 1663 et fut logé aux Gobelins. Là, il travailla sous la direction de Le Brun qui paraît l'avoir eu en assez grande estime ; c'est à lui, en effet, que le peintre confia l'exécution de la principale figure du tombeau de sa mère, Julienne Le Bé, tombeau placé dans l'église Saint-Nicolas-du-Chardonnet.

S'étant présenté à l'Académie royale de peinture et de sculpture le 3 mars 1663, Tuby y fut admis le 7 août de la même année ; cette réception ne fut confirmée que le 30 mai 1676, sur la présentation d'un buste en marbre figurant la *Joie* sous les traits d'un jeune homme couronné de lierre. Il fut nommé adjoint à professeur le 3 juillet 1676 et professeur le 27 juillet 1680. Il obtint des lettres de naturalisation en 1672. Il entreprit pour Versailles de nombreuses œuvres qui existent encore maintenant. Il sculpta le groupe principal du tombeau de Turenne, aujourd'hui aux Invalides, et collabora avec Coyzevox aux mausolées de Colbert et de Mazarin. Il est à remarquer que, dans les marchés relatifs à ces deux derniers ouvrages, Tuby est désigné le premier, ce qui prouve la haute opinion que les artistes contemporains avaient de ce sculpteur pour qui la postérité a peut-être manqué un peu de justice. Le 29 janvier 1699, il passa un contrat par lequel il s'engageait à exécuter, d'après les plans de Jules Hardouin Mansard, un monument destiné à recevoir le cœur de Turenne ; ce monument, qui, selon l'ordre du duc de Bouillon, devait être élevé dans l'église des Jésuites de la rue Saint-Antoine, ne fut jamais achevé, Tuby étant mort le 9 août de l'année suivante, ainsi que nous l'apprend son acte d'inhumation inscrit sur les registres de la paroisse Saint-Hippolyte :

« Le 10 aoust 1700 fut inhumé Jean-Baptiste Tuby sculpt^r ordre du R., en sa manufacture Royalle des Gobelins, âgé de 65 ans, décédé d'hier, mari en secondes nopces de Suzanne Butay, et ancien marguillier de cette paroisse ; présens Jean Tuby, son fils, aussi sculpteur, et Jacques Prou, son gendre, aussi sculpteur ord^{re} du Roy. »

Devenu veuf le 20 décembre 1679, il s'était remarié, comme l'indique l'acte ci-dessus, le 22 septembre 1680 avec Suzanne Butay, nièce de la femme de Le Brun.

ŒUVRES

Douze scabellons en bois de chêne pour le château de Versailles. En collaboration de Philippe Caffieri. Payés 900 livres (année 1664).

Ouvrages de sculpture, aux grottes et aux terrasses du château de Saint-Germain-en-Laye (années 1664-1665).

Deux figures de pierre pour le Parterre du château de Fontainebleau (année 1664).

Deux modèles de vases qui furent fondus en bronze pour Versailles. Chacun de ces modèles fut payé 100 livres (année 1665).

Ouvrages de sculpture en stuc dans la chambre et dans le cabinet du roi, aux Tuileries. En collaboration de Girardon, de Lerambert et de Regnaudin. Payés 18.000 livres (années 1666-1667).

Frise et masques en pierre décorant la façade du Louvre donnant aujourd'hui sur la rue de Rivoli. En collaboration de Le Hongre. Payés 1.440 livres.

Galatée. Statue en marbre. Bosquet des Dômes, dans le parc de Versailles. Gravée par Thomassin, n° 116.

Acis jouant de la flûte. Statue en marbre. Même emplacement. Gravée par Thomassin, n° 119. Cette statue et la précédente furent sculptées, de 1667 à 1676, pour décorer la Grotte de Thétys. Lors de la disparition de cette grotte en 1686, elles furent posées dans le Bosquet des Dômes. Transportées en 1844 à Saint Cloud, puis ramenées à Versailles en 1871, elles ont été replacées dans le Bosquet des Dômes en 1897.

Tritons et Sirènes. Deux groupes en plomb exécutés en collaboration de Le Hongre. Parterre du Nord, dans le parc de Versailles. Payés 3.800 livres (années 1669-1671). Gravés par Thomassin, n°⁵ 145-146.

Le Tombeau de Julienne Le Bé, fille du maître d'écriture de Louis XIII et mère du peintre Le Brun, morte en 1668. Marbre. Église Saint-Nicolas-du-Chardonnet, à Paris. Ce tombeau fut sculpté en collaboration de Gaspard Collignon. Tuby est l'auteur de la statue principale représentant la défunte. On lit sur la base du sarcophage l'inscription suivante : Charles Le Brun a érigé ce monument a sa mère. Il a été exécuté sur ses dessins par Tubi et Collignon.

Monument de Marin Cureau de La Chambre, médecin ordinaire du roi, membre de l'Académie. Bas-relief en marbre représentant le médaillon du défunt soutenu par l'Immortalité. Musée de Versailles (n° 1894 du catalogue d'Eudore Soulié). On lit autour du médaillon : Marinvs de la Chambre archiater obiit 1669 œtat 75. Ce monument, sculpté d'après un dessin de Le Brun [1], se trouvait à Paris dans l'église Saint-Eustache ; il a fait partie pendant la Révolution du Musée des Monuments français.

Apollon sortant des eaux, assis sur son char traîné par quatre chevaux et entourés de plusieurs tritons. Groupe colossal en plomb exécuté d'après les dessins de Le Brun (années 1670-1671). Bassin d'Apollon, dans le parc de Versailles. Gravé par Thomassin, n° 136. Cette œuvre a été restaurée en 1737-1738 par Lemoyne.

Louis XIV répandant l'Abondance sur ses sujets. Bas-relief ornant jadis, du côté de la ville, l'ancienne Porte Saint-Bernard, à Paris (année 1670).

Louis XIV habillé en Dieu, tenant le gouvernail d'un navire qui vogue à pleines voiles. Bas-relief placé sur la même porte du côté du faubourg (année 1670).

Six figures de vertus. Statues en demi-relief. Même façade (année 1670). La porte Saint-Bernard ayant été démolie en 1791, les œuvres de Tuby furent entièrement détruites, mais Millin nous en a conservé l'aspect dans ses *Antiquités Nationales* (t. II, n° xviii, pl. 2).

_____

1. Eudore Soulié dit d'après un dessin de Bernin.

Deux amours se jouant avec un cygne. Groupe en plomb. Ancien Théâtre
d'Eau, dans le parc de Versailles (année 1672).

Deux chevaux marins accompagnés de deux enfants. Groupes en bronze se
faisant autrefois vis-à-vis au commencement du grand canal de Versailles.
Payés 8.000 livres (années 1672-1679). Gravés par Thomassin, nᵒˢ 137-
138.

Collaboration aux travaux de décoration exécutés pour le service funèbre
du chancelier Séguier célébré le 5 mai 1672 dans l'église de l'Oratoire, à
Paris. On lit en effet dans un mémoire relatif aux dépenses occasionnées
par cette cérémonie : « A Monsieur *Baptiste* [1], sculpteur, pour avoir faict
les quatre figures quy soustenoient le tombeau, la figure quy estoit posée
au haut de la piramide, faict faire un gros vase de bois quy estoit au-dessus, faict le modelle de la flamme quy en sortoit et les modelles des testes
de mort aislées autour du tombeau... 105 livres. »

Quatre anges. Statues en marbre placées avant la Révolution dans l'église
de la Sorbonne. Ces statues ont figuré au Musée des Monuments français.

L'Amour. Statue en plomb (année 1673). Autrefois à l'entrée du Labyrinthe
de Versailles. Cette statue orne aujourd'hui le Bosquet de l'Arc de
Triomphe, dans le même parc.

Figures en plomb pour le même Labyrinthe. Payées 2.955 livres (année
1674).

La fontaine du grand escalier du palais de Versailles (années 1674-1681).

Tombeau de Turenne. Transept de gauche de l'église des Invalides. Le
groupe en marbre, représentant *Turenne expirant entre les bras de
l'Immortalité*, est l'œuvre de Tuby. Les statues de la *Sagesse* et de la
Valeur qui ornent le monument ont été sculptées par Gaspar Marsy. Le
bas-relief en bronze de la bataille de Turkeim serait dû à Van Clève. Ce
tombeau était érigé avant la Révolution dans l'église abbatiale de Saint-
Denis ; il a fait partie du Musée des Monuments français, puis a été
transporté en 1800 aux Invalides.

Flore ou le Printemps. Groupe en plomb d'après les dessins de Le Brun
(année 1675). Bassin de Flore, dans le bosquet de l'Étoile du parc de Versailles. Gravé par Thomassin, nᵒ 133.

La Joie, sous la figure d'un jeune homme couronné de lierre. Buste en
marbre. Morceau de réception à l'Académie (année 1676). Ce buste se
trouvait autrefois, au Louvre, dans une des salles de l'Académie royale de
peinture et de sculpture.

Bases en bronze doré pour les colonnes de la chapelle du palais de Versailles
(années 1677-1678).

Trophées de métal dans le grand escalier du même palais. En collaboration
de Coyzevox (année 1678).

Ornements des niches du même escalier. En collaboration de Coyzevox
(années 1678-1679).

Trophées en stuc et ornements au-dessus de la corniche de la grande galerie de Versailles. En collaboration de Coyzevox (années 1679-1680).

Bases en bronze doré des colonnes et des pilastres de la même galerie
(années 1679-1680).

1. C'est sous ce nom que Tuby est parfois désigné dans les comptes.

Bas-reliefs de métal au-dessus des portes de la pièce faisant suite au grand escalier du palais de Versailles (année 1679).

Sculptures et bas-reliefs en bronze au-dessus des portes du cabinet des bains, dans le même palais. Payés 6.088 livres (année 1679).

Le Poème lyrique. Statue en marbre (année 1680). Pourtour du Parterre de Latone, dans le même parc. Gravée par Thomassin, n° 108.

Baptême de Jésus-Christ par saint Jean. Groupe en marbre placé derrière le maître-autel de l'église de Sceaux. Ce groupe, commandé par le duc du Maine pour la chapelle du château, a été exécuté en 1680. Transporté en 1799 au Musée des Monuments français, n° 479, il a été rendu à la paroisse de Sceaux en 1803. Il a été attribué à tort à Girardon par Corrard de Bréban.

Deux bas-reliefs en marbre. Église de Sceaux.

L'Hiver. Statue en marbre. Autrefois dans le parc du château de Sceaux.

Bases en bronze doré des pilastres du cabinet des bains, dans le palais de Versailles. Payés 850 livres (année 1681).

Vases et pilastres en bronze doré décorant l'escalier de la Reine, dans le même palais. Payés 1.824 livres (année 1681).

Ouvrages en stuc dans le salon au bout de la grande galerie du même palais. En collaboration de Coyzevox et de Prou (année 1682).

Thalie. Statue en pierre. Façade du palais de Versailles donnant sur le parc. Payée 450 livres (année 1682).

La France triomphante. Groupe en plomb doré exécuté en collaboration de Coyzevox. Les figures de la *France* et de l'*Espagne* sont de Tuby ; celle de l'*Empire* est de Coyzevox (années 1682-1683). Bosquet de l'Arc de Triomphe, dans le parc de Versailles. Gravé par Thomassin n° 129. Ces sculptures ont été restaurées en 1883.

La Paix. Groupe en pierre. Extrémité droite de la grille d'entrée du palais de Versailles. A l'origine, ce groupe décorait une seconde grille placée à l'endroit où se trouve actuellement la statue équestre de Louis XIV. Payé 2.847 livres (année 1683).

Vase en marbre sans ornements (année 1683). Perron au bout de la terrasse du Parterre d'Eau, dans le parc de Versailles.

Décoration du chœur de l'église Saint-Séverin, à Paris. Cette décoration fut exécutée par Tuby d'après les dessins de Le Brun, en 1684, aux frais de Mademoiselle de Montpensier.

Vase en marbre décoré de bas-reliefs représentant des allégories à la paix de Nimègue et à celle d'Aix-la-Chapelle (année 1684). Terrasse du palais de Versailles. Gravé dans Monicart (*Versailles immortalisé*, etc., 1620, t. II, fig. 30).

La Fidélité. Statue en marbre (année 1685). Cette statue orne le tombeau de Colbert, œuvre de Coyzevox, dans la chapelle Saint-Louis de Gonzague de l'église Saint-Eustache. Une autre figure par Tuby faisait partie également de ce mausolée : c'était un ange tenant un livre ouvert devant Colbert ; cette figure a disparu à la Révolution.

Décoration des gondoles du canal de Versailles (année 1685).

Sept bas-reliefs pour la Colonnade de parc de Versailles (année 1686).

Cinq chapiteaux en marbre pour Trianon (année 1687).

Le Rhône. Groupe en bronze. Bassin du côté du Parterre du Midi, dans le Parterre d'Eau du parc de Versailles. Gravé par Thomassin, n° 160.

La Saône. Groupe en bronze. Même emplacement. Gravé par Thomassin, n° 161. Les modèles du *Rhône* et de la *Saône*, payés 2.800 livres en 1687, ont été fondus par les Keller.

Deux figures de pierre pour le fronton du grand portail de l'église des Invalides. Payées 700 livres (année 1691).

Tombeau du cardinal Mazarin. Musée du Louvre, n° 552. Ce mausolée, qui se trouvait dans la chapelle du Collège des Quatre-Nations, a été sculpté par Coyzevox avec la collaboration de Tuby et de Le Hongre. La statue en marbre du cardinal est de Coyzevox ainsi que la figure en bronze de la *Prudence* ; les figures de la *Paix* et de la *Fidélité* assises au-dessous du sarcophage et celles de la *Religion* et de la *Charité* qui soutiennent les armoiries du cardinal au faîte du monument sont généralement attribuées à Tuby et à Le Hongre, surtout au premier, Le Hongre étant mort le 27 avril 1690 et le tombeau n'ayant été terminé que le 14 février 1693. Ce mausolée a fait partie pendant la Révolution du Musée des Monuments français.

Un Christ placé dans le collatéral de la cathédrale d'Orléans. Cette œuvre provient de l'ancien jubé exécuté en 1691 et détruit en 1791.

Laoccon et ses fils. Groupe en marbre d'après l'antique (année 1696). Autrefois dans le jardin des Marronniers, à Trianon. Ce groupe orne aujourd'hui la demi-lune en avant du Tapis-Vert du parc de Versailles. Gravé par Thomassin, n° 54. Le marbre original, œuvre des sculpteurs rhodiens Agésandre, Polydore et Athénodore, est à Rome au Musée du Vatican.

Deux amours tenant une tige de fleur. Groupe en plomb au milieu d'un bassin, dans le jardin du Roi, à Trianon.

Vase en marbre pour le parc de Marly. Payé 850 livres (années 1697-1698).

Saint Benoît. Statue en marbre. Autrefois dans l'église de Saint-Denis.

Saint Ambroise et saint Grégoire. Statues commencées en 1698 pour l'église des Invalides ; elles furent terminées en 1700 par Tuby fils.

Guérin, *Description de l'Académie royale de peinture et de sculpture,* 1715, p. 133. — D'Argenville, *Voyage pittoresque de Paris,* 1752, p. 147, 246, 276, 345. — Piganiol de la Force, *Nouvelle description des châteaux et parcs de Versailles et de Marly,* 1764, t. I, p. 13, 14 ; t. II, p. 4, 7, 22, 68, 70, 91, 95, 109, 175, 180, 196, 245, 247. — De Fontenai, *Dictionnaire des artistes,* 1776, t. II. p. 660. — Thiéry, *Guide des amateurs et des étrangers à Paris,* 1787, t. II, p. 336. — Eud. Soulié, *Notice du Musée impérial de Versailles,* 1re partie, 1859, p. 1, 3 ; 2e partie, 1861, p. 67 ; 3e partie, 1861, p. 491, 499, 500, 503, 506, 508, 510, 512, 520. — A. Jal, *Dictionnaire critique de biographie et d'histoire,* 1872, p. 1208, 1209. — Herluison, *Actes d'état civil d'artistes français,* 1873, p. 433-435. — De Guilhermy, *Inscriptions de la France du Ve siècle au XVIIIe,* t. I, 1873, p. 279 ; t. II, p. 2, 677 ; t. III. 1877, p. 545. — *Nouvelles archives de l'art français,* 1873, p. 248-250 ; 1876, p. 55. — De Montaiglon, *Procès-verbaux de l'Académie royale,* t. I, 1875, p. 213, 217, 220, 234, 394 ; t. II, 1878, p. 82, 86, 170. — L. Dussieux, *Le château de Versailles,* 1881, t. I, p. 90, 99, 160 ; t. II, p. 112, 200, 208, 219, 220, 224, 225, 226, 232, 238, 239, 254, 258, 266, 300, 319, 320. — J. Guiffrey, *Revue de l'art français,* 1889, p. 293-300 ; 1891, p. 33-38 ; 1892, p. 69-77 ; 1894, p. 19-24. — Idem, *Comptes des bâtiments du roi sous le règne de Louis XIV,* t. I, 1881, col. 22, 31, 40, 79, 80, 87, 94, 124, 181, 182, 194, 243, 245, 253, 333, 343, 419, 462, 513, 575, 615, 616, 624, 658, 696, 722, 748, 760, 761, 789, 830, 831, 902, 963, 964, 1001, 1048, 1049, 1097, 1156, 1157, 1216, 1285, 1287, 1353 ; t. II, 1887, col. 11, 12, 14, 15, 16, 20, 25, 60, 118, 136, 138, 165, 172, 178, 180, 190, 197, 206, 252, 279,

315, 336, 390, 438, 567, 618, 623, 729, 890, 968, 989, 1172, 1173, 1296 ; t. III, 1891,
col. 92, 218, 238, 375, 502, 554, 581, 649, 729, 797, 843, 862, 934, 996, 1075, 1124,
1201 ; t. IV, 1896, col. 48, 52, 137, 144, 189, 195, 206, 284, 330, 331, 337, 343, 429,
471, 487, 568, 969. — *Inventaire général des richesses d'art de la France. Paris,
monuments religieux*, t. I, 1877, p. 86, 183 ; t. III, 1901, p. 240, 384 ; *Archives du
Musée des Monuments français*, t. I, p 183, 313 ; t. II, p. 126, 127, 187, 188, 189,
392 ; t. III, p. 74-77, 128, 129, 155, 236, 264, 315. — André PÉRATÉ, *Versailles*,
1903, *passim*. — DE NOLHAC, *Les jardins de Versailles*, 1906, p. 12, 25, 31, 61, 70,
83, 84, 86, 105, 116, 120, 129, 138, 143.

Tuby (Jean-Baptiste II), sculpteur ordinaire du roi, fils du précédent, naquit en 1665. Le 23 février 1696, demeurant à Paris rue des
Poules, il épousa Marguerite Frolon, fille d'un laboureur, dont il eut
plusieurs enfants, parmi lesquels un fils, Jean-Baptiste III, qui devint
peintre. En 1700, il termina les statues de *saint Ambroise* et de *saint
Grégoire* que son père avait commencées pour l'église des Invalides.
En 1702, il restaura des figures en marbre placées dans le parc de
Marly. En 1703, il exécuta dans le cœur de la cathédrale de Chartres
deux groupes en pierre représentant l'*Entrée à Jérusalem*. L'année
suivante, il sculpta, en collaboration d'un artiste nommé Cordier, les
armes du roi enrichies de trophées au-dessus de la grande porte des
Gobelins. En 1708, il fit un bas-relief d'enfants qui surmonte une des
grandes croisées à l'intérieur de la chapelle du château de Versailles.
En 1709, il travailla au fronton de la manufacture de la Savonnerie, à
Paris. Le 2 mars 1716, il fut reçu dans la maîtrise de son art, comme
le prouve l'acte suivant reproduit par Jal :

« Certificat pour Jean-Baptiste Tuby sculpteur, attestant qu'il a
accompli le temps de six années de son apprentissage de son art et
métier, chez Jean-Baptiste Thuby son père, sculpteur de l'Académie
royale des Gobelins, et a encore travaillé ensuite de son art et
métier pour le service de Sa Majesté pendant plusieurs années chez le
sr Thuby son père en la maison et manufacture des Gobelins... pour
jouir par lui de la maîtrise de sond. métier de sculpteur et s'y faire
recevoir sans aucun frais.., »

Il mourut le 6 octobre 1735, aux Gobelins, et fut inhumé dans l'église
Saint-Hippolyte.

A. JAL, *Dictionnaire critique de biographie et d'histoire*, 1872, p. 1208, 1209. —
H. HERLUISON, *Actes d'état civil d'artistes français*, 1873, p. 435. — F. DE MÉLY,
Réunion des sociétés des beaux-arts des départements, 1890, p. 535-537. — J. GUIF-
FREY, *Comptes des bâtiments du roi sous le règne de Louis XIV*, t. IV, 1896, col.
611, 727, 853, 1072 ; t. V, 1901, col. 214, 216, 318, 319, 340, 354, 527, 529, 530.

Turreau (Pierre), naquit vers 1638, probablement à Toulon. On
rencontre sa trace dans cette ville à partir de 1667, époque où les
registres de la marine mentionnent son nom pour la première fois ; il

travaillait alors, d'après les dessins de Le Brun, à la décoration du vaisseau le *Royal-Louis*, en collaboration de son confrère Raymond Langueneux. L'année suivante, sur la présentation de Girardon, il fut nommé maître entretenu de la marine avec 1.200 livres d'appointements. Il semble qu'on n'eut pas lieu de se féliciter de ce choix et que l'artiste s'acquitta fort mal de sa tâche, se montrant querelleur et débauché et n'ayant pas l'autorité nécessaire pour diriger les sculpteurs qu'il avait sous ses ordres. La correspondance de l'intendant d'Infreville laisse subsister peu de doute à cet égard. On lit en effet dans une lettre adressée à Colbert : « Le sieur Turreau... ne s'acquiert pas de créance auprès de nos maîtres sculpteurs qui l'envyent et ne l'ont pas en estime. Il a eu déjà des desmelez avec eux, etc... » et dans une autre lettre : « Le sieur Turreau a ce malheur qu'il ne peut assujétir personne travailler avec lui. »

En 1670, il épousa Anne Toucas dont il eut plusieurs enfants. Il mourut à Toulon le 10 juillet 1675.

Archives de l'art français, documents, t. IV, 1856, p. 243, 266. — V. BRUN, *Bulletin de l'Académie du Var*, 1860-1861, p. 92, 93. — Ch. GINOUX, *Revue de l'art français*, 1888, p. 167 ; 1890, p. 152, 153 ; 1894, p. 317-319. — Idem, *Réunion des sociétés des beaux-arts des départements*, 1890, p. 365-368.

Turreau (Bernard-Honoré)[1], dit Bernard Toro, fils du précédent, dessinateur et sculpteur du roi, élève de Pierre Puget, naquit à Toulon[2] en 1672. Il travailla d'abord comme apprenti dans l'atelier du port, puis il séjourna à Aix entre 1695 et 1700. En 1713, il était encore dans la même ville, où il exécuta de nombreux ouvrages. En 1716, il revint à Toulon ; deux ans après, il y succéda à Raymond Langueneux comme maître sculpteur entretenu de la marine, aux appointements de douze cents livres qui furent portés à quinze cents livres en 1723.

Bernard Toro, d'après une note contemporaine et anonyme conservée au Cabinet des estampes, « travaillait le bois avec une si grande délicatesse que les ouvrages qu'il a faits, en pieds de tables, pendules et consoles, n'étoient susceptibles d'aucune dorure, et même que le vernis qu'on pouvait y mettre dessus y faisoit tort ; tous ces ouvrages étoient entièrement finis et il leur donnoit toute la perfection qui pouvoit servir à son génie et à ses doigts. » L'artiste était également un dessinateur de talent et il a laissé un grand nombre de compositions

---

1. Jal croit qu'il y eut deux artistes du nom de Turreau, Bernard et Honoré, mais il ne donne aucune preuve pouvant confirmer cette opinion.

2. Bellier de la Chavignerie le fait naître en Sicile ; j'ignore sur quels documents est basée cette assertion.

décoratives qui ont été gravées par H. Blanc, B. Pavillon, Cochin, Rochefort, Goilly, etc. Il mourut à Toulon le 28 janvier 1791 et fut inhumé dans l'église des Carmes.

ŒUVRES

Deux vantaux en bois ornés de guirlandes de fleurs à la porte d'entrée de l'ancien hôtel d'Arlatan-Lauris, aujourd'hui hôtel de Lubières, rue de l'Opéra, à Aix. Cette porte est reproduite dans la *Gazette des Beaux-Arts* (1869, t. I. p. 291).

Macarons et petits ornements appliqués aux armoires de la salle des Archives, à l'Hôtel de Ville d'Aix.

Porte de l'hôtel d'Albertas, rue Longue-Saint-Jean, à Aix. Cette porte est surmontée de deux sphinx en pierre.

Frise en pierre décorant le même hôtel.

Une pendule, une bibliothèque, un lustre, deux cadres de glaces, une table-console. Tous ces sujets, qui se trouvaient dans l'hôtel d'Albertas, ont été transportés au château de Meyrargues ; ils ont disparu depuis 1866.

Ornements d'une cheminée en marbre, dans l'hôtel Royer-d'Aiguilles, à Aix.

Boîte de montre en bois pour le président Boyer-d'Aiguilles.

Une caisse en bois ornée d'une tête de femme pour le même personnage.

Une table-console exécutée pour le même président. Cette table, reproduite dans la *Gazette des Beaux-Arts* (1868, t. II, p. 481), appartenait en 1869 au marquis de Tressemanes qui en possédait encore une autre également sculptée par Toro.

Deux consoles en cul-de-lampe. Musée d'Aix.

Une table-console dorée appartenant à la famille Foresta, à Aix.

Une table-console non dorée. Cette table, qui faisait partie du mobilier de l'ancienne famille Boutassy, était en 1869 la propriété de M. Vial, avoué à Aix.

Mascarons en pierre décorant la porte cochère de l'hôtel de La Tour d'Aigues, rue Saint-Jacques, à Aix.

Narcisse. Figure en pierre pour le château de Beaurecueil, en Provence.

Deux enfants sur des dauphins. Pierre. Même château.

Deux urnes. Pierre. Même château.

Quatre vantaux de portes ornés de fleurs et de médaillons représentant les *Quatre parties du Monde* aux numéros 118 et 120, rue du Bac, à Paris.

Vases, mascarons et bas-reliefs en pierre décorant ces deux portes.

Sculptures de l'escalier d'honneur de l'hôtel portant le n° 118, rue du Bac.

Décoration d'une salle du premier étage de l'hôtel situé au n° 120, dans la même rue.

Vantaux de portes en bois ornés de guirlandes de fleurs au n° 102, dans la même rue.

Trois mascarons en pierre à l'extérieur de la même maison. Toutes ces sculptures ont été exécutées par Bernard Toro pendant un séjour qu'il fit à Paris vers 1716-1717.

Mars et Minerve. Statuettes en bois payées 300 francs les deux, à la vente d'Arbaud-Jouques, en 1858.

V. Brun, *Bulletin de l'Académie du Var*, 1860-1861, p. 98-100. — Docteur Pons, *Bernard Toro, sculpteur provençal* (*Archives de l'art français, documents*, t. VI, 1862, p. 273-301). — Léon Lagrange, *Gazette des beaux-arts*, 1868, t. II, p. 345 ; 1869, t. I, p. 289. — A. Jal, *Dictionnaire critique de biographie et d'histoire*, 1872, p. 1188. — Ch. Ginoux, *Revue de l'art français*, 1885, p. 53 ; 1888, p. 171 ; 1894, p. 319-322. — Idem, *Réunion des sociétés des beaux-arts des départements*, 1890, p. 381-386.

Vacher (Pierre), travaillait à Toulon, comme sculpteur de la marine, vers la fin du xviiᵉ siècle. En 1687, il était occupé à la décoration du navire le *Sérieux*. L'année suivante, dans une quittance relative à des travaux exécutés pour les vaisseaux du roi, il prenait le titre de sculpteur de la ville de Toulon. Il se maria en 1691. Plus tard, en 1701, il était encore employé dans l'arsenal à des ouvrages de sculpture navale.

J. Guiffrey, *Nouvelles archives de l'art français*, 1882, p. 19. — Ch. Ginoux, *Revue de l'art français*, 1888, p. 174 ; 1894, p. 323. — Idem, *Réunion des sociétés des beaux-arts des départements*, 1884, p. 352, 355, 358.

Vacher (Simon), exerçait son art à Lyon au commencement du xviiiᵉ siècle. On le trouve figurant comme témoin, le 31 janvier 1708, dans l'acte de mariage de son confrère Louis Dublot, acte inscrit sur les registres de la paroisse Saint-Nizier.

Natalis Rondot, *Les sculpteurs de Lyon du XIVᵉ au XVIIIᵉ siècle*, 1884, p. 65. — Idem, *Revue de l'art français*, 1887, p. 308.

Vaillant, sculpteur de la fin du xviiᵉ siècle, est mentionné dans les comptes des bâtiments du roi comme travaillant à Trianon en 1687.

L. Dussieux, *Le château de Versailles*, 1881, t. II, p. 319. — J. Guiffrey, *Comptes des bâtiments du roi sous le règne de Louis XIV*, t. II, 1887, col. 1184 ; t. III, 1891, col. 102.

Valentin (Benjamin), maître sculpteur établi à Carpentras vers la fin du XVIIe siècle, aida Jacques Bernus dans l'exécution du tombeau de l'évêque Gaspard de Lascaris de Vintimille. Ce mausolée, qui n'existe plus, était érigé dans la cathédrale.

L'abbé H. REQUIN, *Jacques Bernus*, 1885, p. 22-23.

Valérien (Philippe), sculpteur résidant à Lille dans la seconde moitié du XVIIe siècle, exécute en 1698 une statue pour la chapelle du Rosaire, dans l'église de Linselles (Nord).

Archives communales de Linselles, GG. 98.

Vallée (Jean-Baptiste), demeurait à Alençon dans la seconde moitié du XVIIe siècle. Cet artiste nous est connu par son acte de mariage daté du 1er mars 1677.

G. DESPIERRES, *Réunion des sociétés des beaux-arts des départements*, 1892, p. 439.

Vallier (Jean), sculpteur en bois de Sainte-Lucie, originaire de Paris, vint se fixer à Nancy, où il se maria le 23 janvier 1691. Il est désigné dans son acte de mariage comme fils de Pierre Vallier, cordonnier, habitant la paroisse Saint-Paul, dans le faubourg Saint-Antoine, à Paris. En 1698, il collabora avec Toussaint Bagard à la confection d'un crucifix qui fut offert par la ville à Madame Royale, lors de son entrée à Nancy. L'année suivante, il devint sculpteur en titre de cette princesse et exécuta pour le Conseil de Ville un bénitier en bois de Sainte-Lucie destiné au confesseur du duc Léopold. En 1701, une somme lui fut payée par ordre du duc pour une toilette en bois qui fut envoyée à Paris comme présent. En 1709, il fut employé à la décoration des appartements de la duchesse de Lorraine, dans l'ancien château de la Malgrange, près de Nancy. En 1734, il travaillait à la salle de théâtre de Lunéville. Il mourut le 14 avril 1752 âgé de 87 ans. Il avait un fils, François Vallier, qui était également sculpteur.

Archives de Nancy, t. II, p. 297, 309; t. III, p. 39, 263, 301, 306, 309, 334. — L. WIENER, *Journal de la société d'archéologie et du comité du Musée lorrain*, 1874, p. 126. — A. JACQUOT, *Réunion des sociétés des beaux-arts des départements*, 1900, p. 368.

Van Clève (Corneille), naquit à Paris en 1645, issu d'une famille d'origine flamande qui était venue s'établir dans la capitale. Il eut pour maître Michel Anguier. Il se rendit à Rome comme pensionnaire du roi en 1671 et resta six ans dans cette ville, où il s'attacha surtout à étudier d'après le Bernin. Il passa ensuite trois ans à Venise et revint en France vers 1680. A cette date, on le trouve occupé à Versailles; il y entreprit de nombreuses œuvres qui ornent encore le parc du château et exécuta la décoration du maître-autel de la chapelle. Il fut employé aussi à Meudon et à Marly. A Paris, il travailla pour l'église des Invalides, pour le couvent des Capucines de la place Vendôme, pour les églises Saint-Benoît, Saint-Louis-de-la-Culture, Saint-Paul et pour Notre-Dame.

Agréé à l'Académie royale de peinture et de sculpture le 30 mars 1680, il fut reçu académicien le 26 avril 1681, sur une statuette en marbre représentant *Polyphème*, statuette aujourd'hui au Louvre. Il devint adjoint à professeur le 1er décembre 1691, professeur le 26 septembre 1693, adjoint à recteur le 3 juillet 1706, recteur le 28 septembre 1715, chancelier le 26 octobre 1720 et directeur du 4 juillet 1711 au 7 juillet 1714.

Il mourut à Paris, rue des Orties, aux galeries du Louvre, dans la nuit du 30 au 31 décembre 1732 et fut inhumé sur la paroisse Saint-Germain-l'Auxerrois. Il était veuf, depuis le 3 mai 1683, de Marie-Antoinette de Meaux de Vallière dont il avait eu un fils mort avant lui. Un portrait de Van Clève par Pierre Gobert, provenant de l'ancienne Académie royale, figure aujourd'hui au Musée du Louvre, n° 364.

ŒUVRES

Deux vases en bronze pour le parc de Versailles. Les modèles de ces vases furent payées 550 livres (année 1680).

Polyphème. Statuette en marbre. Musée du Louvre, n° 833. Morceau de réception à l'ancienne Académie royale (26 avril 1681).

Deux vases pour le pourtour du bassin du Dragon, dans le parc de Versailles (année 1682).

La bataille de Turkeim. Bas-relief en bronze ornant le tombeau de Turenne, œuvre de Tuby, qui se trouve aujourd'hui dans le transept de gauche de l'église des Invalides. Ce bas-relief est attribué à Van Clève dans l'*Inventaire général des richesses d'art de la France.*

Ouvrages de sculpture dans l'appartement du prince et de la princesse de Conti, à Versailles. En collaboration de Van Obstal. Payés 3.463 livres (année 1682).

Décoration de deux balcons du château de Versailles donnant sur la cour. En collaboration de Van Obstal. Payée 1.000 livres (année 1682).

Les Attributs de la Nuit. Groupe en pierre ornant autrefois la façade du château de Marly (années 1683-1684).

Grand modèle d'un groupe de figures exécuté pour le bassin du Dragon, dans le parc de Versailles. Payé 500 livres (année 1684).

Deux vases et deux masques pour la Colonnade du même parc. Payés 1.140 livres (année 1685).

Trois cuvettes en bronze pour la même Colonnade. Les modèles de ces cuvettes furent payés 1.447 livres (années 1685-1686).

Groupes d'enfants en bronze. Parterre d'Eau du parc de Versailles. Bassin du côté du Parterre du Nord. Gravé par Thomassin, nᵘ 171. Le modèle de ce groupe a été fondu en bronze en 1690.

Ariane couchée. Statue en marbre d'après l'antique (années 1684-1685). Parc de Versailles. Angle de la balustrade qui termine le Parterre du Midi. Cette statue est désignée dans les comptes des bâtiments du roi et dans Piganiol comme représentant *Cléopâtre.* Gravée par Thomassin, n° 35.

Mercure. Terme en marbre (années 1684-1687). Pourtour du Parterre de Latone, dans le même parc.

Lion terrassant un loup. Groupe en bronze fondu en 1687 par les Keller. Fontaine de Diane, dans le même parc. Ce modèle et celui du groupe d'enfants que j'ai cité plus haut furent payés à l'artiste 2.250 livres. On donne généralement à Van Clève l'autre bronze de la Fontaine de Diane, représentant un *lion terrassant un sanglier.* Piganiol et d'Argenville, au contraire, attribuent ce second ouvrage à Raon. Ces derniers sont sans doute dans le vrai, car les comptes des bâtiments du roi (t. II, col. 989, 990, 1183, 1184) ne parlent que d'un seul groupe modelé par Van Clève et nous fournissent la preuve que Jean Raon a exécuté pour le Parterre d'Eau un groupe figurant un combat d'animaux.

Trois chapiteaux en marbre pour Trianon. Payés 766 livres (années 1687-1688).

Un groupe de figures en pierre pour le comble du péristyle du même palais (année 1688).

Sculpture des corniches des appartements de la grande aile du château de Versailles (année 1688). En collaboration de Philippe Magnier.

Décoration du portail du couvent des Capucines de la place Vendôme, à Paris (année 1688).

Ouvrages de sculpture en bois dans les appartements de Trianon (année 1688).

Une figure en pierre pour le dôme de l'église des Invalides. Payée 350 livres (années 1690-1691).

Deux anges. Statues en pierre. Portail de la même église. Payés 800 livres (années 1691-1692).

Saint Louis sur son lit de mort. Bas-relief en pierre au-dessus de l'arcade de droite du vestibule de la même église (années 1692-1693).

Saint Louis portant la couronne d'épines. Bas-relief en pierre. Transept de gauche de la même église (années 1692-1693).

Ange sonnant de la trompette. Bas-relief en pierre au-dessus de l'arcade de la chapelle Saint-Jérôme, dans la même église.

Deux génies ailés. Bas-relief en pierre au-dessus de l'arcade de droite du vestibule de la même église.

Un vase en marbre pour Marly. Payé 850 livres (année 1697).

Deux griffons, une grande coquille et un masque en plomb pour le bassin de Marly. Payés 1.500 livres (années 1697-1698).

Modèle d'une petite figure représentant Mars. Cette œuvre fut coulée en bronze en 1697 par le fondeur Le Pileur.

Ouvrages de sculpture en pierre exécutés à la Ménagerie de Versailles en collaboration de Jouvenet (année 1698).

Anne de Souvré, marquise de Louvois. Statue en marbre sculptée d'après le modèle de Desjardins. Cette statue [1] fait partie du monument de Louvois, œuvre de Desjardins et de Girardon, qui est placé aujourd'hui dans la chapelle de l'hôpital de Tonnerre. Ce tombeau provient du couvent des Capucines de la place Vendôme, à Paris; il a figuré pendant la Révolution au Musée des Monuments français. Le Musée de Versailles en possède un moulage (n° 1895 du catalogue d'Eudore Soulié).

Travaux au grand cabinet de l'hôtel de Condé, à Paris (année 1700).

Saint Louis. Médaillon. Église des Invalides (années 1700-1701).

Armes du roi sculptées au-dessus de la grande porte, à l'intérieur de la même église. Payées 1.200 livres (années 1700-1703).

Amours tenant des guirlandes. Ces amours, exécutés en collaboration de Flamen et de Hurtrelle, décorent le grand salon de Versailles (année 1701).

Modèle d'une vierge qui devait être sculpté en marbre pour l'église des Invalides. Cette statue ne fut jamais terminée et la place qui lui était destinée fut occupée plus tard par une Vierge exécutée par Pigalle.

Un groupe en plomb pour la cascade de Trianon. Payé 3.160 livres (années 1702-1703).

Deux anges en bronze ornant jadis la chapelle du château de Meudon (années 1703-1707).

Le songe d'Endymion. Groupe. Salon de 1704.

Bacchus et Ariane. Groupe. Salon de 1704. Ce groupe était destiné au château de Marly.

Décoration du baldaquin de l'église des Invalides (années 1705-1706).

La Sépulture du Christ. Bas-relief qui, selon d'Argenville, ornait jadis le maître-autel de la même église.

Collaboration à la décoration des corniches de l'appartement du roi, à Trianon (année 1706).

Tombeau d'Anne des Essarts, femme de Frédéric Léonard, libraire renommé. Ce monument en marbre, placé autrefois sur un des piliers de la nef de l'église Saint-Benoît, à Paris, avait été exécuté d'après les dessins de l'architecte Oppenord (année 1706).

La Loire et le Loiret. Groupe en marbre. Jardin des Tuileries. Sur le rocher servant de siège à la figure du Loiret, on lit : C. VAN CLÈVE PARISINUS FT. 1707. Ce groupe avait été fait pour décorer le parc de Marly. Il est souvent désigné comme représentant le *Rhin et la Moselle.*

Les quatre Évangélistes. Statues en pierre. Balustrade extérieure de la chapelle du château de Versailles (année 1707).

Le maître-autel de la même chapelle. Marbre et bronzes dorés (années 1708-1709).

Modèles d'un lustre et d'une girandole pour le salon du château de Marly (année 1708).

Ouvrages en bronze pour une cheminée du château de Meudon. Payés 606 livres (année 1709).

Modèles et dessins exécutés pour le château de Chantilly. Payés 328 livres (année 1710).

Un ange tenant un cœur d'une main et une palme de l'autre, accompagné d'une urne et de plusieurs ornements de bronze doré. Ce monument, exé-

---

1. C'est à tort que Jal cite cette œuvre comme ayant disparu.

cuté en 1711 pour Louis-Henri, duc de Bourbon, se trouvait autrefois dans l'église des Jésuites de la rue Saint-Antoine[1] ; il a disparu après avoir fait partie à la Révolution du Musée des Monuments français. Il avait été payé à l'artiste 36.000 livres.

Un ange tenant la couronne d'épines. Statue en bronze. Chœur de l'église Notre-Dame de Paris (années 1712-1713).

Un ange portant le roseau. Statue en bronze. Même emplacement (années 1712-1713).

Deux anges et une gloire ornant autrefois le maitre-autel de l'église Saint-Paul, à Paris.

Un ange placé jadis sur le fronton du maitre-autel de l'église de la Sorbonne.

Un génie soutenant un cartel. Statue en marbre. Cette statue, provenant des Minimes de Passy, a fait partie du Musée des Monuments français, n° 307.

Enfant endormi sur une croix. Marbre. Musée d'Épinal. Cette œuvre provient de la collection des princes de Salm, à Senones.

Un Christ en croix accompagné de la Madeleine, deux anges adorant et un bas-relief représentant la Conversion de saint Paul. Ces ouvrages en bronze doré, qui ornaient le maitre-autel de Saint-Germain-l'Auxerrois, furent détruits en 1754, lors de la malencontreuse restauration du chœur; ils avaient été donnés à l'église par l'artiste en 1728.

Ornements en stuc décorant le plafond de la chambre que Van Clève occupait au Louvre.

Modèles pour des pièces d'orfèvrerie faites par de Launay, beau-frère de l'artiste.

GUERIN, *Description de l'Académie royale de peinture et de sculpture*, 1715, p. 118, 185. — D'ARGENVILLE, *Voyage pittoresque de Paris*, 1752, p. 32, 58, 181, 223, 280, 367, 370, 371, 372, 374. — Germain BRICE, *Description de la ville de Paris*, 1752, t. I, p. 156, 355; t. II. p. 185, 304, 509; t. III, p. 36, 189; t. IV, p. 9, 19, 200. — PIGANIOL DE LA FORCE, *Nouvelle description des châteaux et parcs de Versailles et de Marly*, 1764, t. I, p. 256; t. II, p. 9, 83, 92, 243, 255, 280, 357. — Idem, *Description de la ville de Paris*, 1765, t. I, p. 326; t. II, p. 194, 382; t V, p. 400; t. VI, p. 352; t. VIII, p. 125; t. IX, p. 493, 494. — DE FONTENAI, *Dictionnaire des artistes*, 1776, t. II, p. 673. — THIÉRY, *Guide des amateurs et des étrangers à Paris*, 1787, t. I, p. 132, 401, 693, 700; t. II, p. 312, 336. — *Archives de l'art français. Abécédario de Mariette*, t. V, 1858-1859, p. 363; 2ᵉ série, t. II, 1866, p. 375. — *Mémoires inédits des Académiciens*, 1854, t. II, p. 73, 79. — Eud. SOULIÉ, *Notice du Musée impérial de Versailles*, 1ʳᵉ partie, 1859, p. 3, 4; 2ᵉ partie, 1860, p. 67, 197 ; 3ᵉ partie, 1861, p. 500, 501, 502, 509. — A. JAL. *Dictionnaire critique de biographie et d'histoire*, 1872, p. 389. — HERLUISON, *Actes d'état civil d'artistes français*, 1873, p. 439. — DE GUILHERMY, *Inscriptions de la France du Vᵉ siècle au XVIIIᵉ*, t. I, 1873, p. 731. — *Nouvelles archives de l'art français*, 1876, p. 63, 64, 76 ; 1883, p. 299. — DE MONTAIGLON, *Procès-verbaux de l'Académie royale*, t. II, 1878, p. 163, 187 ; t. III, 1880, p. 75, 126 ; t. IV, 1881, p. 128, 185. — L. DUSSIEUX, *Le château de Versailles*, 1881, t. I, p. 245; t. II, p. 112, 208, 220, 221, 319, 320, 377. — J. GUIFFREY, *Revue de l'art français*, 1890, p. 170, 172 ; 1893, p. 106-109. — Idem, *Comptes des bâtiments du roi sous le règne de Louis XIV*, t. I, 1881, col. 1161, 1289; t. II, 1887, col. 11, 137, 140, 172, 178, 197, 278, 367, 437, 479, 522, 623, 989, 1184; t. III, 1891, col. 5, 36, 55, 79, 80, 102, 280, 421, 424, 557, 704, 705, 843,

1. Église de Saint-Louis-de-la-Culture.

844, 848. 946, 1003, 1075, 1093, 1140, 1201 ; t. IV, 1896, col. 137, 189, 190, 284, 312, 329, 337, 429, 469, 568, 610, 694, 709, 727, 809, 852, 923, 955, 964, 1032, 1072, 1136, 1176, 1183, 1218; t. V, 1901, col, 34, 40, 108, 123, 143. 199, 214. 234, 240, 298, 317, 341, 347, 382, 384, 411, 476, 494, 525, 526, 572, 610, 655, 697. 747, 787, 841, 875, 931. — G. Macon, *Les arts dans la Maison de Condé*, 1903, p. 58, 59, 60. — Louis Gonse, *Les chefs-d'œuvre des Musées de France*, 1904, p. 182, 183. — André Pératé, *Versailles*, 1904, *passim*. — De Nolhac, *Les jardins de Versailles*, 1906, p. 8, 18, 20, 37.

Van Clève (Joseph), fils du précédent, remporta le second prix de sculpture à l'ancienne École académique en 1700 et le premier prix en 1701. Il mourut le 4 juin 1711, âgé sans doute de vingt-huit ou de vingt-neuf ans ; il habitait alors chez son père aux galeries du Louvre.

A. Duvivier, *Archives de l'art français, documents*, t. V. 1857-1858, p. 284. — A. Jal, *Dictionnaire critique de biographie et d'histoire*, 1872, p. 389. — De Montaiglon, *Procès-verbaux de l'Académie royale*, t. III, 1880, p. 300, 303, 324, 333 ; t. IV, 1881, p. 31.

Van den Bogaert (Martin). Voir **Desjardins** (Martin).

Van der Heyden (Gilles), maître sculpteur d'origine flamande, résidait à Lyon vers le commencement du XVIIIe siècle.

Natalis Rondot, *Les sculpteurs de Lyon du XIVe au XVIIIe siècle*, 1884, p. 64.

Van der Loucron (Jean-Baptiste), exerçait son art à Paris dans la seconde moitié du XVIIe siècle. Le 3 décembre 1673, il perdit une fille âgée de 7 mois qui fut inhumée dans le cimetière de la paroisse Saint-Roch.

H. Herluison, *Actes d'état civil d'artistes français*, 1873, p. 440.

Van Ghelunen (Joseph), sculpteur et architecte d'origine flamande, établi à Tours, passe un marché le 17 décembre 1681 par lequel il s'engage à exécuter, moyennant 3.800 livres, le retable du maître-autel de l'église Notre-Dame de Fontenay-le-Comte (Vendée).

De Montaiglon, *Nouvelles archives de l'art français*, 1872, p. 282.

Van Hoeynorst ou **Hoeyvorst** (Jean), sculpteur d'origine flamande, travaillait à Lyon de 1673 à 1680.

Natalis Rondot, *Les sculpteurs de Lyon du XIVe au XVIIIe siècle*, 1884, p. 57.

Van Opstal ou **Obstal** (Gérard). Voir *le Dictionnaire des sculpteurs de École française du Moyen Age au règne de Louis XIV*, p. 553.

Van Opstal (Louis), fils de Gérard Van Opstal, suivit la carrière de son père, mais n'obtint par sa réputation. Il travailla pour Versailles et pour Marly. Il mourut le 19 décembre 1683 ; il habitait alors à Paris, rue du Longpont, sur la paroisse Saint-Gervais. Il avait éépous Françoise, fille de Gabriel de L'Hopital, lieutenant du grenier au sel.

La table des comptes des bâtiments du roi attribue à Gérard Van Opstal les travaux exécutés par Louis de 1669 à 1683 : c'est une erreur le premier étant mort en 1668.

A. JAL, *Dictionnaire critique de biographie et d'histoire*, 1872, p. 925. — H. HERLUISON, *Actes d'état civil d'artistes français*, 1873, p. 443.

Van Opstal (François). Un sculpteur de ce nom figure parmi les artistes employés en 1656 à l'embellissement et à l'entretien des châteaux royaux. Il recevait alors 500 livres de gages. Il était peut-être le frère ou tout au moins le parent de Gérard Van Opstal.

J. GUIFFREY, *Nouvelles archives de l'art français*, 1872, p. 52.

Van Schuppen (Pierre-Louis). Cet artiste d'origine flamande, établi à Paris dans la seconde moitié du xviie siècle, avait le titre de sculpteur du roi. Le 29 octobre 1663, il fit baptiser un fils sur la paroisse Saint-André-des-Arts.

E. PIOT, *État civil de quelques artistes français*, 1873, p. 126.

Vandelle (Jacques), né en 1650, demeurait à Paris, où il se maria le 16 janvier 1674 sur la paroisse Saint-Côme.

H. HERLUISON, *Actes d'état civil d'artistes français*, 1873, p. 440.

Vaneau (Pierre), sculpteur en bois, fils de Jacques Vaneau, charpentier, naquit à Montpellier le 31 décembre 1653. Après avoir voyagé, sans doute en Italie, il vint s'établir au château de Monistrol (Haute-Loire), appelé par Armand de Béthune, évêque du Puy. Il exécuta de nombreux ouvrages dans cette dernière ville et aux environs. Son œuvre principale est le modèle en bois d'un monument destiné à commémorer la victoire de Jean Sobieski sur les ottomans en 1683. Ce monument fut-il terminé en bronze ou en marbre ? On l'ignore. On ne sait également si Vaneau se rendit en Pologne. Il mourut en août ou en septembre 1694, laissant un fils qui suivit sa carrière.

Un sculpteur du même nom figure comme parrain dans un acte de baptême inscrit, le 12 mars 1675, sur les registres de la paroisse Saint-Léonard de Nantes. On trouve aussi trace d'un séjour fait par le même artiste à Tours ; il s'agit probablement de notre Pierre Vaneau.

ŒUVRES

Ornements et sculptures de l'ancienne église Saint-Maurice, au Puy.

Le monument de Jean Sobieski. Cinq grandes statues en bois provenant de ce monument se trouvent aujourd'hui au château de Brassac (Puy-de-Dôme) ; elles représentent le roi de Pologne et les nations vaincues et enchaînées. Des bas-reliefs faisant partie du même ensemble sont conservés aux châteaux de Montrésor (Indre-et-Loire) et de Pradelles (Haute-Loire).

Chaire à prêcher. Cathédrale du Puy. Il n'en reste que des fragments.

Le Martyre de Saint André. Bas-relief en bois. Sacristie de la même église.

L'apothéose de Mgr de Béthune. Panneau représentant un ange assis, soutenant un médaillon contenant le portrait de l'évêque du Puy. Même église. Ce panneau proviendrait de l'ancienne église Saint-Maurice.

Trône épiscopal. Même église. Ce trône a disparu en 1795.

Buffet d'orgue (année 1692). Même église. Cette œuvre est en partie détruite.

Saint Jean-Baptiste. Statue en bois ornant le baptistère de la collégiale de Brioude (Haute-Loire).

Décoration du maître-autel de la même église. Sur les panneaux de cet autel sont sculptés un *Vœu de Charles VI* et le *Martyre de saint Julien.*

Autel et retable de la chapelle de la Croix (années 1693-1694). Même église.

La Cène. Bas-relief en bois. Chapelle de l'hospice de Saint-Bonnet-le-Château (Loire). Une réduction de ce bas-relief figure dans la chapelle du couvent de la Visitation de Brioude.

Buffet d'orgue de l'église de la Chaise-Dieu (Haute-Loire). Cette œuvre et la précédente sont attribuées à Vaneau par M. Marius Vachon dans l'intéressante notice qu'il a consacrée au sculpteur.

Louis DE LA ROQUE, *Biographie montpelliéraine, peintres, sculpteurs et architectes*, 1877, p. 100-102. — Marius VACHON. *Le sculpteur Pierre Vaneau et le monument de Jean Sobieski*, 1882. — DE GRANGES DE SURGÈRES, *Les artistes nantais* (*Revue de l'art français*, 1898, p. 435).

Vangueil. Un sculpteur de ce nom était établi à Tours dans la seconde moitié du XVIIe siècle. Vers 1677, il exécuta une *Descente de croix* pour l'autel de Notre-Dame-de-Pitié, dans l'église de Notre-Dame-de-la-Haye.

Ch. GRANDMAISON, *Documents inédits pour servir à l'histoire des arts en Touraine*, 1870, p. 234.

Varin ou **Varrain** (Pierre), sculpteur et fondeur établi à Paris à la fin du XVIIe et au commencement du XVIIIe siècle, est cité dans les comptes des bâtiments du roi comme ayant travaillé, de 1684 à 1709, aux châteaux de Versailles, de Trianon, de Saint-Cloud, de Meudon, de Marly et à l'église des Invalides.

ŒUVRES

Draperies en bronze doré à un buste de *Mars* et à un autre de *Vitellius*. En collaboration de Pierre Langlois et de Nicolas Meunier. Ces bustes se trouvaient au château de Versailles (année 1681).

Quatre masques en bronze pour la fontaine de la Pyramide, dans le parc de Versailles. En collaboration des mêmes artistes (année 1684).

Quatre chapiteaux en marbre pour la Colonnade des Sources, dans le même parc. Payés 904 livres (années 1684-1686).

Douze vases en bronze doré pour les buffets du Marais, dans le même parc. En collaboration de Langlois. Payés 5.500 livres (années 1685-1686).

Quinze chapiteaux pour Trianon. En collaboration de Langlois et de Meunier (année 1687).

Ouvrages en marbre pour la fontaine de Monsieur, à Saint-Cloud. En collaboration des mêmes artistes (année 1687).

Quatre grandes corbeilles de fleurs en pierre pour le dessus de la galerie de Trianon. Payées 640 livres (année 1688).

Chapiteaux en pierre au grand portail de l'église des Invalides. En collaboration de Langlois et de Meunier (année 1689).

Soixante-quatre mufles de lion en pierre dure à la cimaise de la dernière corniche du dôme de la même église. En collaboration des mêmes artistes (année 1689).

Ouvrages de sculpture au-dessus de l'attique du même dôme (année 1690).

Fontaines en plomb pour le château de Marly. En collaboration de Langlois. Payées 3.034 livres (années 1696-1697).

Cassolettes en plomb pour le même château. En collaboration de Langlois (année 1698).

Restauration de douze groupes d'enfants placés dans le parc de Marly. En collaboration du même artiste (année 1698).

Chapiteaux corinthiens au pourtour de l'église des Invalides (année 1699).

Contre-cœur en bronze pour la cheminée de la garde-robe du roi, au château de Marly. En collaboration de Langlois. Payé 875 livres (année 1699).

Contre-cœur en bronze pour l'antichambre du château de Meudon (année 1701).

Chapiteaux et ornements des archivolles dans la chapelle du château de Versailles (année 1708).

Chutes de trophées de musique et de palmes en pierre dans la tribune du chevet de la même chapelle (années 1708 1709).

Nouvelles archives de l'art français, 1876, p. 67. — *Revue de l'art français*. 1892, p. 60. — J. GUIFFREY, *Comptes des bâtiments du roi sous le règne de Louis XIV*, t. II, 1887, col. 444, 625, 627, 993, 994, 1184 ; t. III, 1891, col. 36, 100, 103, 291, 294, 422, 423, 431, 553, 556, 700, 702, 705, 844, 1088, 1136 ; t. IV, 1896, col. 48, 189, 330, 338, 385, 469, 471, 472, 480, 517, 611, 612, 651, 728, 794, 964, 994 ; t. V, 1901, col. 216, 217, 317, 319, 320, 321, 349, 527, 528, 529, 530, 537, 538.

Varroy (Bonaventure) exerçait son art à Paris dans la seconde moitié du XVIIᵉ siècle. Cet artiste nous est connu par l'acte de décès de sa veuve morte âgée de 72 ans le 14 janvier 1695, acte inscrit sur les registres de la paroisse Saint-Sulpice.

H. HERLUISON, *Actes d'état civil d'artistes français*, 1873, p. 443.

Vatrin, **Vautrin** ou **Voitrin** (Gérard), maître sculpteur en bois demeurant à Paris, était un des anciens de l'Académie de Saint-Luc, où il avait été admis le 12 août 1642. Le 23 décembre 1664, il touchait 200 livres « à compte des ouvrages de sculpture par luy faicts au chasteau vieux de Saint-Germain. » En 1679 et en 1684, il était encore occupé à Saint-Germain-en-Laye. En 1685, il travaillait au château de Marly et recevait 22 livres, pour un masque en pierre de taille « fait au-devant du pied d'estal où passe le tuyau de la fontaine dans la cour des cuisines ». A partir de cette époque, les comptes des bâtiments ne font plus mention de lui.

P. Lacroix, *Revue universelle des arts*, t. XIII, 1861, p. 324. — Herluison, *Actes d'état civil d'artistes français*, 1873, p. 445. — J. Guiffrey, *Comptes des bâtiments du roi sous le règne de Louis XIV*, t. I, 1881, col. 31, 1137; t. II, 1887, col. 516, 803, 819.

Vassé (Antoine), naquit vers 1655 à Villers-Bretonneux, dans l'arrondissement d'Amiens. Il se rendit à Paris en 1667 et entra en apprentissage chez le sculpteur Louis Malœuvre ou Malleure demeurant rue Saint-Nicolas-des-Champs. Au bout d'une huitaine d'années, il quitta la capitale et alla d'abord à Dijon, où il travailla chez Jean Dubois, puis il passa six mois à Lyon et vint se fixer à Toulon en juin 1678. Il entreprit alors différents ouvrages de sculpture navale ; de 1683 à 1698, son nom figure en effet souvent dans les états de payement de la marine. Il mourut avant 1700 à la Seyne-sur-Mer, où il possédait un bien lui venant de sa femme, Claire Pascal. Il avait épousé cette dernière en 1680 et il en avait eu sept enfants, dont Antoine-François, sculpteur du xviiie siècle, qui fut lui-même le père de Louis-Claude Vassé, le plus connu des artistes de ce nom.

Ch. Ginoux, *Réunion des sociétés des beaux-arts des départements*, 1884, p. 344, 353, 356, 357, 358 ; 1888, p. 122-126. — Idem, *Revue de l'art français*, 1886, p. 119-122; 1888, p. 172; 1894, p. 328-330.

Vatinel (Antoine), sculpteur en bois résidant à Montargis vers la fin du xviie siècle, passe un marché, le 1er juillet 1691, au sujet de l'exécution d'un retable destiné à l'autel de l'église Notre Dame de Château-Landon.

Th. Lhuillier, *Revue des sociétés savantes des départements*, 5e série, t. III, 1872, p. 683.

Vaucher (Pierre), maître sculpteur, était occupé à Toulon en 1687, avec son confrère Honoré David, à la décoration du vaisseau le *Sérieux*. Il se maria en 1691. En 1698, il travaillait encore dans l'arsenal.

Ch. Ginoux, *Revue de l'art français*, 1888, p. 173, 174; 1894, p. 226.

Vaulthier (Nicolas), demeurant à Troyes au xviiᵉ siècle, s'engagea le 8 avril 1629, envers les marguilliers de l'église de Saint-Benoit-sur-Seine, à « bien et deuement faire une contretable d'hostel pour poser sur l'hostel de Saint Esloy en l'église dudit Saint Benoist, de la longueur dudit hostel et à proportion d'iceluy... » moyennant 25 livres tournois. En 1649, il exécuta pour l'église Saint-Jean, en collaboration de son confrère Gaspard Vaulthier, l'épitaphe de Claude Briden, marchand libraire de la ville. Il fit encore une statue de *saint Barthélemy* en pierre pour l'église Saint-Pantaléon et prit part, en 1666, aux travaux de l'église Sainte-Madeleine. Il mourut le 19 janvier 1668.

Vaulthier (Antoine), travaillait en 1645 à l'église Saint-Pantaléon de Troyes. C'est le seul renseignement qu'on ait sur cet artiste.

Vaulthier (Louis). peut-être fils de Nicolas, sculpta en 1669 une statue de *saint Jean-Baptiste* pour l'église des Cordeliers de Troyes. En 1685, il collabora aux travaux de décoration de l'église Saint-Pantaléon. Il mourut en juillet 1689.

Vaulthier (Gaspard), résidant à Troyes vers le milieu du xviiᵉ siècle. collabora avec Nicolas, en 1649, à l'épitaphe de Claude Briden. Tous ces sculpteurs du nom de Vaulthier[1] faisaient partie sans aucun doute de la même famille, mais on ignore quel degré de parenté existait entre eux.

Alex. Assier, *Les arts et les artistes dans l'ancienne capitale de la Champagne.* 1876, p. 102, 103. — E. Socard, *Biographie des personnages de Troyes et du département de l'Aube,* 1882, p. 422. — *Inventaire général des richesses d'art de la France. Province, monuments religieux,* t. III, 1901, p. 409, 512. — L. Morin, *Réunion des sociétés des beaux-arts des départements,* 1902, p. 309-311.

Venier, sculpteur de la fin du xviiᵉ siècle, travaillait à Versailles vers 1683-1684. On lit en effet dans les comptes des bâtiments du roi : « à Vernier, sculpteur, pour restaurations et réparations de huit groupes à la pièce de Neptune... 45 l. 5 s... »

J. Guiffrey, *Comptes des bâtiments du roi sous le règne de Louis XIV,* t. II, 1887, col. 278, 475, 478.

Vérin (Jean). Un sculpteur de ce nom était établi à Cambrai vers la fin du xviiᵉ et au commencement du xviiiᵉ siècle. Il exécuta différents ouvrages pour l'Hôtel de Ville et fut associé, jusqu'en 1720, à la plupart des travaux entrepris par son confrère Robert Boitteau.

---

1. J'ai déjà cité ces artistes dans le *Dictionnaire des sculpteurs de l'Ecole française du Moyen Age au règne de Louis XIV,* p. 557.

A. Durieux, *Les artistes cambrésiens du IXe au XIXe siècle*, 1874, p. 138. — Idem, *Réunion des sociétés des beaux-arts des départements*, 1880, p. 114, 115, 124 ; 1888, p. 410, 411.

Verneuil (Claude-Jacques), sculpteur lorrain du XVIIe siècle, exerçait son art à Nancy, où il se maria le 28 décembre 1692.

Verneuil (Claude-Charles), sans doute parent du précédent, résidait à Metz en 1675.

Archives de Nancy, t. III, p. 301. — *Archives de Meurthe-et-Moselle*, H. 2567. — A. Jacquot, *Réunion des sociétés des beaux-arts des départements*, 1900, p. 369.

Vestier (Gaspard), sculpteur de la ville de Troyes, cité par M. Alexandre Assier comme travaillant en 1649 à l'église Saint-Nizier. Ne serait-ce pas le même artiste que Gaspard Vaulthier?

Alex. Assier, *Les arts et les artistes dans l'ancienne capitale de la Champagne*, 1875, p. 102.

Vevelet (Jacques), dit Delaune, sculpteur lyonnais de la seconde moitié du XVIIe siècle, fait baptiser un fils sur la paroisse de Saint-Nizier le 22 août 1683.

Natalis Rondot, *Les sculpteurs de Lyon du XIVe au XVIIIe siècle*, 1884, p. 60. — Idem, *Revue de l'art français*, 1887, p. 304,

Veyrier (Christophe), naquit à Trets (Bouches-du-Rhône) le 25 juin 1637 ; il était neveu par alliance de Pierre Puget et son plus ancien élève. Il dut venir fort jeune à Toulon, qu'il quitta ensuite pour suivre Puget à Gênes, puis se rendit à Rome et revint en 1670 à Toulon, où il se maria en 1674. A cette époque, il était employé comme praticien par Puget et il travailla sans doute au *Milon de Crotone*, à l'*Andromède* et au *Diogène*.

Le 13 octobre 1680, il s'établit à Aix et sculpta dans cette ville de nombreuses œuvres dont plusieurs existent encore aujourd'hui. En 1682, il était de retour à Toulon et passait un marché par lequel il s'engageait à exécuter, moyennant 10.000 livres, dans la chapelle du *Corpus Domini* de la cathédrale, une nouvelle décoration en stuc et et en marbre comprenant, outre l'architecture, plus de vingt-cinq figures de grandeur naturelle, pour remplacer les belles sculptures de Puget qui avaient été détruites par un incendie en mars 1681. Cet important travail fut terminé en 1686 et, la même année, Veyrier, qui jouissait alors d'une grande réputation, fut nommé maître sculpteur en chef de l'atelier du port avec 12.000 livres de gages. Il mourut à Toulon le 11 juin 1690. Quelque temps avant sa mort, il

avait commencé le maître-autel et le retable de l'église Saint-Jean
d'Aix ; ces ouvrages furent achevés par son neveu Thomas Veyrier.

ŒUVRES

La Sainte Vierge et l'Enfant Jésus. Réduction faite par Veyrier d'après la
statue en marbre de Puget ornant la chapelle domestique du palais Cattaldi, à Gênes. Cette réduction a été exposée à Marseille en 1861 sous le
nom de Puget.

Anges et chérubins. Groupe en marbre. Musée du Louvre, n° 839. Exécuté
en 1670. Provient des Minimes de Toulon. Acquis en 1801, moyennant
3.000 francs, pour le Musée des Monuments français, où Lenoir l'avait
désigné faussement comme une œuvre de Puget.

L'Assomption de la Vierge. Groupe en marbre sculpté en collaboration de
Pierre Puget pour la chapelle du château de Saint-Martin-de-Pallières,
près de Marseille. Ce groupe appartient aujourd'hui au marquis de Boisgelin. Une répétition de cette œuvre, par Veyrier, se trouve au Musée de
Longchamp, à Marseille.

La Résurrection de Lazare. Bas-relief en marbre. Maître-autel de l'église
Saint-Sauveur, à Aix. Provient de l'ancienne chapelle des Carmélites.

Jésus. Bas-relief en pierre. Retable de l'autel de la chapelle absidiale laté-
rale de Saint-Jean. Même église.

Jésus enfant couché sur la croix. Statue en marbre. Chapelle du Sacré-
Cœur, dans l'église Saint-Jean de Malte, à Aix. Provient de l'ancienne
église de l'Oratoire.

La Croix et un calice soutenu par trois enfants. Bas-relief en marbre.
Transept de droite de la même église.

L'Annonciation. Bas-relief en plâtre. Chapelle du lycée Mignet, à Aix.

Décoration de la chapelle du Corpus Domini, dans la cathédrale de Toulon.
Cette décoration, qui est l'œuvre la plus considérable de l'artiste, fut exécutée de 1682 à 1636; elle existe encore aujourd'hui. Les deux anges en
marbre sont bien conservés, mais les figures de stuc ont été mal réparées
en 1710 par Joseph et Pellegrino Salmy, père et fils, sculpteurs de peu de
talent. Elles ont subi une nouvelle restauration en 1863; quant à l'Enfant-
Jésus en bois doré, qui surmontait le tabernacle, il a disparu.

Pierre Puget. Buste en terre cuite. Musée d'Aix. Le Musée du Trocadéro
possède un moulage de ce buste.

Portrait d'homme revêtu d'une cuirasse. Buste en marbre. Musée du Louvre,
n° 838. Acquis en 1895.

Un enfant en marbre de demi-relief. Bureau de la Consigne, à Marseille [1].

Un Faune en pierre de Calissanne. Se trouvait dans la même ville, à la fin
du xviiie siècle, chez MM. Veyrier, arrière-neveux de l'artiste [2].

Un autre Faune. Autrefois chez le président d'Aiguilles, à Aix [3].

Un Lymacus et un Milon dévoré par un loup. Autrefois, dans la même ville,
chez un amateur nommé Bruc [4].

1. Claude-François Achard, *Dictionnaire de la Provence et du Comtat-Venaissin,*
1785-1787.
2. *Idem.*
3. *Idem.*
4. *Idem.*

Une croix processionnelle avec un christ en marbre. Se trouvait jadis dans une chapelle de pénitents, à la Ciotat [1].

Un buste du président Marin. Maison Gueidon, à Aix [2].

Saint Jean-Baptiste enfant. Statue en marbre. Chapelle du Sacré-Cœur, dans l'église de Saint-Jean-de-Malte, à Aix. Cette statue, en vertu d'un contrat daté du 13 décembre 1689, fut exécutée pour l'ancien maître-autel de l'église.

MAURIN, *Mémoires de l'Académie des sciences, agriculture, arts et belles-lettres d'Aix*, t. V, 1844, p. 290-292. — V. BRUN, *Bulletin de l'Académie du Var*, 1860-1861, p. 94, 95. — *Archives de l'art français. Abécédario de Mariette*, t. VI, 1862, p. 55. — Ch. GINOUX, *Revue de l'art français*, 1886, p. 264 ; 1887, p. 325 ; 1888, p. 170 ; 1889, p. 120-123, 137 ; 1890, p. 152 ; 1894, p. 342-347. — Idem, *Réunion des sociétés des beaux-arts des départements*, 1890, p. 368-381 ; 1892, p. 158 et suivantes. — *Inventaire général des richesses d'art de la France. Province, monuments religieux*, t. III, 1901, p. 211, 212, 213, 217, 226. *Archives du Musée des Monuments français*, t. I, p. 254 à la note.

Veyrier (Joseph), originaire de Trets (Bouches-du-Rhône), probablement frère de Christophe, était occupé à Toulon, en 1670, à la décoration architecturale et sculpturale du vaisseau *la Bouffonne*, d'après les dessins de Pierre Puget. Il mourut le 21 mars 1677.

Ch. GINOUX, *Réunion des sociétés des beaux-arts des départements*, 1884, p. 342, 343. — Idem, *Revue de l'art français*, 1888, p. 170 ; 1894, p. 347.

Veyrier (Louis), né également à Trets, était frère du précédent, avec lequel il collaborait à Toulon, en 1670, aux travaux du vaisseau *la Bouffonne*.

Ch. GINOUX, *Réunion des sociétés des beaux-arts des départements*, 1884, p. 342, 343. — Idem, *Revue de l'art français*, 1888, p. 170 ; 1894, p. 347.

Veyrier (Thomas), né à Trets, fils de Louis, était établi à Toulon, où il se maria le 16 janvier 1691. Plus tard, on le trouve à Aix, achevant en 1703 le maître-autel de l'église Saint-Jean-de-Malte qui avait été commencé par son oncle Christophe en 1689 ; il n'en termina le retable qu'en 1720, comme le prouve l'inscription encastrée dans l'autel : T. VEYRIER FECIT 1720. Il fit encore pour cette église des bustes en pierre. Ces bustes ont disparu de la nef, où ils étaient placés contre les piliers ; plusieurs ornent aujourd'hui la chapelle des fonts baptismaux.

ŒUVRES

Saint Jean-Baptiste. Buste en pierre. Chapelle des fonts baptismaux, dans l'église Saint-Jean-de-Malte, à Aix.

La Vierge. Buste en pierre. Même chapelle.

1. Claude-François ACHARD, *Dictionnaire de la Provence et du Comtat-Venaissin*, 1785-1787.

2. POINTEL DE CHENNEVIÈRES, *Recherches sur la vie et les ouvrages de quelques peintres provinciaux*, 1847-1850.

Saint Pierre. Buste en pierre. Même chapelle.

Saint Paul. Buste en pierre. Même chapelle.

Jean-Claude Viany, docteur en théologie, doyen de la Faculté d'Aix, prieur de Saint-Jean, commandeur de Bayonne, mort à Aix le 16 mars 1726 à l'âge de quatre-vingt-huit ans. Buste en pierre. Chapelle de Saint-Labre, dans l'église Saint-Jean-de-Malte.

Le chef de saint Jean-Baptiste posé sur un bassin entre deux têtes de chérubins. Bas-relief en marbre. Transept de droite de la même église.

MAURIN, *Mémoires de l'Académie des sciences, agriculture, arts et belles-lettres d'Aix,* t. V, 1846, p. 290-292. — Ch. GINOUX, *Réunion des sociétés des beaux-arts des départements,* 1890, p. 373, 374. — Idem, *Revue de l'art français,* 1894, p. 347. — *Inventaire général des richesses d'art de la France. Province, monuments religieux,* t. III, 1901, p. 211, 212, 213, 217, 218.

Veyrier (Lazare), né à Trets le 28 septembre 1659, cousin du précédent, collabora en 1682, avec son oncle Christophe Veyrier, à la décoration de la chapelle du *Corpus Domini,* dans la cathédrale de Toulon. On lit en effet dans le marché relatif à cet ouvrage : « Sy pendant ledit travail, ledit Veirier venait à mourir, les parties sont d'accord que ce qu'il y aura encore à faire dudit ouvrage sera achevé par Lazare Veirier, sculpteur du lieu de Tretz, neveu dudit Christophe ».

Ch. GINOUX, *Réunion des sociétés des beaux-arts des départements,* 1890, p. 377. — Idem, *Revue de l'art français,* 1894, p. 347.

Viet, sculpteur en bois de la fin du XVIIe siècle, est cité dans les comptes des bâtiments du roi comme travaillant à Trianon en 1698.

J. GUIFFREY, *Comptes des bâtiments du roi sous le règne de Louis XIV,* t. IV, 1896, col. 336.

Vigier (Philibert), né à Moulins le 21 janvier 1636, vint s'établir à Paris, où il obtint un logement au Louvre. S'étant présenté à l'Académie royale de peinture et de sculpture le 29 octobre 1682, il y fut admis le 27 novembre 1683, sur un médaillon en marbre figurant *saint Thomas.* De 1684 à 1713, il fut occupé à Versailles, à Marly, à Meudon, à l'église des Invalides et à Notre-Dame de Paris. Il mourut à Moulins, âgé de 83 ans, le 5 janvier 1719.

Les comptes des bâtiments du roi mentionnent, à côté de Vigier, un autre sculpteur du nom de Vizier ; c'est une erreur : il s'agit du même artiste dont le nom a été mal écrit.

ŒUVRES

Saint Thomas. Médaillon ovale en marbre. Morceau de réception à l'Académie (27 novembre 1683). Chapelle de Saint-Hubert, dans l'église Notre-Dame de Versailles. Ce médaillon était placé autrefois au Louvre dans la salle de l'Académie. Transporté en 1792 au Musée des Monuments français, il a été donné en 1815 à l'église de Versailles.

Six chapiteaux en marbre pour la Colonnade des Sources, dans le parc de Versailles. Payés 1.356 livres (années 1684-1686).

Un grand vase en marbre pour le même parc. Payé 1.200 livres (années 1687-1688).

Cinq chapiteaux en marbre pour Trianon. Payés 769 livres (années 1687-1688).

Couronnements de sculpture au-dessus des douze petits pavillons du château de Marly. En collaboration de Roussel et de François. Payés 5.280 livres (années 1688-1689).

Sculpture au-dessus du grand vitrail du portail de l'église des Invalides (année 1690).

Achille à Scyros. Statue en marbre. Grande Allée ou Tapis-Vert, dans le parc de Versailles. Cette œuvre est signée : PHILB. VIGIER MOLINENSIS 1695. Payée 4.800 livres.

Deux têtes de vents et deux monstres marins en plomb pour le château de Marly. Payés 500 livres (années 1697-1698).

Plusieurs bas-reliefs sculptés au-dessus des portes, dans les chapelles de l'église des Invalides. Payés 1.800 livres (année 1699).

Femme couchée. Statue en marbre. Salon de 1699.

Trois bénitiers en marbre pour la chapelle du château de Meudon. Payés 375 livres (année 1702).

Un vase en marbre pour le château de Marly. Payé 950 livres (années 1703-1704).

Ouvrages de sculpture en plomb aux petits baldaquins du bosquet des Bains d'Apollon, dans le parc de Versailles (année 1705).

Un vase en plomb pour la cascade du bosquet d'Agrippine, à Marly (année 1706).

Enfants portant les attributs du culte catholique. Bas-relief en pierre au-dessus d'une des grandes fenêtres, à l'extérieur de la chapelle du château de Versailles (années 1707-1708).

Ornements aux bases des colonnes, dans la même chapelle (année 1708).

Deux trophées et deux têtes de chérubins en plomb pour les pilastres du chœur de l'église Notre-Dame de Paris. Payés 1.300 livres (année 1713).

GUÉRIN, *Description de l'Académie royale*, 1715, p. 93. — D'ARGENVILLE, *Voyage pittoresque des environs de Paris*, 1762, p. 102, 407. — PIGANIOL DE LA FORCE, *Nouvelle description de Versailles*, 1764, t. II, p. 75, 359. — Eud. SOULIÉ, *Notice du Musée impérial de Versailles*, 1re partie, 1859, p. 3 ; 3e partie, 1861, p. 511. — *Nouvelles archives de l'art français*, 1873, p. 120, — DE MONTAIGLON, *Procès-verbaux de l'Académie royale*, t. II, 1878, p. 234, 259 ; t. IV, 1881, p. 277. — *Inventaire général des richesses d'art de la France. Province, monuments religieux*, t. I, 1886, p. 158. — J. GUIFFREY, *Comptes des bâtiments du roi sous le règne de Louis XIV*, t. II, 1887, col. 442, 622, 989, 1183, 1184 ; t. III, 1891, col. 102, 167, 337, 422, 558, 704, 846, 854, 991, 1080, 1129 ; t. IV, 1896, col. 189, 330, 337, 471, 852, 853, 963, 1015, 1072 ; t. V, 1901, col. 40, 42, 125, 214, 216, 319, 528, 529, 538, 695, 787. — DE NOLHAC, *Les jardins de Versailles*, 1906, p. 142.

Vigongne (Antoine), né à Paris, exerçait son art au Mans dans la seconde moitié du XVIIe siècle.

G. ESNAULT, *Dictionnaire des artistes et artisans manceaux*, 1899, p. 298.

Villaine (Louis), sculpteur en bois, membre de l'Académie de Saint-Luc, où il avait été admis le 27 mai 1682, était occupé en 1685 à exécuter des cadres pour les tableaux placés dans les appartements du roi, à Versailles. L'année suivante, il sculpta, en collaboration de son confrère Robert de La Lande, des bordures pour le cabinet des glaces, au Palais-Royal. En 1687, il entreprit différents travaux de sculpture en bois dans les appartements de Trianon, qui lui furent payés 1.216 livres. En 1688, il toucha 168 livres pour un cadre de bois, sculpté à jour et doré, qu'il avait fourni « pour le tableau du Roy, représentant *une Vierge* du Dominicain[1], placé dans la petite gallerie de S. M., à Versailles ».

P. LACROIX, *Revue universelle des arts*, t. XIII, 1861, p. 335. — J. GUIFFREY, *Comptes des bâtiments du roi sous le règne de Louis XIV*, t. II, 1887, col. 628, 995, 996, 1174, 1183; t. III, 1891, col. 102, 291.

Villeneuve (Jacob de), sculpteur et peintre, était établi à Paris vers la fin du xviie siècle. Le 24 décembre 1684, il perdit un fils, âgé d'un an et demi, qui fut inhumé sur la paroisse Saint-Roch.

H. HERLUISON, *Actes d'état civil d'artistes français*, 1873, p. 451.

Villeneuve (Pierre), peut-être parent du précédent, remporta le premier prix à l'ancienne École académique de Paris en 1703. Il alla l'année suivante à Rome, où s'étant adonné aussi à l'architecture, il obtint un prix à l'Académie de Saint-Luc. Il revint en France en 1709. Ce doit être le même artiste que le Villeneuve qui, d'après Lance, fut reçu de l'Académie d'architecture en 1728 et mourut en 1730.

A. DUVIVIER, *Archives de l'art français, documents*, t. V, 1857-1858, p. 284. — LANCE, *Dictionnaire des architectes français*, t. II, p. 330. — DE MONTAIGLON, *Procès-verbaux de l'Académie royale*, t. III, 1880, p. 363, 371, 372, 383. — Idem, *Correspondance des directeurs de l'Académie de France à Rome*, t. III, 1889, p. 228, 229, 231, 237.

Villerme (Joseph), né à Saint-Claude (Jura), vint se fixer à Paris et y travailla pendant plusieurs années sous la direction de Le Brun. Il alla ensuite à Rome, où il exécuta exclusivement des crucifix de bois et d'ivoire. Mariette, qui mentionne l'artiste dans son *Abécédario*, dit de lui : « Par un esprit de piété et d'humilité il s'était consacré à ne faire que des crucifix, mais aussi l'on peut dire, à sa louange, que personne n'y a mieux réussi, et que, dans ce talent qui paraît borné, il a quelquefois été jusqu'au sublime ».

Le marquis Pallavacini avait, paraît-il, recueilli une grande quantité

---

1. C'est sans doute la *Vierge à la Coquille* qui est au Musée du Louvre, n° 1610.

des œuvres du sculpteur et en avait orné une petite galerie. Villerme
mourut à Rome en 1720 ou 1723, âgé d'environ 60 ans ; il fut inhumé
dans l'église des religieux minimes de la Trinité-du-Mont.

On possède une eau-forte du peintre Paul-Ponce-Antoine Robert de
Séri représentant Joseph Villerme. La gravure porte l'inscription
suivante : *Joseph Villerme, sculpteur, né à Saint-Claude en Franche-
Comté, mort à Rome vers l'an 1720.*

Archives de l'art français, Abécédario de Mariette, t. VI. 1862, p. 82-83. —
DE CHENNEVIÈRES, *Notes d'un compilateur sur les sculpteurs et les sculptures en
ivoire,* p. 30-34. — DUSSIEUX, *Les artistes français à l'étranger,* 1876, p. 103, 407,
— *Bulletin de l'art français,* 1877, p. 147.

Vinache (Joseph), sculpteur et fondeur parisien né en 1653, se
marie sur la paroisse Saint-Séverin le 29 mars 1685 avec Marguerite
Émery, fille d'un maître fondeur. Le 16 juillet 1688, il passe un
marché par lequel il s'engage à « jetter en bronze à cire perdue, toutes
les statues qui lui seront ordonnées pour le service de Sa Majesté, etc.. »
En 1702, il exécute des enfant et des ornements en bronze dans la
chapelle du château de Meudon. En 1704, il travaille à Marly et entreprend cinq masques en bronze pour les Bains d'Apollon, à Versailles.
Avec son confrère Desjardins, il fait en 1706 « cinq armoiries de
France » en bronze pour l'église des Invalides et en 1708 des balustres,
également en bronze pour la tribune de la chapelle du château de Versailles. Le 16 mai 1717, il assiste à l'enterrement d'Anselme Flamen. Jal,
dans son *Dictionnaire,* commet une erreur en croyant qu'il y eut deux
sculpteurs du nom de Joseph : l'un, né en 1653, et l'autre, vivant
encore en 1717 ; il s'agit du même artiste qui, né en 1653, pouvait
par conséquent vivre encore en 1717. Il était sans doute le père de
Jean-Joseph Vinache, sculpteur du XVIIIe siècle.

A. JAL, *Dictionnaire critique de biographie et d'histoire,* 1872, p. 1274, 1275. —
H. HERLUISON, *Actes d'état civil d'artistes français,* 1873, p. 451. — DE GROUCHY,
Revue de l'art français, 1892, p. 143. — J. GUIFFREY, *Comptes des bâtiments du
roi sous le règne de Louis XIV,* t. IV, 1896, col. 735, 853, 905, 965, 1074, 1177,
1186 ; t. V, 1901, col. 34, 42, 218, 234, 306, 317, 347, 413, 488, 531, 532.

Vinet (Claude), sculpteur tourangeau de la seconde moitié du
XVIIe siècle, exécuta plusieurs statues dans l'église de Saint-Austrille, à
Montoire (Loir-et-Cher).

Mémoires de Dubois. Bibliothèque de l'École des Chartes, 2e série, t. IV, p. 13.
— Ch. GRANDMAISON, *Documents pour servir à l'histoire des arts en Touraine,*
1870, p. 233.

Vion (Nicolas), était un des anciens de l'Académie de Saint-Luc, où
il avait été admis le 10 juin 1640. Il dut mourir entre 1672 et 1682.

P. LACROIX, *Revue universelle des arts,* t. XIII, 1861, p. 324.

Vion (Pierre), sculpteur parisien, peut-être fils du précédent, fut reçu membre de l'Académie de Saint-Luc le 8 juillet 1659. En 1665, il travaillait à Versailles ; on trouve à cette date, dans les comptes des bâtiments du roi, la mention suivante : « A Pierre Vion, sculpteur, pour son paiement des ouvrages de sculpture qu'il a faicts à la grotte de Versailles... 315 l.. » Il vivait encore en 1682.

P. Lacroix, *Revue universelle des arts*, t. XIII, 1861, p. 326. — J. Guiffrey, *Comptes des bâtiments du roi sous le règne de Louis XIV*, t. I, 1881, col. 80.

Vion (Jean), parent des précédents, est admis à l'Académie de Saint-Luc le 8 juin 1678. Son nom figure encore sur les listes de la communauté en 1682.

P. Lacroix, *Revue universelle des arts*, t. XIII, 1861, p. 333.

Viotte (Nicolas), sculpteur et peintre établi à Paris, meurt le 6 juin 1705 et est inhumé dans le cimetière de la paroisse Saint-Roch.

H. Herluison, *Actes d'état civil d'artistes français*, 1873, p. 453.

Vissac ou **Vissar** (Jean), sculpteur parisien, était juré, garde et comptable de l'Académie de Saint-Luc, où il avait été admis le 11 février 1662. Le 13 juin de la même année, il perdit un fils qui fut inhumé dans le chœur de l'église Saint-Jacques-du-Haut-Pas.

P. Lacroix, *Revue universelle des arts*, t. XIII, 1861, p. 327. — H. Herluison, *Actes d'état civil d'artistes français*, 1873, p. 453.

Vivien, sculpteur en bois, travaillait à Paris au commencement du XVIIIᵉ siècle. On trouve dans les comptes des bâtiments du roi, à la date du 7 novembre 1700 : « A Vivien, sculpteur, pour trois bordures qu'il a sculptées et fournies pour les portraits de Messeigneurs les Princes... 174 l. ».

J. Guiffrey, *Comptes des bâtiments du roi sous le règne de Louis XIV*, t. IV, 1896, col. 619, 735.

Voiriot (Jean), sculpteur parisien né en 1673, exécuta différents travaux pour le parc de Marly, pour la chapelle du château de Versailles et pour l'église Notre-Dame de Paris. Il se maria le 1ᵉʳ février 1712 sur la paroisse Saint-Germain-l'Auxerrois. Il vivait encore en 1719. Il était le père du peintre de portraits Guillaume Voiriot.

ŒUVRES

Restauration de figures en marbre dans le parc de Marly (année 1702).

Collaboration à deux groupes de jeunes Tritons et à des têtes de monstres et de vents en plomb pour le même parc (année 1703).

Décoration de chapiteaux dans la chapelle du château de Versailles (années 1704-1706).

Roses et modillons sculptés à la grande corniche intérieure de la même chapelle (année 1705).

Ornements des arcs-doubleaux de la même chapelle (année 1708).

Enfants portant les attributs du culte catholique. Bas-relief en pierre au-dessus d'une des grandes croisées, à l'extérieur de la même chapelle (année 1708).

Un trophée de musique et un chapiteau à la tribune de la même chapelle (années 1708-1709).

Festons et consoles aux croisées extérieures de la même chapelle (année 1709).

Ouvrages en plomb au comble et à la lanterne de la même chapelle (année 1710).

Deux trophées d'église dans le chœur de Notre-Dame de Paris (années 1711-1712).

Le prophète Isaïe. Statue placée autrefois à côté de l'autel de la chapelle de l'Académie de Saint-Luc, à Paris.

D'ARGENVILLE, *Voyage pittoresque de Paris*, 1752, p. 15. — Eud. SOULIÉ, *Notice du Musée impérial de Versailles*, 1re partie, 1859, p. 3. — A. JAL, *Dictionnaire critique de biographie et d'histoire*, 1872, p. 1280. — H. HERLUISON, *Actes d'état civil d'artistes français*, 1873, p 454. — J. GUIFFREY, *Comptes des bâtiments du roi sous le règne de Louis XIV*, t. IV, 1896. col. 853, 964, 1049, 1071, 1101, 1158 ; t. V, 1901, col. 15, 215, 216, 217, 316, 318, 319, 320, 321, 412, 413, 511, 527, 528, 529, 531, 610, 695, 873.

Voye (Nicolas de la), était membre de l'Académie de Saint-Luc, où il avait été admis le 2 décembre 1654. Il mourut entre 1672 et 1682.

P. LACROIX, *Revue universelle des arts*, t. XIII, 1861, p. 325.

Vuillaume, sculpteur franc-comtois originaire de la ville d'Arbois, alla se fixer à Bruxelles vers 1639. Il fut chargé le 22 juillet 1664, par le magistrat de sa ville natale, d'exécuter deux statues en bois, peintes et dorées, moyennant la somme de 400 francs ; ces statues, représentant *saint Just et Notre-Dame Libératrice*, étaient destinées à l'église paroissiale.

Jules GAUTHIER, *Dictionnaire des artistes francs-comtois antérieurs au XIXe siècle*, 1892, p. 24.

W

Waffelard (Pierre), est reçu membre de l'Académie de Saint-Luc le 12 février 1682.

P. LACROIX, *Revue universelle des arts*, t. XIII, 1861, p. 335.

Warin (Jean). Voir *le Dictionnaire des sculpteurs de l'École française du Moyen Age au règne de Louis XIV*, p. 567.

Wuillaume (Rémy), sculpteur lorrain né à Nancy le 4 février 1649, fils de Nicolas Wuillaume, cordonnier, et de Marie David, exerçait son art dans sa ville natale. Il vivait encore en 1700, époque où il travaillait au catafalque exécuté pour les obsèques du duc Charles V.

Wuillaume (Rémy II), sculpteur lorrain, sans doute parent du précédent, était fils de Claude Wuillaume, marchand à Nancy. Il se maria dans cette ville le 25 novembre 1692.

Archives de Nancy, t. II. p. 35, 304, 324, 345; t. III, p. 256, 265, 304, 348. 349; t. IV, p. 11. — *Archives de Meurthe-et-Moselle*, B. 1541, 1640. — A. JACQUOT, *Réunion des sociétés des beaux arts des départements*, 1900, p. 369.

ADDITIONS ET CORRECTIONS

Page 11. — *Ajouter* : **Artaude** (Guillaume), sculpteur forézien, mourut à Saint-Germain-Laval (Loire) en 1697.

Réunion des sociétés des beaux-arts des départements, 1905, p. 730.

Page 23. — *Ajouter* : **Beaudoin** (Germain), sculpteur forézien, demeurait à Sury-le-Comtal (Loire) vers 1643.

Réunion des sociétés des beaux-arts des départements, 1905, p. 730.

Page 53. — *Ajouter* : **Bonfils** (Mathieu), sculpteur forézien, résidait à Saint-Bonnet-le-Château en 1691.

Réunion des sociétés des beaux-arts des départements, 1905, p. 730.

Page 82. — *Ajouter* : **Chabrerias** (Pierre), sculpteur forézien, exerçait son art vers 1700.

Réunion des sociétés des beaux-arts des départements, 1905, p. 730.

Page 101. — A **Combes** (François), *ajouter* : Il exécuta en 1684-1685 les retables de l'église Saint-André-le-Puy.

Réunion des sociétés des beaux-arts des départements, 1905, p. 723, 730.

Page 147. — *Ajouter* : **Desiré** (Simon-Claude), sculpteur né vers 1625, était établi à Saint-Étienne. En 1653, il travailla aux boiseries du château de Sury-le-Comtal (Loire). A Saint-Étienne, il exécuta la chaire de l'église Notre-Dame et celle du couvent des dames de Sainte-Catherine. Il mourut à Saint-Étienne en 1708.

Réunion des sociétés des beaux-arts des départements, 1905, p. 722, 723, 730.

Page 152, *ligne* 16, au lieu de erigé : *lire* érigée.

Page 155. — A **Desruiseaux** (Jacques-Millet), *rectifier* : L'église Saint-Pierre du Châtel, à Rouen, n'a pas été détruite ; elle sert aujourd'hui de dépendance à un grand magasin de la ville. Le retable placé dans l'église Saint-Vivien n'en provient pas ; il était autrefois dans l'ancienne église des Cordeliers. — *Ajouter* : Desruiseaux mourut à Rouen le 30 novembre 1725 et fut inhumé dans l'église Saint-Nicaise.

Réunion des sociétés des beaux-arts des départements, 1705, p. 401, 415.

Page 316, *ligne* 1, au lieu de 1797 : *lire* 1737.

Page 409. — *Ajouter* : **Polycarpe** (le frère), de la compagnie de Jésus, serait l'auteur de l'autel en bois sculpté qui se trouve aujourd'hui dans l'église de Saint-Étienne de la Cité, à Périgueux. Cet autel, terminé en 1669, ornait primitivement l'église du collège des Jésuites qui fut démolie à la Révolution.

Réunion des sociétés des beaux-arts des départements, 1895, p. 460-462.

Page 409. — *Ajouter* : **Pontadit** (Pierre), sculpteur forézien, exerçait son art à Saint-Germain-Laval (Loire) dans la seconde moitié du XVIIᵉ siècle ; il mourut en 1691.

Réunion des sociétés des beaux-arts des départements, 1905, p. 730.

Page 436. — *Ajouter* : **Regnault** (Jean), est cité au nombre des sculpteurs qui ont travaillé à la décoration du catafalque du grand Condé, lors de la cérémonie funèbre célébrée à Notre-Dame de Paris le 10 mars 1687.

G. MACON, *Les arts dans la Maison de Condé*, 1903, p. 39.

MACON, PROTAT FRÈRES, IMPRIMEURS.

EN VENTE A LA MÊME LIBRAIRIE H. CHAMPION, Éditeur

BASTARD (Auguste de). **Peintures mystiques tirées d'un livre des évangiles** écrit pour Charlemagne et donné par Louis le Débonnaire à l'abbaye de Saint-Médard de Soissons. S. l., n. d., in-f° de 2 pl. 20 fr.

— **Costumes de la Cour de Bourgogne** sous le règne de Philippe III dit le Bon (1455-1460). 1881, in-f° en 5 livraisons de 5 planches. 60 fr.

— **Portraits de Nicéphore Botaniate**, empereur d'Orient, de l'Impératrice Marie sa femme et de saint Jean Chrysostome (1078-1081). 1844, atlas in-f°. 20 fr.

— **Histoire de Jésus-Christ** en figures, gouaches du XII° au XIII° siècle conservées jadis à la collégiale de Saint-Martial de Limoges. 1879, in-f°. 40 fr.

— **Ecritures et peintures d'une bible offerte au roi Charles le Chauve**, par le comte Vivien, abbé commandataire de Saint-Martin de Tours. In-fol., planches noires. 80 fr.

Cet ouvrage est la reproduction de la Bible de Charles le Chauve, l'un des plus précieux monuments calligraphiques du moyen âge français.

BEAURAIN (Georges). **Le portail de l'église de Mimizan** étudié dans ses rapports avec l'histoire du costume et du mobilier du moyen-âge. S. d., in-8. 2 fr. 50

BLAVIGNAC (J.-D.). **Histoire de l'architecture sacrée** du IV° au X° siècle, dans les anciens évéchés de Genève, Lausanne et Sion. 1853, in-8. 1 atlas format oblong. 15 fr.

BORDIER. **Les statues de Saint-Jacques L'Hopital** au musée de Cluny. S. d., in-8. 2 fr.

BORDIER et BRIÈLE (Léon). **Les archives hospitalières de Paris.** 1877, in-8. 20 fr.

Inventaire des fonds subsistant après l'incendie de mai 1791 : comptes et titres de propriété de l'Hôtel-Dieu, de Saint-Jacques, de l'hôpital du Saint-Esprit en Grève ; des Enfants Trouvés, Enfants Rouges, de l'Hôpital Général. La seconde partie de ce travail comprend une étude sur la confrérie de Saint-Jacques-aux-Pélerins, ses archives, l'église,

le banquet annuel. Le fonds de Saint-Jacques est particulièrement riche en documents sur les arts à Paris.

CHAMPEAUX (A. de), CHARDON (H.) et GAUCHERY. **Les travaux d'art du duc de Berry**, avec une étude biographique sur les artistes employés par ce prince. 1894, fort vol. in-4, avec 14 planches en héliogravure. 30 fr.

CHARDON. **L'auteur du tombeau de Guillaume Du Bellay, seigneur De Langey** à la cathédrale du Mans, avec une gravure du tombeau. 1900, in-8. 2 fr. 50

CLERMONT-GANNEAU (C.), membre de l'Institut. **Etudes d'archéologie orientale**, avec de nombreuses gravures dans le texte et hors textes. 1880 à 1896, 2 vol. in-4. Chaque volume. 25 fr.

COURAJOD, professeur à l'École du Louvre. **Notice sur un faux portrait de Philibert Delorme.** 1877, in-8. 1 fr. 50

— **Deux épaves de la chapelle funéraire des Valois à Saint-Denis**, aujourd'hui au Musée du Louvre. 1878, in-8. 2 fr.

— **Alexandre Lenoir, son journal et le musée des monuments français.** 1878-1887, 3 vol. in-8 (Epuisé) 30 fr.

Livre remarquable sur l'origine et la formation du Musée du Louvre.

— **Etudes sur la collection du Moyen-Age, de la Renaissance et des temps modernes au musée du Louvre.** 1878, in-8. 1 fr. 50

— **Fragments des mausolées du C¹⁰ de Caylus et du M¹⁰ du Terrail** conservés au musée du Louvre. 1878, in-8. 1 fr. 50

— **La cheminée de la salle des Caryatides** au musée du Louvre. 1880, in-8. 1 fr. 50

— **Une œuvre inédite de Jean Bullant ou de son école.** 1880, in-8. 1 fr.

— **Observations sur deux dessins attribués à Raphaël** et conservés à l'Académie des Beaux-Arts de Venise. 1880, in-8. 1 fr. 50

— Supplément au mémoire intitulé : **Deux épaves de la chapelle de Valois à Saint-Denis.** 1881, in-8. 1 fr. 50

—**Acquisition du musée de la sculpture moderne** au Louvre en 1880. 1881, in-8. 1 fr.

—**Jean Warin, ses œuvres de sculpture et le buste de Louis XIII**, du musée du Louvre. 1881, in-8. 2 fr.

—**Quelques monuments de la sculpture funéraire** des xvᵉ et xvıᵉ siècles. 1882, in-8. 1 fr. 50

— **Quelques sculptures de la collection du cardinal de Richelieu** aujourd'hui au Musée du Louvre. 1882, gr. in-8. 1 fr. 50

— **La statue de Robert Malatesta**, autrefois à Saint-Pierre de Rome, aujourd'hui au musée du Louvre. 1883, gr in-8. 1 fr. 50

— **Le buste de Pierre Mignard** au musée du Louvre. 1884, gr. in-8. 1 fr.

— **Quelques sculptures vicentines** à propos du bas-relief donné au musée du Louvre par M. Ch. Timbal. 1882, in-8. 1 fr.

— **Deux fragments des constructions de Pie II à Saint-Pierre de Rome** aujourd'hui au musée du Louvre. 1882, in-8. 1 fr.

— **Un fragment du tombeau de l'amiral Chabot** égaré à l'école des Beaux-Arts. 1882, in-8. 1 fr. 50

— **Le buste de Jean d'Alesso** au musée du Louvre. 1883, in-8. 1 fr. 50

— **Une édition avec variante des bas-reliefs de bronze de l'armoire de Saint-Pierre-aux-Liens** au musée du Louvre. 1883, in-8. 1 fr. 50

— **La collection de médaillons de cire** du musée des antiquités silésiennes à Breslau. 1884, gr. in-8. 1 fr.

— **Un fragment du rétable de Saint-Didier d'Avignon**, sculpté par Francesco Laurana, au musée du Louvre. 1884, in-8. 1 fr. 50

— **Les débris du musée des monuments français** à l'école des Beaux-Arts. 1885, in-8. 1 fr. 50

— **La part de l'art italien** dans quelques monuments de sculpture de la première renaissance française. 1885, in-8. 2 fr. 50

— **Germain Pilon et les monuments de la chapelle de Birague** à Sainte-Catherine-du-Val-des-Écoliers. 1845, in-8. 1 fr. 50

— **Le tombeau de Michel de Marolles**, autrefois dans l'église Saint-Sulpice, aujourd'hui au musée du Louvre. 1885, in-8. 1 fr. 50

— **La polychromie dans la statu-**aire du Moyen-Age et de la Renaissance. 1888, in-8. 2 fr.

—**La part de la France du Nord dans l'œuvre de la Renaissance.** 1889-1890, gr. in-8. 2 fr. 50

— **Les origines de la Renaissance en France** au xıvᵉ et au xvᵉ siècle. (Leçon d'ouverture du 2 février 1887). 1888, in-8. 1 fr.

— **La sculpture française avant la Renaissance classique.** Leçon d'ouverture de l'histoire de la sculpture française professée à l'école du Louvre, le 17 décembre 1889. 1890, in-4. 1 fr. 50

— **La sculpture française avant la Renaissance classique.** Leçon d'ouverture du cours de l'histoire de la sculpture française, professée à l'école du Louvre le 11 décembre 1891. 1891, in-8. 1 fr. 50

— **La sculpture à Dijon.** L'école bourguignonne à la fin du xıvᵉ siècle et pendant le xvᵉ siècle. Conférence faite à Dijon le 10 juillet 1892. 1892, in-8. 2 fr.

— **Récents enrichissements du musée de la sculpture moderne au Louvre.** 1892, in-8. 1 fr. 50

GÉRARD (Charles). **Les artistes de l'Alsace pendant le Moyen Age.** 1871-1873, 2 vol. in-8. 12 fr.

GIRARDOT (De). **Les artistes de Bourges depuis le Moyen-Age jusqu'à la Révolution.** 1861, in-8. 4 fr.

GIRY (A.), professeur à l'École des Chartes. **Notes sur l'influence artistique du roi René.** 1875, in-8. 2 fr.

—**Notice sur un traité du Moyen-Age** intitulé *De coloribus et artibus romanorum.* 1878, in-8. 2 fr.

GRANDMAISON (Louis de, archiviste. **Essai d'Armorial des Artistes français** (xvıᵉ et xvııᵉ siècles). Lettres de noblesse, preuves pour l'ordre de Saint-Michel. Architectes, ingénieurs civils et militaires, employés de l'Administration des bâtiments, fondeurs, entrepreneurs, 1904, in-8. — Seconde partie : Sculpteurs, graveurs, dessinateurs, musiciens, etc. 1905, 2 vol. in-8. 12 fr.

GUIFFREY (J-J., de l'Institut. **Éloge de Lancret, peintre du roi.** S. d., in-8. 2 fr.

— **Collection des livrets des anciennes expositions** depuis 1673 jusqu'en 1800, plus une table générale des artistes ayant exposé aux salons du xvıııᵉ siècle, suivie d'une table de la bibliographie des Salons précédée des notes sur les anciennes expositions et d'une lettre raisonnée des Salons, de 1801 à 1873, 1869 à 1873, 43 fasc. in-12. 100 fr.

LA GRANGE (A. de). **Quelques artistes**

tournaisiens du xiv° siècle. 1890 in-8. 1 fr. 50

— **Jacques de Saint-Omer**, sculpteur tournaisien du xiv° siècle. S. d. in-8. 1 fr.

— et CLOQUET (L.). **Etudes sur l'art à Tournai** et sur les anciens artistes de cette ville, 1889, 2 vol. in-8. 10 fr.

LE BLANC (C.). **Manuel de l'amateur d'estampes**, contenant un dictionnaire des graveurs de toutes les nations, dans lequel sont décrites les estampes rares, précieuses et intéressantes, avec l'indication de leurs différents états et des prix auxquels ces estampes ont été portées dans les ventes publiques en France et à l'étranger depuis un siècle 1850-1889, 4 tomes en 17 livraisons, gr. in-8, broché. 50 fr.

— Relié en demi-chagrin poli, coins, tête dorée, ébarbé. 65 fr.

Ouvrage destiné à faire suite au Manuel du libraire et de l'amateur de livres, par M. J.-Ch. Brunet.

LESPINASSE René de). **Les métiers et corporations de la ville de Paris**, recueil de statuts, règlements et autres dispositions ayant régi l'industrie parisienne, depuis le xiii° siècle jusqu'à la fin du xviii° siècle. 3 vol. in-4°. 90 fr.

Cet ouvrage est la suite du Livre des Métiers. Le T. i comprend : Ordonnances générales. — Métiers de l'alimentation (84 bois gravés). T. ii. : Orfèvrerie, sculpture, mercerie, ouvriers en métaux, bâtiment et ameublement (3 planches hors texte et 93 bois gravés). T. iii. Tissus, étoffes, vêtements, cuirs et peaux, métiers divers).

LHUILLIER. **Le dessinateur Marillier**, étude biographique, suivie d'un essai de catalogue chronologique de son œuvre, 1886, in-8. 1 fr. 50

— **Julien de Fontenay**, graveur en pierres fines du roi Henri IV et ses descendants graveurs et peintres au château de Fontainebleau. 1887, in-8. 1 fr. 50

— **Notes sur quelques tableaux de la cathédrale de Meaux**. Jean Senelle, peintre meldois du xvii° siècle. Les grandes toiles données par Louis XV. 1888, in-8. 1 fr. 50

— **Noms d'artistes des derniers siècles** relevés sur des documents inédits. 1888, in-8. 1 fr. 50

— **La sculpture sur bois dans les églises de la Brie**. 1890, in-8. 1 fr. 50

— **Le peintre Claude Lefèbvre de Fontainebleau**. 1892, in-8. 1 fr. 50

— **Notes pour servir à la biographie des deux Cotelle**, peintres du roi. 1893, in-8. 1 fr 50

MARCEL (Pierre). Documents relatifs à l'histoire de l'architecture française. **Inventaire des papiers manuscrits du cabinet de Robert de Cotte**, premier architecte du roi (1656-

1735) et de J.-R. de Cotte (1683-1867), conservés à la B. N. 1906, in-8. 10 fr.

MARIGNAN. **Un historien de l'art français. Louis Courajod. I. Les temps francs.** 1899, gr. in-8. 6 fr.

— **Etudes sur la civilisation française : La société mérovingienne.** — Le culte des saints sous les Mérovingiens. 1889, 2 vol. gr. in-8. 20 fr.

— **Histoire de la sculpture en Languedoc.** 1902, in-8. 5 fr.

MARMOTTAN. **Les arts en Toscane sous Napoléon. La princesse Elisa**, 1901, in-4. 15 fr.

Ouvrage orné de 11 gravures.

MEAUME (E.). **Recherches sur quelques artistes lorrains** : Claude Henriet, Israël Henriet, Israël Sylvestre, 1852, in-8. 3 fr.

— **Recherches sur la vie et les ouvrages de Jacques Callot**, suite au peintre graveur français de M. Robert Dumesnil. 1860, 2 vol. in-8 (Épuisé) 50 fr.

— **Médailles avec bélière servant de décoration. Les vrais et les faux** portraits. 1875, in-8. 1 fr. 50

— **Sujets de tapisserie** gravée par Sébastien Le Clerc. 1876, in-8. 1 fr.

— **George Lalleman et Jean Le Clerc.** peintres et graveurs lorrains. 1876, in-8. 3 fr.

— **Étude bibliographique** sur les livres attribués à Sébastien Le Clerc. 1877, in-8. 5 fr.

— **Tableaux faussement attribués à Jacques Callot.** 1878, in-8. 2 fr.

MUNTZ (Eugène). membre de l'Institut. **Guide de l'Ecole Nationale des Beaux-Arts.** 1889, in-8. 3 fr.

NOLHAC (P. de). **Les consignes de Marie-Antoinette au Petit-Trianon.** Versailles, 1899, in-8. 1 fr. 50

— **Les dernières constructions de Le Beau** à Versailles. 1899, in-8. 1 fr. 50

PARFOURU. **Lettres du peintre J.-B. de Launay.** 1724-1726. 1898, in-8. 2 fr.

PIT (A), conservateur du Musée d'Amsterdam. **Les origines de l'art hollandais.** Essai de critique, 1894, in-16. 3 fr. 50

Jusqu'ici l'art précurseur de la grande Ecole hollandaise du xvii° siècle a été injustement négligé par les historiens Dès le xv° siècle le caractère moyen des œuvres de l'art hollandais s'affermit et possède un cachet propre qui le distingue de la peinture flamande. L'auteur, pour arriver à ces très neuves conclusions, étudie attentivement les manuscrits et les œuvres des primitifs.

POËTE (Marcel), conservateur adjoint. **Les primitifs parisiens.** Etude sur la peinture et la miniature à Paris du xiv° siècle à la Renaissance. In-12 carré, planches. 3 fr. 50

RAMÉE (D). **Histoire de l'architecture en France** depuis les Romains jusqu'au XVIIᵉ siècle, illustrée de 71 vignettes sur bois. 1846, in-18 jésus.
2 fr. 50

RICHARD. **Une petite-nièce de saint Louis Mahaut, comtesse d'Artois et de Bourgogne** (1302-1329). Étude sur la vie privée, les arts et l'industrie en Artois et à Paris au commencement du XIVᵉ siècle, in-8.
10 fr.

Recueil des renseignements divers et pleins d'intérêt sur la vie privée, sur les achats des étoffes, de bijoux, sur les travaux et la condition des artistes.

Topographie historique du vieux Paris. I et II. *Région du Louvre et des Tuileries*, 2 vol. in-4 avec 64 planches sur acier, 21 bois gravés, 2 héliographies et 2 feuilles d'un plan général de restitution (2ᵉ édition).
100 fr.

— III. *Région du bourg Saint-Germain*, 1 vol. in-4 avec 47 planches hors texte et 12 bois gravés.
50 fr.

— IV. *Région du faubourg Saint-Germain*, 1 vol. in-4 avec 34 planches hors texte, 5 bois gravés et 3 feuilles de plans.
50 fr.

— V. *Région occidentale de l'Université*, 1 vol. in-4 avec 26 planches hors texte, 35 bois gravés et une feuille de plan.
50 fr.

— VI. *Région centrale de l'Université*, 1 vol. in-4 avec 28 planches, 12 bois gravés et une feuille de plan.
50 fr.

Georges DUPLESSIS

Inventaire de la collection d'estampes relative à l'histoire de France, léguée en 1863 à la Bibliothèque Nationale par M. Michel Hennin. 1876 à 1884, 5 vol. in-8, en liv.
40 fr.

— **Catalogue de la collection de pièces sur les Beaux-Arts, imprimées et manuscrites.** 1881, in-8.
3 fr. 50

Gustave COHEN

HISTOIRE DE LA MISE EN SCÈNE
DANS LE THÉATRE RELIGIEUX FRANÇAIS
AU MOYEN AGE

In-8 avec reproduction de miniatures.
7 fr. 50

Stanislas LAMI, statuaire

DICTIONNAIRE DES SCULPTEURS
De L'ÉCOLE FRANÇAISE
DU MOYEN AGE AU RÈGNE DE LOUIS XIV

Fort vol. in-8.
15 fr.

MACON, PROTAT FRÈRES, IMPRIMEURS.

Lightning Source UK Ltd.
Milton Keynes UK
UKHW050916030220
358066UK00008B/784

9 781278 6